국제사회복지실천

국제사회복지실천

데이비드 콕스 · 마노하 파와르 지음
박영희 배진형 심우찬 구현자 남주영 옮김

나눔의집

목표: 여러분에게 '국제사회복지실천'이라는 흥미로운 도전이 될 이 분야에 대해 소개하고자 한다. 이 책의 주요 목표는 우리가 가지고 있는 국제사회복지실천에 대한 이해를 사회복지사, 개발 복지사들을 비롯한 일반적인 원조 전문가들과 함께 공유하는 것이다. 특히 개발도상국의 요보호자들이 처한 여러 상황들 속에 적용되고 있는 프로그램과 전략들에 초점을 두었다. 두 번째 목표는 전 세계적으로 퍼져 있는 사회복지사들로 하여금 어떻게 하면 전통적인 사회복지실천을 더욱 효과적으로 적용하여 세계적인 문제들에 대처할 것인가에 대해 고민하도록 격려하기 위함이다. 세 번째로, 우리는 사회복지사들과 그 외의 다른 전문가들로 하여금 그들 업무의 일부분을 개발도상국, 특히 원조 전문직이 확고하지 않은 가난한 국가가 직면하고 있는 문제들에 대응하는 데 전념하도록 격려하고자 한다. 네 번째로, 우리는 사회복지사들과 그 외의 다른 전문가들이 빠른 속도로 세계화되고 있는 현 시대에 알맞은 사회정책과 프로그램을 개발하는 과정에 공헌하기를 바란다. 마지막으로 우리는 국제사회복지실천에 대한 올바른 이해가 시공을 초월하는 효과적인 사회복지실천과 개발실천에 공헌할 것이라고 믿는다.

독자층: 이 책은 국제적 차원의 사회복지실천과 사회개발 현장에 대한 적극적인 관심이 있거나 그 현장에서 일하고자 하는 의도가 있는 사람들을 위해 쓰였다. 이 책은 사회복지 학부생, 석사과정의 학생들에게 정보를 제공하기 위해 계획되었으며, 특히 가난한 개발도상국에서의 국제적 업무에 관여하는 사회복지 전문가들의 이해를 돕고자 하였다. 박사과정 학생들과 사회 연구자들에게도 유익한 참고 자료가 될 것이다.

구성: 이 책은 14장으로 구성되어 있다. 첫 번째 장은 사회복지실천과 국제사회복지실천의 개념을 소개하고 있다. 독자들이 사회복지실천의 일반적인 개요를 세계적인 시각으로 바라보는 것은 매우 중요하다. 두 번째 장은 계속해서 국제사회복지실천에 대한 우리의 개념적 모델을 요약하고 있는데, 특히 국제사회복지실천이 옹호하고 있는 가치와 원칙

과 목적들의 윤곽을 보여주는 통합관점 접근의 중요성을 소개하고 있다. 세 번째이자 마지막 서두가 되는 장에서는 국제사회복지실천의 세계적인 상황에 대해 설명한다. 그 상황은 복잡하고 폭넓은 세계적인 문제들을 포함하고 있으며, 이러한 문제들에 대응하려고 만들어진 무수히 많은 기관들, 여러 조약과 정책들을 포함하고 있으며, 이러한 조약과 정책들을 둘러싸고 있는 역사적인 현실과 이념의 변화까지도 포함하고 있다.

4장에서 13장까지는 이 책의 핵심을 담고 있으며 국제사회복지실천을 둘러싼 특정 분야들에 초점을 두면서 그 분야들의 특징이 되는 주요 프로그램과 전략들에 대해 소개하고 있다. 4장은 모든 분야들에서의 개입의 특징이 되는 주요 프로그램과 전략들에 대해 소개한다. 5장에서 12장까지는 4가지 중요한 분야를 다루고 있는데, 먼저 각 분야들이 무엇인지 소개하고 있으며, 그 다음 장에서는 현재 사용하고 있는 주된 프로그램과 전략들을 요약하고 있다. 그 4가지 분야는 개발, 빈곤, 분쟁과 분쟁 후 재건, 그리고 추방과 강제이주를 포함한다. 이미 이 분야들에 대해 알고 있는 독자들은 5장을 생략하고 6장에 나오는 프로그램과 전략들에 초점을 두어도 좋을 것이다. 그러나 일반적으로 우리는 독자들이 개입 접근으로 관심을 돌리기 전에 각 분야들을 전체적으로 이해하고 그 분야들이 모두 가지고 있는 문제들에 대해 이해하는 것이 필요하다고 생각한다. 13장은 주된 분야를 다루고 있지는 않지만 특별한 요보호 대상들에 대한 국제적인 대응에 대해 소개하고 있다. 그렇게 선택된 집단들을 위한 개입의 예로서 우리는 거리의 아이들, 아동 노동자들, 이주노동자들, 에이즈로 인한 고아들에 대한 상황과 대응을 소개했다.

마지막 장은 국제사회복지실천의 발전을 저해하는 어려움들에 대해 언급하고 있으며, 이러한 어려움에 대한 대처 과정들에 대해 제언하고 있다.

특징들: 이 책은 여러 독자들이 유용하다고 여길 만한 특징들을 포함하고 있다. 우선 본문 시작 전 책에 자주 등장하는 두문자어 목록을 일러두기를 통해 정리하였다. 각 장은 학습 목표로 시작된다. 개입과 관련된 장에 우리는 여러 개의 짧고 긴 사례들을 제공하고 있다. 우리는 그러한 사례들이 현실적인 토론을 이끌어내는 데 도움이 되기를 바란다. 비록 우리가 사례들을 가능한 한 폭넓게 여러 나라들에서 발췌하고자 했으나, 사실상 그러지 못했다는 것을 잘 알고 있다. 각 장의 결론 부분에는 요약과 토론 과제들, 연구 주제들을

제시하였으며, 더 읽어볼 만한 별도의 자료들을 정리하였다. 이 주제들은 우리의 제안일 뿐이다. 참고문헌은 최근 자료와 오래된 자료가 모두 있는데, 선택한 원칙은 저자로서 우리들이 알고 있는 자료들 중 접근가능한 것들로서 그 중 가장 유용하다고 생각된 것들을 추렸다. 국제사회복지사연맹/국제사회복지대학협회의 "사회복지 윤리, 원칙 성명서"를 부록에 정리하였다. 왜냐하면 그 협회만이 유일하게 공식적으로 사회복지실천을 세계적인 전문직으로서 인정하고 있는 단체이기 때문이다.

피드백: 이 책의 목표는 국제사회복지실천을 배우고 있는 학생들의 욕구를 충족하는 데 있다. 따라서 다음 개정판에 여러분의 욕구를 더욱 잘 충족하기 위해 이번 책에 대한 효과적인 피드백을 부탁하는 바이다. (출간 후 출판사 홈페이지(www.sagepub.com/cox-survey)를 통해 효과적이고 효율적인 피드백을 위한 설문조사 이벤트를 진행한 바 있다.)

끝으로, 우리는 부인과 아이들, 부모님들께 사랑과 지지에 감사의 말을 전하고자 한다. 누구보다 가족들의 배려가 있었기에 국제사회복지실천 활동에 몰두할 수 있었고, 이 책의 준비에 집중할 수 있었다. 또한 도움이 되는 비판과 제안들을 해준 동료들과 인내심을 갖고 훌륭하게 원고를 출간으로 이끌어준 세이지(Sage) 편집부에도 감사드린다.

저자 일동

먼저 이 책을 번역하신 박영희 교수님, 배진형 교수님, 심우찬 교수님, 구현자 선생님, 남주영 선생님께 성공적으로 이 책을 번역해주심에 대하여 감사드리고 축하의 말씀을 전합니다. 그 어떤 번역 작업도 참으로 힘들고, 복잡하며, 도전적이고 많은 시간을 들여야 하는 공든 일이기에, 역자들의 관심과 소명의식, 시간과 노력 및 국제사회복지에 관한 지식과 정보를 보급하기 위한 공헌을 인정해드리는 것이 필요하다고 생각합니다. 개인적으로 다른 나라의 언어로 번역된 이 분야의 책을 접해보지 못했기 때문에 이 책의 역자들은 국제사회복지 분야에서의 새로운 역사를 창조하는 일을 한 것이라고도 감히 말하고 싶습니다. 한편으로는 이러한 작업이야 말로 진정한 국제사회복지 정신이라고 할 수 있겠지요.

한 언어에서 다른 언어로 책을 번역한다고 하는 것은 많은 어려움과 동시에 혜택도 가져다줍니다. 번역 작업에서 가장 흔히 부딪히는 어려움 중의 하나가 번역되는 나라와 문화에 번역해야 할 책에서와 똑같은 의미의 단어를 찾기 어려울 때입니다. 간혹 어떤 단어들은 정확히 들어맞는 단어를 찾지 못할 때도 있습니다. 영어로는 몇 개의 문장으로 설명해야 하는 의미가 어떤 언어에서는 단 한 개의 단어로 표현되기도 하고 혹은 그 반대일 때도 있습니다. 물론 언어가 의사소통의 위대한 도구인 것은 사실임에도 불구하고 어떤 지식, 생각, 경험이나 정보가 특정 언어 영역 내에서만 존재하고 유지된다면, 의사소통에 있어 도리어 커다란 장애가 되기도 합니다. 이러한 장애들을 극복하기 위해서 언어는 서로 소통되어야 하고, 책을 번역한다는 것 역시 이러한 장벽을 부수고 다양한 언어의 기술들을 발전시키는 데 기여할 것입니다. 다른 언어로 책을 번역한다고 하는 것은 또 다른 문화적 맥락에 있는 사람들에게 지식과 아이디어들을 전파하는 데 도움을 줍니다. 이로써 번역된 책을 접하는 자국민들이 자신의 언어를 신뢰하게 되는 데에도 기여합니다. 자기 나라 언어로 된 책을 읽을 수 있다는 것은 내용을 효과적으로 이해하고 반영하며 반응하고, 나아가 자신의 사회와 문화에 적절하고 발전적으로 지식의 적용과 창조에 기여하도록 도와줍니다. 더불어 바라기는 이 책의 번역이 국제사회복지와 개발에 대한 한국의 정책과 프로그램의 발전 및 이 분야에서 요구되는 인력 양성에도 일조하기를 기대합니다.

국제사회복지라는 분야에 대하여 준비하고 관여되어 일하는 것은 종종 도전적이지만 저에게는 대단히 흥미롭고 보람된 과정입니다. 교과 과정을 수립하는 데 있어서나 아직은 많이 제한적인 부족한 자료나 자원들, 국제적 협력과정에서의 불평등한 상황들, 서구에서 동양으로의 국제사회복지실천 동향이 이제는 동양 국가들 내에서, 혹은 그 이상을 넘어서게 된 전체적 변화상황, 문화 간 이슈들, 국제사회복지에 대한 관심에 비교하여 지역차원 개발에 대한 상대적 방임 그리고 빈곤의 양적/질적 증가 상황 등 다양한 도전들이 여전히 있을 것입니다. 또한 아시아 지역은 국제사회복지를 실천하기에 아주 적절한 환경을 가지고 있지만, 이러한 실천들은 상대적으로 이 지역의 개발도상국이나 선진국들 내에서 저개발국이나 저개발 집단들에게 역시 공평하게 초점을 두어 행해져야만 합니다. 5개의 아시아 호랑이라 불리는 국가들과 중국, 인도의 경제성장은 아시아와 이를 넘어선 국제사회복지의 기회들이 엄청나게 증가할 것을 예견하고 있습니다. 제가 믿기는 한국이 아시아에서와 다른 대륙에 있는 국가들을 개발하는 데 있어 새로운 프로젝트들을 착수하기 위해 잘 준비되어 있다고 여겨집니다. 이러한 추세는 경제 성장 및 국제화를 더욱 부추길 수 있다고 생각합니다. 현재의 움직임으로는 한국은 많은 분야에서 아시아 태평양 지역 내에서의 중요한 지도력의 한 축이 될 것이며, 이 지역의 여러 국가들에게 경제발전뿐만 아니라 사회적인 성장에도 기여할 수 있는 엄청난 잠재력을 가지고 있습니다. 이러한 목표를 두고, 많은 학생들과 사회사업, 사회복지, 지역개발 및 개발 연구를 가르치는 교육자, 정부 및 민간 조직과 기관들, 국제 NGO, 원조기관 및 사회복지 관련 부처들에게 이 책의 번역은 국제사회복지의 이해에 있어 커다란 도움을 주리라 확신합니다.

여러 가지 도전들을 효과적으로 규명하고, 급격한 경제성장에 더불어 나타나는 양극화 현상의 맥락 내에서의 상황에 미리 준비하고, 실행하는 자세로 대처하기 위해서 이 책은, 통합관점 접근으로서의 국제사회복지 교육, 실무, 연구를 위한 광범위한 틀을 제공합니다. 즉 개발이 가져온 부정적 영향, 바람직하지 않게 초점 지워진 지역차원 개발, 빈곤, 분쟁, 이탈, 강제이주, 취약한 집단들의 어려운 상황들과 같은 주요 문제들에 대한 이론적 이해를 제공하고, 그러한 문제들을 다루기 위한 정책과 프로그램들을 제안하고 있습니다. 영어로 된 원서는 이미 많은 나라에서 평판이 좋은 교재로서 보급, 활용되고 있으며 독자들의 진심 어린 격려의 피드백들을 받아 왔습니다. 피드백들의 내용은 이 책이 이미 많은 학생들과 교육자, 실무자들 및 정책입안자들과 같은 대상에게 커다란 도움이 되었음을 입증해주고 있습니다. 그러므로 한국어 번역본 역시 한국 내에 이와 비슷한 영향력을 가지리라 여겨집니다.

한국의 학자들이 한국어로 번역된 이 책을 분석하고 다양하게 활용함으로써 더 나아가 한국 연구자들에 의한 자체적인 국제사회복지 교재가 출판되고, 역으로 그 책의 번역본이 다른 나라 언어들로 번역되어 전 세계에 읽혀지고 유용하게 되기를 기대해봅니다. 한편 이 책이 한국 사람들이 국제사회복지와 개발 분야에 있어 전 세계를 향해 더 많은 역할을 하는 데에도 일조하게 되기를 바랍니다. 다시 한 번 이 번역서에 대한 독자들의 관심에 감사드리고, 바라기는 즐겁게 이 책을 읽으시고, 어떠한 방식이 되었든 간에 많은 나라에서 어려움에 처한 사람들에게 여러분도 의미 있는 공헌을 하시는 데 이 책이 유용한 자원으로 쓰이기를 바랍니다. 사람들의 삶의 상황들에 바람직한 변화를 주는 데 일조한다는 것은 저 개인적으로나 전문가적인 입장에서 참으로 충만하고 보람된 경험을 하는 과정이 아닐 수 없습니다. 이 책이 그러한 보람 있는 동행에 여러분을 초대합니다.

2010. 10.

한국어판의 출간을 축하하며

마노하 파와르

(사회사업 교수, 오스트레일리아 찰스 스터트 대학)

세계화 물결은 사회복지계의 새로운 대응과 변화를 필요로 할 수밖에 없다. 그러나 양적으로는 엄청난 사회복지 교육의 확대가 지속되는 가운데에 아직 새로운 시대적, 사회적 변화 추세에 대한 사회복지전문직의 교육과 실천현장의 대응과 변화가 본격적으로 이루어지고 있는 것 같지는 않다. 그런 중에도 한국사회복지사협회가 처음으로 워싱턴D.C 미국 사회복지사협회(NASW)의 인권 및 국제 팀(Human Rights and International Affairs Division)에 협회 직원을 파견한 것은 실천현장의 세계화에 따른 대응 전략의 일환이라고 생각된다. 학계에서는 이화여자대학교 사회복지전문대학원이 BK21사업의 일환으로 수년 전부터 베트남, 캄보디아, 라오스 등 동남아 저개발 국가와의 상호교류 모색과 학생인력 교류를 활발히 시행하여 왔다. 또 평택대학교와 그리스도대학교는 교육과학기술부의 수도권 대학 특성화 사업으로 각각 '다문화 가족복지 지원 전문인력 양성', '남북통합 지원 복지전문인력 양성 및 허브구축'을 시행하게 되면서 관련된 새로운 교과목 실천현장의 개발, 이를 위한 학생 훈련 프로그램들을 통하여 세계화에 따라 우리 사회가 직면하는 변화를 사회복지 교육과 실천현장에 반영하려는 지속적인 노력을 해오고 있다는 것은 고무적인 일이 아닐 수 없다.

이러한 현실 속에서 우리 번역 팀은 대학원에서 국제사회개발 관련된 과목들을 공부한 후 이 분야에 깊은 관심을 가지고 현재 사회복지기관에서 일하고 있는 두 실무자 선생님들과 사회복지의 새로운 패러다임으로서의 국제사회복지에 대한 필요성을 절감하고 국제사회복지학회를 창립하여 2011년 12월 3일 창립학술대회를 개최하는 서로 다른 대학에 몸담고 있는 두 연구자들과 함께, '남북통합지원을 위한 복지전문 인력 양성 및 허브 구축'의 수도권 대학 특성화 사업을 진행하면서 국제사회복지의 필요성을 인식하게 된 연구자가 서로의 공통된 관심을 확인한 다음 '국제사회복지'와 관련된 번역 작업을 함께 진행하기로 합의하였다. 책 선정에 있어서는 국제사회복지 관련 다른 저서들에 비해 국제사회복지실천의 세부 영역들에 대한 이론적 배경은 물론 프로그램 및 전략들을 구체적으로 다루고 있는 콕스 박사와 파와르 박사의 책을 선정하였다. 이 책의 원제는 International

Social Work: Issues, Strategies, and Programs로 저자들은 책 전반을 통하여 세계화 추세에 따라 사회복지도 수많은 도전에 임하게 되면서 국제전문직으로서의 변모가 필요함을 역설하고 있다. 저자들은 특히 저개발국들에 있어서의 사회복지의 발전에 관심을 가지면서 이때 신식민주의적 입장의 출현을 경계할 것을 강조한다. 또 사회개발 관점이라는, 한국의 사회복지 실천가와 교육자들에게 비교적 생소한 관점을 사회복지 교육과 현장에 새로이 포함시킬 필요성을 언급하고, 특히 지역성(locality)에 초점을 둘 것을 강조함으로써 사회개발과 관련된 다른 전문직들과는 차별화된 사회복지사들의 특별한 역할에 초점을 두고 언급하고 있다.

보다 구체적으로 1장에서는 국제사회복지실천의 주요 이슈들을 언급하면서 국제사회복지실천의 개념과 범위 대하여 언급하고 있다. 2장에서는 국제사회복지에 대하여 세계적 관점, 인권 관점, 생태적 관점, 사회개발 관점들을 기반으로 한 통합적 시각의 접근법을 소개하고 국제사회복지에 있어서의 적용에 대하여 언급하고 있다. 3장에서는 국제사회복지실천에 대한 세계적 맥락에 대하여 세계의 사회문제와 유엔 등 국제조직과 이데올로기 측면을 다루고 있다. 4장에서는 국제사회복지실천을 위한 기본적 프로그램과 전략들에 대하여 역량강화, 역량구축, 자존, 사회적 통합과 응집력 강화, 소득창출 등을 중심으로 언급하고 있다. 5장에서부터 12장까지는 각 구체적인 분야들의 배경과 이슈들, 프로그램과 전략들에 대하여 다루고 있다. 구체적으로 5장과 6장에서는 개발의 문제를 다루고 있으며, 7장과 8장에서는 빈곤 분야, 9장과 10장에서는 분쟁 및 분쟁 후 재건 분야의 배경과 이슈, 프로그램과 전략들을 다루고 있다. 11장과 12장에서는 추방(displacement)과 강제이주 분야의 배경과 이슈, 프로그램과 전략들에 대하여 언급하고 있다. 13장에서는 거리의 아동들, 이주노동자들과 그 가족, 에이즈로 인한 고아들을 중심으로 취약하고 소외된 집단에 대하여 국제사회복지실천의 측면에서 언급한다. 마지막으로 14장에서는 국제사회복지실천 교육과 실천에 대한 비전과 함께 그 비전들을 실현하기 위한 구체적인 전략들을 제안함으로써 국제사회복지의 미래를 전망하고 있다.

마침 저자 중의 한 사람인 파와르 박사는 2010년 11월 11~12일 양일에 걸쳐 서울대학교 주최로 개최된 국제컨퍼런스에 참석차 한국에 오게 되어 호암 교수회관에서 직접 만날 수 있는 기회가 있었다. 파와르 박사는 자신의 책이 영어가 아닌 언어로 최초로 번역되어 출간된다는 사실에 커다란 기쁨을 표시하였으며, 한국어판 출간을 계기로 한국의 사회복지 교육자와 현장 실천가들과 특별한 관계를 맺을 수 있기를 기대하였다. 파와르 박사는 조만간 또 다른 2권의 책을 더 출간하여 국제사회복지 관련한 본인의 학문적 역량을 보여주게 될 것이며, 우리 번역자들 역시 파와르 박사의 다음 저서들에서는 어떠한 내용들이 더욱 발전적으로 제시될 것인지에 대해 관심을 갖고 더 나아가 한국과 연계하는 주요한 역할들을 할 수 있기를 기대한다.

본 책이 이제 막 시작된 한국의 사회복지 교육계와 실천현장의 국제사회복지에 대한 관심을 더욱 강력하게 불러일으키는 계기가 됨으로써 사회복지계의 새로운 패러다임의 구축을 활성화하는 진폭제가 될 것을 기대하는 바이다. 나아가 항상 새로운 영역을 찾아 개발하는 탐구자의 자세를 가지고 번역팀과 함께 하기를 마다하지 않았던 도서출판 나눔의집에 커다란 감사를 표하며, 특히 번역 전 과정에 깊은 통찰력으로 번역자들과 함께 한 편집부 이주연 선생에게 다시금 고마움을 표시하고자 한다.

2010년 11월

봉제산 기슭에서 박영희

chapter 1 사회복지실천 · 23

chapter 2 국제사회복지실천에 대한 통합관점 접근 · 61

일러두기

AL - 아랍연맹 Arab League
AMA - 미국의료협회 American Medical Association
APEC - 아시아태평양 경제협력체 Asia Pacific Economic Cooperation
APMJ - 아시아태평양 이주학회지 Asia Pacific Migration Journal
ASEAN - 동남아시아국가연합 Association of Southeast Asian Countries
AU - 아프리카연합 African Union
CARE - 미국의 대외구제협회 Cooperate for Reliefs Everywhere
CD - 지역사회 개발 community development
COSW - 사회복지 연방조직 Common wealth Organization for Social Work
CSWE - 미국사회복지교육협의회 Council on Social Work Education
DAC - 개발원조위원회 Development Assistance Committee
ECOSOC - 유엔경제사회이사회 United Nations Economic and Social Council
ECOWS - 서아프리카국가의 경제적 공동체 Economic Community of West African States
ESCAP - 아시아태평양 경제사회위원회 United Nations Economic and Social Commission for
        Asia and the Pacific
EU - 유럽연합 European Union
FAO - 유엔식량농업기구 Food and Agricultural Organization
GATT - 관세 및 무역에 관한 일반협정 General Agreement on Tariffs and Trade(now WTO)
GDI - 성평등지수 Gender-related Development Index
GDP - 국내총생산 gross domestic product
GEM - 여성권한척도 Gender Empowerment Measure
GNP - 국민총생산 gross national product
HABITAT - 유엔인간정주위원회 Untied Nations Centre for Human Settlements
HDI - 인간개발지수 Human development Index
HIV/AIDS - HIV/에이즈 human immunodeficiency virus / acquired Immune Deficiency Syn-
        drome
HPI - 인간빈곤지수 Human Poverty Index
IASSW - 국제사회복지대학협회 International Association of Schools of Social Work
ICC - 국제형사재판소 International Criminal Court
ICJ - 국제사법재판소 International Court of Justice
ICRC - 국제적십자위원회 International Committee of the Red Cross
ICSD - 사회개발 국제 컨소시엄을 위한 대학 간 컨소시엄 International Consortium for Social De-
        velopment
ICSW - 국제사회복지협의회 International Council on Social Welfare
ICVA - 국제자원봉사기구위원회 International Council of Voluntary Agencies
IFAD - 국제농업개발기금 International Fund for Agricultural Development
IFSW - 국제사회복지사연맹 International Federation of Social Workers
ILO - 국제노동기구 International Labour Organization
IMF - 국제통화기금 International Monetary Fund
INGO - 국제비정부기구 International nongovernmental organization
IOM - 국제이주기구 International Organization for Migration
IRC - 국제구호위원회 International Rescue Committee

LDC - 최빈국 Least Developed Country
LO - 지역조직 Local Organization
MDG - 새천년개발목표 Millennium Development Goals
MNC - 다국적 기업 multinational corporation
MSF - 국경없는의사회 Medecins Sans Frontiers(Doctors Without Borders)
NASW - 미국사회복지사협회 National Association of Social Workers
NASWE - 사회복지교육협회 National Association of Social Workers in Education
NATO - 북대서양조약기구 North Atlantic Treaty Organization
NGO - 비정부기구 non-governmental organization
OAS - 미주기구 Organization of American States
ODA - 공적개발원조 official development assistant
OECD - 경제협력개발기구 Organization for Economic Co-operation and Development
PO - 주민조직 People's Organization
PTSD - 외상후 스트레스 장애 post-traumatic stress disorder
SAP - IMF와 세계은행의 구조조정정책 Structural Adjustment Program of IMF and World Bank
STD - 성병 Sexually Transmitted Disease
TNC - 초국적 기업 transnational corporation
TRC - 진실화해위원회 Truth and Reconciliation Commission
UN - 국가연합(유엔) United Nations
UNAIDS - 유엔에이즈계획 United Nations Programme on HIV/AIDS
UNCHR - 유엔인권위원회 United Nations Centre for Human Rights
UNCTAD - 국제연합무역개발회의 United Nations Conference on Trade and Development
UNDP - 유엔개발계획 United Nations Development Programme
UNEP - 국제연합환경계획 United Nations Environmental Programme
UNESCO - 유엔교육과학문화기구(유네스코) United Nations Education, Scientific and Cultural
        Organization
UNHCR - 유엔난민기구 United Nations High Commissioner for Refugees
UNICEF - 유엔아동기금(유니세프) United Nations Children's Fund
UNIFEM - 유엔여성개발기금 United Nations Development Fund for Women
UNPF - 유엔인구기금 United Nations Population Fund
UNRISD - 유엔사회개발연구소 United Nations Research Institute for Social Development
USAID - 미국국제개발처 United States Agency for International Development
WB - 세계은행 World Bank
WCED - 세계환경개발위원회 World Commission on Environment and Development
WFP - 세계식량계획 World Food Programme
WHO - 세계보건기구 World Health Organization
WTO - 세계무역기구 World Trade Organization

01
CHAPTER

국제사회복지실천

이 장에서는 사회복지실천, 특히 국제적 관점에서 사회복지실천의 개념을 소개할 것이다. 사회복지실천이 지금까지 어떻게 발전해왔고, 현재에도 어떻게 지속적으로 발전하고 있으며, 어떻게 국제적으로 확산되어 왔는지에 대한 전반적인 이해는 세계적인 전문직으로서 사회복지실천의 현재와 미래의 역할을 평가하는 데 중심이 되는 일이다. 그 다음으로 우리는 국제사회복지실천에 대한 정의와 이해를 소개할 것이다. 왜냐하면 이 책의 주제는 사회복지실천과 사회복지실천이 기능하는 국제적 현장에 관한 것이기 때문이다.

사회복지실천

　사회복지실천에 대한 별다른 설명은 필요하지 않겠지만, 세계적인 전문직으로서의 사회복지실천과 국제사회복지실천에 대한 정의를 생각하기 전에 이러한 맥락에서 사회복지실천에 대한 몇 가지를 이야기하는 것은 도움이 될 것이다. 사회복지실천이라는 용어가 곳곳에서 잘못 이해되고 있기 때문에 개발도상국의 사회복지사들이 사회복지실천이라는 용어가 필요하지 않다고 생각하는데, 이는 상당히 우려스럽다. 때때로 사회복지실천은 특정 상황 속에서 사실상 자선사업이라던가, 치료접근을 활용한 고도의 자질을 갖춘 전문직에 의한 일대일 개입, 혹은 복지국가, 그리고 최근 발생하는 도시문제 등과 동의어로 생각되는 것으로 보인다. 분명히 이러한 관점들은 역사적으로 사회복지실천의 특성과 범위를 생각할 때 왜곡된 것이다. 그러나 일부 상황에서 제시된 이러한 관점들이 분명하게 널리 퍼져 있다는 것은, 사회복지실천 전문직이 전 세계의 개발도상국들에서 받아들여질 만한 이미지를 갖는 데에 성공하지 못했다는 것을 의미한다. 예를 들어 정책적 관심, 지역과 사회의 개발, 복지 욕구에 대한 지역사회 기반의 대응과 사회복지실천을 구분하려는 경향은 사회복지실천에 대한 제한된 이해가 우리가 생각하는 것보다 훨씬 팽배해 있다는 것을 시사하고 있다. 더구나 우리는 아마도 우리들 중 많은 사람이 사회복지실천의 포괄성을 우리의 장점들 중의 하나로 생각하려는 반면, 하트만(Hartman, 1994, p. 14)이 이야기한 것처럼, 그 포괄성으로 인해 외부 관찰자들이 사회복지실천의 핵심을 유형화하는 공통된 특성을 구분해내는 일을 어렵게 할 수 있다는 것을 인정해야 한다. 하트만은 다음과 같이 말했다(p. 13).

> 사회복지실천은 광범위하고 다양한 활동의 흐름을 가지고 있으며, 다양한 크기의 체계와 다양한 영역에서 이루어진다. 세계관, 현상학 혹은 실천원리와 실천형태 분야에 있어서도 합의된 바가 거의 없다. 지금까지 다양한 모델들에 대한 책이 출판되었으며(Turner 1986; Dorfman, 1988), 그 중 일부는 모든 사회복지실천을 관통하는 유일한 공통점은 가치뿐이라는 결론을 내렸다(NASW, 1981).

1990년대에는 여러 특정 국가들에서 사회복지실천에 대한 연구들이 이루어지면서 전세계의 사회복지실천에 대해 개관한 몇몇 교과서들이 출판되었다(예: Hokenstad, Khin-duka & Midgley, 1992; Mayadas, Watts & Elliott, 1997 참고). 이러한 책들은 대단히 흥미로운 읽을거리를 제공한다. 엘리어트(Elliott, 1997, p. 441)의 분석을 보면, 사회복지실천이 세계 여러 지역들에서 '사회적으로 구성되는' 방식에 있어서의 중요한 차이점들을 강조하고 있다. 우리가 사회복지실천이 여러 지역과 국가들에서 채택되어온 지배적 형태들에 있어서 알려진 차이점들을 보듯이, 우리는 또 당연히 이 다양성이 같은 하나의 전문직에 대한 다른 표현으로써 의미 있게 보일 수 있을지에 대해서도 의문을 가질 수 있다. 예를 들면, "개인적인 패러다임이 미국의 사회복지실천에서 강하게 나타난다"(Elliott, p. 441)고 이야기되는 것, 또 중국에서는 사회복지실천이 강조하는 초점이 결국 사회문제를 다루기 위한 대중의 동원에 있다는 해석(Chow, 1997), 라틴아메리카에서의 사회복지실천은 사회정의와 사회행동에 강한 강조점을 두고 있고(kendall, 2000, pp. 107-108), 아프리카에서는 유엔개발계획(UNDP: United Nations Development Programme)에서 정의된 것처럼 사회개발을 점차 강조한다(Healy, 2001, p. 102)고 알려져 있다. 반면 동유럽에서는 1990년 이후 사회사업의 재탄생으로 사회재구성과 시민사회 건설에 중요한 강조를 두고 있다(Constable & Mehta, 1994).

특정 국가마다 사회복지실천에 의하여 채택된 일부 지배적인 형태들을 강조한다는 사실이 문헌에서 공통적으로 나타나지만, 보다 면밀한 분석 결과를 보면 사실상 모든 국가들에서 상충되고, 또 때로는 상호보완적인 일련의 사회복지실천 형태들이 존재한다는 것을 알게 된다. 이렇게 다양한 사회복지실천의 형태들은 사회문제들의 범위가 그 어느 때보다 넓게 확대되면서 사회복지실천기관들과 실천가들도 새로운 미지의 실천현장으로 투입됨으로써 확장되는 것이 일반적인 현상이다. 그러나 그러한 모든 발달로 인하여 사회복지사들에게 있어서조차도 사회사업을 정의하고 사회복지사들이 전 세계적으로 현대의 사회사업을 구성하는 다양한 접근법들을 관통하는 공통의 흐름을 인식하지 못하게 하는 어려움을 더욱 초래하게 되었다.

국제적 수준에서 사회사업은 최소한 1970년대 이후 스스로를 국제적 전문직으로 정의하려고 노력해왔고, 또 국제적으로 공통의 윤리 규범에 합의하려고 노력해왔다. 국제사회복지사연맹(IFSW: International Federation of Social Workers)에 의하여 개발된 국제 규범과 1976년 푸에르토리코에서 열렸던 총회에서 채택된 국제규범의 서문에는 다음과 같이 쓰여 있다.

사회복지실천은 인도주의, 종교, 민주주의의 이상과 철학으로부터 다양하게 시작되었고, 개인-환경 간의 상호작용으로부터 생겨나는 인간의 욕구를 해결하고 인간의 잠재력을 개발하기 위하여 보편적으로 적용되어 왔다. 전문 사회복지사들은 ① 복지와 인간의 자기실현을 위한 봉사와 ② 인간과 사회적 행동에 대한 과학적 지식의 훈련된 사용과 개발 ③ 개인, 집단과 국가, 국제적 욕구와 열망을 해결하기 위하여 자원을 개발하고 ④ 궁극적으로 사회정의를 성취하기 위하여 헌신해왔다(Alexander, 1982, p.47).

2004년 총회에서 국제사회복지사연맹과 국제사회복지대학협회(IASSW: International Association of School of Social Work)는 사회복지실천에 대한 다음의 정의를 채택하였다.

사회복지 전문직은 사회변화, 인간관계에서의 문제해결, 복지강화 등을 위하여 역량을 강화하고 자유를 증진시키는 것이다. 사회복지실천은 인간행동과 사회체계 이론을 활용하여 사람들이 환경과 상호작용하는 바로 그 지점에 개입한다. 인권과 사회정의 원칙이 사회사업의 근본이다(IFSW & IASSW, 2004).

전문 사회복지실천이 다른 어느 곳보다도 미국에서의 발달에 의하여 좌우되고 있다는 것을 가정할 때, 미국에서의 사회복지실천에 대한 최근 정의를 살펴보는 것이 적절하겠다.

사회복지실천은 사람들이 효과적인 수준으로 심리사회적 기능을 발휘하도록 돕고, 모든 사람들의 복지를 강화하기 위하여 사회변화에 영향을 미치고자 하는 응용과학이다(Barker, 1999, p.433).

전문직이 개발도상국들이 관심을 갖고 국제 공동체들이 초점을 두는 분야와 그 핵심 특성 간의 관련성에 대한 이해를 외부 세계에 제시할 수 있다는 것은 중요하다. 동시에 전문직이 유연하게 대처하며 새로운 환경으로 이동해감에 따라 변화되는 여건과 필요에 맞추어 스스로 적응할 수 있는 것은 중요하다. 만일 지역적 · 국가적으로 광범위한 반응들이 요구되는 상황에서 전문직이 전 세계적으로 많은 다른 면모들을 보여주지 않는다면 그것은 정말 놀라운 일이고 전문직의 전문직답지 못함(빈약함)을 드러내는 것이 된다. 다양해야 한다는 것이 전문직 내부를 구분해서 나누어야 한다는 것을 의미하는 것은 아니다. 유일한 염려는 사회복지실천의 다양한 속성이 때로 사회복지실천의 성격을 전체적으로 인식하지 못하고, 많은 측면들 중 단지 한 측면에서만 사회복지실천을 인식하는 비사회복지사(non-social workers)를 야기하게 하지는 않을까하는 점이다.

사회복지실천의 세계적 확산과 조직

사회복지실천의 역사는 의학과 같은 다른 전문직들과, 19세기에 나타난 자선운동과 더불어, 사회복지와 사회개발과의 연계를 보여준다. 이 역사는 이미 많은 저술가들(예: Kendall, 2000)에 의하여 탐색되었고, 이 책에서는 주요내용을 요약하는 정도로 살펴보겠다.

서구에서의 전문 사회복지실천의 기원

사회복지실천은 후기산업혁명 시기 영국에서의 도시빈곤과 이 상황 속에서 빈곤한 사람들을 위한 구호를 통한 정부의 대응에서 비롯되었다는 데에 일반적으로 동의하고 있다. 미드글리(Midgley, 1981, p.17)는 이와 관련하여 다음과 같이 설명했다.

농촌의 빈곤한 사람들은 19세기 동안 산업화된 도시들에 몰려와 밀집됨에 따라 도시 빈곤의 문제는 점점 심각하게 되었고, 전통적인 공적 빈곤구제 제도들은 긴축되었으며, 사회복지실천은 납세자들에 의한 공적 지원의 부담을 완화시키고, 보다 인간적이며 그들을 재활시키기 위한 대안들을 제공하려고 노력하게 되었다.

수많은 자선조직이 영국과 유럽대륙에 이어 미국과 더불어 여러 다른 곳(호주 등)에서 탄생하게 되었고, 이러한 것들이 전문직의 발전에 거대한 영향력을 미치게 되었다. 그러한 출현으로 특히 사회복지 전문직은 개별 사회복지실천에 초점을 두게 되었다.

인보관 운동은 새롭게 출현한 도시들의 여건들로 인해 시작되었는데, 인보관 운동은 미드글리(1981, p.22)가 기술한 것처럼 계층 간 접촉을 가져오고, 오락과 교육 활동을 통하여 도덕적 가치를 주입하고, 슬럼가에 사는 거주민들의 습관을 개혁하는 데에 목적을 둠으로써 중산층들이 도시지역의 빈곤한 사람들과 연계하도록 하고자 하였다. 이 인보관 운동은 전문직이 지역사회 작업을 하게 된 중요한 기원으로 볼 수 있다. 왜냐하면 인보관 운동이 사회문제와 사회개혁에 대하여 지역사회 기반의 대응들을 옹호했기 때문이다. 라이닝거와 미드글리(Leighninger & Midgly, 1997, p.10)는 이 인보관 운동이 미국에서 시작됨에 따라, 어떻게 인보관 운동이 신생 전문직으로 하여금 사회문제의 원인에 초점을 두도록 유도하는가를 보여줌으로써 이 운동을 기술하고 있으며, 또 정부정책과 지역사회라는 두 차원에서 사회문제들에 대하여 어떻게 반응하는가를 탐색하여 보여준다.

라이닝거와 미드글리(1997, p.11)는 개별 사회복지실천 전문직에 대한 초기 역사의 영향에 대하여 다음과 같이 간단하게 요약하였다.

개인주의적 접근, 사회개혁 운동과, 공공 사회서비스의 성장은 사회복지실천의 발달에 있어서 한 가지 역할을 해왔다. 전문직 리더들은 개인적으로 초점을 둔 치료, 조직화된 집단의 추구, 지역사회 활동, 사회개혁과 다른 활동들을 사회복지 전문직 정체감의 기초가 된, 비교적 허술하게 규정된 실천 방법으로 융합할 수 있었다.

이것은 개별 사회복지실천, 지역사회 작업과 집단 작업이 왜 이 초기 발달에 모두 중요했었는지를 보여준다.

이후 수십 년간 이러한 신생 전문직은 외부적 환경, 특히 영국과 미국에서의 다른 발달에 대응하여 상당히 확장되었다. 일례로 청소년 범죄에 대한 법질서가 발달함에 따라 사회복지실천은 청소년 범죄자에 대한 교정서비스 개발에 초점을 두면서 이 분야의 선두적 역할을 하였다. 마찬가지로 건강 분야의 발달로 병원 사회복지실천이 출현하게 되었고 이후에는 정신과 사회복지실천을 강조하게 되었다. 실제로 의료 모델은 19세기 후기와 20세기 초에 사회복지실천에 중요한 영향을 미쳤고, 미드글리(1981, p. 29)에 의하면, 정신과 사회복지실천은 1차 세계대전 동안 충격을 받은 환자들과의 작업에 있어서 사회복지사들을 빈번하게 활용함으로써 활성화되었다.

사회복지실천 교육의 발달은 이러한 역사적 뿌리를 긴밀하게 반영한다. 일반적으로 대다수 사회복지사들이 고용된 곳에 따라 개인조직이든 정부부처이든 처음에 설립된 다양한 사회복지실천 영역에서의 재직훈련이 시작되었다. 그 다음 수년 동안 훈련 과정은 교육기관, 특히 대학으로 이전되었다. 처음 가르쳤던 과목들은 주도적인 실천 상황들을 반영하였다. 그러나 궁극적으로 그들은 새로운 지식체계와 새로운 실천 방법들을 포함하여 새롭게 나타나는 사회복지실천 활동의 범위를 병합하게 되었다.

우리는 지금까지 영국과 미국에서의 발달에 대하여 주로 언급해왔다. 이 두 나라들은 확실히 전문 사회복지실천의 출현을 주도해왔다. 유럽대륙의 상황은, 롤링스(Rollings, 1997)가 지적하였듯이, 과거나 지금이나 대단히 다양했으며 영국과 미국의 상황과는 크게 대조적인 경우가 많다. 롤링스는 다음과 같이 언급하고 있다.

> 유럽은 사회복지실천과 사회복지서비스가 전달되는 복합적이고 다양한 구조들을 통합하고 있다. 이것들은 복지의 직접 혹은 간접 제공에 있어서 국가의 역할과 가족의 책임 중에서도 특히 부양가족구성원들의 생존과 복지를 위한 여성의 책임에 대하여 대단히 다른 견해를 나타낸다(p. 114).

롤링스는 북유럽과 남유럽을 비교하여 연구했는데, 북유럽의 경우 복지서비스를 국가가 주로 지방정부 구조를 통하여 전달하는 전통이 오래전부터 형성되어 왔으며, 남유럽의 경우 복지에 대하여 국가가 적극적으로 관여하는 전통은 없는 경우가 많았다. 그러나 지역 전통이 역사적으로 어떠하든 혼합 복지시스템이 유럽연합(EU)의 사회정책들에 의하여 아주 최근에 시작되었고 대부분의 유럽에서 이제 나타나고 있다.

유럽에서의 이 다양한 복지 구조들은 그 정의를 포함하여 사회복지실천에서의 중요한 차이를 가져왔다. 롤링스는 일례로 프랑스에서의 사회복지실천이 다른 나라에서는 보통 준전문직 군으로 인식되었던 8개 혹은 9개의 직업군을 포괄하는 집합적인 용어라고 설명했다. 이와는 대조적으로 독일에서 사회복지실천이라는 용어는 지역소재 사무실, 병원, 클리닉, 자원봉사조직들에서 일하는 실무자들에 의해 개별화된 케이스워크라는 제한된 의미로 사용된다고 했다(p. 116).

따라서 롤링스는 사회복지실천의 척도는 유럽 내에서도 상당한 차이가 있다고 지적하였다. 예를 들면 스웨덴에서 사회복지실천은 노인에 대한 일을 포함하지 않지만 다른 나라들에서는 포함한다. 마찬가지로 영국에서는 "수입지원이 국가의 사회안전 체계에 고용된 공무원에 의하여 제공되는" 반면, 서유럽에서는 "자격을 갖춘 사회복지사들만이 지급 전달체계를 사정하고 관리한다"(p. 117).

유럽에서의 사회복지실천은 다양한 한편, 각 국가마다의 독특한 문화와 사회구조를 반영한 토착적 근원을 가지고 있다. 반대로 유럽의 국가들에 의해 식민지배를 받았던, 새롭게 산업화된 국가들에서는 식민지 종주국의 사회복지 체계를 따라 그들의 사회복지실천 구조를 물려받는 경향이 있다. 예를 들면 영국은 자신들의 복지체계와 그 자선조직들을 호주로 수출하였고 훈련과정은 이 부처와 조직의 스태프들을 위한 재직훈련을 제공하기 위하여 수립되었다. 아이프(Ife, 1997, p. 383)가 주목하였듯이, 사회복지실천 전문직은 "훈련된 의료복지 담당자들에 의해 인식된 욕구"를 가진 의료 분야로부터 중요한 영향을 받았다. 게다가 사회복지실천의 지속적인 발달로 인하여 많은 사회복지실천 리더들이 사회복지실천에서의 발전된 교육을 받기 위하여 이들 나라에 갔기 때문에 영국, 특히 미국의 발달에 많은 영향을 받았다. 실제로 호주의 사회복지실천과 영국, 미국과의 관계를 볼 때, 이전 식민지국가들 내에서 토착적인 전문직의 출현을 방해해왔기 때문에 이를 지켜보아 온 관계자들은 안타깝게 여겼다. 대부분의 서구 산업국가들은 궁극적으로 식민지 유산으로부터 상당정도 벗어나 토착적 접근을 일구어나가기 시작한 반면, 동시에 그들은 영국과 미국으로부터 계승된 기본 체계들과 그 뿌리의 영향뿐 아니라 그들 나라의 지속적인 발달의 영향을 완전히 피할 수는 없었다.

식민화를 통한 사회복지실천의 확장

사회복지실천은 그것이 식민지국가의 개발에 기여하도록 한 것이라기보다는 근본적으로 식민통치의 필요와 사기 충족을 위하여 수반되었다. 식민통치는 그들이 점령지들을 현대 문명화단계로 이끌어가고 있다는 믿음에 따라 진행되었으며, 사회복지서비스도 이러한 목적을 반영하도록 설립되었다. 이러한 목적에 따라, 지배국가에서 온 사회복지사들과 그 밖의 사람들이 식민지국가의 사회복지서비스를 관리했고, 그들에 대해 최소한의 기본적인 서구 방식의 복지체계를 강요했다. 주로 도시지역에서의 건강, 교육과 법, 질서 등에 초점을 두었지만, 그 역할이 식민체계에 중요한 계층들의 지원과 보호에 제한되는 경우가 많았다. 기독교인이나 인본주의적으로 동기화된 서비스가 주어지는 곳 외에 많은 다른 사람들의 욕구는 제외되는 경우가 많았으며, 개발은 물론 복지욕구를 해결하기보다 개량하고 기독교화하기 위한 것이 많았다(Hoogvelt 참조, 2001, p. 20).

많은 식민지에서 점점 지역민들이 사회서비스를 개발하는 직원으로 충원됨에 따라 사회복지와 지역사회 개발훈련 과정들이 소개되었다. 비록 일반적으로 독립 이후 근대 사회복지실천 자체가 소개될 때 개발을 위한 모델로서 많이 사용되었던 미국학교와 훈련모델을 가진 서구와는 다른 새로운 취지가 나타났음에도 불구하고, 분명 서구의 초기 훈련 과정들이 상당 정도 근대 사회복지실천의 수립을 위한 기초가 되었다(Midgley, 1981, pp. 56ff). 미드글리가 지적하였듯이, 많은 새로운 개발을 주도했던 서구 출신의 전문 사회복지실천가들이 했던 것과 같이 유엔도 1950년대와 1960년대에 개발도상국들에 전문 사회복지실천을 설립하는 일에 강한 관심을 가졌다. 불가피하게 이 시기에 설립된 사회복지대학들은 지배국가에서 온 사람들을 교사로 채용해야 했으며, 이들은 자신들이 익숙했던 모델과 커리큘럼에 따라 똑같이 가르쳤다. 미드글리(1981, p. 60)는 다음과 같이 언급하였다.

'현대' 사회복지실천을 증진시키기 위하여 서구 사회복지실천 전문가들은 자신들의 나라에서 개발해온 사회복지실천 교육에 대한 접근법들을 모델로서 사용하였다. 현대화 요구에 의하여 그들은 서구의 사회복지실천 훈련의 내용들을 그대로 복제한 커리큘럼을 디자인하고, 사회복지실천 과정들이 대학에 설립되고 서구 전문직 기준들을 채택하도록 강력하게 권고하였다.

미드글리는 식민지가 아니었던 국가들조차도 식민주의의 영향을 받았다고 주장했으며, 실제로 유엔이 최빈국으로 지목한 국가들을 비롯한 많은 개발도상국들에서는 여전히 지배국가에서 온 직원들을 통해 서비스를 제공하던 일부 국제기구들이 존재함에도 불구하고 국가가 운영하는 사회서비스나 현대적 사회복지실천이 설립되지 않았다. 이렇듯 이들 국가 대부분에서 현대 사회복지실천 교육과 사회복지사협회에 따른 전문적인 사회복지실천이 여전히 부족한 이유는 아마도 국가발전의 침체 외에도 지배국가가 없었기 때문일 것이다. 개발도상국에서 식민주의는 초기 사회복지실천 발달에 있어 서구의 영향을 의미하는 동시에 적어도 현대 사회복지 및 사회복지실천 발달의 토대 마련을 의미한다고 볼 수 있다. 이 서구의 영향이 전체적으로 부정적인 것인가 혹은 긍정적인 것인가는 판단의 문제이다. 한편으로 사회복지실천 교육과 실천의 부적절한 형태로 인식되는 경우가 많았지만, 다른 한편으로 직접적인 식민지 영향을 받지 않았던 많은 나라들에서는 사회복지실천의 경향에 따른 움직임을 요구하는 사회적 변화에도 불구하고 사회복지실천이 전혀 발전되지 못했다. 어떤 상황에서는 개혁이 요구되었으며, 다른 상황에서는 적절한 사회복지실천 체계의 도입을 기다렸던 것이다.

이러한 논의들은 현대 사회복지실천의 기원들이 어느 곳에서나 유사하게 나타난다는 것을 암시한다. 사실 이것이 이야기의 전부는 아니다. 지역 환경에 따르든지 혹은 영향력 있는 집단의 선호도를 나타내는 것이든지 사회복지실천은 다양한 국가들에서 그 지역의 특수한 욕구를 반영하는 것에서 출발한 것이다. 예를 들면 인도는 산업 사회복지실천이 초기부터 발달하였다(Bose, 1992, p.75).

그러한 발달에 관하여, 파와르(Pawar, 1999)는 노동시장 중심의 사회복지실천 프로그램이 두 개의 반대되는 관심사를 가진 개인들로 이루어진 핵심집단을 양산하는 경향이 있다는 사실에 주목하였다. 한편으로는 노동복지와 관리에 관여하는 인사관리 졸업생이 있으며, 다른 한편으로는 노동력에 초점을 둔 사회복지사들이 있다는 점이다(1997, p. 206).

이집트의 아보엘나사르(Abo-El-Nasr, 1997 p. 206)는 "이집트에서의 초기 사회복지실천의 기본 핵심은 두 분야, 즉 농촌 지역에서의 지역개발 프로젝트와 도시 지역의 학교이다"라고 하였다. 그는 사회복지실천을 "교육, 의료와 생산의 중요한 조직 목표들을 성취하기 위한 보좌 혹은 보조"로 보았다. 따라서 이집트는 산업 사회복지실천이 번창해온 몇 안 되는 국가 중 하나이다.

필리핀에서의 사회복지실천 사례연구의 경우, 미드글리(1981, p. 58)는 사회복지 부처가 사회복지사의 주된 고용주체였으며, "'주로 장애인, 고아를 비롯한 가족으로부터 가출한 부랑아나 부모로부터 버림받은 경우처럼 원치 않은 열악한 상황에서 사랑받지 못하는 사람들'에 대한 복지에 관한 것이었다"고 하였다. 그러므로 "필리핀에서 아동보호는 공공 복지서비스에 의해 주도된 일차적 책임들 중의 하나"였다. 그는 또 필리핀에서의 사회복지실천은 케이스워크 방법론을 주로 채택하였으며, 대단히 도시지향적이었고, 특히 초기에는 필리핀만의 독특한 욕구(개발, 농촌)와의 관련성은 적었다고 설명하였다.

따라서 개발도상국에서 진행된 사회복지실천의 출현에 대한 상세한 연구는 서구와 식민주의의 영향들이 공통적으로 중요했던 반면에 여러 국가나 지역에서 종사하는 미숙한 전문직의 구체적인 특성은 동일하지 않았다. 그 이유 중 일부는 그들의 사회문화적, 정치경제적 맥락이 달랐기 때문이다. 더 나아가 그것은 사회복지실천의 기능과 실천에 있어서 초기에 우선시되었던 특성들이 일반적으로 여러 국가들에서 전문직으로서의 이미지와 지속적인 발달에 대하여 계속적인 영향을 미쳤음을 의미한다(이 다양성에 대한 예로는 Ho-kenstad et al., 1992; Mayadas et al., 1997를 참조).

개발도상국들의 토착 사회복지실천에 대한 초점

오늘날 전 세계의 사회복지실천에 대한 보고서를 살펴보면 많은 점에서 글을 쓴 사람들 사이의 합의점이 드러난다. 첫째, 조직화된 전문 사회복지실천이 (많은 최빈국들을 제외한) 여러 나라에서 다양하게 존재한다는 것과 그 다양한 국가의 사회복지실천 구조가 서로 많은 점에서 공통됨으로써 국제적인 전문직의 일부로서 서로를 인식하고 있다는 것이 명확하다는 것이다. 둘째, 어디에서든 사회복지실천은 같은 윤리적 진술에서 뿐만 아니라 공통된 관심사를 통하여 나타나는 것처럼 동일한 윤리적 기준을 가지고 있다. 셋째, 사회복지사들이 비록 모든 나라에서 그런 것은 아니지만 많은 경우 유사한 사회문제들에 대응하고 있다는 인식을 강하게 하고 있으며(Healy, 2001, p.100), 국제사회복지실천 컨퍼런스의 프로그램과 논의에서 이 점을 확실히 알 수 있다. 넷째, 거의 모든 개발도상국에서 사회복지실천은 사회복지실천에 대한 공통된 이미지와 하는 일에 대하여 전문직종들 사이에서 지위가 낮다는 인식을 가지고 있다. 불행히도 그 이미지는 세계적으로는 아니더라도 그 나라에서의 사회복지실천에 있어서 상당 정도 정확성을 가진다. 마지막으로 많은 개발도상국들에서 사회복지실천은 몇 가지 유형의 위험이 있다는 두려움이 광범위하게 퍼져 있다. 그것은 특히 자본주의와의 혼합, 개인적인 실천으로의 확장, 서비스 축소 경향 속에서의 역할을 통해 정부의 하인이 되는 것, 또 신자유주의적 이데올로기의 적용의 일부로서 복지국가와 공식적인 복지구조의 쇠퇴에 따른 약화 등의 위험 속에서 사회복지실천의 존재성에 대한 광범위한 두려움이 존재한다는 것이다(Pierson, 1998; Hutton, 2003 참조).

전 세계의 사회복지실천이 공통점을 많이 가지고 있다는 합의가 있는 반면, 일부 연구자들은 동시에 중요한 차이점들도 있다는 것을 인정한다. 한 측면에서 이러한 차이점들은 모든 세계적 전문직에서 예측될 수 있는 것들이다. 나라마다 강조점의 차이, 전문직의 세력에 있어서의 차이, 세부적인 전문직 교육과 실천의 차이들 중 상당 부분은 지배적인 환경에 있어서의 사회문화적, 경제적 차이뿐 아니라 역사적 요인의 차이에 따른 것이다. 그밖에 훨씬 의미 있는 수준에서 그 차이점들은 욕구가 변화하고 자원 이슈들이 변화함으로써 지배적인 방법론상의 변화가 필요해지는 데에 따른 전문직의 특정 지역, 국가와 지역 내 반응을 나타낸다. 이러한 변화들은, 그것들이 특정 지역들에서 일어남에 따라 전문직의 모양새를 아주 현저하게 변화시켜 나갈 수 있다. 그러나 그러한 변화들은 서서히 그리고 처음에는 전체 전문직의 아주 작은 부분 내에서만 혹은 아주 지엽적으로만 일어나는 경향이 있다.

일례로, 라틴아메리카에서 사회복지실천은 장소의 영향을 받아왔고, 전체적으로 어느 정도 가톨릭에서 채택된 자유신학과 파울로 프레이리(Paulo Freire, 1972)에 의한 의식화 운동에서 영향을 받아왔으며, 결과적으로 사회정의와 사회행동, 혁명적 변화에 대한 헌신이 강하다는 것은 분명하다(Kendall, 2000. pp.107-108). 두 번째 예로, 많은 아프리카 국가들에서의 사회복지실천은 최근의 사회개발 사고에 따른 영향을 강하게 받아왔다. 그리고 사회복지사들은 전문직 내에 사회개발 관점을 적극적으로 증진시켜오고 있다(Healy, 2001, p.102 참조; Journal of Social Development in Africa). 세 번째 예로, 인도에서는 최근 새로이 농촌의 사회복지를 지향하는 사회복지대학에서 공부를 하고 농촌 사회복지를 실천하기 위하여 농촌 학생들을 충원함으로써 농촌 사회복지실천에 많은 초점을 두어왔다. 또 다른 예로 중국에서는 서구의 전문 사회복지실천의 도입에 대한 저항이 있었다. 그 이유는 중국의 문화적 가치와 실천에 잘 맞지 않는다는 이유 때문이었다. 실제로 대부분의 지역들에서 문화적으로 민감성을 갖춘 사회복지실천 교육과 실천에 대한 욕구가 일반인들과 관련된 사람들에 의하여 인식이 증진되고 있다.

최종적으로 냉전의 종식(1989년) 이후 동유럽에서의 사회복지실천의 탄생 혹은 재탄생, 뒤따른 공산주의와 사회주의 정부의 붕괴는 사회 재건 혹은 일부가 표현한 것처럼 시민사회의 구축(사람들과 국가 사이에 정치적이고 경제적인 구조들 사이를 연계하는 조직의 네트워크)에 강력한 중점을 두어왔다. 이것은 종종 많은 다른 필요한 발전에 대한 필수적인 첫 단계로 생각되어 왔다(Constable & Mehta, 1994 참조). 그러나 앞서 살펴본 예에서 아마도 마지막 한 가지를 제외하고는 이 두드러진 특징들은 최근 수십 년에 걸쳐 크게 변하지 않는 주류 사회복지실천의 특징들과 함께 존재하고 있다. 그것들이 중요하고 흥미 있는 발전인 동시에 어떤 의미에서는 주변적으로 남아있다.

그러한 예에서 사회복지실천은 최근의 발달이라는 측면에서 그 역할에 대하여 비판적으로 탐색한 결과 서서히 변화하고 있음을 알 수 있다. 변화는 초기부터 어느 정도 사회복지실천에 내재되어온 반면, 최근의 변화들은 아주 급진적이고 이는 장기적으로 전체 전문직에 중요한 변화를 야기할 수 있었다. 이 변화들이 결국 공통된 전문직의 보호 아래에 전문직의 확장을 가져올 것인지 혹은 전문직을 임상, 사회개발 접근법 같은 다양한 학파로 분리시킬 것인가는 시간이 지나서야 알 수 있게 될 것이다. 그러나 우리는 새로운 강조점들이 사회복지실천의 가치 기준에 맞고 그 통합성을 유지하며, 현대 사회가 직면한 주요 도전들에 대해 가치 있는 역할을 한다면 시의적절한 것이라고 믿는다. 그러한 변화를 몰아치는 사람들은 상당 정도 미드글리(1981, p.157)가 말한 복지 접근을 수정하도록 요구받으며, 거기에는 서구로부터 도입된 잘못된 선호도와 부적절한 구조들이 포함된다. 즉 이러한 문제들에 대한 해결책들은 사회복지사들이 자신의 나라들에서 부적절한 형태의 사회복지실천 교육과 실천을 확인하고 수정하려고 노력할 때에만 찾아질 수 있다. 비록 그 과정이 여전히 초기 단계에 놓여 있다고 이야기하는 것이 사실이긴 하지만 일반적으로 사회복지실천의 범위를 확장시킴으로써 점차적인 해결책들이 찾아지고 있다.

아프리카 상황에서 앞에서 언급한 여러 측면들을 대표하는 것이 오세이훼디(Osei-Hwedie, 1993)의 글이다. 그는 서구 이론, 특히 사회과학 이론과 아프리카의 사회복지실천 사이의 간극에 대하여 염려하고 있다. 그는 아프리카에서 진행되는 사회복지실천의 토착화는 "내부로부터 시작되어야 하고, 우리의 문제와 요구가 무엇인지, 어떤 자원과 기술들이 우리에게 가능한 것인지, 어떤 과정과 절차들을 우리가 다른 사람들로부터 빌려올 수 있는지를 파악하여야 한다"(p.22)고 제안하였다. 그는 사회복지실천을 "사회개발과 사회개발 관심의 맥락 안에서"(p.23) 재정의하는 것이 필요하다고 주장했다. 그는 개발도상국의 많은 부분에 적용될 수 있는 주장들을 이용하여 다음과 같은 주장을 전개했다.

아프리카에서 사회복지실천의 효과가 증가한다는 것은 전문 지식을 완전하게 하며, 합법성과 사회적 수용성을 더 높게 수립한다는 것을 의미한다. 사회복지실천을 규정하고, 그 과정을 도표화하려는 노력은 또 통제의 이슈와도 관련된다. 그것은 누가 그 전문직을 규정하고 통제하며, 그 사회경제적 지위를 부여하는가에 관한 필사적 노력이다. 필연적으로 누구든지 그 분야를 규정하는 사람은 수반되는 실천 내용도 설정해야만 한다. 주된 문제는 사회복지실천의 주요 안건(수반되는 실천 내용)이 다른 사람들, 특히 정치가들에 의하여 설정된다는 것, 또 상당 부분 사회복지실천 훈련이 거의 모든 경우에 정부와 비정부 조직에 의하여 제공되는 고용의 성격에 의하여 주어진다는 것이다. 다시 한 번 이 분야의 토착화는 누가 그 주요 안건을 설정하는가하는 문제를 해결하고, 실천 내용이 정치적 영역으로부터 전문적 영역으로 이전되어야만 가능하다.

최종적으로 오세이훼디(1993, p. 27)는 사회복지실천 앞에 놓여있는 어려움을 다음과 같이 보여주고 있다.

전문직은 전문직의 기초와 그 근거를 파악해야만 하고, 세련된 지식과 기술이 실천을 통하여 도출될 수 있는 과정을 개발하여야 하며, 아프리카 사람들의 세계관을 이해하기 위하여 사회복지실천과 그 임무를 규정하며, 또 사회복지실천 영역과 전문지식을 명확히 하고, 전문직의 지식, 철학과 가치기반을 파악하여야 한다.

내재된 서구 사회복지실천 지식과 기술을 지역 상황에 적용하거나 외부와 지역의 전문성을 토대로 한 출발점으로부터 토착적인 사회복지실천 형태를 고안하는 과정은 결코 누구에게도 쉽지 않다. 특히 빈곤한 개발도상국들의 사회복지실천 지도자들에게는 더욱 그러하다. 이것은 세계적 전문직으로서 도움을 제공하기 위하여 준비가 되어야 하는 영역이다. 첫 상황과 관련하여 파와르(1999)는 토착적 사회복지실천 교육을 발전시키기 위한 10단계를 다음과 같이 제안하였다.

① 사회복지실천 교육자들 스스로 서구의 사회복지실천 모델을 가르치고 있다는 사실을 자각하기
② 여러 과목들과 전공들의 지역적 타당성과 모델에 대한 의문을 제기하기
③ 무엇이 타당하며, 무엇이 타당하지 않은지, 왜 그러한지 파악하기
④ 타당하지 않은 모델의 여러 측면들을 가져오는 요인들, 조건들, 상황들을 파악하기
⑤ 지역 문화, 전통, 실천 안에 존재하는 해결책, 지각들, 대응전략들 찾아내기
⑥ 이러한 것들을 문서화하고 강의실 수업 내지는 실천 교육 내부로 끌어들이기
⑦ 토착 커리큘럼의 개발을 촉진시킬 미시적 수준의 활동을 수행하기
⑧ 효과적인 사회복지실천들을 문서화하여 파급시키기
⑨ 위의 것들을 병합하기 위하여 과목 커리큘럼을 재수정하기
⑩ 대학 수준에서 그리고 더 나아가서는 대학 간 교육자, 실천가, 학생들을 포함하여 커리큘럼 개발을 위한 워크숍 조직하기

개발도상국들에 대한 이 책의 초점을 가정할 때 우리는 개발도상국들에서 사회복지실천의 토착화에 대해서만 이야기해왔다. 이는 이러한 경향이 서구의 산업화된 국가들에는 관련성이 없다는 것을 의미하는 것으로 보인다. 그러나 그것은 사실이 아니다. 비록 여기서 이 발달을 상세화하는 것은 적절하지 않지만 몇몇 서구 국가들의 사회복지실천은 여러 지역 상황과 관련하여 토착적인 사회복지실천 형태를 개발하는 중요성을 인식해왔다는 것에 주목해야 한다. 한 예는 적어도 호주, 캐나다, 뉴질랜드와 미국에서 작업이 진행되어온 토착 소수집단들 내의 사회복지실천 분야이다.

국제사회복지실천과 관련된 사회복지실천의 최근 경향들

오랜 역사를 통하여 볼 때 사회복지실천은 세 가지의 주요 실천 영역에 이바지해왔다.

첫째 영역은 사회복지실천을 복지국가의 갑옷으로 본다. 이 영역에서는 국가는 전문직이 초점을 둔 특정 실천 분야에 효과적으로 영향을 미친다. 사회복지사 대부분은 국가나 재정지원을 받는 기관에 고용된다. 따라서 국가에 의하여 효과적으로 통제를 받게 된다. 이 실천 분야에는 다음의 분야들이 포함된다. 즉 보호관찰과 가석방, 교정기관 내에서의 작업 등을 통한 청소년 비행과 성인 범죄 분야, 가족복지서비스, 아동보호와 아동입양 분야, 사회보장과 가족지원, 유사 복지지원 제도와의 분야, 가족지원 계획 등이다. 일반적인 이러한 분야에는 사회통제와 보호의 요소들이 강력하게 존재한다.

둘째 영역은 사회복지실천을 문제를 경험하는 클라이언트와 직접 일함으로써 사회적 기능과 개인과 가족의 복지를 강화하는 데 전적인 역할을 하는 것으로 보는 것이다. 이 실천 영역은 임상 사회복지실천, 가족치료와 결혼생활 안내, 의료와 정신과 사회복지실천, 정신치료로 불리는 분야에서의 실천 등 몇 개의 파생 분야들이 있다. 이 분야에서 사회복지사는 개업을 통해 극단적인 형태로 정형화된 클라이언트인 개인을 대상으로 한다. 그러나 그것은 주립기관과 병원 같은 사립기관에서의 실천도 포함된다.

사회사업의 셋째 영역은 사회복지실천을 건강하고 응집력이 있으며 역량 있는 공동체와 사회를 구축하는 데에 기여하려는 노력을 하며, 이 과정을 통하여 사람들의 복지를 증진시키는 것으로 본다. 이 영역에서의 실천 분야는 지역사회 개발에서 거시적 사회정책 형성에까지 포함되며, 아마도 오늘날 사회개발로 요약될 수 있을 것이다. 구체적으로 그 기본 목표는 사람들이 개발하고 살고 있는 환경이나 사회를 개선시키는 것과 항상 연결된다. 여기서 사회복지실천은 공동체와 인종집단, 지역, 국가 등의 인구집단들을 포함한 선별된 상황들 안에 있는 사람들을 돕는 것이다. 그러나 그것은 또 다양한 수준들에서 더 나은 세상을 구축하는 데에 기여하는 전문직의 사명을 반영하는 것이기도 하다. 이 영역에 고용된 대부분의 사회복지사들은 시민사회의 기관들을 위하여 일한다. 비록 일부는 국가, 특히 사회행정, 사회정책, 국가 주도 지역사회 개발이나 사회개발 프로그램 등의 분야에서 국가를 위하여 일할 것이라 하더라도 그들의 목표는 시민사회에서 일하는 사람들의 목표와 유사하다.

사회복지의 역사를 통해 볼 때, 이 세 영역들의 타당성과 그 영역들 사이의 균형에 관한 의문이 주기적으로 있어 왔다. 그러한 의문점들에 대하여 최근에 어떤 답들이 주어져왔는지 살펴보자. 우리는 사회복지에 맞추어진 비판들을 흔히 자체 내에서 비롯된 세 가지 유형으로 볼 수 있다. 첫째, 아무리 이 영역들이 묘사된다 하더라도 세 영역들 사이의 균형에 대하여 비판하는 사람들이 있다. 둘째, 특정 실천 분야들을 사실상 모두 소홀히 한다는 것 때문에 전문직을 비판하는 사람들이 있으며 그 분야들은 사회개발로 이야기될 수 있는 영역인, 제3영역에 주로 있다. 마지막으로 선별된 인구집단을 모두 소홀히 하는 점 때문에 전문직을 비판하는 사람들이 있는데, 그것은 세 가지 실천 영역들 모두가 이야기된 인구집단에 의미 있게 적용되지 않는다는 것을 뜻한다. 이에 대하여 좀 더 자세히 살펴보고자 한다.

세 가지 실천 영역들 사이의 균형에 대한 문제

전문직이 초점을 둔 교육과 실천의 영역들을 선택하는 데에 있어서 불균형적이라는 비판은 여러 나라들마다 형태를 달리하는데, 이는 국가별로 세 영역들 사이의 실제 균형상의 차이를 반영하는 것이다. 일부 사람들은 미국의 사회복지실천이 주로 임상 모델을 활용하여 지나치게 개인과 가족과의 미시적 실천 영역에 초점을 두고 있다고 믿는다. 1990년에 스펙트(Specht, 1990, p. 345)는 "현재 나타나고 있는 것처럼 전문직이 향후 20년 내에 정신치료에 의하여 완전히 잠식될 것이라고 예측할 만한 충분한 근거가 있으며, 공적인 사회서비스에 있어서의 사회복지실천의 기능은 소홀히 될 것이다"라고 경고한 바 있다. 결론적으로 스펙트(1990, p.354)는 "핵심은 정신치료가 사회복지실천을 그 원래의 관점인 사회의 완전성, '아름다운 도시', '새로운 사회', '새로운 분야의 개척' 등의 비전을 왜곡시켜 왔다는 점이다"라고 하였다.

영국에서의 사회복지실천에 대한 글에서 해리스(Harris, 1990, pp.204-205)는 스펙트가 미국에서의 사회복지실천에 적용된 것으로 인식한 것과는 다른 불균형이기는 하지만 그가 받아들일 수 없는 불균형에 대하여 비판하고 있다. 해리스는 다음과 같이 비판하였다.

영국에서 수년 동안 "사회복지실천이란 무엇인가"에 대한 논쟁이 핵심적인 실존적인 관심사가 되어왔다. 이에 대한 응답은 다양하다. 나의 관점은 사회복지실천이란 근본적으로 규율과 법, 정책의 일상적 적용이 부족하여 '어려운 사례들'을 개별적으로 다루는 것에 대한 주 재정 활동이라는 것이다. 구체적으로 사회복지실천은 어디서든 주장되어오지 못한 권리를 주장하고, 사회복지사의 클라이언트들이 폐기해 온 의무들을 실행하는 것이다. 따라서 사회복지는 클라이언트 중심의 일이 아니라 국가 중심의 일이다.

마지막으로 아프리카의 상황을 토대로 연구한 글에서 카세케(Kaseke, 1990, p.19)는 아프리카 대륙에서 사회복지실천은 국가의 복지와 치료 모델에 지나치게 치중해왔으며, 사회개발 분야에는 너무 무관심했다는 공통된 아프리카의 견해를 드러냈다.

사회개발은 치료접근의 틀 안에서 일하는 사회복지사들의 좌절로부터 비롯되었다. 그들의 미시적 수준에서의 임상적인 개입기술은 현재 효력 있는 수단들을 지닌 사회복지사들의 능력을 훨씬 벗어나 여러 차원들에서 계속적으로 다시 나타나는 문제들에 대한 영구적인 해결책을 제공하는 데에 도움이 되지 못한다.

뮤페지스와(Mupedziswa, 1992)는 자신의 견해를 다음과 같이 나타내고 있다.

이 글(실업, 난민, 에이즈, 생태학과 구조적 적응 프로그램)에서 제기되는 문제들은 사회복지실천 전문직에 대한 주요한 도전들이다. 안크라(Ankrah, 1987)가 '미래지향점'으로 명명한 것을 채택할 필요가 있는데, 그것은 사회복지실천이 그러한 상황의 최고 지점에 있고자 한다면 인간의 욕구가 어떻게 될 것인지, 어떤 여건들이 이러한 욕구들을 해결할 것인지를 예측하는 것이다. 전문직이 보다 진지하게 받아들여지고 보다 현실에 적합해지길 원한다면, 보다 공격적이고 모험적이어야만 한다.

아프리카에서의 사회복지실천에 대한 대부분의 저자들은 토착화 노력과 함께 전문직의 출현 형태와 다양한 영향들을 논의하고 있다(Asamoah, 1997 참조). 또한 계속적으로 토착화 과정은 좀 더 받아 들여져야 하고 사회복지실천은 주로 발달론적 접근을 채택함으로써 아프리카가 직면한 주요 문제들에 보다 적극적으로 반응해야 한다는 결론을 맺고 있다(예: Osei-Hwedie, 1993 참조).

특정 실천 분야와 인구집단에 대한 경시

현재 사회복지실천이 자주 부딪치게 되는 두 번째 비판은 그것이 특정한 주요 이슈나 필요한 영역을 무시하거나 경시하는 경향이 있다는 것이다. 로보와 메이야다스(Lobo & Mayadas, 1997)는 난민과 추방된(displaced) 사람들과의 실천 분야에서 나타나는 사회복지실천 모델을 국제사회복지실천에 있어서의 주요 도전으로 기술하는 한편, 이 분야가 전문직에 의하여 중요하게 다루어지고 있지 않다는 것을 지적하였다. 1982년의 상황을 되짚어도 이 견해들은 아마도 여전히 정확할 것이다. 샌더스(Sanders)는 "난민 문제와 국경에 걸친 유례없는 비자발적인 인구이동의 문제는 국제사회와 사회복지실천 전문직의 의식에 도전이 되고 있다"고 하였다. 또 샌더스(1985, 1988)와 다른 연구자들이 자주 쓰고 언급한 또 다른 이슈는 평화였는데, 평화와 사회개발 이슈가 밀접하게 연결되어 있고 사회복지실천의 관심사가 되어야 한다는 것을 강조하였다.

다른 저자들은 개발도상국들에서의 극단적인 빈곤에 대하여 사회사업이 사실상 경시해 왔다는 것을 한탄했다. 고어(Gore, 1988; p. 3)는 인도의 사회복지실천에 대하여 "전문

사회복지사들이 스스로 빈곤 자체보다는 궁핍함, 쉼터의 부족, 가족의 붕괴, 비행 등 빈곤의 결과들에 대하여 자주 이야기하였다"고 비판했다.

이것은 개발도상국들에 대한 상당히 공통된 견해들이다. 개발도상국들에서 연구자들은 사실상 일반적인 사회복지실천의 범주 밖에 있는, 빈곤을 포함하여 모든 중요한 개발과 관련된 욕구들을 이야기하는 경향이 있다. 예를 들면, 농촌지역, 아동노동, 부랑아동들, 이주노동자들, 여성에 대한 차별과 문맹 등 주요 분야 외의 분야들이 소홀히 다루어지고 있음을 안타까워 한다. 일반적으로 언급되거나 함축된 이유들로는 국가의 복지 체계가 이러한 영역들에 대한 시도를 하지 않고 원조 기관들이 그러한 영역들에서의 프로젝트를 선뜻 지원하지 않을 것이라는 것이다. 그러나 또 다른 이유들을 살펴보면, 사회복지 전문직이 도시나 중산층 출신이고, 졸업생들이 경시되고 있는 분야보다는 쉽게 받아들여지고 업무가 용이하고 편안한 실천 분야에서 일하려고 하기 때문이다. 마지막으로 일부 개발도상국들에서의 사회복지실천은 사회정책 분야를 경시하고 있는 것으로 비판받고 있다.

특정 이슈들이나 분야들을 회피하는 사회복지실천에 대한 비판 경향과 함께 하는 것은 그것이 사실상 특정 인구집단—일반적으로 국가 내에서 인기가 없는 소수집단들—에 대하여 사실상 등을 돌리고 있다는 비판이다. 그 비판은 대부분의 국가들에서 토착 소수집단들, 집시나 유럽의 로마 집단들, 난민지위신청자들과 불법이주자들, 인도의 카스트들에 대한 사회복지실천의 역할에 대한 것이다. 이 상황을 개선하는 유일한 방법은 사회복지대학들이 긍정적인 차별 정책을 채택하여 그러한 배경 출신의 학생들을 선발하고 커리큘럼 내에 관련 내용들을 포함시키는 것이다. 물론 우리는 어떤 상황들 안에서 사회복지실천 서비스가 없다는 것을 단순히 고용 기회와 기금 지원이 부족하기 때문으로 단순하게 설명할 수도 있다. 그러나 실상 그 이유는 이보다 복잡하여, 전문직 안팎에서 일부 국가들의 주류 사회복지실천에 대한 개념들과 더 관련성이 있다고 믿는다.

세 가지 실천 영역들 사이의 균형과 선택에 영향을 주는 요인들

요인들의 복잡성

우리는 이 주제가 주로 사회복지사가 어디서 실천을 행하는가는 사회복지사의 선호도에 따른 문제이며, 그들의 선택이 개인적인 기호일 뿐 아니라 전문직 내에서의 태도를 반영하는 경향이 있다고 논의해왔다. 실제로 무엇이 사회복지가 전개되는 패턴을 결정하는가 하는 질문은 아주 복잡하다. 그것은 사회복지대학에 지원해서 합격하는 사람들의 배경 및 동기와 관련된다. 또 개발도상국의 국민들은 일반적으로 잘 교육받고 도시중산층의 개인들을 선호한다는 편견에 따른 것이다. 그것은 가치, 커리큘럼, 교직원 프로파일과 사회복지대학들과 관련된 다른 요인들과 관련된다. 왜냐하면 특정 유형의 대학들과 커리큘럼이 특정 유형의 학생들을 끌어들이고 다시 졸업생의 고용취향에 영향을 미치기 때문이다. 그것은 고용시장과 관련되는데, 대부분의 사람들은 만일 고용기회가 존재하지 않는다면 전문직 내에서 특별히 중점을 둔 영역을 공부하려고 하지 않을 것이다. 그것은 정부와 비정부 복지서비스 영역뿐 아니라 교육에 대한 결정권이 있는 정부 관료들, 교육행정가, 교육기금 조직체, 미래에 학생이 될 아이들의 부모들 사이에서 나타나는 지배적인 그들의 공동체적 태도와 관련된다. 만일 그들 공동체의 가치와 태도들이 특정한 실천 분야나 특정 표적집단들과 크게 반대되는 것이라면 교육과정, 교직원과 학생들은 그러한 실천 분야들을 의미 있게 선택하지 않을 것이다. 그러한 상황에서는 궁극적으로 그러한 작업의 효과와 필요성을 보여줄 것이라는 바람을 가지고, 비인기 영역에서의 사회복지실천을 개척하고자 하는 소수의 개인들이나 기관들에게 남겨지는 경우가 많다.

지역 이슈들, 욕구들, 상황들

주된 어려움은 사회복지실천 내에서의 균형이나 그 범주를 비판하는 대부분의 사람들이 특정 영역이나 분야가 빠지는 것을 권하지 않는 것으로 보인다는 것이다. 그들은 보통 대부분의 사회복지사들이 하는 것을 반대하는 것이 아니라 그들의 영역 범위가 확대되는 것을 바라는 것이다. 사실 그 상황을 자세하게 분석하는 사람들은 실천 영역들 사이에서 나타나는 중첩성의 문제를 인식하기 때문에 그들 사이의 차이점들에 지나치게 초점을 두고 싶어 하지 않는다. 예를 들면 강력한 사회개발을 지지하는 사람들은 한결같이 케이스 워크를 초점에서 배제하는 것이 아니라 국가 기반 개입프로그램들과 시민사회 기반 개입 프로그램들을 모두 포괄한다. 그 때 나타나는 문제는 이미 과중한 커리큘럼과 감당할 수 있는 것 이상의 것을 하도록 지나치게 폭이 넓어진 전문직 안에서 그 영역이나 실천 분야들 이 점점 더 확장된다는 것이다.

그러나 사회복지실천을 어떤 활동 분야로부터 제외시키려고 하는 사람은 거의 없는 반 면, 다양한 실천 영역들 사이의 균형과 같은 이슈들을 파악하기 위하여 모든 전문직에서 주도적인 상황을 사정할 수 있도록 하는 것이 중요하다. 한 가지 예로 아프리카에서의 사 회복지실천은 케이스워크 영역이나, 정부가 주도하는 사회통제 방법 관련 영역에 지나치게 초점을 두지 않는다. 두 가지 실천 영역들이 자신들의 자리를 가지고 있으며, 보다 폭넓은 적용성을 가진 기술들을 생산하는 반면, 아프리카에서의 사회복지실천은 주로 빈곤, HIV/에이즈, 낮은 수준의 사회개발과 같은 만연된 고통을 야기하는 욕구들을 다루는 데 에 초점을 두어야 한다. 그러므로 많은 아프리카 국가들 외 여러 지역에서의 사회개발에 대한 요구는 사회복지실천이 그 상황 속에서 이룩한 전적으로 논리적인 결정인 것이다.

포괄적이고 통합된 대응에 대한 욕구

사회복지실천의 범주를 확장하는 대안은 사회개발 복지사, 갈등/트라우마 상담사와 지역사회 화해를 위하여 일하는 평화 복지사(peace-worker) 등 새로운 전문직의 개발로 보일 수도 있다. 그러나 우리는 그러한 대응에 대하여 강력하게 반대한다. 실제로 욕구는 전체적이고 사람들, 가족들, 지역사회들, 지역들 심지어 국가들조차도 상당 정도로 통합 된 전체로 인식되어져야만 한다. 욕구의 범위는 다양하고, 전문가의 개입이 필요한 경우가 많을 것이다. 그러나 항상 큰 그림을 보고 이해하며 사정할 수 있고, 그런 다음에 전체 상 황에 대하여 전체적으로 대응하는 것이 포괄적이고 통합된 것이라는 것을 확실히 할 수 있 는 전문가들이 있다는 것은 중요한 일이다. 실제로 이것은 일반적으로 사회복지실천과 지 금까지 사회개발 작업을 통하여 나타난 주요한 학습들 중의 하나이다.

만일 우리가 분쟁을 겪어온 어떤 국가에서 일한다고 가정해보면, 사회복지사들은 예를 들면 갈등상태에 있는 두 편 사이의 화해를 위한 욕구, 어떤 사건으로 인하여 트라우마를 겪는 사람들을 돕는 일, 공동체를 재건하여 서로 일하도록 돕는 일, 필요할 때 원조를 분배하는 동안 수입창출의 기회를 구축하는 일, 국가기관으로부터 지역수준에 이르기까지 사회를 재형성하는 일, 의료문제부터 부부문제에 이르기까지 개인적인 욕구들을 가진 개인들을 돕는 일 등 상호작용 욕구에 분명하게 직면하게 된다. 불가피하게 일부 기관과 사회복지사들이 이러한 영역들 중 단 하나가 아닌 여러 영역에 초점을 두게 될 경우 보다 큰 그림을 인정할 수 있고, 포괄적인 정책과 프로그램들을 개발하고 수행하며, 전문 사회복지사들을 파견, 지지, 조정하고, 일반적으로 한 영역에서의 발달이 다른 영역에서의 발달을 보완할 것이라는 것을 확실히 함으로써 전체적인 사람들의 안녕과 국가 미래의 발전이 확실시 된다는 것을 명확하게 해주는 복지사가 필요하다.

사회복지사들의 배치 수준

빈곤과 추방의 상황, 분쟁 후 상황과 사회개발에 대한 포괄적이고 통합적인 접근의 필요성에 대한 인식은 일반적으로 바로 직접적으로 다양한 수준들에서 일하는 사회복지사의 중요성을 보여준다. 국제적으로 많은 상황들 속에서 사회복지실천의 중요한 문제는, 우리가 보기에는, 그것이 한 수준, 즉 대학을 졸업한 전문 사회복지사에만 거의 초점이 맞춰져 있다는 것이다. 일부 국가들에서 대학원을 졸업한 사회복지사들보다 아래 단계인 복지사들과, 사회행정가와 한 단계 위의 지도감독자를 채용하며, 일반적으로 이들에게 주어지는 역할들과 수준들 사이에 분명한 구분이 있다. 대학원 수준 모델에서 부딪치는 어려움에는 여러 가지가 있다. 교육비가 너무 비싸기 때문에 개발도상국들에서는 대학원 졸업생 수가 상대적으로 적으며, 그들은 보수를 잘 받는 좋은 여건에서 일하기를 원하기 때문에 대학원 졸업이라는 경력은 주로 도시 중산층에서만 가능하다.

현재 주도하고 있는 모델과 달리 작업상황은 적어도 사회복지사가 세 가지 수준에서 필요하며, 따라서 훈련도 세 가지 수준에서 필요하다는 것을 암시한다. 빈곤의 완화 및 지역수준의 개발을 위해 열심히 노력하고, 대규모의 이주 집단과 관련된 일을 하고, 분쟁 후 재건에 합류하는 모든 노력들은 어려운 작업 환경에도 불구하고 기꺼이 일선에 나서서 일하려고 하는 유능한 사회복지사를 필요로 한다. 그러나 이들의 훈련은 충분한 슈퍼비전이 가능하다고 전제할 때 상대적으로 단기간의 선별된 역할에 제한된다. 요구되는 두 번째 수준은 지역 프로그램을 고안하여 실행할 수 있는 사회복지사들이다. 일선 사회복지사들을 훈련하고 지도감독하며 지지해주는 것, 필요에 따라 광범위한 사회수준에서 상호작용하는 것 등이다. 비록 일선 실무자들의 수보다는 훨씬 적지만 상당히 많은 인력이 필요하다. 또한 일의 복잡성 때문에 기본적인 대학 교육이 필요하다. 마지막으로 거시적인 정책과 계획 수준에서 효과적으로 일할 수 있고, 광범위한 사회적 상황과 지역프로그램을 연결시키고, 두 번째 수준의 사회복지사들을 교육하고, 현장에서 사용되는 자료를 준비하거나 혹은 현재 상황에 대하여 포괄적이고 통합적인 접근법을 활성화할 수 있는 고급 훈련을 받는 사회복지사들도 필요하다.

우리는 여러 가지 방법으로 대략 언급된 세 가지 단계들에 대하여 이야기하고자 한다. 그것들은 지역수준, 중간수준, 중앙수준으로 볼 수 있다. 그리고 졸업생의 세 수준들은 보조사회복지사, 사회복지사, 선임사회복지사들로 기술될 수 있다. 혹은 준전문가, 전문가와 선임전문가로 표현할 수도 있다. 용어 자체는 현재 국내와 국제적 욕구들에 반응하여 포괄적인 전략들을 수행하는 세 가지 기본적인 단계들을 받아들이는 것만큼 중요하지는 않다. 또한 우리는 이러한 세 단계가 모두 사회복지 전문직에 모두 포함되어 있는 단계들로서 한 단계에서 다음 단계로의 연결이 아주 잘 설명이 되는 것이 매우 중요함을 강조하고자 한다. 또한 각 단계별로 이루어지는 훈련 자체와 훈련받는 사람들의 수는 각 단계에서 반드시 필요한 것들을 나타낸 것임을 주장하고자 한다. 우리만 이 결론에 도달한 것이 아니라는 점에 주목해야 한다. 예를 들면 컨스터블과 메흐타(Constable & Mehta, 1994, p. 117)는 동유럽에서의 사회복지실천 교육에 관한 연구를 결론지으면서 4단계, 즉 그들의 용어로는 준보조 전문수준(paraprofessional auxiliary level), 첫 단계 학위 수준(first diploma level), 두 번째 단계 학위 수준(second diploma level), 박사학위 수준(doctoral level)에 대한 전반적인 욕구를 주장하였다. 모든 수준의 사회복지사들과 전문직이 의식적으로 이 상황을 받아들이든 아니든, 사실상 이러한 세 단계가 많은 서구 국가들에서 시행되고 있으며, 특히 홍콩의 사회복지사들은 자신들이 오랫동안 분명하게 기술된 세 단계의 체계를 활용해왔다고 제시하였다(이 주제는 14장에서 더 논의된다).

결론적으로 우리가 보기에 사회복지실천은 최근 국제 상황을 지배해온 다양한 욕구 상황에 대응하는 책임과 잠재력을 가지고 있다. 더구나 우리는 사회복지실천이 세 영역에 동시적인 초점을 두는 것을 강력하게 지지한다. 더 나아가 우리는 그것을 필요로 하는 지역 사회 성원들에게는 케이스워크 서비스를 제공하고, 우리가 정의한 사회개발에도 관여하는 복지국가를 지원해주는 것으로 기술될 수 있는 세 영역에 동시적으로 초점을 둘 것을 강력히 지지한다(2장을 볼 것). 그러나 이 세 영역들 사이의 균형은 국가마다 달라야 하는데, 그것은 현재의 욕구와 그러한 욕구를 충족시키기 위하여 함께 합의한 대응들 사이의 균형을 나타내는 것이다. 그러므로 분명히 사회복지대학은 국제적으로 학생들에게 제공되는 커리큘럼에 세 영역들이 모두 포함될 것을 권유한다(비록 개별 대학들이 서로 보완하는 데에 있어서 다른 방식으로 세 영역을 반영한다고 하더라도).

더 나아가 사회복지사들이 우리가 지역, 중간, 중앙으로 언급한 세 수준에서 기여해야 할 필요성 때문에 전문직에의 진입 수준과, 세 수준의 업무를 나타내는 데에 제공되는 교육과 훈련에 따라서 보조 사회복지사, 사회복지사, 선임 사회복지사의 세 수준으로 기본적으로 구분해야 할 필요가 있다. 게다가 세 수준들 사이의 충원과 교육의 수적 균형은 특정 국가나 지역에서 우세한 사회경제적 현실과 개발 현실, 그리고 욕구가 무엇인지를 나타낼 것이다. 우리는 국제사회복지실천에 대한 탐색으로부터 이러한 결론에 도달하게 된다. 우리는 전문직 내의 주도적 상황에 대한 이러한 변화들이 이루어지지 않는다면 사회복지실천이 어떻게 이 교과서에 나타난 국제사회복지실천의 몇 가지 측면들에 중요한 대응을 할 수 있는지 알 수 없게 된다. 더구나 우리는 전문직이 변화를 경험할 수 있다는 것을 믿으며, 켄달(Kendall)이 "사회복지실천은 아마도 어떤 전문직들보다도 그것이 실제 이루어지고 있는 국가의 사회, 정치, 경제, 문화적 여건들에 필연적으로 대응적인 것이 사실인 것 같다"고 한 것에 동의한다.

사회복지실천의 전문화

미드글리는 개발도상국에서 사회복지실천의 '전문화'에 대한 핵심 문제에 대하여 1981년에 다음과 같이 언급하였다.

미국과 영국의 사회복지 강의가 대학에 개설되었기 때문에 제3세계에서의 사회복지실천 훈련도 같은 수준에서 도입되어야 한다는 것이 지지되었다. 대학원생들이 남아도는 일부 국가들에서는 대학훈련을 받은 사회복지사들이 현장에 고용되며, 대학교육이 급속한 사회적 상승의 가능성을 가지는 많은 다른 국가들에서는 졸업생들이 현장의 일을 시작하려고 하지 않으며, 특히 농촌지역에서 일하게 되는 것을 피하는 경향이 있다. 졸업생들은 그들이 적절한 훈련을 받지 못한 행정 책임을 부여받는 경우가 자주 있으며 현장수준의 복지사들을 위한 훈련기관도 불충분하다(1981, p.153).

서구에서 사회복지실천은 실천에 요구되는 교육수준 측면에 있어서 특히 전문직의 외관을 의도적으로 취해온 것이 분명하다. 미드글리는 최소한 일부 개발도상국들에 있어서 이러한 교육 수준의 부적절성을 강조하고 있다. 그러나 사회복지실천의 역할 측면에 있어서는 전문성 정도를 생각하는 것이 중요하다. 여기서 두 가지 중요한 고려사항들이 있다. 하나는 사회복지사들이 사람들의 삶과 복지에 상당 정도 통제나 영향력을 행사하고 있으며, 책무성과 책임 있는 행동의 원칙 때문에 모든 사회복지사들이 가능한 높은 수준의 훈련을 받는 것이 필요하다는 것이다. 서구 세계의 전문 교육이 대학의 영역이 되어 왔기 때문에 사회복지실천 교육이 대학에 존재하며, 그 수준이 치밀하게 감독되는 것은 바람직하다. 두 번째 고려사항은 다양한 복지나 개발 투입물들을 통합하는 데에 있어서의 사회복지실천의 핵심 역할과 관련된 것이다. 자주 어떤 상황에서 일련의 투입물들을 조정할 때, 만일 사회복지사들이 사회, 경제, 정치, 기술, 생태, 문화, 법 그리고 다른 요인들을 충분히 고려하도록 기대된다면 이러한 학문들에 대한 최소한의 교육이라도 이루어져야 할 것이며, 일부 다른 학문들보다 약간 더 오랜 교육 기간이 필요할 것이다. 그러므로 이러한 논리는 또 다시 세 번째 수준의 준비가 필요함을 암시하고 있다.

우리는 확실히 사회복지실천이 그렇게 하는 것이 중요한 책무성에 맞는 것이라고 할 때, 전문직으로서의 책임을 가지고 있어야 한다고 주장하고자 한다. 그리고 모든 실천은 주어진 환경 안에서 가능한 최고 수준으로 복지 수준을 향상시킬 가능성도 있다는 것을 확실히 하고자 한다. 그러나 사회복지실천에서의 전문성은 모든 사회복지사에게 일정 수준의 훈련, 혹은 일정 수준의 봉급과 일하는 여건 등을 필요로 하지는 않는다. 목적과 사실상 의무는 주어진 상황 안에서 가능한 최고의 수준에서 서비스를 제공하는 것이다. 그 수준이 불가피하게 어느 정도 다를 수 있지만, IFSW에 의한 국제적 지침의 존재는 대단히 중요하다. 개발된 9가지 기준들은 현장실습, 핵심 커리큘럼, 전문가, 학생조직, 구조, 행정과 거버넌스와 자원들, 문화와 인종적 다양성과 성의 포괄성, 사회가치와 행위의 윤리 강령 등을 포함한 사회복지대학의 핵심목적이나 사명, 프로그램 목적과 결과들, 프로그램 교육과정 등을 포괄한다. 그러나 우리는 현재 일어나는 것처럼, 특히 모든 다른 고려사항들 중에서도 국가들의 자원 수준은 절대로 전체 사회복지실천이나 특정 수준의 사회복지실천들을 배제하지 않아야 한다고 주장한다. 오히려 사회복지실천은 많은 최빈국들의 경우에는 외부지원들을 통해 가능한 자원들에 맞춰져야 한다. 우리는 14장에서 그 질문들로 되돌아갈 것이다.

국제사회복지실천 조직

사회복지실천의 국제조직이 몇 가지 점에서 우리들의 논의에 포함됨에 따라 이에 관하여 간략히 개관하는 것이 도움이 될 것이다. 세 개의 주요 국제사회복지실천 조직은 실제로 모두 1920년대 후반에 창립되었으며, 모두 1928년 파리에서의 국제사회복지실천회의에서 비롯되었다. 국제사회복지협의회(ICSW: International Council on Social Welfare)의 전신이었던 국제사회복지실천회의(International Conference on Social Work), 국제사회복지실천가연맹(IFSW: International Federation of Social Workers)의 전신이었던 국제사회복지사상임사무국(International Permanent Secretariat of Social Workers)은 모두 1928년에 창립되었으며, 국제사회복지대학협회(IASSW: International Association of Schools of Social Work)는 1929년에 설립되었다. 이 세 개의 국제조직들은 비록 각각 수년에 걸쳐 서로 다른 역할들을 해왔다 하더라도 국제적으로 사회복지실천을 단결시키는 핵심적인 국제조직들로 지속되고 있다. 다른 국제조직들은 성격상 현장에 존재해왔지만(예: 노인복지 및 아동복지 분야들), 우리는 그것들이 중요하다 해도 이러한 상황 속에서 그 존재를 인식할 뿐이었다. 또 개별 대학, 사회복지사들과 NGO들은 보통 국가 연합체 안에 국가적 차원으로 연합되어 있으며, 이 세 가지 국제조직들이 그 지역에서 핵심적인 역할을 해 온 구역 연합체를 개발해왔다는 것에 주목해야 한다.

세 가지 국제조직들의 간략한 역사는 힐리의 자료(Healy, 1995b, pp.1505-1506; 2002, pp.48-62 참조)를 통하여 알 수 있다. 여기에서는 세 조직들 각각에 대하여 간략한 소개만 할 것이다.

국제사회복지대학협회(IASSW)

IASSW는 1929년 10개국의 창립 회원들로 시작되어 1939년에는 18개국 75회원교로 성장하였다. 2차 세계대전이 종결되고 일시적인 침체 이후 협회는 계속 팽창하여 국제 회의와 세미나를 통하여 상호교환을 활성화하고, 사회복지실천 교육의 일반 기준들을 개발하였다. 1971년 처음 대단히 존경받던 케서린 켄달(Katherine Kendall)을 초대 사무총장으로 1971년에는 독립된 사무국을 설립하였다. 이 사무실은 1990년대 후반까지 유지되었으며, 그 당시 재정 상황 때문에 자원사무국(Voluntary Secretariat)으로의 변화가 필요하게 되었다. IASSW 뉴스레터, 출판물과 학회는 선진국은 국제적 현실을 그들의 교육과정에 반영하도록 돕고, 개발도상국들은 더욱 성장하여 사회복지실천을 촉진하도록 도움으로써 선진국의 사회복지대학과 개발도상국의 사회복지대학들이 서로 연계되도록 하였다.

국제사회복지사연맹(IFSW)

IFSW의 전신인 국제사회복지사 상임사무국은 1928년 몇몇 유럽 국가들과 미국의 사회복지사들에 의하여 파리에서 창립되었다. 2차 대전 동안 이 조직은 1950년대 개혁되어 최종적으로 1956년 IFSW로 거듭났다. IFSW의 일차적 목적은 사회복지실천을 전문적 기능과 윤리를 가진 전문직으로 향상시키는 것이었다. 국제윤리헌장은 1976년 처음 채택되었고 이후에 수정되었다. 다른 중요한 목표는 전세계의 사회복지사들 사이의 교류와 IFSW 정규회의가 이 목적을 위하여 주로 조직되었다. 협회는 또 정책방침서와 유엔에 대한 특별 자문 자격을 통하여 세계의 주요 이슈들에 대한 사회복지실천의 견해를 제시해왔다.

국제사회복지협의회(ICSW)

ICSW는 1928년 국제사회복지실천회의로 시작되었으며 1966년 ICSW가 되었다. 근본적으로 그것은 몇몇 국제협회와 함께 미국사회복지협의회에 의하여 구성된 국제협의회이다. 힐리(2001, p.59)에 따르면, "현재 미국의 국가위원회 51개와 국가협회 31개"가 있으며, 14개의 국제조직이 회원으로 가입되어 있다. 1982년 이 조직은 그 이름을 국제사회복지협의회, 즉 사회개발을 증진시키는 국제조직으로 확장함으로써 보다 긴밀하게 개발운동을 시작하였다.

세 조직 모두 유엔 차원에서 활발하게 활동하며 국제사회복지와 사회개발 주제를 이슈화시키고 관여하며, 서로 그리고 일련의 국제협회와 상호작용하고 국제적인 일에 전체적으로 그들 회원들이 적극적이고 전문적으로 기여하도록 활성화한다. 동시에 각각 자신의 회원을 지원하고자 하며 지역, 국내와 지방 수준에서 사회복지실천과 사회복지를 증진시키고자 한다. 이들 조직들은 모두 힘을 합하여 『국제사회복지(International Social Work)』저널을 발간하고 있다.

게다가 사회복지실천 전문직과 관련되어 있으며, 국제사회복지실천을 공부하는 학생들에게 관심이 있는 국제조직이 두 개 더 있다. 사회개발 국제컨소시엄을 위한 대학 간 컨소시엄(ICSD)과, 사회복지연방조직(COSW: Commonwealth Organization for Social Work)이다.

ICSD는 1970년대 국제적, 다학제적 관점에서 인간의 관심사에 대하여 반응한 사회복지실천 교육자 집단에 의하여 출발하였다. 그것은 수십 개 국가와 유럽 및 아시아태평양 지역에 회원들을 가지고 있다. 이 조직은 지역, 국내, 국제 체계에 영향을 미치기 위한 개념적 틀과 효과적인 개입 전략들을 개발하고자 한다. 2년 마다 국제 심포지엄을 조직하며 『사회개발 이슈(Social Development Issues)』를 발간하고 있다. ICSD는 국제사회개발정보를 위한 홍보기관으로서의 역할을 하며, 다양한 국제조직체들과의 협력을 촉진한다. 웹사이트(www.iucisd.org)를 통해 이에 대한 추가적인 정보를 얻을 수 있다(Healy, 1995b, p.1506).

사회복지연방조직은 1990년대 초 스리랑카에서 개최된 IFSW에서 시작되었다. 사회복지사들은 물론 사회복지실천과 사회개발을 지원하는 데에 관심이 있는 연방국가들의 시민들에게 개방되도록 나타난 조직이다(연방조직(commonwealth)은 1971년 싱가포르에서 합의되고 1991년 '하라레 선언(Harare Declaration)'에서 재확인된 '코먼웰스 원칙

선언(Declaration of Commonwealth Principles)'에 가입한 53개 독립주권국들의 연합체이다). 그것은 명예사무총장이 있는 런던에 본부를 두고 있다. COSW의 주요 목적들은 사회복지사들과 공화국의 사회복지실천협회 간의 커뮤니케이션과 협력을 증진하고 지원하는 것이며 IFSW의 윤리헌장을 지지하고 활성화하는 것이다. 이 조직은 국제사회복지실천의 개발에 중요한 기여를 할 수 있는 잠재력을 가지고 있다.

그러나 이 5개의 모든 조직들이 재정적으로나 전담인력 측면에서 대단히 제한된 자원으로 자신들의 다양하고 중요한 역할을 수행하는 노력을 하고 있다는 것이 인정되어야 한다. 국제적인 작업은 경비가 많이 들며, 효과적인 커뮤니케이션 연계를 국제적으로 유지하기 위해 많은 비용이 든다. 더구나 국제적 관점의 다양성을 다양한 상황들 속에서 제시하기 위하여 응집력 있고 의미 있는 진술이나 의견서로 통합하는 데에 따르는 어려움이 평가절하되지 말아야 한다. 이 내재된 한계들에도 불구하고 이 5개 국제조직들의 일은 소수의 충실한 개인들의 헌신적인 노력을 통해 대부분 진행되어 왔고 상당히 훌륭한 수준으로 지속되고 있다. 그러나 우리는 또 세 가지 중요한 국제사회복지실천 조직이 전 세계 국가들의 절반에 못 미치는 국가들을 대표하며, 그것은 여전히 전 세계적으로 사회복지실천의 보급이 제한되어 있음을 의미한다는 사실에 주목하여야 한다.

국제사회복지실천의 관점으로 볼 때 구체적으로 IASSW와 IFSW는 실천 분야의 지속적인 발전을 위한 중요한 책임을 수행하고 있는 것으로 보인다. 특히 그것들은 선진국과 개발도상국들이 사회복지실천 교육과 실천을 증진시키고, 정부와 상의하도록 돕고, 커리큘럼 개발을 돕고, 경험 많은 실천가와 교육자들이 이들 나라를 방문하도록 활성화하고, 사회복지실천에 관한 적절한 연구를 도우며, 이들 국가들의 인력들이 국제사회복지실천 네트워크와 확실히 연계되도록 도울 수 있어야 한다. 이러한 흐름을 따라 많은 활동들이 이미 이루어져 왔으나 훨씬 많은 일들이 아직 남아있다. 그리고 IASSW와 IFSW가 점점 더 많은 도전을 하리라고 기대한다.

국제사회복지실천

사회복지실천이 공통된 핵심을 가진 통일된 국제적 전문직이라는 것을 받아들인 다음 국제사회복지실천에 대하여 생각해보고자 한다. 사회복지실천에 대한 앞의 논의에서 우리는 사회복지실천이 내재된 다양성에도 불구하고 국제적인 전문직의 요소 역시 모두 가지고 있음을 암시해왔다. 이는 우리가 그동안 살펴보았던 17개국에서의 사회복지실천을 살펴본 미드글리(1995b, p.1494)와 엘리어트(1997), 전세계의 사회복지실천 교육을 살펴본 힐리(2001), 국제 전문직으로서 사회복지실천조직을 살펴본 켄달(2000)을 통해 알 수 있다. 본 교재에서 국제사회복지실천을 정의하는 데에 있어서의 초점은 국제적인 전문직으로서의 사회복지실천이 아니라 오히려 국제적 분야에서의 전문직의 역할에 있다.

국제사회복지실천의 정의

힐리(2001, p.7)는 국제사회복지실천에 관한 자신의 저서를 통해 국제사회복지실천을 다음과 같이 규정하였다.

국제사회복지실천이란 국제적인 전문적 실천과, 사회복지실천 전문직과 그 구성원의 국제적 활동 역량으로 규정된다. 국제적 활동은 4가지 차원을 가지고 있는데, 국제적으로 관련된 국내 실천과 옹호, 전문적 교환, 국제적 실천, 마지막으로 국제적 정책 개발과 옹호 등이다.

우리는 이 정의에 대하여 살펴보고자 한다. 힐리는 국제사회복지실천은 지역과 국내와는 구별되게, 국제적으로 실천이 이루어지는 사회복지실천이라고 함으로써 정의를 시작하였다. 그 가정은 특성상 국제적인 상황들이 있어서 국제적 접근을 필요로 한다는 것이다. 그러나 우리는 국제사회복지실천을 국제적 관심사와 관련된 것이지만 국내적, 지역적 수준에서 일어나는 실천을 포함하는 것으로 이해한다. 이 국제적 욕구들의 관점에서 힐리는 사회복지실천은 국제적 활동을 하는 능력을 가지고 있다고 주장한다. 이는 이 교재에서 주장하고자 하는 것이다. 그 다음 힐리는 국제적 활동을 각각 중요한 네 가지 차원들로 제시하고 있다.

첫 번째 차원은 국제화 시대에 모든 국내 실천이 국제적 관점을 요구하는 것은 아니지만 많은 부분에서 국제적 관점이 필요하다는 것을 인정하는 것이다. 우리는 이 차원의 중요성을 받아들인다. 힐리의 두 번째 차원인 전문적 교류는 국제적인 전문직은 그 구성원들이 다양한 수준에서 상호 교류에 참여하도록 고무하고, 이 과정을 활성화시키는 국제조직을 필요로 한다는 것을 암시한다. 이것이 없다면 전문직은 국제적으로 국내조직과 관점들의 집합 이상의 아무 것도 아니다. 이러한 전문직 교류의 관점에서 볼 때 그 중요성의 일부는 선진 산업세계의 사회복지실천이 개발도상국의 혁신으로부터 어느 정도 배울 수 있다. 세 번째 차원인 국제적 실천이 이 교재의 핵심 초점이다. 그것은 사회복지실천이 국제적 수준에서의 일정 범위행동들에 관여해야 할 필요와 역량을 의미하며, 그것은 다양한 수준들에 적용되는 같은 가치들과 목표들, 실천방법들을 나타낸다. 마지막으로 힐리는 정책 차원 혹은 사회복지실천이 개발을 옹호해야 할 필요와 세계 모든 사람들의 복지권을 보호하고 강화하는 정책들을 효과적으로 실행하는 것을 포함하고 있다. 몇몇 저자들은 이 정책 차원에 절대적으로 초점을 두고 있다(Deacon, 1997).

우리가 힐리의 정의에서 누락되어 있다고 생각하는 국제사회복지실천의 한 가지 측면은 전 세계에 전문직을 구축하고자 하는 전문직의 목표이다. 지금의 현실은 사회복지실천은 사실상 모든 최빈국들(유엔에서 정한 48개 정도의 최빈국들)에서는 존재하지 않으며, 많은 다른 개발도상국들에서는 발아 단계에 있다는 점이다. 모든 국가들에서 강력한 사회복지실천 전문직을 보고 싶은 우리의 바람은 전문직의 야심이 아니라 사회복지실천이 최빈국 혹은 저개발국가들 안에서 할 수 있고 해야 하는 역할에 대한 우리의 비전에 따른 것이다. 또 우리가 국제사회복지실천을 논의할 때 염려스러운 점은 참된 국제 전문직으로서의 출현을 알리는 선봉에 서구의 파생물로서의 전문직이라고 하는 신식민주의 형태를 갖지 않아야 한다는 것이다.

우리는 국제사회복지실천에 대한 힐리의 정의를 수용하면서 이 교재의 목적에 맞추어 약간 달리 정의하고자 한다.

국제사회복지실천은 대규모 세계 인구의 복지에 중요한 영향을 미치는 여러 국제적 도전에 교육적, 실천적 측면에서 적절하고도 효과적으로 대응하는 사회복지실천의 역량을 지닌, 잘 통합된 국제적인 전문직을 구축하고자 하는 목적을 가지고 있다. 따라서 이 목적을 위하여 국제적이면서도 지역적으로 사회복지실천 교육과 실천을 증진시키는 것이다. 사회복지실천 교육과 실천의 국제적이고도 지역적인 증진은 국제적 상황들에 대한 세계적, 인권, 생태적, 그리고 사회개발 관점과 그것들에 대한 대응들을 종합하는 통합적 관점을 기반으로 한다.

이 정의에 몇 가지 중요한 측면들이 있다. 이 정의는 행동의 중요성으로 시작한다. 즉 국제사회복지실천은 근본적으로 세계적인 도전들에 대하여 전문직이 다양한 수준에서 적극적으로 활동하는 것이다. 교육과 실천의 연계는 모든 전문직에서 중요하며, 국제사회복지실천은 만일 그 범위가 확장된다면 지금까지보다 사회복지실천 교육 커리큘럼 내에 훨씬 강력하게 초점을 둘 것을 요구하게 될 것이다(Healy, 2001, 11장). 통합된 전문직에 대한 강조는 다른 국가들에 대하여 사회복지실천의 성격과 역할에 대한 기본 이해를 강요하는 서구의 오랜 위험을 드러내게 된다. 우리는 이미 미국(Specht, 1990), 영국(Harris, 1990), 그리고 그 외 다른 곳에서의 전문적 발전 경향에 대한 염려와, 라틴아메리카(Queiro-Tajalli, 1997), 아프리카와 아시아(Mayadas et al., 1997; Kendall, 2000)에서의 사회복지실천이 서구의 사회복지실천 전통들로부터 상당히 멀어져 갔음을 보아왔다. 사회복지실천의 근본적인 특성에 대한 통합적이고 전반적인 수용 범위 안에서 전문직에 필요한 다양성을 받아들이는 것은 중요하다. 이 정의의 핵심은 사회복지실천은 사회복지실천의 근본 특성과 일치하는 중요한 세계적 도전들에 대한 반응과 이러한 세계적 도전들의 맥락 안에서 효과적인 반응과 관련되어야 한다는 것이다. 이 반응들은 2장에서 대략적으로 설명할 통합관점 접근에 의하여 알려지게 되었다. 마지막으로 세계적 도전들에 대한 국제적 대응에 참여하는 데에 있어서 사회복지실천의 초점은 개인과 집단의 복지에 대한 관심에 의하여 이끌어지며, 그것은 우리의 통합관점 접근뿐 아니라 전문직의 핵심가치들과 목표들을 나타낸다.

정의에 대한 몇 가지 중요한 특징들은 다음과 같다.

· 세계적, 지역적 수준에서 사회복지실천 교육과 실천을 다루는 행동

· 교육과 국제적 실천과의 연계

· 하나의 국가나 문화에 의한 지배보다 다양한 실천들의 통합

· 실천에 대한 통합관점 접근, 즉 세계적 접근, 인권 접근, 생태적 접근, 사회개발 접근의 종합

· 개인과 집단의 복지

국제사회복지실천이라는 용어를 사용하는 데에 있어서 일부에서는 그것을 특정 개입 수준, 즉 국제적인 것에만 적용하는 것으로 해석할 위험이 항상 존재한다. 그러나 공통되게 강조된 것처럼 모든 맥락에서의 초점이 지역이나 국내적인 것에서부터 세계적이고 국제적인 것에 이르기까지 모든 수준에 있을 필요가 있다. 관심이 갈등, 빈곤, 이전, 생태파괴에 있던 혹은 경제, 정치, 사회문화, 법적 차원에서의 발달에 있던 지역(local), 구역(regional), 국내, 국제적 수준은 중요하며 국제사회복지실천에 대한 탐색은 이 모든 범주의 수준들을 반영할 것이다.

국제사회복지실천이 소위 선진 세계에서의 적용 가능성도 크다는 것을 인정하는 동시에, 이 책의 초점은 개발도상국에서의 세계적 도전과 사회현실에 대응하는 사회복지실천에 있다. 실제로 선진국과 개발도상국이라는 용어의 사용은, 문헌에서는 폭넓게 사용되면서도 실제로는 모호하다. 따라서 정해진 목적지가 없는 경로에 있어서 개발이 어느 정도 되었는가라는 관점에서 생각하는 것이 훨씬 나으며, 혹은 보다 구체적으로 우리는 발달 수준과 유형의 관점에서 규정되고 광범위하게 범주화된 국가들의 측면에서 생각해야 한다(World Bank, 1997, p. 265).

세계적 관심사들에 대한 대응 측면에서의 국제사회복지실천의 범위

이 교재에서는 국제적 관심과 활동에 대한 다양한 분야(fields)에 대해 자주 언급하고 있는데, 이것은 이러한 언어를 사용하는 국제적 경향을 반영하는 것이다. 예를 들면 우리는 빈곤과 빈곤의 완화라는 분야, 개발 분야, 자연재해와 그러한 것들에 대한 대응에 관한 분야, 보건 분야 등을 가지고 있다. 많은 국제 공동체 내의 조직과 많은 문헌은 이와 흐름을 같이 한다. 그러나 사회복지와 여러 원조 전문직들은 규정된 분야들 외에도 그러한 분

야에 포함된 특정 인구집단에도 초점을 두거나, 분야를 넘나들며 관심을 갖거나, 그 분야 자체를 특정 인구집단에 영향을 미치는 요인들로 보기도 한다. 그 예로는 빈곤 여성, 거리의 아동들, 토착 소수집단, HIV/에이즈 감염자 등이 포함된다. 어떤 기관이나 문헌의 구체적 초점이 어떤 것이든 여러 분야들이 대단히 상호작용적이라는 것을 인정하는 것이 중요하며, 또 그럴 필요도 있다. 예를 들면 빈곤, 갈등, 생태파괴 분야는 종종 인과관계 측면에서 밀접하게 연결되어 있다. 즉 빈곤과 갈등은 생태파괴를 가져올 수 있다. 반면 빈곤과 생태파괴는 갈등을 가져올 수 있다. 그러므로 모든 구체적 인구층이 사는 상황을 평가하기 위해서는 몇몇 분야들이 문제가 되고 있는 특정 집단에 피해를 줄 때 그 몇몇 분야들이 상호작용하는 방식들을 이해하는 것이 필요하다. 마지막으로 특정 집단이나 인구층에 대응하는 데에 있어서 대응 수준에 의문이 생긴다. 대응들은 보통 최소한 세 단계에서 발견될 수 있는데, 즉 국제, 국내, 지역 수준이다. 그러나 네 번째 단계인 구역도 포함될 수 있다. 예를 들면 개발의 특정 측면이나 특별한 갈등 상황과 관련한 반응들은 유엔(국제적)에서, 유럽연합(구역)에서, 여러 정부들(국내), 지방조직과 운동(지역)에서 올 수 있다.

국제사회복지실천에 대한 우리의 이해는 그 잠재적 관련성이 사실상 국제 공동체, 모든 현장의 광범위한 특정 인구집단과 개입이 필요하고 가능한 모든 수준에 관련된 활동 범위를 포괄한다. 이 교재에서 우리는 그 중요성 때문만이 아니라, 몇 가지 분야들과 특정 인구집단을 사례로 선택했으며, 우리의 논의를 다른 수준들 자체의 중요성과 사회복지사들의 활동 영역으로서의 중요성을 부인하지는 않으면서 지역 수준에 주로 제한하였다. 우리는 지역 수준에 초점을 두었는데, 그것은 개발도상국 상황에서의 사회복지실천에서 그것을 무시하기 때문이며, 또 다른 이유는 그것이 많은 경우 다른 수준들에서의 사회복지실천, 정책과 옹호 작업 등의 기본이 되어야 하는 현장작업을 의미하기 때문이다. 지역 수준의 작업은 개방된 분위기에서 정책과 계획 활동에 참여해야 할 우리의 권리이며, 다른 수준에서의 사회복지실천의 기초가 되어야 할 지식과 경험의 자원을 나타낸다.

　　사회복지실천은 개별 국가들 안에서 그리고 세계적 비교 개념에서 대단히 광범위한 전문직으로 생겨났다. 서구나 식민지국가에서 나타나는 사회복지실천의 기원이 전문직에 각인되어 있으면서도 한편으로는 각국의 사회복지실천이 대단히 다른 강조점을 가진 일련의 맥락 안에서 전개되고 있다는 것을 알 수 있다. 그러나 이 장에서 우리의 초점은 두 가지 특별한 방식으로 국제적인 장면에 제한된다. 첫째, 주요 사회문제와 국제 공동체의 거대 영역이 관심을 쏟고 있는 욕구영역들의 완화에 기여할 수 있는 사회복지실천의 잠재력에 대한 의문이 있다. 둘째는 첫째와 밀접하게 연결되어 있는 것으로 사회복지실천이 최빈국들과 전 세계에서 경험되는 세계적 욕구들에 직면할 능력이다. 우리는 사회복지실천이 이 상호관련된 영역들에 많은 기여를 할 수 있는 잠재력을 가지고 있다는 다른 많은 논평자들의 의견에 동의한다. 그리고 이 책에서 일반적으로 그리고 특정 실천현장과 관련하여 그 목표가 어떻게 성취될 것인가를 계속 제안하게 될 것이다.

◐ 요약

- 사회복지실천에 대한 이해와 그 지식과 기술의 적용은 세계적으로 크게 다르다. 그러한 다양성에도 불구하고 IFSW의 사회복지실천에 대한 정의는 많은 국가들에서 받아들여지고 채택된다. 그러나 모두에 의하여 널리 받아들여진 것은 그 가치기반과 사회변화를 위한 헌신이다.

- 공식적인 사회복지실천 교육은 서구에서 필요한 자격을 모두 갖춘 전문직으로서 시작되고 발전되었다. 이후에 그것은 이전 식민지들을 포함한 많은 국가들로 확산되었다. 주로 이 서구 사회복지실천의 교육 패턴은 비록 각 나라가 그 교육과 실천 모델에 자신들 나름의 독특한 특성을 더하여 왔다고 하더라도 많은 세계 지역들에 퍼져있다. 다양한 국가 맥락들에 맞게 사회복지실천 교육을 현지상황에 맞게 변화시킬 필요가 있다.

- 사회복지실천 교육, 실천, 전문조직들은 실천의 세 영역, 즉 복지국가 지원, 개별서비스 제공과 사회개발에의 참여들 사이의 균형이라는 측면에서 크게 다르다. 몇 가지 복잡한 요인들은 이러한 실천 영역들 사이의 균형에 영향을 미치는데, 이것은 전문직에 대한 비판, 즉 여러 가지 중요한 이슈들을 발생시키는 비판의 근원이 되곤 한다. 포괄적이고 통합적 대응은 지역적이고 세계적인 수준들에서 모두 필요하다.

- 국제사회복지실천 조직들은 세계적인 전문직으로서의 사회복지실천을 더욱 개발하는 데에 있어서 상당한 책임이 있으며 중요한 역할을 할 수 있다.

- 국제사회복지실천은 교육과 실천 그리고 그 둘 사이의 상호의존성이라는 측면에서 이해될 필요가 있으며, 그럼에도 불구하고 근본적으로 개인과 집단의 복지증진에 맞추어진 4개의 통합적 관점에 의하여 유지되는 다양성을 가져온다.

◐ 질문과 토론 주제

- IFSW와 Baker(1999)의 사회복지실천에 대한 정의들을 비교하고 대조해보자.

- 서구에서의 사회복지실천의 기원들, 이전의 식민지국가들 속으로의 사회복지실천 전문직의 확장과 사회복지실천의 토착화를 연구하면서 여러분이 주목한 주요한 점들을 요약해보자.

- 사회복지실천을 세 가지 주요 영역으로 구분하는 제안이 여러분의 경험에 비추어 볼 때 이해가 되는가?

- 왜 다양한 국가적 맥락 내에서의 세 가지 영역들의 실천에 있어서 불균형이 발생한다고 생각하며

그것이 사회복지실천 전문직에 어떠한 종류의 문제를 제기하는가?

- 한 가지 연습문제로서, 국제사회복지실천 조직들의 웹사이트를 방문하고, 각각의 목표와 목적들, 현재의 활동들을 연구하고 동료들과 서로 논의해보자.
- 국제사회복지실천에 대한 두 가지 정의들을 비교하고 대조해보자.힐리(2001)에 의한 것과 이 책의 저자들에 의한 것)
- 국제사회복지실천에 있어서의 최근 경향들과 핵심 이슈들을 논의해보자.

◐ 향후 연구 분야

- 국제사회복지실천에 대한 다양한 개념들을 살펴보고, 전문 사회복지사들과 다른 관련 전문직들이 국제사회복지실천을 어떻게 이해하는가에 대해 분석해보자.
- 서구 사회복지실천 모델의 영향과, 몇몇 개발도상국들에 나타나는 사회복지실천의 토착화 정도를 탐색해보자.
- 특정한 곳에서 사회복지실천 교육과 실천의 토착화를 강화시키고 또 방해하는 요인들을 연구해보자.
- 지역적으로 실천 영역들의 선택에 영향을 주어온 요인들을 파악하고, 실천에 있어서 균형을 잘 맞추기 위한 전략을 탐색해보자.
- 선택된 전문 사회복지실천 조직들에 대한 사례연구를 개발해보자.

02
CHAPTER

국제사회복지실천에 대한 통합관점 접근

● 학습목표 ●

이 장의 주요 목적은 국제사회복지실천에 대한 통합관점 접근법을 논의하는 것이다. 이 장을 공부한 후에는 독자들은 다음의 사항들을 이해할 수 있어야 한다.

- 통합적 접근의 네 가지 관점인 세계적 관점, 인권 관점, 생태적 관점, 사회개발 관점 등 각각에 대한 몇 가지 차원들
- 각 관점의 다양한 차원들과 네 가지 접근법들 사이의 통합 방식에 있어서의 연계성
- 국제사회복지실천에 있어서의 이러한 접근법의 중요성
- 이슈들과 욕구들을 분석하고, 그것들을 다루기 위한 적절한 대응들을 개발하기 위한 수단으로서 사용되는 통합관점 접근의 잠재력

1장에서 살펴본 국제사회복지실천에 대한 정의는 국제사회복지실천을 위한 틀로서 통합관점 접근에 대한 언급을 포함하며, 우리가 이제 살펴보려고 하는 것이 바로 이 접근법에 관한 것이다. 〈그림 2-1〉의 모델은 통합관점 접근을 구성하기 위하여 네 가지 관점을 통합한다. 우리는 여기서 제시된 국제사회복지실천에 대한 전체적 접근법으로서 네 가지 통합을 고려하기 전에 그 각각의 측면에 대하여 살펴볼 것이다.

[그림 2-1] 국제사회복지실천을 위한 통합관점 접근

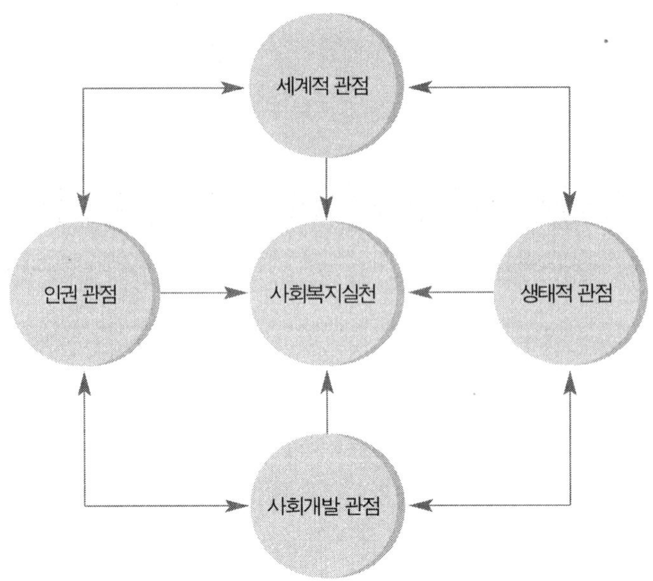

세계적 관점은 접근법의 경계를 형성하고 지구의 필수적인 통일성(unity)을 강조한다. 세계적 관점은 어떤 사람도 인구집단 혹은 장소도 제외시키지 않는다. 이 관점은 각 개인, 인구집단, 장소의 함축된 중요성이 인권 관점과 생태적 관점 각각에 의하여 강화되며 전적으로 포괄적이다. 또한 그것은 기본적인 지구촌 개념을 의미하는 통합된 관점이기도 하며, 이 통합적 요소는 다른 세 관점에 의하여 강화된다.

인권 관점은 국제사회복지실천의 핵심적인 가치기반을 나타낸다. 국제사회복지의 모든 측면들은 일련의 국제적 관례와 선언에서 전 세계적으로 뒷받침된 근본적인 권리와 자유에 따라야 한다. 그 핵심은 처음부터 사회복지실천이 채택한 가치기반과 일치된다. 인권 관점은 세계적 관점의 근본이 되며, 생태적 관점과 사회개발 관점을 통하여 정교화된다. 이는 국제사회복지실천을 이끄는 비전과 목표들을 일반적인 표현으로 설정한다.

생태적 관점은 인간이 그 일부분으로 살아가는 자연 세계의 중요성을 나타낸다. 또한 모든 국제개발과 모든 사회복지실천이 이루어지는 환경의 중요한 측면을 다룬다. 비록 생태적 관점이 세계적 관점 속에서 살펴볼 수 있는 중요한 한 측면이기는 해도 그 내재된 특별한 중요성과 간과될지 모르는 부분들을 고려하여 별도로 다룬다. 또 생태적 차원은 다차원적 사회개발의 한 측면이므로 사회개발 관점은 생태적 관점의 중요성을 강화한다.

사회개발 관점은 그 목표와 가치기반이 국제사회복지실천의 근본을 이루는 동시에 국제사회복지실천이 사회개발의 여러 측면과 상당 부분 연관되어 있다는 점에서 국제사회복지실천의 중요한 요소를 포함한다. 그 상황이 어떻든지 간에, 치료적·예방적 조치에 대한 필요성이 어떻든지 간에 그들이 기능하는 환경을 보호하거나 개선하려고 노력하면서 궁극적으로 관련된 사람들의 사회개발을 강화시키는 것에 초점을 둔다. 사회개발은 그 사회에 속한 사람들의 안녕을 강화하는 것을 최종 목표로 하며, 근본적으로 사회개발에 대한 가치기반의 다단계적(multilevel)이고 다차원적(multidimensional)인 접근법이다. 그 분야의 국제사회복지실천이 사회개발의 특정 측면에 직접적으로 초점을 두고 특정 상황들 속에서 사회개발의 단점들을 잘 다루어나가는 것과도 관련되는 동시에, 모든 사회복지실천을 광범위한 발달 상황 속에 위치시킴으로써 전체적으로 실천을 이끌어가는 것 또한 사회개발 관점이다. 사회개발 관점은 다른 세 가지 관점들을 강화하며 또 그것들에 의하여 강화되기도 한다.

국제사회복지실천에 대한 통합적 관점은 국제사회복지실천 내에서 제시된 네 가지 관점들 각각이 다른 관점들을 강화하고 보완하는 한편 본질적으로 중요하다는 것을 암시한다. 그 관점들 중 어느 하나만으로는 국제사회복지실천을 이끌어낼 수 없다. 본질적으로,

· 세계적 관점은 총체적인 상황을 나타낸다.
· 인권 관점은 가치기반을 나타낸다.
· 생태적 관점은 인간과 자연 사이의 근본적 연계를 나타낸다.
· 사회개발 관점은 행동을 위한 전체적 지침이나 행동의 기저를 이루는 방향 감각을 나타낸다.

다음에서는 네 가지 관점들 각각에 대하여 상세하게 설명할 것이다.

▍세계적 관점

우리의 통합관점 접근의 첫째 요소는 국제적 관심사를 강조한다고 할 때 명백한 요소인 세계적 관점이다. 그러나 '세계적'이라는 개념과 국제화 경향에 대한 최근의 집착이 절대로 같은 개념으로 형성되는 것은 아니다. 이 관점은 모한과 스토크(Mohan & Stokke, 2000)가 "두 개의 반대되는 것(binary opposites)"이라고 말한 일련의 것들에 의하여 현실을 통해서, 그리고 논의들을 통해서 확산되었다. 예를 들면 세계적 개념은 바로 '하나의 세계'라는 통일성이나 '지구촌'을 암시한다. 그러나 조금만 생각해보면, 우리가 삶의 모든, 특히 사회문화적 계층과 측면들에 있어서의 모든 계층과 차원들에 대한 다양성을 인식할 수 있다. 그러면 어떻게 우리는 통일성과 다양성을 조화롭게 할 수 있을까? 두 번째 예로, 세계적 개념은 즉각적으로 많은 사람들이 세계화―세계를 세계적 시스템의 네트워크 안에 함께 묶는 것 같은 발달―를 생각하게 만든다. 그러나 또 한편으로는 정치경제, 사회문화, 생태적 측면에 있어서의 지역적 경향의 중요성을 인식하게 된다. 그리하여 어떻게 우리는 세계화와 지역화와 같은 두 개의 상반되는 성향을 극복할 것인가?

통합관점 접근에 따라 세계적 관점을 활용하는 데에 있어서, 우리는 우리의 목적들을 위하여 이 복합적 개념을 요약해주는 여섯 가지의 세계적 차원들에 초점을 둘 것이다. 여섯 가지 차원들은 서로 반대되는 두 세트와 그 조화를 돕는 두 개의 차원들로 구성되어 있다. 두 개의 반대되는 세계적 차원들로 나타나는 통일성과 다양성의 개념과 함께 세 번째로 살펴볼 개념으로 최소한도의 조화를 위한 차원으로서 상호의존성 개념을 살펴볼 것이다. 서로 반대되는 개념의 두 번째 세트인 세계화와 지역화는 여기서 세계시민권이라는 우리의 최종적 차원을 토대로 연결할 것이다. 이와 같이 세계적 관점에 대한 여섯 가지 차원을 ① 통일성, ② 다양성, ③ 상호의존성, ④ 지구화, ⑤ 지역화, ⑥ 세계시민권으로 정리하여 각 차원들에 대해 살펴보도록 하겠다.

통일성

세계적 통일성의 허브는 분명히 모든 인간은 같은 기원에서 비롯되고, 같은 행성에서 거주하며, 같은 기본적인 욕구를 갖는다는 사실이다. 인종 간에 다양성이 존재하면서도 살고 있는 특정 환경들에서 그리고 이러한 환경들에 대한 다양한 욕구와 반응의 문화적 표현에서 통일성을 인정하도록 하는 상호관련성이 존재한다. 우리 모두는 지구의 생태 변화(예: 최근의 지구온난화에 대한 논쟁), 세계적인 사건들(예: 테러와 테러에 맞서는 오늘날의 전쟁)과 인간 종족의 한 지류 혹은 요소에 의하여 시작된 다양한 발전(예: 서구의 자본주의)에 의하여 이런저런 의미에서 그리고 다양한 정도로 영향을 받는다.

다양성

그러나 이러한 단일화 세력에도 불구하고 전 세계적으로 인간의 본성과 삶은 다양하다. 문화가 근본적으로 특정 환경에 자신들의 삶을 적응시키려는 인구집단을 나타낸다는 사실은 거대한 문화적 다양성을 전 세계적으로 가져온다. 사람들이 역사적으로 자신들을 내집단(자신이 속한 집단) 속에서 정체화하고, 자신들을 다양한 외집단과의 차이점을 인식하고 경쟁해왔다는 사실은 인종집단들의 과잉화를 초래했고 결국 정체감과 소속감에 있어 중요한 다양성을 가져왔다. 세계화 세력은 문화적, 인종적 다양성을 없애지는 못했으며 그들은 인간의 분명한 내재된 통일성을 따라 계속 존재하고 있다. 마찬가지로 정치, 경제, 사회체계 측면에서 중요한 세계적 다양성이 있으며, 이로 인하여 체계들 사이에 자주 상당한 경쟁과 갈등도 야기된다.

상호의존성

단일화된 세계 안에 다양성이 존재하는 것은 우리에게 획일적인 환경과 한 가지 특성보다 훨씬 풍부한 거주자들에 의한 환경을 제공하는 것으로 인식될 수 있다. 다양성과 통일성의 상호작용은 인간이 역사적으로 해왔던 것처럼 우리가 다른 사람들의 경험과 진보를 통하여 배우고 도움을 얻을 수 있도록 한다. 더구나 다양성의 특성과 이유를 이해함으로써 우리는 역사적으로 자주 그러했던 것처럼 모든 세대에 걸쳐 모든 사람들에게 도움이 되는 세계를 구축하려고 함께 노력할 때 서로 나누고 협조함으로써 도움을 얻었던 것처럼 차이점들을 두려워하기보다 존중하게 된다. 상호의존성은 우리가 상호 도움이 되는 목표들을 확인하고 성취하려고 함에 따라 우리의 다양성의 이점을 끌어들이는 한편, 우리 모두가 우리의 공통점들을 동일시함을 나타낸다. 리(Lee, 2001, p. 379)는 사회복지실천의 측면에서 이 견해를 나타내고 있다.

> 사회복지실천에 대하여 국제적 관점에 의한 접근을 함으로써 우리는 인간 경험에 있어서의 보편성을 인식할 수 있게 된다. 공통성에 대한 인정과 차이점에 대한 존중이 증진됨으로써 두려움과 불신이 사라지고 세계 평화와, 국제적 협력, 세계적 정의를 향상시키도록 돕는다. 세계적 관점은 다문화적(multicultural), 다원주의적(pluralistic) 시각에서 분석하는 새로운 방식들과 복합적인 차원들을 제공해준다.

세계적 상호의존성이 대단히 긍정적 차원이면서도 지구의 상호의존성이나 상호관련성이 부정적 차원일 수도 있다는 현실을 무시할 수 없다. 우리는 매일 지구의 어떤 부분에서의 사건들이 지구의 많은 다른 편에 영향을 미친다는 사실에 대하여 인식하게 된다. 우리는 갈등, 인권의 학대, 정치경제적 불안정이 난민지위를 요청하는 사람들의 흐름을 야기하고 있다는 것을 인식하고 있으며, 그들 중 많은 사람들이 최근 수십 년간 서구의 국경과 난민지위를 신청하는 여러 국가들로 오고 있다. 매일 미디어는 우리에게 세계 다른 편에서의 증권 시장의 추락이 우리의 증권 시장의 추락을 가져오며, 또 어느 한 곳의 불황과 불경기는 다른 모든 곳의 세계적인 경제 · 사회적 결과를 야기한다는 것을 알려주고 있다. 우리는 모든 갈등 그 자체는 폭넓은 경제적 그리고 다른 반향을 가져오는 반면, 해외에서 발생하는 갈등이 자신의 나라에서 유엔 파병이나 다른 종류의 지원을 위하여 군대를 파병하는 결과를 가져온다는 것을 알고 있다. 거대한 다국적 기업들은 한 국가에서 다른 국가로 운영을 이전하는데, 때로 그들이 떠난 국가 경제에 문제를 야기하기도 하고 옮겨간 국가 내에서의 착취 문제가 제기되기도 한다. 오늘날 세계는 정치경제적, 기술적, 생태적, 사회 문화적으로 다양하게 동시적으로 긍정적 결과와 부정적 결과를 가져오는 상호유대 관계에 있는 네트워크의 예가 무수히 많다.

세계화

만일 통일성의 차원이 지구의 내재된 하나됨을 나타내는 것이라면 세계화는 하나의 지구의 구조와 시스템—정치경제, 사회문화, 기술적 특성—이 경험적으로 존재함을 의미한다. 세계화는 새로운 것이 아니며, 최근 인상적인 것은 세계화 과정의 정도와 속도이다. 재정과 투자 유출, 상품과 서비스 무역, 커뮤니케이션 시스템, 여행, 이주와 추방, 문화적 영향력의 측면에서, 혹은 지식의 확산 측면에서 현대 세계에서의 세계화 정도는 엄청나다. 더구나 세계화로 인해 눈에 보이는 결과들은 그것을 지지하는 많은 국제기관들과 기업들의 강점들, 그리고 전체적인 과정(Kaldor, 2003 참조) 속에서 점점 중요한 역할을 하기 시작하는 세계적 시민사회(3장 참조)를 통하여 보다 강화된다. 일부 저자들은 근본적으로 균일한 '위로부터의 세계화'와 세계적 시민사회가 나타내는 '밑으로부터의 세계화' 사이의 상호작용을 중요하게 본다(Falk, 1997 참조). 위로부터의 개발처럼 위로부터의 세계화는 거시적인 정치경제적 구조에 의하여 사람들에게 부과되는 것이다. 반면 밑으로부터 혹은 상향식 개발처럼 밑으로부터의 세계화는 국민들과 국민들의 활동으로부터 생겨난 시민사회 조직들에 의하여 이루어지는 것이다. 게다가 이러한 논리로 도출된 결과는 희망적이게도 유엔개발계획(UNDP, 1999)이 "인간의 얼굴을 가진 세계화"로 일컫은 것이다(세계화에 관하여 Robertson, 1990, 1992; Robinson, 1996 참조).

지역화

세계화의 현실은 그것이 지역화라는 정반대되는 것으로 보이는 차원을 필요로 한다는 것이다. 한 가지 측면에서 세계화는 지역 수준에 부과되는 세계 체계로 생각될 수 있는 반면, 그 개념 자체도 지역 수준의 중요성을 부인하지 못하는데, 왜냐하면 근본적으로 지역 수준 없이는 세계화 수준이 아무런 근거들을 갖지 못하기 때문이다. 또 다른 의미에서 세계화는 그 목표들과 무관한 지역 수준들은 거의 무시하거나 소홀히 한다고 비난받는 경우들이 있다(Hoogvelt, 2001, p.143). 이러한 상황들 속에서 지역 상황은 세계화 현실에 의하여 간과되는 유일하게 남아있는 현실로, 후그벨트(Hoogvelt)가 "강제된 지역화"라고 표현한 인구집단을 야기하게 된다. 에킨과 뉴비(Ekin & Newby, 1998)를 비롯한 여러 학자들은 세계적, 지역적 경제발달과 관련하여 이러한 점을 발전시켜 왔으며, 피더스톤(Featherstone, 1990)과 다른 학자들은 그것을 문화적 세계화와 관련하여 보다 포괄적으로 발전시켜 왔다. 다른 이들은 국가주의 혹은 정치적 지역화와 세계화 사이의 연결을 논의하기도 했다(Holton, 1998). 분명히 세계화는 세계적인 면모뿐 아니라 지역적인 면모도 가지고 있으며 또 가질 필요도 있다. 더구나 세계화 추세와 지역적 혹은 국지적 대응들 사이에는 변증법적 상호관계(dialectical relationship)도 존재할 수 있다(Robertson, 1992 참조). 랜달과 테오발드(Randall & Theobald, 1998, p. 250)는 이에 대해서 "세계화의 과정은 보기에는 국지적(particularistic) 반응들을 자극하는 것 같다. 그러나 이러한 대응들 자체가 장기적인 현대화와 세계화 과정에 참여하고 또 기여한다"고 설명하였다.

세계시민권(world citizenship)

만일 세계화와 지역화의 차원들이 실제로 동전의 양면이라면 그 둘은 또 세계시민의 개념을 통해 조화를 이룰 수도 있다. 유엔사회개발연구소(1995b, p. 12)는 사회개발에 대한 세계정상 보고서에서 다음과 같이 기술하였다.

시민권에는 세 가지 핵심 조건들이 있다. 이는 개인의 평등과 인권들, 자유롭고 보편적인 정치 참여, 충분한 복지 기준을 확보하기 위한 국가의 책임이다. 국제적으로 이 원칙들이 확대되고 세계시민권에 분명하게 관심을 기울이게 되는 시대가 오고 있다.

많은 저자들(예: Muetzelfeldt & Smith, 2002; Kaldor, 2003)은 세계시민권의 개념이 세계시민사회의 출현을 인식하는 것과 긴밀하게 연계되어 있다고 보았다. 세계인들은 지역적 상황 안에서 권리를 보호하는 캠페인을 적극적으로 추진하고 모든 사람들의 복지를 강화하는 한편, 세계시민사회에 참여함으로써 세계정치 과정의 민주화에 기여한다. 세계시민권은 한결같이 세계 수준과 지역 수준 모두에서 표현되는데, 결과는 지역 수준에 맞추고 행동은 세계 수준에서 이루어진다. 세계시민권의 관점에서 세계와 지역은 긴밀하게 연계되어 있고 실제로 분리될 수 없다. 시민권은 절대로 국적과 영토만으로 제한될 수 없다. 우리는 모두 이상적으로 볼 때 한 국가의 시민인 동시에 특별한 조국에 속하기도 하면서 국제 공동체의 보호를 받을 자격이 있는 세계 최초의 시민이기도 하다. 만일 우리가 이것을 원칙적으로 주장할 수 없고 그것을 위하여 실제로 노력할 수 없다면 세계화 관점은 무의미하다(Falk, 1993; Kaldor, 2003 참조).

인권 관점

인권 관점은 통합관점 접근에 있어서 기본적으로 국제사회복지실천의 가치와 권리를 제공하는 필수적인 요소들이다. 인권 관점은 네 가지 차원에서 이해되고 제시된다. 첫째 차원은 인권의 기본이 되는 가치와 원칙들을 구성하고 있다. 둘째 차원은 일련의 권리들 그 자체이다. 셋째 차원은 그것들로부터 비롯된 가치와 권리의 보편성이다. 넷째 차원은 모든 상황들 속에서 삶과 행동을 안내해주고 그를 통한 전문적인 실천에 대한 안내를 해주는 인권의 역할이다.

가치와 원칙들

인권 자체는 18세기로 거슬러 올라가 미국의 독립헌장, 프랑스의 인권선언에서 정점에 달했던 반면, 많은 인권의 핵심 요소들은 고대의 서구/비서구 문화와 고대사회에서 나타났고 의무화되었다(UNCHR, 1992, p.12). 인권의 본질적인 근본 가치는 그것이 인간에게 어떤 의미를 갖는가에 있다. 도넬리(Donnelly, 1993, p.19)는 이를 잘 표현하였다.

인권이라는 용어 그 자체가 그 특성과 출처를 나타낸다. 인권은 우리가 인간이라는 이유만으로 가지고 있는 권리이다. 인권은 우리가 시민으로서, 가족원으로서, 실무자로서 혹은 모든 공적/사적 조직과 연합체의 일부로서 가지고 있는 모든 권리나 의무들과는 무관하게 모든 인간에게 주어지는 것이다. 1948년 헌장의 언어로 표현한다면 보편적인 권리인 것이다. 만일 모든 인간들이 단순히 그들이 인간이기 때문에 인권을 가지고 있다면 인권은 모든 인간들에게 동등하게 주어진다. 그리고 인간이 된다는 것은 포기되거나 상실되고 빼앗길 수 없는 것이기 때문에 양도할 수 없는 것이다. 극도로 잔인한 고문 가해자와 가장 처참한 희생자조차도 여전히 그들은 인간이다. 실제로는 모든 사람들이 인권을 동등하게 누리지 못할 뿐만 아니라, 인권의 모든 것을 다 누리지도 못한다. 그럼에도 불구하고 모든 인간은 동등한 인권을 가지며, 평등하게 소유하며, 양도할 수 없다.

도넬리(1993, p. 20)의 관점에 의하면, 인권은 인간의 가능성에 대한 도덕적 고려를 바탕으로 한 특별한 도덕적 권리들이다.

인권은 인간이 '본성적'으로 존엄한 삶에 대한 자격과 그럴만한 가치가 있는 존재이며, 그러한 삶에 적합한 존엄한 생명체라는 사실에 기인한다. 그리고 만일 인간 본성에 대한 기본이론에 의하여 구체화된 권리들이 실행되고 강제된다면, 그 권리들은 희망이 있는 사람을 육성하는 역할을 해야 한다. 따라서 인권의 효과적인 실행은 자기충족적인 도덕적 예언을 가져올 것이다.

인권의 기반을 이루는 가치와 원칙들에 대한 '망라된 리스트라기보다 실례 중심의 리스트'를 기술하고 있는 유엔인권위원회(UNCHR, 1992, pp. 13-19)는 다음과 같이 여덟 가지 철학적 가치를 논하고 있다.

① 생명: 인간과 비인간적 존재의 가치는 모든 다른 이상과 가치들의 근원이다.
② 간섭으로부터의 자유(freedom)와 천부적 자유(liberty): 세계인권선언은 "모든 인간은 자유롭게 태어났다." 그리고 그것은 자유에 대한 천부적 권리와, 구속과 노역, 고문, 임의구금과 사생활, 가족과 가정에 대한 임의간섭으로부터의 자유권을 포함한 일련의 근본적인 자유들을 기록하고 있다.
③ 평등과 비차별: 유엔헌장은 모든 인간의 근본적인 평등의 원칙을 다루고 있다.

④ 정의: 정의에 관하여 사회구성원들의 존엄성을 유지시켜 주고, 개인들의 안전과 통합을 확보해주는 사회의 기본을 구성하고 있는 법률적, 사법적, 사회적, 경제적 그리고 그 외의 다른 측면들 등 여러 측면들이 고려되어 왔다.

⑤ 결속감: "연대감이란 인간의 고통과 괴로움을 향한 이해와 감정이입뿐 아니라 고통을 당하는 사람과 그 이유를 동일시하고 그 편이 되어주는 것을 의미하는 또 다른 근본적인 가치이다."

⑥ 사회적 책임감: 사회적 책임감이란 고통당하는 사람과 희생자를 위하여 취해지는 행동이다. 즉 그들과 입장을 같이하고, 그들의 동기를 옹호하고 그들을 돕는 것을 의미한다. 따라서 사회적 책임이란 결속감의 실행 결과라고 이야기될 수 있다.

⑦ 발전, 평화와 비폭력: 평화는 "분명한 가치로 나타나며, 단순히 조직화된 갈등이 없는 것이 아니다." 평화의 최종 목표는 "다른 사람들이나 환경과 자신 안에서 조화를 성취하는 것"이다.

⑧ 인간과 자연 사이의 관계: 최종 가치 혹은 원리는 환경적 쇠퇴를 막기 위하여 필요한 기초로서 자연과의 조화로운 관계이다.

이 목록은 완벽하게 포괄적인 것은 아니지만 인권의 받침이 되는 가치 기초의 특성을 나타낸다.

인권

유엔인권위원회(1992, p. 12)가 밝힌 것처럼, 인권들에 대한 이해에 있어서 지금까지 많은 발전이 이루어져왔다.

인권의 발전은 진화의 하나가 되어 왔다. 18세기의 인권에 대한 개념화에 중요한 단초가 되었던 시민과 정치 권리에 대한 관심은 경제, 사회, 문화적 권리들에 대한 요구와 점차 비견된다. 현재 권리에 대한 3세대 원리는 점점 인간에 대한 합법적인 보편적 열망, 즉 평화와 발전과 파괴되지 않은 깨끗한 환경에 대한 권리로 인식되고 있다.

아이프(Ife, 2001, pp.24ff)는 이러한 인권의 3세대에 대해 보다 길게 논하고 있다. 1세대 인권은 소극적 권리라고 일컬어지는 보호를 강조한다. 그들은 "인권에 대한 보다 적극적인 주장이나 규정화, 구체화보다는 권리의 옹호 혹은 보호와 인권남용을 예방하는 것과 관련된다"(p.25). 아이프는 계속하여 "인권의 2세대는 경제, 사회, 문화적 권리로 알려진 권리들의 집합체"라고 이야기하고 있다. 이는 "국가를 위하여 더 강력하고 보다 자원집중적인 역할"(p.26)을 요구하는 사회적 규정과 관련된다.

> 인권의 3세대는 집합적 수준에서 규정될 때에만 이해할 수 있는 권리들과 관련된다. 3세대 인권은 비록 개인들이 그것들이 구체화됨으로써 분명히 도움을 얻을 수 있다고 할지라도 개인들에게 선뜻 적용될 수 있는 것이라기보다는 지역사회, 전체인구, 사회나 국가에 속하는 권리들이다. (p.27)

이 3세대 권리들은 경제적 발달의 권리, 수질개선 등의 권리를 포함한다. 국제 공동체에 의하여 인식되는 다양한 권리들은 1992년에 발간된 유엔의 책 3부에 나타나있으며, 이 책의 <부록1>에 첨부한 선언과 협정들에서도 찾을 수 있다. (Laqueur & Rubin, 1990 참조)

보편성

보편성 차원은 그 중요성 때문에 그러나 또 논란의 소지가 많은 특성 때문에 여기에 포함된다. 도넬리(1993, pp.34ff)가 논의하는 것처럼, 권리의 근간이 되는 도덕적 가치는 "역사나 문화에 따라 특정적"(p.35)이라고 주장하는 상대주의자(예: Huntington, 2002, p.196)와 모든 가치와 인권들은 "전적으로 보편적인 것"(p.36)이라고 주장하는 보편주의자들 사이에 논쟁이 존재한다. 도넬리는 "약한 문화적 상대주의"(p.36)라고 기술하는 입장을 지지하고 있다. 그는 "국제적으로 인식된 인권들은 존엄한 삶에 필요한 첫 번째로 중요한 인증과도 같다"고 하였다. 그러나 "보편성은 유일한 중요한 전제이다. 국제적 인권 규범들로부터의 약간의 편향들은 정당화될 수 있다. 혹은 심지어 요구될 수도 있다." 그의 최종 결론은 바로 다음과 같다. 즉 "정당화될 수 있는 수정 가능성도 국제적 인권 규범들의 근본적 보편성을 모호하게 하지는 말아야 한다. 편향은 거의 없어야 하며 그 누적적 영향도 상대적으로 최소화되어야 한다"(p. 37).

이 입장은 우리가 동의하는, 아이프(2001, p. 7)의 입장과는 아마도 다른 것일 것이다.

인권의 보편성이 인권은 정적이고 변화될 수 없다는 것과 혼동되지 않아야 한다. 왜냐하면 인권들은 객관적으로 존재하기보다는 구축되는 것으로 보아야 하기 때문이다. 중요한 것은 그와 같은 보편적 가치들을 정교화하는 대화, 논의와 교환의 과정이다.

삶과 행동에 대한 지침

인권에 대한 우리 관점들의 최종적 차원은 그 관점의 궁극적 목적, 즉 그것들이 기초하고 있는 원칙과 가치들이 인간이 모든 수준에서 어떻게 살고 있으며 살 수 있는지를 결정해야만 한다는 것과 관련된다. 즉 인권들은 특정 상황에서 규정되어야 한다. 인권들은 단지 어떤 형태의 학대로부터의 보호나 사회적 규정이 아니다. 그것들은 개인(예: 한 개인 병사가 적군의 수감자를 어떻게 다루는가)으로부터 국제적 수준(예: 유엔안전보장이사회는 어떻게 결정에 도달하는가)에 이르기까지의 행동 지침이기도 하다. 어떤 의미에서 인권들은 모든 사회들이 그 안에서 존재하고, 그것에 비추어 판단될 수 있는 전반적인 보편적 규범들을 형성한다. 이러한 맥락에서 인권의 기본이 되는 가치들은 세계 주요 종교들의 기본 가르침과 일치한다는 것을 주목하는 것이 중요하다. 아주 기본적인 용어로 볼 때, 그것들은 사람들이 어떻게 서로 대하며(개인들, 그룹 혹은 집단), 자연과 관계하는가를 설명하는 것이다. (일반적으로 개발 지침으로서의 인권에 대한 중요한 논의를 위하여 UNDP, 2000; Uvin, 2004 참조)

생태적 관점

생태적 접근은 우리를 인간의 삶이 속하여 있고 살게 되어야 하는 자연환경, 즉 모든 생명이 궁극적으로 의존하는 자연환경에 초점을 두도록 한다. 아이프(2002, 2장)는 오늘날 대단히 중요하게 여겨지는 환경위기를 언급하면서, 이 위기에 대한 두 가지 유형의 대응들을 비교한다. 하나는 환경적 대응으로 아이프는 "별개의 해결책들을 발견함으로써 특정 문제들을 해결하려는 노력"으로 기술하고 있다. 그는 다음과 같이 언급하였다.

그러한 접근은 특징적인 단선적 사고로서, 산업과 기술의 진보로 발달되어온 서구 세계관에서 지배적 역할을 해왔다. (p. 22)

두 번째 유형의 대응과 관련하여 아이프(2002, p. 23)는 다음과 같이 설명하였다.

대조적으로 환경 문제에 대한 그린(Green)의 대응은 보다 근본적이거나 진보적인 접근을 취한다. 이 접근은 환경 문제들을 단순히 보다 중요하고 기본적인 문제의 증후로 본다. 그러한 증후들은 분명히 지속불가능한 사회·경제·정치적 질서의 결과이며, 그러므로 변화될 필요가 있는 것은 사회·경제·정치적 질서이다.

아이프의 자신의 생태적 관점은 그린의 생태적 문제들에 대한 관점을 채택하고 있다. 아이프는 다음과 같이 언급하였다.

만일 생태적 위기가 효과적으로 해결된다면 그것은 과학적이고 기술적인 진보를 통해서라기보다는 사회적, 경제적, 정치적 변화를 통해서일 것이다.

문헌에는 우리가 영성적 대응으로 부르는 생태적 위기에 대한 세 번째 유형이 있다. 나스르(Nasr, 1990, p. 3)는 이 접근에 대해 "환경에 가해진 폐해는 현실에 있어서 그들 행동이 생태적 위기에 대한 책임이 있는 인간 영혼의 내적 상태가 외현화한 것"이라고 설명하였다.

이러한 시각에서 생태적 위기는 서구 역사 후기에 개발된, 자연에 대하여 단순히 지배하고 약탈적인 태도에서 기원된 것이다(p.5). 이러한 태도 안에서 "인간은 절대적으로 만들어졌고, 신의 권리와 신의 창조물의 권리를 지배하는 '권리'를 가졌다"(p.6). 여러 가지 영적 전통들을 끌어들여 특히 오스트레일리아 원주민 같은 토착민들의 영적 전통을 다른 학자들은 생태적 영성(ecospirituality)이라고 언급하였다. 예를 들면 테이시(Tacey, 2000, p.162)는 "환경적 위기는 우리가 세상에서 우리 자신들을 어떻게 경험하는가에 대한 영적 문제"라고 하였으며, 계속해서 다음과 같이 자신의 논지를 펼쳤다.

오늘날의 사회는 환경에 대한 관심의 부족과 자연에 대한 헌신의 부족을 보여준다. 세속적 물질주의와 자기애적 열망은 땅과 우리의 관계를 지배하며, 우리는 우리를 영적으로 세상과 연결시킬 우주론을 가지고 있지 않으며, 우리의 공식적 종교전통은 지구보다는 하늘과 더 관련되어 있다. 이러한 시각에서 우리가 생태적 재난의 가능성에 직면에 있다는 것은 놀라운 일이 아니다(p.163).

대조적으로 오스트레일리아 원주민들의 지역에서는, 다른 많은 토착민들의 경우와 마찬가지로 "환경과의 긴밀한 영적관계에 대한 심오한 인식"(p.164)이 있다.

우리의 생태적 관점에 있어서, 우리는 생태적 위기에 대한 세 가지 대응들의 중요성을 인정할 것이다. 비록 이러한 것들이 단기적 치료적 방법들이라고 하더라도 특정 문제점들과 적절한 대응들을 확인하는 것이 중요하다. 그러나 우리는 보다 장기적이고 지속가능한 대응이 중요한 사회, 경제, 정치적 변화와 관련될 것이라는 아이프와 입장을 같이 한다. 그러나 최종 분석에서 인간은 인류와 자연과의 영적 연계를 재발견하는 것이 필수적으로 보인다. 테이시(2000, p.177)는 이에 대해 다음과 같이 말하고 있다.

생태 영성의 생태적 이점은 실제적으로 계산할 수 없는 것이며, 순전히 실질적이고 생존적인 동기에 입각한 것이다. 우리가 소외되는 이유에 대한 이의가 많이 제기되며, 근대는 신비한 상상력, 확장된 주체성, 우주적 정체성 회복을 위하여 노력해야 한다.

우리는 생태적 접근에 대한 네 가지 차원들을 확인해왔으며, 여기에 대하여 우리는 전적으로 아이프(2002)에 동의하며, 이를 통해 아주 많은 것을 얻고 있다.

전체론과 통일성

이 차원의 본질은 아이프가 기술하듯이, 세상과 모든 현상은 "통합(integration)과 종합(synthesis)"의 특징을 가지는 "복잡한 상호연계하는 관계들의 망의 일부이다"(p. 41). 아이프가 설명하듯이 이 접근은 인간중심주의 시각보다 생태중심적 시각을 이끌며, 그 결과 모든 생명체에 대한 존중과 자연세계의 내재적 가치에 대한 존중을 가져와, 결국 강력한 보수주의자의 윤리까지 가져온다(p. 41). 이 전체론적 접근은 영적이고 실질적인 관점으로부터 인간과 자연 사이의 통일성 혹은 하나됨에 중점이 있음을 강조할 필요가 있다.

다양성

우리의 세계적 관점처럼 생태적 관점 내의 통일성이나 전체론은 다양성과 균형을 이룬다. 인간이 많은 수준에서 그 거대한 다양성으로부터 혜택을 얻듯이, 자연도 다양성—생명의 망 안에서 종과 여건의 다양성—으로부터 혜택을 얻고 사실은 그것을 요구한다. 다양성에 대치되는 것은 획일성이며, 아이프가 언급하듯이 "획일성은 바로 생태적 재난을 불러일으키는 조리법이라고 할 수 있다)"(p. 43).

형평성

전체적인 통일성 내에서 다양성에 대하여 추가되는 차원은 형평성의 차원이다. 자연은 분명하게 젖고 마르거나 뜨겁고 차가운 여건들 같은 다양한 종(種)들과 다른 여건들 사이의 균형이 중요함을 보여준다. 마찬가지로 환경에 대한 사람들의 영향과 환경에 내재된 욕구는 균형이 필요하다. 실제로 많은 다른 종에서 일어나는 것처럼, 예를 들면 극한적 기후 조건에서 사는 어떤 종의 욕구와 환경에 대한 욕구 사이의 균형을 유지하기 위해서 많은 종들의 번식률이 변화한다는 것을 알고 있다. 따라서 형평성은 유지된다. 그러나 인간성은 그러한 욕구에 대한 모든 인식을 상실하고 여전히 형평성 부족으로 인한 환경의 소멸이 인간의 과학적 능력에 의하여 상쇄될 수 있다는 가정 하에 행동하게 된다.

지속가능성

지속가능성 원리는 '지속가능한 발달(sustainable development)'이라는 용어가 대중화됨에 따라 생태적이고 개발론적인 사고에 대단히 중요하다(World Bank, 2003 참조). 인간성은 그 생존을 위하여 자연에 의지할 필요가 있다. 그러나 그것은 세대에 걸쳐 지속할 수 있는 방법과 비율로 해야만 한다. 땅, 물, 고기, 미네랄과 다른 원료들의 고갈 위험은 지구의 많은 지역들에서 대단히 현실적이며, 지속가능성 원리에 대한 적극적인 관심만이 모든 자연자원들을 주의 깊게 관리할 수 있게 할 것이다. 기본 관심은 잘 알려져 있으며 자주 발표되고 있다. 1992년으로 되돌아가 세계은행은 다음과 같이 표현하였다.

> 지속가능한 발달은 지속되는 발달이다. 구체적으로 염려하는 것은 오늘날 경제적 발달의 결과를 누리는 사람들이 지구 자원을 과도하게 퇴락시키고, 지구 환경을 오염시킴으로써 미래 세대의 상황이 더 나빠지게 될 수 있다는 것이다. 세계환경개발위원회(WCED, 1987)에 의하여 채택된 지속가능한 발달의 일반 원칙, 즉 현재 세대들은 "미래 세대가 그 자신들의 욕구를 해결하기 위한 능력을 위태롭게 하지 않으면서 동시에 자신들의 욕구를 해결해야 한다"는 원칙은 널리 받아들여지게 되었다. (p. 34)

엘리어트(Elloitt, 1994, p. 30)는 지속가능한 발달을 인간 욕구들을 지속적으로 만족시키고 인간의 삶의 질의 개선을 성취할 수 있는 발달로 규정하고 있다(생태적 관점에 대해서 Brown et al., 1991; George, 1990; Suter, 1995 참조).

사회개발 관점

'사회개발(social development)'이라는 용어는 흔히 두 가지 다른 방식으로 사용되어 왔다. 한 가지는 '사회'를 경제, 정치, 문화, 법, 생태학과 대조적으로 사용하는 것이다. 사회개발에 대한 초점은 경제개발, 구체적으로는 경제성장을 과도하게 강조해왔던 것에 대한 반작용이다. 우리 시각에서는 이러한 목적을 위하여 '인간개발(human development)'을 사용한 유엔개발계획의 전례를 채택하는 것이 더 낫다고 생각한다(1990년 이후의 UNDP 인간개발보고서; Ul Haq, 1995; Sen, 2001).

두 번째로 개발에 대한 사람중심 접근의 논리로부터 실제로 나오는 것은 사회개발을 전체 사회의 개발을 의미하는 것으로, 모든 복합성과 모든 차원에서 보는 것이다. 이 교재에서 우리는 '사회'를 사회개발의 두 번째 의미 혹은 사회에 관한 개발로 사용하고 있다.

사회개발에 대한 일관된 두 가지 시각은 다음과 같다.

> 사회개발은 경제개발의 역동적 과정과 연계하여 전체 인구의 복지를 증진하기 위하여 고안된 계획된 사회변화 과정이다. (Midgley, 1995a, p.8)(Midgley, 1996a 참조)

토다로와 스미스(Todaro & Smith, 2003, p.23)는 세 가지 중요한 목적을 토대로 개발에 대한 포괄적 이해를 제시하고 있다.

① 기본적인 삶을 지속시키는 물품들의 접근성을 높이고 분배를 확대하는 것
② 경제적이고 사회적이며, 문화적이고 인간가치 측면에서 삶의 수준을 향상시키는 것
③ 경제적이고 사회적인 선택들의 범주를 확대시키는 것

우리는 1990년대 초기 이후 발달해온 사회개발의 개념이 5가지 중요한 요소들을 가지고 있다고 본다.

① 원칙 혹은 가치의 기초

② 역량구축과 같은 수단을 통하여 사람들과 인적 자원들에 초점

③ 충분한 국가제도와 구조들, 적절한 네트워크의 구축

④ 참여의 자유를 통하여 성취되는 미시-거시적 관계에 대한 만족스러운 체계

⑤ 법, 정치경제, 사회문화적 측면에서 유능한 환경 창출

사회개발 관점을 보다 정교화하기 위해서 우리는 4가지 차원들에 초점을 둘 것이다. 이 관점은 가치에 기반하며, 주도적 개입과 관련되며 다차원적이고 다층적이다.

가치기반

사회개발의 가치기반 차원은 근본적으로 모든 수준에서의 사회개발을 그 사회를 형성하고 있거나 앞으로 형성할 인간을 위한 것으로 받아들이는 것에서 비롯된다. 개발이란 복지를 강화하는 데에 초점을 둔다. 왜냐하면 사람이 시스템과 구조보다 가치 있기 때문이다. 1990년 최초의 유엔개발계획 인간개발보고서에서 이야기한 인간개발의 기본 목적은 사람들의 선택 범주를 확장시키는 것이었다. 1991년 보고서에서 이 주제에 관하여 자세히 언급하고 있다.

인간개발의 기본 목적은 사람들이 발달을 보다 민주적이고 참여적으로 만들 수 있도록 선택권을 확대시키는 것이다. 이러한 선택들은 수입과 고용기회, 교육과 건강, 청결하고 안전한 물리적 환경에 대한 접근성을 포함해야 한다. 각 개인은 또 지역사회 결정에 충분히 참여하고 인간적, 경제적, 정치적 자유를 누리기 위한 기회들을 가져야 한다. (p. 1)

이후의 보고서에서 유엔개발계획은 개발이란 "사람들의, 사람들에 의한, 사람들을 위한 것"(1993, p. 3)이 되어야 한다고 주장하였다. 비슷한 맥락에서 1991년 『세계개발보고서(World Development Report)』에서 세계은행은 "광범위한 의미에서 개발이라는 도전은 삶의 질을 개선시키는 것이다"(1991b, p. 4)라고 언급하였다. 사회개발의 가치기반은 인간개발 용어에서 구체화된 사람중심의 목표에서 비롯되며 사회개발의 핵심이다.

개발 혹은 사회개발에 근본적으로 기록되는 특정 가치들은 다양할 것이다. 토다로와 스미스(Todaro & Smith, 2003, pp. 21-22)는 세 가지 핵심 가치들을 제안한다. 즉 "① 생계: 기본 욕구들을 해결하는 능력 ② 자긍심: 한 인간으로서의 자긍심 ③ 예속으로부터의 자유: 선택할 수 있는 자유"이다. 아시아태평양 경제사회위원회(ESCAP)의 미간행물 보고서(D. Cox, 가원고, 2000)에서는 다음과 같이 제안하였다.

· 기회의 평등과 공정성의 원리를 도입한 참여, 이를 통한 참여적이고 공정한 개발(Stiefel & Wolfe, 1994 참조)
· 지속가능성 혹은 지속가능한 개발(World Bank, 2003 참조)
· 사회통합 혹은 사회통합을 증진시키는 사회개발
· 그리고 인권과 근본적 자유, 혹은 근본적 권리와 자유를 반영하는 사회개발

공통적으로 강조된 다른 가치들은 자존과 역량강화이다. 그러나 총 망라된 리스트는 가능하지 않거나 이러한 맥락에 따라 필요하지 않다.

주도적 개입

사회개발은 근본적으로 확인된 문제들에 대한 대응으로서 기능하는 모든 치료개입 형태와는 다르다. 심지어 그것은 미래 문제들을 예견하고 그것들을 피해가고자 하는 예방적 대응들을 넘어서는 차원이다. 사회개발은 근본적으로 개발 접근을 채택하는데, 그것은 사회개발의 근거가 되는 가치들을 반영하는 그런 사회를 만들기 시작한다는 것을 의미한다(최종적 의미도, 사회공학적 의미도 아니며, 역동적 과정의 의미이다). 이런 의미에서 그것은 주도적 개입―인구의 일부 혹은 전부의 복지를 강화시키기 위한 목적에서 항상 현상을 개선하고자 하는 개입―을 의미한다.

복합차원

사회개발은 용어의 두 가지 의미에 있어서 복합차원적(multidimensional)이다. 첫째, 그것은 경제, 사회, 정치, 문화, 법적, 생태적 차원의 삶의 본질적인 중요성을 인식하고 있으며, 통합되고 전체적 의미에서 이 차원들 각각 그리고 모두를 개발하고자 하는 것이다. 두 번째는 사회의 차원들은 사회구조, 사회관계, 사회과정, 사회가치 측면에서 볼 수 있다는 것이고 이 차원들 4개 모두가 사회개발이 고려될 때는 항상 고려될 필요가 있다는 것이다. 이것은 사회개발 시 사회복지사들이 그들의 특정 행동이 어떤 시기나 어떤 시점에서든 광범위한 다차원적, 사회적 측면에서 생각할 필요가 있다는 것을 의미한다.

복합수준

사회개발 관점의 최종 차원은 사회개발은 한 사회가 기능하고 있는 모든 수준에서 실행될 필요가 있다는 것이다. 때로 이 수준들은 인지된 영역과, 개발주도권에 의하여 포괄되는 인구 층을 의미하는 지역, 구역, 국가나 주, 국제 수준에서 표현된다. 또 때로는 초점이 사회의 분야들—근본적으로 개인/가족/지역사회 분야, 시민사회 분야, 영리 분야나 법인 분야와 주 혹은 국가제도 분야—에 더 있다. 사회개발은 이러한 모든 수준 혹은 이 모든 분야들에 초점을 둔다. 그러나 모두가 사회의 전체적 기능 안에서 상호작용하고, 그 사회의 개발에 중요한 것이기 때문에 절대로 다른 수준 혹은 분야들을 함께 고려해야만 한다. 마지막으로 사회개발은 국제적 수준을 포함함으로써 어떤 한 사회나 한 부분의 개발을 위하여 모든 사회의 상호작용의 중요성을 강조한다.

전체로서의 통합관점 접근

〈그림 2-2〉에 묘사된 것처럼 통합관점 접근은 우리가 그것들을 인지함에 따라 다른 관점들 각각의 핵심 차원들과 모델을 구성하고 있는 네 가지 관점을 의미한다.

모델

모델은 국제사회복지실천의 모든 측면에 관하여 현재 문제와 대응을 네 가지 관점 각각의 시각으로부터 고려하는 것이 필요하다는 것을 제시하고 있다.

예를 들면, 만일 사회복지사가 특정 국가에서 난민지위신청자와 관련된 상황에 직면해 있다면 그 대응은 난민지위신청에 의하여 제시되는 욕구를 파악하는 것이며, 어떻게 그러한 욕구들이 직접적 맥락 안에서 단기적인 직접적 욕구로서 대응될 것인가를 고려하는 것이다. 그러한 치료적 대응은 때로 즉각적인 단기 대응으로서 필요한 반면, 더 선호되고 궁극적인 대응은 그 상황을 국제사회복지실천의 한 측면으로서 고려하고, 그것을 네 가지

[그림 2-2] 사회복지실천을 위한 통합관점 접근

관점의 측면에서 분석한다. 그 다음 지역의 난민지위신청자 문제는 국제적 문제의 일부가 되고, 모든 지역의 대응들과 관련하여 고려되어야 하는 국제적 측면을 가지게 되는 것이 명료해질 것이다. 또 그것은 파악되어져야 하는 권리의 문제이고, 개입 방안도 이 권리들에 입각하여 고려되어야 하는 것이 분명하다. 더구나 생태적 관심들은 당연히 원래의 장소나 국가와 관련될 것이며, 모든 개입 전략은 생태적 이슈들을 고려하여야만 한다는 것이 명백해질 것이다. 최종적으로 핵심 관심은 이 난민지위신청자들의 지속적인 복지와 그들에 관한 사회개발 이슈 그리고 어떠한 국가 혹은 장소가 이 사람들에게 미래의 거주 장소로 고려되는지에 관한 것이 분명해질 것이다. 따라서 통합관점 접근은 다음과 같다.

- 국제사회복지실천 하의 모든 상황들의 모든 측면들에 대한 분석 도구
- 과거 사건들의 결정적 사유와 결과에 대한 접근
- 가능한 대응들과 그 결과들을 파악하기 위한 모델
- 실질적인 개입 과정에 대한 개관 등

접근의 타당성

국제사회복지실천을 안내하기 위한 분석 모델에 대한 필요성은 분명한 반면, 통합관점 접근에 포함되는 관점을 선택하는 것은 분명하지 않아서 정당성에 대한 요구를 할 수도 있다. 세계적 관점을 포함하는 것은 그 초점이 국제적 차원에 있을 때에는 분명하다. 그리고 우리는 급속한 세계화 시대에 존재한다. 세계적 관점은 근본적으로 우리가 '국제적'이라는 용어를 이해하는 데에 도움이 되며, 확인된 다양한 차원들이 그 과정을 돕는다. 가치 관점을 포함해야 할 필요성은 논의의 여지가 없다. 그렇게 하는 것이 그러한 행동을 하게 하는 일련의 가치 체계에 기초한 것이 아니라면, 어째서 모든 장소와 모든 여건들에 있는 모든 사람들에게 접근해야 하는가? 그리고 그 가치들이 국제적으로 인정된 인권들보다 보편적인 적용성에 있어서 얼마나 더 나은가?

생태적 관점을 포함하는 것은 모든 인간 활동이 일어나는 생태적 맥락의 논리적 중요성과 그 맥락의 많은 측면들을 위협하는 인지된 위기를 바탕으로 이루어진다. 여기서부터의

모든 행동은 그 위기를 고려하여야만 하며, 가능할 때에는 그것을 다루고, 생태적으로 지속가능한 작용 방식을 찾으며, 이상적으로는 환경을 존중하고, 환경과 조화롭게 사는 것을 배우게 된다. 마지막으로 사회개발 관점은 모든 사회복지실천 활동을 비전, 일련의 목표들, 작업방식 그리고 사람중심으로 모든 것을 포괄하며 복지를 최대화하는 통합적 접근을 가진, 면밀한 사회개발 과정보다 더 나은 작업방식 맥락 안에 둘 필요가 있음을 나타낸다.

만일 이 네 가지 관점을 포함시키는 것이 선뜻 정당화된다면 우리는 다른 가능한 관점들을 배제할 수 있는지에 대해서 결정할 필요가 있다. 우리가 실질적인 목적 때문에 많은 관점들을 제한하는 것이 필요하다는 것을 고려하면서, 또 네 가지 선택된 관점들이 실제로 대단히 광범위하다는 것에 대해서도 이의제기를 할 수 있을 것이다. 간략하게 대안적이거나 추가적인 관점들을 고려해보도록 하자. 사회복지실천 내에서 여성주의적 관점이나 젠더 관점이 즉각적으로 떠오를 수 있다. 여러 맥락으로 젠더에 대한 관심의 중요성을 고려할 때 이 관점을 떠올리는 것이 낯선 일은 아니다. 우리의 접근은 네 가지 모든 관점, 특히 인권 관점과 사회개발 관점을 통해 상당 정도 젠더 관점을 통합할 수 있다. 독자들의 관점이 마르크스주의, 사회주의, 자본주의이든, 혹은 신자유주의, 신보수주의, 식민주의, 신식민주의, 신제국주의 등의 이데올로기적 관점이든지 간에 이러한 관점들이 회피되고 있다는 것만 확실하다면 특별히 정치·경제 관점을 강조할 수 있다. 우리는 국제 관계와 국제사회복지실천에 관련된 많은 특정 상황들에 있어서의 이데올로기와 권력 갈등의 중요성을 인식하는 한편, 특정 이데올로기에 빠지거나 특정 이데올로기에 의한 국제사회복지실천을 찬성하지는 않는다. 국제사회복지실천을 맥락화하는 것은 항상 중요하고, 우리의 통합관점 접근은 이미 이를 가능하도록 해준다.

통합관점 접근과 기존의 사회복지실천 이론들

통합관점 접근은 기존 사회복지실천 이론들과 충돌하는 것은 아니며, 오히려 여러 방식으로 기존 이론들을 확장한다. 페인(Payne; 1997)은 사회복지실천 이론들과 모델들을 세 가지 카테고리, 즉 반성적—치료적, 사회주의자—집합주의자, 개인—개혁으로 구분하였다. 이 범주화는 도움이 되며, 우리는 통합적 접근에 따라 21세기 국제사회복지실천에 대하여 알 필요가 있다고 보며, 우리의 네 가지 관점은 그러한 접근을 제공해준다.

네 가지 관점과 기존 사회복지실천 이론이 상당 부분 연계된다는 것은 많은 독자들에게 분명하게 느껴질 것이다. 인권 관점은 처음부터 사회복지실천이 받아들였던 윤리, 가치와 권리 접근법을 상세히 반영한다. 마찬가지로 생태적 관점은 사회복지실천에 있어 새로운 것이 아니다. 다양한 사회복지실천 사정과 개입 양식은 생태적 관점에서 비롯된다. 예를 들면, 비록 항상 구조적 이슈들을 다루는 것은 아니더라도 체계이론(예: compton & Galaway, 1999; Pincus & Minagan, 1973)과 생활모델이론(예: Germain & Gitterman, 1980, 1996) 등이 사회복지실천에 확대되어 적용되어 왔다. 따라서 생태적 관점은 현재의 사회복지실천 이론과 잘 연계되고 그 실천에 새로운 방침을 제공해준다.

사회복지실천과 사회개발의 관련성은 최근 수년 간 논쟁의 이슈가 되어왔다. 일부 사회복지사들은 사회개발의 본질이 사회복지실천과 다르다고 생각해왔으며(예: Midgley, 1995a), 또 다른 경우는 사회복지실천 내에 사회개발 접근이 포함되어야 함을 주장해왔다(예: Billups, 1994; Osei-Hwedie, 1990; Elliott, 1993; Gray, 1997a, 1997b; Meinert & Kohn, 1987; Elliott & Mayadas, 1996). 우리가 볼 때, 사회복지실천은 그 분리된 정체성을 상실하지 않으면서도 사회개발의 통찰력을 통하여 도움을 얻을 수 있다. 아이프(2002)는 사회개발에 긴밀하게 잘 맞는 지역사회 개발모델을 제시한다. 또 엘리어트와 메이야다스(Elliott & Mayadas, 1996, p.61)는 사회개발과 사회복지실천의 임상실천 모델 사이에 아무런 갈등도 없다고 본다. 반면 사회정책은 국제비교 접근에서 세계 사회정책을 직접 포함하는 것으로 발전했다.

마지막으로 세계적 관점은 비록 최근까지 분명하지는 않았더라도 사회복지실천 자체에 내재화되어 왔다. 더구나 세계적 관점은 구조적 이슈에 새롭게 초점을 두는 것과 일치한다(예: Mullaly, 1993; Fook, 1993). 왜냐하면 세계적 관점이 철저하게 초점을 두는 것이 세계 경제 및 정치 구조이기 때문이다.

특정 사회복지실천 이론이나 접근, 방법론에 지나치게 의지하는 것은 국제 영역에서의 실천을 활성화시키지 못한다. 사회복지실천 개입의 효과, 특히 세계화 맥락에서의 효과성은 다양한 범위의 방법들을 기꺼이 사용하는 것이 필요하며 우리는 통합관점 접근이 이것을 활성화시킨다고 본다.

국제사회복지실천에 대한 통합관점 접근의 적용

우리는 통합관점 접근을 사회복지사의 오리엔테이션, 상황분석 과정, 개입 전략들의 계획, 개입계획의 실행이라는 네 가지 측면에서 탐색할 것이다. 이하에서 말하는 '그 접근'은 통합적 관점 접근을 명명하는 것이다.

사회복지사의 오리엔테이션

이 접근법은 모든 사회복지사들이 채택함으로써 도움을 얻을 수 있으며, 모든 전문 사회복지실천에 적절하게 적용할 수 있는 오리엔테이션을 대표한다. 이 오리엔테이션으로 사회복지사들은 모든 맥락 안에서 세계적 관점, 인권 관점, 생태적 관점, 사회개발 관점들에 대한 의식을 갖게 될 것이다. 이러한 관점들은 그들이 현 상황을 분석하는 데에 관여하든 혹은 어떤 상황이 될 수 있으며 어떻게 되어야 하는가를 고려하는 데에 관여하든지 간에 그들 실천의 모든 측면에 파급될 것이다. 세계적 관점에서 생각하고, 인권의 이슈에 대하여 의식하고 생태적 결과를 고려하게 되고, 모든 거주자들의 복지를 최대화하는 사회에 대한 사회개발적 비전을 기초로 움직이는 것이 두 번째 특성이 될 것이다.

이 오리엔테이션의 중요성은 우리가 정확히 반대 측면을 생각한다면 아마도 더 명료하게 될 것이다. 클라이언트나 클라이언트 집단을 그 이상으로 보지 못하고, 현재 문제를 절대적으로 치료적 관점에서만 보며, 자연환경의 중요성에 대한 인식을 갖지 못하고, 또 이런저런 클라이언트들을 위하여 더 나은 사회에 대한 적극적 비전을 갖지 못한 접근은 제시된 접근과 비교할 때 대단히 제한적일 수 있다.

사람들의 복지는 확실히 구체적인 현재 문제를 치료함으로써 강화될 수 있다. 그러나 그것은 사람들에게 더 나은 자연적, 사회적 맥락을 제공하고, 또 사람들의 권리에 대한 보호를 확보해줌으로써 보다 지속적으로 강화될 수 있다.

상황 분석

통합관점 접근은 상황분석의 핵심이며 도구이다. 왜냐하면 이 접근법을 통해 우리는 모든 차원들에서 그리고 몇몇 근본적인 관점들에서 모든 수준의 어떤 상황이라도 고려할 수 있게 함으로써 상황을 적당하게 상세하면서도 또 전체적으로 이해할 수 있기 때문이다. 여기서 제시한 4가지 관점을 토대로 구체적으로 살펴보자.

세계적 관점

이 모델은 우리로 하여금 기존 상태에 기여하는 것이든 혹은 가능한 해결책으로 제시되는 것이든, 관련된 세계화 요인들이 있는지에 대해 생각할 수 있게 해준다. 세계화 요인들의 중요성은 거시적 수준에서 찾아볼 수 있다. 예를 들면 다음과 같은 문제들이다. 기존의 세계화 과정에서 주변화됨에 따라 위기에 빠진 작은 도서 국가의 경우, 이 국가가 외부인들에게 제공할 것이 거의 없으면 세계화 과정에서 도태되어 사라지게 될 것인가? 혹은 개발도상국의 채광이 장기적으로 재정적 이득은 거의 없이 그 나라의 환경을 지속적으로 파괴하고, 자원들을 착취하며, 문화를 손상시키는 것이 분명한가? 혹은 특정인들이 일부 다른 집단에 의해 폭력, 인권남용, 착취를 당하며 외부인들의 이권에 종속됨으로써 복지에 심각한 결과를 가져오며 지배당하는가? 혹은 지구의 다른 편에서 일어나는 일들로 인하여 특별한 지역에서 발생된 일, 예를 들어 이주민들의 유입 혹은 저가물품들의 덤핑 등이 가능하다면, 그 근본적인 원인을 해결할 필요가 있는가? 혹은 심각한 폭풍이나 해수면 상승 등 일부 지역의 자연현상이 다른 국가들의 어떤 행위에 기인한 것인가?

또 미시적 수준에서 살펴볼 수 있는 예들도 무수히 많다. 이주민이 현재 국가에 적응할 수 없는 것이 고국이 처한 상황에 대한 지속적인 불안 때문인가? 난민지위신청자의 어려움을 해결하는 것은 세계정책이 해야 할 것인가? 외국에서 태어난 입양아동의 복지는 국가 간에 입양이 어떻게 다루어지는가에 따른 것인가? 심각한 질환을 가진 사람들의 치료는 적절한 가격과 지역에서 필요한 약을 구할 수 있도록 해주는 국제적 제약회사의 의도에 달려있는가? 다른 국가들에서 얻을 수 있다고 알려진 적절한 기술이 없기 때문에 지역 문제가 심화된 것인가? 다른 국가들에서 사는 부부문제를 해결할 때 부부가 서로 다른 국가에서 살기 때문에 두 국가에서 개별적이면서도 동시적으로 처리되는 작업이 필요한가? 지역실업 문제란 단지 임금이 낮은 다른 국가로 일터를 이전했기 때문인가? 개발도상국의 자유무역 지대에서 일반적인 임금 수준은 정부의 약점과 사람들의 취약성을 이용하는 다국적 기업의 한 예인가?

분명히 지역적 상황을 많이 이해하고 인과관계와 다른 요인들의 건설적 분석을 개발하기 위해서는 세계적 관점을 필요로 하는 경우가 많다. 더구나 세계화의 영향을 가정할 때 적어도 세계화 요인들이 분석되는 상황과 관련성이 있다는 가능성을 제기하는 것이 도움이 될 것이다. 게다가 국제비교 접근을 채택하는 것은 분석과 개입을 위한 세계적 관점의 중요한 측면이 될 것이다. 예를 들면 특별 상황에 직면한 사회복지사는 그러한 상황이 인과요인의 측면에서 어떻게 다른 곳에서 이해되어 왔으며, 어떤 성공적 개입 전략들이 다른 나라에서 활용되어 왔는가를 탐색함으로써 도움을 얻게 될 것이다. 예를 들면 이것은 토착적 소수집단, 농촌 빈곤, HIV/에이즈, 고립된 노인, 다양한 형태의 약물중독 등의 상황에 적용될 것이다.

인권 관점

통합관점 접근은 항상 인권의 시각에서 상황이 고려되어야 한다고 주장한다. 이는 항상 다음과 같은 질문을 하는 것과 관련된다. 인권남용이 현재 상황에 있는가? 비록 그것들이 한참 전에 있었다 하더라도 이 상황이 그러한 남용에 의하여 부분적으로 야기되었는가? 인권남용은 이 상황에 계속적으로 영향을 미치는가? 건설적으로 행동하지 못하는 것이 부분적으로 과거 인권남용으로 인한 유산의 결과인가, 아니면 부분적으로 낮은 자존감 때문인가?

불행하게도 인권남용의 만연은 역사적으로 대단히 심했고 황폐화된 결과들을 가져온 경우가 많았다. 예를 들면, 우리가 노예 매매의 발생과 결과에 대하여 생각할 때, 여성을 열등하고 남성의 소유물로 대우했던 결과, 아동의 출생을 원하지 않았기 때문에 아동의 권리를 남용한 결과, 원주민을 다듬어지지 않은 야만인으로 생각하고 대량 학살한 결과, 특정 집단에서 출생했다는 이유만으로 열등한 지위를 부여한 결과, 식민체계 하에서 모든 국가들을 정복한 결과, 특정 인종집단이 다르게 보이기 때문에 폭력을 가해왔던 결과 등에 대하여 생각하게 된다. 역사적으로 우리는 그러한 일들이 세계가 문명화되는 과정에서 일어난 일들이며, 과거의 사람들이 다양한 가치와 이해에 근거해서 행동했다고 이야기하면서도 실제로는 비록 그 상황, 정도, 세부적인 부분들이 분명히 바뀌었음에도 불구하고 이러한 남용의 모든 예들을 현대사회에서도 발견할 수 있다.

언급한 예들은 거시적 수준에 초점을 둔 것이다. 모든 지역 상황 속에서 사회복지사의 역할에 마찬가지로 관련된 것은 학대 상황을 구분해내는 것이다. 여성, 아동, 노인에 대한 가족 학대, 소수집단의 성원들에 대한 차별 형태의 학대, 한 지역에 새로 온 사람들에 대한 학대, 범법행위로 유죄판결을 받았거나 그러리라고 생각되는 사람들에 대한 학대, 약자를 괴롭히는 형태로 학교와 직장에서 나타나는 학대 등 학대 영역들은 많은 국가와 지역 현실의 일부로 계속되고 있다. 비록 일부 지역에서는 훨씬 악화되어 있다고 하더라도.

학대를 식별해내는 것이 왜 중요한가? 그 중요한 이유는 확실히 학대는 모든 사람이 지켜야하는 원칙들과는 반대로 본질적으로 잘못된 것이며, 그것이 어떠한 것이며 어떤 방법으로 다루어져야 하는지에 대하여 인식할 필요가 있다. 둘째, 만일 학대 상황이 인식되지 않고 교정되지 않으면 치료 개입은 한계가 있는 장기적인 지원이 될 것이다. 인권이 박탈된 사람들에게 복지를 제공하는 것은 그러한 사람들을 불쾌하고 부당한 상황에 빠뜨리는 것이다. 셋째 이유는 만일 과거 학대가 확인되지 않으면 사회복지사는 그들이 지원해온 학대당한 사람들의 장기적인 영향을 인식하거나 이해할 수 없을 것이다. 종종 학대의 희생자들은 그들이 학대받은 결과가 중심이 되는 것이 아니라 문화적, 개인적 특성을 들어 학대당한 원인을 희생자에게 돌렸다. 학대받은 사람들은 지나치게 순응적이고 중요한 일에 대한 열정이나 일에 대한 윤리가 부족하다는 이유로 학대의 원인이 희생자에게 있는 것으로 보았다. 이러한 관점에서 보면, 수년에 걸친 학대에 대한 방어나 결과로 특정한 성격적 특징이 나타난다고 보기보다는 현대 세계에 부적절한 문화를 가져왔다고 생각될 수 있다.

많은 학대의 예들 중에는 분명하고도 시끌벅적하게 발생하는 경우가 많다. 따라서 저항하기 어려운 상황에서 받아들여지는 것이라 하더라도 쉽게 인식될 수 있는 것이다. 그러나 그렇지 않은 다른 상황들 속에서 학대는 또 잘 숨겨지거나 애매모호하여 인지하기 어려운 경우도 있다(예: 국내 이주노동자나 아동 성매매의 문제). 후자는 우리가 사회복지사로서 단지 뻔한 학대의 예를 인정하는 것이 아니라 학대가 어떤 상황 속에서 하나의 요소인지 아닌지를 질문하는 인권 관점을 적용하는 것이 중요한 이유이다.

최종적으로 그리고 의미심장하게 모든 사람과 상황에 접근하는 중요성은 본질적으로 인권의 토대에 있다. 인권지향성은 모든 개인들과 집단의 권리가 다르며, 그들의 행동이 다른 사람들의 권리를 침해하지 않는 것이라면 그들 자신들의 가정들 속에서 행동하는 것을 받아들일 수 있도록 한다. 이 오리엔테이션은 인간의 평등, 즉 모든 인간은 동등하게 태어났고 동등한 권리를 가지고 있다는 것을 자동적으로 인정하게 되는 것이다. 인권지향성은 하나의 상황 속에서 기본적인 문제들을 파악해내는 도구이기 때문에 사회복지실천에 대한 우리의 접근에 있어서 긍정적 요소가 된다.

생태적 관점

우리 접근에 있어서 대단히 중요한 것이 생태적 접근이다. 사회복지사들이 어떤 상황이든 분석적 관점에서 생각할 때 생태적 요인들의 관련성에 대한 질문은 항상 존재해야 한다. 현재의 문제들이 생태적 요인들에 의한 것인가? 예를 들면, 특정 상황에서 빈곤은 생태파괴 때문인가? 사람들은 자연환경과 자연환경의 부족으로 인하여 부정적인 영향을 받는 것으로 보이는가? 사람들이 주거장소를 옮기는 것이 생태파괴로 인한 것인가? 갈등의 발생이 부족한 자연자원 때문인가? 난민집단의 복지가 그들의 자연환경 때문에 부정적인 영향을 받는가 혹은 지역이 난민들을 거부하는 것은 부족한 자연자원에 난민들이 미칠 영향을 두려워하기 때문인가?

대안적으로 기존 상태가 자연환경에 대하여 있을 수 있는 가능한 영향, 사람들의 복지에 대한 영향 혹은 그 둘 모두에 대한 영향 때문에 지속될 수 없는 것인가? 예를 들면, 농사를 짓는 방법이 생태적으로 봤을 때 지속할 수 없는 것인가? 회사의 채굴 활동이 사람들이 의지하고 있는 환경을 파괴할 것 같은가? 정부의 인구배치 정책이 지속불가능한 것으로 입증되고 있는가? 열대 밀림에서 통나무를 베는 것이 사람들의 생계를 파괴하는 것인가,

그리고 자연환경을 피폐하게 만들 것 같은가? 어떤 형태의 기술에 대한 의존이 장기적으로 역효과적인 대안인가? 그리고 빈곤이 사람들이 궁극적으로 의지해야만 하는 환경을 파손시킬 상황, 즉 이를테면 불을 지피기 위하여 다 자란 나무들을 사용하고 생태계가 취약한 지역으로 이주하거나 지역 수원에서 지나치게 낚시를 많이 함으로써 환경을 파괴한 상황으로 몰고 가는가? 사람들이 진흙이 흘러내릴 만큼 경사진 곳에 집을 짓거나 혹은 범람할 수 있는 강가에 집을 지음으로써 큰 위험을 자초하는가? 사람들이 생계를 유지하는 것이 쓰레기 더미를 샅샅이 뒤지는 것과 같이 단순히 너무 위험한가? 실질적이고 잠정적인 생태적 손실 상황들이 탐지되면 사회복지사들은 계속하여 이 상황들의 근원을 탐색하여야 한다. 그 사람들의 태도, 정부나 회사의 태도가 얼마만큼 책임이 있는가? 관련된 사람들이 그 위험을 인지할 때조차 지배적인 상황들이 어느 정도나 필요에 따라 이끌어지는가? 생태 파괴가 얼마만큼이나 지금까지 생각되지 못한 정책들의 결과이며 적절한 대안들이 있는 것인가? 만일 사회복지사들이 허용되지 않는 상황들을 뒤집으려고 노력한다면 그러한 기여요인들에 대한 조심스러운 분석은 필수적일 것이며, 적당한 개입 전략의 기초를 세우는 데에 도움이 될 것이다.

최종적으로 이러한 점에서 길을 가르쳐주는 것은 다른 사람들에게 그런 것처럼 사회복지사들에게도 책임이 주어진다. 만일 사회복지사들이 일반적인 측면에서 건강한 환경적 접근들을 지향한다면 그들이 이야기하고 행동하는 모든 것에서 그러한 오리엔테이션의 중요성이 뒷받침될 것이다. 이와 같이 사회복지사들은 다른 것들, 즉 교육 도구, 생태에 관한 정보제공처들에 대한 중요한 예가 된다. 전문가들이 생태적 차원들을 소홀히 하는 것은 사람들과 집단들이 어떤 수준에서든 사회개발의 어떤 측면에 관련되어 있을 때 실제로는 이것이 중요하지 않다는 메시지를 많은 상황으로 보내고 있음을 의미하는 것이다.

사회개발 관점

분석 과정과의 관련성에 있어서 우리의 마지막 관점은 사회개발 관점이다. 사회복지사가 직면해있는 하나의 상황은 종종 불충분한 전체적 사회개발의 한 측면일 것이다. 예를 들면 국내의 사회개발은 도시 지역에 초점이 맞추어져 있고, 다른 생산적 노력들보다 산업을 강조해왔으며, 특정 계층의 사람들의 편을 들어왔으며, 윤리적 혹은 젠더적 편견에 빠져왔으며, 부패와 비효과성에 의하여 손상되어 왔다. 보다 광범위한 국가적 사회개발 맥락 안에서 지역 상황을 이해하는 것이 대단히 중요하다. 대안적으로 지역이 채택한 사회개발 과정은 확인될 수 있는 방식들에 있어서 부적절하거나 비효과적이다. 예를 들면, 개발은 전체 인구의 바람이나 문화에 대해 고려하지 않은 채 특정 지역의 엘리트 집단에 의해 계획되고 추구되어 왔다. 개발 과정은 경제적 목표가 의존해온 정치적, 법적 발달을 무시한 채 경제 규모에만 초점을 맞춰왔다. 지역개발 과정은 사람들이 어떠한 역할을 하는 데 필요한 능력을 갖췄다는 확신이 들지 않는 사람들의 조언에 의지해왔다.

이 관점 안에서의 다른 가능성들은 사회개발의 목표와 가치들이 국가적 수준이든 지역수준이든, 전체 공공의 이해보다는 엘리트 집단의 이해와 훨씬 더 관련되어 있다는 것이다. 다른 말로 이야기하면, 개발 과정은 개인의 이익이나 선택받은 특정 개인들, 조직이나 집단들에 의하여 효과적으로 통제되어 왔다는 것이다.

이 장의 앞부분에서 강조한 사회개발의 특징들은 모두 분석 단계에서 유의미하다. 개발 과정이 사회의 모든 차원을 커버하고 이 차원들 사이에서 필요한 상호작용을 조합하는 방식으로 이루어져왔는가? 그 과정이 국내의 모든 단계에 적절한 조치들을 조사한 것이며, 어떠한 국제적 수준과 관련성을 갖는가? 그 과정이 사회개발 경험과 분석이 아주 중요하다고 본 일련의 가치들에 기초한 것인가? 그리고 주도적 개입은 문제가 발생한 즉시 요구되는 대로 이루어져왔는가?

이상적으로 지역사회복지사들은 이론적으로 사회개발 과정에 대한 이해뿐 아니라 최선의 분석과 광범위한 가능한 분석에 기초하고 있으며, 한 국가나 예측가능한 미래에 무엇이 한 국가나 지역의 사회개발 목표들이 되어야 하는가에 대한 비전을 가져야 한다. 두 형태의 이해는 사회개발 관점에서 타당한 방식으로 진행되는 것이 어떠한 것인가를 아는 데 대단히 중요하다.

개입 계획

통합관점 접근은 앞에서 분명히 논의한 것처럼 상황을 분석하는 것만큼 개입을 계획하는 데에도 핵심이 된다. 분명히 조치가 필요한 특정 상황에 맞닥뜨렸을 때 개입 상황에서 수행해야 하는 역할에 대해서 살펴보자.

비록 예를 위한 가정이지만, 매우 일반적인 상황은 주변화되고 빈곤한 인구층이다. 빈곤층은 모든 의미에서 사회의 주변부를 대표하며, 높은 빈곤 수준으로 인해 고통을 받으며, 모든 사건들이 통제 밖에 있어 극단적으로 취약한 상황에 놓여 있다. 또 높은 실업률과 비취업 상태는 결과적으로 포기와 무감각을 초래하게 된다. 그러한 상황 속에서 포괄적인 개입 전략에 우리의 접근방식을 어떻게 사용할 수 있을까? 우리의 접근방식의 몇몇 요소들이 전체 전략을 채택하는 데에 핵심적 요소가 된다.

첫째, 전체 전략은 반드시 사람중심적이어야 한다. 이 접근은 인권 관점과 사회개발 원리에서 나온 것이다.

둘째, 전체 전략은 인본주의적이고 인권적 관심뿐 아니라 가능한 한 많은 사람들의 불편함이 수정됨으로써 사회개발 과정에 참여할 수 있도록 하는 치료적 요소를 포함할 것이다.

셋째, 전체 전략은 자연환경을 고려하여 계획되어야 한다. 만일 환경적 파괴가 당면한 문제의 한 가지 원인이라면, 환경을 되돌리거나 전환할 수 있도록 요구할 수 있는가? 자연환경이 전체 상황을 다루는 데에 있어서 중요한 역할을 할 수 있는가? 예를 들면, 미래의 생계원이 됨으로써, 기술을 개발하거나 강화시키기 위하여 자연을 개발함으로써, 재개발 활동을 통하여 자신감을 얻음으로써 혹은 사람들의 복지감에 기여하는 쾌적한 환경을 지역적으로 조성함으로써 자연환경이 중요한 역할을 할 수 있는가?

넷째, 전체 전략은 인권에 대하여 깊이 생각하면서 계획되어야 한다. 우리는 모든 과거의 인권남용에 대한 이해를 바탕으로 하고, 또 한 개인과 집단행동에 대한 과거의 인권남용에 따른 영향에 대한 이해를 기반으로 하여야 한다. 이 이해를 바탕으로 우리는 사람들이 그들의 권리를 위하여 캠페인을 하도록 격려하고, 그들의 권리에 대한 의식화를 주입하고자 촉구할 것이다. 이슈가 되고 있는 권리는 더 광범위한 인구층을 침투해 들어가지 못하는 의식적 자각이며, 전 인구 중 일부의 권리일 수 있다. 우리의 개입 전략은 기존의 권리에 관한 문제들을 극복하기 위하여 계획된 것이며, 미래의 권리를 보호하고 모든 성원의 권리를 수용하는 것을 바탕으로 지역사회 혹은 사회를 구축하는 것이다.

다섯째, 전체 전략은 세계적 관점에서 전체 상황을 주의 깊게 고려하고 세계적 차원의 중요성을 분석하는 단계에서 나온 결론들과 일관된 세계적 개입 차원을 포함할 것이다. 세계적 개발이 이 사람들에게 부정적 영향을 미치며 행동을 요구할 것인가? 어떤 종류의 세계적 지원이 더 나은 미래를 가져다줄 것인가, 그리고 어떻게 이것이 성취될 수 있을까? 이 사람들이 유엔 체계의 다양한 기관들, 정부 간 조직체 및 그들 국가 정부에 대해 접근함으로써 이득을 얻을 것인가? 이들이 제조회사에 대한 가능성을 가지고 있으며, 세계 시장에서 지역 제조품 같은 특산물을 팔 것인가?

여섯째, 그리고 마지막으로 이 상황을 다루기 위해서는 이들의 지역과 국가적 개발 맥락 안에서 사람들의 전체적인 개발을 강화시키기 위한 사회개발 접근이 요청될 것이다. 이 개입 전략은 사회개발의 어떤 차원들이 이상적으로 다루어져야 하며, 어떻게 그리고 어떤 수준의 개발 활동이 이상적으로 자극되고, 또 어떤 방식으로 되어야 하는지를 고려할 것이다. 이 과정은 사람중심 접근을 활용하여 이루어져야 하고 이로써 지원은 받지만 이들의 욕구, 목표, 선택권들을 탐색하는 것은 바로 이들 자신들이어야 한다. 가능할 때마다 사회학습 접근을 활용하는 강력한 교육적 초점이 필요하게 될 것이다. 촉진 과정은 사람들이 지지를 받는다고 느끼도록 지원하는 것이 최선이며, 그러나 외부인들에 의하여 지도되거나 외부인들이 제시한 방향대로 가서는 안 된다.

계획 실행

우리의 접근 중 사회개발 관점 하에서의 실행은 실제로 분석, 개입 계획, 계획 실행, 평가 과정들을 통하여 진행되는 하나의 과정이다. 이 모든 과정들은 전체 과정 안에 서로 얽히고설켜 있으며, 사회개발이 근거로 하고 있는 원칙들에 의하여 유지된다. 실행은 어떤 의미에서 결과중심적인 외부인들이 생각하기 쉬운 것처럼 핵심단계나 최종 목표는 아니다. 그것은 사람들이 자신의 상황을 분석함으로써 배우게 되는 것이며, 제한된 최일선에서 약간의 진보를 통하여 얻게 되는 자신감, 혹은 과정의 특정 단계나 모든 단계들에서 발전하는 기술들, 심지어 그들의 현실을 인정하고 감정이입 정도를 보여주는 외부인들의 영향이 적어도 단기적으로는 조심스럽게 계획된 개입 결과들보다 더 중요하게 부각될지도 모른다.

결론

　사회복지사로서 우리는 특정 가치들, 신념들, 전제들 등을 바탕으로 그 중 일부는 우리가 의식하면서 또 다른 일부는 의식하지 못한 채 상황들에 접근하는 경향이 있다. 모든 우리의 전문적 활동들은 일련의 적절한 가치들, 신념들과 이해들에 의하여 의식적으로 안내되어야 한다. 국제사회복지실천이 활발한 현장 영역들을 마음에 두고, 우리는 지침이 되는 관점—사회복지실천 개입 과정과 국제적 상황 속에서의 모든 단계들에서 행동할 지침으로써 도움이 되는 관점—이라고 불리는 일련의 적절한 것들을 끌어들이기 위하여 노력해왔다. 일부 독자들은 제시된 일련의 관점들을 수정하려고 하겠지만, 우리는 우리의 통합관점 접근을 구성하는 네 가지 관점 모두가 대단히 중요하며, 네 가지 관점 모두가 통합적 접근에 적용될 필요가 있다고 강력히 주장할 것이다. 일부 상황들 속에서 사회복지사들은 특정 상황 속에서 이 접근이 어떤 측면들을 보다 명확히 하고 어떤 차원들을 강조함으로써 수정을 요구할 것이라 느낄 것이며, 우리는 그런 방식으로 통합관점 접근을 사용할 것을 지지한다. 그러나 우리는 현재 포함되어 있는 네 가지 관점들 중 어떤 것도 무시되거나 평가절하되어서는 안 된다고 생각한다. 왜냐하면 모든 관점이 각각 국제사회복지실천의 맥락에서 근본적으로 중요한 것이기 때문이다.

CHAPTER 02

◉ 요약

- 국제사회복지실천은 세계적 관점, 인권 관점, 생태적 관점, 사회개발 관점 등의 4가지 관점을 종합한 통합관점 접근이 지침이 될 수 있다고 제안하였다.

- 세계화 관점은 통일성, 상호의존성, 세계화, 지역화와 세계시민권의 차원들에 기초한다. 인권 관점은 기본적 가치, 원리, 인권들과 그것들의 보편적 적용을 행동 지침으로 한다. 전체성과 통일성, 다양성, 형평성과 지속가능성 차원들이 생태적 관점을 형성한다. 다른 관점들로부터 끌어내어오고 또 그것들에 기여함으로써 사회개발 관점은 참여, 사람중심, 역량강화 가치들, 주도적 개입과 다차원적이고 다수준적인 접근들을 강조한다.

- 국제사회복지실천에 있어서 세계적 관점은 전체 맥락을 대표한다. 인권 관점은 가치기반을 제공하며 생태적 관점은 인간성과 자연의 관계를 보여주고, 사회개발 관점은 행동을 안내하고 방향성을 제시한다.

- 사회복지사들과 개발 실무자들은 지역 수준, 세계적 수준들에서 욕구들과 이슈들을 분석하고 다루기 위하여 그 접근을 사용할 수 있다.

◉ 질문과 토론 주제

- 통합관점 접근에 대하여 어떻게 생각하는가?
- 각 관점의 모든 차원들에 대하여 비판적으로 점검해보자.
- 이 장에서 제시된 통합관점 접근에 대한 이해를 요약해보자.
- 전체적으로 통합관점 접근에 동의하거나 동의하지 않는 이유에 대하여 논의해보자.
- 통합관점 접근이 국제사회복지실천을 위한 유용한 틀을 제공한다고 생각하는가?
- 우리에게 익숙한 사회복지실천 이론들과 통합관점 접근법을 비교해보자. 통합관점 접근법이 어떻게 기존의 이론들을 보충하며, 실천을 위한 개선된 접근을 제공하는지에 대해 논의해보자.
- 이 장을 공부하면서 여러분이 느낀 가장 중요한 점들은 무엇인가?

◉ 향후 연구 분야

- 통합관점 접근을 채택함으로써 관심을 갖고 있는 이슈나 사회문제를 체계적으로 분석해보자.
- 통합관점이 실제로 어느 정도 사용되고 있는지를 파악하기 위해서 사회복지사와 사회복지실천

기관에서 이루어지는 실천을 평가하고, 그 실천이 그 접근을 목적적으로 채택함으로써 어떻게 개선될 수 있는지를 제안해보자.

- 통합관점 접근을 활용해보자. 세계적, 국가적, 지역적 수준들을 포괄하는 여러분이 익숙한 특정 맥락에서의 실천현장(빈곤, 교육, 건강, 생태계 파괴, 난민과 추방된 사람들, 전쟁 후 재건 등)에 대한 사례연구를 준비해보자.

국제사회복지실천의 세계적 맥락

● 학습목표 ●

3장의 주요 학습 목표는 다음의 사항들에 민감하게 되는 것이다.

- 빈곤, 분쟁과 전쟁들, 강제이주, 에이즈 등의 주요 세계적 사회문제들과 국제사회복지사들이 이러한 문제들에 민감해야 할 필요성
- 국가 정부들, 유엔, 구역 연합체, 세계 사회문제들을 다루는 NGO들에 의하여 설립된 일련의 조직들과 국제사회복지실천을 위한 이 조직들의 맥락에 대한 중요성
- 지배적이고 경쟁적인 이데올로기들 측면에서의 이데올로기적 맥락과 국제 개발에 대한 이것들의 영향
- 세계 경제 · 사회 관련 정책과 국제사회복지실천에 있어서의 그것들의 중요성
- 이 조직들, 이데올로기들과 정책들이 세계적인 문제들에 대하여 함께하는 역할들

지역 차원에서 일하든 국제적으로 일하든 국제사회복지실천에 관심이 있는 사회복지사들에게는 모든 실천이 이루어지는 세계적 맥락에 대한 분명한 감각이 요구된다. 이러한 감각은 개발도상국들에서 일하거나 그 나라들과 일할 때 특히 필요하다. 이 세계적 맥락은 현장과 실천가와 관련하여 다양한 역할들을 할 것이다. 때때로 고용기관과 기관이 속해 있는 조직 네트워크를 포함하며 사회복지사가 고용된 활동 맥락을 나타낼 것이다. 또 다

른 수준에서 세계적 맥락 혹은 세계화 상황의 어떤 측면들은 사회복지사가 현재 씨름하는 문제들에 기여하는 요인이 될 것이며, 그것의 중요성을 원인으로 인정하는 것은 대단히 중요하다. 아마도 아주 빈번하지는 않겠지만 변화를 이룩하는 데 있어서 세계적 맥락의 잠정적 역할은 사회복지사의 전체적 개입 전략에 한 요소가 되는 것이다. 마지막으로 세계화 상황이 특정 상황들에서 하는 역할들이 어떠한 것이든 간에, 중요한 것은 사회복지사가 항상 지배적이고 전반적인 세계화 맥락을 구체화하고 분석의 한 요소로서의 현 상황을 분석하여 지역적, 국가적, 세계적 수준의 맥락들을 함께 통합시킨 개입 전략을 개발하는 것이다.

우리는 세계화 맥락의 네 가지 차원들, 즉 사회문제, 조직, 이데올로기와 정책 차원들을 이 장에서 논의하기 위하여 구분해왔다. 네 가지 모든 차원들이 그 자체로 중요하며, 이 네 가지는 상호작용을 통하여 국제사회복지실천에 세계화 맥락이 영향을 미치게 됨에 따라 세계화 맥락을 구성한다. 사회문제 맥락은 종종 사회복지사들인 우리들의 출발점이 된다. 우리로 하여금 국제사회복지실천에 관심을 갖게 하는 것은 빈곤, 난민들, HIV/에이즈 등과 같은 세계적 문제들에 대하여 우리 스스로가 인식하는 것이다. 학문적이든 실천적 수준에서든, 관심을 갖게 됨으로써 우리는 불가피하게 무엇이 행해지며 어떤 기관들에 의하여 행해지며 사회복지사들에게 어떤 고용기회들이 있는지를 생각하게 된다. 따라서 조직의 상황은 핵심적으로 중요해진다. 그러나 고려하고 혹은 관여함으로써 여러 기관들이 하는 역할들 이면의 동기들이 대단히 중요한 요인을 나타낸다는 자각을 하게 될 것이다. 동기들은 주로 다양한 이데올로기적 입장들을 반영하여 모든 관여 수준들에서 일정 범위의 정책들을 가져오게 된다. 그러므로 우리는 세계화 맥락의 이데올로기적이고 정책적인 차원들에 대하여 간략히 살펴볼 것이다.

세계 사회문제 맥락

여기서 우리가 세계 사회문제들을 상세하게 분석하려고 하는 것은 아니다. 그러나 국제사회복지실천 분야에서 일하거나 일하고자하는 경우, 최소한 주요 세계 사회문제들에 대해 보편적으로 이해하는 것은 중요하다. 이를 위해 우리는 세계적 맥락 차원의 몇 가지 측면들에 대하여 인식할 필요가 있다.

① 주요 세계 사회문제에는 무엇이 있는가?
② 어느 정도 수의 사람들이 이 문제들에 의하여 영향을 받으며 세계 어느 곳에 그것들이 집중되어 있는가?
③ 일반적인 용어로 이 문제들의 주요 원인이 무엇이며 어느 정도 그것들이 상호관련되어 있는가?
④ 일반적으로 어떻게 국제 공동체가 이 문제들에 대응해오고 있는가?
⑤ 일반적으로 이 문제들이 최근 수십 년간 그 범위와 심각성에 있어서 의미 있게 완화되어 왔는가? 그렇지 않다면 어떤 추가적인 형태의 개입이 요구되는가?

우리는 먼저 기존의 주요 세계 사회문제들 측면에서 전체 세계를 이해할 필요가 있고, 둘째, 전체적인 정책과 프로그램 개발을 이끌어갈 수 있을 만큼 특정 분야에 대한 상당한 이해가 있는 국제사회복지 전공의 사회복지사가 필요하며, 셋째, 관련된 세계적 맥락뿐만 아니라 상대적으로 지역 범주 내에 관련된 분야의 모든 측면들을 인식하는 데에 필요한 하나 이상의 분야에 전문성을 갖춘 지역사회복지사들을 구분한다. 이 시점에서 우리의 초점은 첫째 수준인 세계적 이해에 있다. 우리가 이 책에서 이후에 보다 상세한 관심을 기울이기 위하여 선택해온 분야들에 대한 우리의 초점은 두 번째 수준인 세계 사회문제들에 대한 반응을 위한 프로그램과 전략에 둘 것이다.

빈곤 그리고 빈곤과 관련된 분야들

빈곤 그리고 빈곤과 관련된 영아 사망률, 영양실조, 취약함 같은 문제들은 흔히 가장 심각한 문제로 인식된다. 빈곤이 어떻게 규정되고 측정되는가에 있어서 최소한 거의 전 세계 인구의 3명당 1명이 빈곤하다는 주장에 논박할 수 있는 사람은 아무도 없을 것이다. 이는 아마도 전 세계의 많은 사람들이 빈곤선 아주 가까이에 있어서, 최소한의 수준에서 흔히 일어날 수 있는 많은 일들 중 어느 하나라도 발생할 경우 바로 빈곤으로 내몰리게 될 것이기 때문이다. 그러한 사건들은 인플레이션 증가, 무역조정 쇠퇴 혹은 기본 필수품에 대한 정부 조달의 감소 등의 경제적 변화와 환경 쇠퇴, 필수 식품원 소멸 등의 생태적 변화, 한 국가 내의 사회갈등과 국가들 사이의 전쟁, 이주 혹은 자연 증가를 통한 인구학적 변화, 사람들의 집과 생계를 파손시키는 자연재해 등이 포함된다.

국제 공동체는 2차 세계대전 후 수십 년간 빈곤율을 감소시키는 데에 전념해왔으며, 2015년까지 전 세계 빈곤율을 반으로 줄이는 것을 목표로 하고 있다. 더구나 많은 지원과 개발 작업은 자금지원을 위하여 국가들이 제출하는 모든 프로젝트에 빈곤을 감소시키는 요소를 포함할 것을 점점 더 요구하는 세계은행 같은 재정지원 기관들과 함께 이 목표에 전념해왔다. 그러나 빈곤율이 몇몇 국가들에서 의미 있게 감소했지만, 최선의 노력에도 불구하고 1980년대 이후 많은 개발도상국들에서는 빈곤율의 변동이 심했고, 대체로 크게 완화되지는 못했다. 어떤 면에서는 빈곤이 통제하기가 매우 어려운 많은 원인요인들을 갖고 있기 때문이기도 했으며, 또 어떤 면에서는 흔히 전 세계 최빈국에서의 높은 인구성장률로 인하여 빈곤율이 그대로 유지된 경우도 있었으며, 또 다른 면에서는 정부가 빈곤의 완화에 집중적인 노력을 하지 못했기 때문이기도 하다.

아동의 곤경

유니세프(UNICEF)에서 나온 최근 보고서에서는 전 세계 아동의 50%가 빈곤, 갈등, 에이즈 등의 영향을 크게 받는다는 놀라운 상황을 보여주고 있다. 전 세계 많은 지역에서 영양실조나 영아 및 아동 사망률이 매우 높은 비율로 나타난다. 또 많은 아동들이 심각한 노동착취를 당하고 있어 다수의 아동들이 실제적인 노예 상태에 놓여있으며, 이는 아동성매매를 비롯한 다른 학대와 연결되는 경우가 많다. 또 많은 고아와 아동들이 버려지거나 빈곤 상태로 고아원으로 가게 되거나 학대와 방임 상태에 빠지게 된다.

아동이 이러한 곤경에 처하게 된 것은 분명 복합적인 요인들의 작용에 따른 것이다. 게다가 유니세프, 세이브더칠드런(Save the Children)과 같은 많은 조직들의 활동에도 불구하고 여전히 좋지 않은 상태에 있다.

여성의 곤경

성평등을 위한 오랜 강경한 캠페인이 전개되었음에도 우리가 여전히 여성들의 어려움을 강조해야 한다고 하는 것은 일부 서구 독자들을 놀라게 할지 모른다. 많은 상황들 속에서 여성들은 일반적으로 가족생활과 불가분의의 관계에 있고, 추방 등의 상황에서 상당한 부담을 진다. 여성들은 여러 가지 상황에서, 특히 전쟁과 내전 동안에는 남성들과 비교했을 때 훨씬 취약하다. 빈곤 상황 속에서 여성들은 지나친 위험과 결과를 감수하게 되며, 이는 '빈곤의 여성화'로 표현된다. 마지막으로 많은 국가들에서 문화적 상황에 의하여 여성은 상당히 불리한 위치에 처하게 된다. 여러 관습들 중 중매혼, 여성 할례, 여성의 사유재산이나 신용획득 제한, 상속 금지, 아내 폭행 허용, 결혼 안에서의 강간, 다른 형태의 가족 학대, 결혼 전후 상황에서 발생하는 사실상의 노예 상태 등은 지속적으로 적극적인 관심의 대상이 되고 있다.

다시 한 번 많은 조직들과 운동들은 여성들의 권리를 강화하고, 성평등을 성취하고, 취약한 여성들에 대해 보호를 제공하며, 여성들의 욕구에 직접적으로 반응하기 위해 노력하고 있다. 다만 불행하게도 고통스러울 정도로 느리게 진전되는 경우가 많다.

분쟁의 정도

모든 세계 역사에 대한 문헌을 통하여 볼 때 대단히 공통된 것은 사회집단들, 국가들과 제국들이 그들 이웃들과 평화롭게 살지 못한다는 점이다. 영토의 전복을 통한 모든 종류의 약탈품, 노예, 권력, 지위, 다양한 수준의 갈등은 인간사에 있어서 중요한 측면이 되어 왔다. 지난 세기 동안 역사상 최악으로 알려진 두 개의 전쟁이 일어났다. 그리고 1989년 냉전의 종식 이후 내전의 재앙은 놀라울 정도로 심각해졌다. 최근 전 세계에서는 한 번에 30개 이상의 내란들이 일어나고 있으며 이로 인하여 일반 시민들의 사상자 수도 대단히 많다.

유엔의 주요 목표는 세계평화이다. 그러나 유엔의 작업과 국가 정부와 지역 연합체의
역할—많은 시민사회 조직들의 작업과 함께—은 이러한 많은 상황들을 견제하는 그 이상
을 하지는 못했다. 단지 우리가 사람들의 개인적 삶과 사회적 상황, 경제적 여건들, 물리
적 하부구조와 환경들에 대한 광범위한 분쟁의 결과들을 모두 종합할 때에만 우리는 이
세계적인 문제의 거대함을 인정하기 시작하게 된다. 그러나 분쟁은 많은 이유들을 내포하
고 있기 때문에 국제 공동체가 가까운 미래에 분쟁의 충격을 유의미하게 완화시키는 것은
어려울 것으로 보인다. 마지막으로 갈등 이후에 사회를 재구축하는 것은 복잡하고 엄청
난 비용이 들며 대단히 어려운 과제라는 것이 최근 분명하게 드러나고 있다.

자연재해와 생태파괴

최근의 한 보고서는 자연재해가 그 원인이 어디에 있든 간에 빈도와 심각성에 있어서 증
가해왔음을 밝혔다. 자연재해에 대해 신속하고도 효과적으로 대처하기 위해서는 엄청난
대가가 필요하다. 경제적, 사회적인 기능이 어느 정도 회복될 때까지 사람들을 지원해주
는 것은 말할 나위도 없지만, 이를 재해로 인한 손실을 복구하는 대가와 비교할 때는 대단
히 하찮은 정도에 불과하다.

자연재해는 직접적인 초점을 두어야 하는 긴급하고도 극적인 사건들이라고 하겠다. 생
태파괴는 일반적으로 사람들의 복지 수준을 조금씩 잠식해버리는 불가피한 결과를 초래
하며 서서히 사람들에게 소리 없이 다가오는 문제이다. 더구나 여러 가능한 대응들의 적절
성과 파손의 구체적인 이유들에 대한 잦은 논쟁을 생각할 때 거의 너무 늦어서 행동할 수
없게 될 때까지 행동은 단편적이고 불충분한 경향이 있다.

자연재해와 생태파괴는 가난한 사람들에게 주는 충격이 더 큰데, 이는 빈곤층이 이러한
자연재해와 생태파괴로 인한 영향을 더 많이 받는 지역에 살 수밖에 없기 때문이며, 다른
한편으로는 빈곤층 가정의 특성과 일상적인 생활 특성이 점점 더 취약하게 만들기 때문이
기도 하다.

불균등한 국가 개발

이러한 모든 문제들과 밀접하게 관련된 것은 세계 각 나라들이 그 나라의 사회문화적, 정치경제적, 생태적 욕구에 맞는 개발 수준과 형태를 성취하고자 하는 욕구이다. 이 목표는 2차 세계대전의 악몽 속에서 세계적으로 인식되고 받아들여졌으며, 2차 세계대전 이후 세계적 개발을 위하여 거대한 양의 자원들이 사용되었다. 그러나 모든 노력과 비용에도 불구하고, 개발 영역에 있어서의 진전은 일반적으로 균등하지 않았고 조금 기이하게 나타났다. 전 세계 거의 200개국 중 4분의 1정도가 최저개발국으로 분류되었고, 개발의 일부 측면들에 있어서 인정할 수 없을 정도로 낮은 성취수준을 가진 경우 외에는 개발도상국으로 분류되었다. 또 '실패한 국가들'—정부가 개발의 기반을 제공하기에 충분하지 않은 국가들—의 곤경에 대한 염려가 광범위하게 퍼져 있었다. 또 많은 국가들—일부 부문들과 대중은 아주 잘해온 반면 다른 부문은 가난과 불충분한 수준의 개발로 시달리는 국가들—의 균등하지 않은 개발에 대한 인정도 존재한다.

만일 모든 종류의 개발 지원이 GDP 0.7%라는 권고 기준에 따라 국가에 의하여 이루어지거나 그 지원이 욕구를 토대로 세계적 개발에 투자된다면, 현재의 개발 상황은 상당히 신속하게 진전될 것이다. 그러나 가까운 미래에 그것이 가능해질 것으로 보이지는 않는다. 그리고 계속되는 효과적인 개발 수준이라는 측면에서 볼 때, 세계는 지속적으로 대단히 균등하지 않은 상황이 계속될 것이다.

많은 세계적 문제들의 불균등한 영향

많은 독자들은 많이 가진 사람들에게 하는 문헌적 이야기에 익숙하게 될 것이며, 이것과 현대사회와의 관련성을 무시하기 어렵다. 참으로 많은 국가들이 취약하다. 첫째로 그들의 지형학적 여건이나 위치(예: 작거나 멀거나 폐쇄되어 있거나 도서지역에 있는 국가 등)가 그들 발달을 정체시키기 때문이다. 이들 국가 중 일부는 또 세계 여러 지역들에서 보다 자연재해의 피해가 상대적으로 큰 경향이 있다. 만일 이들 국가들이 높은 인구성장률을 경험하고, 특히 그 땅이 생태적으로 취약하다면 빈곤은 광범위하게 확산될 것이며 개발로 인해 더 크게 손상될 것이다. 이러한 결과들로 인하여 사회응집력 수준이 낮아지고 잘못된 통치가 야기되며, 그로 인하여 사회적 긴장 수준과 부패, 비효율성 수준이 높아질 것이다.

전 세계 인구의 90%가 빈곤 지역에 있으며, 대부분의 내전들이 개발도상국들에서 일어나며, 자연재해의 가능성도 빈곤국가에서 더 크게 나타나며, 무역과 투자 흐름이 부유하고 개발된 국가들을 중심으로 돌아간다는 것은 우연한 사실이 아니다. 따라서 많은 국가들은 사실상 주요 세계적 사회문제들에 의하여 심각한 영향을 받으며 이 문제들이 누적되어 발휘하는 영향력은 엄청날 것이다.

이러한 상황들에 비추어볼 때 국제 공동체들은 세계적 불평등을 바로 잡기 위해 노력할 것이라고 생각하게 된다. 하지만 불행하게도 실상은 그렇지 않다. 일부 국가들이나 지역들이 도움을 받는다는 측면에서 '완전무능력자' 혹은 '밑 빠진 독에 물 붓기'와 같은 불명예를 얻게 되고, 정부가 부패하거나 비효과적이고 실패할 때 역시 그 국가들에 지나친 자원을 투자하지 않으려고 회피한다. 왜냐하면 이는 비효율적인 자원 분배의 문제와 정치적 문제와 연결되어 있기 때문이다. 결과적으로 빈곤 상황이 더욱 악화될 수 있다.

추방과 강제이주

심각한 빈곤문제, 사회적 갈등의 확산, 자연재해의 심화, 생태적 쇠락과 저개발로 인한 한 가지 필연적인 결과는 많은 사람들이 토착 지역을 떠나 난민이 되어 어디에선가 지원을 기다리고 더 나은 미래를 생각하게 한다는 것이다. 그러나 현실적으로 이러한 상황들에 의해 영향을 받는 사람들 중 소수만이 떠날 수 있게 된다. 많은 사람들이 그대로 살거나 죽고, 또 많은 사람들은 빈곤과 두려움 속에 머물게 되는데, 그 이유는 도피라는 것이 쉽게 실행에 옮길 수 있는 선택이 아니기 때문이다.

공식집계에 의하면, 비록 대략적인 추정만 가능하다 하더라도, 추방된 인구의 수는 5,000만 명 정도이다. 비록 이 수가 꽤 정확하다 하더라도 5,000만 명의 추방이 그들 자신들, 많은 경우 그들이 원래 거주하던 지역과 그들이 도피해가는 지역에게 주는 영향은 상당하다. 보호하고 지속적으로 지원하는, 5,000만 명의 곤경에 대해 만족스러운 해결책을 찾기란 엄청난 과제이다. 그러나 이들 인구가 외국 땅에서 환영받지 못하는 손님이거나 지역 경제와 사회적 안정을 위태롭게 할 때에는 갈 수 있는 곳이 없으며, 그 도전은 어마어마한 것이다.

유엔과 다양한 국제 혹은 지역의 시민사회 조직들은 전 세계적 인구 이동에 대한 보살핌에 관심을 두어왔다. 그러나 이들 조직들은 좀처럼 이동을 야기하는 세력들에 대해서는 영향을 미치지 못하며, 이러한 세력들은 대규모 비상대처를 요구하는 사람들의 급작스럽고 거대한 탈출을 가져왔다. 더구나 이동에 대한 반응의 막대한 비용은 국제 공동체에 의하여 해결되기는 어렵다. 따라서 최근 들어 많은 이동 인구들은 그들의 시련을 견뎌내지 못하고 있다. 또 이동 인구들이 자신들의 국경을 침해하고 국가에 초대받지 못한 손님들로서 한 국가에 부담을 지운다고 생각하는 서구 및 다른 국가들에 대한 두려움 때문에 도움을 받지 못하고 있다.

HIV/에이즈 및 기타 건강에 대한 세계적 관심사들

HIV/에이즈는 1980년대에 중요한 건강 관련 문제로 인식되었고, 1990년대에는 개발에 대한 가장 큰 타격으로 여겨졌다(UNDP, 2003, p. 41). 이 보고서는 4,200만 명 정도가 감염되었고, 그 중 2,200만 명 정도는 이미 사망하였으며, 1,300만 명의 고아가 남겨지게 되었다고 추정하였다. HIV/에이즈는 생명을 앗아가는 문제뿐만 아니라 일반적으로 노동력의 손실, 특별하게는 교사들과 같은 중요한 인구집단들이 사망(실례로 잠비아는 한 해에 1,300명의 교사를 잃어버렸다)하게 되면서 많은 아프리카 개발이 중단되는 원인이 되기도 한다. 아프리카가 아니더라도 HIV/에이즈에 자유로운 국가는 별로 없으며, 많은 국가들 중 중국, 인도와 구소련에서도 높은 감염률이 나타나고 있다.

HIV/에이즈가 오늘날의 중요한 건강 문제기는 하지만, 그것이 유일한 문제는 아니다. 다른 중요한 건강 문제들 중에서 특히 가장 긴급한 것은 사하라 이남에서의 모성사망률이며, 사하라 이남과 동남아시아에서의 영아사망률, 튜베르쿨로스폐결핵(한 해 200만 명이 사망), 말라리아(한 해 100만 명 정도가 사망) 등도 중요한 문제이다.

세계 사회문제들과 국제사회복지실천

국제사회복지실천에 기여하는 사회복지사들이 그들이 일하고 있는 현장과 지역에 만연한 사회문제들에 대한 구체적인 자각 외에도 왜 세계적 사회문제들에 대한 보편적 자각을 가지고 있어야 하는가에 대한 몇 가지 이유들이 있다.

첫째는 국제 공동체의 특성과 존재를 주로 결정하는 것은 주요 사회문제라는 사실 때문이다. 국제적 구조의 전개, 지구정책에 대한 작업, 자원 분배들은 거의 모두 빈곤, 갈등과 무장이슈, 국제 테러리즘, 세계적 범죄, 난민 이동, 아동과 여성들의 학대와 착취, 생태적 문제 등에 대한 초점에 의하여 결정되며, 사회복지사들은 어떻게 왜 이러한 문제들이 세계적 의제를 이끄는지에 대한 인식을 할 필요가 있다(2003년 UNDP 국제 공동체의 새천년 개발 목표들에 대한 논의 참조).

둘째, 개발도상국의 국제사회복지사들이 이러한 세계적 관심사들의 영향을 받을 것이다. 특히 개발도상국들에서는 모든 인구층이나 상황들이 영향을 받으며, 사회복지사들은 지역적 상황들과 세계적 흐름들을 연결시킬 수 있을 필요가 있다.

셋째, 사회복지사들이 일하는 어느 곳에서든 혹은 어떤 수준에서든 그들은 가능한 곳에서는 언제나 이러한 세계적 관심사들과 관련된 세계적인 정책과 프로그램의 발전에 기여해야 한다는 것을 항상 기억해야 한다. 국제사회복지사들이 그들의 현장으로부터 끌어오는 지식과 경험은 거시적 수준에서 국제 공동체가 세계적 문제에 대한 반응이나 그로 인한 몇몇 차원을 형성하려고 할 때에 대단히 중요하다. 예를 들면, 국제 사법(Private International Law)에 대한 헤이그 회의가 국제적 아동 유괴에 대한 원칙들을 수립하려고 했을 때, 그들은 국제사회복지서비스와 사회복지사들에게 관련 사례 자료들을 요청하였다. 보다 최근에는 국제적 행동을 위하여 캠페인을 해왔고, 그러한 행동이 취해야 할 방향들에 대한 중요 정보와 제언들에 대하여 기여하는 것은 HIV/에이즈에 관한 활동을 하는 NGO들의 역할이 되었다.

넷째, 문제 상황에 대한 세계적 현실을 이해하는 것은 지역 상황에 대한 분석도 더 용이하게 한다. 예를 들면, 세계적 차원을 끌어들임으로써, 사회복지사로 하여금 국제적 경험을 하나의 지침으로 끌어들이도록 함으로써 더 나은 개입 전략들을 활성화한다. 국제비교 접근을 추천할 만한 이유들은 아주 많다.

다섯째, 기관의 네트워크와 협정 등이 국제적 수준에서의 모든 세계적 사회문제에 영향을 미친다는 사실은, 사회복지사들이 세계적으로 일어나고 있는 것에 대하여 자각한다면 그 분야에서의 사회복지사들이 접근할 수 있는 광범위한 자원들이 있다는 것을 의미한다. 다양한 유엔 기구들은 정부뿐 아니라 때로 NGO들에 대해서도 전문적 지원을 제공한다. 그리고 일련의 국제 보고서들은 사회복지사들에게 도움이 될 수 있다. 또 사회복지사들은 조언을 구하는 데에 있어서 관련 네트워크들을 탐색할 수도 있다. 관련된 활발한 국제 공동체 기관들은 지역의 노력을 지원하기 위한 재정원이나 다른 자원들이 될 수 있다. 국제적 분야의 지역사회복지사들이 국제 공동체를 시작할 가능성은 항상 존재하며 일반적으로 대단히 도움이 된다.

조직의 맥락

국제사회복지사들이 이해할 필요가 있는 세계적 맥락의 두 번째 차원은 조직의 맥락을 이해하는 것이다. 세계적 맥락은 일련의 국제조직(혹은 국제 공동체)으로 생각될 수 있다. 그 범위는 대단히 광범위하여 몇 가지 핵심적인 범주의 기관들로 구성이 되고, 그 각각은 그 자체로 대단히 다양하고 복잡하다. 그 주요한 조직들의 범주는 다음과 같다.

· 국내 정부들과 그들이 국제적인 작업을 위하여 설립한 기관들
· 유럽연합과 아프리카연합 같은 구역 연합체 등 일련의 국가군들에 의하여 설립된 정부 간 기관들
· 대다수 국가들에 의하여 설립되고 지원되는 유엔 체계
· 기업, 특히 초국적 기업들 혹은 다국적 기업들
· 국제적으로 기능하는 비정부기구
· 사회운동, 노동운동, 종교운동과 문화적 연합체 같은 세계시민사회의 다른 조직들

이러한 범주들의 각각은 국제적으로 하는 중요한 역할들을 가지고 있으며, 그들의 활동들은 많은 세계적 상황과 그 지속적 발전을 결정한다. 더구나 이 범주의 조직들과 각 범주를 형성하고 있는 다수의 개별 조직들 사이의 상호작용은 세계적 개발의 더 중요한 차원이다. 각 범주의 규모, 복잡성, 중요성을 생각하면 한 권의 교과서나 하나의 챕터로 구성할 수도 있지만, 여기에서는 각 범주에 대한 간략한 언급할 것이며 이에 대해서는 이후에 독자들이 추가적으로 연구하길 바란다. 그러나 그 전에 국제 공동체의 출현에 선행하는 것이 무엇인지에 대하여 생각해보자.

국제 공동체의 출발

지난 수세기 동안 세계사는 경제적으로는 무역상들과 교역로에 의하여, 정치적으로는 '힘의 균형'의 개념에 의하여 지배되어 왔다. 에반(Eban, 1983, pp. 243-244)이 설명하듯이, '힘의 균형'은 모호한 개념이었다. 한편으로 그것은 형평성에 대한 탐색을 의미하는데, 일단 힘의 균형이 생기면 군사력을 증강하는 적대국들 사이에 평화가 발생한다는 것이었다. 그러나 다른 한편으로는 오히려 적대국들을 물리칠 수 있는 능력의 개발을 뜻하기도 했는데, 여러 국가들이 서로 우월성을 추구하고 균형은 사실상의 불균형을 의미하며 국가 이윤의 추구를 의미하는 것이었다. 균형체계 내에서 전쟁은 최후의 제재 수단이었다. 즉 "균형체계의 논리는 그것을 지지하는 사람들이 그것에 도전하는 사람들에 대해 전쟁을 통해 위협해야 한다"는 것이며, 그러한 위협은 아마도 적대할 수 없도록 만들 것이다. 그러나 에반이 지적하였듯이, "두 차례의 세계대전은 … 전체적 합리성이라는 전제하에 이뤄진 제지가 취약함을 보여준다"(p. 244). 그러므로 1, 2차 세계대전의 공포 이후 에반이 "새로운 외교"라고 일컫는 "국제조직들을 위한 운동"을 주도하려는 노력이 있었다는 것은 그리 놀라운 사실이 아니다. 이 운동은 국가들을 보편적 공동체로 조직하려고 하며, 그 성원들 모두는 객관적 구속력을 갖춘 규약에 맞는 상호지원에 몰두하게 된다. 그 목적은 법체계 하에서의 세계 평화이다. 이 개념 하에서 공동체의 각 성원이 다른 성원들의 도움을 얻는다는 것은 각 성원의 기호, 견고함과 관심사에 의한 개인적인 선택권에 따라 달라지지는 않는다. 유엔 체계는 국가의 통치권이 세계 질서와 화해를 이루도록 고무한다. 유엔의 생각을 이끄는 원칙은 집단의 안전이었다. 여기에는 어느 한 국가나 국가 집단이 안전을 감당할 수 있다는 기대를 할 수 없다는 점에서 힘에 대하여 깊이 숙고해야 할 필요성이 따른다.

2차 대전의 종식 이후 1989년까지 이어온 냉전, 서구와 제3세계 혹은 개발도상국들의 이해관계 사이의 분열(예를 들어 유엔 총회에서의 선거 패턴과 1955년 비동맹국회의에서 나타난 것처럼), 유일한 세계적 세력인 유엔에 의한 냉전 후 지배는 국제 공동체 설립 이면의 비전을 단시일 내에 성취하는 데에 대하여 부정적으로 작용할 많은 요인들 중 일부였다. 또 다른 우려되는 문제들은 국가들과 국제조직들이 자주 국가적 이해관계 혹은 자치권과 새로운 세계 질서를 화해시키는 데에서 경험했던 어려움과 새로이 나타난 국제 NGO 분야들이 종종 세계은행과 IMF 같은 세계적인 경제기구들과 협력하는 데에 가졌던 어려움, 그들의 명백히 두드러지고 자기중심적이고 이윤추구적인 초국적 기업을 전체적 국제 공동체와 조화롭게 하는 데에 있어서의 어려움들이 포함되었다. 그럼에도 불구하고 국제 공동체가 나타났었고 또 나타나고 있으며, 또 국제 공동체의 리더십 아래 미래에 대한 커다란 희망이 21세기에도 지속될 것이라는 데에는 의심할 여지가 없었다.

국가 정부들과 국제적인 일을 위해서 그들이 설립한 기구들

어떤 사람들이, 국제조직에 초점을 두어야 한다는 기대가 얼마나 크든 상관없이 국제적 단계에서의 가장 중요한 주체는 여전히 민족국가라는 것에 대해서는 여지가 있을 수 없다. 세계화가 국가를 넘어가게 하거나 전복시키고 있다는 주장도 있지만, 현실적으로 국가들이 건재하고 있다는 것이다. 중요한 세계적인 경제적, 정치적 연합체들은 모두 회원국들로 이루어져 있고, 그 연합체들이 한 국가를 상대로 활동하거나 국내 상황(세계은행이나 유럽연합)에 영향을 미치려 한다고 해도 국가의 지위는 그 통합성과 중요성을 여전히 상당히 보유하고 있다. 더구나 개별 국가들은 그들 스스로 국제적 합의들과 모순되는 국내 목표들을 추구하거나(버마, 미얀마, 북한 등 많은 국가들) 국제적 목표들을 추구하는 데에 있어서 일방적으로 행동할 수 있다는 것(미국)을 보아왔다.

또 다른 수준에서 많은 개별 국가들은 국제적 지향성을 가진 기구들—서구에서는 때로 외교부 안에 위치해 있는 국제 혹은 해외 지원 부서들—의 활동을 통하여 국내 이해관계를 추구한다. 이러한 기구들은 NGO 분야를 통하거나 다른 정부들과 이루어지는 쌍방적 개발을 통하여 대규모 지원 프로그램을 수행하는 경우가 자주 있다. 국가들은 교역조정에 관심을 두고 쌍방적 조정을 하게 된다. 그리고 그들은 정보수집 활동이나 군대 설치를 통하여 자신들을 공격할 수 있는 상대들로부터 보호해야 할 필요가 있다. 그리고 그들은 세계적인 인구 이동을 이주 및 망명 신청자 프로그램 설치와 관광허가 등의 문제와 연결시킨다. 그리고 그들은 원조와 개발 작업에 관여하는데, 때로는 부분적으로 이타적 이유를 들기도 하지만 때로는 국가적 이해관계 추구의 연장선으로 그렇게 하는 것이다. 더구나 국가들이 수행하는 외교적 활동 네트워크는 세계적 개발에 대한 국가적 인식을 유지하고자 하는 경향이 있다. 특히 이는 테러리즘과 인신매매와 같은 국내 이해관계에 잠정적인 위협을 형성할 수 있다.

또 다른 수준에서는 세계적 개발에 대한 연구자들은 흔히 '잘못된 통치'로 일컬어지는, 세계적인 경제적, 정치적 안정에 대한 위협이 될 수 있는 것들을 명확히 인식하고 있다. 잘못된 통치가 국민의 복지를 파손시킬 뿐 아니라 많은 다른 사람들에게 잠재된 결과들을 가지고 올 수 있다는 것은 세계적 상호연대성의 특징이다(광범위한 외부적 지류와 내적 갈등을 야기하고, 외적인 경제관계들을 손상시키며, 난민지위신청자 혹은 불법이주민들을 고무시킴으로써 그러하다).

국가 정부의 역할들에 점점 영향을 미치게 될 국제 공동체에 대한 더 중요한 이슈는 일반적으로 유엔을 통하여 또 유럽연합과 아프리카연합과 같은 구역의 국가 조직체들을 통하여 하나의 주권국 안에서 일련의 사건들을 변화시키기 위한 조치가 어떤 환경 속에서 이루어져야 하는가를 파악하는 것이다. 국제 공동체 혹은 국제 공동체 안의 다양한 기관들은 때로 조치를 취해왔고, 때로는 조치를 취하는 것을 금지했으며, 이 두 가지 유형 모두 비판을 받아왔다. 오늘날 주권 국가의 통합을 유지하는 것이 얼마나 중요하며 얼마나 정당한 것인가? 주권국의 입장은 인권에 대한 국제적 보호 혹은 생태적 침탈에 대한 국가적 예방 혹은 심각한 빈곤의 지속에 대한 세계적 역할을 거부하는 것, 인간성을 짓밟는 범죄로 비난받는 사람들에게 정의를 가져다주는 국제적 권리보다 선행하는가?

최종적으로 국가들의 장기적 중요성에 대한 의문이 심각하게 고려되어야 한다. 특히 한편으로 일부 국가들이 명백히 실패하고 있으며, 다른 한편으로 압력은 많은 국가들을 그들의 법적 인종이나 종교적 요소들에 따라 분리시키고, 그리하여 수많은 군소국가들이 생겨나게 된다(구 소련 연방, 체코슬로바키아와 유고슬라비아). 또한 세계 최빈국들—그들 중 많은 경우는 고립된 대륙이며 작은 섬 국가들이다—과 실제로 상당 정도의 국가적 정체 감이나 국가 통치를 경험해본 적이 없는 국가들에 대한 중요한 염려가 있다. 그러한 국가들에 대한 유일한 답은 과거 유럽연합에서 또 태평양에서 어느 정도 이루어진 것처럼, 그들의 국가적 정체감과 자율성을 일정 정도 인정하면서 그들의 개발을 허락하고 지속적으로 기능할 수 있도록 지원하는 보다 광범위한 구역 연합체의 구성원들이 되도록 하는 것이라는 것은 당연한 귀결이다.

국가들이 다양한 방식으로 세계무대에서 주요한 활동주체들이 되고 있는 한편 어떤 경우 국가를 둘러싼 일련의 물음들이 있다. 국가들이 오늘날 우리가 알고 있는 상태대로 어느 정도로 지속될 것인가는 세계적 맥락을 고려하는 데에 있어서 계속되는 많은 질문들 중 하나로 여전히 남아있다. 그러나 확실한 것은 국제적인 일에 관여되어 있는 많은 사회복지사들이 국가들에 의하여 고용될 것이며, 어느 정도 국가의 수련 하에서 일하게 되고 정규적으로 국가 기관들과 상호작용하며, 적어도 국가 활동의 결과인 상황들을 다루는 데에 관여될 것이라는 점이다. (현재 국가와 그들의 역할에 대한 미래에 대한 상세한 논의를 위해서는 World Bank, 1997; Holton, 1998; Randall & Theobald, 1998; Duffield, 2001, pp.163ff. 참조)

유럽연합과 아프리카연합 등 구역 연합체를 포함한 국가들의 집단에 의하여 설립된 정부 간 기구들

많은 국가들과 유엔 같은 국가 간 구성체들 사이의 분명한 괴리는 그러한 국가들로 하여금 자신들이 중요한 존재가 아니라고 느끼게 되며, 또 국제무대에서 소외감을 느낄 수 있다. 그러므로 많은 정치 지도자들과 국가들이 공동의 이해관계들과 관심들을 공유하는 경계 그어진 영역 안의 국가들의 연합체를, 국가에 필수적이며, 또 유엔과 같은 효과적인 국제 연합체로 가는 데에 필요한 첫 단계로서 생각해왔다는 것은 당연하다. 실제로 많은 구역 연합체들이 있으며 유럽연합, 미국조직(Organization of American States), 아프리카연합(이전의 African Union, Organization of African Unity), 아시아태평양경제협력체(APEC: Asia Pacific Economic Cooperation), 아랍연맹(Arab League) 등은 잘 알려져 있다. 게다가 아프리카, 아시아와 라틴아메리카 지역들은 동남아시아국가연합(ASEAN: Association of Southeast Asian Countries)과 서아프리카국가경제공동체(ECOWS: Economic Community of West African States)와 같은 많은 하위 구역 연합체를 형성해왔다. 이 지역과 하위 구역 연합체들은 그 초기 상태에 있으며, 이는 상당한 의미가 있다. 지역 국회, 공동의 정책과 제도, 공동의 통화에 대한 이슈들이 유럽연합의 발전에 있어서 핵심적인 자리를 차지해왔다. 그러나 이 연합체가 다른 그러한 발달을 위한 청사진인가의 여부 혹은 유럽이 구역 연방 개념의 취지를 금세기 초의 민족국가 개념의 취지와 같이 모호하게 보고 있는지에 관한 의문은 여전히 대답하기 어려운 질문으로 남아있다. 그러나 표면적으로는 구역 연합체들은 훨씬 이해가능하고 세계적 안전과 복지로 가는 중요한 디딤돌이 될 수 있었다.

유엔 체계

유엔 체계는 거의 모든 국가들이 회원국으로 가입되어 있고, 최소한 상당한 정도로 유엔의 핵심적인 역할을 지원하는 역사상 최초의 참된 세계적 체계이다. 유엔 체계는 여전히 진화하고 있지만, 그 구조의 상당 부분은 유엔이 설립된 2차 대전 후반에 지배적인 현실을 반영하는 구조를 가지고 있으며, 따라서 60년이 지난 지금 불가피하게 개혁을 필요로 한다. 새로 형성된 체계의 핵심적 역할이 1939~1945년 동안 지속되었던 것과 같은 전쟁이 절대 반복되지 않을 것을 확실히 하기 위한 것이었다는 것은 이해할만 하다. 에반(1983, p. 239)이 유엔에 관하여 기술한 것처럼 "그 책임들은 많은 활동분야를 포괄하고 노력하기 위한 것이었지만, 그 주요 과제는 항상 무장 갈등상황의 예방, 중단과 종결에 있는 것으로 생각되어 왔다."

이 과제는 그 핵심적인 역할을 수행하는 데에 있어서 점점 뒤떨어지고 비효과적인 구성체인 안정보장이사회에 있다. 2004년 유엔 패널은 안정보장이사회를 소집하여 개발도상국들에게 폭넓은 대표권을 제공함으로써 15개에서 24개 회원국으로 확대하였다. 6개 신생 상임 회원국들(아시아에서 2개국, 아프리카에서 2개국, 아메리카에서 1개국, 유럽에서 1개국)이 새로이 포함되도록 추천되었다.

유엔 체계는 또 세계 경제와 사회개발에 중요한 역할을 해왔다. 핵심적인 경제적 역할들은 재건과 개발을 위한 국제은행(이후 세계은행(World Bank)으로 재명명됨)이 담당하였으며 IMF와 무역과 관세에 관한 일반 협정(General Agreement on Trade and Tariffs) 이후에는 WTO가 담당하였다. 그리고 비록 이 조직체들이 근본적으로 유엔 자체와는 독립된 것이었으나 그것들은 분명히 유엔 체계의 중요한 요소들로서 설립되었다. 세계은행은 181개 회원국들에 의하여 구성되고 그 자체의 이사회에 의하여 통제되며, 워싱턴D.C.에 본부를 두고 있다. 그것은 개발 자금들을 제공하는데, 주로 빈곤한 개발도상국들에 이자대출과 함께 기술 지원을 제공한다. 유엔은 세계은행의 수장을 지명하는 데에 합의하며, IMF는 국제통화 체계를 모니터하고 규제하기 위하여 설립되었으며, 유엔에 보고는 하지만 재정적으로는 독립되어 있다. 단기대출은 국제 환율에 안정을 가져오고, 지불 문제에 대한 심각한 균형을 완화시키기 위한 것이다. 그러나 지각된 문제는 대출이 수혜국들에 대하여 광범위한 정책들—서구의 신자유주의적 사고를 주로 반영하는 정책—을 채택하는 것을 전제로 하는 경향이 있다. 현재 142개 회원국들로 구성된 WTO는 그 핵심에 자유무역 철학에 입각하여 국제적 교역 상품들과 서비스에 대한 관세 완화를 핵심 목표로 하고 있다. 최근에는 지적 소유권 보호의 문제에도 관심을 두고 있다. WTO가 하는 모든 일을 둘러싸고 상당한 이견들이 존재한다. (이 기관들에 대한 상세한 논의를 위해서 Todaro, 1997, 3부; Todaro & Smith, 2003, pp.584-587, pp.626-630 참조)

경제와 사회개발에 있어 주류 유엔 체계의 역할들은 자금 제공, 기술 지원, 국가들과 기관들이 경험을 공유하고 전략들을 계획하는 기회 제공과 관련된 직접적인 개발 지원과 보다 긴밀하게 관련되어 있다. 이 목적들을 수행하기 위하여 유엔경제사회이사회(UN/ECOSOC)나 유엔총회에 직접 보고하는 기관들이 있다. 고든(Gordon, 1994, p.72)은 이 작업에서 기본이 되는 목표들을 설정하였다.

유엔 헌장 9장은 국제 경제사회 협력에 대한 일반적인 주제를 다루고 있으며, 10장은 특히 경제사회이사회의 조직과 기능들을 다루고 있다. 9장의 55항은 다음과 같이 쓰고 있다.

평등권과 자기결정권의 원칙에 대한 존중을 바탕으로 국가들 간의 평화롭고 우호적인 관계에 필요한 복지와 안정성의 조건을 조성한다는 시각에 입각하여, 유엔은 다음을 증진시킬 것이다.

a. 더 높은 삶의 기준들, 완전고용과 경제사회적 진보와 개발의 조건

b. 국제 경제, 사회, 보건과 관련된 문제들, 국제 문화와 교육협력의 해결

c. 인종, 성, 언어와 종교에 대한 구분 없이 모두를 위한 보편적 존중, 인권 존중, 기본적 자유

이러한 목표들을 가진 많은 기관들 중에는 유엔개발계획(UNDP), 세계식량프로그램(WFP), 세계보건기구(WHO), 유엔환경프로그램(UNEP), 유엔교육과학문화협력기구(UNESCO, 유네스코), 유엔난민기구(UNHCR), 인권위원회, 사회개발위원회, FAO(식량농업기구), 유니세프, 유엔인간정주위원회(HABITAT) 등이 있다.

세계적 의무를 가진 핵심적인 유엔 기구들에 더하여 유엔경제사회이사회는 자체 부서들과 프로그램들을 가진 아시아태평양 경제사회위원회(ESCAP)와 같은 그 구역의 해당 기구를 가지고 있다.

추가로 유엔 체계의 중요한 역할은 여러 주제들에 대한 선언들과 헌장들을 채택한다는 것이다. 이들은 1948년(UNDP, 2000 참조)에 채택된 세계인권선언으로부터 시작된 인권 분야에서 특별히 중요하게 여겨져 왔다. 이 분야의 어려움은 모두 동의해왔다. 도넬리(Donnelly, 1993, p. 11)가 언급하고 있듯이 국가들은 "세계이 이러한 기준들에 부합하고 있는지 탐색하는 것에 동의하지 않았다." 같은 상황이 국제법 영역에서 보다 보편화되어 왔다. 국가들은 다양한 유엔 조약들에 서명한 이후 그 규정들을 국내 법체계 안으로 포함하도록 하였다. 도넬리가 말하고 있듯이 그 결과는 국제법 조직이다—"국제법의 소비자 규율들은 의무감이 수반된 잘 형성된 국가실천이다." 여기서의 어려움들은 양면적이다. 첫째, 많은 국가들은 하나의 조약만을 비준한 것은 아니었던 반면에 국내법 안에 비준 내용을 포함하는 데에 실패해왔다. 둘째, 국제법의 실행은 국제사법재판소(International Court of Justice), 국제범법재판소(International Criminal Court)와 인간성에 위배되는 범죄들을 탐색하기 위한 여러 특정 법정에도 불구하고 대단히 문제로 남아있다.

유엔 체계를 기술하고 그 강점과 약점을 언급한 다양한 책들이 있다(예: Gordon,

1994). 중요한 것은 국제사회복지사가 그 효과성에 대한 현실적인 이해력을 갖추는 것이다. 경험상으로 볼 때, 유엔에 대하여 유엔이 실제로 수행할 수 있는 것보다 훨씬 높은 기대들을 가지기 쉽다(예를 들면, 국가들의 지원에 대한 그 의존성 때문에). 그리고 반대로 유엔에 대하여 너무 회의적어서 유엔이 과거에 성취해 온 것들과 미래의 잠재력을 간과하게 되기도 한다. 유엔은 강점들과 약점들을 모두 가진 체계이다. 더구나 세계적 체계의 관점에서 자주 일컬어지듯이 우리가 가지고 있는 전부이며, 따라서 우리가 유엔이 역할을 잘 수행할 수 있도록, 바라기는 과거에 했던 것보다 미래에 더 잘할 수 있도록 우리가 할 수 있는 것을 실행하는 것이 우리에게 의무로 주어진 것이다.

기업들, 특히 초국적 기업들(TNC)

국제사회복지사들이 자신들의 분야와 무관하든 혹은 국가와 사람들의 생명에 대단히 나쁜 영향을 주기 때문이든 간에 국제적 수준에서 민간 분야를 놓치는 경향이 있다. 세계에 나쁘거나 혹은 좋은 것을 가져다주는 초국적 기업의 잠재력에 대한 우리의 관점이 무엇이든 많은 수준들에서 그들의 존재와 중요성은 무시될 수 없다. 토다로(Todaro, 1997, pp.534-543)는 다음과 같이 다국적 기업(MNC)에 대한 논의를 시작하였다.

개발이 다국적 기업들의 성장만큼 지난 수십 년 동안 국제 교역과 자본흐름의 특별한 성장에서 중요한 역할을 해온 경우는 거의 없다.

토다로는 계속하여 이 조직체들이 많은 국가들보다 훨씬 크며, 세계 무역의 70%를 통제하며, 개발도상국들에서 생산된 상품들의 생산지와 분배와 판매 영역을 지배한다는 점과 다양한 방식으로 그들이 힘을 행사하며, 몇몇 서구 국가(100개 중 44개는 미국에만 본부를 두고 있다)에 집중되어 있다는 점들을 지적하면서 규모에 대하여 논의를 계속한다. 초국적 기업의 역할들에 대한 논쟁 측면에서 토다로는 개발 과정에 대하여 실제로 논쟁이 있다는 것을 암시하고 있다.

민간의 외국 투자의 역할과 영향에 대한 이견은 바람직한 개발 과정의 특성, 양식과 성격에 대한 근본적인 이의를 기초로 하고 있다. (pp. 537-538)

다국적 기업 활동의 찬반에 대한 자신의 사정에서 토다로는 질문의 복잡성을 강조하고 결론짓기를,

아마도 유일한 일반적 결론은 민간 외국투자는 다국적 기업과 주최국 정부의 이해관계가 일치하는 한 경제적, 사회적 개발에 대한 중요한 자극이 될 수 있다는 것이다. (p. 543)

토다로는 다국적 기업이 계속적으로 "이전 가격에 관여하고, 이윤을 송환하며, 이득을 남길 수 있는 대부분의 투자 기회에 끌려갈 것"(p. 543)이라는 것을 인정하지만, 그는 그들 관여의 순수한 결과가 긍정적일 것인지 부정적일 것인지에 대해서는 확신하지 못한다.

다른 저자들은 다국적 기업이나 초국적 기업이 일반적으로 경제적 발달에 미치는 영향 그리고 구체적으로는 개발도상국들에 미치는 영향에 대하여 훨씬 부정적인 인상을 가지고 있다. 초국적 기업에 대한 거침없는 비판을 한 사람은 초국적 기업 의제에 대하여 글을 쓴 코르텐(Korten, 1995)이다.

그것은 사업에 국적도 없고 국경도 없는 새로운 세계 경제 질서를 찾는 의식적이고 의도적인 변화이다. 그것은 거대한 기업제국에 대한 세계적 꿈, 순응적인 정부들, 세계적 소비자 단일 문화, 자유주의를 병합시키기 위한 보편적인 이데올로기적 헌신에 의하여 추진된다.

코르텐과 다른 학자들의 초국적 기업에 대한 비판은 설득력이 있지만, 현실은 초국적 기업이 존재하며 세계무대에서 중요한 역할들을 계속적으로 할 것이라는 것이다. 유엔 체계와 세계시민사회는 초국적 기업이 확실히 갖고 있고, 확실한 현실들을 점점 더 자각함으로써 그들의 의제에 영향을 주고, 이러한 비판적인 분야와도 협력하는 것을 배우는 잠재력을 확장시키는 데에 목표를 두어야 한다.

국제적으로 활동하는 비정부기구들(INGO)

국제비정부기구(이하 INGO)들은 오랜 역사를 가지고 있다(Kaldor, 2003, 4장). 가장 잘 알려지고 오래된 INGO는 1863년에 창설된 적십자이다. 그러나 인도주의적 기독교단체나 유대인 복지기구, 미국 의료연합체 등 많은 기구들이 그 이전에 설립되었다(Beigbeder, 1991, pp. 8-9). 많은 다른 NGO들이 1920년대에서 1960년대 사이에 설립되었다. 그러나 일반적으로는 NGO 그리고 특별하게는 INGO의 더 큰 확장은 1970년대에 시작되었다. INGO의 범주는 거대하다(Korten, 1990, p. 2; Kaldor, 2003, 4장). 어떤 INGO는 많은 국가들의 예산보다 더 많은 예산을 가지고 있으며, 세계적으로 활동하고 널리 알려져 있다. 다른 INGO는 작은 예산과 제한된 범위의 활동을 하며 그들이 활동하는 써클 안에서만 알려져 있기도 하다. INGO의 내적 구조 역시 매우 다양하다. 어떤 INGO는 고용-피고용 구조로 대단히 조직적으로 구조화되어 있고, 또 어떤 INGO는 대단히 느슨하고 개인 주도적인 활동을 위한 우산의 역할로 기능하기도 한다. 재정 문제는 더 중요한 변수이다. 일부 INGO는 거의 완전히 다른 기구들이나 그들이 개발하는 프로그램 재정을 지원하는 기부기구나 다른 기구들과의 계약에 전적으로 의존한다. 반면 다른 INGO, 특히 종교기관들의 경우는 그들이 기부를 받는 지역구를 가지고 있다. 이 재정 변수는 기구들의 독립성 정도 따라서 주도권을 행사할 능력을 파악하는 데에 있어서 대단히 중요하다.

모든 분야의 세계적 조직에서처럼 INGO 분야는 그 강점들과 약점들을 가지고 있다. 모든 NGO들이 일반적으로 다른 분야들보다 새롭게 나타나는 욕구들에 대하여 개혁적으로 반응하는 능력이 더 많다고 널리 가정되지만, 사람들의 참여와 같은 원칙들에 입각할 때 오늘날 이것은 확실히 타당한 전제는 아니다. 정부들과 유엔이 점점 NGO 분야를 통하여 자신들의 목표들을 추구하고, INGO와 NGO가 외부의 공식적인 재정원에 점점 더 의존해가고, 어떤 이유에서든 점점 더 많은 INGO가 자본주의적 구조와 행정절차들을 채택하게 됨에 따라 INGO의 성격은 불가피하게 변화된다. 그것은 아마도 NGO 분야는 공통의 가치를 공유하며, 공동의 선을 위하여 본능적으로 함께 일할 것이라고 잘못 가정되어 온 것일 수도 있다. 과거의 현실이 어떻든 INGO에 대한 공통된 불평은 특정 과제의 두

드러진 공유로 인한 재정 때문에, 미디어 때문에, 인사 때문에, 명성 때문에 그들이 서로 경쟁한다는 것이다. 많은 상황들 속에서 협력하고 공조하지 못하거나 또 그렇게 하려고 하지 않으려는 것이 주목되며, 많은 상황들에 관여된 많은 순수한 INGO들이 정해진 욕구 영역에 효과적이고 효율적으로 대응하는 데에 있어서 주요 문제를 가지고 있는 경향이 있다. (예를 들면, 난민과 분쟁 이후 재건 분야 그러나 지역 수준의 많은 개발 측면들. 예: Duffield, 2001, pp. 53ff 참조)

아마 이해할 수 있겠지만 INGO에 의하여 수행된 일의 질적 차이는 상당하다. 이것은 부분적으로는 불충분한 재정, 부적절한 직원 충원, 잘못된 프로그램 디자인이나 관리 혹은 해당 분야에서의 경험부족 등 때문일 수 있다. 재정 때문에 경쟁하는 많은 수의 NGO나 INGO는 몇몇 위조 NGO들이 가능한 재정들을 획득하려고 노력하게 할 수도 있다. 더구나 INGO가 재정원에 따라서 기부자에게 인기가 있는 프로그램을 찾으려는 경향이 전체적으로 현재 상황들에 효과적으로 대응하는 능력에 부정적인 영향을 미칠 것이며, 따라서 정부와 영리 추구 영역의 역할을 보완하는 원래의 역할에서 벗어나게 된다. (개발에 있어서의 NGO와 INGO에 대해서는 Edwards & Hulme, 1992; Poulton & Harris, 1988; Korten, 1990; UNDP, 1993, 5장 참조)

일반적으로 NGO 분야의 특성과 수행에 영향을 미치는 변수들 외에 개발도상국들에 있어서의 NGO와 정부 관계에 대한 문헌이 상당수 있다(예: Holloway, 1989; Fowler, 1991; UN/ESCAP, 1991; Clark, 1993; Heyzer, Piker & Quizon, 1995). 1991년 사회개발에 있어서의 정부와 NGO 협력에 관한 아시아태평양 경제사회위원회 세미나는 이 점에서 아시아태평양 지역의 국가들 사이에 일반화하기 어렵고 위험스러운 NGO 분야의 실질적 공권 박탈에서부터 상호간의 상당한 의심, 긴밀한 협조에 이르기까지 커다란 다양성을 보여주었다.

보고서에서는 상당한 작업이 필요한 이슈들이 드러났고, 많은 권고사항들이 제시되었다. 국가와 NGO 관계에 대한 장애물과 이 장애들을 극복하기 위한 권유사항들을 발전시키는 데에 초점을 두는 것은 이 분야에 대한 대부분의 저술가들에게는 공통적이다. 지배적인 결론들은 많은 개발도상국들에서 강력하고도 협력적인 국가와 NGO 관계를 구축하기에 아직 해야 할 일이 많으며, 목표는 대단히 중요하며 이 목표를 성취하기 위해 이미 확인된 수많은 전략들이 있다는 것이다. 일부 문헌에서는 더 나은 관계를 성취하기 위한 출발점으로서, 현재 국가들마다 크게 다른 NGO 분야 관련 국가 법규들에 초점을 두고 있다.

우리는 또 INGO와 유엔 체계 사이의 관계를 인식해야만 한다(Otto, 1996; Willetts, 1996; Weiss & Gordenker, 1996). 와이스와 고든크(Weiss & Gordenke)의 책 서문에서는 당시 유엔 사무총장이었던 부트로스 부트로스 갈리(Boutros Boutros-Gali)는 '평화의 유지와 설립' 그리고 '지원과 동원, 민주화 활동 영역'에 있어서 유엔 체계 내의 NGO의 중요성을 강조하고 있다. 유엔 헌장에서 NGO에 대한 유일한 언급은 71장에 있는데, 유엔경제사회이사회가 "허용된 범위 내에서 NGO에 대한 자문을 위하여 적절한 조정"을 하도록 권한을 확대한다는 내용이다. 1968년 이후로 대표성과 국제적 특성을 가지고 있던 NGO는 NGO에 관한 위원회의 감독 하에 유엔 안에서 자문적 지위 자격을 갖게 되었다. NGO와 INGO는 또한 로비스트로서, 또 정부 대표자들로 구성된 많은 유엔지구포럼(UN Global Forums)에 비견되는 NGO 포럼에 참석함으로써 유엔 체계 안에서 활동한다. 그러나 NGO 분야가 유엔 체계 안에서 얼마나 많은 영향을 가지고 있는가를 파악하기는 대단히 어렵다. 확실히 NGO와 INGO의 초국가적 연맹들의 의도성과 권고성은 대부분의 개별 NGO나 INGO보다 훨씬 많은 영향을 그 결과에 미치는 것으로 보인다. 그리고 유엔 체계 내의 일부 기구(예: 유엔난민기구)들은 NGO 연맹 설립에 도구적인 역할을 해왔거나 혹은 유엔 연맹이 특정 실천 분야에 투입을 제공할 수 있도록 고무해왔다.

마지막으로 세계시민사회의 출현 속에서 INGO의 중요한 역할에 대한 언급이 이루어져야 한다. 그러나 우리는 세계적 조직 차원에 대한 검토를 하면서 이에 대한 최종적인 논의를 할 것이다.

세계시민사회(Global Civil Society)

쇼우(Shaw, 1994, p.647)는 시민사회를 다음과 같이 정의하였다. 즉 그것은 "사회 내의 집단들이 서로에 대하여 그리고 국가에 대하여 자신들을 대표하는 기관들의 네트워크로 구성되어 있다." 실제로 시민사회는 갈텅(Galtung, 1995, p.204)이 사회적 힘의 유형들로 제시한 현대사회의 다른 세 가지 요소들, 즉 국가 혹은 통치 체계, 시장 혹은 경제 체계, 그리고 지역사회 주민들에 비견되는 위상을 가지고 있다. 시민사회는 일반적으로 지역사회 주민과, 국가의 경제적이고 정치적인 체계 사이의 연결을 형성하는 것으로 보인다. 그렇게 함으로써 그것은 일련의 자원 조직체 안에서 함께 일함으로써 사람들이 사회에 강력하게 참여할 수 있도록 하고, 결과적으로 정치적이고 경제적인 체계가 책임을 질 수 있도록 한다. 세계적 수준에서 역시 같은 주장들이 시민사회에 적용된다. 그러나 이러한 정의에도 불구하고 우리는 세계시민사회가 그 문헌에서 다양한 방식으로 나타나며 다음의 검토가 보여주듯이 그 중요성에 있어서도 다양하다는 것을 인식할 필요가 있다.

유엔개발계획의 1997년 인간개발보고서는 세계화가 커다란 기회를 주는 동시에 세계적 평등에 큰 위협이 된다고 경고하였다. 피에터스(Pieterse, 1997, p.374)는 더 나아가 세계화가 "결정적인 경쟁력을 가져오고 그로 인하여 사회에서 가장 취약한 사람들의 이해관계를 왜곡하고 희생하는 결과를 가져오게 된다"고 하였다. 따라서 세계시민사회의 핵심적인 역할은 국가 수준에서 그러하듯이 현재 기능하고 있는 정치적, 경제적 세력들과 체계들이 사람들에 대한 책임을 지도록 확실히 하려고 노력하는 것이다. 만일 국내 시민사회가 "임의적이거나 남용적인 국가권력을 제한하는 것(Polidano & Hulme, 1997, p.7)"을 목표로 한다면, 세계시민사회는 세계개발이 근본적으로 사람들에게 가장 최선인 이해관계 안에 존재한다는 것을 확실히 하기 위하여 사람들을 위하여 수행되는 "초국가적 정치적 활동"(Pasha, 1996, p.643)을 의미한다.

아지즈(Aziz, 1995, p.12)는 세계시민사회를 민초운동에 의하여 주도되는 "아래로부터의 세계화"라고 보았다. 이 운동들은 "환경, 인권, 여성 관련 이슈, 지속가능한 개발, 평화와 정의, 식자율/문맹률과 억압으로부터의 자유"와 같은 관심사들을 나타낸다. 로스노(Rosenau, 1995, p.387)는 INGO들 사이의 협력 혹은 그가 초국적 NGO(이하 TNGO)라고 한 것을 더욱 강조하고 있다. 로스노는 1956년 이후 1992년에 18,000개 이상으로 19배 증가한 TNGO에서의 성장을 "대단히 놀라운 것"이라고 표현했다. 분명히 INGO(혹은 TNGO)와 세계적 운동들은 스턴피터슨(Stern-Peterson, 1993, p.136)이 "세계사에 나타나고 있는 제3의 세력", 즉 "국가와 시장을 대표하는 행위자들과 세계 정책에 대한 권위와 책임을 공유하는 제3의 세력"이라고 말한 것을 대표한다. 세계통치위원회(Commission on Global Governance, 1995, p.254)는 "세계시민사회는 세계적인 비정부운동에서 가장 잘 나타난다"고 보았지만, 한편에서는 그 보고서가 이 운동은 많은 제도들, 자원 조직들과 네트워크들—여성 집단들, 무역조합들, 상공회의소, 농업 혹은 주택 협동조합, 자경협회, 종교 기반 조직들 등을 포괄한다는 것을 지적하고 있다(p. 32). 이 위원회는 유엔 체계 안에 시민사회의 연례 포럼을 설치할 것을 권고하였다.

칼도르(Kaldor, 2003, 1장)는 세계시민사회에 대하여 거의 규범적이고 기술적인 5가지 다른 시각들을 제시하였다. 그 첫째는 법이나 문명의 규칙과, 우주적 질서를 의미하는 시민사회와 관련된 것이며, 두 번째는 광범위하게 경제적, 사회문화적 세계화의 모든 측면들과 관련된 것이다. 세 번째 시각은 정치적 해방에 대한 행동가와 관련된 것으로, 사회운동과 시민 행동가들은 세계적 영역에 영향을 미치고자 한다. 네 번째 시각은 민주주의와 인본주의의 세계적 민영화를 통하여 서구 사회의 이득을 증진시키는 신자유주의적 관점이다. 다섯째, 근대 후기 관점은 "핵심적 요소가 민족국가였던 근대성을 분쇄하고자"하는 것이며, 세계시민사회를 논쟁적인 세계적 네트워크의 다원성으로 본다. 칼도르는 이 다섯 가지 차원들의 다양한 측면들을 병합하고 있다.

많은 저자들이 세계시민사회에 대해 갈망하면서도 현실적으로 지금까지의 발달에 비추어볼 때 우리는 "이러한 발전들이 지금까지 제한적이었으며, 규모 측면보다는 세계적 역할들을 가능하도록 성취한다는 측면에서 세계 시민사회는 여전히 현실적이기보다는 잠정적"이라는 쇼우(1994, p. 655)의 의견에 동의해야만 할 것이다. 중요한 것은 이 "아래로부터의 세계화" 운동은 사회행동을 계속적으로 강화하고 참여하게 하며, 대안적인 사회경제적 정책과 개발 모델들을 제안하고, 전 세계의 혜택 받지 못한 사람들을 옹호하는 것이다. 시민사회의 여섯 가지 핵심 역할들은 국내적, 세계적인 여러 문헌을 통해 알 수 있다.

- 사람들과 국가 혹은 세계 정책 구조들 사이를 중재하는 일
- 사회와 세계적으로 서로 다르고 잠정적으로 경쟁적인 집단들 사이에 사회적 연대를 강화하는 일
- 민주주의 혹은 사람들의 참여를 증진시키는 일
- 다원주의를 반영하고 관리하는 일
- 불이익을 받고 주변화되거나 배제된 사람들의 권리를 옹호하기

· 욕구들과 대안적 개발 모델들 혹은 전략들을 제시하기

세계시민사회는 세계적 경제 및 정치 구조들과 효과적으로 상호작용하고, 전 세계 모든 사람들의 욕구들을 대표할 만큼 강해야 하며, 또 인간성의 본질을 구성하는 기본 원칙들과 권리들을 반영할 세계적 정책들과 프로그램들을 형성하는 데에 있어서 핵심적인 역할을 할만큼 강해야 한다. (특히 가치 수준에서 세계시민사회의 기여에 추가적인 자료는 Bruyn, 2005 참조)

세계적 조직 맥락과 국제사회복지실천

국제사회복지실천에 입문하는 사회복지사들은 그들 스스로 광범위한 세계적 맥락의 한 장 안에서 일하고 있는 스스로를 보게 될 것이다. 어떤 영역에서 일할 것인가를 선택하는 것은 사실 국제사회복지실천에 입문하기를 결정한 졸업생들이 직면하게 되는 첫 결정 중의 하나이다. 그들은 자신의 국가가 세계적으로 뻗어나가는 데에 참여하는가 혹은 국제적 수준으로 나아가야 하는가? 그들은 유엔이나 INGO 중 어디에서 일하는 것을 목표로 두어야 하는가? 이 결정은 불가피하게 우리 졸업생이 전공해야 할 분야(난민 작업, 자연재해, 갈등해결, 갈등 이후 재건설 등)에 관한 결정과 또 졸업생이 관여해야 할 초점(정책 형성, 프로그램 개발과 행정, 조사 혹은 일선에서의 활동 등)을 결정해야 하는 것과 연결된다. 대부분의 국제조직들은 특별한 활동 분야에 전문화된 반면 일부 조직들은 다른 것들보다 한 가지 혹은 그 이상의 수준들에서 훨씬 강하다. 따라서 국제사회복지실천의 조직적 맥락에 대한 지식은 사회복지사가 자신의 경력 경로를 계획할 수 있게 하는 데에 중요하다.

자신의 경력과 관련되든 그렇지 않든 간에 국제사회복지사들은 한 가지 이상의 영역들을 강화시키는 데에 기여할 수 있는 조직적 맥락에 대한 자신의 지식을 활용하도록 선택할 수 있다. 예를 들면 그들은 유엔의 역할들과 일을 존중하며 일반적으로 혹은 특별한 측면에서 그것을 강화시키는 데에 있어서 중요한 역할을 하고자 할 수 있다. 대안적으로 사회복지사들은 적십자, 국제사면위원회와 같은 특별한 INGO와 연계할 수도 있고, 그들의 국제적 역할을 강화시키도록 기여할 수도 있다. 마찬가지로 많은 사회복지사들은 일반적 수

준에서 유엔에서의 로비 등으로 혹은 보다 특별하게는 녹색운동 같은 세계시민사회의 일부 요소들을 강화시키도록 도움으로써 세계시민사회를 강화시키기 위하여 열심히 일을 해 왔다. 물론, 자주, 그러한 노선을 따른 사회복지사의 기여가 국제사회복지사연맹과 같은 전문직의 세계적 조직을 통하여 수행될 수도 있다.

세계적 맥락에 대한 이해는 국제사회복지사들이 특정 지역 상황에 관여됨에 따라 보다 중요해지는 경우가 자주 생길 것이다. 그들은 그 조직적 맥락 안에서 어떤 요소들이 잠재적으로 그들 지역 상황의 요구와 관련될 것인가를 알고 싶어 할 것이며 알 필요가 있다. 국제사회복지사들은 특별한 국제기구들과 관련될 수 있을까 혹은 국제기구들로부터 재원을 얻을 수 있을까 혹은 국제기구들을 지역 훈련 기제들에 관여시킬 수 있을까 혹은 그 기구들의 전문가들을 짧은 기간 동안 자신들과 또 사회복지사들과 함께 있을 수 있을까? 이 세계적 조직의 맥락은 대부분의 맥락 속에서 지역 수준에서 일하는 사회복지사들에게 가능한 가장 중요한 자원이다.

때로 세계적 조직 맥락에 대한 이해가 사회복지사들이 그들의 분노와 좌절감을 통제하는 것을 도와주는 데에 중요하다. 사회복지사들은 그들의 지역 수준에서 물어볼 수 있다. 즉 왜 유엔이 관여하지 않는가? 왜 여러 NGO들이 협력할 수 없는가? 왜 이들 국내 기구들은 우리 노력을 차단하는가? 단지 세계적 조직 맥락의 일반적 특성과 현재의 실정에 대한 이해를 통해서 사회복지사들은 가능한 역할들, 약점들과 주어진 한계들, 조직의 의사결정 과정들 등 그들이 기대하는 것들에서 현실적인 것과 그들 대응에서 통제될 수 있는 지점을 인식할 수 있다.

국제사회복지사들이 자신들이 일하고 자주 의존하게 될 세계적 조직의 맥락의 특성을 이해하는 것은 많은 이유들 때문에 대단히 중요하며, 그 중 몇 가지는 우리가 강조해온 것이다.

이데올로기적 맥락

'이데올로기'라는 용어는 "개인들과 집단들이 그들 사회 체계가 어떻게 작용하고 그것이 대표하는 원리들을 설명하는 사고와 신념 체계"로 정의되어 왔다(Gilpin, 1987, p. 25). 이데올로기들은 근본적으로 "지적인 헌신 혹은 신앙행위들"(Gilpin, p. 4)이다. 이데올로기의 중요성은 종교적, 문화적 체계들과 정치적, 사회적, 경제적 체계 등 이데올로기에 바탕을 둔 모든 것들에 관한 세계 역사를 통하여 나타났다. 이때 발생하는 한 가지 중요한 이슈는 이 다른 체계들이 세계 무대에 어떻게 상호공존하는가하는 것이다. 그들은 평화롭게 존재하는 경향이 있는가 혹은 서로 경쟁하는 경향이 있는가 혹은 상대들을 지배하고자 하는 경향이 있는가? 역사는 특정 시간의 한 지점에서 일련의 이데올로기들 혹은 세계관이 공존하며 또 다양한 정도의 공격성으로 서로 경쟁하는 것을 보여주는 것 같다. 이 때문에 세계적 이데올로기의 맥락을 경쟁적 이데올로기 혹은 문명들 사이의 만연된 충돌로 제시하는 사람들이 있다. 이에 관한 저술 중 두 가지 예를 들면 헌팅턴(Huntington, 2002)과 길핀(Gilpin, 1987)이 있다(Sachs, 2002 참조). 헌팅턴의 주제는 "인간의 역사는 (불가피하게 서로 충돌하는) 문명의 역사"(p. 10)라는 것이다. 그의 유명하지만 대단히 의견이 분분한 책이 바로 『문명의 충돌(The Clash of Civilization)』이다. 이와는 대조적으로 길핀은 이데올로기들 사이의 갈등을 바탕으로 한 모델을 제시하고 있다. 그는 정치적 경제에 대한 세 가지 갈등적인 이데올로기가 1800년대 이래 인간성을 분열시켰다고 주장한다. 그 세 가지 이데올로기들은 자유주의, 신자유주의, 마르크스주의(〈표 3-1〉 참조)이며, 그에 대하여 그는 다음과 같이 쓰고 있다.

> 이 세 가지 이데올로기들은 근본적으로 사회, 국가와 시장 사이의 관계의 개념들에 있어서 다르다. 그리고 그것은 국제정치 경제 분야에서의 논쟁이 궁극적으로 이들 관계가 서로 다른 개념들을 가지기 때문이라고 이야기하는 것은 과장이 아니다. 지적인 충돌은 단순한 역사적 흥밋거리가 아니다. 경제자유주의, 마르크스주의와 경제적 민족주의는 20세기 말에도 모두 아주 생생하게 살아있다(Gilpin, 1987, p. 25).

이데올로기에 대한 이 기본 유형을 따르는 최근의 세계사에 대한 다른 논평자들은 서구 사회와 서구가 지배하기 시작한 '신세계'에서 발전되어 왔기 때문에 성공적인 경제적 자본주의 자유주의와 정치적 자본주의 자유주의의 이데올로기 사이의 균열에 초점을 두는 사

[표 3-1] 세 가지 이데올로기

이데올로기	사상과 신념들	행동들	영향
자유주의	· 천부적 자유 · 간섭으로부터의 자유 · 합리성 · 개인주의 · 자유시장 · 사유재산	· 민주주의 · 최소한인 동시에 적극적인 · 국가 개입 · 경쟁 · 독립 · 선택 · 자본형성 · 식민화	· 사회적, 경제적 그리고 정치적 여건들이 불평등의 심화를 개선하는 것으로 보임 · 그것들을 몇몇에게 집중시킴으로써 자원의 분배가 잘 되지 않음
국가주의	· 국가 형성 · 독립성 · 방위 · 주권 · 지형적 위치	· 정치적 자율성 · 산업화 · 군대력 · 경제적 자존 · 보호	· 안전과 소속감 · 강력하고도 약한 국가들 · 식민화와 착취 · 인가, 갈등과 전쟁
마르크스 공산주의	· 계급 갈등 · 계급 없는 사회 · 생산수단의 공동소유 · 모든 사람을 위한 해방	· 갈등을 통한 변화 · 사회주의자/공산주의자 · 형태의 정부 · 자본가 구조와 행동에 대한 분석과 비판	· 평등을 향한 진보 · 자원의 더 나은 분배 · 강력한 센터 · 스태그네이션에 따른 높은 초기 성장 · 국가에 대한 영향 쇠락

람들이다 (Hobsbaum, 1995, p. 201). 이는 워슬리 (Worsley, 1984)와 후그벨트 (Hoogvelt, 2001, pp. 18-21)가 공유하는 관점이다. 세계를 주로 화해할 수 없는 진영으로 구분하고자 하는 경향은 오래전부터 분명했으며 여전히 동과 서 혹은 이슬람과 유대기독교 전통 사이의 차이점들은 우리의 지각 속에서 여전히 계속 나타나고 있다.

위의 모든 사상학파는 다양한 이데올로기들이 공존하면서도, 내재적으로는 어느 정도 갈등에 있다고 보는 학파들의 예들이다. 그 추종자들이 경쟁적인 이데올로기들을 개종시키거나 정복하도록 촉구하는 것은 각 이데올로기 안에 있는 몇 가지 요소들 때문이다.

두 번째 유형의 학파는 그들 자신과 이 학파들의 관점에 있는, 세계 공동체에 위험이 되는 특별한 이데올로기적 경향에 초점을 둔다. 이들 학파들에 대한 추종은 대안적 이데올로기들을 증진함으로써 이 경향들을 상쇄시킨다. 예를 들면 많은 저술가들과 행동가들은 종교적, 정치적, 경제적, 문화적 사회체계 안에서 자주 발견되는 강력한 반(反)여성적 경향에 초점을 둔다. 그리고 여성주의의 증진을 통하여 이것을 상쇄하도록 해왔다. 다른 사람들은 많은 이데올로기들과 체계들 안에서 자연환경에 대한 관심 부족 경향을 확인해왔으며, 녹색 이데올로기들의 증진을 통하여 이 경향을 상쇄하려고 해왔다. 여성주의자와 녹색 이데올로기들은 널리 일반적으로 국제적 분야에서 광범위한 사회복지사들에 의하여 지지되어 왔다. 이것은 이들 이데올로기들 각각이 인간의 복지를 위해 중요한 의미들을 가진 것으로 보이기 때문이다.

관심을 기울여야 할 현대 이데올로기적 맥락의 세 번째 측면은 여러 기존의 지배적 이데올로기들에 대하여 적대적이거나 혹은 상당한 의심을 한다는 것이다. 그러나 대부분 이러한 유형의 적대 혹은 염려들은 오히려 이러한 이데올로기들에 저항적이고 널리 적대감을 표현해왔을 뿐 충분한 의미에서 반대되는 이데올로기들을 가져오지는 않았으며 이러한 종류의 잘 알려진 이데올로기적 운동들은 반자본주의, 반세계화, 반자유무역, 반초국적 기업들을 포함한다. 대단히 다양한 진영의 이러한 견해들을 지지하는 사람들은, 최근 수년간 많은 국제적 모임들을 파괴해왔으며 상당한 미디어의 관심을 받았다. 츄아(Chua, 2003)의『불타는 세계: 자유시장 민주주의가 윤리적 증오와 세계적 불안정을 야기하는 방식(World on Fire: How Exporting Free Market Democracy Breeds Ethnic Hatred and Global Instability)』과 같은 제목의 책에서 볼 수 있는 것처럼 많은 책들도 그러한 관심사들을 반영하여 출판되어 왔다.

넷째로, 가장 중요한 세계적 이데올로기적 사고 유형은 기존 이데올로기들을 비판하기보다는 어떻게 되어야 하는가를 강조하고 그렇게 함으로써 특정 이데올로기를 증진시키는 데에 초점을 둔다. 그러한 이데올로기들의 예들은 인본주의, 인권과 다양한 종교적 이데올로기에 대한 초점을 두는 것이다.

그러한 이데올로기의 증진은 기존상황에 대한 관심과, 특정 이데올로기를 기반으로 한 접근이 상황을 다룰 때 가져올 효과성에 대한 믿음이 혼합된 것에서 보통 비롯된다. 그러므로 그러한 이데올로기들의 표현은 종교적이고 세속적 특성을 지닌 모든 수준의 이데올로기에 기초한 기관의 현장에 적극 관여함으로써 발견된다.

이러한 논의로부터 이데올로기가 전체적으로 역사의 유산을 이해하고, 기존의 사회경제적·정치적 상황들과 경향들을 분석하며, 개입 전략들을 개발하는 데에 있어서 중요한 역할을 할 수 있으며, 또 실제로 하고 있다고 볼 수 있다.

이데올로기에 대한 역사적 관점의 의미

많은 역사적 영역들에 대한 연구가 현대 세계적 맥락에 대한 우리의 이해를 도와줄 가능성을 가지고 있는 반면, 우리는 여기서 널리 알려진 15세기와 16세기 초기 유럽에서 나온 자본주의 팽창의 역사의 의미에 제한시키고자 한다. 이 역사는, 후그벨트가 인지하듯이, 다음을 포함한다.

- 1500~1800년대: "경제적 수단을 통하여 정치적 세력을 추구하는"(p. 3) 중상주의 시대
- 1800~1950년대: 식민지시대, 후그벨트가 보기에 "국제적 노동 분화의 유산, 자원의 제한과 주변적 엘리트들의 서구화의 유산"(p. 26)으로 인하여 중요한 신식민주의적 제국주의 시대
- 1950~1970년대: 신식민적 제국주의 시대인 "국제자본과 제3세계 부르주아 사이의 신식민주의 계층의 연합에 의하여 중재되는, 부유한 국가와 빈곤한 국가 사이의 불평등한 교환의 시대"(p. 47)
- 1970년대 이후: 빚 갚기를 통한 "경제적 잉여의 이전"(p. 17)이 이루어졌던 1970년부터의 후기 제국주의 시대. (Potter, 1992 참조)

상세한 사항들이 어떠하든 이 일반적인 서구 지배의 패턴이 보편적으로 받아들여졌고, 최근 발달과 크게 관련된 것으로 널리 인식되고 있다.

그러므로 중요한 것은 이 맥락에서 자본주의 팽창에 대한 역사적 세부 사항들이 아니다. 그들은 후그벨트(2001)와 또 다른 곳에서 발견될 수 있다. 오히려 중상주의, 식민주의, 제국주의와 근대화의 이데올로기들은 직접 관련된 모든 국가들과, 많은 다른 국가들에게 그들의 흔적을 남겨놓았으며, 이 역사적 유산의 흔적을 여전히 가지고 있는 역사적 사건들과 현대의 현실들을 반영하고 있는 근대 체계들을 가져왔는데, 이러한 결론은 널리 받아들여지고 있다는 결론이다. 예를 들면 개발에 관한 그의 잘 알려진 본문에서, 블랙(Black, 1991)은 이전 식민지 세력들을 통하여, 현재 신식민주의 세력들은 식민주의 시대에 했었던 것처럼 오늘날 무역 조정을 통제할 수 있고 부족과 인종반목을 이용할 수 있다

고 가정한다.

더구나 대부분의 이전 식민지에서 자유주의적 엘리트들이 지향성에 있어서 대단히 서구적이었다는 현실이 이러한 결과에 기여했다(Hobsbaum, 1995 참조). 최근 상황을 초래한 추가적인 중요한 요인은 2차 대전 이후에 시작된 세계 경제 제도의 설립과 정책들의 통제를 받았다. 실제로 자본주의 특별히 식민주의 팽창의 역사는 아프리카에서 식민세력들에 의하여 임의적 국가의 경계들을 부과하고, 말레이시아와 피지에서처럼 서구식으로 만들어진 국가 인구학적 프로파일을 통하거나, 여건들이 조성되기 전에 도입된 (파푸아뉴기니처럼) 서구의 영향을 받는 국가 정치 시스템을 통하여, 서구 스타일의 국가 복지 체계의 형성을 통하는 등 전방위적으로 세계에 그 흔적을 남겨놓았다(이 책의 1장 참조). 이러한 것들은 식민지 유산의 중요한 측면들의 일부이다. 개발도상국들의 일반적인 많은 대중들이 강력하게 인지하는 것은 바로 그 유산이다.

신경제자유주의와 신보수주의 진영

최근에 세계적 이데올로기적 맥락을 형성해온 이데올로기들 중 어떤 것도 '신경제자유주의'만큼 다양하게 평가되는 것은 없다. 신경제자유주의는 영향력이 큰 리더들과 학자들을 포함한 폭넓은 지지층뿐 아니라 많은 비판자들도 존재하는 대단히 이견이 많은 이데올로기이다. 많은 비판자들 중 일부는 그것을 높은 비율의 세계 인구의 복지에 부정적 영향을 미치는 가장 중요한 요인으로 생각하고 있다. 일부는 이 이데올로기적 발달은 역사적인 자유주의적 자본주의로 회귀하는 것을 보며, 또 일부는 그것을 '신우익'적 정치세력의 유산, 마가렛 대처(영국 수상, 1979~1990년)와 로널드 레이건(미국 대통령, 1981~1988년)이 옹호한 "경제자유주의와 보수주의의 부활의 혼합"(Pierson, 1998, p.39)으로 제시한다. 그러나 더욱 중요하게는 많은 사람들이 신경제자유주의를 특별히 세계은행과 국제통화기금의 작업의 바탕이 되는 이데올로기로 본다. 예를 들면 그들의 구조적 조정 패키지(structural adjustment packages)(Randall & Theobald, 1998, pp.160-161), 즉 WTO와 자유무역에 대한 많은 서구 국가들의 초점, 자본의 국제적 이동(Korten, 1995, pp. 79ff), 사실상 모든 다른 경제와 사회적 염려들을 희생하고 경제성장을 강화하기 위하여 계획된 정책들의 추구(Hutton, 2003; Hamilton, 2003) 등의 측면에서 그러하다.

사실 일부 논평자들은 후그벨트(2001, p.187)와 다른 이들이 지적한 것처럼 모든 인과적 연계의 구체적 특성을 파악하기 어렵다고 하더라도 마치 신경제자유주의가 우리 대부분의 세계적 문제들의 핵심에 있는 것처럼 이야기한다. 아마도 근본적인 이슈는 국내적으로 또 세계적으로 의사결정력의 분배에 대한 의문과 관련될 것이다. 코르텐(1995, p.86)은 이 이데올로기의 핵심이 "대중의 이해에 관한 것"이 아니라 "그 결과들에 대한 공적 책무성 없이 자신들의 직접적인 이해관계에 가장 도움이 되는 것은 무엇이든 하는 경제적으로 강력한 사람들의 권리를 방어하고 제도화하는 것"이라고 보았다. 이는 많은 세계적 분야의 영역들에서 상당히 널리 받아들여지고 있는 것으로 보인다.

신경제자유주의 이데올로기의 핵심 요소들은 무엇인가? 많은 사람들이 흔히 언급하는 요소들은 다음과 같다.

· 근본적으로 정부 간섭을 최소화함으로써 경제를 자유화하는 것—탈규제(deregulation)
· 자유 무역 정부를 제도화함으로써 무역 잠재력을 최대화하는 것—정부보조와 수입-수출 통제 면제
· 더 많은 책임감을 부분적으로 지역사회, 가족과 개인들에게 귀속시킴으로써 국가 권력의 제한 혹은 철회
· 개인주의에 강력한 중점을 둠—사유재산, 소비와 기업가 정신의 추구와 연계됨
· 비경제적, 비생산적, 비효율적인 복지국가에 대한 부정적 견해와 자유의 부인

그러나 우리는 하나의 이데올로기가 제시하는 것과, 중요한 정치적 경제가 허용하는 것 사이의 불일치가 흔하며, 이 이데올로기는 때로 나타나듯이 경직되거나 한결같은 방식으로 부과되지 않는다는 것을 인식할 필요가 있다.

국제사회복지실천과 이데올로기적 맥락

역사적이고 오늘날의 관점에서 볼 때 세계적 이데올로기 맥락에 대한 이해는 국제사회

복지실천의 한 가지 중요한 측면이라는 것이 독자들에게 명확히 되어야 한다. 세계적 맥락의 이러한 측면을 다루지 않고는 많은 상황들이 어떻게 분석되고 따라서 어떻게 이해되고 대응되는가를 알기는 어렵다. 세계적 이데올로기 맥락이 국제사회복지실천과 관련된 3가지 방식에 초점을 둠으로써 약간 더 일반적인 결론을 발전시키고자 한다.

사회복지사 자신의 이데올로기적 입장

어떤 사회복지사도 일반적인 문화적 배경과 태도와 관련되거나 혹은 그 현장에서의 특정 경험들과 관계되는 이데올로기적 응어리 없이 국제 현장에 들어가지는 않을 것이다. 사실 국제사회복지실천에 진입하는 많은 사회복지사들은, 우리들의 경험에서 볼 때, 강력한 이데올로기적 동기의 결과로서 그렇게 한다. 때로 이 동기는 종교적 동기와 같은, 사회복지사의 배경에서 비롯된다. 그리고 때로는 국제적 경험에서 비롯되어 결과적으로 인권과 사회정의 혹은 인도주의적 목표들을 성취하려는 바람을 가져오게 된다. 또 때로는 그것은 녹색 혹은 여성주의 운동과 같은 강력한 이데올로기를 가진 특별한 사회운동에 참여한 결과이기도 하다.

자주 강력한 이데올로기적 동기가 사회복지사의 헌신 정도를 몰아가고, 그들을 좌절감과 실망으로부터 보호하며, 강력한 지지 네트워크를 그들에게 제공한다. 그러나 이 상황에 대하여 부정적인 측면이 있다면 이데올로기적으로 강화된 사회복지사들은 그들의 접근에 있어서 객관적이 되고, 혹은 그들의 이데올로기적 입장과 달라 보이는 상황들을 이해하는 데에 있어서 개방적이고 통찰력을 갖추기 어렵다는 것이다. 여기에는 관련된 일반적인 교차문화적 이슈가 있으며, 상당한 문헌들이 이 이슈를 다루고 있다. 게다가 우리는 그들에게 이데올로기적으로 받아들여지지 않는 상황들에 대한 사회복지사들의 강력한 대응들에 대하여 인식할 필요가 있다. 그러나 현실적인 측면에서 그들은 가능하다면 객관적인 접근을 보여주어야만 하며, 모든 관련된 당사자들에게 받아들여질 수 있는 결과들을 가져와야만 한다. 이때 문제가 되는 것은 많은 사회복지사들이 필요한 절충을 하는 것이 용이하다는 것을 알게될 것인가하는 문제이다.

서구 이데올로기에 대한 지역민들의 지각들

개발도상국들에서의 많은 사람들은 이데올로기적 용어로 그것을 표현할 수 없는 반면, 그들은 서구, 서구의 기관과 그 인력들에 대한 강력한 정서적 반응들을 가지게 될 것이다. 지배적인 정서는 먼 과거 혹은 최근의 서구의 행동에 대한 지각과 관련된 분노, 의심 혹은 증오와 좌절감을 나타내는 것일 수 있다. 정서들은 대단히 강력하여 일련의 행동은 사회복지사에게 효과적으로 은폐되거나 혹은 서구와의 연대감이 있는 사회복지사들을 받아들이기조차 할 수 없는 데에까지 파급될 수도 있다. 혹은 그것들은 대단히 강하여 앞으로의 모든 활동이 불가능하게 생각될 수 있다. 어떤 사건에서든 이데올로기적 대응들의 가능성에 대한 자각, 그들의 특성과 이유들을 분석하는 능력들이 개입에 중요하다. 츄아의 2003년 교재가 거시적인 수준에서이긴 하지만 이 현상의 좋은 예가 된다.

관련된 제도적 이데올로기에 대한 사회복지사의 대응들

국제사회복지사들이 스스로 그들이 개인적으로 본질적으로 반대해온 지배적 이데올로기들을 가진 기관들이나 조직에서 일하거나 그들을 위해서 혹은 그것들과 협력해야만 하는 상황에 처하게 됨을 보게 되는 것은 흔한 일이다. 좀처럼 어떤 기관의 모든 직원들이, 그 기관이 몇몇 공식적인 수준에서 지지해온 이데올로기는 차치하더라도, 그들 사이에 비슷하기라도 한 이데올로기들을 반영하는 경우는 드물다. 갈등 가능성이 있는 이데올로기적 관점들에 직면할 경우 적절한 대응들은 무엇인가? 사회복지사들은 물러서야하는가, 내부로부터 조직의 이데올로기를 변화시키려고 해야 하는가 혹은 이데올로기적 다원주의의 현실을 받아들이고 그러한 상황 안에서 일하는 능력을 발전시켜야 하는가? 여러 점들을 고려할 때 위의 어떤 결정도 적절하게 생각될 수 있다. 부적절한 것은 사회복지사들이 갈등, 긴장 가능성을 인정하지 않는 것이며, 그러면서도 계속 일하는 것이다. 또 이러한 상황이 일어날 때 사건들은 의사결정을 하기 어렵게 만들어 사회복지사에게는 복잡하고 어려운 상황들을 해결하는 데 있어서 만족스러운 대안들을 남기지 못하게 된다.

확실히 세계가 아직 보편적이고 세계적 정책들, 이데올로기들, 원칙들과 법들 밑에서 기능하는 것과는 거리가 멀지만, 얼마나 서서히, 한결같지 않고 불확실하고 위태로운 단계들이 취해지는가와는 상관없이 세계가 전반적으로는 그 방향으로 움직여가고 있다는 많은 암시들이 있다. 그 주제는 복잡하다. 그러나 현재의 발전 상태에 대한 우리의 이해를 함께 나누고, 독자로 하여금 현재 이루어지고 있다고 여겨지는 국제사회복지실천에 대한 잠재적 중요성을 돌아볼 수 있도록 격려하고자 한다.

국제법

국제법으로부터 시작하자. 의심의 여지없이 로버트슨(Robertson, 2000, p. 90)이 말한 것처럼 "현재 국제법이 국가에서 어떠한 위치를 차지한다면, 그저 예의상으로 존재할 뿐이다." 국제법은 권위 있는 국가들의 국회에 의하여 그렇게 하도록 규정되는 것이 아니라 "무력하게도 대표적이지 못한" 유엔 총회에 의한 것이다. 또 헤이그에 있는 국제사법재판소는 "인간을 위한 최고법정이 되도록 허용되지 않고 있다"고 발표한 바 있다(Robertson, p. 90). 그러나 유엔 총회의 구속력 없는 결의는 때로 국가들에 영향을 주기도 하고, 반면 '국제관습법'이 때로 국제법으로 스며들기도 한다. 로버트슨이 지적하고 있는 것처럼,

영국과 미국을 포함한 일부 관습법 체계는 비록 조약들이 어떤 직접적인 법적 효력들을 가지기 전에 법규적 성격을 띠기도 하고, 그 관습법의 일부로 국제관습법을 받아들기도 한다. 21세기 초 국제법은 정의의 이슈와 갈등이 있을 때마다 경제, 정치, 군대에 이익이 되는 편으로 손을 들어주는 경향이 있던 국가 권력에 종속되고 부차적인 것으로 남아있다. 그러나 국가 권력이 남용되어 행사되고 있다는 것을 감추기는 점점 어려워지고 인권들이 '국가의 권리'들에 종속될 수 있다는 법이론이 위험한 허구로 인식되고 있다. (pp. 91-92)

세계 경제정책

세계 경제정책은 다양한 상황을 나타낸다. 세계 경제의 존재에 대해서는 논쟁할만한 것이 아니다. 그리고 세계 경제의 움직임의 결과 "개별 국가들이 국경 내에서 그리고 국경을 초월하여 지속되는 경제활동을 규제하는 것은 점점 가능하지 않다"는 것은 논쟁의 여지가 없다(Pierson, 1998, p.64; Randall & Theobald, 1998, p.253). 그러나 핵심 이슈는 국가들과는 상대적으로 독립되어 있는 세계적 조직과 기관들에 의하여 결정되는 세계 경제정책이 어느 정도로 현실적인가하는 것이다. 랜달과 테오발드(Randall & Theobald, 1998; p.253)는 다음과 같이 쓰고 있다.

자본의 흐름과 투자 결정, 국가 재정과 심지어 통화 정책은 점점 더 국제적인 은행, 상품중개인(commodity brokers), 통화투기꾼(currency speculators), 시장조성자(market makers)와 매매의향이 있는 소유자 등의 움직임에 의하여 결정된다. 채무국들은 국제적인 금융기구들에 의하여 부과된 정책들과 프로그램들에 스스로 굴복하여야 한다.

지배적 현실은 다양한 시나리오를 가지고 국가와 세계적 경제정책 사이에 어느 정도 긴장으로 나타날 것이다. 일부 국가들은 그들 자신의 행동에 있어서 그러한 경제정책에 항상 집착하지는 않지만 세계 경제정책을 지지하거나 심지어 강력하게 이끄는 것으로 보인다. 다른 국가들은 세계 경제정책에 종속되고 따라서 몇 가지 기준들에 비추어 볼 때 고통을 겪고 있는 것 같다. 그러나 또 다른 일부 국가들은 세계 경제정책은 무시하고 주로 국가가 결정한 경제노선을 따르면서 꽤 성공한 상태에 있다. 본질적으로 세계 경제정책과 국가의 경제정책 사이의 관계는 세계 경제정책 배후의 세력이 국제법 배후의 세력보다 훨씬 강력하다는 점에서, 또 확실히 사람들이나 많은 국가들에 대한 책임조차 확실히 적다는 점에서 국제법에만 관련한 것과는 다르다.

세계 사회정책

지난 수십 년 동안 국제사회복지실천의 초점은 주로 비교사회정책과 개발도상국들에서의 사회정책의 출현에 있었다(예: Macpherson & Midgley, 1987 참조). 그것은 여전히 중요한 상태로 있는 반면 여기서 우리는 세계 사회정책에 보다 더 관심이 있다. 디콘(Deacon, 1997)의 세계 사회정책에 대한 그의 책 첫 장을 보면, 모두가 발달의 초기 단계들로 본 "사회정책 도구들, 정책과 규정의 세계화", "세계 정치의 사회화"라는 용어가 포함되어 있으며, 이를 "다른 말로 하면 정부 간 미팅에서 주요 아젠다 이슈들은 이제 본질적으로 사회적인 (그리고 환경적인) 질문들이다"(p. 3). 세계 사회정책의 개발 정도에 관하여 디콘은 다음과 같이 서술하였다.

우리는 학문적 전공 혹은 연구 분야로서의 사회정책은, 일부 경제학자, 정치학자, 국제관계 학생들과 사회학자들보다 세계질서가 주요 연구 주제에 미치는 영향에 대한 각성은 약간 늦다고 생각한다. 반면에 복지에 대한 헌신도와, 기존 정책을 분석하고 인간의 욕구가 정교화되고 해결되는 더 나은 방법들을 처방하고자 하는 복지실천가들의 관심 때문에 새로운 세계 정치에 대한 잠재적 기여는 대단히 크다. (p. 8)

디콘은 타운센드와 돈코르(Townsend & Donkor, 1995, p. 20)와 다음과 같이 동의하였다.

20세기 후기의 국제 시장의 문제들과, 주권과 제국이 국제적인 위계적 힘으로 교체되기 위해서는 국제 복지 국가의 형태들이 수립되는 것을 필요로 한다.

그러나 사회정책의 세계화에 대한 압력이 시작되는 한편, 디콘은 경고하기를,

국내적 그리고 구역의 자기이익과 보호주의는 정부에 대한 대안적 전략들이다. 초국가주의는 저항을 받을 수 있다. (p. 14)

현재 세계 정책과 국제사회복지실천의 출현

언급된 세 가지 정책 영역들에서의 발달은 어느 정도 혹은 몇 가지 점에서 초기 단계에 있다는 것이 분명한 반면, 이루어진 개발들이 이미 세계적인 일과 개발에 영향을 미치고 있는 것도 명확하다. 로버트슨은 국제관습법이 비록 훨씬 많은 것들이 이루어져야 할 필요가 있기는 하지만, 인권을 보호하는 데에 효력을 가지고 있다는 것을 확신하고 있다. 반면 디콘은 세계 사회정책이, 유럽연합과 국제 경제ㆍ사회 개발 분야에서처럼 구역 조직체 내에서의 발달들에서 나타나듯이, 난민들과 같은 인구층들의 복지 욕구에 대하여 이미 세계적 정책, 세계적 세금부과, 화폐의 재분배와 세계적 공여 같은 가능성들을 이미 열어놓고 있다고 확신하고 있다. 더구나 몇 영역들에서 복지 목표들과 의제들과 관련하여 이루어진 세계적 합의는 밝은 미래를 보여주는 전조이다. 세계 경제정책에서의 발달이 세계인에게 얼마나 도움이 되는가는 훨씬 이론이 분분한 이슈이다. 그러나 분명히 많은 것들이 성취되고 도움이 될 가능성이 훨씬 많이 존재한다. 여기서 부족한 핵심 요소는 보다 평등한 세계 경제 질서 안으로 최빈국들을 포함시키는 것일 것이다.

국제사회복지실천에 있어서의 이 개발들의 중요성은 쉽게 인식된다. 첫째, 그것들은 사회복지사들이 그들이 어떤 종류의 상황이든 이해하려하고 대응하려고 할 때 인식해야 할 필요가 있는 정책 맥락을 형성한다. 둘째, 정책 맥락은 도움이 될 가능성을 많이 가지고 있으며, 국제사회복지사들은 그들이 적절하고 효과적인 지속적인 발전에 기여하는 데에 따르는 책임감을 인식할 필요가 있다. 그러나 세계 정책의 중요성이 국내 정책 정부의 중요성이 지속되는 것을 방해하지는 않는다. 또 국제사회복지사들이 자주 이 두 가지 갈등적인 요구들을 균형을 맞추려고 하고 조정하고자 스스로 노력한다. 사회복지사는 국제적으로 활동할 때, 몇 가지 국내 정책과 정책들 사이의 상호작용, 현재 나타나기 시작한 세계적 정책과의 관계의 중요성과 그 복잡성들을 이해하는 데에 있어 내재된 어려움에 자주 직면하게 되며, 여기에는 일반적으로는 정책 분야와 특정 실천 분야에서는 국내적이고 세계적 수준에 관련된 대규모의 상세한 지식체들에 대한 확고한 이해를 필요로 한다.

사회복지실천 전문직이 최근 수년간 국가 수준의 정책 영역에서 그 위치를 점점 점유하게 됨으로써 전문직은 세계적 수준에서의 정책적 관심사들에 참여하려고 하게 될 것이다.

실제로 사회복지실천가들은 일부 명백한 맥락에서는 오랫동안 세계적 정책 욕구들과 현실들에 대하여 자각해왔다. 구체적으로 예를 들면 국가 간 케이스워크, 국가 간 입양, 국경에 걸친 양육논쟁 같은 아동복지 영역, 교정 분야에서 사회복지사들은 세계 사회정책에 오랫동안 어느 정도 초점을 가져왔다. 또 다른 수준에서 빈곤완화, 실업 등의 분야와 지역 수준의 개발에 관여해온 사회복지사들은 자주 세계 경제정책이 지역 상황에 어떻게 영향을 미치는가에 대단히 관심을 가져왔다. 마지막으로 인권 관련 일에 전문성을 가져온 사회복지사들은 토착적 소수집단, 생태적 관심사들과 일을 해왔으며, 다른 범주들은 국내 혹은 지역 변화를 추구하기 위한 매체로서 국제법과 협약들을 활용해왔으며 혹은 국제적 수준에서 정책의 확장에 기여해왔다.

사회복지실천에 있어서 세계적 사회와 경제정책의 중요성이 이미 잘 정착되었다면 수년 내에 그것이 상당히 중요성을 갖게 될 것이라는 것은 의심의 여지가 없다. 높은 수준의 국제간 인구 이동, 국가들 사이의 다양한 형태의 협력적 조정, 욕구에 반응하는 데에 있어서의 세계적 협력과 지속되는 지구화 과정은 일반적으로 정책 차원을 지속적으로 소유하게 되며, 아마도 증가하게 될 것이다. 국제사회복지사들은 이러한 과정들에 대하여 잘 알고 있을 필요가 있으며, 나타나는 정책들이 단지 국가들과 기업의 최대 이익이 아니라 인간의 복지에 대한 최선의 이익들, 특히 의사결정 수준에서 자주 그들 의견이 잘 들리지 않는 세계의 보다 취약한 사람들의 최선의 이익들을 위한 것이라는 것을 확신시켜주기 위하여 그들이 역할을 할 준비가 되어 있을 필요가 있다.

그러나 세계적 정책들이 전개됨에 따라, 특히 국제사회복지사들은 점점 모든 사회복지사들이 그것들에 익숙해지고 그것들의 실천과의 관계에 대하여 자각하게 된다는 것이 또 중요하다. 종종 개인들과 집단들이 그들의 상황들에 영향을 미치는 세계적 정책들에 대하여 자각하게 만드는 책임을 수행하고, 또 그들을 관리하는 정책들과 기관들과 상호작용하는 능력을 활성화하는 것은 사회복지사들이다. 물론 이것은 위에 언급되었듯이, 이미 일부 실천 영역의 상황에서 그러하다. 그러나 세계적 정책들이 적용될 실천 영역들은 더욱 확장될 것이다.

달리 이야기하면, 사회복지사는 국내의 법적, 정책적 레짐에 대해 이해하고 알아왔고, 세계화의 급속한 진전에 따라 세계적인 레짐에 대해서도 인식할 필요가 있다.

▍결론

  국제사회복지실천의 맥락은 거대하고도 복잡하다. 그러나 대단히 환상적이다. 광범위한 영역의 학문들과 국가들에서의 점점 더 많은 전문직들이 국제적인 활동으로 이동해왔다. 그들은 자주 관련된 이 섹터들의 일부 혹은 모두와 상호작용해야 하고, 그러므로 세계적 조직들의 네트워크와 그 네트워크들이 어떻게 기능하는가에 대한 기본이해를 발전시키는 것을 필요로 하는 국제조직들의 복잡성 안에서 틈새를 발견한다. 그들의 작업을 통하여 그들이 상대적으로 제한된 분야에 초점을 두고 있다는 것을 알게 될 것이다. 그러나 거의 한결같이 그것들이 다른 분야들, 이슈들과 사회문제들이 그들 분야에 미치는 영향에 대하여 의식하게 된다. 많은 사람들은 개인적이고 다양한 측면에서 자주 자원 부족의 대단히 복잡한 상황들과 씨름하게 됨에 따라 스스로 그들의 여러 학문 분야에 걸친 능력들을 개선시켜야만 한다는 것을 알게 된다. 또 점점 사회복지사들은 어느 때보다도 성장 중인 국제법, 관습와 정책들이 성장하고 있음에 맞부딪치게 되는데, 그 일부는 직접 그들이 성취하려고 하는 것과 연관된다. 이 법적, 정책적 맥락을 이해하는 것은 대부분의 워커들에게 쉽지는 않다. 그러나 그것을 이해하지 못하거나 이해하고 있는 사람들과 연계하지 못하는 것은 자주 불행한 결과를 가져오게 된다. 마지막으로 우리는 또 지배적이거나 경쟁적인 이데올로기들의 존재를 인식하고, 자신의 활동 현실의 한 측면으로서 최소한이라도 이것들을 인정할 필요가 있다고 인식한다.

  이러한 사실들은 국제적 분야로 들어가는 모두, 즉 사회복지사들과 다른 원조 전문직 회원에게 적용되는 반면 그들에게 요구되는 초점은 세계적 맥락의 네 가지 측면들의 구체적인 요소들에 두게 될 것이다. 이것은 우리가 이후 계속되는 장들에서 국제사회복지실천 분야의 여러 측면들을 생각할 때 독자들에게 더욱 분명하게 되어야 한다. 그러나 이 시점에서 우리는 독자들이 지금까지 논의해온 세계적 맥락의 네 가지 측면들에 대한 기본적 이해를 가지게 되기를 희망한다.

CHAPTER 03

○ 요약

- 국제사회복지실천의 세계적 맥락에 대한 분명한 이해를 가지는 것이 중요하며, 이 맥락은 4가지 차원들의 측면, 즉 세계적 사회문제들, 세계적 기구들, 세계적으로 오늘날 중요한 사회문제와 관련된 이데올로기들과 세계 정책 준거틀의 측면으로 제시되었다.

- 세계적 사회문제들에 대한 분명한 이해는 이 문제들이 행동과 국내/국제 기구들의 자원 할당에 영향을 미치기 때문에 필요하다. 그러한 이해는 또 사회복지사들이 지역 상황을 분석하고 관계하도록 도우며, 지역과 세계 정책들에 기여한다.

- 국제사회복지실천의 조직 맥락은 대단히 거대하고 복합적이다. 국제조직들의 시작은 1, 2차 세계 대전의 결과로 거슬러 올라간다. 전체 조직의 맥락을 이해하는 한 가지 방식은 국제적 목적에 이바지하는 국내 정부 기관들과, 유럽연합이나 아프리카연합과 같은 정부 간 기관들, 유엔 체계와 몇몇 초국적 기업들, 시민단체들과 세계적 시민사회를 살펴봄으로써 가능하다. 이 이해는 사회복지사들이 국제사회복지실천에 기여하도록 의미 있는 도움을 제공한다.

- 많은 국가들이 지배 이데올로기들의 희생물은 아니지만, 그에 의하여 크게 영향을 받아왔다. 자유주의, 식민주의, 국가주의, 마르크스주의, 제국주의와 신식민주의는 모두 다양한 단일민족국가의 개발과 국제 개발에 영향을 미쳐왔다. 그러나 신자유주의에 반대되는 강력한 이데올로기들이 나타났다 하더라도, 신자유주의를 포함한 많은 형태 속에서 자유주의는 지배적 이데올로기가 되어온 것 같다. 이러한 이데올로기들에 대한 이해는 국제사회복지실천을 준비하는 데에 중요한 부분이다.

- 세계 정책 맥락은 비록 사회정책 발달이 특히 그 초기 단계에 있다고 하더라도, 국제법, 경제정책과 사회정책으로 구성되어 있다. 그러나 그러한 현재 나타나고 있는 정책들에 대한 이해는 국제사회복지실천에 필수적이다.

○ 질문과 토론 주제

- 이 장을 읽은 후 국제사회복지실천의 세계적 맥락의 주요 측면들에 대하여 무엇을 고려하게 되었나?

- 여러분에게 주요 세계 사회문제들은 무엇인가? 세계 사회문제들 중에서, 여러분이 관심을 두고 있는 사회문제를 선택하고 그것을 세계적 사회문제들 맥락 부분에서 제시된 4가지 질문들의 측

면에서 논의해보자.

- 왜 사회복지사들이 세계적 사회문제들에 대하여 인식하고 있을 필요가 있다고 생각하는가?
- 국제사회복지실천을 위한 광범위한 조직 맥락에 대하여 논의해보자.
- 다음 조직들을 연구하고, 사회복지사들이 해야 할 역할을 파악해보자.
    - 국제적 작업을 위하여 설립된 국내 정부 기관
    - 정부 간 기관 혹은 구역 협회
    - 유엔 기구(예: 유니세프, 유엔개발계획 등)
    - INGO
- 수업 시간에 소집단을 구성하여 각 집단이 논의된 국제기구들(6가지 범주들) 중 하나의 특징, 강점들, 약점들과 잠재력들을 생각하고 결론을 발표해보자.
- 국제조직들 사이의 조정과 협력을 위해서 어떻게 해야 할까?
- 여러분은 오늘날 가장 지배적 이데올로기들이 무엇이라고 생각하는가. 이러한 지배적 이데올로기들에 반대되는 이데올로기들의 장점들을 생각해보시오.
- 왜 이러한 이데올로기들을 이해하는 것이 국제사회복지실천을 위하여 중요한가?
- 국제사회복지사로서 여러분이 특정 국가의 특정 분야에서 일하게 된다고 가정해보자. 자신이 선택한 분야와 국가와 관련성을 가질 수 있는 국내 정책과 세계 정책들을 논의하시오.
- 국제사회복지사로서 세계적 맥락의 어떤 측면들이 여러분의 실천을 위하여 고려되어야 하는가?

◎ 향후 연구 분야

- 이 장의 앞부분인, '세계적 사회문제 맥락'에서 제시했던 4가지 질문들(②~⑤번)에 따른 세계적 사회문제에 대해 체계적으로 분석해보자.
- 이 장에서 제시된 세계적 맥락의 4개 차원들에 따라 한 가지 구체적인 문제를 분석해보자.
- 한 국가 내 조직들의 6개 범주들 사이에 조정과 협력수준을 하나의 사례연구로서 탐색해보자.
- 국가 수준에서 국제법과 세계 정책들을 실행하는 데에 있어서의 쟁점들을 연구해보자.
- 선택된 상황에서 국제사회복지의 세계적 맥락을 형성하는 것은 무엇인지 연구해보자.
- 국제기구에서 일하는 사회복지사들을 대상으로 한 의견조사를 통하여 국제사회복지실천에서 조직의 맥락이 얼마나 중요한지에 대해 연구해보자.

국제사회복지실천을 위한 기본 프로그램들과 전략들

● 학습목표 ●

이 장의 학습 목표는 다음과 같다.

- 역량강화 개념에 대한 비판적인 이해를 넓히고 국제사회복지실천에 주된 원칙이자 전략으로 채택한다.
- 능력개발을 위한 활동과 대상의 중요성과 그 범위에 대해 이해한다.
- 자조집단, 자립 그리고 지역자원 동원의 중요성, 자립을 이루는 방법에 대해 이해한다.
- 사회적 긴장, 분쟁, 내란을 경험하는 이질적이라는 특수한 상황을 가진 지역 사회에서의 사회응집의 필요성과 전략에 대해 이해한다.
- 빈곤완화, 분쟁 후 재건, 그리고 재난과 추방으로부터 극복하기 위해 사회경제와 정치적 상황을 고려한 소득창출 전략과 프로그램의 중요성을 이해한다.
- 지역사회 개발을 위한 과정을 강조하는 다른 몇 가지 전략들을 포함하는 폭넓은 전략으로서의 지역사회 개발을 이해한다.

국제사회복지실천을 공부하면서 얻게 되는 한 가지 중요한 깨달음은 각양각색의 현장에서 일하고 있는 무수히 많은 사회복지사들이 몇 가지 공통된 전략을 사용하고 있다는

점이다. 일부는 공부나 독서, 정규 훈련을 통해 전략을 깨우쳤을 것이고, 그밖에 많은 사회복지사들은 그러한 전략이 논리적 혹은 상식적 수준에서 알맞기 때문에 사용했을 것이다. 현장의 사회복지사들은 역량강화와 능력개발이 발전을 위해 절대적으로 필요하다는 것을 인식하고 있다. 이와 비슷하게, 그들은 자조집단과 지역사회를 기반으로 변화를 가져오는 접근이 자원이 부족한 경우 필연적으로 따르는 것이며, 원칙적으로도 옳은 일임을 현장 경험을 통해 실감하게 된다. 또한 그들은 지역사회와 단체들이 가능한 한 하나가 되는 사회응집력이 필요함을 인지하고 있다. 마지막으로, 빈곤의 완화, 서비스 접근성의 확보 및 어느 정도의 자유를 얻기 위해서 소득이 필요하다는 것은 기본 상식이므로, 소득창출 전략이 가장 높은 우선순위를 차지한다는 것을 느끼게 된다.

이러한 프로그램과 전략들은 모든 국제 현장에서의 실천에 중심이 되는 것으로, 특수한 개별 현장에 대한 내용을 담고 있는 장에서가 아닌, 이번 장에 나열하기로 한다. 개별 현장에 대한 내용을 담는 장에서 논의되는 프로그램과 전략들이 이번 장에서 논의될 프로그램과 전략들과 분명한 차이가 있거나 확연히 구분되는 것은 아니다. 하지만 이번 장에 거론되지 않은 내용은 특수한 개별 현장과 독특한 관련이 있는 것들이고, 이번 장에 논의되는 것들은 모든 현장에서 일반적으로 관련이 있는 것들이다.

또 한 가지 언급해야 할 것은, 이번 장에 논의될 프로그램과 전략들은 역량강화와 지역사회 개발과 같이 전통적인 사회복지실천에 중심이 되는 것들이고, 다른 장에서 언급될 프로그램과 전략들은 최소한 이들을 묘사하는 용어 면에 있어서는, 그리고 특히 선진국의 상황에서라면 크게 중요하게 다루지 않는 것으로 느껴질 수 있는 것들이다. 많은 사회복지사들은 능력개발, 소득창출 혹은 사회응집력이라는 용어를 사용하지 않는 것처럼 보이기도 하고 이러한 활동과 무관한 것처럼 보이기도 한다. 하지만 더 깊이 분석해보면, 분명 많은 사회복지사들은 다양한 수준과 각기 다른 방법으로 활동하기는 하지만 결과적으로는 능력개발, 소득창출, 사회응집력이라는 세 가지 목표를 향해 활동하고 있는 것이다. 예를 들어, 서구의 사회복지사들은 새로운 소득창출 프로그램을 만들려는 노력보다는 기존 프로그램 중 무직자들의 구직 프로그램에 더 초점을 둘 것이다. 능력개발이 개별 및 집단, 그리고 지역사회 사회복지실천에 일반적으로 매우 중요한 요소이긴 하지만, 서구 사회복지사들은 국제사회복지실천에서처럼 능력강화 프로그램을 구체적으로 혹은 확연히 드러나게 강조하지는 않을 것이다.

▌역량강화(Empowerment)

사회개발과 사회복지실천에서 사용하는 많은 용어들이 그렇듯이, '역량강화' 라든지 '역량강화의 과정'은 거의 모든 상황에 사용되는 미사여구의 후렴구와 같은 것이 되고 있다. 간혹 어떤 특정 집단의 역량강화는 그 자체가 주된 목표이자 많은 문제의 해결책인 것 같은 느낌을 받게 된다. 만일 현장에서 일하는 사회복지사들에게 역량강화라는 것이 도움이 되는 용어이고 중요한 전략이라면, 그 의미를 명확히 할 필요가 있다.

옥스포드 영어 사전에 의하면 힘(power)은 다음과 같이 정의되어 있다.

· 어떠한 것을 할 수 있는 능력, 혹은 어떠한 것에 영향을 미칠 수 있는 능력

· 권한이 주어지거나 위임됨

· 법적으로 활동할 수 있는 자격, 능력 혹은 권위

· 타인에 대한 지휘권이나 통제권

힘을 준다는 것(to empower)은 법적으로나 정식으로 권리를 부여하는 것, 결과나 목적을 위해 힘을 나누어 주거나 수여하는 것, 혹은 권한을 떠맡거나 얻는 것을 말한다. 그러므로 역량강화란 힘을 주는 행위 혹은 힘을 얻은 상태를 말한다. 와이즈버그(Weissberg, 1999, p. 16)는 역량강화에 대해 "간단하게 말해서, '힘'을 가지고 있다는 의미는 자신의 의지를 강요할 수 있는 능력 혹은 높은 위치를 얻어낼 능력을 말한다"고 정의하였다.

그렇다면 아동, 여성, 빈곤층, 소수민의 역량을 강화한다는 것은 과연 기존 권력관계를 뒤집어서 그들이 성인, 남성, 부유층, 다수를 다스릴 수 있는 힘을 갖게 됨을 의미하는가? 역량강화에 관한 다양한 문헌을 고찰한 결과, 와이즈버그(1999, p. 17)는 최소한 미국 내 문헌들에서 발견되는 공통된 요소로 "역량이 강화된 사람들은 그들 주위의 세상과 그들

스스로의 삶을 통제할 수 있다"는 점을 지적하였다. 분명 이렇게 극단적인 의미로 용어를 사용하는 데에는 문제점이 따른다. 그리고 대부분의 사회복지실천과 사회개발 관련 문헌에서 발견되는 역량강화의 의미 또한 그렇게 사용되지는 않는다. 그렇다면 사회복지실천과 사회개발 관련 문헌을 쓴 몇몇 저자들은 이 용어를 어떠한 의미로 사용했는지 알아보자.

우선 사회복지실천 관련 문헌을 보면, 낙인찍힌 집단이나 소수 집단이 낙인으로 인한 어려움들을 이겨내고 자신들의 가능성을 인식할 수 있도록 돕는 실천에 거의 예외 없이 초점을 두고 있다는 것을 발견하게 된다. 리(Lee, 2001, pp.83-84)는 사회복지실천에서의 역량강화 접근에 대한 그녀의 책에서 솔로몬(Solomon, 1976, p.19)의 역량강화에 대한 개념을 받아들여 다음과 같이 설명하고 있다.

역량강화란 목표를 가진 활동에 클라이언트와 함께 사회복지사들이 관여하는 과정으로 그 목표는 낙인찍힌 집단에 소속되어 있다는 이유로 부여된 부정적인 평가로 인해 만들어진 클라이언트의 무기력함을 줄이려는 것이다. 이러한 과정에는 문제에 영향을 미치는 방해요소, 그리고 간접적인 방해의 영향을 줄이거나 직접적인 방해의 효과를 줄이려는 목표를 가진 구체적인 전략을 개발하고 실천하는 데 방해가 되는 요소들을 찾아내는 것을 포함한다.

리는 사회복지실천에서의 역량강화를 개별 중심, 임상 중심, 지역사회 중심의 접근을 모두 통합한 것으로 이해하고 있다. 리(2001, pp.30-31)에 따르면,

역량강화 접근은 사회복지실천의 통합적인 방법이다. 이는 개인적인 것과 정치적인 것이 통합적으로 구성되어 움직여지고, 정의가 지배하는 사랑스러운 지역사회를 만들고자 하는 목표를 향한 인간의 가능성을 찾아내겠다는 약속에 의해 움직여지는 접근방법이다. 그러므로 이는 개인, 가족, 소집단, 지역사회, 정치적인 체계와의 복지실천을 통합적으로 아우르는 임상적이고 지역사회 중심적인 접근이라고 할 수 있을 것이다.

『사회복지실천과 역량강화(Social Work and Empowerment)』라는 책에서 아담스(Adams, 2003, p.8)는 『사회복지실천 사전(Dictionary of Social Work)』에서 정의한 역

량강화에 대해서 다음과 같이 인용하고 있다.

역량강화란 어떻게 사람들이 스스로의 삶에 대해 집합적인 통제력을 얻어 집단으로서의 이
권을 얻을 수 있는지에 대한 이론이며, 힘없는 사람들의 힘을 키우기 위해 노력하는 사회복
지사들의 방법론이다. (Thomas & Pierson, 1995, p.134)

힘과 역량강화를 위해 조직하기에 대한 사회복지실천 교재에서 몬드로스와 윌슨(Mon-dros & Wilson, 1994, p.6)은 역량강화를 "능력, 통제력 그리고 자격을 가진 느낌, 그리하여 강해지기 위한 구체적인 활동을 추구할 수 있게 만드는 심리적인 상태"라고 정의하였다. 그들은 한 사회에서 몇 집단은 힘이 있다고 느끼지만 나머지는 그렇지 않기 때문에, 사람들이 사회 구성원으로서 그들의 위치를 차지하기 위해서는 기본적으로 역량이 강화되었다고 느껴야 한다고 보았다. 그런 상황에서 역량을 강화하기 위한 주된 전략은 지역사회 조직화라고 주장했다. 여기에서 나타나는 역량강화의 목표는 리(2001, p.6)의 주장과 유사하다.

역량강화는 사회복지실천에서 흔히 등장하며 중요한 개념인데, 사회개발과 관련된 문헌에서도 비슷하지만 조금 더 폭넓은 의미로 사용된다. 판데이(Pandey, 1996)라는 초기 사회운동가는 간디(Gandhi)가 역량강화를 어떻게 사용했는지에 대해 설명한 바 있다. 간디는 역량강화가 세 가지 의미를 포함한다고 보았는데, 첫째, 개인적인 탈바꿈, 즉 자기실현과 자기성취감을 위한 의식개선과 자립을 포함하는 개인적인 변화를 의미한다. 둘째, 건설적인 작업, 즉 억눌린 집단을 위해 공헌하고, 폭력 없는 생활양식을 장려하며, 미래의 사회상을 만들어 나가는 동시에 비폭력적인 사회 일꾼을 양성해내는 네 가지 역할을 담당할 대안적인 사회 제도를 만들어 내는 건설적인 작업을 의미한다. 셋째, 폭력 없는 행위, 즉 여러 문제를 밝히기 위해서 필요한 행위이되 폭력 없는 행위를 의미한다.

프레이리(Freire, 1972)는 간디와는 다른 용어를 사용하긴 하지만, 두 사람은 중남미뿐만 아니라 그 외에 많은 지역의 사회복지실천과 사회개발에 폭넓은 영향을 미친 역량강화에 대해 매우 비슷한 관점을 가지고 있는 학자들이다. 프레이리는 역량강화를 비판적인 의식의 산물, 비판적인 자각의 산물 혹은 의식화 운동의 산물로 보았다. 그는 "억압적인

상황을 극복하기 위하여, 인간은 먼저 억압적인 상황의 원인을 비판적으로 인식해야만 하며”(p. 24), 이러한 인식은 “억압받는 사람들을 조직화하는 과정에서 실행되는 목적을 가진 교육 사업”(p. 31)을 통해 생겨난다고 주장했다. 이렇게 얻게 된 비판적인 의식은 마치 종교적 개종과 유사한데(pp. 36-37), 이는 과거에 억압당하고 있는 사람들로 하여금 어떠한 행동도 취하지 못하게 했던 ‘온순함을 가장한 운명론’을 제거하는 것이다. 프레이리는 억압받는 사람들은 그들이 억압받는 이유에 대해 제대로 알지 못하기 때문에, “저항하기를 꺼려하며 자신감이 결여되어 있고, 억압하는 사람들의 확고함과 힘에 대한 마술적인 믿음을 가지고 있다”(p. 39)고 보았다. 억압받는 사람들은 배움의 과정을 통해 다음과 같이 변화한다고 하였다.

> 지금까지 완벽하게 소외당했던 그들은 너무나 빠른 속도로 변화하여 더 이상 단순한 객체이기를 거부하며 그들 주위에 일어나는 변화에 대응한다. 지금까지 그들을 억눌러왔던 사회구조를 변화시키고자 하는 수고로움을 마다하지 않게 된다. (p. 13)

켄달(Kendall, 2000, p. 107)은 프레이리가 중남미 지역의 사회복지에 미친 영향에 대해 다음과 같이 말한다.

> 파울로 프레이리의 성인 교양과 문화 활동에 활용된 개념을 빌리면, 사회복지사들은 ‘의식화 운동’을 통해 사회구조를 바꾸기 위한 새로운 접근방법을 발견하게 되었고, 또한 힘없고 억압받는 이들과 완벽하게 동일시하게 되었다.

프레이리의 “사회와의 관계 속에서 자신을 새로이 인식하기”(Lee, 2001, p. 35)는 사회복지실천 안에서 역량강화라는 접근방법을 이해하는 데 지대한 공헌을 했다.

앤더슨, 윌슨, 므완자와 오세이훼디(Anderson, Wilson, Mwansa & Osei-Hwedie, 1999, pp. 71-72)는 아프리카에서의 역량강화에 대해 서술하면서 다음과 같은 다섯 가지 차원에 대해 제시했다.

① 개인적인 역량강화(자기주도를 위해 반드시 필요한 능력)

② 사회적인 역량강화(지역사회의 움직임과 자원에 대한 자발성과 통제 능력을 포함)

③ 교육적인 역량강화(사람들을 사회생활과 직장생활에 준비시키는 교육적인 체계의 개발)

④ 경제적인 역량강화(존엄성을 유지하는 데 필요한 충분한 소득과 의식주에 대한 욕구가 적절히 충족될 수 있을 만큼의 소득을 벌 수 있는 방법의 개발)

⑤ 정치적인 역량강화(민주적인 의사결정 과정에 관여)

이러한 다섯 가지 차원은 개인적인 개발(미시적인 수준)과 제도적인 개발, 즉 한 사회집단이나 협회가 다른 집단이나 협회를 지배하는 일을 피할 수 있는 제도적인 개발(거시적인 수준)이 함께 일어나는 사회개발의 결합체로 인식되어야 한다고 했다(p. 79). 이러한 점이 바로 위에 요약한 리의 접근을 반영하는 내용이다.

세계은행(World Bank)의 2000/2001년 『세계개발보고서(World Development Report)』는 역량강화에 대한 부분(3부)을 포함하였다. 이 보고서에서 사용하는 역량강화란 지역조직 개발과 참여가능한 정치적 체계와 같은 전략으로 대중의 욕구에 적극적인 반응을 보이는 국가제도를 만드는 것을 의미한다. 이는 사람들의 조직적 개발과 정치적 참여를 촉진함으로써 사람들의 역량을 강화하는 국가적 의무를 논하고 있는 것이다. 많은 저자들이 역량강화 접근을 인간중심적으로 바라보는 반면, 이 보고서는 역량강화의 과정 중에 국가가 할 수 있는 중요한 역할을 강조한다는 데 의의가 있으며, 또한 구조나 기능면에 있어서 역량강화적인 조직의 중요성을 강조한다는 데 의의가 있다.

사회복지와 사회개발 분야의 저자들이 사용하고 암시하는 역량강화의 개념을 살펴본 결과, 그들은 앞서 언급했으며 와이즈버그가 해석한 일반적인 사전적 의미에 동의하지 않는다는 결론을 내릴 수밖에 없다. 즉 그들은 사회 내 힘의 구조를 뒤집거나 어떤 표적 집단이 다른 집단보다 더 많은 힘을 얻게 해야 한다고 주장하지 않는다. 오히려 그들은 사람들로 하여금 그들의 개인적인 욕구에 대해 보다 적극적으로 이야기하도록, 그리고 그들의 주변 환경을 개선하는 데 사람들을 개입시킬 필요가 있다고 이야기한다. 와이즈버그(1999, p. ix)의 말을 인용하자면, "새로운 기술을 얻거나 나쁜 습관을 버리거나, 자신을 훈육하여 자신의 삶에 대한 힘을 추구하는" 개인적인 역량강화에 주된 초점을 맞추는 일부 저자들도 있다. 이런 의미를 포함하는 다른 용어로는 자기인식, 자기만족, 자기의존, 자신감, 개인적인 능력개발 등이 있다. 이런 수준에서의 역량강화란 심리적(역량이 강화된 것처럼 느끼는 것)이거나 실용적(선택적으로 능력과 기술을 개발하는 것)인 것을 의미한다고 할 수 있다.

와이즈버그(p.x)가 제시한 두 번째 측면은 지역사회가 보다 더 적극적인 역할을 담당해야 한다는 것이다. 이것은 여러 가지 목적을 가지고 있는 지역조직에 가입하는 것으로 표현될 수 있고, 더 넓은 정치적 과정과 의사결정 과정에 더 중요한 역할을 요구하는 것으로도 표현될 수 있으며, 국가기관의 기능 혹은 국가의 가용 자원을 분배하는 기능을 개선하기 위한 로비 활동으로도 표현될 수 있다. 달리 이야기하면, 역량강화라는 용어는 한 개인으로 하여금 스스로의 삶에 대한 통제력을 키우도록 돕는 것, 그리고 그들의 삶과 복지에 직·간접적으로 영향을 주는 사회의 의사결정과 구조에 강력한 영향을 미치는 것이라 말할 수 있다. 이 두 측면은 사람들로 하여금 다른 사람들을 통제할 수 있는 권위를 부여하도록 고안된 것이 아니라, 사람들의 가능성 개발에 저해가 되는 장애물을 최대한 다양한 수준으로 제거하여 사람들의 몫을 발전시키고자 하는 것이다. 리(2001, p.4)는 사회복지실천 상황 속에서의 역량강화의 목표에 대하여 "클라이언트를 도와 장애물에 맞서고 가능성을 현실화하고 삶을 지지하며 지역사회를 세우고 사회구조와 위험한 환경을 바꾸는 데 앞장서는 것이 역량강화 접근이다"라고 설명한다.

와이즈버그는 오늘날 역량강화에서 강조되고 있는 것을 거부하면서 말하기를, 타인보다 더 큰 힘을 갖는다는 것이 반드시 더 큰 행복을 가져오거나 복지 상태를 개선해주는 것은 아니라고 주장한다. 또한 그것이 평등을 보장하거나 참여적인 민주주의의 범위를 넓히지는 않는다고 말한다. 그는 힘이라는 것은 그 순수성을 잃을 수 있고, 그리하여 어떤 방식으로든 권력구조를 뒤집는다는 것은 결국 모든 사람들에게 해가 될 수 있음을 입증할 것이라고 지적하였다. 그는 계속해서, 어떤 사람들에게 얼마만큼의 힘이 있는가에 초점을 둘 것이 아니라, 기존에 존재하는 욕구는 무엇인지, 이러한 욕구를 충족하기 위한 목표는 무엇인지, 이러한 목표를 달성하기 위해 도움이 될만한 것들은 무엇인지 등에 대해 질문해야 한다고 보았다. 사회복지실천과 사회개발에 흔히 적용하는 제한적인 개념의 역량강화는 이러한 질문에 대한 답의 매우 중요한 부분을 차지하기는 하지만 완벽한 해답은 아니다. 타인보다 더 큰 힘을 갖는다는 점에서 지금까지 억눌려왔거나 빈곤에 찌들었거나 소외당한 사람들에게 힘을 보장해준다는 것은 긍정적인 측면이 있더라도 매우 적을 것이며, 오히려 더 많은 부정적인 면을 얻게 될 수도 있다는 와이즈버그의 주장에 쉽게 동의할 수 있다.

그러므로 와이즈버그(1999, 2장)는 우선, 직면한 특별한 상황에 꼭 필요한 것이 무엇인지 분명히 밝혀내고 필요한 변화를 가져오도록 노력하되, 역량강화라는 단어를 우리의 전략을 정의하는 데 사용하지는 말아야 한다고 결론지었다. 역량강화라는 단어를 사용하게 되면 마치 우리가 초점을 두고 있는 집단이 힘을 얻게 되면 그 상황에서 해가 되는 모든 요소들이 자동으로 개선될 것이라는 뜻을 함축하는 것처럼 보이기 때문이다. 만약 목표가 개인적인 힘을 개발하거나, 직업을 창출하거나, 정치적인 참여를 늘리거나, 보다 강한 문명화된 사회를 만들거나, 지역사회 개발을 하는 것이라면, 그러한 점들을 목표로 정하고 힘의 분배는 상황을 개선시키기 위해 활용될 여러 중요한 변수 중의 하나로 생각해야 하며, 이것이 바로 대부분의 사회복지사들이 동의할 만한 관점일 것이다.

그렇다면 역량강화를 특별한 목표나 전략으로 사용하는 것에는 어떠한 장점이 있을까? 우선 첫째로 사람들로 하여금 역량강화가 된 것처럼 느끼게 하는 것과 분명 어떠한 관계가 있을 것이다. 우리는 이러한 현상을 자신감을 증진시키는 것 혹은 개인과 집단의 개발에 관여해야겠다는 동기를 증진시키는 것으로 표현할 수 있다. 그렇기 때문에 많은 전문가들이 결국 사람들로 하여금 역량이 강화되었다고 느낄 수 있도록 힘쓰는 것이다. 부모, 교사, 심리학자, 상담사, 사회복지사를 비롯한 많은 전문가들은 사람들이 목표를 세우고 전략을 짜고 작은 성공으로부터 힘을 얻고, 그들의 환경에 대한 이해와 그 환경에 어떻게 관여해야 할지에 대한 이해를 넓히고, 스스로의 삶에 대해 어느 정도 통제력을 행사하는 방법을 터득하거나 어느 정도는 역량이 강화되었다고 느낄 수 있도록 사람들을 열심히 돕는다. 이것이 바로 우리가 다양한 수준에서 개입하게 되는 과정들 중 가장 일반적인 과정이다.

둘째로 사람들이 그들의 주변 환경에 어느 정도의 통제력을 직접적으로 행사할 수 있다고 느끼는 것은 매우 중요한 일이다. 많은 경우 사람들은 광범위한 사회적 개발에 개인적인 통제력을 발휘하는 것은 불가능하다고 생각한다. 하지만 지역사회나 조직 안에서 여럿이 모여 다양한 통찰력과 경험과 능력을 모아 똑같은 목표를 향해 적용시킴으로써 사람들은 많은 힘이 있음을 발견하게 된다. 그렇기 때문에 사회복지사들과 그 외 전문가들은 지역사회 조직, 지역사회 개발 그리고 비정부기구나 민간 조직을 강화하는 일에 자주 개입하는 것이다. 이러한 과정을 역량강화의 과정이라고 표현하는 것이 부적절한 것은 아니다. 왜냐하면 이것은 분명히 역량강화 접근임에 틀림없기 때문이다. 이 과정은 사람들로 하여금 의사결정 그리고 그밖에 그들의 사회를 구성하고 있는 구조들에 대한 어느 정도의 통제력을 얻는 데 목표를 두고 있다. 하지만 이러한 과정은 타인에 대한 통제력을 얻는 데 목표를 두고 있지는 않으며, 오히려 힘을 나누는 상황을 만들어 내거나 (흔히 쓰는 대안적인 표현을 사용하자면) 사회의 개발과 기능에 참여적인 접근을 만들어 내는 데 목표를 두고 있다.

앞서 말한 대로, 와이즈버그는 미국 내 역량강화에 관하여 "역량이 강화된 사람은 그의 삶을 지휘할 수 있고 그 주변 맥락들을 통제할 수 있다"고 정리하였다. 힘과 통제 자체가 이상적인 목표가 아니라는 그의 주장은 옳다. 그리고 그러한 목표는 말 그대로 실현되기는 힘들 것이라고 덧붙였을 만하다. 지금까지의 문헌과 사회복지사들, 특히 사회복지와 사회개발의 현장에서 일하는 사람들의 말을 종합해보면, 역량이 강화된 사람은 그들의 삶에 대한 통제력을 키울 수 있으며, 그리하여 다른 사람들과 함께 그들 주변의 사회를 발전시켜 모든 사람들의 형평성, 정의 및 복지 상태를 극대화하는 데 참여할 수 있게 된다. 달리 말하면, 힘과 통제가 과정의 목적 자체는 아니지만, 선택된 목표를 달성하는 데 수단이 된다. 개인과 집단은 어느 정도의 힘과 통제력이 있어야 한다. 그 힘과 통제력은 가족, 집단, 지역사회, 사회라는 상황 속에서 다른 사람들과 함께 활용됨으로써 사회개발을 위한 다양한 단계에 의미 깊고 만족스러운 역할을 담당할 수 있게 한다. 많은 사회에서 많은 사람들이 그러한 역할을 담당하지 못하고 있는 현실을 감안할 때, 역량강화란 분명히 매우 중요한 전략임에 틀림없다.

주요 목표인 역량강화를 어떻게 하면 달성할 수 있는가에 대한 문헌은 실로 많기 때문에, 역량강화를 달성하기에 필요한 주요 전략을 이곳에 요약하는 것은 이 책의 상당 부분을 할애하지 않고는 어려운 일이다(예를 들어, 리(2001)는 역량강화 접근을 개인, 집단, 지역사회와 함께 일하는 다양한 기술로서 설명하면서 역량강화 접근을 실천에 어떻게 적용하는지에 대해 3장 전체를 할애했으며, 몬드로스와 윌슨(1994)은 역량강화를 위한 지역사회 조직화에 대한 책을 썼다). 한 개인의 역량을 강화하여 스스로의 삶에 대한 통제력을 키우도록 하는 방법은 여러 가지가 있다. 즉 그렇게 하기 위해 존재하는 걸림돌이 무엇인지에 따라 선택되는 전략들은 다양하게 달라질 수 있다.

· 장애물은 개인에게 있는가, 가족 내에 있는가, 지역사회와의 관계에 있는가 혹은 사회 구조에 있는가?
· 사회복지사는 상담과 치료에 초점을 두어야 할까, 아니면 사회변화에 두어야 할까, 아니면 그 두 가지를 병행해야 할까?

항상 그렇듯이 상황을 조심스럽게 사정은 기본이 된다. 그런 다음 그 상황에 가장 적절하고 실현가능한 전략을 선택하는 것이다. 여기서 사회복지사는 사회복지실천의 도구로 구성되어 있는 그 어떤 전략도 활용할 수 있다. 사회복지사의 구체적인 목표는 의식고취, 능력개발, 지역사회조직 개발, 자조집단 결성 장려, 소득창출 방법 발견 및 촉진, 혹은 그 밖의 지역단위의 개발적인 측면 등을 통해 한 개인 혹은 집단을 강화하는 것이다. 이러한 모든 전략이 성공적으로 실행된다면 분명 역량강화를 이끌 수 있을 것이다. 어떻게 보면 역량강화는 그것 자체가 독특한 전략을 가지고 있지는 않다. 오히려 역량강화란 개인이나 집단이 주변 상황을 변화시키기 위해 개입할 수 있다는 느낌을 가질 만큼의 힘과 통제력을 충분히 가지고 있지 않다는 것이 주어진 상황의 주된 요지라는 것을 인식하게 함으로써 사람들이 처한 스스로의 상황에 대한 평가를 제공한다. 역량강화의 과정 자체는 바로 우리가 얻게 되는 산물임을 확실히 하여야 하는 변수이다. 달리 표현하자면, 중요한 것은 사회복지사들은 역량을 빼앗는 효과가 있는 전략과 과정 그리고 역량을 강화시키는 전략과 과정 사이의 차이를 구분하여 후자를 활용해야 한다는 것이다.

역량강화와 국제사회복지실천에 관한 리(2001, pp. 402-403)의 설명으로 결론을 맺도록 하자.

역량강화 접근은 국제사회복지실천의 이론적인 틀이다…. 이 접근은 개인뿐만 아니라 사회

· 정치 · 경제적 개발과 관련이 있고, 인간 억압의 자유와 관련이 있다. 많은 사회복지실천 기술에 덧붙여, 의식고양, 집단과정 역량강화 그리고 연습－실천－고찰－실천의 과정은 역량 강화 접근과 양심발견과 함께 사회개발 실천에 있어 주된 과정이다.

능력개발(Capacity building)

능력개발에 있어 일반적인 역점은 오늘날 인간중심적이고 참여적이며 유지가능한 개발을 위해 가장 많이 초점을 두고 있는 것과 일맥상통한다는 것에 대한 이해이다. 사람들이 국가나 지역사회 개발과 관련된 일에 적극적인 역할을 담당하기 위해서는 그 사람들의 어떤 특정 능력이 그 역할을 촉진할 수 있게 할 것이라는 점은 자명한 일이다. 그러므로 꼭 필요한 능력이 존재하지 않는다면, 그 상황을 개선하는 것이 선행되어야 할 것이다. 그러므로 능력개발을 위한 전략은 비록 최근 들어 일반화된 것이기는 하지만, 생각해보면 개발전략을 위해 오래 전부터 활용되던 것이다. 이제 최근 문헌을 고찰하는 것으로 능력개발에 관한 설명을 시작해보고자 한다.

간혹 문헌에서는 능력개발에 관해 어떤 특정 상황이나 단계에 한정하여 논의하기도 한다. 예를 들어, Oxfam 보고서(Eade, 1997)는 지역 NGO의 능력개발에 크게 중점을 두고 있는 반면, 유엔난민기구 보고서(UNHCR, 1997)에서는 난민 기능에 연관된 능력개발에 관해서 논의하고 있다. 또 다른 극단적인 예를 들면, 세계은행과 아시아개발은행(Asian Development Bank)에 관한 문헌들은 정치적인 활동과 관료적인 구조, 그리고 제도적인 개발과 관련하여 국가정부 혹은 지역자치정부의 수준에서의 능력개발에 초점을 두는 경향이 있다(세계은행(1991b)의 『아프리카 능력개발의 첫걸음(Africa Capacity Building Initative)』참조). 결국 능력개발은 개인과 가족, 지역사회, 지역조직, 지역자치정부, 민간사회조직, 국가기구, 민간기구 등 모든 단계와 관련되어 있을 수 있다. 능력개발을 위한 이론은 이 모든 상황, 즉 우리 사회의 개발과 복지를 위해 필요한 역할을 수행하기 위한 능력을 키우는 데 비슷하게 적용될 것이다. 하지만 상황에 따라 적용되는 구체적인 전략 자체에는 차이가 있을 수 있다. 즉 여기에서의 요지는 우리 사회의 모든 단계에 능력개발이 적용된다는 점이다.

문헌고찰을 통해 알 수 있는 두 번째로 중요한 요지는 능력개발이라는 것이 중요한 원칙들과 밀접한 관련이 있다는 점이다. 능력개발은 자기의존, 유지능력, 참여, 형평성, 인권을 비롯한 많은 기본 원칙들과 연관된다. 만일 사람들이나 사회제도, 국가가 이러한 원칙과 목표를 실천하는 데 필수적인 능력을 갖게 되지 못한다면, 그 어떠한 상황에서도 이러한 원칙들을 지키고 원칙들이 암시하고 있는 목표를 달성하기란 어려운 일일 것이다.

세 번째 요지는 실제 상황에서 문제시 되는 능력은 여러가지의, 다양한 것이라는 점이다. 사람들의 능력만 해도 적절한 수준의 자신감이라든지, 개인적이거나 집단적인 역량과 같은 아주 일반적인 것에서부터, 읽기·쓰기 능력이라든지, 특정 장애나 질병을 돌보는 능력이라던가, 특수 임무를 수행할 수 있는 지식과 기술과 같이 아주 구체적인 것까지 다양할 것이다. 지역사회 수준에서 볼 때에 역시 능력이라는 것은 다양할 수 있는데, 예를 들어 더 큰 지역사회로의 참여에 필요한 능력에서부터 충분한 소득창출 기회를 얻어내는 일과 관련된 능력에 이르기까지, 보다 더 나아가 집단 간 화해와 사회응집력을 확보하는 데에 필요한 능력이나 시장구조나 효과적인 지역자치 정부를 세우는 데 필요한 능력에 이르기까지 다양할 수 있다. 그리고 다른 모든 수준에 있어서도 이와 비슷하게 필요한 능력은 매우 다양할 것이다.

네 번째 일반적인 요지는 능력을 키우기 위해 사용될 방법 또한 매우 다양하다는 점이다. 그 방법에는 ① 공식적인 것과 공식적이지 않은 모든 형식을 가지고 있는 구체적인 교육, 훈련 그리고 지시/훈육과 같은 것이 포함되고, ② 씨앗이나 기계 혹은 시멘트와 같은 원자재, 전화와 같은 과학기술에 대한 접근성과 같이 없으면 구체적인 목표를 성취하는 일을 매우 어렵게 만들 만한 구체적인 물품들의 제공도 포함되며, ③ 기회나 서비스에 가까워지는 방법이나 접근성과 밀접한 관련이 있는 의사결정 집단 안으로 들어갈 수 있는 방법이 포함되며, ④ 마지막으로 모든 사람들을 위한 교육과 보건의 폭넓은 발전이 포함된다. 결론적으로, 만일 모든 상황의 시발점이 현재 존재하는 여러 능력 중 부족한 부분이 무엇인지를 밝혀내는 일이라면, 그 상황을 보완하기 위한 방법들의 목록은 사회복지사의 독창성과 상상력의 정도에 따라 무궁무진할 수 있다는 것이다.

우리가 능력개발에 관한 논의를 할 때 여러 단계와 능력에 대해 거론할 수 있겠으나, 최근에 초점을 두고 있는 중요한 사안은 특별한 특성을 띠고 있는 과정을 기본적으로 함축하고 있음을 알 수 있다. 그 특성은 다음과 같다.

- 모든 외적인 개입은 이미 기존에 존재하는 지역사회의 능력을 고려하지 않은 새로운 구조와 인력 혹은 접근을 소개하는 것이 아니라, 지역사회 능력을 찾아내고 그것들을 발전시키는 것에서부터 시작한다.
- 모든 상황에서의 모든 외부로부터의 개입이 가지고 있는 주된 목표는 능력을 키우는 것(분쟁 후 재건의 경우라면 분쟁 전 상황으로의 복귀)이다. 상황이 비록 기초적인 응급처치 혹은 도움을 필요로 하는 상황이어서, 인간이 할 수만 있다면 능력을 키우는 것만이 그들의 미래를 보장할 수 있다.
- 사람들의 발전된 능력은 모든 개입에 대한 가장 중요한 결과물로서, 정당하게 그 가치가 평가되어야 하고, 사람들이 그들의 능력을 가지고 무엇을 할지에 대한 결정에 자유권이 주어져야만 한다.

오셔네시(O'Shaughnessy, 1999, pp. 10-11)는 월드비전(World Vision)이라는 유명한 국제기구를 위한 능력개발에 대한 보고서에서 단편적인 사회 공학과 인간중심적 능력개발의 차이를 표로 만들어 보여준 바 있다. 그 표에는 앞에서 언급한 특성들과 그 외 기본적인 특성들이 잘 나타나 있다. 이런 맥락에서 능력개발은 개발 분야에 있어서 새로운 인간중심 유형, 밑에서 위로 향하는, 참여적인 유형을 설명하는 방법이다. 오셔네시는 다음과 같이 설명한다.

능력개발이란 … 후원자들과 NGO들에 의해 제안되는 해외 원조를 위한 많은 새로운 접근 중 주된 개념이다. 이 새로운 모델은 지역사회로 하여금 그들 자신의 능력과 자력을 개발하도록 돕는 데 있어서 보다 더 민주적이고 총체적인 접근을 요한다.

월드비전의 보고서 중 나머지 부분에는 능력개발이 개발이나 원조업무를 위한 모든 접근 방법을 결정하는 데에 도움이 되는 주된 조직 원칙인 동시에 작업 과정의 각 단계와 모든 단계에 관여하고 있는 주된 조직 원칙이라고 설명하고 있다. 이 보고서는 모든 사업이나 프로그램의 성공과 유지는 사람들이 발전을 향한 상황과 양상을 다룰 능력을 가지고 있는지, 그러한 능력을 키울 수 있는지에 달려 있다고 명시하고 있다. 예를 들어, 저소득층을 위한 대출 프로그램은 신용을 주된 능력개발 도구로 보아야 할 것이고, 대출을 받는 사람들이 대출을 효과적으로 사용하고 신용을 지키기 위해서는 그들에게 기본적인 사업 기술이 있어야 한다는 점을 인정해야 할 것이다(O'Shaughnessy, 1999, p.38). 또한 능력개발 원칙은 사람들에게 소개되었던 방법과 실천되었던 방식대로, 평가 과정에도 똑같이 적용될 것이다. 달리 표현하면, 능력개발은 외부의 개입을 실질적으로 모든 상황 속에 모든 개입 단계로 골고루 스며들게 한다. 그렇다면 능력개발은 실천가들이 터득할 수 있는 기법이나 시술들을 포함하고 있는가, 아니면 원칙이나 전반적인 접근방법의 수준에만 적합한 이야기인가?

이 질문에 대해 답을 하기 위한 시작은 능력이라는 단어가 내포하는 것이 무엇인지를 알아내는 것이다. 그리고 그것을 밝혀내기 위해 〈표 4-1〉과 같이 결정된 목표를 달성하기 위해 필요한 능력의 범위에 부족한 것들이 무엇인지 목록을 작성해볼 수 있겠다. 목록을 통해 능력 수준면에 있어서 문제가 되는 것이 무엇인지 밝혀지면, 그 다음 꼭 필요한 전략이 무엇인지는 명백해질 것이다. 능력개발에 관한 문헌들에서 의식 고양이라던가, 자신감 증진, 읽기·쓰기 능력의 고양, 대담함 키우기, 기본적인 교육과 보건 서비스에 대한 접근성 확보, 역량강화와 같은 용어가 지속적으로 등장하는 것은 놀라운 일이 아니다. 비록 능력개발이라는 단어 자체가 쓰이지 않았다 하더라도 어떤 특정 능력에 관심을 두지 않는 이상, 발전은 기대하기 어려울 것임을 암시하고 있다. 그러므로 결국 능력개발에 필요한 기법과 기술은 능력개발 자체와 관련이 있다기보다는, 특성 상황에 맞는 선택된 목표를 달성하기 위해 필요한 특수한 능력의 개발과 관련이 있는 것이다.

[표 4-1] 역량 체크리스트

개인적인 수준

정서적인 차원
  - 대담성
  - 자신감
  - 의식 혹은 인식의 정도
  - 역량강화
신체적인 차원
  - 그 어떠한 장애를 가지고도 활동할 수 있는 능력
  - 기본적인 보건 서비스
인지적인 차원
  - 읽고 쓰는 능력
  - 기본적인 교육 수준
  - 필요로 하는 분야에 대한 구체적인 지식
기술적인 차원
  - 특정 업무 수행을 위한 구체적인 기술

집단과 지역사회 수준

집단 혹은 지역사회 주체성에 대한 장점
집단 혹은 지역사회 응집력의 정도
집단 혹은 지역사회의 욕구와 복지 수준에 대한 인식
공통된 목적과 목표
적절한 지도력과 통치법

체계와 조직 수준

조직의 목적과 목표에 대한 이해
인원/직원 식별과 확충
운영 체계의 효율성
성공적으로 기능하기 위해 필요한 필수 요건
과정과 결과에 장애물이 될만한 것들에 대한 인식
상황 속에서 간과해서는 안 될 중요한 요소들에 대한 인식

결론적으로 여기에서 중요한 것은, 실천가들이 복지를 개선하려는 모든 노력에 능력개발이 전반적으로 중요하다는 것을 인식해야 한다는 것이다. 그런 다음 관심을 두어야 할 것은 특정 분야 혹은 능력의 종류가 무엇인지를 알아내는 것으로, 이는 물론 관련이 있는 사람들과 조직에 대한 인정과 그들의 참여를 통해 알아내야 한다. 그러므로 실천가들이 능력개발에 관여할 수 있는지 없는지는 문제시 되는 능력에 대한 이해와 기술이 있느냐, 혹은 그러한 이해와 기술을 터득하는 데 필요한 능력이 실천가들에게 있느냐에 달려 있다. (능력개발에 관해서는 James, 1998, 2001 참조)

자조(self-help) 그리고 자립(self-reliance)

이 단락에서 우리는 자조집단 형성을 그것 자체로서 중요한 전략 중의 하나로 논의할 것이며, 또한 사회개발에 매우 중요한 목표인 자립심을 키우는 데 유용한 전략으로서 논의할 것이다. 그러나 자립이 개발 과정에서 활용되는 두 가지 방법은 우리가 여기에서 논의할 것이 아님을 확실히 밝혀두겠다. 그 두 가지 방법에 대해서 간략히 설명하면, 그 하나는 국가 개발의 목표로서의 자립이다. 예를 들어 인도의 경우 그들의 5개년 계획에 자립 혹은 자기의존적인 개발에 매우 집중한 바 있다. 비슷하게 태국의 경우도 국가와 지역사회 개발에 대한 대부분의 공적인 문서에 자기의존적 자립의 개념이 널리 스며들어 있음을 알 수 있다. 자립에 대한 두 번째의 활용은 생태계 유지와 관련이 있다. 아이프(Ife, 1995, p.110)는 이에 대해 "지역사회의 자립에 대한 생각은 생태계 유지의 원리로부터 파생된 개념"이라고 주장하였다. 유지가능한 자기충족적 삶은 지금까지 많은 개발 사업에서 중심이 되는 목표였고(Hoff, 1998 참조), 주로 자립이라는 용어를 포함하고 있다. 하지만 여기에서 우리의 초점은 지역사회의 자기의존이며 그것을 논하기에 앞서 자조집단에 대한 개념부터 간단하게 알아보기로 하겠다.

여기서 잠시 우리는 주제에서 벗어나 한 개인보다는 집단을 중요한 요소로 가지고 있는 자조와 자기의존에서 사용하는 '자기'라는 단어가 갖는 의미를 생각해보겠다. 물론 누구나 기본적으로는 개인적인 이익을 위해 일을 시작하는 것이 아니냐고 주장하는 사람도 있겠으나, 자조와 자기의존에서는 집단의 전략이 기본이므로 가족중심 및 지역사회 중심의 시도와 더 밀접한 관련이 있으며, 요즘은 개인주의가 팽배한 현대적인 세상보다는 개발도상국과 더 밀접한 관련이 있다. 자기의존은 특히 한 개인이 자기 자신만을 의존하는 것을 의미하는 것이 아니라 가족 혹은 지역사회의 자기의존을 의미하는 것이다. 그러나 많은 경우 자기의존에 개입되어 있는 대부분의 개개인은 평등한 집단에 함께 모여 공평함을 기본전제로 하고 있으므로, 이러한 특성에 맞는 지역사회나 집단에 가장 적절한 전략일 것이다.

자조집단(self-help group)

개발도상국에서도 아주 오랜 시간 자조집단의 비형식적인 모델을 활용했을 것이라 추정할 수 있으나, 최근 몇십 년 사이에 서구사회에서는 자조집단의 중요성이 많이 부각되었다. 베르하겐(Verhagen, 1987, p. 22)의 개념에 의하면,

자조란 한 개인 혹은 집단이 개인의 만족 혹은 집단의 욕구나 소망을 위해 취하는 모든 자발적인 행동을 말한다. 자조 시도 혹은 행위의 독특한 요소가 될 수 있는 인력, 자본, 땅 그리고 창업 기술과 같은 자원을 개인이나 집단 내에서 찾아 활용한다는 점이다. 자조는 정치, 경제, 사회 혹은 문화적인 활동 모든 면에 사용할 수 있다.

미국 내 모든 유형의 지지집단에 관한 연구에서 우드나우(Wuthnow, 1994, p. 76)는 미국 내 50만 명 정도의 자조단체가 있으며 약 800만에서 1,000만 명의 회원이 있다고 보고했다. 이러한 단체들은 다양한 관심, 욕구, 소망을 가지고 있다. 사회복지사들은 알코올중독, 도박중독 혹은 그 외 어떤 정신질환을 앓고 있는 사람들, 특정 신체적 질병을 앓고 있는 사람들 그리고 최근 사랑하는 사람을 잃었거나 배우자를 잃은 것과 같이 특정 사회적 상황에 빠진 사람들을 위한 자조집단을 많이 접해 보았을 것이다. 그러나 아담스(2003, pp. 18-19)는 자조집단이 "상조 그리고 사회적 운동"과 같은 것에 그 뿌리를 두고 있으며, 18세기 영국에서부터 시작되었다고 하였다. 아담스는 자조와 역량강화의 관계에 대해 "자조는 영국의 경우 역량강화 실천을 위해 가장 중요한 전통적 활동"으로 정의하였다.

개발도상국에 있는 대부분의 민간조직 혹은 지역사회 조직들은 사실상 베르하겐(1987, p. 22)이 말하는 자조조직인 것이다. 그는 다음과 같이 말하고 있다.

· 자조조직은 한 개 이상의 목적을 향해 지속적으로 협조할 것을 동의한 개인들 혹은 가족단위의 가구들의 제도적인 틀을 뜻한다.
· 자조조직은 회원단위 조직으로서 위험, 비용 그리고 이익이 모두 회원들과 공평하게 공유

되며, 지도자 혹은 관리인은 회원들의 행동에 대한 책임을 져야 한다.

· 자조조직은 기본적으로 자조 전략에 개입하고 있는 집단 혹은 지역사회의 결과물이다. 그리고 많은 사람들이 목격했듯이, 이러한 조직 개발은 지역 단위의 개발에 기초가 되며 더 큰 단위로서 활발한 시민사회의 기초가 되는 것이다.

자기의존(Self-reliance)적 자립

베르하겐(1987, p.23)에 의하면,

자조란 자기의존을 성취하고자 하는 수단이다. 자기의존은 한 개인 혹은 집단이 그 상태에 도달했다면 개인 혹은 집단이 필요로 하는 것을 얻기 위해서 더 이상 제3자로부터의 자선이나 도움을 받지 않아도 되는 상황 혹은 상태를 의미한다. 그러므로 자기의존적인 집단은 말 그대로 구성원들의 삶을 개선하고 독립적인 상태를 유지하는 데 효과적으로 한 몫을 할 분석적이고 생산적이며 조직적인 능력을 충분히 개발했다는 것을 의미한다.

우리는 왜 자기의존을 그렇게 강조해야만 하는가? 그 이유는 많다. 그 중 가장 중요한 이유는 비록 어느 지역사회나 집단도 완벽하게 자기충족적일 수는 없다고 하더라도, 우리는 늘 외부자원에 심하게 의존할 위험이 있기 때문이다. 지역사회와 그 개발과 관련하여 아이프(1995, p.111)는 다음과 같이 표현하고 있다.

외부자원에 의존하게 되면 자율권과 독립을 잃는 대가를 치르게 된다. 자율적인 지역사회이어야 외부자원에 의존하지 않으며 발전할 수 있다. 이 주장은 정부지원에 의존해야만 하는 지역사회 구성원이라면 분명하게 증언할 수 있을 것이다.

많은 개발도상국 상황에서는 더더욱 지역사회와 집단들이 정부나 개발 사업에 의존하는 것을 감소시킬 필요가 있다. 자기의존을 강조하는 두 번째 이유는 긍정적인 것인데, 그것은 자기의존이 자존감, 지역사회의 자존심 그리고 지역사회 개발 시도 증진을 불러오기 때문이다. 세 번째 이유는 외부의 도움이 존재할 때에는 모든 사람들, 집단 그리고 지역사회가 가지고 있는 강점, 자원, 그리고 능력이 간과될 수 있기 때문이다. 간혹 지역사회는 외부 태도의 영향을 받아 외부의 도움 없이는 그들이 약하고 중요하지 않다고 믿게 된다. 이런 경우의 결과물은 자존감과 자신감에 상처를 입는 것이며, 또한 거부되고 간과된 지역사회의 자원이 가진 가치가 떨어지게 되며, 이러한 결과는 전체적으로 자원이 부족한 경우 매우 심각할 수 있다.

기본적으로 유럽 사람들이 일반적으로 사용하는 부속성이라는 원칙, 즉 모든 활동과 개입은 가장 낮은 단계에서 시작해야 한다는 원칙을 적용하라는 것은 일리 있는 말이다. 개개인들은 홀로 일어서서 스스로 할 수 있는 일들을 해내야만 한다. 그래야 지역사회가 지역의 인력과 그 외 다른 자원들을 지역사회 삶을 발전시키고 유지시키는 방식으로 활용함으로써 자립할 수 있다. 그래야 한 지역이 그들의 특성에 적절한 프로그램과 정책을 채택하고 그들 안에서 벌어지는 일들을 해결할 수 있게 된다. 그렇게 되었을 때 한 국가는 기본 조직 개발과 통치법과 같이 가장 기본이 되는 가장 기초 단계의 책임을 다 할 수 있게 되는 것이다. 오늘날 저자들은 그 어떤 국가도 세계시장과 그 외 세계화적인 요인들에 과다하게 의존해서는 안 된다는 말을 덧붙일 것이다.

1970년대와 1980년대로 돌아가 보면, 유엔의 많은 기구들은 이 세계가 모든 사람들의 기본 욕구를 충족할 만큼의 충분한 자원이 있다고 주장했다. 그러나 이 주장은 개발 전략이 특정 원칙들을 고수한다는 기본 전제를 가지고 있었다. 한 유엔 보고서(UN/Department of International Economic and Social Affairs, 1982, p.10)에는 그 원칙들에 대해 다음과 같이 묘사하고 있다.

'또 다른 개발'이라는 원칙은 다음과 같다.
① 빈곤 탈피에서부터 시작되는 기본욕구 충족을 목표로 한다.
② 내생(內生)적이고 자립적으로서 개발 중인 사회의 강점에 의존한다.
③ 주변 환경과의 조화를 이룬다.
이러한 접근은 창조성을 자극하고 성과물의 요소들에 대한 이용도를 보장하며, 약점과 의존성을 줄이며, 자기의존성과 자신감을 증진시키고 존엄성을 보호한다.

자립에 대한 지지는 많은 문헌들에서 나타난다. 그리고 그 개념은 어떠한 상황에서도 논리에 맞는다. 그러나 사회개발 시에 일어나는 많은 일들은 자기의존성을 키우도록 설계되지 않았다. 여기에서 우리가 염두에 두어야 하는 두 가지 경향이 있다. 그 하나는 자기의존성을 믿지 못하는 경향으로서 시민과 지역사회에 너무 많은 통제권을 주었을 때 발생할 일에 대해 두려워서 자기의존의 원칙을 믿지 못하는 정부와 기관에서 볼 수 있는 경향이다. 즉 정부나 기관이나 전문가들만이 가장 잘 알고 있으며, 어떤 사업을 위해 자원을 선택할 때 주로 그 초점은 존재하는 자원의 최고를 선택해야 하며, 그것은 주로 외부에서 끌어오는 자원이라는 직감이 지배적인 경우가 많다. 이때 강조되지 않는 점은 그러한 자원의 활용이 소득과 취업 그리고 국가가 그 위치와 성취에 대한 자존심을 극대화해야 한다는 점이다. 다르게 말하면, 이 모든 과정에는 감추어진 동기와 기득권에 대한 관심이 있다는 것이다. 두 번째 경향은 자기의존을 촉진하는 노력을 하는 중에 정부와 같은 조직은 자기의존 정책이 모든 사람의 욕구를 충족시키고 있다는 추측을 하면서 실제로는 국민의 일부분을 제외시키는 접근방법을 활용하기도 한다는 것이다. 예를 들어서 1990년대에 태국 정부는 '신용과 대출 계획'을 세워 가난한 사람들이 자립하도록 노력했다. 한 연구(Senanuch, 2005)에서는 그 계획이 극빈자들에게는 접근 불가능한 것이었고, 결국 최빈곤층은 아무런 보조를 받지 못했다고 보고한다. 이 경우 지역사회 자기의존 정책은 빈곤에 있어서 심각하게 불리한 결과를 초래하는 개인의 자기의존이라는 비현실적인 방법을 강요한 것이 되어 버렸다.

자립에 도달하는 주된 전략들

우리는 정책과 전혀 무관하게 자기의존을 이룰 수 있는 전략에 대한 논의는 알지 못한다. 다만 그 전략은 원칙 그 자체에서 논리적으로 진행될 뿐이다. 우리는 많은 상황에서 논리적으로 보일 만한 몇 가지 원칙을 나열하겠다.

자조집단 격려

사회복지사들은 사람들이 자조집단을 형성할 것에

자립에 도달하는 주된 전략들
· 자조집단 격려
· 지역조직 개발 격려
· 지역사회 개발
· 사람들이 그들 스스로를 믿고 그들의 능력을 믿도록 격려
· 적절한 외부 기관 개입 격려

대해 생각할 수 있도록 특정 욕구나 열정을 표현하도록 격려할 수 있다. 사람들로 하여금 기본적인 개념을 이해하고 적용하도록 하는 일은 어렵지 않을 것이다. 그러나 많은 양의 용기와 지지가 초기 과정에 필요하고 그것은 집단이 효과적으로 기능하기 시작할 때까지 지속되어야 한다.

지역조직 개발 격려

지역조직은 지역개발과 궁극적으로 효과적인 시민사회의 기본이 되는 초석이다. 하지만 그들은 기본적으로 자기의존을 촉진하는 자조집단의 활동이기도 하다. 지역조직 개발을 촉진하는 전략은 다른 곳에서 언급하기로 한다(6장 참조). 그러나 챔버(Chamber, 1993, p. 11)는 "대부분의 농촌 사람들은 대부분의 외지인들에 비해 자기의존 조직 능력이 더 좋다. 이것을 지지할 수 있는 증거는 많다"는 결론을 도출했는데 이것을 언급하는 것은 중요하다.

지역사회 개발

아이프(1995, p. 111)는 지역사회 개발에 관한 자신의 책에서 "지역사회 개발의 목표는 궁극적으로는 자기의존이어야 한다"고 주장하였는데, 이는 맞는 이야기이다. 지역사회 개발의 모든 요소들은 그것이 지역사회의 지도력, 지역조직 개발, 지역사회 생산성, 소득창출 활동, 사회응집력 혹은 더 큰 사회화의 개선된 상호관계 중 무엇이 되었든 간에 모두 자기의존 원칙에 기반을 두고 있다.

사람들이 그들 스스로를 믿고 그들의 능력을 믿도록 격려

모든 지역사회 사회복지사들은 사람들이 자신들의 상황에 대한 책임을 개인 혹은 집단으로 질 수 있는 스스로의 능력을 믿도록 격려할 수 있도록 해야만 한다. 그 작업 안에는 지역사회 자원을 찾아내도록 격려하는 것을 포함하고 있으며 그 자원을 그들 자신의 복지와 지역사회의 복지를 개선하는 데 활용할 방법을 찾아내는 것을 포함하고 있다.

적절한 외부기관의 개입을 격려

　정부 및 비정부기구와 그 직원들이 지역사회 자원의 이용을 최대한으로 늘려 자기의존의 촉진에 따른 이득과 과도한 의존이 가지고 있는 위험에 대해 인식할 수 있도록 사회복지사는 그들을 권면하여야 한다. 대부분의 경우 이것은 비공식적으로 이루어지지만 간혹 연구와 정책 제안을 필요로 하기도 한다.

사회통합(social integration)과 사회응집력(social cohesion) 강화

　사회응집력은 많은 현대 사회와 지방 지역사회에 관련 있는 내용이다. 왜냐하면 현 사회는 시민들이 쉽게 그리고 자주 분열을 경험하기 때문이다. 선진국에서는 피부색, 문화 그리고 이민신분에 따른 분리 상황에 대해 논할 때 사회응집력을 가장 많이 언급할 것이다. 개발도상국에서는 분리 상황의 근원이 훨씬 더 복잡하다. 위에 언급한 것 외에도 성별, 계급, 카스트제도, 빈민가나 공유지 거주, 시골지역 거주 등은 작은 지역, 지방 지역 그리고 국가 내에 강한 분리를 초래할 수 있다. 이러한 분리는 결과적으로 여러 시설, 자산 그리고 기회로의 접근에 영향을 미칠 수 있으며, 주류인 사람들로 하여금 "원하지 않는" 부류의 사람들에 대한 부정적이고 공격적인 태도를 초래할 수 있으며, 그리하여 분쟁의 원인이 될 수도 있다. 사회응집력은 모든 지역사회 개발의 열쇠인 것이다.

　특별히 인종 혹은 민족적으로 분리되어 있는 사회의 경우 사회통합(혹은 사회응집력이나 사회조화)을 강화하는 것은 현대에 와서 매우 중요한 초점이 되었다. 그 주된 이유는 다음 두 가지이다. 첫째 이유는, 현 사회의 대부분이 식민지주의, 직업, 여러 형태의 이민, 여행의 결과로 이질적으로 변했기 때문이다. 두 번째 이유는 많은 사회들이 다원적인 특성으로 인해 발생하는 긴장과 분쟁을 피하는 대책에 대해 어려움을 느끼고, 그러므로 합리적인 수준의 조화와 응집력을 이룰 수 있는 전략을 지속적으로 찾고 있기 때문이다.

　이질적인 사회는 확연히 다른 인종집단들이 함께 존재하기 때문에 그 결과로 그렇게 되었을 것이다. 남아프리카와 미국이 그 좋은 예이다. 그러나 오늘날 서구 거의 모든 사회들은 어느 정도 다인종적일 수밖에 없다. 그 외의 경우는 민족집단들이 섞인 결과 이질적으로 변한 사회이다. 민족집단의 영역에는 전혀 고려하지 않고 식민지의 힘으로 식민지 소유 지역을 표시하기 위해 지도에 금을 그은 결과 아프리카 대륙에서는 민족집단의 혼합이 넓은 영역에서 발생되었다. 궁극적으로 식민지는 독립하게 되었고 그 결과 다민족적인 국가들이 생겨난 것이다. 그 외 다른 지역에서는 민족적인 다원화가 이민이나 식민지의 욕구를 충족하기 위해 여러 다른 민족집단을 불러 들여오는 식민 활동(예를 들어 말레이시아와 피지의 경우처럼)에 의해 이루어졌다. 종교적인 다원화는 국가 분리의 원인이며, 북아일랜드, 레바논, 이스라엘, 인도네시아, 인도, 터키와 같이 많은 나라에서는 종교집단으로 인해 긴장을 경험하고 있다. 종교적인 요소에서 민족적인 요소를 분리하는 것은 쉽지 않으며, 그와 마찬가지로 계급, 지역, 정치, 기타 다른 요소들은 종교적인 요소와 혼돈되기 쉽다.

이질적인 국가들이 가지고 있는 긴장과 분쟁의 중대성을 상징하는 것은 1989년부터 시작된 내란의 정도인데, 많은 경우 다원성이 주된 요소였다는 현실이 그것을 잘 보여주고 있다. 그렇다고 다원성이 불가피하게 긴장과 분쟁을 초래한다는 말은 아니다. 현실적으로 이러한 다원성은 오히려 매우 중요해진다. 정치적 혹은 사회경제적인 현실이 다원성을 매우 중요하게 만들 때일수록 그러하다. 1990년대 초 유고슬라비아 내전은 과연 보스니아와 크로아티아, 세르비아 사이에서 일어난 전쟁이라고 보아야 할 것인가, 아니면 밀로세비치(Milosevic)와 같은 지도자의 정치적인 목적에 의해 생겨난 민족적 분쟁으로 보아야 할 것인가? 이렇듯 정치적, 경제적, 사회적 발전, 그리고 그 외 여러 발전과 그 사회 저변에 깔려있는 특색들 사이에서 느껴지는 혼돈은 최근 내란에서 흔히 볼 수 있는 것이다. 그럼에도 불구하고, 1989년부터 전 세계적으로 매해 30건 이상의 주요 내란과 그 보다 훨씬 많은 양의 크고 작은 분쟁들이 발생하고 있다. 이러한 분쟁들 중 몇 가지는 10년 이상 지속되기도 하고 어떤 것들은 오랜 기간 잠잠하다 가끔 확 불거지기도 한다(UNHCR, 1997/1998 참조). 이러한 분쟁으로 인한 고통은 참으로 끔찍하고, 몇백만 명의 직접적 피해자를 발생시켰으며, 그 보다 더 많은 사람들이 간접적인 영향을 받았다(9장 참조).

그러나 사회통합, 사회응집력, 사회조화에 관련된 전반적인 상황은 내란으로 인해 발생하는 문제들보다 훨씬 더 복잡하다. 그 용어를 어디에 사용해야 할지에 대해 생각하다

보면, 그 사안에 대한 전반적인 문제의 범위와 다양성에 대해 이해하게 될 것이다. 사회조화란 일반적인 사회 속에서 다양한 집단들이 함께 평화를 유지하며 살아야 함을 강조한다. 비용이 얼마가 들든지 간에 피해야만 하는 대참사는 사회적 분쟁이지만 사회적 긴장 또한 그와 못지않은 상당한 손실을 가져올 것이다. 사회통합은 주로 새로 이주해온 집단들이 새로운 사회 속에서 수용되고 동등한 기회를 제공받아 살아갈 수 있는 공간을 확보할 때 적용하는 용어이다. 현 시대의 이주 범위를 고려했을 때, 위에 언급한 이주민들의 공간 확보라는 목표는 이주민들 자신들에게도 매우 중요한 사안이지만 결과적으로는 그들이 이제 일부 구성원으로 존재하게 되는 사회응집력을 위해서도 매우 중요한 것이다. 마지막으로 사회응집력은 사회 구성원들이 모두 그 사회의 개발에 한 몫을 챙길 주주와 같은 존재라고 느낄 수 있는 상황, 즉 소외되거나 제외되지 않는 상황을 의미한다. 이러한 개념은 유럽 내 로마 사람들, 예전에 이주한 사람들, 특히 이주노동자와 정치적 망명자들, 소수민족 집단들 혹은 특수 지역에 살고 있는 사람들과 같은 소수 원주민들의 상황에 적용될 수 있다.

1993년 사회정책에 대한 유럽의 녹색 보고서(European green paper)에 의하면, "사회정책은 이제 사회 구성원들이 그들의 위치를 찾을 수 있도록 돕기 위해 보다 더 열정적인 목표를 가지고 있어야 한다"고 주장했고, 이는 어느 누구도 사회적으로나 경제적으로 제외되지 않도록 보장해야 함을 의미한다(Commission of the European Communities, 1993, pp. 20-21). 사실상 사회통합, 사회응집력, 사회조화는 일반적으로 사용될 때 어떤 사회적 집단에 소속되어 있든 그 사회 구성원 모두가 공통의 기본욕구 충족, 즉 형평성에 어긋나지 않은 방법으로 사회에서 그들의 위치를 찾을 수 있도록 노력하고, 또 그 사회가 모든 사람들의 복지를 위해 함께 힘쓰는 데 아주 조금씩 다른 견해를 가지고 있다. 우리는 지금부터 사회응집력에 대한 용어를 위의 모든 목표를 의미하는 것으로 사용할 것이고, 사회응집력을 도모하기 위한 전략에 초점을 맞출 것이다.

사회응집력을 키우는 주된 전략들

사회응집력이란 여러 목표들 중 거시적이고 미시적인 수준을 모두 망라해야 하는 활동이다. 그리고 많은 경우 사회복지사와 그 밖에 많은 실천가들은 거시적인 수준에서 변화를 가져오기 위해 많은 노력을 기울이는 동시에 지역 단위에서도 같은 목표를 향한 활동들을 시작해야 한다. 많은 유형의 전략들이 공통적으로 거론되는데, 여기에 간략하게 소개하겠다.

> **사회응집력을 이루는 주된 전략들**
> · 상승경제
> · 국민 정체성과 시민 정체성 운동
> · 차별금지법과 정책 협정
> · 다문화사회 장려
> · 참여적 민주주의
> · 위 전략들의 지역사회 단위 실천
> · 중재와 화해 전략

상승(buoyant) 경제

이 주제로 시작하는 것이 일반적이지 않다고 생각될 수 있다. 그러나 상승경제가 사회적 분쟁을 예방하는 주된 방법이라는 점은 일반적으로 인정되고 있다. 사실 상승경제보다는 공평한 경제 성장이 강조되어야 할 것이다. 달리 말하면, 경제가 성장하고 대부분의 사람들이 그러한 성장에 참여할 수 있고 성장에 대한 지분을 받고 있다고 느낀다면, 민족적이거나 그밖에 차이들이 부정적으로 수면에 떠오를 가능성이 줄어든다. 반대로, 경제적인 하락 추세에 있거나 특정 집단을 향해 드러내고 경제적인 차별을 하는 상황에서는 민족적인 긴장과 그 외 여러 긴장의 요소들이 드러날 수 있다. 이것은 1997년 동남아시아 지역에서 경험한 재정 및 경제적 위기상황에 대해 언급할 때 많은 학자들이 강조한 바 있다(Colletta, Lim, & Kelles-Vitanen, 2001). 그러나 정부는 경제 성장 시에 평화와 조화에 초점을 두고 싶을지라도, 콜레타와 그 동료들(Colletta et al., 2001, p. 4)은 다음과 같이 주장한다.

재정 및 경제적 위기가 사회응집력을 깨트리고 불안정한 통치를 유발한 것은 아니다. 인도네시아와 그 외의 지역에서 최근 일어난 당파 폭동은 개발 과정의 본질에 대한 의문을 제기한다. 과거에는 성공적인 '시장 건설'이 '국가 건설'에 앞서 강조되었다. 그러나 사회응집은 그 자체로 독립적인 정책 목표로서 정책 의제에 포함되어야 한다.

그러므로 경제 성장이 관습상 사회조화를 보존한다고 하더라도 사실상 이것은 사회적 분리라는 틈을 종이로 이어 붙이는 것과도 같은 것이다. 이런 경우 불평등과 실직이 증가하거나 이자율이나 물가의 폭등, 혹은 그 밖의 경제개발은 다원적인 사회의 결점 선상에서는 폭력 증가를 발생시키기도 할 것이다.

그러므로 여기서 기본이 되는 전략은 다양성 안에 존재할 수 있는 문제의 소지를 직접적으로 건드려야 할 필요가 있음을 인지하면서, 동시에 소득창출과 그 외 사회경제적 기회를 다양한 사회 구성원들 모두에게 제공하는 것이다.

국민 정체성과 시민 정체성 운동

사람들이 경제적 주주 이상의 의미를 가지고 있다는 것을 인식하는 것이 중요하다. 또한 사람들이 몸담고 있는 국가의 한 구성원으로서의 소속감을 느끼는 것이 중요하다. 비록 그 국가의 국민이라는 것은 그 사람이 가지고 있는 많은 정체성 중 하나일 뿐이라도 말이다. 영주권은 모든 새로 이주해 온 사람들에게 매우 중요한 첫 단계이지만, 시민권을 획득하는 것은 더더욱 중요한 단계이다. 그 단계는 다른 시민들로부터, 그리고 국가로부터 이주민들의 존재성이 받아들여짐을 의미하며 그 국가의 모든 수준에서 참여할 수 있음을 의미하기 때문이다. 그와 똑같은 욕구는 완전한 시민권이 주어지지 않은 소수 원주민들과 그 밖의 소수 민족들에게도 존재한다. 그와 정 반대되는 현실은 소속감을 느끼지 못하는 상황이며 이런 경우 사람들은 이등시민 혹은 그들이 살고 있고 의지하고 있는 국가로부터 원치 않는 시민이라는 느낌을 준다.

차별금지법과 정책 협정

사회부조화를 불러오는 주된 원인은 차별의 경험이며 삶의 많은 요소들에 퍼져 있는 불평등의 현실이다. 체계가 항상 완벽하게 기능하기는 어려울지라도 소수집단의 구성원들은 차별금지법, 인종 비방 금지법 등이 있다는 사실을 알아야 할 필요가 있고, 특수 상황에 대해 그들의 경험을 호소할 수 있음을 알아야 한다. 또한 정부는 정책 수준에서 할 수 있는 모든 것을 동원하여 최대한 평등한 사회를 보장하려는 노력을 해야 한다. 일부 정부는 차별 수정 계획 혹은 적극적 차별 정책을 도입했고, 그 외 다른 정부는 민간기관에 접근성과 평등을 보장하는 절차를 적용하여 사회 구성원 모두가 능력개발 기회와 그들의 능력을 활용할 기회에 똑같이 접근할 수 있는 방법을 모색하였다. 이러한 장치는 매우 효과적임에는 틀림없지만, 정부나 시민들의 결심이 보이지 않으면 서류상의 그러한 조치들은 사실상 아무런 변화를 가져오지 못한다. 결국 가장 중요한 요소는 그 사회의 모든 수준에서 평등을 보장하고자 하는 굳은 결의가 얼마나 있는가이다.

다문화사회 장려

앞서 언급한 구체적인 전략들이 모두 중요하지만, 더욱 중요한 것은 기본적으로 다인종적, 다민족적 혹은 다문화적인 사회를 만들고자 하는 의지이다. 그러기 위해서 다문화주의가 사회 전반적인 수준과 공간을 걸쳐 의미하는 바가 무엇인지 탐색하는 것이 필요하다. 다문화적인 교육, 정치적인 생활, 사회서비스 전달체계, 지역사회 개발, 경제개발, 그리고 법제 개발이란 무엇일까? 다문화주의를 받아들인 사회는 그 사회 속에서의 삶과 개발의 모든 차원을 조심스럽게 연구하여 그 사회 속에서 착수되는 모든 일에 기본적인 다문화 원칙을 적용시키려고 노력해야만 했다. 다문화적 사회를 세우는 데에 청사진이란 없다. 각각의 사회가 가진 역사, 문화적 구성요소 그리고 전반적으로 퍼져 있는 상황들이 그 방향 설정을 알려줄 것이다.

참여적 민주주의

참여적 민주주의는 다문화사회의 중심이 되는 요소이지만, 그럼에도 불구하고 개별적으로 강조할 필요가 있다. 정치적인 과정에 어떤 특수 소수 인구집단이 받아들여지지 않는 이상, 그리고 받아들여질 때까지는 모든 부정적인 경험이 권력을 휘두르는 사람들의 탓으로 인식될 것이다. 그 사람들이 특정 민족집단이든 종교집단이든, 카스트집단이든, 계급집단 혹은 인종집단이든 간에 말이다. 정치적인 참여가 부정적인 경험으로 인한 현상들의 중단과 함께 이루어질 때만이 사회개발이 가져오는 모든 현실들에 고마움을 느끼기 시작할 것이다. 참여적 민주주의가 실현될 때까지 소외를 당한다고 느끼는 사람들은 그들의 상황에 대해 남들을 탓할 정해진 이유가 있는 것이고, 그러므로 그들에게 열려 있는 현실 속에서 그 어떠한 행동도 취하지 않을 수 있다. 참여적 민주주의는 사회응집력을 이루는 만병통치약은 아니지만 꼭 필요한 전제 조건일 수는 있다.

위 전략들의 지역사회 단위 실천

이러한 모든 전략들이 거시적인 수준의 단어들로 표현되어서 대부분 국가적인 수준에서 적용되기는 하지만, 그러한 전략들 모두 미시적 혹은 지역사회 수준에서도 똑같은 의미를 가진다는 점을 강조할 필요가 있다. 그러한 전략들은 지역사회 수준에서는 항상 분명하게 설명되지는 않는다. 그러나 지역단위에서의 소득창출, 참여적 정치, 다문화 개발, 사회친화적인 단결 정책, 차별방지 조치 등이 모두 실현가능하며 매우 중요한 것들이다. 그것들을 추진하고 이행하는 수단은 얼마나 지역 상황을 조심스럽게 검토했느냐에 전적으로 좌우된다. 그러므로 그 수단들은 지역 상황에 따라 매우 달라질 수 있다. 그러나 목표로서 이러한 전략들은 지역 수준의 사회응집력을 이루는 데 매우 중요하다.

중재와 화해 전략

특별히 분쟁 후 상황, 그리고 간혹 주류 사회집단들과 소수 원주민들 사이의 관계와 같은 분쟁 외의 상황에서도 사회복지사들은 적대와 분리를 일으킨 오래된 원인들에 대한 조치를 취하는 전략을 세울 필요가 있다. 그리하여 구분된 집단들로 하여금 서로의 존재를 받아들이고 지역사회를 함께 조화롭게 세워나가야 할 필요를 느낄 수 있도록 노력해야 할 필요가 있다. 그러한 전략들이 정확하게 어떻게 이행될 수 있을지는 그 지역의 사회복지사에게 매우 어려운 일일 것이다. 어떤 학자들은 중재와 산업관계에 관련된 문헌에서 답을 찾으려 하고, 다른 학자들은 이러한 종류의 화해는 원조 전문가들에게는 아직은 미지의 세계라고 말하기도 한다.

소득창출

많은 경우 개발도상국에서는 소득창출이 시민들의 복지에 아주 기본이 되는 것이다. 개발도상국의 많은 사람들은 최소한의 자원에 의존해 살아남아야 했고, 아직도 그러하다. 이러한 상황은 그들 환경이 아주 조금만 바뀌어도 그들을 큰 위험에 처하게 한다. 혹은 그들을 어려운 삶과 낮은 삶에 대한 기대치의 결과물인 빈곤 속에 남아있게 한다. 혹은 분쟁이나 자연재해가 만들어 내는 완벽한 파멸의 상황에 직면하게 하여 외부인들에게 온전히 의존해야만 하게 만들기도 한다. 이러한 상황에서 원조는 단기간 해결책으로서 꼭 필요할 때가 많다. 그러나 원조 전달의 현실성으로나 지속적인 원조가 사람들과 지역사회에 일반적으로 미치는 영향력을 고려해보았을 때 이러한 방법이 결코 장기적인 해결이 될 수는 없다. 이 상황에서 대안이 되는 원조는, 혹은 단기적인 원조 이후에 따라와야만 하는 것은 사람들이 최소한 기본적인 욕구를 충족할 정도의 소득을 얻을 수 있는 기회를 제공하는 것이다. 이것이 소득창출 전략의 주요 목표이다.

소득창출 수단은 가난한 지역의 지역 수준 개발과 빈곤감소 프로그램, 분쟁 후 재건, 그리고 자연재해로부터의 회복을 위한 주된 요소다: 추방된 사람들도 추방당하는 기간 중에, 혹은 집으로 복귀하는 중에, 제3국가에 재정착하는 기간 동안에 만들어진 소득창출 기회로 인해 그들의 역경이 완화될 수 있을 것이다. 어떤 경우는 이미 사람들에게 제공되는 소득창출 기회를 더 발전시키는 것이 프로그램의 목표가 되기도 한다. 또는 과거에 활용되었던 소득창출 수단을 사람들이 다시 사용할 수 있도록 하는 경우도 있다. 대부분의 경우는 완전히 새로운 소득창출의 수단을 발견하고 가능하게 만드는 것이다. 소득창출 시도에 꼭 필요한 상황들이 가진 각기 다른 요소들을 구분하는 것이 현장에서는 매우 중요하지만, 여기에서는 그 차이를 구분하지 않고 가장 일반적으로 적용되는 소득창출 프로그램에 대해 생각해보도록 하자.

다음과 같은 소득창출 전략에 대해 소개하면서 우리는 경제발전이 결국 모든 사람들에게 소득창출의 기회를 제공해야만 한다는 일반적인 믿음에 어느 정도 동의한다. 그러나 그것이 '당위'임을 강조하고 싶다. 많은 시사 해설자들이 말하듯이, 특별히 그 중 가장 적나라하게 유엔개발계획(UNDP, 1996b)에서 말하듯이, 경제 성장이 고용창출과 적절한 소득 수준에 필수 조건이기는 하지만 그것만으로는 충분하지 않다는 것이다. 많은 요소들이 경제 성장의 본질과 분포에 따라 달라질 수 있다. 그러한 맥락에서 우리는 경제 성장이 미미하거나 특정 집단 혹은 특정 지역에는 도달하지 않은 상황을 가정하기로 한다. 그

러한 상황에서 현장 사회복지사는 지역 수준에서 소득창출을 강화시키는 방법을 찾고, 최
소한의 지역사회 자원과 외부 개입을 활용하게 된다.

경제 정책과 더불어 지역 수준의 소득창출 프로그램에 간접적인 관련이 있는 정부 정책
이 있다. 몇 가지 예를 들면 토지 재분배와 활용 정책, 국가적 시장 조직 개발과 같은 것이
다. 현실적으로 그러한 정책들이 중앙 정부에 의해 시도된다고 하더라도 최소한 가난한
지역에서만큼은 그러한 정책의 적용은 지역사회복지사들의 노력에 달려 있다는 점이다.

소득창출 전략의 주된 유형들

현장에서는 많은 경우 가난한 사람들이 그들만의
소비를 위해서 혹은 소득의 목적으로 지역의 자원을
수확하여 살아간다. 그들은 주로 농사나 어업에 종사
하지만 간혹 그 지역 시장을 대상으로 가내수공업을

전략들
· 기존 소득창출 기업을 위한 지식과
  훈련
· 소액대출 정책과 시민은행의 도입
· 소규모사업 정책
· 집단으로서의 활동의 장려

하기도 한다. 수확한 식품이나 얻어진 소득이 적당한 수준의 복지 상태를 누리기에 충분
하지 않을 때, 혹은 사람들이 의존하기에는 존재하는 자원이 불안정할 때 사회복지사들
은 고민하기 시작한다. 약간의 지식과 훈련으로 수확되는 식품의 양이나 창출되는 소득의
양, 혹은 둘 다, 그리고 자원에 의존하는 정도에 지대한 변화를 일으킬 수 있다는 사실을
사회복지사들은 알고 있을 것이다. 다음의 예들에 대해 생각해보자.

기존 소득창출 기업을 위한 지식과 훈련

농업과 관련된 사회복지사들과 그 외 사회복지사들은 농산물에 의존하는 사람들에게
농업에 관련된 지식을 나눔으로써 그들의 복지에 지대한 공헌을 해왔다. 그들은 새로운
종류의 씨라던가, 간단한 관개 체계 혹은 기본 식자재 외에 돈이 될만한 농작물 개발에 대
해, 또는 개선된 기본 농기구들에 대해 알려줄 수 있다. 이러한 지식을 나누고 그와 관련된
기술 훈련을 제공하는 것은 수확량을 늘리는 결과를 가져올 수 있고(더 팔 수 있는 잉여
농산물과 같이), 연간 생산량을 늘리거나 최소 지출을 위한 부가 소득을 창출할 수 있다.
간혹 정부기관에 이미 지역주민들에게 필요한 자원이 있을 수 있다. 다만 지역주민들이 미

처 알지 못하는 것일 수 있다. 어업의 경우, 물고기의 번식을 위한 인공 사초의 도입이나 물고기 품종 계량에 관한 훈련이 좋은 예가 될 것이다. 내륙 지역에서는 물고기를 키우는 연못을 더 잘 활용하는 데 집중하는 것, 그리하여 최소한의 땅으로 정기적으로 질 좋은, 혹은 상품가치가 높은 단백질을 만들어 내는 것을 예로 들 수 있겠다.

이러한 시도는 농업 관련 직원들만의 특전은 아니다. 하지만 그들이 그러한 시도에 대한 연구를 하고 그것을 알리는 책임을 가지고 있다. 대부분의 경우 그러한 지식과 훈련의 제공은 그 지역의 일선 사회복지사들에 의해 이루어진다.

소액대출 정책과 시민은행의 도입

한 지역에 생산적인 구성원이 되기 위해서 그리고 그로 인해 자기 자신과 부양자를 책임지기 위해서는 다양한 유동 자산에 접근할 수 있어야 한다. 시골 지역에 살면서 땅을 소유하고 있지 않은 가난한 사람들과 도시 지역에 살면서 노동능력 외에 다른 자산이 없는 사람들의 경우 자본이 있느냐 없느냐는 치명적으로 중요한 것이다. 정작 필요한 양 자체는 아주 적을 수 있다. 그러나 현실적으로 그것을 전통적인 은행 체계가 필요로 하는 사람들에게 제공하지 않는다는 데 문제가 있다. 결국 가난한 사람들은 은행 외의 대안이 되는 대금업자들에 의해 최악의 착취상황에 빠지게 된다. 분명히 필요할 것은 무담보, 그리고 돈이 사용되는 목적에 적절한 조건을 가진 대출 체계라 할 수 있다.

가난한 사람들은 적은 자본으로 시장에서 혹은 해변가 어부에게 상품을 구입하고 다른 곳에 가서 약간의 이득을 남기면서 그 상품을 팔기도 한다. 혹은 수입을 위해(예를 들어 우유를 팔기 위하여) 동물을 구입하기도 하고, 새끼를 팔아 수입을 얻기도 한다. 또는 기본적인 재료를 구입하여 집에서 무엇인가를 만들어 팔거나, 길거리에 좌판을 만들어 놓고 지나가는 사람을 대상으로 음식을 만들어 팔기도 한다. 가난한 사람들도 기본적으로 건강하고 삶이 어느 정도 안정적이라는 전제하에 대출만 가능하다면 소득을 올릴 기회는 현실적으로 많다.

그러므로 개발과 빈곤완화 프로그램의 주된 시도는 저소득층의 욕구를 충족시켜줄 대출 체계를 수립하는 것이다. 이러한 체계는 제도화되어 있는 은행 구조를 대신하는 것으로 설치되었고(방글라데시의 그라민 은행과 같이), 제도화된 은행도 담당하는 그 역할이 있지만, 대안이 되는 대출 체계는 시민들에 의해 운영된다는 것이 초점이 된다. 지역사회 중심의 대출 체계는 그 자본을 다음과 같은 두 가지 방법을 통해 구할 수 있다. 그 한 가지는 대안이 되는 대출 체계 설립을 목적으로 원조 기관으로부터 적은 보조금을 받는 것, 또 하나는 그 체계의 구성원들이 저축 체계를 마련하여 함께 공동기금을 모은 후 그 돈을 구성원 개개인이 빌려 쓸 수 있도록 하는 것이다.

첫 번째 접근은 지역사회 단체가 보조금을 받아 지역 구성원들이 그 돈을 빌려서 쓰는 것이다. 그 체계를 운영하기 위해 위원회를 구성하고 위원들이 대출과 이자율 등에 대한 결정을 내리게 된다. 두 번째 접근에 있어서 강조해야 할 점은 저축 방법이다. 왜냐하면 가난한 사람들에게 저축이란 것은 그 자체만으로 말도 안 되는 발상이기 때문이다. 그러나 저축 체계는 구성원들로 하여금 매주 불과 몇백 원이라도 저축하는 전략을 궁리하고 그것을 다른 구성원들과 나누어 쓰도록 격려하게 된다. 이러한 저축 체계는 곧 개개인들로 하여금 대출을 요하는 소규모 소득창출 사업에 대한 계획을 수립하기에 충분한 액수로 모아지게 된다. 이 경우 구성원 단체가 그 돈의 쓰임새에 대한 결정을 내린다. 이상과 같은 두 가지 접근에 있어서 주요 요소는 구성원들 모두 지원된 사업의 발전에 대한 지대한 관심을 갖게 된다는 점이다. 이러한 관심은 실상 차용자에게 있어서는 성공하여 궁극적으로는 빌린 돈을 갚아야 한다는 사회적 혹은 동료의 압박의 한 형태이기도 하다. 그리하여 결국 돈을 갚는 확률이 예외 없이 90%가 넘는 현상은 놀랄 일이 아니다. 그러나 차용자 개개인의 사업에 대한 관심은 사회적 학습과 지지의 중요한 원천이기도 하다. 구성원들은 서로에게 어떠한 일을 할 수 있고, 어떻게 상황들에 대처할 수 있는지, 상호적인 지지를 통해 얻는 이득은 무엇인지 등에 대해 배우게 된다. 마지막으로 동료 구성원들의 각각의 사업에 대한 관심은 개개인에게 자신감을 불어넣어 주며, 그들이 혼자가 아니라는 느낌을 심어준다. 일이 잘못 되었을 때 조언해 줄 사람들이 주위에 있다는 느낌, 다른 사람들의 경험을 들을 수 있다는 생각, 혼자만 문제에 직면하고 있는 것이 아니라는 느낌을 주며, 동정심 없는 사체업자들이 무서운 눈으로 우리를 째려보고 있는 것이 아니라는 안정감을 준다.

이러한 체계의 중요성과 성공률에 대해서는 더더욱 강조를 해도 부족하다. 더욱이 이 체계는 자원이 많이 필요한 것도 아니다. 어떤 곳에서는 가난한 사람들이 스스로 이러한 체계에 대해 터득하여 거의 아무런 외부 원조 없이 실천에 옮기기도 했다. 주로 사회복지사가 있어서 지역 구성원들로 하여금 이러한 체계를 구성하도록 조언하고 격려하는 경우가 많다. 저축된 것은 가난한 사람들이 미처 인식하지 못한 그들의 자원을 수면 위로 드러내는 것이며, 간혹 사용되는 외부 보조금은 고액의 월급을 받는 전문가들에 의해 추진된 많은 보조 사업들의 지출에 비하면 아주 적은 액수인 경우가 많다. 마지막으로 이러한 체계의 지속적인 조직력은 구성원들 자신들로부터 제공이 되며, 그러므로 저렴할 뿐만 아니라 능력개발과 역량강화의 매우 좋은 원천이기도 하다. (대출 체계에 대한 논의는 Hulme & Montgomery, 1995; IFAD, 1985; Cambers, 1993; Social Development Issues 25권 1-2호, 2003 등 참조. 미국 내 미시대출과 자산증식에 관한 논의는 Sherraden, 1991 참조. 대출 체계와 시민은행의 실례는 6장 참조)

소규모사업 정책 조성

대출 체계와 지식 축척 그리고 새로이 얻게 된 자신감의 도움으로 가난한 사람들이 아주 소규모의 사업을 시작하는 동안, 빈곤완화 전략 또한 많은 수의 가난한 사람들이 참여할 수 있는 소규모사업을 시작할 수 있다. 시민들과의 협의를 통해 사회복지사들은 생산품을 내 놓을 시장이 존재하며, 가난한 사람들의 현재와 미래 능력의 한계 내에 존재하는 기술과 그밖에 투입되어야 할 자원이 존재하는 소규모사업을 찾게 된다. 이러한 소규모사업은 어느 정도의 중앙 기획과 조직을 요하며, 물론 돈도 필요하다. 그러나 기본적으로는 개별적인 가구들이 처리할 수 있는 아주 작은 규모가 많이 모여 이루는 사업이다. 다만 중앙 집중적인 구조가 필요할 뿐이다. 그러한 사업은 아마 계획을 이행하여 성공으로 이끄는 힘과 자원을 가지고 있는 NGO의 높은 수준의 자문 접근 방법에 의해 가장 잘 운영될 것이다.

예를 들어 잘 알려진 아시아 지역 소규모사업 체계는 조류 사업과 토끼 사업을 중심으로 발전한 바 있다. 방글라데시의 조류 사업을 예로 들자면(UN/ESCAP, 1996a, pp.1-9), 한 여성 개인이 그 사업체 안에 독립적인 한 개체로서 구체적인 역할을 수행하도록 훈련되고, 또 다른 여성들이 다른 역할들을 수행하면서 서로 밀접하게 협력하도록 체계가 만들어졌다. 다만 각각의 역할은 분명히 구분되어 있고, 훈련이 잘 진행되며, 상품과 서비스의 값이 중앙에서 결정되고, 여성들은 모두 잘 지원받고, 프로그램의 기본이 NGO에 의해 잘 보호되었다. 몇천 명의 여성들의 빈곤한 상황이 이러한 체계를 통해 완화될 수 있었다. 중국의 한 토끼 사업의 예를 살펴보면, 가난한 사람들이 토끼를 키워 중앙 공장으로 정해진 가격에 팔고, 공장에서 시장으로 유통하는 체계이다. 각 가구는 여러 범위에서 지원을 받고 있으나 독립적으로 운영되었다.

소규모사업의 두 번째 형태는 노동자가 소유하는 사업체이다. 예를 들어 필리핀에서는 많은 빈곤 가정을 대상으로 서양 NGO에 의해 지어진 저렴한 집에 들어가는 부품을 만들도록 교육받았다. 사람들이 이러한 소규모사업에 동참하기로 하면 필요한 기술을 가르쳐주며, 사업을 시작할 자본도 대출해주었다. 그들은 매우 성공적인 집합적인 사업체를 이루게 되었고, 빌린 돈을 갚을 수 있었으며, 가족들을 가난으로부터 벗어나게 할 수 있었다. 동시에 그들은 그 나라 환경에 매우 적절하며 저렴한 집을 많은 가난한 사람들에게 제공하게 된 것이다.

그러므로 소규모사업은 그러한 사업을 계획하는 누군가의 혹은 NGO의 개입이 초기에 존재한다. 그러한 계획은 관심이 있을 만한 사람들과 논의되고 동참하기로 하는 사람들이 충분할 때에만 진행이 된다. 그 이후 NGO의 역할은 촉진과 지지로서 교육을 준비하고 필요한 비용을 대출해주고 그 프로그램이 잘 진행될 때까지 지지해주는 것이다. 기본적으로는 결국 가난한 사람들이 스스로 프로그램을 운영하는 것이며, 가난한 이들의 복지를 향상시킬 소득창출의 가능성이 있는 프로그램이 되는 것이다. 그러한 프로그램이 장기간 소득을 제공할 가능성을 지고 있어야 하며, 사람들의 능력의 한계를 넘어서지 않는 한도 내에서 사람들의 참여를 요구하는 것을 통해 장기간 지속 가능한 것이어야 함은 매우 중요한 점이다.

소규모사업은 비형식적인 경제체계의 일부분인 경우가 많다. 그러므로 기존 경제체계에서는 초기 성장 단계에 일반적인 규칙들을 지키도록 강요하기란 어렵다. 그러므로 소규모 기업이 분노와 반발을 불러올 만한 정규 경제체계 내에서 경쟁하는 것을 피할 수 있도록 조심하는 것은 매우 중요한 일이다. 물론 소규모사업이 본질적으로는 기존 경제체계와 상보적이어야 한다. 그 사업이 번창할 만한 공간에서 비록 태아와 같은 수준으로 존재할지라도 말이다. 많은 국가에서 기존의 경제체계에서는 불가능하다고 생각했던 소득창출의 기회를 제공했다는 점에 있어서 대안이 되는 경제체계에 초점을 맞추는 것은 매우 중요할 것이며, 실현가능하지도 않은 복지적 대안보다는 훨씬 나은 방법일 것이다. (사회복지실천과 소규모사업에 관한 자세한 논의는 Livermore, 1996 참조)

집단 활동의 장려

미개발과 빈곤을 경험하는 많은 지역사회에서는 집단으로 사람들이 함께 힘써야만 가장 잘 충족될 수 있는 욕구들이 있다. 지역주민들이 오랜 시간 개입해온 활동으로부터 발생한 환경적인 재난에 직면할 수 있으며, 이런 경우 지역사회만이 그 해결방법을 가지고 있는 것이 그 예이다. 농부들은 어떤 작업의 일부분을 다루는 데 있어서 개인적으로 해결하기 어려운 문제들에 직면할 수 있다. 그런 경우 서로가 서로를 돕고자 하나로 뭉쳐야 해답을 찾을 수 있는 경우가 있다. 지역사회는 마약중독이나 HIV/에이즈, 혹은 물과 관련된 질병과 같은 사회적인 문제나 보건상의 문제에 직면할 수 있는데, 그런 경우 지역사회가 가능한 한 함께 가장 좋은 대안을 찾아내야 할 것이다(많은 경우 지역사회를 기반으로 한 서비스 전달을 의미한다). 생산자 집단은 그들의 상품을 시장에 내놓기 위해 먼 길을 가야 할 수 있다. 그런 경우에는 단체로 구입한 자동차를 이용해 생산자의 상품을 시장에 실어 나르는 방법을 이용할 수도 있고, 또 통로나 도로를 함께 건설하여 이용하는 방법도 있을 것이다.

지역사회가 하나가 되어 가장 좋은 대안을 찾아내는 예는 많이 있다. 문제는 과연 지역주민들이 동시에 이러한 결정을 내릴 수 있을 것인가, 아니면 개발 혹은 지역복지 관계자가 외부인으로서 지역주민들에게 집단으로서 힘써야 하는 필요성을 알려주고, 지역사회를 기반으로 한 대책을 가진 가능성에 대해 주지시켜야 하는지이다. 이때 사회복지사가 경험하는 가장 큰 어려움은 지역주민들 스스로 문제에 대한 해결책에 도달할 수 있도록 완전한 통제권을 줄 방법을 모색하는 것이다. 지역주민들로 하여금 비슷한 문제를 가진 다른 지역주민들이 무슨 해결책을 찾아내었는지 알려주는 것이 도움이 될 것이다. 또한 지역주민들이 함께 모여 문제에 대해 토론하고 해결책을 제안하도록 하는 것이 가장 좋은 방법일 수 있다. 혹은 사회복지사의 판단에 적극적으로 방안을 제안하는 것이 필요하다고 믿을 때에는 그렇게 하는 것이 좋을 수도 있다. 그 과정은 상황이 가지고 있는 문화와 다른 요소들에 대한 사회복지사의 관점에 의해 달라질 수 있다.

모든 가난한 지역사회에 적절한 사회복지 전문가와 기본 자원을 보낼 수 없다는 것을 인정한다고 했을 때 지역사회를 기반으로 한 대책이란, 곧 지역사회의 자립의 원칙을 나타내는 것이다. 지역사회가 스스로 지역사회에 퍼져있는 문제를 사정하고 통제할 수 있게 된다면 그 경험을 토대로 더 많은 활동을 시도하게 될 것이다.

지역사회 개발

우리가 지역사회 개발(그리고 지역사회를 기반으로 한 개발) 전략에 대해 가장 마지막으로 언급하는 이유는 지금까지 언급한 전략에 비해 가장 폭넓은 전략이기 때문이며, 폭넓은 범위의 상황들에 대한 통합된 대책으로서 앞서 언급한 모든 전략들을 포괄할 가능성이 큰 전략이기 때문이다. 캠펜스(Campfens, 1997)는 우리가 알고 있는 유일한 지역사회 개발에 대한 국제적인 문헌고찰을 통해 우리에게 매우 중요한 통찰력을 키워주고 있다. 그 첫 번째 내용은 지역사회 개발이 능력개발을 포함하고 있고 자조와 자기의존에 초점을 두고 있으며(p. 462), 사회응집에 관심이 있으며(p. 448), 소득창출 전략을 촉진하거나 이용하기 때문에 일반적으로 역량강화로 생각된다(p. 461)는 점이다. 두 번째 내용은 지역사회 개발이 분명 개발에 있어서 가장 중요한 규모이며 사회개발을 달성하는 데 기본 도구라는 점이다(Stoesz, Guzzetta & Lusk, 1999, 7장). 또한 지역사회 개발은 지역사회 재건으로서의 분쟁 후 재건 노력에 일반적으로 포함되는 것이고 추방의 상황에 활용된다는 점이다. 그리고 빈곤완화를 위한 주된 전략이라는 점을 포함한다. 실제로 지역사회 개발이 매우 중요한 역할을 담당하지 않는 국제사회복지실천은 상상하기 어렵다.

지역사회 개발을 국제사회복지실천의 한 전략으로 소개하기 전에 그 개념과 중요성에 대해 잠시 생각할 필요가 있다. 첫째로 지역사회 개발에 대해 개념화하는 과정에서 지속적으로 바뀐 여러 용어에 대한 것이다. 아이프(1995, p. 1)는 지역사회 개발에 대한 그의 생각을 "무엇을 지역사회 활동이라고 할지에 대해서는 동의된 바 없다"라고 나타내었다. 사용하고 있는 용어에 대한 혼란스러움은 그가 사용한 "지역사회 사업, 지역사회 개발, 지역사회 조직, 지역사회 활동, 지역사회 참여, 그리고 지역사회 변화" 등과 같은 단어들에서 잘 드러난다. 사회복지실천 외의 상황에서는 지역사회 개발, 사회개발, 지역개발, 지역단위 개발 그리고 지역사회를 기반으로 한 개발에 대해 혼란스러워 한다. 그렇다면 이러한 용어들은 서로 어떠한 관계가 있을까?

사회개발에 대한 논의에 최근 학자들이 포함시킨 지역사회 개발에 관한 몇 가지 개념들을 가지고 설명을 시작해보자. 스토에즈와 동료학자들(Stoesz et al., 1999, p. 129)은 지역사회 개발에 대해 "지역사회 개발이란 공통문제를 가지고 있는 사람들, 집단 구성원들이 서로 공통으로 가지고 있는 관심사를 전개하기 위해 함께 대책마련을 하는 능력을 가지고 있다는 개념을 포함하고 있다"고 설명하였다.

또한 지역사회 개발과 사회개발 간의 관계에 대해서는 "일반적으로 지역사회 개발은 사회개발을 포함하고 있지만 그 둘은 같은 것을 의미하지는 않는다"(p. 129)고 보았다. 그들은 지역사회 개발을 "방법, 프로그램, 운동, 변화의 과정 그리고 변화를 위한 준비"라고 표현하는 다른 학자들의 의견에 동의하면서, "지역사회 개발의 가장 기본이 되는 요소는 변화이며, 의도된 변화는 항상 의식적으로 선택된 방향으로 진행된다"(p. 130)는 의견에도 동의한다. 또 한 가지 포함되는 중요한 요지는 변화에 초점을 두는 것이 결국 지역사회 개발을 정치적인 활동으로 보이게 한다는 점이다.

캠펜스(1997, p. 20)는 지역사회 개발이 기본적으로 "계획된 변화의 과정"이며, 시간이 흐름에 따라 지역사회 개발의 본질은 중앙 권위자들에 의해 통제된 과정에서 시작되어 점차 "국가 기관이 NGO와 지역사회 조직들과의 동반자로서 기능하는, 보다 다원적이고 참여적인 접근을 하는 계획"(p. 21)으로 변화되었다는 점에 동의한다. 캠펜스의 지역사회 개발에 대한 요약은 세계적으로 그 용어를 사용하고 실천하는 데 있어서의 난해함에 대해 다음과 같이 서술하고 있다.

쉽게 말해서 지역사회 개발이란 그 사회의 생각, 가치, 이념들을 실행에 옮기는 것이다. 인도주의적인 관점으로는 이 과정이 지역사회를 찾는 것으로, 상호원조적인 것을 찾는 것, 사회적 지지 그리고 소외와 억압, 경쟁과 개인주의가 팽배한 사회로부터 인간을 자유롭게 하는 방법을 찾는 것으로 보일 수 있다. 보다 더 실질적이고 제도적 관점으로 본다면, 지역사회

개발은 지역사회 주민들이 빈곤을 완화하고 사회문제를 해결하고 가족을 강화하고 민주주의를 촉진하며 현대화와 사회경제적인 발전을 도모하려는 국가나 제도의 노력에 동참하도록 움직이게 하는 도구로 인식되기도 한다. (p. 25)

사회개발에 대해 캠펜스의 설명은 결국 다음과 같다. 지역사회 개발에 대한 폭넓은 이해 혹은 최소한 어떠한 접근방법들이 있는지에 대한 이해는 함께 이루어지고 있으며, 그 둘 중 하나는 사실상 사회개발과 같은 의미라는 것이다.

마지막 예로 최근 지역사회 개발의 개념을 이야기한 아이프(1995, p. 2)의 접근은 다음과 같다.

이 책은 지역사회복지와 지역사회를 기반으로 한 서비스를 지역사회 개발을 위한 접근의 하나로 생각하고 폭넓은 상황 속에서 그것들을 찾아내고자 한다. 지역사회 개발이란 말은 새로운 방법으로 서로 관계하고, 삶을 조직하고 인간의 욕구를 충족하는 것이 가능하도록 인간 사회를 구성하고, 또 재구성하는 과정을 말하는 것으로 보인다. 이러한 맥락에서 지역사회복지는 월급을 받고 있는지 그렇지 않은지를 떠나서, 지역사회 개발을 위한 활동을 촉진하기 위한 어떤 개인의 활동이나 실천이라고 할 수 있다. 지역사회를 기반으로 한 서비스는 인간의 욕구를 충족하고, 자원과 지역사회의 전문성과 지혜를 동원하기 위한 구조와 과정이라고 하겠다.

아이프는 지역사회 개발과 사회개발 간의 관계에 대해 다음과 같이 이야기하면서 결론을 맺는다.

사회복지실천, 청소년복지, 교육학, 보건 전문가들 사이에서 전통적으로 지역사회 개발이라고 인식되는 대부분은 사회개발로 이해될 수 있다. (p. 133)

지역사회 개발의 주된 요소가 무엇인지를 밝히기 전에, 최근 몇십 년 동안 지역사회 개발이 급격하게 변화했다는 학자들 간의 합의된 의견에 대해 언급해야 할 것이다. 지역사회

개발에 대한 역사적인 배경에 대해 스토에즈와 그의 동료들(1999, pp. 131ff)은 과거 대부분의 농민사회에서 발견되는 '상부상조'와 같은 관습과 초기 종교사회의 활동 속에서 지역사회 개발의 근원을 찾아 볼 수 있다고 말한다. 2차 대전 후 지역사회 개발은 기본적으로 저개발국가들이 스스로 설 수 있고 정치적으로 안정을 찾을 수 있도록 돕는 원조 전략이었다. 물론 학자들은 그 당시 각기 다른 여러 범위의 지역사회 개발에 대해 여러 문헌들이 밝히고 있다고 하였다. 학자들은 개발도상국에 대해 다음과 같이 말한다.

> 역사적으로 개발도상국에서의 지역사회 개발은 (늘 그렇지는 않지만) 기본적으로 지역단위이고, 마을 단위 사회복지사들이 개입하는 비교적 소규모 활동이지만, 간혹 외부의 원조를 받기도 하며, 소통 망을 형성하여 더 큰 단위의 움직임으로 커질 가능성도 가지고 있다. 1960년대 중반에 가서는 '국가적 계획' 체계로 바뀌기 시작하지만, 1970년대에 다시 '참여적 개발'로 되돌아오게 된다. (Stoesz et al., 1999, p. 145)

저자들은 특히 미국과 같은 선진국들의 상황과 위에 언급한 접근을 비교하기도 한다. 캠펜스(1997, p. 17)는 1960년대를 통해 다음과 같이 설명하였다.

> 지역사회 개발 프로그램은 국가적 차원에서 세워졌고, 중앙관리와 자원동원 체계에 의해 움직여지는 5개년 기본 계획의 중요한 일부분으로 지역주민들을 동원하기 위해 시작되었다. 이러한 모델은 남미와 그 외 다른 많은 제3세계 국가에서 적용되었으나 명백한 실패를 맛보고 말았다.
>
> 실패했음에도 불구하고 정부가 시도하고 운영하는 지역사회 개발 프로그램은 여전히 매력적이다. 특히 무거운 부채의 짐을 가지고 있으면서 자본이 부족한 정부, 그리고 적은 돈으로 시민과 지역사회의 욕구를 충족할 대안을 찾고 있는 정부들이 그러했다.

글의 후반부에 캠펜스는 초기의 지방 지역사회 개발 프로그램은 "지방 권력집단을 선호하면서 부지가 없는 사람들, 가난한 여성들, 일자리가 없는 젊은이들, 작은 규모의 농민들에게 다가서는 데 실패했다"(p. 453)고 지적했다. 이러한 지역사회 개발 프로그램은 국가가 시작한 것이었다. 다른 학자들도 개발도상국에서의 초기 대규모이며, 정부가 시도한 지역사회 개발 프로그램이 실패했다는 점에 동의하고 있다(예: Dore & Mars, 1981). 이러한 역사적인 실패로 인해 잠시 지역사회 개발이 무시된 것이 아닌가 생각된다. 그리고 지역사회 개발이 다시 되살아나면서 그 초점이 초기에 팽배했던 것과는 전혀 다른, 지방 개발 모델의 지역사회 개발 형식으로 바뀐 것이다(Campfens, 1997, p. 449). 새로운 초점은 "마을과 지방 단위의 변화를 가져오는 아래에서 위로 향하는 접근"이 되었으며, 이는 국가와 NGO 그리고 지방조직 간의 협력을 토대로 한 것이다. 이와 관련하여 캠펜스(1997, p. 450)는 다음과 같이 설명하였다.

이러한 정책은 지방 지역사회를 되살리는 일이나 시민의 참여를 촉진하는 일에, 또한 경제적으로나 사회적으로 소외당하는 (조직된 단체들) 사람들이 그들의 상황을 개선하는 일에 참여하도록 격려하는 일을 목표로 삼고 있었다. 이러한 노력은 지역사회 개발에 대한 관심을 되살렸고 지역사회복지사들을 훈련하는 것으로 진행되었다.

캠펜스에 의하면, 전통적으로는 국가가 지역사회 개발을 시작하여 "지방과 지역사회의 참여를 유도"했으나, 최근에는 "자발적인 일선 집단들이 '자연스럽게' 지역사회 활동에 참여하기 시작했다"(p. 452). 더 나아가 "지역사회 개발 실천은 지방 지역사회에만 집중하는 한 가지 목표에서 벗어나 점차 다양한 목표를 가지고 있는 전략으로 변하고 있다"(p. 454). 마지막으로 지역사회 개발의 새로운 모델 안에서 NGO는 "다른 조직들의 노력과 더불어" 인간중심적이고 참여적인 접근을 활용한 "중재하는 제도"로서 매우 중요한 역할을 담당하고 있다(p. 463).

이제 지역사회 개발에 대한 우리의 이해를 종합해보자. 요지는 다음의 설명에서 찾아볼 수 있겠다. 캠펜스(1997, p. 460)는 "참여는 지역사회 개발에 없어서는 안 될 필수 조건"이라고 말했고, 아이프(1995, p. 131)는 "지역사회 개발의 목적은 지역사회를 인간 경험의 중요한 장소이며 인간 욕구충족의 중요한 장으로 재건하는 것"이라고 말했다. 지역사회 개발은 참여적이어야 하며, 그러기 위해 지역사회 혹은 지방 단위로 운영되어야 한다. 우리는 캠펜스(p. 455)가 말하는 지역사회 개발의 첫 번째 유형으로서 사회개발이라는 용어를 사용하고자 한다. 이것은 사회개발을 사회 전반의 개발을 위한 포괄적이고 통합적인 접근으로 인식하는 것이다. 이와 비슷하게 우리는 이라는 단어를 집단 간 관계에 초점을 두는 프로그램과 전략을 포함하는 것으로 사용하기로 한다(캠펜스의 지역사회 개발의 여덟 번째 유형). 캠펜스의 세 번째 유형인 지방개발은 지역사회 개발과 같은 것으로 인식할 것이며, 그렇게 하는 것은 현대에 와서 무엇을 지역사회라고 인식하는지에 대한 공통된 논의를 넘어설 수 있게 해주는 장점이 있다. 시민들을 범주화하는 데 초점을 둔 범주 개념으로서 캠펜스의 지역사회 개발 접근의 다섯 번째 유형은 많은 맥락에서 지역사회 개발의 기본적인 요소로 인식된다. 이러한 범주적 개념은 집단 혹은 범주화된 수준으로 접근해야만 해결가능한 많은 지역사회와 지방 지역에 존재하는 극심하게 불리한 위치에 있는 사람들, 소외된 사람들 혹은 배제된 사람들에 대해 강조하고 있다. 이와 비슷한 캠펜스의 또 다른 두 가지 유형을 지역사회 개발의 개념에 통합해보자. 그 하나는 "지역사회 개발을 밑에서 위로 역량을 강화하는 접근"으로 인식하는 자기 관리 개념이다. 다른 하나는 "전문가적인 권위자들의 '보편적인 지식'과 지역주민들의 대중적인 지식과 산 경험을 하나로 모으는" 사회화 혹은 교육의 개념이다.

지역사회 개발에 사람들을 동원하는 주된 전략들

지역사회 개발을 발전시키는 프로그램과 전략의 문제에 대해 생각해보자. 앞으로 논의할 내용은 스토에즈와 그의 동료들(1999, p. 129)의 지역사회 개발에 대한 묘사에 의하면, "과정, 방법, 프로그램과 운동"이며, 우리의 초점은 특히 과정에 있다. 폭넓은 방법과 프로그램이 활용되겠지만 여기서 중요한 것은 과정 그 자체이다.

> **지역사회 개발에 사람들을 동원하는 주된 전략들**
> · 변화하고자 하는 욕구와 결의를 장려한다.
> · 지역사회에서 소외된 사람들을 찾아낸다.
> · 역량강화, 참여, 지역조직 개발의 과정을 활용한다.
> · 이 지역사회를 담고 있는 더 큰 사회의 문화와 정치적인 현실을 고려하여 일한다.

지역사회 개발에 대한 욕구와 결의 장려

첫째로 지역사회 개발이 상황을 변화시키고자 하는 욕구에서부터 시작된다는 점은 분명하다. 일반적으로 지역사회 개발에는 인권과 사회정의를 위한 의도, 지역사회가 더 포괄적이 되도록 돕는 의도(예: 사회응집력 촉진), 그리고 집단과 개인의 복지를 증진시킬 방법을 찾는 의도가 포함되어 있다. 이러한 과정은 매우 정치적일 수 있는데, 특히 그 사회의 다른 계층이 그러한 변화에 무슨 이유에서든 반대를 한다면 더욱 정치적일 것이다.

지역사회 내 소수민/소외계층 찾아내기

지역사회 개발에 있어서 우선 전통적으로 소외되고 제외된 사람들을 찾아내는 일이 얼마나 중요한지 강조하고자 한다. 그들을 위한 특별한 조치를 취하지 않고는 지역사회 개발 과정에서도 여전히 소외되고 제외될 가능성이 크기 때문이다. 그러한 사람들에게 지역사회 개발 접근 중 지역주민들을 범주화하여 그러한 범주를 기반으로 한 접근에 참여하도록 함으로써 힘을 실어주는 전략은 매우 중요하다. 하지만 기존에 만연한 지역주민 관계에 의존하다 보면, 그들의 참여를 격려하는 노력은 더 넓은 사회통합과 사회응집력을 늘리는 활동이 동시에 이루어지지 않는 이상, 잘못 오해를 불러오고 그 지역사회를 둘러싸고 있는 사회로부터 원망을 살 우려가 있다.

역량강화, 참여, 지역 단위 조직 만들기 과정 활용

지역사회 개발 과정의 핵심은 역량강화, 참여 그리고 지역조직 세우기를 강조한다. 여기에서의 요지는 역량강화 접근에 주민들을 참여시키는 것이다. 참여 또한 주민들로 하여금 그들의 욕구가 무엇인지 찾아내고, 그 욕구를 충족하기 위한 전략을 제안하고, 그것을 위한 활동에 참여할 때에 주도적인 역할을 하도록 격려하는 것을 의미한다. 이러한 전반적인 과정은 지역조직을 세우면서 더 진보되는데, 이는 주민들이 그 조직 내에서의 경험을 통해 서로에 대한 이해와 고마움이 늘어나며 앞으로 나가는 데 필요한 초석을 다지게 되기 때문이다. 그 어떤 지역사회도 완벽하게 자립할 수는 없고, 또 그래서도 안 되지만, 지역사회가 자립적이 되고 지역사회에서 시작되는 움직임을 활용하는 과정에 우리는 집중해야 한다.

문화적이고 정치적인 현실 상황에 맞게 일하기

마지막으로 우리는 지역사회 개발의 전 과정이 더 넓은 상황 속에서, 그 상황에 맞게 이

루어져야만 함을 강조하고자 한다. 지역사회 개발에 힘쓰는 사회복지사들은 이 사실을
인식하고 있을 필요가 있으며, 특히 문화적이고 정치적인 현실 속에서 그들이 받아들여야
하는 특정 접근방법에 맞출 준비가 되어 있어야 한다. 또한 지역사회 주민들도 그들의 지
역사회를 둘러싸고 있는 넓은 상황을 잘 인식하고 있어야 한다. 그 상황 속에서 참여할 가
능성이 있는지의 여부로서 주변 상황은 자원 제공의 원천일 수 있다. 혹 그 주변 상황은 과
거와 현재의 억압과 착취의 원천이거나 지역주민들의 발전에 저해가 되는 것일 수도 있다.

결론

　　이상에서 언급한 모든 프로그램과 전략은 다음 장에서 언급할 국제사회복지실
천의 각 분야에서 그 몫을 담당할 것이다. 그리고 이 책에서 담고 있는 각 활동 영역에 어
떻게 이 전략들이 적용되는지에 대한 현장 사례도 각 장에 소개될 것이다. 그러므로 이번
장에 포함되어 있는 전략들은 기본적으로 중요한 것들이며 국제사회복지실천 전반에 걸쳐
관련 있는 전략들이다.

CHAPTER 04

◎ 요약

- 역량강화는 국제사회복지실천의 주요 원칙이며 전략이다. 그 개념은 여전히 논쟁의 여지가 있으나 개인과, 가정, 집단, 지역사회와 조직, 단체 등이 스스로의 삶과 환경에 대한 통제력을 키우도록 돕는 데 효과적으로 활용할 수 있음에는 틀림이 없다.

- 능력개발은 사회 전체의 복지 혹은 개발을 촉진하는 데 매우 중요한 전략이다. 능력개발은 많은 원칙들과 밀접한 관련이 있으며 다양한 능력을 포함하고 있고, 개인으로부터 조직에 이르기까지 사회복지실천과 개발실천의 다양한 단계에 사용된다.

- 현대의 전 세계적인 세상에서 그 어떤 지역사회도 전적으로 자기의존적일 수는 없으나, 자기의존의 원칙과 자조집단의 활용은 사회복지실천과 개발실천에 매우 중요하다. 사회복지사들은 외부 요소들에 과도하게 의존적일 수 있는 문제를 이겨내기 위해 자조와 자기의존을 촉진하고 실천하기 위해 다양한 전략을 사용할 필요가 있다.

- 자주 긴장과 분쟁을 경험하는 사회는 사회통합과 사회응집력을 유지하기 위한 적극적인 전략을 요한다. 민주적이고 사회적으로 적법하며, 경제적인 전략과 미시적이고 거시적인 수준을 모두 아우르는 다문화적인 가치는 사회응집력을 촉진할 것이다.

- 소득창출 전략과 프로그램은 빈곤이나 그와 관련된 어려운 상황에 처해있는 특정 인구집단의 소득과 삶의 질 향상에 주된 역할을 담당했다. 사회복지사들은 지식과 훈련을 제공하고 미시적 신용계획이나 미시적 사업계획, 그리고 필요하다면 집단 활동 등을 통해 이러한 전략과 프로그램을 개발하는 데 기여할 수 있다.

- 지역사회 개발의 개념에 대해서는 논쟁의 여지가 있으나, 여러 다른 전략을 통합하며 변화를 가져오는 특수한 과정을 강조하는 매우 중요하고 광범위한 전략이다. 그리고 억눌리고 곤궁한 사람들의 역량을 강화함으로써 그들을 해방시키는 전략이며, 커다란 사회경제와 정치적인 상황 속에서 참여적이고 지역적인 조직을 위한 접근방법을 채택하는 전략이다.

◎ 질문과 토론 주제

- 역량강화에 대한 여러 다른 개념을 이용하여 역량강화에 대해 이해한 것을 요약하라.
- 거시경제 개발 프로그램을 위해 왜 지역사회 수준의 경제활동과 소득창출 프로그램이 필요한지 설명해보자.

- 능력개발을 위해 개인, 집단, 지역사회 그리고 조직 차원에서 어떠한 것들을 포함해야 할지 설명해보자.

- 당신이 능력개발이라는 업무를 맡게 되었다면, 어떠한 접근방법을 채택할 것인가?

- 개발을 위한 실천으로 자조와 자기의존이 왜 그렇게 강조된다고 생각하는가?

- 외부 사회복지사로서 자조와 자립을 성취하기 위해 지역사회를 격려할 때 어떤 점들을 조심해야 할까?

- 자립을 위한 전략들을 비판적으로 검토해보자.

- 구성원이 이질적인 사회는 어째서 사회적인 긴장과 분쟁 혹은 내란을 경험하는지 설명해보자.

- 사회응집력을 키우는 전략들을 비판적으로 검토해보자. 그러한 전략들에 대해 동의하는가?

- 이 장에 소개된 주요 소득창출 프로그램에 대해 비판적으로 검토해보자. 사회복지사로서 어떠한 소득창출 프로그램을 시작하기를 원하는가?

- 지역사회 개발의 개념은 무엇이며, 폭넓은 전략으로서 그것을 어떻게 이해하고 있는가?

- 지역사회 개발을 위한 과정은 무엇이며 그 과정이 중요한 이유는 무엇인가?

- 지역사회 개발을 전략으로서, 과정으로서 그리고 목표로서 설명해보자.

◎ 향후 연구 분야

- 특수한 지역개발의 상황 속에서 지역개발을 촉진하기 위해 채택된 여러 전략들을 분석하고 지역사회와 그 안에 소속된 개개인들에게 그 전략이 미친 영향에 대해 평가해보자.

- 이 장에 소개된 전략과 프로그램의 적용에 대해 그 과정과 결과를 정리해보자.

- 지역사회 개발에 대한 연구를 두 개 찾아보자. 한 개는 중앙으로부터 시작된 것, 다른 하나는 시민들로부터 시작되어 시민 참여적인 접근인 것으로 고른다. 그리고 그 과정을 서로 비교해보자.

- 다음 상황에서 적용한 전략의 과정과 모든 가능한 결과물을 종합적으로 분석해보자. (빈곤완화 상황, 분쟁 후 재건, 자연재해 후 재건, 강제이주 등)

05
CHAPTER

개발 분야: 배경과 이슈

● 학습목표 ●

이 장의 목표는 지난 50년간 국제 개발의 주요 경로에 대해 생각하고, 전반적인 개발 과정에서 지역차원 개발의 중요성을 설명하는 것이다. 이를 위해 다음 사항을 먼저 이해하도록 한다.

– 과거의 개발 경향, 특히 식민지시대 및 신식민지시대의 강제적 개발

– 다양한 국가개발 경로

– 개발에서 외부원조의 역할

– 지역차원 개발의 필요성

5장과 6장의 목적은 지역차원 개발을 국제사회복지의 한 분야로 설명하는 것이다. 그에 앞서 이 장에서는 전반적인 개발 분야에 대해 간략히 소개할 것이다. 개발은 다양한 학술지, 보고서 및 수많은 교재와 서적에서 설명하고 있는 광대하고 복잡한 분야이다. 사회복지사가 모든 범주의 개발에 관여해야 하는 것은 당연하지만, 여기서는 개발도상국에 초점을 둔다는 가정하에 여러 이유로 지역차원 개발(풀뿌리 공동체 개발)이라는 하나의 분야만을 선정하였다. 이 장에서는 다음의 세 가지 이유로 지역차원에 초점을 두고자 한다. 첫째, 현장에서 일하는 개발도상국의 사회복지사 대다수는 지역차원 개발에 집중되어 있

다. 둘째, 사회복지 전문기술은 지역차원에서 가장 확실하게 적용되는데, 그렇다고 다른 차원과의 연계성을 부인하는 것은 아니다. 셋째, 지역차원은 개발 관련 주요 문서와 개발 사업 책임자 다수가 동시에 간과하는 분야이며, 특히 인구가 집중되고 빈곤한 지역일 경우 정도가 심하다.

5장에서는 개발의 다양한 경로를 세 가지로 분류하여 소개한다. ① 강제적 개발로 국가 외부의 대리인이 주도적인 역할을 하는 경우, ② 국가주도 개발로 국가가 시작하고 진행과정을 지시하며 거시경제와 정치적 정책에 초점을 두고 미시적 실행을 의미하는 탑-다운 방식, ③ 외부지원 개발로 외부원조와 투자에 의존하는 다양한 개발 환경이다.

진행과정으로서의 강제적 개발은, 비록 서구 국가가 개발 과정을 자국 이익에 맞추어 통제한다고 생각하는 사람들도 있지만(예: Monbiot, 2003; Hoogvelt, 2001; Korten, 1995), 오늘날에는 크게 관련이 없을 수도 있다. 물론 서구에서는 무역, 투자, 원조패턴 및 기관 구조 측면에서 많은 힘을 발휘한다. 그러나 강제적 개발은 식민지시대라는 역사와 관련이 있으며, 이는 후에 다시 논의할 것이다. 외부지원 개발은 2차 세계대전이 종결된 이후부터 개발의 주요 양상으로 구성되어 왔다. 그러나 대부분의 국가들은 식민지나 기타 다른 역사적 산물과 외부원조 등의 영향 속에서도 자국의 개발을 위해 중요한 역할을 하였고, 많은 국제기구들은 국가의 개발 역할을 강화에 대해 지원을 한다.

3가지 유형의 특징에 대한 간략한 개요와 현재의 관련 이슈들에 대해 살펴보고 지역차원 개발에 대해 논의할 것이다. 지역차원 개발은 부분적으로 위의 접근법에 대한 대안으로 소개되지만 더 중요한 것은 꼭 필요하고 서로 보완하는 접근법임에도 너무 평가절하되고 있다는 점이다. 6장에서는 지역차원 개발을 통한 주요 프로그램과 전략에 대해 설명할 것이다.

1945년 이후 세계의 개발: 개발에 대한 다양한 경로

흡스봄(E. Hobsbaum, 1995)이 쓴 『짧은 20세기 1914~1991(Short Twentieth century 1914~1991)』에서 그는 1941년부터 1991년의 기간 동안 세계에 발생한 지역과 변화 범위의 윤곽을 그렸다. 2차 대전 말에는 많은 사람들이 농업 국가가 독립하였으며, 이들은 확대가족을 이루고 세상과는 거의 접하지 않은 채 생활하였다. 20세기 말에는 모든 것이 변하였다. 식민지 지배하의 대다수 국가는 독립을 얻었으며, 독립국가가 급격히 증가하면서 대다수 사람들의 삶에 엄청난 영향을 미쳤다. 홉스봄은 1950년부터 1973년의 "전성기"(1995, 9장)는, 선진국가들에서 대부분 이루어진 엄청난 경제성장과 급속히 퍼진 세계화는 거의 전 세계인에게 영향을 미친 또 하나의 세계적 현상이라고 언급하였다. 많은 선진국들은 때로는 천천히, 때로는 급속하게 더욱 산업화되고 도시화되고 인구가 증가하고 핵가족화되었으며, 소비중심적이고 다양한 형태로 이주하며 글로벌 커뮤니케이션, 경제, 문화, 기술 등과 더 많이 연결되어 있다. 여러 국가에서 고등교육을 받은 계층이나 중산층, 젊은 세대의 수가 급격히 증가했으며, 분명하게 빠른 속도로 지구촌의 일원이 되고 있으며, 이러한 소속감을 느끼지 못하고 영향을 받지 못한 다른 사람들도 좋든 싫든 세계화 안으로 포함되었다. 예를 들면, 긍정적으로는 건강과 교육 수준이 올라간 반면, 부정적으로는 많은 사람들이 예측할 수 없는 세계시장과 재정 위기, 정치적 불안정성과 분쟁, 열악한 통치 등에 따라 점점 더 많은 영향을 받게 되었다.

　개발도상국을 강타한 광대한 변화는 상당 부분 식민지라는 과거 때문이고, 또한 산업화된 선진국의 변화에 따른 반향에 따른 것이기도 하다(다시 말하면, 많은 개발도상국의 개발을 위한 노력과 산업화된 선진국이 그러한 개발을 촉진시켰기 때문이다). 유럽의 재건을 위한 미국의 마셜 플랜(역자 주: 2차 대전이 끝난 뒤, 미국이 서유럽 16개국에 대해 펼쳤던 대외원조 계획)과 강력한 일본 경제 구축을 위한 미국의 노력에서부터 세계은행과 IMF 등과 같은 국제경제기구의 설립 등을 통해 2차 대전 후 선진기업이 기하급수적으로 증가하였다. 국제경제기구를 통하여 거액의 개발자금이 유통되었으며, 유엔개발계획(UNDP)이나 세계식량계획(WFP) 등 여러 유엔 산하기구들과 거의 모든 서구 국가에서 진행된 국제원조 프로그램, 급증한 NGO 등이 개발 사업에 힘을 쏟았다. 토다로(Todaro, 1997, p.547)가 기술한 바와 같이, "공적개발원조를 통한 자금규모가 1960년 46억 달러에서 1992년 58억 달러로 증가하였으며 여기에는 무상원조, 차관, 기술지원, 다국 간 원조 등이 포함된다."

그러나 1999년에는 자금규모가 연간 56억 달러로 약간 감소하였으며, 선진국의 GNP 대비 공적개발원조(이하 ODA) 할당액은 1960년 0.51%에서 1999년 0.29%로 감소했다 (Todaro & Smith, 2003, p.648). 2005년 OECD의 보고서에 의하면, 2003년 전체 69억 달러가 ODA에 제공되었으며, 5개 국가만이 유엔이 제시한 GNP 대비 0.7%라는 기준을 충족시켰다. ODA의 이러한 자금조달은 그 자체로 논란이 되고 있다('개발 윤리'에 관하여 Goulet, 1995 참조). 예를 들면, 차관 공여 비율(George, 1988 참조), ODA에 대한 부대조건, 개발도상국의 정치경제적 결정에 영향을 미칠 목적에 ODA 사용, IMF 구조조정 프로그램에 대한 격렬한 논쟁, 부패로 인한 ODA의 변질 정도, ODA로 인한 의존도 등에 대해 많은 우려가 제기되고 있다. ODA 자체적으로도 불평등에 대한 개선의 목소리가 높아지고 있다(Seabrook, 1993; Thomson, 2003). 토다로(1997, pp.551-554), 토다로와 스미스(Todaro & Smith, 2003, pp.648-660)는 기부 국가가 원조를 하는 이유와 이를 받아들이는 개발도상국가가 감소하는 이유에 대해 유용한 논의를 제공한다. (ODA에 대해서는 Randel & German, 1997, pp.247-257 참조)

2차 대전 이후 개발 원조는 소위 말하는 개발 산업의 근원이 되었다. 유엔과 국가 정부 등은 다양한 대규모 개발 프로그램에 착수했고 이를 주제로 하는 많은 연구가 진행되었으며, 토다로(1997, p.7)가 "개발 경제(development economics)"라고 언급한 사건들이 발생하였다. 그는 개발 경제가 선진자본국 또는 중앙 사회주의 국가의 경제와는 다르다고 주장하였다.

개발 경제는 현대의 빈곤, 미개발, 다양한 이념적 지향과 다양한 문화적 배경 그리고 새로운 발상과 접근법을 요구하는 복잡하면서도 유사한 경제적 문제를 보유한 제3세계의 경제, 그 이상도 이하도 아니다.

토다로는 개발, 개발도상국의 일반적 특성, 개발 경제의 특징 등의 의미를 분석하였고, 우리는 이 분석을 사회복지 전공자들과 실천가들에게 추천하고자 한다. 이 시점에서 토다로(1993, p.16)의 개발에 대한 전체 정의를 재조명하는 것이 도움이 된다.

그러므로 개발은 경제성장의 가속화, 불평등 감소, 빈곤의 근절뿐만 아니라, 사회구조, 인구양상, 국가제도 등에 주요 변화를 가져다주는 다차원적 과정으로 인식해야 한다. 본질적으로 완전한 사회체계의 모든 변화를 나타내야 하는 개발은 다른 기본 욕구, 체계 안에서의 개인과 사회집단의 갈망에 맞춰져 있고, 물질적·정신적으로 더 나은 삶의 상태 또는 상황에 불만을 느끼는 상황으로부터 이동한다.

우리는 토다로가 저술한 개발 관련 연구와 저서를 볼 때 오랜 몰두 끝에 이 정의에 도달한 것을 인정해야 한다. 세계적으로 과거 60년 동안 토다로의 정의가 내포하는 개발이 이루었는가? 그의 연구와 많은 다른 연구들은 2차 대전 이후 50여 년의 세월 동안 세계 개발 결과의 뒷받침이 된 '개발의 경로(paths to development)'의 다양성을 보여주고 있다. 예를 들면, 이스털리(Easterly, 2002)는 그가 "성장에 대한 규정하기 어려운 탐색(elusive quest for growth)"으로 생각했던 범위들 안에서 많은 개발의 길을 정의하고 분석한다. 그러나 그의 '경로'는 개발의 경제이론에 제한된다. 소(So, 1990)와 같은 다른 저자들은 경로에 대한 논의를 개발사상 학파의 형식으로 보여준다.

우리는 독자적으로 개발 경로의 유형학을 발달시켜 왔다. 이는 개발 경로의 유형학이 통합적인 유형학이 아니라 사회복지사들이 특정한 추세와 개발 분야 관련 이슈들을 인지할 수 있고, 초심자가 이 분야에서 복잡하고 방대한 문헌들 사이에서 그들의 방법을 찾을 수 있도록 도와준다. 우리는 각각의 일반적인 지식이 개발, 특히 지역차원 개발에 관여하는 사회복지사들에게 크게 도움을 주기 때문에 선택된 경로를 고려해야 한다. 논의한 경로들이 본래부터 좋고 나쁨, 옳고 그름을 의미하는 것이 아니라, 강제적 개발이 아닌 각 경로는 동시에 적용되거나, 과거에 언급된 다른 접근방법으로 보완된 특정한 접근방법에 의존하는 개발의 중요한 접근법을 대표한다.

강제적 개발

강제적 개발은 외부인에 의해 개발 과정이 통제되거나 강하게 영향을 받는 곳에서 발생한다. 강제적 개발의 세 가지 유형에 대해 간략히 알아보자. 식민지 기간 동안 발생하는 강제적 개발, 신식민지주의—공식적인 정치적 독립을 인정받았음에도 불구하고 식민지 체계를 지속함(Hoogvelt, 2001, p.30)—에 의해 강하게 영향을 받은 강제적 개발, IMF의 구조조정 프로그램에 의한 강제적 개발 등이다(개발 정치 경제학의 역사에 대한 포괄적 분석이 필요하다면 Hoogvelt, 2001 참조). 그러나 이 용어는 인도주의적 원조 제공에도 적용되는데, 이는 미시적 차원에서 관련성이 있을 수 있음을 의미한다. (예: Harrell-Bond, 1986, 강요된 원조는 난민들에게 긴급 구호시 사용되는 용어임).

식민지시대의 개발

일부 분석가에 따르면 식민지시대는 1500년에서 1973년 사이에 발생했으며, 이 기간 동안에는 다양한 양상이 나타났다. 식민주의와 그 영향은 종종 일반적인 것으로 논의되지만, 랜달과 테오발드(Randall & Theobald, 1998, pp.11ff)가 지적한 것처럼 그것은 사실상 "엄청나게 다양한 경험"이라고 할 수 있다. 이 저자들은 이러한 다양성이 식민권력이 채택한 접근방식, 기존 사회의 특성, 식민 통치의 종결방식 등의 세 가지 요인에 의한 것이라고 주장한다(p.12). 스미스(Smith, 1983, pp.30-32)는 식민권력의 차이를 논의했는데, 이는 분명히 아프리카와 같은 식민지 시절을 경험한 국가들의 최근 개발에 매우 중요한 요인이다. 한편, 식민권력의 후퇴 방식은 종종 주요 문제점으로 거론되었다.

식민통치의 특성에 대해 주목할 몇 가지 요인이 있다(Potter, 1992 참조). 첫 번째 중요한 요인은 식민지의 설립과 유지를 위해 식민지 거주자들을 상대로 적극적인 공격과 정복활동을 필요로 하였다는 것이다(Hoogvelt, 2001). 두 번째 중요한 요인은 많은 근대 국가들의 경계와 민족 구성이 영토 경계와 연관된 식민권력의 지역적 영토분할의 직접적인 결과라는 것이다(Smith, 1983, p.27). 예를 들면, 스토에즈와 동료들(Stoesz et al., 1999, pp.44-45)은 사하라 이남 아프리카 지역에서 일어났던 상황에 대해 다음과 같이 기술하였다.

아프리카에 대한 유럽의 쟁탈은 민족국가 형태로 성문화되어 오늘날까지 유지되고 있다. 1884년, 유럽 14개국 대표들은 강대국 회의에 참석하고 이듬해 베를린회의 일반 의정서에 합의함으로써 사하라 이남 아프리카의 구획분할을 정식으로 승인하였다. 베를린조약은 유럽인들의 이익에 따라 아프리카를 분할하였으며, 수십 년 동안 지속되어온 생태적·사회적 특성을 전혀 고려하지 않았다.

세 번째 중요한 요인은 식민권력의 동기가 대체로 실리적이고, 자신들의 경제적 이득을 위해 식민지 강탈을 지속하였다는 것이다. 많은 경우 금, 은과 같은 천연자원을 개발했다. 많은 나라를 유럽과 북미에서 가치 있는 물건을 만드는 환금작물 생산국으로 전환하여 환금작물을 강탈하였다. 소(1990, p.112)는 인도의 목화, 백설탕, 고무 생산, 다른 국가에서의 바나나 등이 이러한 예라고 밝혔다. 네 번째 중요한 요인은 식민지정부가 "하급 인구 위에 군림하는 통치 구조를 창조하였다"는 점이다(Smith, 1983, p.29). 이 과정은 특정 민족 또는 인종집단을 새로운 '민족 계급'의 엘리트집단으로 만들거나 주로 기존의 '원주민 엘리트'를 통해 이루어졌다(So, 1990, p.114). 특히 전자의 경우는 중요한 사회분할의 결과로, 독립 후에 주로 발생하였다(Smith, 1983, p.59). 르완다의 비극적 사례와도 같지만 식민권력에게 이것은 자신의 식민통치를 강화하는 메커니즘으로 활용되었다(Smith, pp.70-71). 이러한 관점과 연관하여 스토에즈와 동료들(1999, p.45)은 사하라 이남 아프리카에 대해 다음과 같이 설명하였다.

유럽은 식민지 정부를 백인중심의 통치가 이루어지도록 구성하였으나, 아프리카인과의 중재를 위해 특정 부족을 선택하였다. 결과적으로 현대적 국가 통치에 대한 기본적인 지식을 조금이라도 습득한 아프리카인들은 소수에 국한되었다. 여러 사건들이 복합되면서 식민지에서 특정 부족에 대한 권력의 집중은 다른 부족의 질투를 악화시켰다.

한편, 말레이시아의 식민지시대에 있었던 특정 인종에 대한 식민지적 편애와 아일랜드의 식민지시대에 있었던 특정 종교에 대한 편애로 인해, 유사한 결과들이 발생하였다(Enloe, 1973). 1990년에는 전체 인구 중 본국에서 태어난 말레이시아인들에게 전체 자산의 30%를 주는 것을 목표로 하였으며, 1970년에 제정된 '말레이시아 원주민 정책'은 식민지하에서 만들어진 정책을 뒤집기 위한 시도였다(UNDP, 1996a, p.60 참조).

마지막으로, 식민지주의는 사회복지 개발의 특정 형태에 대한 책임도 있음을 주목해야 한다(Midgley, 1995a, pp. 51ff). 미드글리(Midgley, p. 52)는 이와 관련하여 "식민주의는 오랫동안 식민지의 천연자원과 농업자원의 강탈에 관심을 가졌으나, … 이 상황은 몇몇 식민지정부가 경제성장을 촉진하기 위해 고안한 개발계획을 도입하는 20세기 초 약 10년 동안 변화하기 시작하였다"고 설명했다.

그는 "식민지가 그 자체로 실용적인 경제적 실체라는 사고를 촉진시킨" 영국과 영국의 식민지 개발 및 복지 법령 사례를 예로 들어 말했다. 이러한 새로운 사고와 함께 점차적으로 "사회복지사업을 경제개발 요구로 확장하는 것이 일반적으로 수용되었다"(Midgley, 1995a, p. 53)는 생각과 연결되었다. 그러나 식민지주의 초기 단계부터 식민지 정책의 관점은 "문명화 임무"였다. 맥피어슨(MacPherson, 1982, p. 4)은 영국의 식민지 정책 규정에 대해 다음과 같이 언급하였다.

군주가 자신의 영토에서 통치 책임을 질 때, 그들이 도달해온 수준보다 더 높은 지적, 도덕적, 경제적 수준을 위해 아프리카인에게 지속적인 훈련과 교육을 제공하는 것이 영국의 임무라는 것은 의심할 여지가 없다.

맥피어슨은 두 가지 연구를 소개했는데, 그 중 하나는 파푸아뉴기니의 건강서비스이고 다른 하나는 탄자니아의 사회복지였다. 그는 식민지주의의 모든 유산은 의존적이고 저개발된 반면(p. 72), 특정 지역의 복지개발은 독립 후에도 많은 부족을 야기한다고 결론을 내렸다. 예를 들면, 건강 정책은 "치료 편중, 복지의 극심한 불평등, 접근성의 극심한 불평등, 서구 의술의 지배" 등을 초래하였다(p. 62). 미드글리(1981, p. 52)가 설명한 것과 같이 "독립 전 식민국가에 설계된 사회복지서비스는 대도시 국가의 실천 사례를 기반"으로 하였고, 더 나아가 "개발도상국의 사회복지는 절대적 필요가 아니라 특히 도시 지역의 건강, 교육, 주거에 대한 증가하는 요구에 부응하도록 진화하였다"(p. 53). 그렇기 때문에 복지 분야에 있어 식민시대의 유산은 독립된 식민지국가에 적합하지 않았다.

독립 이후의 신식민지주의
식민지시대가 끝났다고 강제적 개발 시대가 종결된 것은 아니다(Hoogvelt, 2001 참조). 신식민지주의 현상은 외부의 영향력이 거의 변화 없이 지속되었다는 것을 의미한다. 랜달과 테오발드(1998, p. 11)가 지적한 것처럼, "1830년대에 대부분 독립한 라틴아메리카의 후속 개발은 식민지 경험보다 지속되고 있는 미국의 신제국주의가 더 잘 설명한다." 후그벨트(Hoogvelt, 2001, p. 160)에 따르면, 제국주의(그리고 신제국주의)는 "한 정치적 영역에서 다른 영역으로 경제적 잉여물을 이동, 탈취, 이송하기 위한 의도적인 군사적 간섭 등과 같은 국가적 정치 간섭이 있는 모든 곳에 존재한다."

이렇듯 미미한 변화에 관해서는 부분적으로 종속이론을 기본으로 이해할 수 있다(So, 1990, II부; Randall & Theobald, 1998, 4장; Todaro, 1997, pp.82-84). 랜달과 테오발드는 다음과 같이 썼다.

이는 어떠한 사회도 국제적 경제 질서로부터 고립되어 이해될 수 없고, 사실 저개발국가는 북반구의 선진국이 지배하는 세계 자본체계에서 제3세계 경제를 편입한 결과이다.

라틴아메리카 경우, 그러한 지배는 대부분 미국에 의해 이루어졌다. 그러나 이 신제국주의는 부분적으로 라틴아메리카의 엘리트 계층의 행동 때문이며 유사한 현상이 전 세계적으로 발생하였다. 랜달과 테오발드(1998, p. 15)는 다음과 같이 기술하였다.

라틴아메리카와 다른 지역의 엘리트 집단은 자국보다 북미와 유럽의 경제 및 문화에 더 잘 적응한다. 즉 그곳에는 자신의 은행계좌가 있고 사업연계가 유지되며 집이 있고 자녀의 학교가 있는 곳이다.

엔로에(Enloe, 1973, p. 55)는 '신식민지 제국'에 관한 자신의 글에서 한 아프리카계 미국인 학자의 말을 인용하였다.

신식민지는 더 이상 필요 없는 식민지이다. 아프리카의 환경에서 이는 식민지 정복국가가 해당 지역의 산업화 작업을 완성했다는 것을 의미한다. 원주민 고유의 생활방식을 파괴하고, 전통 가치를 서구의 가치로 교체하였다. … 남아있는 것이라고는 정치적 주도권을 잡은 지역에서 원주민들을 부르주아 집단으로 확고히 하고, 그것을 창조한 서구문화에 동화되며, 그런 후에야 국가는 '독립성'을 얻게 된다. 식민지 정복국가는 비로소 본국으로 후퇴하여 자신의 거실에 편안히 앉아 전 세계로부터 경제적 수익을 거둬들인다.

실제로 많은 학자들(예: Hoogvelt, 2001)은 식민지주의의 종말이 크게는 서구의 통치형태의 변화를 의미하며, 이는 기존 식민지국가의 특정 계급과 신식민주의식 연결고리가 생겼기 때문이라는 데 동의한다. 대부분의 신생 독립 국가들은 서구 국가의 통제 또는 서구 국가와 의존관계를 유지함으로써 제한적이거나 불균형한 개발을 야기시켰다.

세계은행과 IMF의 구조조정 프로그램

비록 많은 국가들이 세계은행, IMF, WTO 등과 같은 국제경제기구의 회원국이지만, 이 기구들은 주로 서구 국가들(특히 미국)이 지배하고 있다. 그러므로 많은 사람들이 이 기구들을 서구 국가의 대리인, 나아가 약소국에게 원조를 제공하며 여러 조건을 부과하는 신식민주의의 대리인으로 여기는 것도 놀라운 일이 아니다. 토다로(1997, pp.526ff), 토다로와 스미스(2003, pp.613ff)는 세계은행이나 IMF가 개발한 다양한 구조조정 및 안정화 정책 또는 프로그램의 역사를 개략적으로 설명한다. 해당 정책을 받아들이는 국가 및 넓은 범위의 세계사회에 이익이 되는 이론에 관하여 두 가지의 우려가 존재한다. 그 중 하나는 두 기구가 그 정책들을 거절할 경우 거의 살아남을 수 없는 대가를 요구한다는 것이다. 두 번째는 "그들이 개발도상국 내 최빈곤층의 고통을 가중시키는 것으로 나타났다"(Todaro, 1997, p.530)는 것이다(Stoesz et al., 1999, pp.122-123; Simon, Spengen, Dixon & Narman, 1995; Bello, Kinley & Elinson, 1982; George & Sabelli, 1994; Hoogvelt, 2001; Todaro & Smith, 2003, pp.613-615 참조). 또한 그들은 종종 댐 건설 같은 대규모 프로젝트를 후원하여 생태파괴를 야기하고, 필요한 지원을 하지 않은 채 사람들을 강제로 이주시킨다. 그러므로 이런 기구들은 특히 위기 시에 개발 과정에서 서구의 지배를 위한 중요 요소로 비춰질 뿐 아니라, 문제의 대상이 되는 국가의 외부인에게 이익을 안겨주기 위하여 취약계층에 고통을 주는 것으로 간주된다. (비판적 분석에 대해서는 Easterly, 2002, 6장; 몇 가지 비판적 사례연구를 위해서는 Simon et al., 1995(아

[표 5-1] 강제적 개발

	식민지주의	신식민지주의	세계은행과 IMF의 구조 조정 정책
강제적 개발	·냉전 또는 활동적 분쟁, 폭력, 정복 ·식민지 정복자의 이익을 위한 영토 경계 설정 ·식민지 정복자의 경제 변경(경제적 부를 위한 식민지 내 인력과 천연자원의 착취) ·식민지 정복자에 의해 강화된 식민지의 행정구조와 부서 ·위 세 가지 성취를 위한 한정된 도시중심의 사회복지 ·의존성과 저개발	·미국 신제국주의 ·북반구 선진국에 의한 통치 ·정복국가에 대한 식민지 엘리트의 강한 동맹 ·서구의 가치로 식민지의 전통적 가치 교체 ·서구사회를 위한 경제적 이득 보장 ·여러형태를 통한 서구통제의 지속성 ·서구 통제가 위협받을 때 여러 강도로 식민지의 불안 조장 ·의존성, 제한적 선형적 개발	·신식민지주의의 주요 기관 ·국가들은 정책에 대해 대항할 수 없으며 벗어날 수 없음 ·생태적 손실과 주민의 거주지 이탈을 유발하면서 주민들의 복지에 대한 관심은 부족한 대형 프로젝트 ·최빈곤층의 고충을 가중시킴 ·개발과정에서 서구의 우위 ·외부인에게 이익 ·의존성과 분배 없는 경제성장

프리카 사례); Bello et al., 1982(필리핀 사례) 참조)

강제적 개발은 대부분 외부인으로 인한, 형태와 정도를 달리하는 강요된 개발로 나타난다. 〈표 5-1〉에 세 가지 유형이 요약되어 있다. 물론, 국가의 가장 권력 있는 부류가 내부적으로 부과하는 강제적 개발의 정도가 존재하지만, 최소한 그런 경우에는 결국 사람들이 자신의 개발에 대해 목소리를 낼 수 있다. 식민지시대에는 이런 사례가 없었으며 종속이론 및 신식민주의 이론의 지지자들은 이러한 상황이 현대에도 근본적으로 변하지 않았다고 주장한다.

국가주도적 개발 정책

국가주도 개발 방향은 기존의 식민지주의 및 종속주의와 반대되지만 실제로는 모든 국가가 과도한 외부 통제 하에 있는 것은 아니다. 대부분 국가들에 있어 종국에는 자기 국가에 대한 개발 책임을 느끼는 사람들의 이니셔티브와 외부 압력의 영향 사이에 균형을 잡게 된다. 결국 성공적인 개발은 자국의 개발 통제권을 받아들이고 행사함으로써 이루어지며 식민주의가 일정기간 동안 그러한 행위를 방해하였더라도 신식민지주의가 현재의 국제화시대에 부가적인 것 이상을 만들어낼 수 있을지는 의문이다(Hoogvelt, 2001, 10장). 만약 이러한 개발에 대해 국가의 책임성 논리를 받아들인다 해도 국가가 취해야 하는 정확한 개발 경로에 대해서는 여전히 결말이 나지 않은 상태이며, 과거 50년간의 다양한 변종의 결과로 많은 논쟁이 도래하였다. 이 중 가장 보편적인 네 가지 주요 정책을 살펴보면, 거시경제 정책, 정치정책, 인적자원개발 정책, 인간개발 정책 등이 그것이다. 물론 이상적으로는 상호보완적인 정책이나, 학자들은 종종 한 영역을 다른 영역보다 더 강조한다. 처음 세 정책의 경향은 일반적으로 국가주도형 탑-다운 방식으로 여겨지며, 이런 이유로 이러한 정책에 지나치게 의존하면 비난을 받게 된다. 마지막 정책은 대안적이고 인간중심적인 아래로부터의 접근으로 나타난다.

거시경제 개발

거시경제 정책은 개발도상국이 국제적 사건들의 영향을 많이 받고, 종종 외부 원조에 심하게 의존하지만, 이는 국가 정부의 특권이자 책임이다. 그러나 개발도상국에서 거시경제 개발의 성공은 그 정도의 차가 심한데 이것은 시기에 관계없이 세계은행과 유엔개발계획 보고서를 주의 깊게 보면 분명해진다. 이것은 국가마다 개발 속도와 정도가 왜 다른지에 대해 상당한 관심을 불러일으켰다. 관련된 다양한 요인에 대해 많은 연구가 이루어졌다. 어떤 연구는 국가의 위치와 천연자원을 강조한다. 다른 연구들은 문화적 요인을 중요시한다. 어떤 연구는 세계 경제 내에서 다른 경제적 구심점과 국가 간 관계에 초점을 둔다. 최근 몇 년 동안에는 통치조직의 특성, 특히 부패와 비효율성으로부터의 해방 및 지도자들의 자질 등에 초점을 두고 있다. 분명하게도, 이러한 요인들과 다른 요소들은 의심의 여지 없이 국가 경제 수준을 결정하는 데 많은 연관이 있다. (요인별 논의에 대해서는 Easterly, 2002 참조)

경제개발을 이해하기 위한 두 번째 접근방법은, 경제개발을 추진하는 것이 무엇인지를 설명하는 모델을 찾는 이론적 차원에 집중한다. 토다로(1997, 3장, Todaro & Smith, 2003, 4장)는 경제개발의 다섯 가지 이론, 즉 선형적단계 이론, 구조변화 모델, 국제 종속 혁명, 신고전파 반혁명, 신성장 이론을 설명하면서 이 문헌에 대한 유용한 개요를 제공한다. 이 이론들에 대해 간략하게 살펴보자.

선형단계 접근은 로스토우와 해로드-도마르 성장 모델(Rostow & Harrod-Domar growth model)에 의한 연구에서 정립되었다(이 연구에 대한 설명은 Todaro, 1997. 2003 참조). 이 접근방법은 국가가 경제적 과정에서 거치는 5단계를 설명하는데, 이때 핵심 요인은 저축과 투자이다.

구조변화 모델은 자본형성이 중요하다는 것을 인정하지만 현대적 산업 분야의 구축을 강조한다.

국제종속혁명은 많은 국가의 저개발 원인이 부유하고 강한 나라들에게 유리한 극심한 불평등과 착취적인 자본주의 체계 때문이라고 주장한다.

신고전 반혁명은 공급측면의 경제정책에서 신자유주의에 대한 지지의 중요성을 강조하며, 공기업 민영화, 자유시장과 자유무역 강조, 경제활동에 대한 정부규제 최소화 등과 같은 정책을 포함한다.

마지막 이론인 신성장 이론은 인적자본 형성과 지식집약적 산업의 증진을 강조하면서 신고전 접근이론을 지지함으로써 경제개발에서의 불공정한 차이를 설명한다.

토다로가 내린 결론은 이러한 5가지 이론 모두가 어느 정도의 신뢰성이 있으며 경제개발로 향하는 한 가지 길은 없다는 것이다. 그는 또한 경제성장 자체보다 그 목적이 더 중요하다는 것을 강조하고 있다.

그의 마지막 결론은 매우 중요하다. 많은 학자들은 경제성장의 중요성은 인정하면서도 대부분 성장 후에 따라오는 것은 무엇인지, 또는 성장을 통해 무엇을 할 것인가에 초점을 둔다. 흥미로운 예를 하나 들어보자면, 부탄의 경우 국민총생산이 아니라, 국민총'행복'을 강조하는 정책이 있다! 1980년대로 거슬러 올라가면, 몇몇의 저명한 학자들은 "평등한 성장"의 중요성을 강조했다. 이런 논쟁 중 1996년 유엔개발계획의 인간개발보고서는 매우 훌륭한 데, 이 보고서는 경제성장과 인간개발 사이의 관계에 초점을 두고 있다. 매우 보편적 현상인 "고용 없는 성장"에 초점을 두고, "냉혹한 성장(성장의 결실이 주로 부유한 자의 이익이 되고, 수백만 명의 사람들이 빈곤의 늪에서 분투하는 성장)", "소리 없는 성장(경제성장이 민주화나 역량강화의 확장을 수반하지 않는 성장)", "뿌리 없는 성장(문화적 정체성을 약화하는 성장)", "미래 없는 성장(현 세대가 미래 세대의 필요 자원을 낭비하는 것)" 등에 대해 설명하였다(pp. 2-4). 여기서 강조하는 것은 경제성장이 실제로 개발에 있어 꼭 필요하지만, 다른 방면의 개발과 균형을 이루지 않는다면 충분하지 않다는 점이

다. (Sen, 2001 참조)

　지역차원 개발에 대해 다룰 때, 상당한 수준의 경제성장을 누리는 개발도상국에서도 그러한 성장의 이득이 공평하게 분배되지 않으며 지역차원 개발에서는 일자리 창출과 가계 수입창출 구조를 통한 경제적 규모를 고려해야 한다는 것을 알게 될 것이다. 또한 지역차원 개발은 문제가 있는 지역주민 또는 지역집단이 거시경제성장을 통해 필요한 기회에 접근하는 방법을 다루게 될 것이다. 동시에, 사람들은 다른 측면에서 역량강화, 분산 및 다른 기타 정책을 통해 경제성장의 부산물인 재화와 서비스, 기회 등이 외부로 확장되기를 바란다.

정치개발

　현실적으로 경제정책과 그것이 이루어지는 정치환경을 구분하는 것은 어렵다. 따라서 경제개발이 국가정책으로 추진되는지, 혹은 특정 권력이 지배하는 국제권력의 부산물인지와 관련하여 상당한 정도로 정치적 환경을 잘 보여준다. 정치개발 역할의 한 예로, 스토에즈와 그의 동료들(1999, p.13)은 아시아에서 발생한 세 가지 유형을 연구하였다. 세 가지 유형은 "네 마리 호랑이(홍콩, 싱가포르, 한국, 대만)의 권위주의적 자본주의, 중국이 투자한 시장사회주의, 인도에서 시도하는 복지국가 자본주의" 등이다. 여기서 중요한 점은 이 세 가지 유형의 국가 간 정책 차이에도 불구하고, 모든 국가들이 높은 수준의 개발을 성취하고 있다는 점이다. 그리고 이 국가들의 차이점은 정책 제도의 특징보다 각 국가의 특징과 역사에 더 많이 기인할지도 모른다.

　다른 학자들은 민주주의와 개발 사이의 연계성에 대해 탐구하였다. 몇몇 저자들은 민주주의가 경제개발과 사회개발에 꼭 필요하다고 계속 주장하는 반면, 다른 저자들은 일부의 민주주의는 다른 비민주주의가 전적으로 성공하는 동안 개발에 실패한 것을 지적하였다. 다이아몬드, 린즈, 립세트(Diamond, Linz & Lipset, 1989, p.33)는 "민주주의는 저수준의 개발과 양립할 수 있다"고 결말을 내리고, 인도, 스리랑카, 파푸아뉴기니 등을 열거하였다. 그러나 다음과 같은 주장도 하였다.

　이것은 민주주의와 더 큰 세계에서의 개발에 대한 일반적인 긍정적 상호관계를 부인하는 것은 아니다. 또는 소득과 교육 수준이 증대하여 정치적 참여가 유도되는 현상과 함께 더 높은 수준의 사회·경제 개발에서 비롯되는 민주주의를 위한 압력과 지지를 무시하는 것은 아니다.

그렇다면 민주주의는 개발을 주도하는가? 아니면 개발이 민주주의를 주도하는가?(Sen, 2001, chap. 6 참조). 유엔개발계획(2002, p. 3)은 "선진 인적자원 개발은 형태와 내용이 모두 민주적인 정치, 즉 인간을 위한, 인간에 의한 정치를 요구한다"라는 결론을 내렸다. 유엔개발계획은 근거 없는 이론이라고 반박하지만(2002, p. 4) 일부 국가에서는 인기를 끄는 주장, 즉 개발이 잠시나마 민주주의가 용인하는 것보다 빠른 진척을 이끌 수 있는 강력한 정치적 손을 필요로 한다는 것이 사실인가? 이러한 논쟁은 민주주의의 구성에 대한 의문을 야기하였다. 랜달과 테오발드(1998, p. 38)가 지적한 것처럼, "정치학자들은 마침내 서구 민주주의가 역사적, 문화적 예외현상임을 인정"하였으며 민주주의는 다양한 형태를 가질 수 있다고 인정했다. 그들은 다음과 같이 기술하였다.

1980년대 후반에 들어서면서, 많은 문헌들이 제3세계와 그 외 국제사회의 민주화 현상에 대한 설명과 평가를 시도하였다. 부분적으로는 그러했기 때문에 민주화에 대한 우세한 단일 이론이 없게 되었다. 서구형, 자유형, 변종 민주주의를 식별하려는 경향은 초기 정치개발 연구의 민족중심주의를 반영한다.

정치적 형태와 개발 간의 관계에 대한 논쟁이 지속되는 동안, 정부의 처리 과정이 그 형태만큼이나 중요하다는 것을 인식하게 되었으며, 특히 1990년대부터 세계 정치 시스템의 부패 및 비효율성에 대해 많은 우려가 표명되었다(예: Easterly, 2002, 12장; World Bank, 1997). 랜달과 테오발드는 다음과 같이 언급하였다(1998, p. 40).

1989년 세계은행은 '좋은 관리체계'가 필요하게 되었는데, 그 당시에는 주로 부패와의 싸움, 책임성, 효율적인 행정 등을 강조하였다. 일관적이지는 못하였으나 관리체계의 내용에 여러 정당 선거를 통한 민주적 책임을 포함하도록 확대되어 왔다.

개발에 대한 정치적 경로를 간략하게 살펴본 결과, 정치적 요인이 개발에 있어 중요한 역할을 하지만, 개발에 미치는 영향의 정도가 다양하다는 결론에 이른다. 또한 정치요인은 개발을 성취하는 데 있어 하나의 요인일 뿐이며, 그것의 중요도는 시간과 장소에 따라 변한다는 것이다. 뿐만 아니라 정치적 개발의 중요성은 사회가 여러 분야로 구성되어 있다는 것을 인정하면 명확해진다. 관리체계 섹터는 경제 섹터 또는 이익용 섹터와 마찬가지로 매우 중요하다. 그러나 이 외에도 시민사회 섹터와 모든 사회의 기반이 되는 개인-가족-지역사회 섹터 등도 중요하다. 정치개발에서 시민사회의 중요성과 그 역할의 중요성은 많은 학자들에 의해 강조되었다. 랜달과 테오발드(1998, p. 205)는 이것을 잘 표현하였다.

산업시대에 가까워질수록, 더 많은 시민사회가 노동조합, 전문가협회, 독립 정당, 압력단체, 기타 자발적 단체와 같은 형식적인 기관의 설립을 통해 자신들을 표현하였다. 이런 기관들은 현대 민주주의뿐만 아니라 국가가 시민사회에 봉사하기 위해 존재한다는 복지국가적 자본주의의 탄생에 중요한 역할을 하였다. 복지국가적 자본주의는 국가가 대중의 생활수준을 부담하는 역할을 떠맡음으로써 대중에게 일정의 신뢰를 받는다.

정치개발은 외부인이 강제할 수도 없고(캄보디아, 보스니아-헤르체고비나, 코소보, 아프가니스탄, 이라크 등과 같은 분쟁 후 정책 체계의 재건을 위한 국제적 노력이 입증하듯이), 국가 내의 소수권력집단이 주도할 수도 없다. 이상적으로 정치개발은 시민사회의 구조를 통해 조정된 지역사회의 열망과 가치를 형상화하면서, 그 결과로 일반 대중을 책임지게 된다.

그러나 국가, 대륙, 세계적 수준의 정치적 리더십, 형식, 개발 사업 등은 대체로 이 이상적인 상황과 동떨어져 있다. 많은 정치 지도자들은 서구에서 교육을 받고 서구에 대한 충성으로 양성되어 많은 인적·재정적 자산을 서구로 이동시킨다. 그들은 한편으로는 공동체와 대중을 위한 국가를 설립하고자 하는 감정으로 행동하고, 다른 한편으로는 권력을 지속하기 위하여 국가의 정책개발과 경제개발에 외부의 개입을 용인하기도 하는데, 이것은 민주주의, 사회주의, 공산주의 등의 정부형태와는 관계가 없다. 서구의 헤게모니에 저항하고, 외부 간섭에 반대하는 일부 정치 지도자와 개발 사업도 있다. 또한 환경변화에 따라 국제적 충성의 방향을 변경하는 정치가들도 있다. 리더십을 포함하여 정치개발은 국가개발에 매우 중요한 영향력을 가지며, 이것은 블록형성, 국제적 제재, 국제사회로부터 고립, 외부의 방해 등의 형태를 통해서 일어난다.

인적자원 개발

개발 사업에 대해 알아야 할 개발경로는 인적자원 개발이다. 베어만(Behrman, 1990)은 국제노동기구 문서에서 다음과 같은 주요 질문을 던졌다.

개발경제는 1차 산업과 다른 낮은 기술의 노동집약적 생산품에서 고난도 기술집약적 제품과 서비스까지 인적자원의 신중한 확장을 통해 그들의 비교우위를 변화시키는 것이 어느 정도 가능한가? 정규과정의 개발하의 정책을 통해 인적자원 투자에 대한 전략을 이끄는 인적자원을 이용하는 것은 어느 정도까지 적당한가? (요약)

이에 관한 논의는 두 개의 용어를 정의하는 것으로부터 시작해야 할 것이다. 토다로(1997, p.697)는 인적자본과 인적자원을 다음과 같이 정의했다.

· 인적자본: 사람에게 하는 생산을 위한 투자. 교육, 업무 훈련 프로그램, 의료 등을 통해 익히는 기술, 능력, 이상, 건강 등이 포함
· 인적자원: 한 국가의 양적/질적 노동력

이 두 정의는 경제적 의미에 치중되어 있는데 이는 이 책이 경제개발에 관한 저작물이었기 때문이다. 그러나 본 글에서는 인적자원의 의미를 더 넓게 적용할 것이다.

인적자원 개발은 기본적으로 사람에게 투자하는 것을 초점으로 한다. 그러나 이 투자는 다양한 프로그램을 통해 다양한 목적으로 이루어지며, 다양한 개발 기관에 의해 착수된다. 주요 목적 중 하나는 토다로의 정의에서 나타난 것처럼 경제개발이다. 토다로는 "경제성장을 위한 국가의 잠재력은 물리적 자원과 인적자원의 재능에 크게 영향을 받는다"라

고 주장하였다(1997, p. 33). 그는 다음과 같이 주장하였다.

> 인적자원 영역에 있어 자질은 사람의 수와 그들의 자질 수준도 중요할 뿐 아니라 그들의 문화적 견해, 작업 태도, 정보의 접근성, 혁신에 대한 자발성, 자기 개선 열망 등도 중요하다. 그러므로 한 국가의 인적자원의 본질과 특징은 그 국가의 경제구조를 결정하는 데 중요하다.

인적자원 개발과 경제개발 사이의 연관성에 관해 살펴보면, 베어만(1990, p. 89)은 다음과 같이 저술하였다.

> 인적자원에 대한 투자와 개발 사이에는 관련성이 있다는 증거가 있는 것으로 보인다. 물론 그렇지 않은 범주의 사례도 있다(예: 쿠바, 스리랑카, 필리핀, 인도의 케랄라, 브라질, 토고). 그러나 인적자원의 투자가 개발의 상당한 원인이 된다는 체계적인 증거는 놀랍게도 거의 없다.

확보가능한 증거를 기반으로, 베어만은 기초교육과 건강에 대한 비용은 보장되는 반면, 다른 전문적인 인적자원 개발은 그렇지 않다는 이론을 펴고 있다. 토다로가 위에서 지적한 경제적 성과를 결정하는 요인이 여러 가지라는 주장이 랑드(Landes, 1998)를 비롯한 여러 연구자에 의해 강조되고 있다. 랑드는 지리, 문화와 같은 요인들이 최종 성과에 큰 영향을 주는 것에 초점을 두었다.

인적자원 개발과 경제개발 사이의 연관성에 관한 더 심오한 측면은 소비자이자 참여자로서의 인간과 관련이 있다. 경제개발은 자국 또는 외국에서 제품에 대한 시장을 찾는 것을 조건으로 하고, 시장은 소비에 대한 사람들의 능력과 의지에 의존한다. 능력은 경제개발에 있어 사람들의 참여에 의해 크게 영향을 받는 반면, 의지는 문화 요인 및 가치 요인과 관련이 있다. 그래서 인적자원 개발 노력에 근거를 둔 것처럼 보이는 생산적 자산으로서의 경제개발에 대한 사람들의 직접적인 기여와 함께, 인적자원 개발은 실질적으로 경제개발 과정의 모든 단계에서 사람들의 적극적인 참여를 요구한다. 미드글리(1995a, p. 159)는 "사람들에게 경제개발로 만들어진 기회를 사용할 수 있는 교육 수준과 기술 수준을 갖게 하려면, 인적자원과 사회자본에 대한 투자가 시급히 필요하다"라고 하였다.

인적자원 개발의 두 번째 목적은 정치개발을 촉진하는 데 있다. 만약 사람들이 자신에게 필요한 사회의 정치적 생활에 적극적으로 참여하려면, 교육을 받고 건강을 누리며 모든 시간과 에너지를 생존을 위해 바치는 것으로부터 자유로워져야 한다. 그러므로 최소한의 기본욕구 충족과, 기본건강과 교육 제공을 위한 인적자원 개발은 정치개발의 선행과인 것처럼 보인다. 그러나 코너(Corner, 1986, p.14)가 지적한 것처럼, 정치적 고려는 정부가 인적자원 개발을 고의로 무시하도록 하는 요인이 될 수도 있다. 그녀는 "인적자원 개발 전략은 특히 교육의 측면에서 정치적 유지보다 변화를 선동하기 때문에" 자신의 권력을 유지하기 위해 여념이 없는 일부 정부는 인적자원 개발을 회피할 수 있다고 저술하였다.

인적자원 개발의 세 번째 중요한 목적은 빈곤감소이다. 세계은행(1990, p79)은 인적자원에 대한 투자에 대해 다음과 같이 기술했다.

인적자본이 빈곤감소를 위한 주요 요인 중 하나라는 많은 증거들이 있다. 또한, 건강, 교육, 영양에 대한 개선은 서로를 강화시킨다. 그러나 일반적으로 빈곤한 사람들은 기본적인 사회복지에 접근할 수 없다. 빈곤한 사람들은 인적자본에 거의 투자를 하지 않기 때문에 그들과 그들의 자녀들은 빈곤한 상태를 유지할 것이다. 이 악의 고리를 끊기 위해, 정부는 빈곤한 사람들에게 고유의 권한으로써 우선 접근권을 부여해야 한다.

코너(1986, p.14)는 빈곤감소를 정치적 이슈와 연결하였다.

빈곤한 사람들의 정치적 무력함은 그들의 빈곤한 인적자본의 원인이자 결과이다. 그러므로 빈곤퇴치 전략을 위한 성공적인 인적자원 개발의 선행조건이 정치적 영향을 측정하는 것이며 성공에 대한 필연적인 결과로 빈곤한 사람들의 정치적 힘이 커지고, 이 모든 사실에 많은 정부들이 달가워하지 않는다는 것을 알아야 한다.

인적자원 개발의 마지막 목적은 국가사회의 모든 사람들의 삶의 질과 관련이 있다(Sen, 2001, pp.144ff 참조). 이런 의미에서, 인적자원 개발은 궁극적으로 모든 사람들이 질적인 삶을 누리게 하는 인간중심의 개발이다. 그러나 모든 사람들이 접근할 수 있는 높은 수준의 사회복지가 인간 번영의 기본인 반면, 삶의 질 향상은 사람들이 현재 접근할 수 있는 이용가능한 기회를 갖도록 경제개발과 일치되어야 한다. 유엔개발계획(1996, 3장)은 스리랑카의 높은 수준의 사회복지 제공과 낮은 수준의 경제개발, 인도의 높은 수준의 경제개발과 많은 지역에서 특히 여성에게 낮은 수준의 사회복지가 제공되는 것을 대조하여 예로 든다. 분명히 두 개발에 대한 스리랑카와 인도의 수준은 서로 보완해야 한다.

인적자원 개발의 달성은 주로 교육, 노동력 개발, 건강과 영양, 가족계획 등의 분야를 통해 이루어진다. 많은 연구가 이루어져 사람들에게 취업연령 기간 동안 생산 활동을 위한 교육의 형태를 확인하는데 전념하였다. 공적·비공식적 교육 프로그램과 평생학습 체계가 이루어졌다. 건강에 대한 투자는 세계은행(1993, p.17) 및 다른 기관들에 의해 "행복을 위해 절대적으로 중요하지만 경제적 배경 때문에 정당화"되었다. 이슈의 대부분은 투자의 범위에 대한 것인데 "사용자 지불"(즉 사용자가 서비스 요금을 지불하며 국가가 서비스를 보조하지 않음)의 적용 범위, 서비스 제공의 많은 대안적 접근에 관한 효율성과 효과에 관한 것이다. 이 이슈들은 매우 중요하면서도 복잡하고 상황에 따라 달라진다.

인적자원 투자에 대한 마지막 관점은 누가 책임을 지는가이다. 이 분야에 대한 문헌과 경험에 따르면 공동 책임이다. 가장 상위 수준에서 국제 공동체가 관련 권리의 정립, 적절한 달성목표 설정, 기본기준 정의, 다양한 목표를 위한 관련 정책 제안 및 기술적 지원을 제공한다. 국가수준에서는, 정부 섹터, 영리 추구 섹터, NGO 섹터 사이에서 책임을 공유하는 경향이 있다. 위의 체제 위에 세계은행(1991b, p,69)과 다른 기관들은 정부에 선도 역할을 부여하면서 다른 섹터와 파트너십을 가지고 활동을 한다. 그러나 개인들 또한 미래의 더 나은 경제적 보상 및 삶의 질 측면의 보상에 대한 기대에 따라 교육, 건강 등에 투자함으로써 일정 역할을 맡는다. 또한, 신자유주의적 사고와 신보수주의적 사고 모두가 개인을 가장 중요하게 여긴다는 것에 주목해야 한다. (Sen, 2001, 5장 참조)

인간개발

2차 대전 후의 개발 과정 초기에는, 개발이 국가경제(특히 GDP와 성장수준 측면)의 이익과 다국적 기업의 이익측면에서 분석되며, 개인에게 미치는 영향에 대해서는 거의 논의되지 않는다는 지적이 많았다. 그 결과로 1980년 초기에는 연구자들은 대안 개발 패러다임에 대해 논쟁하고 있었다. 코르텐과 클라우스(Korten & Klaus, 1984)는 이것을 인간중심의 개발로서 개발의 주요 목적이 "인간의 성장과 행복, 평등 및 지속가능성 증대"라고 하였다(p. 299). 인간개발에 대한 원탁회의가 1980년대(Haq & Kirdar, 1985, 1987)에 조직되었고, 인간개발을 "소외된 차원"이라고 규정하였다. 주요 의제는 "인간개발이 투입 요인이면서, 또한 개발 대상"이라는 것이다(Haq & Kirdar, 1985, p. xvi). 이러한 원탁회의들은 경제개발이 개인에게 미친 영향을 비판하고, "사람을 중심으로 하도록 정책과 계획의 수정"을 주장하였다(p. 3). 그러나 인간개발이라는 개념은 1990년부터 발간된 유엔개발계획 보고서에 비로소 나타났다. 이 보고서에는 개발이 "사람을 중심"(UNDP, 1991, p. 1)으로 이루어져야 하며, "사람을, 사람을 위해, 사람에 의해(UNDP, 1993, p. 3)" 이루어져야 하며 기존의 개발 추세가 인간의 행복을 얼마나 침해하고 있는지에 대해 주장하였다. 특히, 유엔개발계획은 사람들에게 이익이 되지 않는 경제성장의 몇 가지 주요 방식에 대해 논의하였다(UNDP, 1996a, pp. 2-4). 1992년에 프리드만(Friedmann, 1992, p. 8)은 훌륭한 "대안적 개발의 정치학"을 제안했는데, 이것은 필수적 이데올로기로써 대안적인 개발을 보여주었다. 에킨스(Ekins, 1992)도 유사한 접근방법을 채택하였는데, 그는 환경적 요인에 더 많은 관심을 두었다.

미드글리(1995a)는 자신의 "왜곡된 개발" 논의에서 과거 개발 추세에 대해 유사한 비난을 하였다.

경제적 풍요 속에서 가난이 지속되는 현상은 오늘날 개발 사업에서 가장 큰 이슈 중 하나이다. 세계의 많은 지역에서 경제개발은 사회개발과 함께 이루어지지 않았다. 이 현상은 왜곡된 개발로도 종종 언급된다. 왜곡된 개발은 … 경제개발과 사회개발의 목표를 조화롭게 하는 데에 실패한 것이자, 경제적 진보의 혜택이 전체 인구에 도달하도록 보장하는 데 실패한 것이다.

일부 학자들은 왜곡된 개발이 시골지역보다 도시와 도시민을 선호하고, 특정 지역을 다른 지역보다, 특정 집단(민족, 인종, 종교, 계층, 카스트 등)을 다른 인구집단보다, 남성을 여성—자주 논의되는 개발에서의 성적 차별(예: UNDP, 1995; Elson, 1995a; O'Connel, 1996)—보다 선호한다고 밝히고 있다. 편향된 또는 왜곡된 개발은 보통 국가 간 불평등의 결과로 나타난다(UNDP, 1996a). 왜곡된 개발을 바로잡는 것은 사회개발에서 더 강조되며 '사회개발에 대한 세계정상회의'(UN, 1995) 및 다른 보고서에도 이 주장을 뒷받침하고 있다. 예를 들어, 미드글리(1995a, p.8)는 사회개발을 "사람의 복지와 경제개발의 역동적인 진행 간의 조화를 촉진하는 과정"이라고 짧게 정의하였다. 미드글리와 대부분 학자에게는, 어느 정도의 경제개발상 기본 수준은 인간개발에 필수적인 것이었다. 그리고 이 경제개발의 기본 수준은 세계은행의 '세계개발 보고서'에서 정기적으로 밝히는 것처럼 종종 달성되지 않는다. 이스털리(2002, p.291)는 "빈곤국을 부유국으로 만드는 것은 우리가 생각하는 것보다 훨씬 더 어려웠다"라고 하였다. 빈곤을 위한 만병통치약은 없으며, 경제성장에 대한 유일한 전략은 없다. 반면 시급히 해결해야 할 문제들이 남아있다. "차세대 빈곤국의 안녕은 빈곤국을 부자로 만드는 우리 탐구의 성공 유무에 달려있다"(Easterly, 2002, p.15).

몇몇 연구자들은 사회개발 또는 인간개발이 경제개발에 대해 대안이라기보다 보완적이라고 주장한다. 그 이유는 경제개발의 불행한 결과를 바로잡고 인간 행복 또는 개발 범위의 다른 측면을 다루기 때문이다. (UNDP, 1996, 3장 참조)

이러한 인간개발 또는 사회개발과 경제개발과의 연결은 개발에 있어 많은 통합모델을 만들었다. 스토에즈와 동료들(1999)은 "개발의 통합모델"을 제시했는데, 이 모델은 개발에 관한 그들의 저서 중 마지막 장에 나타나 있다. 이 모델(p.263)은 유엔개발계획의 1996년 보고서에서 가져왔다. 그러나 다양한 유엔 문헌은 1971년부터 일찍이 통합의 중요성을 강조하였는데, 1971년에 한 연구자가 "인간과 국가의 물적 자원의 균형 잡힌 성장을 달성하려는 시도"로써 통합된 개발을 언급하기도 하였다(UN, 1971, p.8). 이 유엔 보고서는 일반적으로 지역사회 개발의 중요성을 강조하고, 특히 이 목표 성취를 위해서는 사람들의 참여를 강조하였다. 개발에 대한 통합적 접근에 대한 개념은 개발 영향에 대한 모든 실질적인 분석에 있어 논리적이고 상식적인 결론이었다. 아직도 많은 정치가, 경제학자 그리고 기타 연구자들은 경제적 틀이 잡히고 경제성장이 달성된다면 사회, 문화, 생태와 같은 다른 차원의 개발들도 자연히 따라올 것이라고 확신한다. 이러한 적하이론 효과

(trickle-down effect, 역자 주: 정부가 투자증대로 대기업의 성장을 촉진하면 중소기업과 소비자에게 혜택이 돌아가 총체적으로 경기를 자극하게 된다는 이론. 부시 행정부의 경제정책)라는 명백히 잘못된 가설은 변하기 매우 어려우며, 신자유주의 또는 보수주의 이념에 의해 오늘날 강화되는 경향이 있다. 그러므로 인간개발을 강조해야 할 필요성이 매우 중요하게 남아있다.

외부지원 개발

대부분 국가계획의 개발은 다양한 종류의 외부지원의 형태로 나타나는 반면, 여기서의 개발은 외부원조가 대부분 자금을 지원하고 운영하는 것에 초점을 둔다. 이러한 개발방식에 대한 연구가 중요한 이유는 그러한 방식이 1945년 이후 매우 중요해졌으며 자립, 참여, 역량강화 등의 개발 원칙을 부정하는 경향이 있기 때문이다. 일반적으로 외부지원은 외국원조로 기술될 수 있으며, 토다로(1997, p.546)는 다음과 같이 정의를 내리고 있다.

현재 넓게 사용되고 받아들이는 외국원조의 개념은 현금 또는 현물로 이루어지는 모든 공적 증여와 차관을 포함하며, 개발 또는 소득분배를 목적으로 선진국에서 개발도상국으로 자원을 이전하는 것을 목표로 한다.

외국원조 또는 개발원조에는 다양한 형태가 있다. 원조가 제공되는 통로를 기준으로 (유엔과 같은 기구를 통해 제공되는) 다자 간 원조, 정부 대 정부로 이루어지는 양자 간 원조, NGO를 통한 원조 등으로 나눌 수 있다. 원조 형태 기준으로는 정부예산, 프로젝트 원조(특정한 프로젝트의 실행을 위한 구속성), 식량원조, 인도주의적 원조(자연재해 또는 전쟁과 같은 재난에 대한 원조) 등으로 나눌 수 있다.

중국 등 일부 국가들은 외부지원 없이 개발을 하려고 하나, 대부분 개발도상국들은 어느 정도 일정 기간 동안 원조를 필요로 하는 것으로 추정된다. 또한 서구의 산업 선진국들과 일본은 보통 요구하는 원조보다 더 원조할 수 있을 정도로 부유하다. 그러나 본질적인 의문이 생긴다. 왜 국가가 다른 국가에게 원조를 해야 하는가? 그 이유는 리프(Rieff,

2002, p.43)가 언급한 것처럼 "인도주의적 절대절명, 즉 사람들이 고통을 당할 때 그들을 잘 모르더라도 인간으로서 원조를 하는 것이 우리 전체의 의무"이기 때문이다. 리프가 여기서 인도주의적 원조를 언급하지만, 동일한 이론적 해석이 빈곤근절과 인간의 안녕을 강화하기 위한 개발원조에 적용될 수 있다. 리프(p.57)는 이 점에 대해 다음과 같이 언급하였다.

우리가 인도주의라고 부르는 것을 조상들은 자선라고 불렀다. 더 가진 자가가 덜 가진 자에게 원조를 해야 한다는 도덕적 의무감, 도움이 필요한 사람은 그렇지 않은 사람들로부터 합법적인 도움을 기대할 수 있다는 사고는 전 세계 주요 종교에서 규범으로 받아들여진다. 이를 이타주의, 동정, 결속 혹은 연마라고 부를 수도 있다. 그러나 돕고자 하는 충동은 그 것이 천성이든 학습된 것이든 상관없이, 인류문화에 있어 매우 깊게 뿌리박혀 있어서, 인간의 기본 감정 중 하나로 당연히 설명된다.

다수 원조 활동가에게 적용되는 이 관점을 굳이 부정하지 않고도 대부분 학자들은 원조를 제공하는 국가들의 동기에 대해 냉소적이다(Easterly, 2002, 2장; Cassen, 1994, p.136: Hoogvelt, 2001, pp.191ff).

토다로(1997, p.550)는 다음과 같이 공여국이 원조를 제공하는 목적을 요약하였다.

공여국이 원조를 제공하는 주된 이유는 그 안에 그들의 정치적 · 전략적 · 경제적 이기심이 내포되었기 때문이다. 어떤 개발지원은 도덕적, 인도주의적 열망에 따라 덜 가진 자에 대한 지원이 동기일 수 있다(예: 긴급식량원조 프로그램). 그러나 공여국이 돌아올 이익(정치, 경제, 군사 등)에 대한 기대 없이 장기적으로 지원을 제공한다는 것은 역사적으로도 사례가 없다.

헤이터와 왓슨(Hayter & Watson, 1985, pp.242ff)은 "우방에게 보답하고 적을 벌하기 위해", "시장 개방을 위해", "외국투자가의 수익확보에 필수적인 프로젝트를 금전적으로 지원하기 위해", 민간기업과 은행을 설립하여 "지원이 없으면 경쟁력이 없는 제품을 제거하기 위해서" 원조가 이용된다고 시사함으로써 원조의 이기적 관점을 상세히 기술하였다. 후그벨트(2001, p.191)는 그보다 더 냉소적인 더필드(M. Duffield)의 관점을 다음과 같이 서술하였다.

　새로운 원조 아젠다는 주변 지역을 세계 시스템에 '합병'하려는 선대 개발자들의 목표에 역행하며, 그 대신에 관리정책, 세계 경제의 가장자리에 있는 정치적으로 불안한 지역에 대한 봉쇄의 역할을 한다.

　이 이론들은 명백히 원조의 목적을 일반화하는 데 사용되어서는 안 되지만, 공통적인 개념은 존재한다. 그러나 이기적인 동기가 원조할당 방법에 의해 옳게 보인다. 토다로(1997, p.549)가 지적한 것처럼, 사람들은 상대적 욕구를 기본으로 원조가 배분되기를 기대하겠지만 "대부분의 양자 간 원조는 개발 우선순위와는 연관 없는 것으로 보인다." 이 관점에 동의한 유로스텝(Eurostep, 유럽 국가의 NGO 네트워크)과 국제자원봉사기구위원회(ICVA; the International Council of Voluntary Agencies)는 다음과 같이 설명하였다.

　저소득국가에 사는 30억 명 이상 사람들의 1인당 소득은 연 675달러 미만이다. 1990년, 이러한 저소득국가들은 DAC의 ODA(OECD국가와 유럽연합국가의 개발원조위원회(DAC: Development Assistance Committee)가 제공하는 원조)를 62% 받았다. 1994년에는 이 국가들의 원조가 53%로 하락하였다. 1995년에는 저소득국가들이 전체 ODA의 거의 절반(51%)에 해당하는 원조를 받았다. 더 작아진 케이크에서 더 작아진 배분을 받은 것이다. (Randel & German, 1997, p.248)

　이 숫자는 원조가 결국 욕구기반으로 할당된 것이 아니라, 공여국이 가장 정치적 관심을 가질 수 있는 국가로 불균형하게 원조를 제공한다는 사실을 보여준다(Todaro, 1997, p.549 참조). 그리고 윗글의 마지막 부분처럼 전체적인 원조 금액은 최근 들어 감소하고 있는데, 부분적으로는 크뤼거, 미칼로폴로스, 루탄(Krueger, Michalopoulos & Ruttan, 1989, p.305)이 "원조피로(aid fatigue)"로 표현한 것 때문이다. (초기에, ODA는 양적으로 크게 성장하였으나 1990년대 초 이후로 ODA가 전체적으로 감소하였고, 공여국의 GNP 비율도 앞에서 언급한 것처럼 감소하였다.)

이러한 모든 사실들은 최빈국들이 그들의 개발에 대해 최소한의 원조를 기대할 수 있다는 것과 실제로 원조를 받을 때 자신들의 개발 필요와 목표에 적절한 조건을 확보하기 어렵다는 것이다.

개발원조 프로그램에서 파악된 부족함을 고려할 때, 왜 개발도상국이 원조를 받으려고 하는지, 왜 원조에 의존하게 되는지 의아해 할 것이다. 토다로(1997, pp.554ff)는 주요 이유 하나와 부수적인 이유 두 가지를 설명하고 있다. 주요한 이유는 경제성 때문인데 개발도상국이 "원조가 개발 과정에 있어 중요하고 꼭 필요하다"는 제안을 비판 없이 받아들였기 때문이다. 두 가지 부수적인 이유는 정치성과 도덕성이다. 정치성은 "더 큰 정치적 권력을 기존 세력에 제공함으로써 반대세력을 억압하고 자신의 권력을 유지하는 데 원조를 활용하려는 공여국과 수혜국의 관점"이다. 도덕성은 "개발도상국과 선진국의 많은 외국원조 지지자들이 부유국은 제3세계의 경제개발과 사회개발을 지원할 의무가 있다는 관점"이다. 헤이터와 왓슨(1985, pp.245-246)은 토다로의 정치적 이유를 강조한다.

그러면 원조의 전반적 영향에 대한 우리의 결론은 무엇인가? 카셍(Cassen, 1994)은 7개국의 원조 활동을 표본으로 조사하여, 원조의 영향은 전반적으로 긍정적이지만, 완전함과는 거리가 멀고, 빈곤을 거의 감소시키지는 못한다는 결론을 내렸다. 원조의 부적절성에 대한 이유에는 공여국의 정책과 과정, 수혜국의 취약함, 많은 원조 프로젝트의 조정 실패 등과 연관이 있는 것으로 본다. 인도주의적 원조에 있어, 리프(2002)는 "우리는 원조를 통해 일시적으로 욕구를 만족시킬 수는 있지만 그것이 발생하게 된 근본 환경을 변화시킬 수는 없으며 종종 강화시키기까지 한다는 것을 안다"고 결론을 내렸다(p.24). 그리고 다음과 같이 말했다.

> 독립된 인도주의는 많은 일을 잘 수행하기도 하고 그렇지 못하기도 하지만, 인권개선 활동, 전쟁 종식에의 기여, 사회정의 촉진 등과 같은 임무는 아무리 그렇지 않기를 바라더라도 그들의 능력을 초과하는 일이다. (p.334)

심지어 순수 경제차원에서도, 원조에 대한 논쟁이 있는데 이는 토다로(1997, p.556)가 잘 표현했다.

한편으로 경제적 전통주의자는 원조가 실제로 많은 최빈국에서 성장과 구조적 변화를 촉진한다고 주장한다. 다른 한편으로 비평가들은 원조가 빠른 성장을 촉진하지 않으며 자국저축과 투자를 대체하고 채무상환 의무 및 원조와 공여국 수출의 연계 증가로 인해 지불적자 균형이 악화되어 성장이 오히려 지체된다고 주장하였다.

토다로는 향후 적은 양의 원조가 수혜국의 실질적인 개발을 지원하고, 계몽된 이기심을 통해 "빈곤퇴치, 불평등 최소화, 친환경적 지속가능한 개발 촉진, 최빈국 국민의 삶의 수준 향상"에 초점을 둘 것이라는 희망을 피력하였다(pp. 557-558). 그러나 그는 이러한 현상이 아직 달성되지 않았음을 인정한다. 마지막으로 IMF는 원조국가에 미치는 원조의 전반적인 영향에 대해 다음과 같이 냉혹하게 언급하였다.

간단히 말해, 지난 30년에 걸쳐, 개발도상국 대다수—108개국 중 84개국—는 최저소득국가 20% 그룹에 남아있거나 그 20% 그룹에서도 상대적으로 낮은 위치에 있었다. 또한 중간 소득국가가 감소하였으며, 상위로 이동하는 국가는 시간이 지남에 따라 거의 없어졌다. (Curtis, 1997, p. 13)

원조에 있어 대부분 비평가들은 그들이 알아낸 많은 사실에 대해 비판적이지만, 개발과정에서 도움을 주거나 필수적일 경우도 있다는 원조의 개념 자체를 거부한다는 의미는 아니다(예: Cassen, 1994, p14). 원조에 의심을 품는 연구가들은 외부원조가 실제로 개발을 지원하도록 하기 위한 몇 가지 기준을 강조한다. 예를 들면, 커티스(Curtis, 1997, pp. 10-11)는 원조가 공여국과 수혜국 사이의 복잡한 관계 중 하나일 뿐이라는 점을 상기시킨다.

원조는 선진국과 개발도상국 사이의 관계 중 일부일 뿐이다. 국제 무역, 투자, 분쟁예방, 부채 경감 등이 세계화 시대에 평등한 인간개발의 기회를 결정하는 훨씬 더 중요하다.

크뤼거와 그의 동료들(1989, p. 308)은 이상적인 통일된 관점을 갖기 위해 공여국과 수혜국 사이의 대화의 중요성을 강조한다. 그러나 그들은 그러한 대화가 강한 공여국의 이득에 따라 종종 불리한 영향을 받는다는 점을 인정한다.

> 공여국의 이득이 원조자원의 흐름에 강한 영향을 줄 때, 정책에 대한 대화의 효과성은 감소한다. 공여국은 수혜국 정부의 대표자가 정치개혁의 목적보다 공여국의 안정성 또는 무역이득 요인에 더 무게를 싣고 있다는 것을 인식하면, 수혜국의 개선된 정책을 촉진하기 위해 정책 대화를 활용하는 것이 매우 어렵다는 것을 알게 된다. (p.309)

이 연구자들이 말하려는 바는 수혜국의 경제정책 환경이 적절하지 않으면 어떠한 원조도 개발에 기여할 수 없다는 것이다. 그러나 연구자들은 이러한 환경을 구성하는 "외부에서 온 전략과 수출의 빠른 성장"(p.307)의 관점에 대해 확실히 인식하고 있다.

다른 연구자들은 오히려 자국의 경제정책과 사회정책 방향을 결정하는 것은 개발도상국 스스로의 권리이며, 기부자—국가든 세계은행 같은 기구이든—가 어떤 압력도 가할 수 없다고 주장한다.

원조의 궁극적 결과를 결정하는 더 나은 기준은 원조가 주어지는 특정 사업의 목적이다. 대규모 인프라 개발 사업에 대한 기금원조의 효과에 대한 논쟁이 있어왔는데 그러한 사업들로는 계획이 부실하거나(예: 거대한 댐 또는 국제공항), 혹은 개인 지도자 또는 정부의 위상을 높이기 위해 추진되거나, 혹은 잠재적 외국투자의 관심을 촉진하기 위한 것 등이다. 원조에 유익한 접근방식을 촉진하기 위해 설계된 정책의 사례로 1995년 사회개발에 대한 세계 정상회의에서 탄생한 '20:20 협약'을 들 수 있다(UNDP, 1997, p.113 참조). 이 원조는 사회복지의 공급을 늘리기 위해 사용된다. "이 협정은 공여국이 원조자원 20%를 제공하고 수혜국 정부가 공공 지출의 20%를 기본 서비스에 할당하도록 요구한다"(Curtis, 1997, p.9).

이것은 원조가 특정한 조건하에서 제공되어야 한다는 의미로 보일 수 있다. 위 경우에는 빈곤퇴치와 인적자원 개발 전략하의 기초 사회증대에 대한 것이다. 2003년 오스트레일리아 정부는 태평양 국가 중 정부의 부패근절 노력 여부를 조건으로 원조를 고려하겠다고 발표하였다. 이러한 정책이 얼마나 실행가능하고 윤리적일까?

결국 원조제공은 수혜국의 환경에 강한 영향을 받는다는 결론에 이른다. 이것은 원조를 공여국의 상황과 의제를 연계시키려는 경향과는 반대이다. 지배적인 조건에는 거버넌스, 경제정책, 빈곤수준, 사회서비스 제공, 정치적 안정성 등과 관련된 환경이 포함될 수 있으며, 제공된 원조가 유익하고 개발욕구에 집중하며, 적용된 유형과 조건에 적합할 것 등을 포함시킬수 있다. 비평가들은 한 목소리로 원조가 그러한 선상에서 제공될 때 개발도상국 및 국제적 개발 과정에 중요하게 기여할 것이라고 주장한다. 그러나 공여국이 수혜국의 원조사용 방식에 대해 어느 정도로 영향력을 행사할 수 있어야 하는지는 여전히 딜레마로 남아 있다.

지역차원 개발

지금까지 논의한 모든 과정은 크게 사회의 거시적 수준이었고, 대부분 국가 기관에 의해 실행되는 상의하달식의 개발 관점이었다. 그와 대조적으로, 지역차원 개발 과정의 중요한 초점은 미시수준인 사회의 개인-가족-지역사회 섹터이고 아래로부터의 개발을 나타낸다. 아래로부터의 개발은 상의하달 개발의 불균형한 영향을 수정하거나 보충하는 것으로 파악된다. 아래로부터의 개발이 국가기관에 의해 진행되는 개발에 대한 대안으로 인식된 적은 전혀 없었으며, 오히려 반대로 국가기관은 지역차원 개발을 촉진시키는 능력을 보유하고 있으면서도 다른 영역의 주요 개발에 참여하고 있는 것으로 여겨졌다. 프리드만(1992, p.7)은 이 관점과 관련해서 다음과 같이 서술하였다.

비록 대안적인 개발이 지역에서 시작되어야 하지만, 거기서 끝날 수 없다. 좋든 싫든, 국가는 주 실행자로 계속 있어야 한다. 국가는 빈곤한 사람들에 대한 더 많은 책임을 지고, 그들의 요구에 더 잘 반응해야 한다. 그러나 국가의 협조 없이 빈곤한 사람들의 운명은 크게 개선될 수 없다. 지역의 역량을 강화하는 활동은 강한 국가를 필요로 한다.

지역차원 개발 과정에 대한 초기 토론은 종종 지역공동체 개발 관점에서 다루어졌다. 유엔 보고서(1971, p.1)는 지역차원 개발에 대해 "약 20년간의 유엔 지원 프로그램의 결과로 지역공동체 개발이 개발도상국의 사회적 경제적 변화를 이끄는 동력이라는 보편적인 인정을 받게 되었다"라고 했다. 이 지역공동체 개발은 정부나 NGO가 배치한 활동가에 의해 실행되었다. 가장 중요한 점은 많은 정부가 매우 일찍부터 한국, 탄자니아, 인도, 멕시코와 같은 곳에 큰 규모의 지역공동체 개발 프로그램을 정립했다는 사실이다. 그러나 이러한 사업들은 상당히 많은 단점을 지니고 있는 것으로 보였다.(Dore & Mars, 1981: Campfens, 1997, 4장 참조). 많은 개발 분야 학자들은 초기 지역공동체 개발이 너무 상의하달식이었을 뿐만 아니라, 너무 추상적이라고 생각하였다. 그 이유 중 일부는 지역공동체를 조직의 자연발생적 단위로 보았기 때문이다(Esman & Uphoff, 1984, p.49). 또한 국가가 진행한 지역공동체 개발에 대한 많은 평가들은 비판적이었는데, 그 이유는 국가가 자금을 지원하고 배치한 활동가와 그들이 함께 활동한 일반인들 사이에 신뢰가 생길 수 없었기 때문이다. 이러한 비판으로 인해 일부 학자들은 대안으로서 지방 기관의 개발을 강조하게 되었다. 이러한 학자 중 한 명인 업호프(Uphoff)는 '지역(local)'은 공동체(community)도 될 수 있지만 집단, 이웃 또는 여러 공동체의 모임도 될 수 있다고 설명하였다(Uphoff, 1986, p.10). 그의 모델(p.11)은 지역, 공동체, 그룹 등 세 가지로 지역 수준을 정의하였다. 지역개발이란 "오랜 기간 집단적인 가치관을 만족시켜온 표준과 행동의 집합체"인 기존 지역기관과 함께 작업하는 것이며(p.9), 필요시 지역기관 개발 사업을 활성화시키는 것이다(Esman & Uphoff, 1984 참조).

다른 학자들은 최소 1970년대 초반부터 지역차원 개발을 NGO 관련 관점의 소규모 프로젝트(small-scale project)라고 정의내리고 있다. 세르니아(Cernea, 1989, p.124)는 이러한 소규모 NGO 프로그램은 기본적으로 세 가지 유형으로 이루어진다고 주장한다.

① 작은 생산 단위의 프로젝트(예: 여성집단에 의한 나무 묘판 설립과 작은 물통 관개 시스템 건설)
② 생산지원서비스 프로젝트(예: 마을 또는 집단 저장시설 또는 도로 건설, 마을과 시장 간의 운송서비스 정립)

③ 사회복지 프로젝트(예: 보건소, 마을회관, 구급차 서비스, 체육관, 교사를 위한 숙소)

이 모든 접근법에서, 기본원칙은 '사람 우선'(Cernea, 1991; Chambers, 1993; Ekins, 1992)이며, 사람들의 역량구축에 관여하고, 아래로부터의 개발 과정을 활성화하였다. 또한 항상 참여를 강조하였다. 데이비드(David, 1993, p. 11)는 "사람이 동기부여의 원동력이며 지역, 인간중심 개발 전략은 오늘날 인간개발의 필수조건이다"라고 전체 접근방법을 요약하고 있다.

앞서 지역차원 개발은 많은 상황에서 거시적 차원의 상위하달식 접근법의 상호보완적이고, 이에 대한 수정안이라고 언급하였다. 그러나 종종 그 이상의 의미를 갖는다. 만약 미드글리(1995a)의 왜곡된 개발에 대한 논의를 상기해보면, 보편적인 국가 개발 추세가 국가 내(심지어 국제적으로도)의 특정 수준, 섹터 또는 위치적 영역을 선호하는 것이 더 쉽고, 매우 보편적이라는 것을 인정하게 된다. 예를 들면 개발은 떠오르는 중산층, 도시섹터, 더 생산적이고 좋은 위치에 있는 지역의 이익 증대를 위해 추진된다. 좋은 의도에도 불구하고 그러한 추세는 피폐하고 개발되지 않는 지역을 낳는다. 개발된 영역이 민족, 인종, 종교 등 다른 집단과 확실히 구분되는 집단을 대표한다면 이 상황은 더욱 악화될 것이다. 이런 경우 왜곡된 개발은 도시화, 산업화, 부의 창조를 선호하는 경제개발 모델뿐 아니라 특정한 민족집단의 권력을 유지하면서 다른 집단을 희생시킴으로써 이익을 얻고자 하는 욕구에 의해 추진된다.

이러한 시나리오 유형은 다음 이유로 지역차원 개발을 중시하게 한다. 첫째, 거시차원의 개발은 종종 특정한 인구와 지역에는 미치지 못하거나, 그러한 기간이 너무 길어 몇 세대에 걸쳐 빈곤에 시달리게 된다는 사실이다. 지역차원 개발이 그들이 볼 수 있는 모든 것이며 그나마도 개발이 추진될 때에 한해서이다. 둘째, 만약 피폐하고 열악한 지역의 주민들이 개발 사업의 접근 및 거시차원 개발 사업을 공유하기 위해 투쟁하려면, 인적 역량구축을 통해 강해지고, 지역 기관의 개발을 통해 조직화되며, 지역차원 개발 과정의 참여를 통해 권한이 부여되어야 한다. 셋째, 적극적인 지역차원 개발은 그러한 인구의 존재에 대해, 최소한 필요에 대해 기존 개발 이익을 공유하는 자들의 관심을 끌어냄으로써 변화과정이 실질적인 개발 모델과 해당 국가의 목적에 포함되고 미사여구로 끝나지 않도록 하여야 한다.

지역차원 개발의 필요성은 굉장히 명백하여, 개발도상국의 개발 사업에서 왜 주요 요소가 되지 않고 있는지 의문을 던질 수도 있다. 많은 빈곤국가에서 널리 행해지는 지역차원 개발 환경이 일부 고립된 지역 프로젝트 외에 개발되지 않은 데는 몇 가지 이유가 있다. 첫째, 자국민, 외국인, 외지인 등 여러 상황에서 효과적으로 활동하고 있는 활동가들의 어려움을 과소평가해서는 안 된다. 생활환경은 어렵고, 근무환경은 자주 지원받지 못하고, 빈곤 및 다양한 사회문제에 깊이 둘러싸이고, 지역수준의 부정과 의심이 높고, 기반이 될 수 있는 지역의 자원들은 매우 제한되어 있다. 둘째, 훈련된 노동자집단이 준비되어 있지 않다. 상위로 이동한 지역민은 자신의 출신지인 빈곤 지역으로 돌아와 일하는 것을 매우 싫어할 것이다. 사회복지실천, 개발연구 등의 자격이 있는 많은 자국민들은 좀 더 개발된 지역에서 더 쉽고, 더 많은 돈을 벌 수 있는 노동의 기회를 선호할 것이다. 외국인들은 그러한 일들이 자신의 문화적, 사회적, 전문적 능력 밖이라고 볼 것이다. 실행 가능한 유일한 해결책은 지역민을 고용하고 교육시켜 배치하는 것이다. 셋째, 국가기관과 통치계급은 혜택 받지 못한 집단을 자유롭게 하거나 국가의 자원을 그들에게로 배치하기를 원하지 않을 것이다. 이것은 기본적인 집단 이기주의를 반영하는 한편, 정치와 집단 간의 강력한 관계성을 함축하고 있을 수 있다. 마지막으로 충분한 원조와 투자를 받지 못하는 많은 빈곤국들은 외부 채무가 과도하며, 열악한 관리체계와 내부부서, 분쟁으로 인해 자원과 에너지를 빈곤인구를 위한 지역차원 개발에 쏟을 수가 없다. 이러한 이유 때문에 빈곤국과 선진국의 상대적 빈곤이라는 상황은 당분간 국제공동체나 국가행정부, 국제비정부기구들의 적절한 지역차원 개발 프로그램 개발 능력에 따라 변화될 수 있을 것이다. 국제사회복지는 이 목표를 위해 국제적, 국가적, 지역적으로 중요한 기여를 할 수 있어야 한다.

결론

국제사회복지의 초기 개발의 뛰어난 지도자인 캐서린 켄달(Katherine

Kendall)은 국제개발에 관한 몇 안 되는 사회복지 교재 중 한 권에서 서문에 다음과 같이 서술하였다(Stoesz et al., 1999, p.ix).

국제개발은 오늘날 인간 복지 이슈에서 가장 강조되는 것 중 하나이다. 2차 세계대전 이후 기대수명, 유아사망률 감소, 영양, 연간 소득, 교육 등의 수많은 발전에도 불구하고 개발 과정은 절대빈곤에서 살고 있는 수백만 명의 사람들에게 아직 남아있는 과제이다.

이 책의 사회복지 저자들은 국제개발 부분에 있어 사회복지의 역할에 관해 사실상 언급하고 있지 않으며, 이 부문의 다양한 시각을 다루는 사회복지대학원은 일부에 불과하다. 사회복지대학원에서 이제 막 사회개발에 관한 강의가 시작되었으며 지역공동체 개발을 사회개발의 주요 측면으로 보기 시작하였고 개발 과정에서도 중요하게 다루기 시작하였다. 하지만 학생들이 해당 분야의 활동에 긍정적으로 반응한다고 보고한 학교는 거의 없었다.

국재개발에 대한 배경을 소개한 이 장에서는 이 분야가 처음인 독자들에게 개발 사업의 다양한 경로에 대해 소개하였다. 모든 국가의 개발과정에 대한 통계자료는 세계은행의 세계개발보고서와 유엔개발계획의 인간개발보고서에 준비되어 있고 더 자세한 국가별 보고서 또한 세계은행과 지역 유엔경제사회이사회에 의해 정기적으로 발행된다. 일반 개발 사업에 대한 문헌은 풍부하지만 지역차원 개발에 대해 사회복지사와 다른 사람들이 기여할 수 있는 방법을 설명할 수 있는 문헌은 훨씬 적다. 우리는 지역차원 개발이 사회복지 기술을 가장 쉽게 적용할 수 있는 영역이라는 결론과 함께 이 장을 마치려고 한다. 다음 장에서는 사회복지사와 다른 사람들이 이 환경에서 사용할 수 있는 전략과 주요 접근방법의 일부를 보여줄 것이다. 그러나 여기서 강조하고자 하는 것은 지역차원 개발 분야가 수백만 명의 사람들의 행복에 결정적이고 사회복지가 대응할 수 있고 대응해야 하는 영역이라는 것이다.

CHAPTER 05

◎ 요약

- 2차 세계대전 이후부터 많은 국가들은 다양한 개발 사업과 사회적·경제적·정치적 변화를 경험하고 있다.
- 많은 국가들은 식민지시대와 세계은행, IMF의 구조조정 패키지와 같은 신식민지주의의 과정을 통해 강제적 개발을 경험했다.
- 거시경제 개발 이론(선형단계 접근, 구조변화 모델, 국제종속 혁명, 신고전파 혁명 이론, 신성장 이론) 등은 많은 국가의 개발정책과 현실에 영향을 주었으며 종종 역효과를 초래했다. 개발에 대한 유일한 방식은 없다. 중요한 교훈을 배울 수 있고 유용한 요인은 여러 이론으로부터 적용될 수 있다.
- 정치개발은 개발과정에 있어 중요한 역할을 한다. 진정한 민주주의 과정, 국민의 참여, 좋은 행정, 정치형태와 상관없는 훌륭한 지도자, 권력 이슈의 균형, 정치적 안정성 등은 정책 개발에 있어 매우 중요한 요인이다.
- 인적자원 개발 과정은 경제개발을 촉진할 뿐만 아니라, 정책 개발, 빈곤감소, 삶의 질 개선 등도 촉진한다. 이 개발에 대한 책임은 지역, 국가, 국제 수준에서 모두 공유되어야 한다.
- 인간개발은 최소한 경제개발만큼 중요하며, 인지되고 실행되어야 한다.
- 개발을 활성화하기 위해 많은 국가들은 때로 공여국의 필요에 맞춘 외부원조를 받는다. 외부원조는 최근 감소하고 있으며 지정학상, 경제적 이익 관점에서 신랄히 비판받고 있다. 개발에 대한 외부원조는 중요하지만, 원조의 문화와 정책 또한 수혜국의 조건과 그들의 필요성에 맞추어야 한다. 또한 원조가 가장 필요로 하는 국가들에게 전달되어야 한다.
- 지역차원 개발 없이는 거시개발 전략이 완전히, 효과적으로 실행될 수 없다.

◎ 질문과 토론 주제

- 개발과정의 기반이 되는 가치는 무엇이 되어야 하는가?
- 강제적 개발 현상에 대해 논의하라. 그것에 대해 무엇을 이해하였는가?
- 개발을 어떻게 이해해야 하고, "국제 개발 기업"이 한 국가의 개발에 대해 어떤 역할을 할 수 있고 해야 하는가?
- 국가 개발 과정의 여러 경로 중 어떠한 개발 경로가 중요하다고 생각하며, 그 이유는 무엇인가?

- 개발에 있어 외부 원조의 역할을 무엇이고, 현재 외부 원조에 대한 중요한 이슈는 무엇인가?
- 다른 수준의 개발이 효과적이지 못하거나 반생산적인 경우, 지역차원 개발에서 어떤 가능성이 있는가?

◎ 향후 연구 분야

- 익숙한 국가 또는 지역을 선택하여 다양한 개발 과정을 고려하면서 선택한 국가 또는 지역의 개발 과정을 추적해보자. 개발의 성과 측면에서 각 과정에 대해 생각해보자.(세계은행 또는 유엔개발계획에 의한 측정방법을 사용)
- 자신의 분석을 근거로, 특정 국가 또는 지역을 골라 원조의존 개발의 장단점을 연구하고 필요한 역할에 대해 논하라.
- 국가(또는 국가내의 작은 지역)에 있어 고착된 기간, 시작 기간, 통합관점 접근법 등에 따른 개발 과정을 조사해보자.(2장 참조)
- 특정 환경을 선택한 후, 외부원조 또는 거시 수준의 개발의 보급이 지역차원에 미치지 못하도록 한 장벽을 찾아보아라.

개발분야: 프로그램과 전략

● 학습목표 ●

- 지역차원 개발에서 활용될 수 있는 개발유형과 사회복지사와 다른 전문가들이 지역차원 개발에서
  할 수 있는 역할에 대해 알아본다.
- 지역차원 개발 현장에서 주로 사용되는 프로그램과 전략들을 살펴본다.

이 장의 목표는 다음과 같다.
- 지역차원의 개발 또는 풀뿌리 차원의 지역사회 개발의 의미와 중요성 이해
- 세계 · 국가 · 지역차원 개발에 있어 통합적 접근의 중요성 이해
- 지역차원 개발의 개인 이슈에 대한 이해
- 지역차원 개발의 특정한 관점에 대한 이해
- 지역차원 개발 안에서 사용되는 다양하고 폭넓은 접근방법, 전략, 프로그램들에 대한 이해
- 통합된 전체 프로그램 활용을 위한 중요성과 필요성에 대한 이해

5장에서 사회복지사들이 모든 개발 사업에 관여해야 하지만, 특히 지역차원 개발(풀뿌리 차원의 공동체 개발로 불리기도 함)에 국제사회복지실천의 우선순위를 두어야 하는 이유에 대해 설명하였다. 6장에서는 지역차원 개발에 대한 더 많은 의미를 이해하고 개발도

상국의 지역차원 개발에서 볼 수 있는 가장 보편적인 프로그램과 전략들에 대해 살펴볼 것이다.

지역차원 개발

지역차원 개발의 의미와 중요성

흔히 사회개발이 세계에서부터 지역에 이르기까지 모든 단계에서 필요하다고 이야기되는데 여기서 '지역(local)'의 정확한 의미를 살펴볼 필요가 있다. 앞서 지적한 바와 같이 1960년대 초에는 '지역'과 공동체가 동의어였으며 공동체 개발이라는 용어에 지역차원 개발이 포함되었다. 그 다음으로 주지한 바와 같이 이스만과 업호프(Esman & Uphoff, 1984; Uphoff, 1986)를 비롯한 몇몇 연구자들은 '지역'의 의미를 좀 더 복잡한 의미로 확장시켰다. 이들에게 있어 지역은 집단, 이웃, 공동체 또는 여러 공동체의 합으로 설명될 수 있다. 업호프(uphoff, 1986, p.11)는 "의사결정과 행동 단계"라는 모델을 만들었다. 업호프는 처음 세 가지만 지역이라고 정의하였지만, 다음의 다섯 단계 모두가 지역을 구성한다고 볼 수 있다.

· 지역성 단계: 협업 또는 상업적 관계를 가지는 공동체
· 공동체 단계: 상대적으로 필요한 것을 완비한 사회경제적 거주 단위
· 집단 단계: 공통 관심사를 갖는 사람들의 동일성 집단. 작은 마을 또는 이웃, 직장 집단, 또는 인종, 카스트, 연령, 성별, 기타 등등과 같은 작은 거주 집단
· 가구 단계
· 개인 단계

지역차원에서 실행되는 사회복지는 필연적으로 이러한 다섯 가지 차원과 관련이 있으므

로 여기서는 다섯 단계 모두를 포함한다. 지역개발 실천에 필요한 기술은 특정 환경에서의 지역의 의미와 그에 따른 개입의 수준을 이해하는 복잡한 임무에 대한 것이다. 업호프 (1986, p.11)가 말한 것처럼 "개발지원에 있어 많은 실수들이 이 분명하고 단순한 용어, '지역'에 대한 매우 잘못된 이해로부터 나온다."

특히 개발을 다루고 있는 여러 교재에서 '지역성'에 대해 거의 언급하고 있지 않음을 비추어 볼 때, 앞서의 지역에 대한 이해에 동의한다면 개발에서 지역차원에 대한 중요성을 고려해야 한다. 지역차원이 사회를 이루는 섹터 중 하나라고 고려하면서 시작해보기로 하자.

개인-가족-지역사회로써의 지역차원을 언급할 때, 지역차원은 시장 또는 경제 섹터, 국가 또는 기관의 거버넌스 섹터, 시민사회 섹터 등의 세 가지 섹터 이외의 사회 섹터로 볼 수 있다. 사회모델에서 사회는 삼각형으로 나타낼 수 있다(<그림 6-1> 참조). 삼각형의 밑변에는 사회 기반으로 기능하는 개인-가족-지역사회 섹터가 놓인다. 삼각형의 양변 중 한 변은 경제 섹터이고, 다른 한 변은 거버넌스 섹터이며, 삼각형 안의 공간은 시민사회가 차지한다. 시민사회는 삼각형 세변의 모든 섹터와 상호작용한다. 대부분의 시민사회 구성요소들은 개인-가족-지역사회 섹터에서 나오며 지역조직은 시민사회를 통해 다양한 협회, 기관, 운동조직 등을 함께 형성한다. 그러나 구성요소 중 일부는 노동협회와 고용주협회와 같은 경제 섹터에서 나와 직접적으로 기여를 한다. 또 다른 구성요소들은 정당과 운동단체, 공무원조합 등과 같은 거버넌스에서 나오거나, 최소한 그 안에서 직접적으로 참여한다. 이 모델을 기반으로 우리는 기능화가 잘 되어있는 사회가 견고한 기초를 가지고 세워진다고 주장할 수 있다. 강한 개인-가족-지역사회 섹터 없이는, 사회는 강한 시민사회나 또는 대표적인 거버넌스 또는 효과적인 경제 섹터를 소유할 수 없다. 비록 경제와 거버넌스 섹터의 일부 형태가 외부로부터 일정기간 동안 강제되거나 내부 엘리트에 의해 만들어지거나 통제를 받더라도, 모든 섹터는 결국 지역차원의 강한 기초에 의존한다. 그래서 개발의 측면에서 모든 섹터의 개발이 중요하지만 강한 토대를 만드는 것이 특히 중요하며 바로 이것이 지역차원 개발의 전체적인 목표이다.

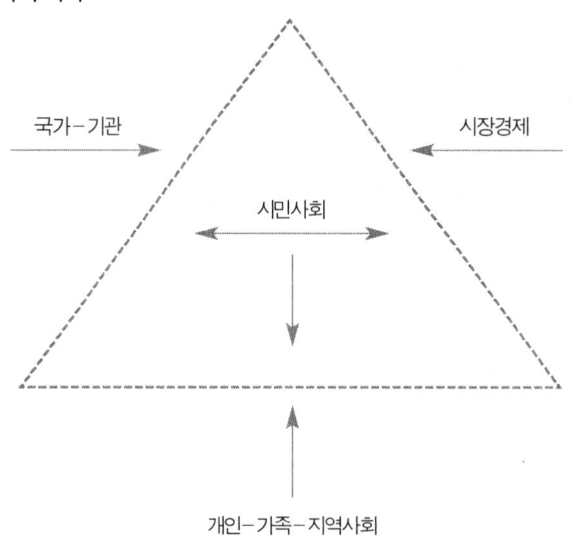

　　더 구체적으로는 사회의 중요한 측면들이 지역차원 기반에 의존하는 여러 방식에 대해 논의할 수 있다. 첫 번째 논의는 사회의 가장 중요한 자원은 궁극적으로 사람이지만, 다른 모든 자원처럼 사람은 개발을 요구하고 이 개발은 지역차원에서 시작된다는 것이다. 이때 중요한 것은 개인, 가족, 지역사회 차원에서의 역량구축이다. 두 번째 논의는 사회자본, 사회통합과 같은 중요한 사회적 특성은 결국 위에서부터 나타나지 않고, 지역차원 개발에 의존한다는 점이다(World Bank, 2000/2001, 2001). 세 번째 논의는 거시경제 개발은 가정경제, 지역사회 경제, 비공식 경제와 같은 지역수준에서의 경제 개발에 상당히 의존하지만, 다른 차원의 경제 개발은 지역수준이 경제 체계 안에서 생산자와 소비자로써 효과적으로 기능할 것을 요구한다는 것이다.

　　이러한 고유 의미뿐 아니라, 지역차원 개발에 초점을 둔 의미는 해당 차원이 전반적인 개발 과정에서 무시되고 그 결과로 왜곡 또는 편향적인 개발이 이루어지기 때문이다(5장). 또한 지역차원에 대한 소홀은 종합적인 개발의 부패, 무능한 정부, 공식 경제 섹터의 미개발 등에 의해 방해받을 때 발생하며 그 결과로 지역차원에서 낮은 개발수준과 높은 빈곤수준을 초래한다. 개발에 대한 이러한 장애들은 신속히 수정되기 어렵기 때문에, 지역차원 개발이야말로 활동가들이 큰 인구집단을 대상으로 개발의 모든과정을 진전시킬 수 있는 유일한 차원이다. 그리고 활동은 거시차원의 개발이 실패하거나 장애물이 있을 때에도 실천 가능하다는 것을 보여준다. 또한 지역차원의 미미한 개선이 더 강한 지역사회를 통해 위로 흐를 수 있으며 거시 정책 및 경제 섹터에서의 긍정적인 변화를 위한 더 큰 압력을 끌어낼 수 있다.

마지막으로, 사회복지사들에게 기술의 필요, 그들의 지식과 기술의 영역, 가치기반의 중요성이 극대화되는 곳이 지역차원 개발이다. 특히 개발도상국에 있어 효과적인 사회복지 교육 프로그램을 통해 지역차원 개발 일을 할 수 있는 많은 대학원생을 배출해야 하지만, 불행하게도 대부분의 개발도상국에서는 그렇지 못하다.

통합관점 접근과 지역차원 개발

통합관점 접근은 지역차원 개발의 중요성과 실행의 지침 모두를 강조하고 있다. 4가지 관점은 각각으로 보나 전체적으로 보나 지역차원 개발에 대해 집중할 필요성을 강력하게 강조하고 있다. 가난한 농촌지역, 외딴 지역, 외딴 섬, 개발 주류에서 제외된 열악한 지역 또는 소외계층 지역에 살고 있는 수백만 명의 사람들이 아직도 간신히 연명하거나 생존을 위해 몸부림치고 있는 것이 전 세계적인 현실이다. 네 가지 관점은 이러한 현실에 거세게 항의한다. 세계적 관점은 이렇게 취약한 사람들이 지구촌의 일원이고, 다양한 방법으로 세계에 유일무이한 기여를 하고 있으며, 세계 공동체 안에서 적절한 장소가 마땅히 제공되어야 한다는 점을 상기시켜 준다. 인권 관점은 이 모든 사람들이 개발에 대한 권리를 가지며, 인간다운 생활 양식과 수준을 누릴 권리가 있다는 점을 상기시켜 준다. 생태적 관점은 만약 빈곤한 사람들이 계속 빈곤한 상태로 생존을 위해 지속가능하지 않고 해로운 방식으로 자연을 개발할 때 빈곤한 사람들과 그들의 지역환경, 세계 생태계가 얼마나 유해하게 될지 일깨워준다. 마지막으로 사회개발 관점은 이러한 사람들이 가족과 함께 살 수 있는 적합한 장소를 찾도록 보장하는 방법을 보여준다.

지역차원 개발을 강력하게 강조하지 않고서는 이러한 네 가지 관점의 구현의 가치를 인정하고 주장하는 방법은 없다. 왜냐하면 이처럼 네 가지 관점이 지역차원에서 가장 광범위하게 증명되고 뿌리 깊게 박혀있기 때문이다.

지역차원 개발에 있어 직원 문제

1970년대 몇몇 유엔 보고서를 제외하고는 지역차원 개발에서 직원에 대한 자세한 논의는 나타나고 있지 않지만, 그에 대해 기술된 바에 의하면 지역사회복지사는 전체 과정을 촉진시킬 수 있거나 활동을 시작하는 동기제공자로써 중요하다고 언급되어 있다. 생존을 위해 애쓰는 상황이 점점 더 피폐해질수록 사람들이 점점 더 약해져 외부의 개입 없이 지역차원 개발을 시작하는 것은 어려워진다. 이 외부개입의 성격은 가능하게 하는 자, 촉진자 또는 동기부여자로 불리는 직원에 의해 특징지어 진다. 자원봉사자 또는 전문 보조와 같이 지역의 직원은 그런 일을 위해 채용되고 훈련받은 사람이다. 혹은 지역주민과 유사한 문화적 또는 인종적 배경을 갖고 있으며 고등학교 또는 대학교에서 모집된 사람들일 수도 있는데 그러한 사람들은 제공될 급여수준에 맞는 사람들이 있는가에 달려 있다. (졸업생들의 높은 실업률로 인해 그들의 취업준비 기간 동안 지역차원 개발 관련 업무에서 상대적으로 쉽게 단기직으로 고용될 수 있다. 1990년대 스리랑카와 방글라데시에서 그 사례를 볼 수 있다.)

그러나 문헌에서 다루는 또 다른 보편적 주제는 지역차원 개발에서 직원의 부족이다. 이 원인에 대한 인식은 다양하다. 어떤 문헌에서는 널리 보급된 문화와 가용한 인력을 지역 문화에 맞추는 어려움과 연관을 짓는다. 혹은 생활 및 근무 조건과 연관이 있는데, 특히 해당 국가에서 더 빈곤한 지역의 경우, "기대치가 있는" 해당 직원이 그러한 업무를 수행하기 싫어하는 것과 연관을 짓는다. 또한 때때로 이 분야에 대해 훈련을 받고 배치된 사람은 거의 없다. 지역 NGO든, 국제기구든 간에 상대적으로 훈련받지 못한 지역 직원, 외부 전문가의 지침이나 훈련을 받은 직원, 지역 프로젝트 사업에 참여하는 수가 많은 경우도 있다. 그러한 사업은 여기서 논의된 사업과는 매우 다르다. 프로젝트들은 지역차원에서 실행되었던 프로그램의 시간제한별로 구분되나, 주로 모든 차원에서 지역주민들의 참여가 제한되었다. 그러한 프로젝트의 지속가능한 변화에 대한 효과는 종종 의문시되고 있다.

전문 사회복지사와 관련하여서는, 지역개발 사업에 직원이 필요한 많은 저개발국가에는 사회복지에 대한 학교가 전혀 또는 거의 없으며 그나마 있는 졸업생들도 도심지역에서 공무원 또는 상대적으로 보수가 높고 사회적 지위에 적합한 편안한 일자리를 선호한다. 이러한 환경 때문에 고용을 원하는 기관이 있더라도, 지역차원 개발 사업에 참여할 수 있고 참여하기를 원하는 사회복지 졸업생이 거의 없다. 그 예로 태국의 경우를 들 수 있다. 최근 보고서에 따르면(Senanuch, 2005), 태국에 있는 두 대학교에서는 사회복지대학원 졸업생 중 최소한 40%는 국외 전문기관에서 근무하고, 나머지 졸업생 중 극소수만이 빈곤한 사람들을 위한 작업을 선택하였다. 공동체 개발을 공부하려는 학생은 거의 없고, 주요 교과과정도 개발 또는 빈곤 이슈에 대해 최소한의 시간만을 할애하고 있다. 이 상황은 일부 국가에서 농촌 지역에 사회복지대학을 도입하여 변화하기 시작하였으나(예: 인도), 이 변화는 천천히 그리고 매우 한정적으로 진행되고 있다. 만약 사회복지 또는 다른 어떤 분야든지 지역차원 개발에서 요구하는 시골출신의 우수한 실천가를 배출하려면, 현재 제공되는 교육 및 훈련 모델과는 매우 다른 모델을 개발해야 할 것이다.

유엔은 지역차원에서 직원의 중요성을 오래전부터 알고 있었다. 이와 관련하여 1979년 『농촌개발의 사회복지사업(Social Services in Rural Development)』이라는 유엔 보고서는 다음과 같이 언급하였다.

최전선의 활동가들은 사회복지 제공의 심장이며 그들의 훈련은 특별한 관심이 필요하다. 다수의 농촌 빈곤층의 욕구가 적절하게 해결되려면 자원이 필요한데, 자원이 제한적이기 때문에 사회복지사들을 완전한 자격을 갖춘 전문가로 훈련하는 것은 불가능하다. (p.35)

1988년, 유엔은 사회개발에 대해서 다음과 같은 결론을 내렸다.

많은 국가에서 훈련받은 직원의 부족을 극복하기 위해서는 포괄적인 교육 프로그램이 가장 먼저 제공되어야 한다. … 적절한 훈련이 모든 단계에서 제공되어야 한다. (UN, 1988, p.10)

몇 년 후에, 사무총장은 보고서를 통해 이러한 지침 원칙의 구현에 대해서 다음과 같이 언급하였다.

개인, 가족, 공동체 단위 등을 위한 소단위 프로그램의 효과적인 실행을 위해 기술적 지원 프로

그램은 필요한 모든 범주의 직원에 대한 훈련계획을 세워야 한다. (UN, 1991, p. 5)

또한 1988년에는 인적자원 개발에 대한 활동에 대한 아시아태평양 경제사회위원회의 행동계획은 "인적자원 개발을 가능하게 하는 자"의 필요성에 대해 지적하였다.

인적자원 개발에 적합한 가능하게 하는 자를 선정해야 한다. 인적자원 개발의 가능하게 하는 자는 활동적으로 개입하여 인적자원 개발 과정에 있어 촉진제 역할을 하는 개인, 집단, 기관 등을 말한다. (UN/ESCAP, 1988, p. 12)

1992년 아시아태평양 경제사회위원회의 사회개발 전략에서는 다음과 같이 언급하였다.

국가 프로그램의 활동에 대한 실천을 책임지는 직원의 전문적 재능은 강화되어야 한다. (UN/ESCAP, 1992, p. 36)

수년 동안 개발 분야의 많은 보고서들이 지역차원에 있어 적합한 직원의 필요성을 지적하였다. 그러나 대부분 그들은 이런 직원들이 어떻게 채용하고 훈련하여 배치해야 하는가에 대해서는 정확하게 언급하지 않았다. 심지어 이 활동을 하는 활동가를 지칭하는 용어도 혼란스럽다. 예를 들면, 사회복지 직원, 사회복지실천가, 최전선 실천가, 전문보조 실천가, 지역사회 개발 직원, 농촌개발 직원, 지역사회 사회복지사, 사회복지사 등이다(모두 1980년대와 1990년대의 유엔 보고서에서 언급). 보편적으로 나타나는 직원의 범주에 대한 세 가지 일반적인 용어는 전문가, 지역개발 활동가, 사회복지 직원이다, 전문가는 주로 건강, 교육, 농촌개발과 같은 특정 분야에 대한 전문가이며, 지역개발 활동가는 주로 전문보조, 훈련을 받지 않은 실천가, 자원봉사자를 말하며, 사회복지 직원은 특정한 복지욕구를 다룬다. 이런 용어 또는 분류의 의미는 상세히 정의되는 경우가 거의 없고 단지 그러한 용어들이 사용될 때에도 희망사항을 표현한다는 느낌이 들 뿐이다. 실제로 이 모든 세 가지 분야와 관련된 주요 훈련 계획은 알려진 바가 없으며, 그러한 이유로 사회복지서비스 제공, 일반적인 지역차원 개발, 복지요구에 대한 지역의 대처 등 세 분야의 지역개발로 나타나는 작은 부분을 해결하는 NGO의 활동으로 제한되어 있다. 또한 훈련받은 다수 직원의 필요성이 점점 줄어들고 있으며, 특히 NGO 직원에게 실습훈련의 강조도 사라지고 있다. 그러나 지역차원에서의 NGO 활동이 적합한 기술을 가진 직원을 고용할 수 없음으로 인해 얼마나 많은 제약을 받는지 의문을 갖게 한다.

문헌과 관찰을 통해 우리는 지역차원의 사회개발 전반에 걸쳐 최선전의 활동가의 중요성이 지속되고 있지만 이러한 필요성이 1970년대와 1980년대보다 오늘날 사고의 중심에 있지 못하다는 것을 알 수 있다. 개발에 대한 의견이 지역차원 개발의 책임을 사람과 그들의 공동체, 지역기관으로 되돌리는 추세이기는 하나 현장 활동가들의 견해에 의하면 다양한 상황의 지역 중 이러한 책임을 조력자 없이 맡는 곳은 거의 없을 것이라고 한다. 이때 조력자의 역할은 지역차원에서 활동함과 동시에 다양한 필요 자원을 해당 지역에 연결하는 것이다. 또한 지역차원에서 진행된 일에 대한 많은 평가에 의하면 성공적인 인간중심 지역개발의 시초는 조력자의 도움을 받아 지역차원에서 수행되었다(Cernea, 1991; Carroll, 1992; Nee & Healy, 2003; Vohra, 1990; UN/ESCAP, 1996a, 1996b 참조). 그러므로 적절히 훈련된 조력자가 훨씬 많을수록 더 광범위하게 직원을 배치하고 더 효과적인 지역차원 사회개발을 이룰 수 있다는 결론을 내릴 수 있다. 여기서 개발도상국과 선진국의 사회복지 교육이, 심지어 사회복지 보조 단계인 전공 대학생과의 협력이 필요하다 할지라도, 이러한 단계의 교육과 훈련을 진지하게 받아들일 수 있는 역량과 책임감을 가지고 있는지에 대한 의문을 가지게 된다. 이 의문에 대해서는 14장에서 논의할 것이다.

사례 ▶ ▶ ▷

방글라데시의 가족계획 담당 직원

방글라데시의 한 빈곤층 마을의 가족계획 프로젝트 사례를 통해 적합한 직원의 필요성을 설명할 수 있다. 초기에 정부의 가족계획 부서는 상류계급인 벵골어를 할 수 있는 중산층 계급 여성을 훈련시켜 사회복지사로 보냈다. 한 분석가가 표현했듯이 이 사회복지사들은 '오만과 무관심의 장벽'을 사이에 두고 마을 여성들로부터 분리되었다. 이 계획은 빈곤한 사람들에게 밀착되지 못했다. 그래서 NGO가 대안으로 생각한 것이 피임약 사용에 대한 교육이나 감독을 받지 못하는 훈련 중인 현장 활동가를 활용하여 저렴한 경구 피임약을 홍수로 범람한 시골 마을에 뿌리는 것이었다. 이 접근방법은 백해무익한 것으로 보였다.

※ Hatman & Boyce, 1982, p. 29.

인도네시아의 아동건강 프로그램 직원

지원봉사자를 활용한 또 다른 예로 인도네시아를 들 수 있는데 이 예는 유엔으로부터 성공적이라는 평가를 받았다. 이 프로그램은 마을차원에서 아동건강을 증진하기 위해 고안되었다. 57,000개 마을에 아동건강 프로그램을 이끌도록 하기 위해 여성건강 자원봉사자 80만 명을 채용하였다. 마을 단위의 '통합서비스 부서'를 통해 자원봉사 활동가들은 많은 역할을 하였으며(예: 아동의 신체발달 모니터링과 교육 수업 운영 등), 지역 어머니와 가용한 병원 직원 사이의 연락병 활동도 하였다(예: 예방접종과 산파술 서비스). 봉사자들은 교육을 받았으나 출석은 들쑥날쑥했고, 봉사자 중 일부는 수행을 제대로 하지 못한 것으로 평가되었다.

※ UN/ESCAP, 1994a, p. 29.

지역차원 개발에 대한 목표와 전략

지역차원 개발에서 요구되는 목표, 전략, 기술 등에 대한 질문은 매우 광범위한 영역이어서 그 분야를 실행 측면에서 설명하는 것 외에 거의 할 수 있는 것이 없다. 개발도상국과 지역특화 환경에 맞추어 수정될 수 있다면 개인, 가족, 공동체와 관련된 모든 사회복지 문헌과 경험이 관련 있다고 할 수 있다. 또한 도시와 농촌 지역을 포함한 다양한 환경에서의 (주요 주제는 아니지만 일반적인 특성에서) 지역차원 개발에 대한 많은 보고서가 개발 분야 문헌에 많이 존재한다. 이러한 두 분야 문헌에도 불구하고 지역차원 개발과 관련된 목표, 전략, 기술에 관한 연구는 거의 없다. 실천가 자신이 그에 대한 총체적 아이디어를 가지고 있다면, 자신의 상황에 직·간접적으로 활용할 수 있는 더 상세한 자료에 대해 폭넓게 문헌을 탐색할 수 있을 것이다.

지역차원 개발에 초점을 둔 6단계

앞으로 언급될 모든 분야의 초점이 다른 분야와 관련되어 다양하게 나타날 수 있지만, 사회복지사들에게는 지역차원 개발에서 초점을 두어야 할 단계들이 있다. 우리는 초점을 두어야 할 여섯 단계를 제안하고자 한다. 이들은 개인, 가족, 지역사회(넓은 의미에서 이웃, 지역, 인식상의 공동체, 공동체 연합 등을 포함), 인구집단, 지역조직, 지역 협회와 거버넌스 등이다. 사회복지 면에서 볼 때 처음 네 가지는 매우 익숙하고, 다섯 번째는 공동체 개발 관점으로 볼 수 있으며, 여섯 번째는 회피하려는 경향이 있다. 이 여섯 가지 모두 지역차원 개발 실천면에서 다음과 같은 이유로 중요하다고 볼 수 있다.

'개인'에 대한 초점은 주로 다수의 요구에 직면한 개발도상국에서 누릴 수 없는 호사스러움으로 간주된다. 이러한 가정이 틀렸다는 증거가 인권에 대한 주장을 포함하여 여러 가지가 있으나, 여기에서는 두 가지 기본 이유를 살펴보려고 한다. 첫 번째는 지역차원 개발에 있어 가족, 지역기관 등과 같은 다른 모든 단위들은 기본적으로 개인으로부터 이루지고, 이 개인의 역량과 책임 수준은 다른 단계들의 효과적인 기능의 기본이 된다. 개인은 결국 모든 개발이 달려 있는 기본 자원이므로 최종 성과를 결정하는 인간의 역량정도, 태도, 가치 등이 본질적으로 이슈가 된다. 두 번째 이유는 모든 상황에서, 특히 개발도상국의 상황에서는, 빈곤, 학대, 배척, 사회적 소외로 인해 상처를 입었거나 극복가능한 전략을 제공받은 적이 없는 장애를 가지고 있거나 전쟁, 자연재해, 이주의 경험으로 정신적, 신체적 손상을 입은 사람들이 매우 많을 것이란 점이다. 지역차원 개발 관점의 개인복지는 개발 기회를 모든 사람들에게 제공하고 모든 사람들을 개발 과정에 포함시키기 위한 필수요건이다. 반면 인권과 사회개발 원칙은 이것이 충분조건이라고 가정한다.

지역차원의 실천가들은 다른 활동 범위에 해당하는 한이 있어도 개인과 함께 일을 하며, 지역에서 실행하는 모든 활동을 계획하고 실행할 때 다양한 개인의 분류에 따른 필요사항을 고려한다. 이렇게 함으로써 더 넓은 범위의 개인 인권 및 요구를 공동체 단위 및 다른 대응방안에서 만족시킬 수 있도록 고안한다.

캄보디아의 의료보조기

개인에 초점을 둔 지역차원 개발의 좋은 예로 장애인 분야를 들 수 있다. 캄보디아에서는 과도한 살상용 지뢰 사용 때문에 농촌의 많은 성인과 아동이 팔다리를 잃은 후 개발에 참여할 수 있는 모든 기회를 박탈당했다. 의족 제공은 이런 장애인들의 미래 행복에 중요한 요소이며 어떤 경우에는 생존 자체에 중요한 영향을 준다. 지역기관은 적합한 의족의 개발, 생산 및 효과적으로 사용하기 위한 교육 등을 위해 오스트레일리아 대학 교수단과 함께 작업을 하였다.

※ 호주 멜버린 소재 라트로브대학 스태프와의 개인적인 대화.

필리핀의 공중보건

다음 사례는 필리핀의 한 예이다. 가족단위의 공중 보건 수준을 높이기 위해, 건강 게시판을 마을 중심지에 눈에 띄게 진열했다. 각 가정은 각 칸으로 표시되었고, 하수도 설비, 바닥 깔기, 그밖에 다른 시설 등의 의미를 표시하였다. 이 칸에 색칠을 해서 집집마다 변화가 전혀 없는지, 변화 과정에 있는지, 예상한 목표에 달성했는지 등을 보여주었다. 이를 통해 대중의 압박이 가정에 변화를 가져오고, 공동체 전체의 공중 보건 수준을 높일 수 있었다.

※ UN/ESCAP, 1996a, p.61.

두 번째 단계는 '가족'이다. 지역차원 실천의 다양한 면에서 가족은 중요하다. 가정에서는 많은 돌봄 서비스가 일어난다. 가정 경제는 더 넓은 경제의 개발이 미흡한 지역에서 특히 중요하다. 건강 및 교육 제공은 빈번하게 모든 가족 구성원의 협력에 달려있다. 인권은 가족 차원에서 매우 중요한데, 특히 여성과 아동에 있어 더욱 그러하다. 또한 무엇인가 잘못되고 있을 때 주로 가장 많이 영향을 받는 것이 가정이다. 그러므로 많은 지역차원 개발 프로그램은 가족단위를 중요시하며 가족차원의 지역활동에 관여된 실천가들은 가족 기능에 적용할 수 있는 지식과 이해가 필요하다. 그렇지만 모든 지역사회 사회복지사들은 항상 가족의 역할, 특수 상황에서 가족에게 주어지는 압력, 지역적으로 실행되는 모든 가족 활동에 대한 영향력 등을 명심해야 한다.

많은 지역차원 개발 프로그램은 개별 가족을 중요하게 여긴다. 이와 관련된 프로그램에는 가족계획 및 가족 공중보건 측정(예: 주택 위생시설), 가정 경제 프로그램, 주택 개선 프로그램 등이 있다. 그러나 프로그램의 제공은 가족의 행복을 고려하고 특정 부류의 가족을 목표로 하는 경우를 고려하여 대개 공동체 차원에서 이루어진다. 예를 들어, 대중교육을 제공하는 프로그램을 통해 공동체 차원에서 경제규모를 고려하는 한편, 일반 공동체가 목표를 달성하도록 지원함으로써 협력을 고려한다.

세 번째 중요 단위인 '공동체'는 앞에서 언급한 바와 같이 그 개념 및 실행가능성에 대해 오랫동안 논쟁이 되어왔지만, 항상 지역차원 개발의 주요 초점이 되어왔다. 여기서는 공동체를 이웃, 지역성, 개별 공동체 및 특정한 지역 내의 공동체까지 포함하는 광의의 개념으로 정의한다. 1960년대 이후부터 개발도상국에서 나타난 공동체 개발 활동 및 동시기의 지역 농촌 개발은 모두 공동체를 매우 중요하게 여기고 있다. 다양한 국가차원의 프로그램은 모든 마을에 공동체 활동가를 배치(예: 인도, 인도네시아)하도록 하였으며 많은 NGO가 공동체 개발 활동에 집중하는 동안, 정부 주도의 다른 프로그램들은 공동체 리더(예: 태국)에게 의존하였다. 이 시기 이후 공동체는 과거에 중요하게 여겨졌을 뿐, 현재의 중요도는 지역수준, 시민사회 기능, 국가 프로그램에서의 개인으로 이동한 것으로 여겨진다. 최근에는 신자유주의의 작은 국가 및 작은 국가 예산에 대한 강조와 공동체의 잠재력에 대한 관심 회복 덕분에 개발에 대한 책임이 점점 지역차원으로 돌려지고 있으나 지역에서 이에 대한 실질적인 대응가능성의 여부는 깊이 조사되지 않고 있다.

네 번째 중요 단위는 개념을 명확하게 하기 어려운 '단체 생활'이다. 한편으로는 종교, 민족, 인종, 카스트 등 개인이 속한 동일 집단을 중요하게 여긴다. 다른 한편으로는 사람의 구분이 계층, 소속된 직장, 연령 등에 따라 이루어진다. 이에 따라 십대, 노년층, 노동자에 맞추어, 또는 임업, 어업, 광업 등과 같은 특정한 직종에 고용된 사람들에 맞추어 활동을 펼칠 수 있다. 개인이 자신을 표현한다고 느끼거나 소속감을 느끼는 집단이 지역에 존재할 때 집단화는 실천가들이 중요한 사회적 집단의 기본을 구성할 때 중요하다. 많은 사회는 위의 분류기준의 일부 또는 모든 것을 활용하여 나눈 구획들로 특징지어지, 이는 항상 일정 정도 이상 지역차원에 반영된다. 활동가들은 지역의 다양성을 아우르는 사회응집력을 구축하는 것이 궁극적인 목표일 때에도 초기에는 특정 집단을 중요시하게 된다.

인도의 낮은 카스트 계급을 위한 프로그램, 개발도상국의 거리의 아이를 위한 프로그램, 홍콩의 이주노동여성을 위한 프로그램 등과 같이 특정 집단을 위한 프로그램의 예가 많다. (13장 참조)

'지역조직'에 대한 중요성은 공동체 개발 활동가에게 익숙하지만 대부분 사회복지 활동에서는 중요하게 여겨지지 않는다. 개발 환경에서 지역조직들은 사람들의 조직으로 불릴 수 있다. 왜냐하면 지역조직은 욕구충족, 이익추구, 야망실현 등을 위해 조직화되기 때문이다. 이스만과 업호프(1984, p. 18)는 지역조직을 "구성원을 대표하고 그들이 책임지면서 개발 활동에 관여하는 조직"이라고 정의하였다. 지역조직은 시민사회의 구축기반을 이룬다. 처음에는 지역차원에서 조직되고 다양한 방법으로 다른 지역의 유사 조직들과 연합하여 결국 국가조직이 되는 경우가 많다. 이러한 연합이나 협동조합은 거버넌스 또는 경제 섹터에 영향력을 증대시켜 초기에 이 조직 설립을 선도한 목표를 달성할 가능성이 증대되도록 설계되었다. 지역차원에서 활동하는 실천가들은 정기적으로 사람들의 네트워킹에 관여하여 결국 네트워크가 지역기관에 연합하도록 한다. 일단 이러한 조직들이 형성되면, 지역활동가들은 이들과 함께 활동하여 이 기관들을 강화하고 그들의 목표 성취를 장려한다. (Sernea, 1991 참조. 다양한 범주의 지역기관 개발에 대한 예를 보려면 Esman & Uphoff, 1984 참조)

마지막 여섯 번째 단계는 지역 정부를 포함한 '지역협회'이다. 업호프(1986, p. 9)는 앞에서 언급한 것처럼, "협회는 기관이든 비기관이든 일반적으로 가치 있게 활용되기 위한 목적을 가진 규범과 행동의 복합체"라고 하였다. 후에 "협회는 사람이 가치 있게 여기는 조직으로, 직접적이고 즉각적인 이익 이상으로 높이 평가된다"고 덧붙였다. 업호프는 협회의 이익은 "공공재화 되는 경향"(p. 14)이 있다고 보았다. 예로 거버넌스, 법과 질서, 은행업, 또는 종교이다. 이 영역을 포함시키는 이유는 특히 개발도상국에서 지역차원에서 제도적인 개발의 촉진이 중요하다는 인식 때문이며, 업호프는 이것을 "지원, 조장, 장려"를 통해 이룰 수 있다고 하였다(p. 19). 그러나 여기서 중요한 점은 협회가 기반으로 하는 가치, 규범, 행동은 관련자들의 것이어야 하며, 외국 기관의 제도를 강요하려는 외부인의 것이 아니어야 한다는 것이다. (사례연구는 Uphoff, 1986 참조)

지역차원의 실천에서 강조되는 네 가지 기본사항

여섯 단계를 고려하지 않더라도 활동가는 지역차원에서 활동할 때 다음 네 가지 기본
사항에 초점을 맞춰야 한다.

· 가족, 지역사회에 상관 없이 개별 단위와 직접적으로 활동하기
· '다양한 단위들과의 상호작용'하면서 활동하기
· 모든 유형의 '단위 집합'과 활동하기
· 지역차원에서 '단위에 의해 구축된 공식 구조'와 활동하기

이 네 가지 기본사항에 대해 살펴보기로 하자.

개별 단위와 활동하는 것은 단위가 사회에서 자신의 목표를 달성하거나 다른 단위와
함께 전체의 목표를 달성하는 기능을 수행할 수 없을 때와 같이 기능을 효과적으로 할 수
없을 때 매우 중요하다. 단위 역량구축 및 기능개선 활동에서는 자신감 및 자존감의 증대
가 개별 단위조직과 활동할 때 구체적인 목표가 될 수 있다. 분명히 이것은 개인부터 지역
단체에 이르는 전 단위범위에 적용할 수 있다.

지역차원에서 다양한 단위들과 상호작용하며 활동하는 것은 사회응집력 증대와 같은
사회자본 강화의 목적을 중심으로 한다. 가족은 반필드(Banfield, 1958)와 다른 연구자
들이 "비도덕적 가족주의"라고 일컫는 상태인 불화관계에 놓일 수 있다. 공동체는 불화 관
계에 놓인 상태를 "과도한 공동체주의"라고 부르기도 한다. 집단은 분쟁 또는 상호간 과
도한 경쟁상태가 될 수 있는데, 그 예로 민족주의적 행동이나 종교적 원칙주의를 들 수 있
다. 지역조직 또는 기관들은 상대의 역할을 존중하고 일반 또는 공공선을 위해 협력하는
것에 어려움을 느낄 수 있다. 사회자본이 성장하고 상호이익이 공공재화의 시도를 위해 사
람들을 함께 묶어준다면 상호작용에 대한 강조는 매우 중요하다.

조직의 유형과 상관없이 집단과 활동하는 것은 지역차원에서 결국 중요하게 되는데 단
위조직 간 협동과 협력을 통해서만 진전을 이룩할 수 있기 때문이며 그러한 진전은 사회, 경
제, 정치, 문화, 복지 또는 생태 등 모든 경우에 해당된다. 이런 이유로 사회개발에서 전체

개발 사업에 대한 통합적인 접근이 강조된다. 그러므로 지역사회복지사들은 그들의 정립된 목표를 달성하는 데 있어 단위와 함께 일하는 것을 장려해야 한다.

마지막으로 대부분의 지역적 영역에서 사회, 경제, 정책, 문화, 법률 및 기타 사회구조들이 형성되고 지역환경에서 역할이 설계된 다양한 지역기관과 지역제도가 등장한다. 그러나 많은 환경에서는 이런 개발이 일정 기간 동안 배아기에 있거나 연약한 상태에 머물러 있다. 지역차원 활동가들은 그러한 사회구조를 강화하는 것이 지역활동에서 가장 중요한 것으로 여길 수 있다. 모든 사회구조에 노력이 집중되지는 못하지만 지역 거버넌스 구조, 경제구조 및 사회복지서비스 제공구조 등에 초점을 둘 것이다.

지역차원 개발의 두 가지 주요 접근방법

비록 다음 두 접근방법은 상호보완적이기 때문에 실천가들이 함께 사용해야 하지만, 과거의 많은 사회복지실천에서 분리시켜 온 것이 사실이다. 이 두 가지 접근방법은 치료적 접근방법과 개발 접근방법이다.

치료적 접근방법은 근본원인을 추적하거나 사회구조를 수정하지 않고 문제를 치료함으로써 문제 발생을 막는 것이다. 치료적 접근방법은 지역사회복지사가 문제의 심각성을 잘 알고 있는 곳에서 확실한 접근법이 될 수 있다. 이 접근법에 대해 짚고 넘어갈 사항들이 있다. 먼저 많은 개발도상국 지역에서는 기본 욕구 충족 수준이 만족할만하지 못하고 활동가는 이러한 기본적 욕구를 수단과 방법을 가리지 않고 해결하는 것이 용인될 것이라고 자동으로 가정한다. 일부 상황에서 사회복지사는 사람들이 스스로의 욕구에 대해 불충분하게 인식함으로써 그것들을 충족시키기 위해 노력하지 않으며, 가장 중요한 도전과제는 이러한 문제에 대해 문제의식을 고취시키는 것이라고 여긴다. 마지막으로 개발 분야에서 많은 학자들은 치료 작업이 사람들 스스로가 자신들이 만든 상황을 평가한 것을 바탕으로 할 수밖에 없으며 그 후에 상황을 생각하고 문제에 대한 접근방법을 결정한 후에 실행된다고 하였다. 이 접근법은 곧 지역주민들이 문제로 인식하지 않은 상황은 착수되지 않는 것을 의미하는데, 이것은 지역사회복지사가 인정하기 힘든 결론이다. 사회개발 원칙과 가치가 항상 적용돼야 한다는 것을 가정할 때, 치료적 접근방법은 가용 자원들이 두 번째 접근방법인 개발 접근방법이 불가능한 정도까지 사용하지 않는 한 효과적이고 필요한 접근방법이다. 왜냐하면, 근본적인 원인으로 거슬러 가지 못하고, 이해를 기본으로 한 개발 접근방법에 참여하지 못하기 때문에 문제의 발생을 중단시키지 못하기 때문이다. 하지만 이러한 상황은 최선을 다해 피해야 한다.

개발 접근방법은 시작부터 현재 상황보다 미래의 바람직한 상황을 중요하게 여긴다. 여기서 위험한 점은 개발 사업을 기반으로 한 미래상이 지역주민보다 외부의 미래상을 더 잘 대변할 수 있다는 점이다. 그러므로 전체 접근방식이 참여적으로 되기 위해서는 사회개발 관점이 중요하다. 개발 접근방법을 통해 활동가는 현재 부족한 역량, 개발할 수 있는 역량, 미래의 개발 사업에 이득이 되는 역량 등에 대한 이해를 바탕으로 역량구축에 초점을 둘 수 있다(4장 참조). 다른 한편으로는 활동가는 지역의 잠재력 실현의 핵심으로 지역기관 개발에 집중함으로써 경제개발을 꾀할 수 있다. 또 다른 대안으로 주로 가구, 공동체, 비공식 경제 기구, 지역차원의 공식적인 경제기구 등을 개발하여 지역 소득창출 기회에 집중할 수 있다. 개발 접근방법이 미래를 생각하지만 현존하는 지역의 요구를 망각할 수 없으며 개발 접근방법의 전략들이 진행됨에 따라 목표 달성과 함께 이러한 요구들이 충족되어야 한다.

지역차원 개발에 적합한 주요 전략과 프로그램

특정 유형의 프로그램에 대해 논의를 할 때, 첫째, <표 6-1>의 활동 목록이 결코 한정된 목록이 아니라는 점, 둘째, 이상적인 지역차원 개발은 이런 많은 프로그램들이 함께 운영되거나 서로 통합되는 것에 관여하는 것이란 점을 유의해야 한다. 가능한 곳이라면 어디에서든지, 지역차원 개발은 포괄적 통합 접근방법이라고 부르는 것을 통해 시작해야 한다. 보통 이것은 NGO 또는 주도적인 대행기관으로 활동하는 선정된 팀이 관여하게 된다. 이 대행기관은 마을, 공동체 대표자, 기존 지역NGO 및 해당 지역의 모든 정부 기관을 아우를 수 있는 조정 메커니즘을 구축해야 한다. 해당 지역의 모든 인구와 모든 지역조직이 각자의 관심분야, 역할, 활동을 이해하고 각자의 목표달성과 협동 및 협력을 최대화하도록 단결하는 것이 중요하다. 지역생활과 지역주민의 모든 구성원들이 직간접으로 참여하는 모든 차원을 고려한 포괄적 통합 접근방법은 오늘날 폭넓게 인정되고 (최소한 이론적 측면에서) 개념적 접근방법의 핵심 요인인 사회개발, 인권, 생태 등의 관점들을 반영한다(포괄적 통합 접근방법의 예시는 이번 장의 마지막을 참조). 이 포괄적 통합 접근방법의 대안은 다양한 대행기관에 의해 진행되는 많은 소규모 프로젝트로서, 유의미한 수준의 사람들의 참여 또는 그들의 참여를 조정하는 시도가 거의 이루어지지 않는 것이다.

다음에는 포괄적인 공동체 개발 프로그램에 있어 매우 중요한 전략과 프로그램에 대해 설명하고자 한다.

> **지역차원 개발에 적합한 주요 전략과 프로그램**
> · 기본 읽기 · 쓰기 과정
> · 초등교육
> · 기본 보건의료서비스
> · 성인교육, 기초훈련과 역량구축
> · 의식고양과 역량강화
> · 지역 소득창출 프로그램
> · 신용구조와 시민은행
> · 공동체 중심 복지 프로그램
> · 자조집단과 자립
> · 특정한 상황에 대한 전체 대응방법
> · 리더십 개발
> · 지역조직, 제도 조장, 역량구축
> · 지역조직과 정부기관, 국제 구조와의 연계
> · 포괄적인 공동체 개발 프로그램

기본적인 읽기 · 쓰기 과정

기본적인 읽기 · 쓰기는 지역차원 개발에 참여하고 편의를 얻을 수 있는 사람들의 능력

사례 ▶ ▶ ▷

파푸아뉴기니의 읽기 · 쓰기

기초적인 읽기 · 쓰기 프로그램의 사례로 파푸아뉴기니를 들 수 있다. 서구 전문가를 활용하여 읽기 · 쓰기 프로그램을 기획하고, 서구 사회복지사가 지역지도자 훈련에 참여하였다. 지역지도자들은 학교 설립을 지원받아 마을 단위의 읽기 · 쓰기 과정을 운영하였다. 이 프로그램 성공의 비밀은 읽기 · 쓰기를 배우는 접근방법의 설계에 있으며, 지역지도자의 훈련과 지원에 있었다. 즉 가장 좋은 읽기 · 쓰기 개발 방법은 지역문화, 사회경제적 현실, 사람들의 목표에 완벽하게 대처할 수 있게 프로그램을 진행하는 것이다.

※ 사회복지사가 참여한 개인 공동체에서 발췌.

에 매우 중요한 역할을 한다. 기본적으로 읽기·쓰기 과정들은 상대적으로 비공식적으로 제공되고, 사회 기본 시설 또는 재료가 거의 사용되지 않는다. 그러나 지역주민 중에서 채용되어 훈련받고 이 역할을 수행할 수 있는 교사가 필요하며, 그렇지 않을 경우 외부의 교사를 영입해야 한다. 이 과정을 고안하고 가장 효과적인 교수법 선별하는 것을 지원할 수 있는 가능한 전문적 기술도 고려된다.

초등교육

초등교육의 제공은 빈곤의 굴레를 벗어나 더 나은 지역개발을 위한 기본 구축에 있어 핵심적 요소이다. 연구결과에 의하면 초등교육에의 투자에 대한 이익은 더 높은 수준의 교육보다 논쟁의 여지없이 높다(World Bank, 1991b, p.64). 그래서 초등교육 제공은 지역개발에 있어 중요하다.

교육은 이상적으로는 국가의 책임이지만, 교육의 제공을 지방으로 분산시킬 경우 지방정부 책임이다. 그러나 많은 개발도상국에는, 국가가 초등교육을 전면적으로 제공할 정도로 개발되거나 자금을 보유하고 있지 않다. 초등교육은 최소한 지역차원의 지원이 없이는 불가능하다. 예를 들면, 지역차원 개발에서 초등학교의 기능을 수행하게 하고, 교사 급여의 일부를 제공하며, 기타 여러 방법으로 학교를 적극 지원하거나 지역에서 부분적으로 교육받은 직원을 자격 있는 교사의 대안으로 제공하는 물리적 구조를 제공하는 것은 드문 일이 아니다. 최빈지역인 경우, 위 시나리오에 대한 대안으로 NGO가 일부 또는 모든 역할을 책임질 수 있다. 그러나 이러한 경우에도 초기부터 공동체 참여를 최대화하도록 노력해야 한다.

선진국에서는 사회복지사들이 교육에 주된 관심을 가지는 경우가 거의 없다. 그러나 개발도상국 경우에는 그럴 수 없다. 사회복지사가 초등교육의 중요성을 인정하고, 교과과정에 있어 지역 상황의 반영범위 등과 같이 핵심 교과과정 이슈를 인지하며(예: 교육받은 아이들에게 소득창출의 기회가 열린다는 사실), 아이들의 학교 출석과 유익한 것의 습득을 막는 다양한 장벽에 대한 이해 및 이러한 장벽제거에 대한 통찰력, 학교—부모—공동체간의 관계를 구축하는 데 사회복지사의 역할 탐색 등을 통해 학교가 지역차원에서 통합적인 부분이 되도록 하는 것이 중요하다. 지역활동가들이 초등학교의 체계를 개발하는 데에 관여하지 않더라도 초등교육을 돌보고 지원하며 그 체계가 효과적이고 완벽하게 이용하려는 공동체의 역량을 지원한다.

기초 보건의료서비스

건강관리와 관련된 통계(예: 유엔개발계획 연간보고서)를 보면 보건의료서비스의 보상범위가 대부분의 개발도상국에서 제한적이라는 것을 알 수 있다. 그러나 지역차원 개발에서 중요한 것은 모든 국가의 모든 지역에서의 최소한의 기초 보건의료서비스의 제공이다. 이것은 국제차원의 모든 정부에 의해 동의한 약속일 뿐 아니라, 보험의 필수 조항 및 최적의 비용효과 조건 등에 대한 기초 보건의료서비스의 상세한 특성이 WHO에 의해 신중하게 연구되어 왔다(World Bank, 1993 참조). 모든 지역활동가들은 이러한 수준의 기초 보건의료서비스의 내용을 숙지하고 모든 과정에 지역사람들의 참여를 동반하여 성취해야 한다.

초등교육처럼, 지역공동체의 역할은 목표를 달성하는 것이다. 지역공동체는 기초 보건 의료서비스센터의 설립을 지원할 수 있고, 일정 부분 직원에게 금전적이지 않은 방식으로 대가를 지불할 수도 있다. 직원들은 지역에서 채용되고, 기초 훈련과 지속적인 관리를 받고, 필요하다면 전문적인 보건의료서비스를 사람들에게 설명할 수 있는 능력을 갖추어야 한다. 지역공동체가 기본 위생과 공중보건, 지역환경에서 달성할 수 있는 방법, 공공 지역 질병에 대한 주된 증상 확인 등과 같은 건강 규정의 핵심사항에 대해 교육 받는 것 또한 중요하다. 지역공동체는 필요에 따라 지역주민들이 가장 가까운 의원이나 종합병원에 갈 수 있도록 대출제도를 마련할 수 있다. 이 용도를 위해 기초 보건의료서비스 제도는 지역의 소규모 신용 대출 또는 시민은행 계획으로 덧붙여지기도 한다.

지역차원 개발에서 일하는 모든 사회복지사들은 최소한 기초 건강보험과 공중보건 규정에 대한 기초 교육을 받아야 하며, 그들의 전문 분야가 무엇이든지 보건 요인에 대해 잘 알며, 모든 단계에서 유익한 위생 기준에 대해 알고 있어야 한다.

사례 ▶ ▶ ▷

스리랑카의 기초 보건의료서비스

스리랑카의 한 최빈지역에서는 정부가 운영한 프로그램으로 건강 관련 사업을 지역공동체 진입으로 활용하였는데, 그 이유는 건강이 빈곤층의 소득창출과 빈곤탈출을 위해 중요하기 때문이다. 약 2년 동안 의식 창조, 그룹 조직화, 건강 활동이 진행되었다. 가난한 사람들 스스로 교육 받을 지역지원팀을 선발하였으며 이들은 후에 정부의 마을 개발 공무원들과 활동하였다. 보건 프로그램의 핵심은 건강 교육과 항 말라리아 프로그램을 위주로 어머니들에게 제공하는 것이다. 농촌여성개발협회를 결성하여 여성 간의 관계맺기 구조를 제공하였으며, 이를 통해 여성들은 권한 및 결속을 강화하고 건강 지원 및 서비스의 경로가 되었다. 목표는 무지, 의존성, 무력감을 극복하고 공동체가 자신들의 건강에 책임을 질 수 있도록 하는 것이었다. 기본 보건에 초점을 두었으나 이 프로그램은 전반적인 읽기 · 쓰기 능력, 소득창출 활동, 공동체 개발까지 목표로 삼았다.

※ UN/ESCAP, 1996a, p.106.

성인교육, 기초훈련과 역량구축

지속적인 지역차원 개발 과정을 통해, 지역주민들은 그들의 지식과 기술 수준이 부족함을 인식하게 되었다. 이때 사람들은 지식과 능력에 대해 배우고 성장할 수 있는 자신의 역량을 크게 과소평가하거나 배우고 싶은 열망과 자신감이 넘치기도 한다. 이 분야에서 사회복지사의 과업은 지역환경과 보편화된 문화 태도에 지속적으로 영향을 받아 적용할 접근방법이 지역상황에 적합하도록 하는 것이다.

학습에 대한 필요가 발생하면 활동가들은 몇 가지 선택사항에 직면한다. 사회복지사 자신이 지식을 직접 제공하고 기술을 가르칠 수도 있고 외부인이 방문하여 적절한 과정을 운영하도록 할 수도 있다. 또는 지역주민들의 학습 욕구를 더 넓은 사회에 접근하는 법을 탐색하도록 용기를 북돋는 데 활용하여 정부기관에 접촉하여 정보 또는 농업, 임업, 마케팅 등과 같은 관련 교육에 접촉하도록 할 수 있다. 그들은 장기간에 걸쳐 관련 공동체 또는 기관과 지역 내 성인교육센터 설립 가능성에 관해 논의할 수 있다. 이러한 센터는 관련 자료를 보관하고 다양한 과정을 개설하는 등 오늘날 마을의 중요한 자원 집합소이다.

사회복지사는 지역사람들이 요구하는 모든 지식과 기술을 갖출 수는 없지만, 역량과 폭넓은 지식 구축의 중요성을 인정하고, 이를 지역에서 달성하기 위한 메커니즘을 검증할 수 있으며, 공동체의 역량구축 욕구를 촉진시킬 준비가 됐거나, 적어도 이런 목표 달성을 위한 과정을 개발할 수 있어야 한다.

사례 ▶ ▶ ▷

칠레 국가의 훈련

칠레에서 잘 운영되고 있는 한 NGO는 다양한 개발 프로젝트에 참여하고 있다. 이 프로젝트의 기본 과정은 NGO 직원이 프로젝트 수행을 책임질 '지역대표' 또는 '공동체 후원자'를 훈련시키는 것이다. 이 모니터링 훈련은 리더십 개발 덕분에 NGO와 공동체 모두에게 좋은 것으로 평가되고 있다. 이 NGO 프로그램의 특별한 관점은 전기기능, 재봉질 같은 과정을 운영하여 지역의 생산력을 증대하고 훈련 참여자에게 소득창출 기회를 준다. 유익하기는 하나 집단 활동 또는 전체의 경제 수준을 높이는 결과(소득, 고용, 생산)가 거의 없다는 점이 비판받는다.

※ Carroll, 1992, 13장.

한국의 역량구축

한국의 기본적인 역량구축 프로그램에 관련한 또 다른 사례는 사회복지대학교가 도심 지역
에 설립한 사회복지센터이다. 이 센터는 '통합 도시 서비스' 접근방법 내에서 다양한 서비스
를 제공하며 역량구축을 핵심 목표 중 하나로 정했다. 다양한 유형으로 역량목표를 세우며
여기에는 지역차원의 역량관리, 탁아소 프로그램 이용, 어머니의 직업교육, 성교육과 자녀 양
육, 가족계획을 포함한 도시 환경 적응을 위한 부모 역량교육, 지역공동체 지도자를 위한 리
더십 훈련이 포함된다. 역량구축과 아동, 보건 등의 프로그램 제공이 연계되는 것은 다반사
이다.

※ Chi, 1987.

의식고양과 역량강화

서구의 사회복지사들은 최소한 자기인식에 대한 필요성을 인지하고 있으나, 의식고양
에 대한 관심은 매우 드물다. 반대로 개발도상국에서는 다양한 개발환경에 있어 의식고양
을 강조하고 있다. 라틴아메리카에서는 억압받는 환경에서 의식고양과 역량강화를 강력
하게 강조해온 반면(4장 참조), 두 번째 환경은 극빈 환경 속에서 보통 자신들이 처한 빈
곤상태를 어느 정도 당연하게 생각하거나 스스로 그런 대접을 받아도 된다고 여긴다. 세
번째 환경은 문화적 측면으로, 예를 들어 운명의 손길을 받아들이는 것이다.

개발 관련 문헌에서 일반적으로 나타나는 가설은 현실 인식이 사람들이 자신들의 개발
과정에 완전하게 참여하기 위해 반드시 선행되는 단계라는 것이다. 그러한 인식이 변화와
노력을 시작하려는 결정을 선도할 것이다. 그러나 어떤 환경에서는 사회복지사가 그것을
지원할 준비가 되어 있지 않은 한, 행동을 동반할 자기 인식을 장려하거나 격려하면 안 된
다. 그러므로 의식고양은 광의의 과정이라고 볼 수 있다.

학자들은 사회복지사와의 대화를 통해 의식고양이 확보될 수 있다고 주장했다. 이러한
대화는 주로 사람들이 휴식 또는 기다림 등과 같이 다른 목적을 위해 모인 상황에서 비공
식적으로 이루어진다. 둘째 전략은 사회학습으로, 집단 상황에서 학습하며 주로 문제를
가정하고 행동을 통해 해결책을 모색하는 결과로부터 배우는 것이다. 그러나 실제로는 의

식고양은 더 다양한 환경(억압, 배척, 약물남용과 같은 지역문제, 기존 편의시설에 대한 접근 등)에서 일어났거나 일어날 가능성이 있다. 그리고 그러한 욕구를 인식한 관찰자인 사회복지사는 그런 문제가 일어나는 기회를 활용할 수 있다. (역량강화에 대한 논의는 4장을 참조)

사례 ▶ ▶ ▷

인도의 조직

의식고양과 역량강화 프로그램은 무력한 사람들을 대상으로 한다. 인도 도심의 한 NGO는 주로 정치가와 대도시 개발자 사이에서 자신들이 취약계층이라고 생각하는 노숙자를 대상으로 하였다. 이 NGO는 사회활동을 솔선하는 청년과 여성 기관을 격려하여 그들의 활동에 계속적인 지원을 제공했다.

※ UNDP, 1997, p.97.

케냐의 집단행동

케냐에서 여성 10만 명이 2천만 그루의 나무를 심는 운동을 조직하였다. 이는 분명 토양 침식에 대한 대처였지만, 집단행동을 통해 필요에 대처하는 법을 인식하게 하여 사람들이 빈곤 탈출을 위한 집단행동을 시작하게 한다는 목표가 있었다. 이 캠페인은 빈곤퇴치, 공공책임 의식, 인간중심의 문제해결에 대한 더 많은 공약을 옹호하였다.

※ UNDP, 1997, p.99.

캄보디아의 역량강화

캄보디아에서는 지역의 학대적이고 착취적인 리더십에 맞선 시민들의 역량강화 사례를 볼 수 있다. 많은 마을에서 이 유형의 리더십을 경험한 사람들은 결속과 강한 유대가 부족했다. 이 상황에서 NGO 직원의 역할은 사람들과 함께 인내심을 가지고 일을 하고, 그들의 좌절감에 귀를 기울이고, 그런 폭력을 참고 사는 건 정상이 아님을 그들에게 확인시키는 것이다. 사람들이 자신들이 처한 상황에 대해 통찰력을 갖게 되자 사회복지사는 멘토 역할을 하며 대안을 생각하는 법을 천천히 보여주었다. 마침내 사회복지사는 인권 교육 과정을 개설하고, 보통 그 결과 지역인권협회를 설립이 결정되어 지역지도자(때로는 군벌)의 행동을 포함한 위법행동에 대항하게 된다. 이것은 거의 항상 폭력의 수준을 낮추는 데 기여하고 인권 강화와 권한이 생겼다는 인식을 크게 높였다.

※ Nee & Healy, 2003.

지역 소득창출 프로그램(4장 참조)

불충분한 개발 수준은 공통적으로 불충분한 소득창출 기회, 즉 빈곤과 연관된다. 그러므로 모든 지역차원 개발 사회복지사에게 있어 주된 전략은 모든 기회가 사람들의 역량이 과거보다 더 나은 소득의 확보를 위해 확장되도록 사용되어야 한다. 그리고 가능하다면 보건의료서비스, 영양가 있는 식품, 어린이들의 의복 및 교과서, 적절한 주거지 등과 같은 기본적 욕구를 적절하게 충족해야 한다.

소득창출 활동은 농작물의 수확량을 증가시키는 농사법과 같은 소극적인 활동부터 토지 개간과 같은 정책 조치를 통해 지역사람들을 훈련하고 고용하는 소득창출 프로그램까지 다양하며, 이에 따라 사람들이 소득창출에 사용할 수 있는 신용을 갖게 된다. 이런 활동들은 개인과 가족 단계에서 이루어질 수 있으나, 실천에 있어 서로 작은 집단과 공동체 수준에서 더 효과적이다.

지역개발 실천에 참여하는 모든 사회복지사들은 본질적으로 개발의 경제 차원과 소득 창출에 대한 성공적인 방법에 대해 관련된 지식을 알고 있어야 한다. 때에 따라 일부 사회 복지사들은 때에 따라 이러한 프로그램에 중점을 두고 다양한 장소에서 성공적으로 사용 되는 전략과 방법론을 면밀하게 공부할 필요가 있다.

사례 ▶ ▶ ▷

필리핀의 소득창출

소득창출과 관련된 많은 사업 중 하나로 필리핀의 주거개선 프로그램이 있다. 이는 정부가 시작한 프로그램으로, 첫 번째 목표는 슬럼가의 합법적인 보유율, 환경 쾌적성, 개인 주거환 경의 수준 등을 높이는 것이다. 동시에 거주자들은 주로 가정을 토대로 한 소액 초기자본 기 업이 어떻게 설립되는 지를 보게 되었다. 식품 가공, 단순 봉제, 상업 등이 가장 보편적인 사 업이었으며, 때때로 기술개발 프로그램과 단기 대출 등도 요구되었다. 주거환경의 개선이 다 양한 소득창출 활동의 핵심이 될 수 있다는 것이 증명되었다. 이 프로그램은 건축가, 기술 자, 경제학자 등이 포함된 팀에 의해 운영되었지만, 결과적으로 사회적 수준이 약하게 나타 났으며 그 정도는 추측할 수 있을 뿐이다.

※ Habitat, 1989.

신용제도와 시민은행

신용제도와 시민은행 모두 다양한 환경과 수준에서 폭넓게 사용되고 있다. 이런 제도의 필요성은 두 가지 근거에서 나온다. 사람들이 담보가 없으므로 위험이 높다고 간주되어 주은행과 같은 형식적 제도로부터 신용보장을 받을 수 없을 것이라는 것과 사람들이 자신의 운명을 개척하기 위해 빈번하게 소액자금이 필요할 것이라는 것이다. 이 내용들을 기본으로, 다양한 제도들이 성공적으로 실행되어 왔다. 신용제도는 최소한 아시아에서는 반드시 가난한 사람들을 위해 구상되었고, 주로 여성을 대상으로 하였다. 신용제도는 방글라데시의 그라민 은행처럼(Stoesz et al., 1999, 12장 참조) 거대한 자본 및 행정 구조와 많은 고객들로 이루어진 잘 알려진 제도부터, 적은 자본에 직원이 없고 몇 개 마을만을 아우르는 작은 지역제도까지 다양하다. 이러한 신용제도에서는, 대출 용도로 어느 정도의 초기 자본이 있으며, 그 후 이 초기 자본은 지불되는 이자로부터 성장되고 높은 상환율이 거의 변함없이 이루어진다.

시민은행은 초기자본 보조금이 없다는 점에서 신용제도와 다르다. 지역사람들은 정기적으로 매일 적은 금액을 은행에 저축하도록 장려된다. 그 후 그들은 축적한 자본과 만족스러운 소득창출 제안서 제출을 조건으로 자금을 빌릴 수 있다. 이런 은행들의 핵심적인 특징은 회원들이 서로 받은 것에 대해 격려하고, 저축과 소자본을 효과적으로 사용할 수 있는 방법을 서로 공유하며, 매우 단순한 단식부기와 회계계산과 같은 기본적인 기술을 발달시킨다는 점이다. 모든 회원들은 소득창출의 분야에서 중요한 기술을 개발한다.

대부분 성공적인 신용제도와 시민은행은 자조집단, 또는 상호 지지집단으로 소득창출 영역에서 활동하며 이 중 일부는 이 제도를 넘어 공식적인 조직체가 되기도 한다. 이들 성공의 핵심은 모든 회원들이 기부자로서, 수혜자로서, 서로에 대한 지지자로서 전적으로 참여하는 데 있다. 사회복지사의 역할은 사람들이 생각할 수 있게 만들고, 운영되고 있는 다른 제도를 알려주어 지역대표자들이 그 주제의 워크숍에 참석하게 하고 제도의 실천을 장려하게 하는 것이다. 사회복지사가 사용하는 기술은 기본적인 사회복지실천기술이다. 중요한 것은 이런 제도에 대한 중요성과 가능성에 대한 사회복지사의 인식이다.

파푸아뉴기니의 신용제도

어떤 신용제도는 매우 크고 복잡한 반면, 대부분은 매우 지역적이고, 소규모이며 기본적으로는 자조 제도이다. 그 중 한 제도는 파푸아뉴기니의 산악지역에 있다. 여기서도 지역사회 복지사들이 지역여성들을 주말 작업장에 참석하여 신용제도의 좋은 점을 탐색할 수 있도록 격려했다. 가능성에 대해 열광적이 되어 여성들은 호주 원조기관이 설립한 신용제도로부터 적은 보조금을 지원받았다. 이 제도로, 지역여성들은 승인된 소득창출 프로그램을 시작하기 위해 정해진 기간 동안 대출금에 대한 이자를 활용할 수 있었다. 이 협회 회원들은 모든 문제를 보완하고 지원받기 위해 각 프로젝트에 정기적으로 방문했다. 대출금은 금세 상환되고 초기 자본금이 증가했다. 달성된 소득이 증가할수록 부모들은 자녀들에게 책과 신발을 마련해줄 수 있게 되어 자녀들의 학교 출석률이 증가하였고, 기초 의약품의 제공(예: 항말라리아 알약)으로 인해 건강수준이 증가하였다. 가장 중요한 점은, 이 제도로 지역 도덕성이 높아지고, 남성은 자발적으로 지역의 상하수도 시설과 도로를 개선하기 위해 일하고, 가장 가까운 시장과 짧게 연결되는 도로를 건설하는 등 마을 생활이 다양하게 개선되었다.

※ UN/ESCAP, 1996a, p.51.

스리랑카의 시민은행

시민은행의 한 사례로 남 스리랑카 빈곤지역을 들 수 있다. 스리랑카대학이 고안한 의견을 기본으로 하여, 1996년에 이 지역에서 52개의 시민은행을 다음과 같이 운영하였다. 한 명당 한정된 인원(보통 30명 내외)으로, 회원들은 매주 모여 저축에 대한 의견을 듣고, 매주 모은 돈을 가지고와서 금액에 상관없이 저축을 하고, 집단의 지지를 통해 자신들의 생활을 격려받았다. 그리고 은행에 쌓인 기금에서 소득창출 프로젝트를 위한 대출금을 요청했다. 자금이 제공된 모든 프로젝트는 면밀히 모니터링되었고 지원되었다. 비록 이런 은행들이 공동체에서 경제적으로 주는 영향은 미미할지라도, 회원들은 자신감을 갖게 되었고 저축에 대한 개념을 정립하게 되었으며, 기업화 가능성에 대한 격려를 받았고, 강한 지역지원 구조를 형성했다. 시민은행은 전적인 자조 원칙을 바탕으로 외부 전문가나 유급 직원 없이 진행되었으며, 사회복지사가 의견을 제시하고 초기 지원이나 격려를 제공하는 것이 전부였다.

※ UN/ESCAP, 1996a, p.98.

태국의 신용제도

마지막 사례로 정부가 시작한 태국 도심 빈민지역의 신용제도 사례를 들 수 있다. '7차 국가 경제 · 사회개발계획(7th national Economic and Social Development Plan(1992-

1996))'에서, 태국은 도심 빈민 공동체의 역량과 지역자본의 가능성을 조직적으로 높이기 위해 신용제도를 도입하였다. 2004년까지 1,000여 개의 공동체가 이 제도에 참여하였고, 각 공동체는 초기 공동체 보조금을 지원받았다. 이러한 저축, 신용협회는 회원들이 운영했는데 주로 5~15명으로 이루어졌다. 회원들은 정기적으로 만나 일정 금액을 집단기금으로 저축한 후 이자를 내는 대출을 신청할 수 있다. 대출 금액 분배는 지도자가 결정하거나 추첨을 통해 결정되었다. 지역신용제도는 전반적으로 성공한 반면, 많은 도심 빈곤지역에서는 그룹에 참여하지 않았다. 그 이유는 정기적인 저축을 할 수 없거나, 회의에 참석할 시간이 없거나, 다른 회원 및 지도자를 신뢰할 수 없다고 느꼈기 때문이다. 이 제도는 적지만 일정한 소득과 저축 능력을 이미 갖춘 회원에게 적합한 것으로 보인다.

※ Senanuch, 2005.

공동체 중심의 복지 프로그램

사회복지사들은 종종 특정한 사회문제가 널리 퍼져있고, 개인치료를 위한 기구를 확보하기 어렵고 최소한 탐색할 가치가 있는 문제에 대처할 공동체 단위의 개발을 할 수 있는 상황에 처하게 된다. 공동체 중심의 개입이란 공동체가 프로그램의 주요 선동자이고 공동체 구성원이 프로그램 실현을 위해 주요 역할을 할 때를 말한다. 그러한 프로그램이 필요한 이유는 지역주민과 기관의 필요사항에 대해 완벽히 이해하고 직간접적으로 그것에 호의적인 영향을 미치며 해당 상황에 계획적으로 대응할 능력과 잠재적 동기를 가졌기 때문이다.

성공적인 공동체 단위의 복지 프로그램은 장애, HIV/에이즈, 약물 중독, 정신건강, 독거노인, 육아와 청소년 비행, 에이즈 고아 등을 포함하는 다양한 사회적 욕구에 대한 대처 방안으로 개발되었다(UN/ESCAP 1989a, 1989b, 1995a, 1999a, 1999b; Moroka, 1998l Kaseke & Gumbo, 2001 참조). 대부분 프로그램은 지역사회복지사의 노력으로 부각되거나 지역사회복지사가 프로그램의 실행에 다양한 방법으로 관여한다. 어떤 프로그램은 직원이 지속적으로 핵심 역할을 하는 반면, 어떤 프로그램은 급여를 받는 직원 없이 구성원들 스스로 운영한다. 그러나 모든 경우에 공동체 참여가 중요한 투입 인자로서 사람들의 시간과 역량의 개발 및 활용이 이루어져야 한다. 또한 그 모든 체계들은 보통 중요한 공동체 교육과 연관이 있는데 이 교육들은 지식과 이해를 제공하며, 맞서야 하는 특정 조건과 그러한 조건 때문에 고통받는 사람들에 대한 자세를 근본적으로 변화시킬 수 있는 중요한 변화를 불러일으킬 수 있도록 설계되어야 한다. 이러한 공동체 교육의 요소는 공동체 교육에 있어 지역사회복지사에게 상당한 기술을 요구하는 중요한 역할 중 하나일 것이다. 사회복지사는 또한 지역적 편견, 차별, 강한 문화적 신념 체계에 따른 두려움에 대해 맞서는 기술을 훈련받아야 한다.

사례 ▶ ▶ ▷

인도네시아의 공동체 단위 보건의료서비스

인도네시아의 공동체 단위 보건의료서비스는 많은 공동체 단위의 복지 프로그램 중 하나이다. 이 프로그램 하에 유니세프는 각 마을에 영양 응급 지원 패키지를 제공하였다. 이 패키지에는 체중계, 성장표, 설사 조절을 위한 경구보급염, 비타민A 및 철분 보충제, 면역 키트 등이 들어있다. 보건당국은 2,000여 곳의 마을에 이 프로그램 설립을 지원하였으나, 지역의 어머니들이 운영하여 지역 어머니들의 80~98% 반응률을 보이며 건강이 매우 개선되는 결과를 보여주었다. 마을의 영양수준 개선의 반 정도는 이 프로그램의 결과라고 평가된다.

※ UNICEF, 1996, p.55.

중국의 약물남용 감소

중국 남부의 공동체 단위 약물남용 감소 프로그램은 약물남용 및 공동체 기반의 대응을 위한 교육에 목표를 두었다. 프로그램의 성과로 약물남용의 특징과 위험성의 인식을 높였고, 약물남용 관련 사고를 줄일 수 있는 많은 의견들을 공동체로부터 도출해내고, 효과적으로 약물남용자를 지원한 것을 들 수 있다. 초기에는 훈련된 사회복지사가 필요하나, 일단 이 과정이 성공적으로 달성되면, 사회복지사가 없어도 공동체 의식과 이해도가 늘어나고, 공동체 리더십과 봉사자들이 나타나며, 전체 프로그램이 더 이상 사회복지사가 없어도 지속가능한 다양한 공동체 프로그램이 설립되어 목표달성에 크게 효과가 있었다.

※ 프로그램 책임자와의 인터뷰 중.

특정 상황에 대한 전체 대응방법

많은 전통적인 시민사회는 특정한 시기 또는 주기적으로 발생하는 문제에 대해 집단적인 대처방안을 갖고 있었다(Pawar & Cox, 2004). 현대 공동체는 그런 제도로부터 벗어나려는 경향이 있으나, 함께 일을 하려는 능력은 선진국과 개발도상국 모두에서 위급한 자연재해를 만났을 때 나타난다. 지역차원 개발 전략 중 하나는 이 전통적 또는 타고난 협력 능력을 계획적으로 요구에 대한 집단적인 대응방안을 키우는 데 활용하는 것이다. 이것은 특히 집단행동을 중심으로 하는 전통이 여전히 남아있지만 사회경제적 변화와 사회문화적 변화에 의해 심각하게 손상되고 있는 상황에서 효과적이다. 때로 외부 출신의 사회복지사는 잊혀져가는 전통적 대응방법을 해당 상황에서 지역민들의 대응을 촉진하도록 적절히 수정하여 부활시키도록 제안하는 데 가장 적합할 수 있다.

집단 접근방법이 효과적인 상황은 매우 다양할 수 있다. 개인 농작물의 수확을 위한 품앗이, 재난을 입은 주택을 함께 건설 또는 재건하는 것, 모두에게 필요한 자원의 대량 구매(공동 구매), 생산품을 마을에서 먼 시장으로 함께 이동시키기 등과 같은 실질적인 일들이 될 수 있다. 그러나 공동체 회원들 사이의 (예전에는 연장자가 수행한) 분쟁 해결, 개인에게 부족한 지원품의 제공(아프리카에 많은 에이즈 고아 등, Kaseke & Gumbo, 2001 참조), 교육 기회로부터 얻을 수 있는 청년의 능력 확대 등과 같이 사회적 필요일 수 있다. 마지막으로, 외부인 또는 예측 못할 사건 등에 대한 방어책일 수 있다. 전통적으로 전체 대응방법은 집단행동에 대한 보편적 이유이며 불행하게도 자연재해, 분쟁, 전쟁에 의해 재앙을 입은 현대의 많은 국가들에게 위급하게 필요한 것이기도 하다.

집단행동은 실제로 많은 지역차원 개발에서 형식적인 프로그램 없이 활용이 가능한 매우 기본적인 전략이다. 집합적으로 운영되는 과정은 이런 것이 발생하는 요구와 가능성이 있는 곳이면 어디서든지 가능하며, 이것은 앞서 받아들인 통합관점 접근방법으로 이루어진 과정이다. 집단 활동은 생태적으로 지속가능한 경향이 있고, 타인의 권리를 인정하고, 그러한 사회개발 원칙을 참여와 자립으로 조화시킨다.

인도 여성들의 집단적이고 조직적인 행동

잘 알려진 집단 활동 중 하나는 인도에 설립된 빈곤 여성노동조합(SEWA)이다. 인도 도심과 시골의 취약한 행상인, 가내 수공업 생산자, 도시와 시골의 임시직 노동자 등으로 구성되었으며, 여성의 소득창출 기회를 확대하고 작업 환경을 개선하는 것이 목표였다. 저축과 신용협동, 생산품에 대해 더 나은 가격을 받게 돕기 위한 생산자 협동조합, 기술 수준을 향상시키기 위한 훈련 과정, 필요한 이를 위한 법률 서비스가 구비되었다. 또한 통합 복지 프로그램도 운영하였다.

※ Ghai, 1994, p.221; UN/ESCAP, 1994b, p.33.

동아프리카의 농장조합

동아프리카에는 아프리카의 환금작물 농부들이 백인농부와 아시안 중개인의 독점에 대항하기 위해 선도적으로 설립한 조합들이 있다. 부분적으로는 조합이 더 강한 집단에 이익이 되었기 때문에 한 동안 매우 효과적이었으나 독립 후에 그들을 이념적 또는 실질적으로 지원해 주는 강력한 권력이 없었기 때문에 많은 조직이 사라졌다. 이 사례를 통하여 지역조합들은 견고한 외부 지원체계의 지원 시스템이 있거나 국가 기관의 일부여야 한다는 것을 알 수 있다.

※ urtis, 1991, p.47.

리더십 개발

리더십 훈련에 있어 지역차원 개발의 핵심은 주로 두 단계로 이루어진다. 첫 번째 단계는 모든 지원 또는 역량구축을 제공하는 현재의 지도자들과 함께 활동을 하거나, "강사를 훈련시키는" 접근방법이다. 모든 공동체에는 다양한 지도자가 있는데, 전통적인 지도자로는 종교적 지도자, 지역조직에서 지도자 역할을 하는 사람들, 지도자가 필요한 상황에서 자연스럽게 나타나는 지도자 등이 있다. 이런 사람들은 주로 지역환경 내의 개발에 있어 많이 부족한 것으로 간주되지만, 지역사회복지사의 역할은 의사결정을 하고 제공하는 목표나 과업이 무엇이든 상관없이 그들과 함께 일하는 것이다. 그러나 전체적인 접근방법은 참여하는 것이지 개인 또는 엘리트들의 목표를 추구하는 멋대로 나선 지도자에게 좌우되는 것이 아니다.

지역강사를 훈련하는 것 또한 지역차원 개발의 여러 부분을 시작할 때 훌륭한 접근방법이다. 발령받은 직원의 수가 어쩔 수 없이 충분치 못하기 때문에, 그리고 자기신뢰, 역량강화, 참여적 접근, 미래 강사 교육을 받을 지역주민 채용 등으로 지속되기 때문에 지역주민 활용은 매우 적절한 접근방법이다. 훈련받는 사람들은 종종 여러 마을 또는 지방에서 모여서 어떤 개발 관점을 마음에 그리든 상관없이 훈련을 받고, 집으로 돌아가서 훈련받은 역할을 실천한다면 이상적일 것이다. 때때로 강사 훈련 과정은 지역개발 과정에서 진행되며, 지역공동체가 운영하는 성인교육센터에서 진행될 수도 있다. 또한 이 과정은 지역주민이 이롭게 사용할 수 있는 기본적인 시설 같은 물질적 제공이 필요할 수도 있다.

사례 ▶ ▶ ▷

지도자 선택에 대한 지역 접근방법

업호프는 리더십 훈련 관련 연구에서, 특정한 종류의 지도자는 다양한 목적에 따라 요구되며, 모든 공동체는 특정한 방식으로 뽑히고 채용될 필요가 있는 잠재적 지도자 인력들이 있다고 밝혔다. 그는 항상 두 명의 지도자를 뽑는 필리핀 북부의 프로그램을 사례로 들었다. 한 명은 정부와의 연계를 위한 외부적 지도자, 다른 한 명은 과업을 관리하는 내부적 지도자이다. 그는 한국의 새마을 운동을 예로 들었다. 이 경우 훈련을 위한 지도자 선출을 공동체에 맡겼고, 거의 대부분이 마을 이장이 아닌 더 젊고 역동적인 지도자를 뽑았다. 다른 사람들은 쉽게 하지 못할 일이다. 스리랑카의 사례에서는 효율적인 집단행동을 위해 지역지도자에게 필요한 자질에 대한 토론에 참여할 수 있도록 농부 대표가 선출됐다. 결과적으로 이 회의에서는 리더십 훈련과 프로그램을 위한 지역지도자를 투표가 아닌 합의로 선정했다.

※ Uphoff, 1986.

솔로몬 군도의 리더십 훈련

솔로몬 군도의 한 교회에서 운영하는 리더십 훈련 프로그램에서는 2년간의 리더십 교육 과정을 위해 마을 청년들을 모집한다. 응시 원서에 공동체와 가족의 지지가 담겨 있고, 마을에 헌신을 보여준 이들만 가능하다. 이 과정에서는 영어, 다양한 농사 이론, 기본 목공술과 기계 기술을 가르친다. 지역공동체에 유용한 기술을 개발시켜, 수료생들이 마을 전체를 더 좋게 개발하는 데 헌신하는 태도를 강화하는 것을 목표로 한다. 마을 안에서의 집단 프로젝트에 초점을 두어 많은 실질적 훈련이 집단 단위로 진행된다. 교육생들은 또한 매일 교육 센터의 허드렛일(예: 식량재배와 식사 준비)을 스스로 하고, 자신들의 공동체에 도움을 줄 더 나은 수준의 기술을 익히기 위해 재정 관리에 참여한다. 마지막으로 수료생들은 자신의 마을에서 최소 1년에 한 번 진행 안내와 지원을 제공한다.

※ Bamford, 1986, p.8.

지역조직 및 제도 마련과 역량구축

모든 지역은 개발 기관 또는 제도 확장에 의존하기 때문에, 사회복지사의 주안점은 적합한 조직 또는 협회 설립을 돕거나 역량구축 과정을 통해 지금의 구조를 강화하는 것이다. 이상적인 상황은 특정한 구조 형성이나 강화의 필요성에 대한 인지가 지역주민이 이 구조들의 특성과 중요성을 이해하고, 기구 설립과 개발에 더욱 적극적으로 참여하는 것이다. 그러나 역량구축 진행을 지역에서 꺼리는 이유 중 하나는 특정한 구조를 설립하고 유지하는 것에 대한 지역의 가능성에 대한 불확실성 때문이다. 이런 환경에서 지역사회복지사는 과정을 촉진할 수 있도록 많은 것을 할 수 있다. 많은 국제기관들은 지역 NGO나 단체, 그리고 지역 거버넌스 구조와 관련하여 상당한 제도적 역량구축을 실행하고 있다. 그러나 우리가 여기서 언급하는 실천은 개발 과정의 훨씬 앞 단계에서 실행된 것이다.

사례 ▶ ▶ ▷

볼리비아의 사회 · 경제개발센터

볼리비아의 사회 · 경제개발센터는 사적 센터 프로그램으로 농부지원을 위해 만들어진 지역개발협회이다. 기본적인 지역협회를 또한 '센터'라고 불렀다. 이는 함께 문제를 해결하는 농부 거주자들의 자발적인 모임이다. 한 지역에 센터가 여러 군데 있을 때, 각 센터는 지역연방 대표자를 선출한다. 각 센터는 또한 국가차원의 대표자를 원조한다. 사회 · 경제개발센터는 기술서비스, 가정설계, 의료서비스, 농업서비스를 제공하고 국가 조직의 지원을 받는다. 센터는 소규모 농부와 경작지가 없는 노동자에게 개방되고, 지도부는 지역투표를 통해 선출되며, 정부에서 재정적 기금을 받을 수 있다. 이 프로그램은 두드러진 평가를 받는다.

※ Esman & Uphoff, 1984, p.313.

지역기관과 정부기관, 국제구조와의 연계

　지역조직은 심하게 고립될 수도 있고, 외부로부터 가능한 지식, 기술, 그밖에 다른 자원들을 지역수준에서 보급할 수 있는 네트워크가 없을 수도 있다. 이러한 가능성은 빈번히 존재한다. 외부자원, 외부자원과 접촉할 수 있는 수용력, 혹은 이 과정을 시작하는 데 필요한 자신감이 부족할 수도 있다. 지역사회복지사가 할 수 있는 것은 이러한 결함을 극복하여 지역에서 필요한 외부 지식과 자원들에 접속할 수 있는 적절한 네트워크를 정립하여 원활한 운영을 장려하는 것이다.

통합적, 포괄적인 프로그램을 위한 장소

　앞에서 언급한 실천 관점들은 모두 일반적으로 현장과 문헌에서 마주치는 부분이다. 여기에서는 매우 일반적인 용어로 표현하였지만, 사회복지사가 정확하게 활용하기 위해서는 지역 문화체계, 욕구의 특성, 사회정치적 구조 등의 현실을 고려해야 한다. 이 모든 프로그램이나 전략을 실행하는 데 있어 보편적 또는 지역적으로 활용 가능한 청사진은 없다. 게다가 지역차원 개발에 대한 다양한 접근방법은 사실상 무한하다. 따라서 사회복지사들은 이 방법의 성공 확률이 높음에도 불구하고, 위의 접근법을 활동가와 지역수준 개발 전문가의 전문적 창조력을 유발하는 시작점으로만 봐야 한다.

　앞의 사례 중에서 오직 하나의 타입으로 제한되는 프로그램은 거의 없을 것이다. 보통은 프로그램에서 각각의 접근법 중 최소한 몇몇 개는 합쳐진다. 상황이 허락된다면, 지역차원 개발에 참여하는 단체와 직원들은 진정으로 포괄적인 개발 프로그램을 선호하는 경향이 있다. 이 경우 비용과 회계 면에서 끝이 없기 때문에 기금 단체에서 이런 경향을 거부한다는 증거가 있긴 하다. 포괄적 접근방법은 위의 각각의 전략들을 어떤 형태로든지 통합하려는 경향이 있고, 종종 한 프로그램 안의 다른 전략들은 모든 개발 차원에 초점을 두고, 사실상 개발이 실행될 수 있는 모든 단계에 참여하는 전체 영역에서 수준을 높이는 것에 목표를 두었다. 다음의 필리핀 사례는 이 유형의 매우 성공적인 프로그램의 좋은 예이다.

사례 ▶ ▶ ▷

필리핀의 지역차원 개발

필리핀은 오랜 기간 식민지배를 받으면서 적군의 점령, 국내적 불안과 파괴, 테러 등을 겪어야 했다. 필리핀은 한 사회로서 많은 봉건제도 형태로 발달되었고, 사회 · 경제 · 정치 등의 많은 부분이 오랫동안 강력한 엘리트에게 지배받아 왔다. 부패는 고질적인 문제로 중대한 변화 시도의 대부분을 망치고 있다. 또한 막대한 개발원조 금액과 미국과의 친교에도 불구하고, 널리 퍼진 봉건제의 특성과 부패가 크게 왜곡된 개발의 원인이 되고 있다. 이런 추세는 정치적 불안뿐만 아니라 기존 범죄와 파괴 정도를 더욱 악화시키는 경향으로 흐른다. 결국 필리핀은 미국과 연계된 영어 사용 국가이고 빠르게 개발되는 동남아시아 지역에 위치한다는 장점에도 불구하고, 개발도상국에서 나타나는 현상들이 계속해서 나타나고 있다.

1999년 유엔개발계획(1999)의 인간개발지수에서 필리핀은 174개국 중 77위였고, 유엔개발계획과 세계은행이 제시한 통계는 많은 우려를 낳았다. 필리핀은 성차별 분야에서도 많은 수준에서 활동해왔고 훌륭한 정책을 펼쳤으나 유엔개발계획의 성별 관련 개발지수에서 143개국 중 65위를 차지하였고 성평등 역량강화는 102개국 중 45위로 측정되었다. 이렇듯 필리핀의 개발은 여전히 갈 길이 멀다.

이 사례연구 지역인 네그로스 옥시덴탈(Negros Occidental)의 사탕수수 대농장은 오랫동안 경제와 생산적인 토양의 대부분을 지배했으며 그 소유주는 설탕귀족(sugar baron)이라 불리는 봉건주의 엘리트들이다. 그 지역의 많은 주민들은 농번기에 노동력을 제공했지만 나머지 기간에는 생산력인 낮은 불모지에서 살거나 관광산업에 종사하며 생활하였다. 그러다가 1980년 중반에 경기 불황으로 설탕산업이 타격을 입고 많은 재배지 소유자들이 토지 경작을 그만두고 더 나은 수익을 위해 이동하면서 지역주민들의 생계수단이 사라지게 되었다. 이런 일이 필리핀의 비참한 경제난의 여파 중에 벌어지고, 마르코스 정부 전복의 소란이 절정에 달하였을 때, 새로운 아키노 정부가 즉시 행동을 취하였다. 1988년에는 사용되지 않는 토지를 파악하여 재분배하기 위해 포괄적 농지개혁 프로그램이 도입되었다. 그리고 지역주민 지원을 위해 설계한 통합 사회적 임업 프로그램으로 고원대지를 50년간 임대할 수 있게 했지만, 불법적인 벌목을 통해 고원지대의 생태를 더욱 붕괴시켰다. 다른 제도에는 관개와 사회복지가 고려되었다. 이 중앙 정부의 모든 제도는 네그로스 옥시덴탈에서의 잠재적 활용도가 있었다.

그러나 국가차원의 제도에도 불구하고, 변화 과정이 지역에서 시작되지 않다면 네그로스 옥시덴탈과 같은 곳에서는 변화가 일어나지 않을 것이다. 새로운 지방 통치자의 지휘로 한 집단이 취로사업을 만들었는데, 이것은 본질적으로 큰 규모의 포괄적 지역개발 프로그램으로 지역차원의 개발을 기본으로 하여 지방의 재정을 변화시키고 만연된 빈곤을 다루는 것을 목표로 5년 동안 운영하였다. 유엔의 세계식량 프로그램을 통해서 가능한 취로사업 요소는 지역개발을 위해 필요한 노동력을 구성하는 빈곤자들을 위한 복지 차원으로 프로그램이 사용되도록 계획되었기 때문에 매우 중요했다. 중앙정부에 의해 시작된 앞서 말한 활동들은 가능한 완전하게 사용될 수 있지만, 유엔개발계획은 중요한 자원 기여에 동의하면서 핵심적인 자원은 결국 지역주민이 되게 했다.

이 프로그램은 다양한 훈련을 받고 수료한 18명의 청년으로 이루어진 팀이 운영했다. 이러한 팀 접근방법은 18명의 젊은 청년들이 매우 필요한 역할을 실행하는 데 있어 최대 지원 제공을 위해 매우 중요하였다. 프로그램은 모든 단계에서 지역집행기관(LIAs: Local Implementing Agencies)의 네트워크에 의해 실행되었는데 이 기관은 정부 기관, NGO, 주민조직 등을 포함하고 있었다. 각 지역집행기관은 그들이 동의하고 팀의 지원과 함께 실행하는 프로젝트 시리즈에 대해 책임이 있었다. 이 지역집행기관의 네트워크는 그들이 서로의 역할과 제한을 이해하고, 밀접한 협업이 가능할 수 있는 시점까지 가게 할 필요가 있었다. 이러한 협업은 중요하며 팀 구성원들의 헌신적이고 섬세한 접근방법이 요구되었다.

이 프로그램은 각 지정된 지역차원에서 포괄적 개발을 이루도록 설계되었다. 현장에는 문제와 고민을 논의하기 위해 지역사람들을 접촉하는 팀 구성원이 이루어졌다. 이 결과 공동체 개발 역할이나 정부 기관(예: 보건, 교육, 관개, 농업, 임업 기관)이 직접 참여하는 지역집행기관의 행동 계획의 특정 프로젝트 검증에 NGO가 공동체와 함께 직원을 둘 가능성도 생길지 모른다. 취로사업 도입이 필요하거나 그럴 잠재성이 있는 곳이라면, 학교나 병원 건설, 작은 댐과 관개시설 건설, 논 네트워크 설치 등 지역빈민이 취로사업 프로그램을 통해 감독 하에 일하고 임금을 받도록 채용되었다. 이것은 유용한 역량구축을 제공하고 사회복지사들이 특별한 요구를 확인하여 대처할 수 있게 하였으며, 가난한 사람들이 인정받고 삶의 목적 및 발전 가능한 미래를 느끼도록 이끄는 것과 동시에 공동체 전반에 이익이 될 수 있는 편의시설들을 건축하였다.

많은 경우에, 지역적 제도는 공동체 구성원을 하나로 모으거나 기존 공동체에 새로운 활력을 주어, 그 결과 다양한 차원의 공동체 생활을 건설 또는 강화하고자 하는 주민조직을 설립하게 된다. 이러한 공동체들은 다양한 차원에서 서로 상호작용하며, 결국 시골지역의 네트워크를 강화하였다.

5년 프로그램이 4년째가 되던 해에는 63개의 프로젝트와 훨씬 더 많은 수의 특정한 프로젝트들이 있었고, 모두 전 공동체 구성원들의 참여를 통해, 공동체가 필요한 것을 충족하는 데 기여하도록 설계되었다. 상당한 교육과 역량구축이 있었고, 많은 지역 소득창출 기회가 생겼으며, 다양한 섹터들이 서로 협동하였으며, 동기와 참여 수준이 매우 높았다. 시골지역의 인프라(학교, 보건소, 포장도로, 관개 시스템 등)가 엄청나게 확산되었다. 정부기관들은 그들이 선택한 적은 수의 상황을 제공하던 형식적인 관료적 구조에서 벗어나 훨씬 많은 지역에 서비스를 제공하기 위해 지역공동체 집단과 딱딱하지 않은 밀접한 협력을 하며 인간중심으로 운영하였다. 많은 NGO들은 활력을 얻었고, 지역차원의 사회개발 참여가 진정으로 무엇을 의미하는지를 배웠다. 많은 주민조직들이 형성되어 사람들이 정부기관, NGO, 그 외 개발 기관들 등과 함께 일할 능력을 발견했음을 보여주었다. NGO와 주민조직 모두 인공산호초 제작, 다양한 농업 방식, 기본 무역 영역 등을 포함하는 다양한 소득창출 활동에 대해 많은 것을 배웠다.

모든 프로젝트가 주목할 만하고 귀감을 주었으나 여기에서는 저자 한 명이 시간을 보낸 곳의 프로젝트에 대해 간략하게 언급하려고 한다. 이 프로젝트는 9가구로 구성된 팀을 구성하여 시작하였는데 이 가구들은 고지대에서 불법 벌목을 했으며, 사회복지에 대한 접근이 거의 없었다. 1991년에는 프로그램 활동을 통해 그들에게 25년간의 임대를 기본으로 고지대 토지를 제공하였고 25년 추가 연장의 권리도 부여하였다. 그들은 이 제안과 모든 가구가 하나로 뭉쳐 존속 가능한 공동체로 거듭나는 파입을 받아들였다. 가구수는 25가구로 급속히 증가하였고, 이 가구들은 공동체 구축하는 일을 시작하였다. 여기서 그들은 NGO로부터 직원을 원조받았는데, 그는 공동체 개발 사회복지사로서 1년 이상 함께 일했다. 모든 관계자들은 그 사회복지사의 역할이 중추적이라고 생각했다. 이 가구들은 땅의 가능성, 공동체 구축의 중요성과 과정을 상상하는 능력이 제한적이었기 때문이다.

촉진제 역할을 하는 사회복지사의 도움으로, 가구들은 점차적으로 여러 프로젝트로 구성된 그들 마을의 설립에 대한 계획을 발전시켰다. 또한 댐과 작은 관개 시설을 세워 논에 물을 댈 수 있도록 했다. 이 관개 시설 덕분에 집중 경작 지역을 개발하여 쌀, 채소, 꽃을 생산해 해안 평야의 사람들에게 팔 수 있었다. 그 외의 지역은 임업에 집중해서, 장기 소득을 창출하고 지역의 생태균형을 되살리고자 했다. 그러나 이 많은 일들은 사람들이 가지고 있지 않은 기술을 요구하여 훈련과 교육이 중요하였다. 마침내 가구들은 학교와 건물이 지어진 지역의 여러 시설을 갖게 되면서 공동체가 될 필요를 느꼈다.

대체로 이것은 이 사람들을 위한 거대한 사업이었다. 공동체 이니셔티브 참여를 위해 서로 신뢰하는 것조차 어려웠고, 일부의 마찰과 불신, 경쟁적인 리더십 등이 처음 몇 년 동안은 흔히 보였다. 그러나 가구들은 점차 함께 일하고 공동체 구조를 세우고, 협업 조치에 참여하는 법을 배우게 되었다. 이것은 현지 거주 조력자와 팀원의 주기적 방문, 그리고 특히 합작 프로젝트에 함께 일한 경험에 도움을 받았다. 이 합작 프로젝트는 공동체 계획에서 노동 인력들을 대표하였고, 이는 취로사업, 특정 프로젝트에 지역집행기관으로서 다양한 정부기관 활동에 함께 일하는 것, 교실과 현장에서 함께 배운 전체적인 경험으로 촉진되었다.

3년 후 빈곤하고 소외된 가구들의 이질적인 집단은 사회적으로나 경제적으로 모든 면에서 번창하는 공동체가 되었다. 그들의 댐은 아름다우면서도 관개 시설 성공의 중심이 되었다. 그들의 토지는 매우 생산적이고, 작은 나무 수천 그루가 재조경 지역에 빽빽이 심어졌다. 그들이 자녀들은 학교에 다니고, 마을은 행복하고 생활 서비스가 비교적 잘 된 곳이었다. 어느 공동체 구성원은 거의 매일 판매를 위해 꽃을 재배하고, 다른 사람은 개인적으로나 협동적으로 소득창출 활동을 수행하였다. 외부 방문자들은 공동체의 성취와 사회·경제 단위로서 성공적으로 기능하는 능력에 대한 사람들의 긍지를 못 알아볼 수가 없었다.

전체 프로그램은 참여, 자존감과 지속성을 원칙으로 하며 공동체의 사람에 최고의 중점을 둔다. 적용된 전략은 다음과 같다.

· 팀과 NGO 직원을 프로젝트의 촉매제로 사용
· 인간중심의 공동체 기저 접근방법
· 사회적 동원이 기본 전략(특히 빈민)
· 교육, 훈련, 역량구축에 초점을 둠
· 소득창출 성과를 강조

이 프로그램은 하나의 수준에서 빈곤완화의 좋은 사례이지만, 더 중요한 것은 지역단위의 사회개발의 사례라는 점이다. 빈곤완화의 핵심은 결국 공동체 개발이다. 만약 그 개발이 지속 가능한 공동체 개발에 헌신하는 정부 서비스 기관의 네트워크로 뒷받침된다면, 개발 가능한 환경 제공을 위해 조정된 정치적 체계로 뒷받침된다면, 공동체 개발의 가능성은 매우 커진다. 그러나 지속가능한 공동체 개발 자체는 궁극적으로 유능한 주민조직에서 명시해야 하고, 개발 의도에 맞게, 그러나 최종적으로는 시민사회 안에서 진행해야 한다. 이는 거시 구조와 사회정책에 대한 사람들의 요구와 희망을 연결하는 공동체 개발 수준이다.

　　　※ 이 사례연구에 대한 더 많은 정보는 UN/ESCAP, 1996(i) & (ii); Cox, 1998 참조.

결론

지역차원 사회개발은 일반적으로 사회복지에 있어 기본적인 접근방법의 범위를 요구하지만, 많은 환경들에서는 우리의 관점을 반영하기 위해 추구해온 추가 전략, 유연성, 혁신적 능력 역시 필요하다. 이 분야는 자료들이 풍부하나 안타깝게도 중재 방법에 대한 자세한 설명보다는 사례연구와 평가에 대한 형태가 더 많다.

만약 사회복지 전문가가 지역차원 운영의 최전선에 기여할 수 있도록 많은 수가 배치될 수 있다면, 개발 외형이 상당히 변화하고 결국 수백만 사람들의 안녕이 향상될 것이다. 또한 적절한 인원수의 사회복지사를 계획과 촉진, 관리, 그 외 지역차원 개발 프로그램 지원을 위해 훈련시킬 수 있다면, 그것 역시 과거에 수백만 명이 살아온 삶보다 더 나은 생활방식을 보장하는 더 나은 사회 건설에 필수적이고 가치 있는 기여를 할 것이다.

CHAPTER 06

○ 요약

- 지역차원은 "개인, 가족, 집단, 공동체, 지역성(공동체 모임)"으로 이루어지며, 모든 사회의 네 섹터 중 하나이다. 비록, 지역차원이 기본 섹터로써 매우 중요하지만 다른 섹터에 비해 집중을 덜 받았고, 사회복지사는 이 상황을 변화시킬 수 있을 것이다. 통합관점 접근방법은 지역차원에 초점을 맞출 필요성을 강화한다.

- 지역차원 개발의 인재 부족은 논의가 필요한 현실적인 이슈이다. 사회복지는 이 문제를 해결할 수 있을까?

- 사회복지사들은 일을 하면서 개인, 가족, 공동체, 집단, 지역조직, 지역제도 등에 초점을 두고, 치료적 접근방법과 개발 접근방법 양쪽을 적절히 사용하여 이 단위들 사이의 상호작용에 대해 초점을 두어야 한다.

- 관련 전략과 프로그램의 조합은 지역차원 개발을 달성하기 위해 사용되고, 역량강화와 참여가치를 통합하며, 포괄적인 방법으로 조화를 이루어야 한다.

- 세계적인 개발의 역사를 보면, 통합관점 접근방법이 서서히 인정받고 있지만, 현재와 미래의 개발 계획가와 실천가들은 그런 접근방법을 채택하여 실행하여야 한다.

○ 질문과 토론 주제

- 지역차원 개발은 무엇을 의미하며, 그것이 얼마나 중요하다고 생각하는가?

- 지역차원 개발에 있어 중요한 직원 이슈가 무엇이라고 보는가?

- 지역차원 개발에 있어 다양한 전략들을 결합하는 것이 얼마나 중요하고, 원하는 결과를 도출하는 데 있어 중요하게 나타나는 결합은 무엇인가?

- 네그로스 옥시덴탈 개발 프로그램에 있어 팀원들의 역할을 자신이 이해한 공동체 개발과 비교해 보자.

- 다음에 대해 복습하고 생각해보자.

  - 지역차원 개발의 6가지 분야

  - 지역차원에서 활동할 때 강조되는 기본 4가지

  - 지역차원 개발에 대한 2가지 핵심 접근법

◎ **향후 연구 분야**

- 익숙한 지역 중 한 곳을 선택하여 이상적인 지역차원 개발 프로그램을 고안해보자.

- 알고 있는 지역차원 개발 이니셔티브를 선택하여 사용된 전략을 분석하고 이 전략들의 장점을 찾아보자.

- 프로그램에서 사용된 직원의 입장에 대해 지역차원 개발의 사례연구를 찾아보고, 개발도상국의 지역차원 개발에서 사회복지사의 역할에 대해 논의해보자.

- 한 지역을 조사하여, 주요 전략과 프로그램이 사용된 방식을 자신만의 관점을 가지고 지역차원 개발에 대한 사례를 연구하여라.

빈곤 분야: 배경과 이슈

세계 인구의 3분의 1이 빈곤으로 인한 고통에 시달리고 있다는 점에서 빈곤이 현대 사회가 직면한 가장 중요한 문제로 인식된다는 점은 놀랄 만한 일이 아니다. 어떤 이들은 전 세계적으로 인류가 빈곤을 퇴치할 수 있는 부와 지식을 갖추고 있음에도 불구하고 빈곤하다는 것은 현대사회가 직면한 가장 큰 불명예라고 말한다. 문제는 빈곤을 퇴치하려는 정치적 의지가 없다는 것이다. 결론적으로 인류는 빈곤을 가장 해결하기 어려운 문제로 보고 있다. 왜냐하면 빈곤퇴치를 위한 다양한 영역의 노력이 있었고, 세계의 다양한 영역에서 상당한 진보가 있음에도 불구하고, 빈곤은 전반적으로 감소하지 않고 있기 때문이다.

최근 수십 년간 변화가 있기는 하지만, 사회복지 초기 역사에서는 빈곤을 사회복지와 같은 분야가 다룰 수 있는 영역이 아닌 사회 · 경제적인 문제 중 하나로 보는 경향이 있었다. 7장에서는 사회복지 분야가 빈곤퇴치를 위한 능력을 갖췄는지에 주안점을 두기보다는 개발도상국의 환경에서는 사회복지를 통해 빈곤이 현저히 감소될 수 있으며, 또한 많은 경우 사회복지는 사람들의 삶에 미치는 빈곤의 영향력을 완화시킬 수 있는 능력과 책임을 갖고 있다는 점을 강하게 시사하고자 한다.

7장의 첫 번째 부분에서는 통합관점 접근방법을 통해 빈곤 문제에 대해 살펴보고자 한다. 통합관점 접근은 이 심각하고 복합적인 문제에 접근하기 위한 방향성을 제시해준다. 다음으로 지난 50년간 세계 빈곤의 현황 및 빈곤완화의 진행 경과, 빈곤의 세계적 분포 추세를 간단히 살펴보고자 한다.

두 번째 부분에서는 전 세계적으로 존재하는 빈곤의 다양한 측면과 유형, 그리고 실제적으로 사회복지사가 직면하고 있는 빈곤에 대해 파악하고 정의하는 데 초점을 맞추면서 빈곤이라는 매우 복잡한 개념을 소개하고자 한다. 또한 각 접근방법과 이를 통한 빈곤완화의 정도를 설명하고자 한다. 또한 성공과 실패의 원인들을 분석하면서 최근 수십 년간 개발도상국들에서 시도해온 다양한 빈곤감소에 대한 여러 접근뿐만 아니라 각 유형의 특징과 원인을 살펴볼 것이다.

다음 장에서는 빈곤완화를 위해, 빈곤과 관련된 사회복지의 역할 및 일반적으로 사용되는 프로그램과 전략을 파악하고자 한다.

빈곤에 대한 관점: 통합관점 접근과 빈곤

다음은 세계적인 요인이 빈곤의 특징과 발생에 긍정적 또는 부정적으로 영향을 미치는 방식에 대해 설명할 것이다. 여기에서는 빈곤의 퇴치나 감소를 위한 효과적인 프로그램은 확인된 바와 같이 국지적인 것이 아닌 세계적인 것이어야 한다는 점이 잘 나타나 있다. 직접적으로 서로 영향을 미치거나 받을 가능성이 없더라도 빈곤완화를 목표로 하는 지역 프로그램에 있어서도 글로벌 요인들을 고려해야 한다. 상황에 효과적으로 개입하고

자 하는 사회복지사는 지역 상황에 영향을 미치는 글로벌 요인의 영향력과 글로벌 시스템 및 프로그램의 잠재적 혜택에 대한 장점을 잘 알고 있어야 한다. 일례로 기업의 이전에 따라 대량 실업을 초래하는 다국적 기업의 부정적 영향력을 들 수 있다. 이에 지역주민들은 자신들의 정부를 설득해 지역에 공장을 세우고 지역자원을 이용함으로써 앞서 발생한 손실을 다른 다국적 기업이 보상하도록 할 가능성이 있다. 조금 다른 예는, 지역 상황에 맞는 IMF 구조조정 프로그램 및 IMF, 그리고 정부를 포함한 다른 기관과의 공조에 대한 가치를 인식하는 것이다. 이를 통해 합의 내용을 변경하거나 IMF 구조조정 프로그램이 미치는 영향력을 상쇄시킬 수 있는 조치를 취할 수 있다. 따라서 통합관점 접근 내에서 세계적인 시각을 갖는 것은 국제사회복지실천 분야의 빈곤완화에 중요하다.

인권에 대한 관점 또한 매우 중요하다. 인권을 배제하고 빈곤의 재앙에 대해 논의할 수 있는가? 인도주의적 관점은, 특히 자선사업에 해당하는 경우 빈곤층에게 꼭 필요한 것이 무엇인지 혹은 빈곤층이 받을 자격이 있는 것이 무엇인지에 관한 내용이 아니다. 그리고 이러한 종교를 기반으로 한 논쟁이 어떤 상황에서는 효과적일 수 있지만, 이는 광범위하게 채택되지도 않을 것이며 그렇기 때문에 불확실하다. 따라서 우리에게 인권에 관한 논거는 최소한 원칙적 공식적이고 전 세계적으로 수용되는 방식이어야 하며, 만약 이행될 경우 현재의 빈곤을 퇴치하고 미래의 빈곤을 방지하는 캠페인을 이끄는 것이어야 한다. 빈곤퇴치는 기본적으로 빈곤의 종류와 정도에 관계없이 모든 빈곤에 대한 원칙적 거부가 요구되며, 이를 위해 활발한 캠페인을 실시한다. 마찬가지로, 지역 수준에서의 빈곤퇴치는 빈곤을 모든 사람들의 권리에 기본적으로 반하는 개념으로 인식함으로써 빈곤에 대항하기 위한 확고한 헌신을 요구한다.

빈곤 분야에 있어서 생태적 요인의 중요성에 대해서는 종종 논의가 되었다. 생태적으로 지속될 수 없는 관성이 어느 정도 빈곤의 원인이 된다는 것은 분명하다. 또한 생태 시스템에 빈곤이 부정적인 영향을 미친다는 것도 명백한 사실이다. 모든 단계에서의 반 빈곤 캠페인이 효과적이기 위해서는 매 과정의 모든 단계에서 전문적이며 신중한 생태적 관점이 요구된다. 만약 세계가 이를 잘못된 것이라고 생각한다면, 인권에 대한 어떤 지지도 그 가치를 상실하게 될 것이다. 빈곤이 환경에 부정적인 영향을 미치는 곳이 어디든지 간에 생태 환경에 대한 보호, 지속가능한 이용 그리고 그 고유의 중요성을 존중하는 것은 모든 사람들의 생활수준을 향상 시키는 데 중요하다.

마지막 관점으로서 사회개발은 현존하는 빈곤을 퇴치하고 앞으로 발생하게 될 빈곤을 예방하는 모든 노력에 방향성을 제시해준다. 빈곤의 원인이 되는 모든 이유, 빈곤 문제가 다뤄져야만 하는 모든 차원, 빈곤의 감소와 퇴치가 기반이 되는 모든 전략, 빈곤퇴치를 위한 헌신의 근간이 되는 모든 가치는 사회개발 관점 내에 포함된다. 즉 이는 강하고, 건강하고 정의로운 사회를 건설하기 위한 접근이다. 사회개발 관점은 빈곤퇴치나 어떤 다른 목적을 달성하기 위한 청사진이 아니다. 오히려 사회개발 관점은 그러한 목적을 달성하기 위한 정책 및 프로그램 개발의 요소를 나타낸다. 다음 장에서 빈곤퇴치를 위한 효과적인 접근 및 전략으로 이에 대해 살펴볼 것이다.

세계의 빈곤: 현황과 추세

세계의 빈곤은 빈곤 현상과 경제, 정치, 문화 및 기타 상황에 나타나는 빈곤의 복잡성을 반영하는 복잡한 상황이다. 그러나 유엔개발계획(UNDP)과 세계은행이 마련한 세계 빈곤에 관한 상세하고 신뢰 있는 분석 자료를 보유하고 있어 다행이다. 이러한 분석을 기반으로 자세히 설명하고자 한다.

현재 세계적인 빈곤 발생을 고찰할 때, 최근 수십 년간 빈곤감소에 상당한 진보가 있었다는 사실을 간과하기 쉽다. 유엔개발계획은 "지난 50년 동안 빈곤은 500년 전보다 더 많이 감소하고 있다. 거의 모든 국가에서 빈곤이 감소하고 있다"고 밝히고 있다.

세계은행(2000/2001, p.vi)은 "1990년에서 1998년 사이에만 극빈층 인구가 7,800만 명 감소하였다"고 덧붙이고 있다. 그러나 20세기 내내 소득 빈곤에 있어서의 발전뿐만 아니라, 유엔개발계획이 "인간개발 관점에서의 빈곤" 혹은 "인간 빈곤"이라고 설명하는 빈곤에도 발전이 진행되었다. 1950년대 이후 개발도상국가의 경험을 기술하면서, 유엔개발계획은 다음의 내용을 언급하였다.

20세기 말, 세계 인구 중 30억~40억 명은 생활수준이 상당히 개선되는 것을 경험하게 될 것이다. 또한 40억~50억 명의 인구는 기본교육과 의료복지를 누리게 될 것이다. 이와 같은 개선 덕분에 빈곤퇴치는 아득히 먼 이상이 아닌 실현가능한 것이 될 것이다.

이와 같은 사실이 약간의 위안이 될 수는 있지만, 현재 세계적으로 빈곤 발생이 매우 높다는 사실은 매우 심각한 일이 아닐 수 없다. 유엔개발계획은 이를 "불명예"로 언급하고 있으며, 세계은행은 "치욕적인 것"이라 표현하고 있다. 유엔개발계획에 의하면(1997, p. 2),

빈곤이 세계 많은 지역에서 놀라울 정도로 감소하고 있지만, 세계 인구의 4분의 1은 여전히 심각한 빈곤 상태에 있다. 세계 경제 규모가 25조 달러임을 감안할 때 이는 불명예라고 볼 수 있다. 이는 불평등과 국가 및 세계 정책의 실패를 반영하고 있다.

빈곤에 관한 가장 최근 보고서 중 세계은행(2000/2001, p. vi)은 다음과 같이 현 상황을 요약하고 있다.

세계 60억 인구 중 28억 명의 사람들이 하루 2달러 미만으로 살아가고 있으며, 12억 명은 하루를 1달러 미만으로 살고 있다. 100명 중 6명의 유아가 생후 1년이 되기 전에 사망하며, 100명 중 8명이 5세 이전에 사망한다. 취학연령 아동 중 100명을 기준으로 했을 때 남아는 9명, 여아는 14명이 초등교육을 받지 못하고 있다.

1일을 기준으로 "1달러 미만"을 극심한 빈곤, "2달러 미만"을 빈곤이라고 가정한다면, 빈곤으로 고통 받는 세계 인구의 비율은 매우, 받아들이기 어려울 정도로 높다고 볼 수 있다. 2000년 세계은행에서 발행한 보고서에는, 1990년대 소득 빈곤에 대한 세계적 추세를 다음과 같이 설명하고 있다.

거의 동아시아(특히 중국)에서의 빈곤인구 감소로 1993년과 1998년 사이에 세계 빈곤인구가 감소하였다. 그러나 부분적으로는 빈곤 수준이 10년 전보다 나아진 것 같고, 중국에서는 빈곤이 더 이상 문제가 되지 않는 것처럼 보이지만, 아시아 금융 위기(1997년)로 인해 상황은 역전되었다.

남아시아에서 빈곤율은 1990년대에 어느 정도 감소하였으나, 빈곤인구수를 확실히 감소시킬 만큼의 수준은 아니었다. 이 지역의 실제 빈곤인구수는 1987년이래로 꾸준히 증가하고 있다.

아프리카의 빈곤율은 조금씩 감소하고 있으나 오히려 빈곤인구수는 증가하였다. 최근 자료에 의하면 아프리카에 하루 1달러 미만으로 사는 사람들의 수가 가장 많음을 알 수 있다.

라틴아메리카의 빈곤율(하루 1달러 미만 그리고 2달러 미만으로 사는 사람 모두, 라틴아메리카 지역에서는 2달러 미만으로 보는 것이 더 적절함) 및 빈곤인구수는 모두 증가하였다.

구소련권 국가들에서는 빈곤인구의 비율과 수가 모두 현저하게 증가하였다.

빈곤에 관한 유엔개발계획의 1997년 보고서 2장에서는 최근 발생하고 있는 빈곤과 관련된 '진보와 후퇴'에 대해 상당히 상세하게 설명하고 있다. 유엔개발계획과 세계은행이 제시한 상세한 내용이 빈곤 현상과 빈곤완화 과업의 복잡성을 설명하는 데 중요하지만, 여기서 우리가 주목하는 중요한 점은 유엔개발계획 보고서의 마지막 결론부분이다.

인간 빈곤과 소득 빈곤을 줄이는 데 있어서 진보는 불연속적이고 한결같지 않다(p. 48). 몇몇 사람들은 빈곤에서 탈출하지만 다른 이들은 빈곤한 상태에 머문다. 그리고 여전히 새롭게 빈곤층이 되는 사람들이 있다. 따라서 빈곤은 끊임없이 야기되며, 재창조되고 있다. 어떤 지역에서는 사라지고 있지만 다른 지역에서는 다른 시기에 다시 나타난다. (p. 61)

유엔개발계획은 빈곤 분포에 있어서, 특히 젠더, 농촌과 도시, 인종, 지역적 차이에 관심을 가진다. 소득 빈곤에 대한 현황에 관해, 유엔개발계획(1997, p. 48)은 "오늘날 빈곤한 사람들은 아프리카인, 아동, 여성 혹은 도시거주 노인, 토지가 없는 사람들, 취약한 환경에 사는 사람들, 피난민이나 난민일 가능성이 더 많다"고 언급하고 있다.

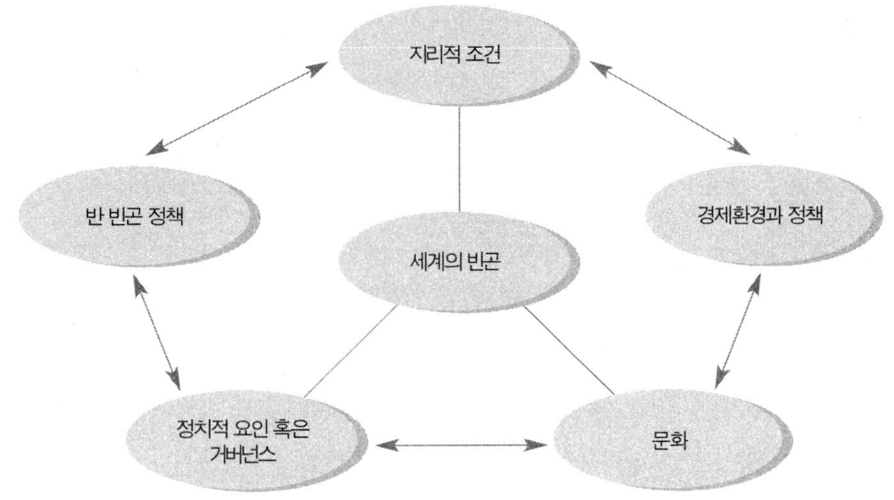

세계 빈곤의 원인 및 사람들에게 미치는 빈곤의 영향과 특수 인구층에 미치는 빈곤의 측면에서, 세계 빈곤의 양상은 변화하고 있지만, 조사자료를 통해 상호작용을 하는 다섯 가지 요인이 있음을 알 수 있다. 이러한 요인들과의 상호관계는 〈그림 7-1〉에 나타나있다.

첫 번째 요인은 지리적인 요인이다. 랑드(Landes, 1998, p. 5)는 "1인당 생산 혹은 소득 관점에서 세계 지도를 보면 부유한 국가는 온대지역, 특히 북반구에 위치하고 있다. 반면 빈곤국가는 열대지역과 아열대지역에 위치하고 있다"고 언급하고 있다. 랑드는 이러한 상황에 대한 몇 가지 이유를 상세히 설명하고 있다. 다른 지리적 입장에서, 유엔은 작고 육지로 둘러싸인 섬 국가가 다른 국가보다 개발하는 데 더 큰 어려움이 있다고 기술하고 있다. 이러한 경우, 세계적 차원의 지형이 아니라 각 국가의 지형적 특성이 그 원인이 된다. 마찬가지로, 천연자원의 관점에서 국가를 분류할 수 있다. 몇몇 국가는 빈약한 천연자원을 극복하고 있는 반면, 많은 국가들은 지형적 열세 때문에 손해를 보고 있다. 결론적으로 발달된 무역로 또는 다른 국가와의 교역 시설을 갖춘 국가들의 유리한 지형적 조건은 개발에 중요한 요인이 되고 이에 따라 빈곤 수준도 달라진다. 지형은 분명 세계 빈곤 분포의 한 요인이 되지만, 몇몇 국가의 경험을 통해 알 수 있듯이 지형이 극복할 수 없는 어려운 요인은 아니다.

두 번째 요인인 문화는 더욱 논쟁을 유발하는 요인이다. 랑드(1998, p. 516)의 말을 다시 인용하면, "만약 우리가 경제발전 역사에서 무엇인가를 배운다면, 중요한 것은 바로 문화이다." 랑드는 지배적인 문화가 경제발전에 기여한 상황 및 그렇지 못한 상황에 대해 논한다. 어떠한 이론이 없이는, 특정 국가는 발전한지 한참이 지났는데 어째서 어떤 국가는 여전히 빈곤한 상태로 남아있는지에 대해 이해하기는 어렵다. 문화는 일부에게는 정기적이고 지속적인 일에 전념하고, 저축할 만큼의 검소함을 훈련하고, 경제적 어려움 등에 대해 독창력과 창의력을 발휘할 수 있는 동기로 작용한다. 요컨대 문화는 현대 경제가 요구하는 가치를 주입하는 데 있어서 결정적 요인이 될 수 있다.

세 번째 요인은 경제적 요인이다. 어떤 국가는 세계적인 경제 호황이 자국의 발전에 미치는 긍정적 영향으로 자국의 경제성장률이 상승하는 것을 경험할 수 있다. 이는 빈곤을 극복할 수 있는 조건을 제공해준다. 홍콩, 싱가포르, 대한민국, 대만의 경우가 이에 해당된다. 다른 예로는, 국가는 국가의 발전과 빈곤감소에 상당히 도움이 되는 특수한 경제발전 전략을 실시할 수 있다. 또 마지막으로 국가는 다양한 이유로 선진국이나 다국적 기업에 상당히 매력적이거나 혹은 매력적이지 않을지도 모른다. 이로 인해 매우 다양한 수준의 원조, 투자, 무역 기회를 제공한다.

네 번째 요인은 정치적인 것이다. 매우 다양한 이유로 각 국은 안정적이고 효과적인 거버넌스를 보유할 수 있으며, 이는 개발 및 개발 이익 재분배를 촉진한다. 또는 그 반대의 상황이 될 수도 있다. 분명히 많은 국가의 성쇠는 거버넌스의 특징과 밀접히 관련이 있다.

마지막 요인은 일련의 반 빈곤 정책 및 프로그램이다. 딕슨과 매카로브(Dixon & Mac-arov, 1998)는 빈곤에 관해 세계적 관점으로 쓴 글의 결론에서 대부분의 국가들이 반 빈곤 프로그램을 실행하지 않고 있으며, 심지어 반 빈곤 프로그램을 효과적으로 시작하는 국가는 더더욱 없고, 다양한 정책 시도에도 불구하고 빈곤이 여전히 존재한다고 제시한다. 이러한 분석 등을 통해 빈곤의 퇴치나 감소를 위해서 전체적으로 개발(농촌과 도시, 경제와 사회, 정치와 환경 개발), 일자리 창출, 사회서비스, 사회보장, 지역사회 발전과 함께 매우 높은 수준의 정치적 헌신, 국민의 이해, 효과적인 정책과 프로그램이 요구된다는 것을 알 수 있다. 선진국과 개발도상국의 대부분은 적절한 반 빈곤 전략을 시작하고 효과적으로 실행하는 데 실패했는데, 그 이유 중 일부를 딕슨과 매카로브가 설명하였다.

이하에서는, 빈곤에 관한 이러한 복잡한 현상을 상세히 설명한 후, 빈곤퇴치에 관한 국제사회복지의 역할에 대해 논의하고자 한다.

세계적 빈곤: 빈곤의 다양한 유형과 측면

몇 차례 우리는 빈곤의 개념을 복잡한 것으로 언급했다. 이 부문의 목적은 빈곤의 복잡한 개념을 파악하고 이해하는 것이다. 첫 번째 이슈는 세계화와 빈곤 또는 빈곤의 발생, 분포, 형태에 관한 세계적 요인의 영향력과 관련된 것이다. 그 다음, 개발 과정에서 나타나는 빈곤의 유형학에 대해 고려하고자 한다. 세 번째로는, 인구 유형과 관련된 유형학 및 사회가 본질적으로 이러한 빈곤 유형에 대응하는 방식을 살펴보고자 한다. 네 번째로는, 결과적 빈곤 혹은 분쟁과 자연재해와 같은 다른 현상으로 인해 발생한 혹은 이로 인해 악화된 빈곤에 대해 살펴볼 것이다. 마지막으로는 본질적으로 실제적 빈곤이 가져오는 유형의 관점에서 빈곤의 유형을 생각해보고자 한다.

빈곤이 세계적 요인, 개발 과정 혹은 다른 현상(결과적 빈곤)과 밀접한 관련이 있는지와 모든 빈곤의 유형은 두 가지 중요한 측면에 따라 변화한다. 첫째, 빈곤의 유형은 절대적이거나 혹은 상대적일 수 있다. 절대적 빈곤은 생존할 능력이 없거나 혹은 생존은 하지만 인간의 기본적 욕구를 적당하게 충족시킬 능력이 없는 것을 의미한다. 절대적 빈곤은 절망적인 생활수준, 사회 속에서 기능할 수 있는 기본적인 능력의 결여, 상당히 불안정하고 취약한 생활수준을 의미한다. 반대로, 상대적 빈곤은 "다양한 활동을 영위하거나 또는 일반적인 생활수준을 누리는 데 필요한 자원의 결여"라고 할 수 있다(World Bank, 2000/2001, p23). 둘째, 빈곤의 유형은 만성적(오랜 기간에 걸친) 빈곤이나 갑작스러운 빈곤이다. 만성적 빈곤은 종종 사람들이 빈곤한 가정에서 태어나서 평생을 빈곤한 상태로 사는 것이다. 또한 사고 또는 사고 후 장애로 인한 빈곤이나, 혹은 사회복지의 도움이나 가족의 지원을 받지 못한 상태에서 소득을 벌 수 없는 상황을 초래하는 사건으로 인해 만성적 빈곤이 야기될 수 있다. 두 가지 형태 모두 지금도 매우 흔하게 발생한다. 한편 갑작

스런 빈곤은 갑작스럽지만 일시적인 실업이나 소득상실로 인해 일어난 단기간의 빈곤이
다. 이는 질병이나 경기침체, 자연재해 혹은 어떤 사건 때문에 일어나는 것이다. 이러한 환
경에서 빈곤은 심각할 수 있지만, 단기간의 빈곤일 수 있기 때문에 완화될 가능성이 있다.
그리고 저축 통장에서 돈을 찾고, 자산을 팔고, 돈을 빌리며 혹은 일부 국가에서 지원하는
복지수당이나 구제를 받으며 살아갈 수 있다.

세계화와 빈곤

이미 언급했듯이, 빈곤은 현대사회가 직면한 가장 큰 문제이다. 그러나 세계 경
제와 정치가 영향을 미치는 범위가 확대되고, 세계의 부와 과학의 눈부신 발전과 더불어,
개발 활동, 무역, 투자 흐름, 빈곤 현상에 관한 지식이 배가되면서 50여 년 동안 가속화된
세계화는 빈곤을 과거 현상으로 치부하고 있는지도 모른다. 세계은행(2000/2001, pp. v-
vi)은 "20세기에 빈곤감소와 복지증진에 있어서 엄청난 진보가 있었다"라고 주장한다. 그
러나 세계은행은 "21세기의 출발점에서, 빈곤은 거대한 세계 문제로 남아있다"고 결론을
내린다. 사실 많은 국가들은 최근 수십 년간 다양한 방법으로 빈곤의 감소 및 큰 진보를
이룩하였다.

그러나 일부 국가에서는 이와 같은 국가 차원의 진보가 있었지만, 다른 국가에서는 변
화가 없는 상태이며, 또 일부 다른 국가들은 1980년대 이래로 상황이 더 악화되고 있는 실
정이다. 그래서 전반적으로 빈곤과 불평등의 세계적 양상은 거의 달라지지 않았다. 그리
고 그 수치는 오히려 1980년대 이후에 증가했다. 사용되는 빈곤의 정의에 따라, 또는 참
조되는 내용이 절대적인 수치인지, 비율인지, 전반적인 추세인지에 따라, 그리고 세계적인
범위가 정확히 어디까지인가에 따라 빈곤의 세계적 수치는 혼란스럽기만 하다. 그러나 전
반적인 절대적 빈곤 수치는 최근 수십 년간 거의 변화가 없었던 반면 불평등은 상당히 증
가했다는 점에 우리는 일반적으로 동의한다(World Bank, 2000/2001, pp. 3-6, 16-17).

유엔개발계획(1996a, p. 1)은 1980년대 이래로 "경기 쇠퇴 혹은 불경기로 인해 16억 명

의 소득이 감소되고 100개 국가에 부정적 영향을 미쳤다"고 지적하고 있다. 전 세계적으로 인간의 활동은 모든 수준에서 상당한 진보를 이루고 있으며 동시에 지구촌 다른 곳에서는 매우 높은 수준의 극심한 빈곤이 지속되고 있다는 것을 어떻게 설명할 수 있는가? 이는 서구 세계에 있는 일부 국가나 정부의 이기심 때문인가? 또는 신흥 상류층 혹은 기업가 계급 때문인가? 아니면, 인종별 종교별로 대략적으로 나누어져 있는 세계 인구집단 때문인가? 혹은몇몇이 주장하듯이, '가진 자'와 '가지지 못한 자'로 이분화된 세상을 초래하는 새로운 세계 시스템의 특징 때문인가(UNDP, 1999, 1장 참조)? 또는 다른 국가에 비해 일부 문화권이나 국가는 가능성을 성공으로 이끌어내는 데 더 강점을 가지며, 이러한 방식으로 빈곤을 퇴치한다면 결국 문화의 문제인가? 세 가지 관점 각각에 대해 지지하는 사람들이 있으며, 다른 대안적 관점도 가능하다. 세계가 빈곤을 퇴치하고자 한다면, 빈곤이 지속되는 이유들을 찾아내는 것은 중요하다. 또한 그러한 이유를 찾는 데 어려움이 있음에도 불구하고 세계화와 빈곤 간의 고리를 이해하는 것은 중요하다.

세계 빈곤감소의 실패가 빈곤을 해결하려는 의지천명의 부재를 나타낸다고 말할 수는 없다. 많은 경우, 국제사회는 빈곤의 발생을 줄이거나 퇴치하기 위한 목표치와 시한을 정해 이를 공언해왔으며, 가장 최근에는 2000년 유엔의 189개국이 합의한 새천년개발목표(MDG)를 들 수 있다(World Bank, 2000/2001, p.6; UNDP, 2003). 게다가 다양한 유엔경제사회이사회(ECOSOC)의 지역 단체가 그렇듯, 유엔개발계획과 세계은행 등은 주의 깊게 그 과정을 모니터링하고 있다. 마지막으로 세계은행과 아시아개발은행은 정부가 빈곤감소 제안에 가입한다는 조건으로 차관과 보조금을 제공하고 있다. 만약 의지천명 및 원조국 요건에 대해 진보의 여지가 있다면, 세계 빈곤율이 상당히 감소했어야만 한다. 그러나 현실적으로 빈곤율은 감소하지 않았으며, 수사학적인 차원의 접근이 실패한 이유들을 조사할 필요가 있다.

일반적인 이유 중 하나로 개발 이니셔티브가 거시적인 혹은 국가 수준의 경제적·정치적 변화에 목표를 두고 있으며, 이는 시스템을 통해 흘러가 미시적 수준에서도 긍정적인 영향력을 발휘하는 경향이 있음을 들 수 있다. 그러나 이러한 방식의 개발 이니셔티브는 여러 가지 이유로 성공하지 못한다. 즉 최상위층에서 이루어지기 때문에 개발에 따른 이익이 전반적으로 그들 자신과 그들의 확대가족, 동족 또는 그들 계층에게로 돌아가게 된다. 또한 대규모 개발은 다국적 기업을 통해 이루어지는데, 이들은 자신의 본부가 위치한 국가에 혜택이 가도록 하거나, 주로 서구인 직원 및 주주에게 이익을 분배하는 경향이 있다. 그리고 부패와 부실 관리로 인해 개발 계획의 잠재력은 상당 부분 상실된다. 마지막으로 개발과 빈곤 간의 연관성은 모든 일을 계획대로 실행했다 하더라도 없다고 말할 수 있다. 빈곤을 직접적인 목표로 설정할 필요가 제기되는 것은 바로 이러한 이유 때문이다.

개발이 빈곤에 영향을 주지 못하는 두 번째 이유로는 대부분의 국제 활동의 근간을 이루는 지배적 이념의 본질에 있다. 그것은 신자유주의와 신보수주의(3장 참조) 그리고 이로부터 파생된 구조적 변화와 다른 프로그램은 사회에서 이미 혜택을 받은 개인이나 집단의 이익을 촉진시키는 방향으로 본래 치우쳐 있다고 주장한다(Hutton, 2003 참조). 작은 정부로 가려는 움직임, 필수품과 서비스에 대한 보조금 지원을 없애는 것, 복지국가 규모 축소, 서비스 제공에 대한 사용자 부담원칙 촉진은 빈곤한 사람들에게 즉각적이며 상당한 영향을 미칠 것이다. 반면에, 그러한 움직임이 궁극적으로 빈곤감소에 도움이 된다는 증거는 없다. 많은 논평가들은 자유무역에 대한 압력이 세계의 더 빈곤한 국가들에게 이익이 된다고 믿지 않는다. 오히려 이로 인해 힘이 있는 국가들이 더 가난한 국가들을 착취하거나 무시하게 될 것이다. 게다가 신보수주의 정책은 신제국주의를 조장하고 유엔의 유효성을 훼손시키고, 서구의 부정적 반응의 분위기를 세계적으로 전파하면서 세계를 분리시키고 있다. 이러한 사상들은 인권에 기반을 둔 또는 인도주의적인 모든 사상을 초월한 세계 시민 이념보다 훨씬 더 강한 것처럼 보인다. 그리고 이러한 상태는 빈곤퇴치를 위한 일치된 노력에 결코 도움이 되지 않는다.

마지막으로 빈곤에 처한 많은 지역들이 갖고 있는 지속적인 경제성장에 대한 강한 믿음과 잠재력은 많은 이들이 받아들이기에 매우 어려운 것이다(Easterly, 2002 참조). 첫째, 지속가능한 개발 관점에서는 서구에 만연한 소비지향적 방식으로 전 세계가 나아가고 있는 지에 관한 질문은 적절하지 않다는 것이 일반적인 주장이다. 그리고 대신 서구 국가가 다양한 방식으로 발전을 늦출 필요가 있다고 논의하기도 한다. 둘째, 오늘날 대부분의 개발은 생태계를 무참히 파괴하며, 지속가능하지 않은 개발이며, 세계 빈곤율의 상당한 원인이 됨이 분명하다. 세계 삼림의 파괴, 바다의 물고기 남획, 생태적으로 취약한 지역에 있는 사람들의 복지에 영향을 미치는 기후 변화 등, 경제성장의 이름으로 행해지는 모든 것은 빈곤감소의 원인을 해결하는 것보다 빈곤율 상승에 더 많은 영향을 미칠 것으로 보인다. 개발과 지배적인 사상의 결합은 국내뿐만 아니라 세계적 분열을 초래하고 있다. 이에, 좌절하게 되는 사람들이 더 많아지게 되고, 국가적·세계적으로 사회응집력이 손상되며, 전 세계적으로 분쟁이 증가하게 된다. 이는 다시, 전 사회의 파괴와 광범위한 빈곤을 초래하고 세계적 발전을 저해하게 된다. 그러므로 빈곤에 효과적으로 대처하기 위한 전 세계의 효과적 노력에 부정적인 영향을 미친다.

만약 우리가 상대적 빈곤을 포함하여 빈곤에 대해 논의한다면, 특히 의사소통과 지식보급 영역에의 세계화에 있어서 서구사회의 대부분의 사람들이 누리는 조건과 빈곤에 짓눌려 사는 사람들의 조건을 비교할 때, 세계의 빈곤층의 상황에 대한 인식이 제고된다. 그러한 지식 때문에 분노가 일어나고 그 결과 급진적인 행동과 테러리즘이 발생하게 된다. 이는 또한 정치적 망명자, 불법이주자, 이주노동자들의 세계적인 움직임에 많은 사람들이 합류하도록 촉진시킨다. 이는 사람들의 빈곤을 더 촉진시키며 세계를 더 불안정하게 만든다.

비록 논란이 수그러들지는 않지만, 왜 세계화 추세가 세계 빈곤을 감소시키기보다는 증대시키는 것인지에 대해 논쟁하는 것은 상대적으로 쉽다. 반면에 우리는 빈곤감소에 기여하는 세계화의 잠재력을 간과할 수 없다. 세계 최빈국과 사람들의 이익을 최우선으로 하여 무역협정, 정부지원금, 부채 탕감, 투자가 확대, 관리 또는 감독된다면, 빈곤이 현저히 감소될 수 있을 것이다(UNDP, 2003 참조). 그러나 그러한 개발 방식은 세심하고 인도주의적 차원에서 이루어져야 하며, 기업과 정부의 이익, 이윤 창출뿐만 아니라 사람들의 이익도 동시에 고려해야 한다. 지구상에서 빈곤을 퇴치할 정도로 전 세계의 개발을 발전시키기 위한 기타 국제기관, 각 정부, NGO 부문, 기업 부문 간의 공조는 매우 실현가능한 일이다. 모든 당사자들이 진정으로 뜻을 모은다면, 빈곤퇴치라는 목표를 달성할 수 있다. 마지막으로 상기의 목적을 이루기 위해 많은 국가에서 성공적으로 이행된 과세 및 재분배의 국제 시스템을 통해 세계의 부를 이용하는 것도 고려해볼 만하다. 결국 유럽연합 내의 개발을 통해 지역 수준에서 빈곤퇴치가 가능함을 볼 수 있었다. 따라서 세계 빈곤 수준에 부정적 영향을 미치는 것은 세계화 그 자체가 아니라 세계화를 좌지우지하는 사람들이 세계화를 다루는 방식이 문제인 것으로 보인다.

세계화 및 빈곤에 관한 상기 논의와 직접적으로 연관된 빈곤의 두 가지 측면을 조사하고자 한다.

유엔이 지정한 최빈국의 빈곤 현황

유엔은 세계에서 가장 가난한 국가들을 최빈국(LDC)으로 정하였는데, 1990년대 후반 사용된 분류 기준에 따라 44개국에서 55개국으로 최빈국의 수가 증가하였다(World Bank, 1993년 1인당 소득 695달러, 혹은 유엔개발계획 인간개발지수(HDI) 0.5점 미만). 최빈국에서는 실질적인 현금소득이 없는 인구가 상당 비율을 차지하며, 소득 및 기타 수준에서 절대빈곤 내지는 극빈곤 상태로 살고 있는 것이 현실이다. 사회적인 면에서 볼 때 이들 국가의 기대수명은 대개 44세에서 58세이며, 보건 서비스에 접근할 수 없는 사람들의 비율이 60~67%이며, 문맹률은 73%에 이른다. 인구성장률은 일반적으로 높고, 인구의 대부분은 농촌지역에 거주하며 농업에 의존하고 있다. 많은 최빈국들은 육지로 둘러싸여 있거나 또는 작은 섬 국가라는 지리적 열세에 처해있으며, 빈번하게 발생하는 강한 폭풍과 홍수, 주기적인 가뭄 등과 같은 극심한 기후 현상에 영향을 받는다.

마지막으로 많은 최빈국들은 최근 인종 혹은 종교적으로 다양하거나 낮은 사회응집력으로 초래된 내전이나 정치적 불안정을 경험하고 있다.

1990년에 세계 최빈국 국가들의 상황은 형편없이 열악했으며, 몇몇 국가는 실질적인 면에서나 상대적인 면에서 모두 삶의 여건이 사실상 후퇴하였다. 따라서 유엔은 국가 재건을 위한 프로그램을 마련하고자 최빈국들을 위한 회의를 조직하였다. 사실 유사한 프로그램이 1980년에 있었지만 실패하였다. 유엔의 1990년 보고서(1990, p. 4)는 다음과 같이 언급하였다.

최빈국들을 위한 국가적·국제적 노력에도 불구하고, 최빈국들의 전반적인 사회·경제적 상황은 1980년대에 악화되었다. 세계 경제에 있어서 최빈국들의 소외는 사실 더 두드러지고 있다. 대부분의 최빈국에서는 생산 능력과 물리적 기반시설이 악화되고 있으며, 특히 사회적 상황은 급속하게 악화되고 있다.

1990년대의 프로그램은 사회개혁 외에도, 시민 참여, 민주주의, 성평등, 훌륭한 거버넌스, NGO 역할의 가치와 인적자원 강화에 따른 인간의 능력 동원 및 개발을 강조하였다. 1995년 아시아태평양 경제사회위원회(ESCAP)는 아시아태평양 지역에서 프로그램 실행에 관한 중간 보고서를 발간하였다. 보고서는 경제적 측면에서 부분적으로 개선이 있었음을 인정하였다. 그러나 사회적·인적 차원의 발전에 대해서는 "절대적 빈곤의 문제가 만연한 상태이다"라고 언급하면서 기본적으로 부정적으로 평가하였다. 빈곤으로 인한 환경파괴는 계속해서 지속되고 있으며, 과도한 개발을 억제하고자 하는 유인책의 결여와 정책 개혁은 "실업 문제를 악화시키는 경향"이 있다. 또한 적절한 사회안전망이 부족하고 여성이 불리한 위치에 있으며, "인적자원 개발 문제는 심각한 상황이다". 그리고 문맹률과 같은 많은 사회적 지표는 지나치게 높다(UN/ESCAP, 1995b). 프로그램은 또한 최빈국의 외부 환경의 중요성을 강조하였으며, 아시아태평양 경제사회위원회 중간보고서는 이러한 부문의 진보 가능성이 희박하다는 것을 다시 한 번 말하고 있다. 총 공적개발원조(ODA)는 더욱 감소하였으며, 심각한 부채 상황은 개선되고 있지 않으며, 식량 수입 가격은 계속 높아지고 있다.

유엔무역개발회의(UNCTAD)는 1997년 보고서에서, 최빈국들의 약 2분의 1이 경제적으로 나아졌으나 "계속되는 원조 감소와 대외 부채 문제의 지속"으로 인한 문제들이 많이 있음을 강조하였다. 1997년 보고서에서는 많은 암울한 내용을 담고 있다.

개발은 지난 10년간 상당히 많은 최빈국들에게 있어서 성취하기 어려운 것으로 나타나고 있다. 사실 최빈국들은 후퇴를 경험하고 있으며, 이들의 경제는 쇠퇴하고 있고, 사회적 상황은 현저하게 악화되고 있다. 그들은 세계 경제 주류에서 점차 소외되고 있다. 후퇴는 일시적인 주기적인 경제 침체의 결과가 아니라, 중요한 구조적 특성을 지닌 만성적 과정으로, 특히 국가와 사회조직의 붕괴를 수반한다.

유엔무역개발회의의 사무총장은 다음과 같이 언급하였다.

보고서에서 이 부분의 핵심은 최빈국에서 만연하게 나타나는 경제문제, 사회적 후퇴, 국가 실패, 내전을 다루도록 돕는 국제사회의 긴급한 조치가 우선적으로 이루어져야 한다는 것이다. 후퇴로 인한 인적 · 경제적 비용은 엄청나며, 경제 후퇴에만 국한되지 않는다.

세계화를 연구하는 많은 저자들은 세계화 과정이 최빈국과 같은 국가들의 소외를 초래한다고 확신한다(예: Ghai, 1997; Pieterse, 1997; Frank, 1996; Townsend, 1994). 유엔사회개발연구소(UNRISD, 1995b, p.39) 보고서에 따르면, 현재의 세계 경제 환경에서 성공하려면 강한 국가, 대량의 외환 보유고, 적절한 해외 원조 또는 차관 등 최빈국들이 갖추고 있는 않은 조건을 갖춰야 한다. 게다가 1990년에 ODA를 늘리겠다고 했음에도 불구하고 최빈국에 대한 ODA 수준은 감소하고 있다. 또한 1997년까지 "최빈국들의 계획된 채무상환 규모는 이들 국가가 수출로 벌어들이는 전체 소득의 약 3분의 1에 해당하는 것으로, 대외채무는 이들 국가의 부채상환 능력을 초과하는 것이다"(UNCTAD, 1997, p.27). 마지막으로 "세계 인구의 10%를 차지하고 있는 최빈국들은, 세계 무역에 있어서는 불과 0.2%를 차지하고 있다. 이는 20년 전보다 절반 정도 낮아진 수치이다"(UNCTAD, 1997, p.9).

2003년 유엔개발계획(2003, pp.15-17)은 세계의 개발 열풍이 수백만 명의 세계 최빈민들을 비껴가고 있다는 결론을 내렸다. 세계의 최빈곤층과 빈곤지역이 경제발전에서 계속해서 소외되는 이유는 이들이 취약한 거버넌스, 국제 무역 시스템, 지리, 주요 필수품에 대한 의존성, 급속한 인구성장, 질병 때문이다.

외부의 해결책이 최빈국들에게 중요할 수 있지만 최근 추세를 보면, 적어도 단기간에 외부 요인에 의해 변화가 일어나기는 힘들 것 같다. 게다가 현재의 정치 및 거버넌스는 거시경제의 발전 및 사회발전을 계속 저해할 것이다. 이러한 상황에서, 상향식 접근방식 및 지역 수준에서의 사회발전이 가능한가? 사회복지실천과 사회개발 훈련 프로그램을 최빈국에 적용하는 것이 어렵다는 것이 증명되었다. 그리고 후원금 부족은 외부기관이 최빈국에서의 인간중심의 사회개발을 착수할 수 있는 능력의 감소로 연결되었다. 이와 관련된 문제는 14장에서 논의하고자 한다.

세계화에 따른 빈곤

세계화에 따른 빈곤의 개념은 세계화 개념 및 빈곤이 세계화가 미치는 영향을 제대로 이해하지 못하는 것에서 비롯된다. 세계화를 본질적으로 비난하는 사람은 거의 없으며, 사실 비난하는 것이 어리석을 수도 있다. 그러나 세계화에 저명한 논평자들조차도 세계화가 어떻게 다루어지고 통제되는지에 따라 역효과를 낼 수 있으며, 실제 역효과를 내고 있다고 경고한다. 유엔개발계획의 1997년 빈곤에 관한 보고서(4장 참조)와 1999년 보고서에서는 세계화와 빈곤에 영향을 미치는 세계화에 관해 매우 균형 있게 설명하였다. 이 보고서는 전반적인 상황에 대한 명확한 설명으로 논의를 시작한다.

힘없는 빈곤국가와 가난한 사람들의 이익이 너무나 자주 무시되고 손상되는 것을 발견하게 된다.

세계화로 인한 승리자와 패배자가 있다. 무역, 외국 투자의 확대로 개발도상국들 간에 격차가 더 커지게 되었다. 반면에 많은 선진 국가에서는 1930년대 이래로 볼 수 없었던 수준으로 실업률이 치솟았으며, 지난 세기 이래 이전까지 없었던 수준으로 소득 불평등이 급증하였다.

떠오르는 조수는 모든 배를 띄워야 한다. 하지만 어떤 배는 다른 배보다 더 항해에 적합하다. 요트나 대형 여객선은 새로운 기회에 더 잘 위로 오른다. 하지만 뗏목이나 작은 보트는 물과 부딪히며, 일부 배들은 빠르게 가라앉는다. (p.82)

보고서는 빈곤에 대한 세계화의 역효과가 세 가지 원인(열악한 국가의 거시경제 정책, 빈곤국가에 대한 불리한 무역조건, 빈곤국가에 불리한 게임 규칙) 탓이라고 보았다 (pp.84-85). 또한 빈곤국가가 세계화로부터 대게 이익을 얻지 못하는 이유는 "빈곤국가 내에 있는 빈곤한 사람들에 대한 세계화의 이익이 빈곤국가에 대한 세계화의 이익보다 훨씬 더 불확실하기 때문이다. 그리고 내부 빈곤에 대한 이러한 세계화의 영향력은 개발도상국 및 선진국 모두와 관련이 있다." 유엔개발계획은 2003년 보고서에서 이렇게 결론을 내렸다(UNDP, 2003, p.16).

그러나 다른 저자들은 세계화가 정부로 하여금 자국 경제에 대한 지배권을 갖지 못하게 하는 것에 대해 불만을 나타냈다. 코르텐(Korten, 1995, p.92)은 다음과 같이 설명하였다.

정부는 자국 영토 국경선 내에서 경제권을 가져야만 한다. 정부는 외국 정부와 외국 기업에게 자국 경제에 대한 권한과 규제가 국제 무역과 투자에 장벽이 아니라는 것을 증명할 필요 없이 국내 경제에 대한 규정을 정할 수 있어야만 한다.

코르텐은 문제의 핵심을 다음과 같이 보았다.

경제가 세계화되고 정부의 역할이 국내에 국한된 경우, 국제적 기업 및 금융기관들은 공공의 책임이 미치는 범위 이상으로 기능하게 된다. 이때 정부는 부적절한 기업의 영향력에 취약해지고, 기업은 자신에게 수익을 주는 제품을 생산함으로써 소비자의 제품 선택의 기회는 줄어든다. (p.92)

코르텐은 현재 상태의 세계적 시스템에 내재된 결점이 있다고 보았다.

세계화된 경제 시스템은 크고, 세계화되어 있으며, 경쟁력 있고, 자원을 추출하며, 장기보다는 단기를 선호하는 성향이 있다. 우리의 목표는 소규모, 지역적, 자원보존, 장기간을 중요하시는 국제 시스템을 만드는 것이다. 이는 사람들이 자연과 균형 잡힌 좋은 삶을 만들어가도록 힘을 실어 주는 것이다. (p.270)

코르텐의 주된 관심은 메딜레이(Madeley, 1999)가 자신의 저서인 『세계 빈곤에 대한 초국적 협력의 영향(The Impact of Transnational Corporations on the World's Poor)』
에서 밝힌 바 있는 사람들과 공유한 문제인 세계 다국적 기업에 대한 철학적 입장이며, 다
국적 기업이 소유하고 있는 권력이다.

후그벨트(Hoogvelt, 2001)는 세계화와 개발 간의 관계 분석에 기초하여, 매우 사실적
이며 폭넓은 지지를 얻고 있는 결론을 도출하였다.

> 세계화는 … 세계 질서를 재구축하고 있다. 경제, 사회, 권력의 관계는 피라미드가 아닌 동
> 심원의 세 가지 계층 구조처럼 재구성되고 있다. 세 가지의 원은 국가와 지역 경계선을 포함
> 한다. 각 지리적 오지에 관해서 비율이 다르지만, 핵심 원에는 모든 대륙과 국가의 엘리트층
> 이 자리하고 있다. 이들은 "돈벌이가 되는" 세계 인구의 핵심 20%라고 할 수 있다. 이들은
> 세계 인구의 20%와 30% 사이에 있는 더 크고, 유동적인 사회 계층, 즉 불안정한 고용 형태
> 로 일하는 사람들로 구성된 원으로 둘러싸여 있다. …

> 세 번째의 가장 큰 동심원은 세계의 시스템으로부터 사실상 배제된 사람들로 구성된다.
> 이들은 생산적 기능을 수행하지도 않으며 또한 최첨단의, 정보화된 자본주의 현 단계에서
> 소비자 시장이 될 가능성도 보이지 않는다. 현재는 이들을 보편적인 진보에 편입시켜야 한
> 다는 조치는 말할 것도 없이, 어떤 이론이나 세계관 또는 도덕적 당위성도 존재하지 않
> 는다.

현재의 세계화 형태는 세계 빈곤을 완화하는 데 기여하는 바가 거의 없으며 어떤 경우에
는 오히려 빈곤을 가중시키고 있다. 세계화 자체에 문제가 있는 것인지 혹은 세계화가 세
계적·국가적으로 통제되는 방식에 문제가 있는지는 어려운 문제이다. 권위 있고 매우 영
향력이 있는 세계은행과 유엔개발계획의 관점으로 결론을 내고자 한다. 세계은행
(2000/2001, 10장)조차도 세계화가 중요한 문제라는 데 동의하였다.

> 빈곤한 사람들의 삶은 국제 무역, 자본의 흐름, 공적개발원조, 기술적 진보, 질병, 분쟁 등과
> 같은 국가 경계선 외부의 힘에 의해서도 영향을 받는다. 따라서 국제 수준에서의 조치는 국
> 가 수준의 조치에 중요한 보완책이 된다. 그들은 빈곤감소를 가속화할 수 있고, 부국과 빈

곤국 간의 소득, 보건, 다른 측면 등에 있어서도 격차를 줄이는 데 도움을 줄 수 있다. (p. 179)

보고서는 빈곤감소를 위한 국제적 조치의 핵심적인 네 가지 영역, 즉 개발도상국이 선진국 시장의 재화와 서비스를 이용할 수 있도록 접근성을 확장하는 것, 경제위기에 따른 위험 감소, 빈곤한 사람들에게 혜택을 주는 국제 공공재화 생산 촉진, 국제 포럼에서의 빈곤국가 및 빈곤한 사람들의 의견 개진에 대해 계속 논하고 있다.

또 빈곤감소를 위해 중요한 것은 개발 협력—대외 원조와 부채 탕감—이다. 가난한 사람들에게 영향을 미치는 다른 세계적 영향력에는 국제 이주노동, 공산품 가격의 변동성, 지구 온난화와 환경 파괴, 정치권 및 인권의 증진, 국제 무기 거래, 지속되는 내전을 촉발하는 불법 보석 교역 등이 있다. (World Bank, 2000/2001)

마지막으로, 유엔개발계획(1997, pp. 91-93) 보고서는 다음과 같이 결론지었다.

세계화의 기회를 활용하기 위해서 최빈국들은 다음 사항을 실행해야 한다.
① 빈곤퇴치를 위한 보다 우호적인 거시경제 정책 환경
② 국제 무역을 위한 보다 공정한 제도적 환경
③ 빈곤감소를 위한 성장을 활성화하기 위해 다국적 기업과의 협력
④ 가격 할인 경쟁을 막기 위한 조치
⑤ 우선순위 국제 기술에 대한 선택적 지원
⑥ 대외 부채에 대한 조치
⑦ 빈곤국가들을 위한 향상된 재정 접근성

많은 측면에서 세계는 방향성 없이 세계화라는 현 시대를 항해하고 있다. 훨씬 더 집중적인 연구가 필요한 세계화와 빈곤 간 관련성에 대해서는 거의 알려지지 않았다. 그러나 세계화에 대한 미래의 방향성과 관계없이, 우리는 빈곤퇴치를 위해 취해야할 기본적 방법에 대해 충분히 알고 있다. 세계화의 속도는 상기 조치에 대한 긴급성을 요구하고 있다.

빈곤과 개발 과정

빈곤에 대한 우리의 첫 번째 유형은 개발 과정과 관련이 있거나 개발 과정에서 나온 것이다(Isbister, 1991; Allen & Thomas, 1992; Easterly, 2002). 서구의 선진국 역사에 익숙한 사람이라면, 선진국에서는 다양한 빈곤 유형이 개발 과정 중에 어떻게 발생했는지 이해하도록 도와주는 역사적 과정을 살펴볼 수 있고, 개발도상국에서도 그 과정의 연관성을 고려할 수 있을 것이다. 다시 전근대 시대로 돌아간다면, 많은 전통 사회와 직면하게 된다. 이 사회는 대게 몇몇 유목민과 함께 소작농(봉건사회)과 소규모 토지소유자가 주로 거주하는 농촌지역이다. 이 사회의 경제는 어느 정도의 물물교환과 상당한 상호 간 공조방식으로 대게 이루어진다. 사람들은 기본적으로 가난함과 매우 가난함의 사이에 속해 있었다. 그들의 기본적 욕구충족은 기후 조건, 자연재해, 가족과 부족의 힘 그리고 사회집단 간 전쟁에 의해 영향을 받는 불안정한 과정이었다. 따라서 기대수명은 매우 낮았고, 역량강화 기회는 극도로 제한되었으며, 선택의 자유도 매우 제한적이었다. 사람들의 복지는 궁극적으로 지리적 여건과 정치적 정실주의이나 봉건제도 및 이러한 것들이 수반하는 것에 영향을 받았다. '생계형 빈곤' 현상은 일반적 조건에서는 매우 실제적이며, 특히 자유와 선택이 결여된 상황에서는 더욱 그렇다. 하지만 빈곤의 정도는 기후 조건에 따라 크게 영향을 받았다. 예를 들어, 세계 여러 지역에서는 종종 부적절한 주거와 식수 및 필수품이 부족한 상태로 날씨가 좋은 철에 축적해 놓은 식량 공급에 의존하였다. 한편 다른 지역에 있는 사람들은 일 년 내내 최소한 식량과 주거면에서, 좋은 생활 여건을 누리는 '생활의 풍족함'을 경험하였다(예: 태평양 지역).

그 후 서구 세계는 농업 혁명을 경험하였다. 토지는 더 넓은 소유지로 통합되었고, 몇 가지 기술이 도입되었으며, 환금작물 현상이 나타났다. 무역은 확대되었고, 사회는 새로운 기회를 반영하기 시작했다. 몇몇 사람들은 부유해졌으며 몇몇 사람들은 변화에 살아남아서 생존하게 되었다. 반면 다른 사람들은 토지 없는 노동자가 되었고, 생존할 기회를 박탈당했으며, 수요가 있을 경우에만 일할 수 있는 단기직을 제외하고, 신기술로 인해 일자리를 빼앗겼다. 이러한 변화는 두 가지 결과를 가져온다. 한편으로는 많은 농촌 인구는 극도로 가난하게 되었으며 상황이 좋을 때는 거의 생계를 겨우 꾸려가는 정도이고 상황이

나쁠 때는 굶어야 했다. 다른 한편으로, 변화는 대량의 유럽인들이 신대륙으로 이동하거나 혹은 국가 내 도시 중심부로 급격하게 빠져나가는 등 많은 농촌 지역의 대이동을 초래하였다. 이렇게 새롭게 형성된 도시 지역에 새로이 도착한 많은 이들이 비위생적인 환경 속에서 비참한 슬럼가에 거주하였으며, 새로운 산업 부문이나 도시의 비공식적 경제 내에 있는 매우 열악한 근로 조건에서 매우 낮은 임금을 받은 채 살아남았다. 산업혁명은 급속한 도시화와 대규모의 도시 빈곤을 초래하였다. 따라서 국가와 지역에 걸쳐, 다양한 농촌 빈곤이 다양한 도시 빈곤과 나란히 존재하게 되었고, 농촌과 도시의 상황 모두 매우 서서히 개선되었다.

결국, 대부분의 서구 산업 국가는 이러한 신 농촌과 도시의 상황에 대처하는 방법을 배우게 되었고, 농촌과 도시의 빈곤 유형과 심각성은 상대적으로 장기간에 걸쳐, 현저하게 감소하였다. 그러나 후에 서구 산업 국가들은 주류 사회와 경제가 꽤 잘 돌아가고 중산층이 굉장히 많아지는 동안, 반대 상황에 처한 사람들이 있음을 인식하게 되었다. 이들은 토착민 출신의 원주민으로 기본적으로 사회·경제적으로 배제되거나 혹은 소외되었다. 그들을 유럽의 로마인과 같이 받아들인다고 하더라도 그들을 근대 사회에 적응시키기는 어려운 일이며, 한편으로는 이들이 적응하려고 하지 않을 수도 있다. 그들은 사회의 지배적인 태도(예를 들어, 영주권을 얻은 이주노동자 및 불법이주자에 대한 일부 유럽의 태도)로 인해 사회참여가 제한되는 소수 인종과 민족일 수 있다. 혹은 그들은 농촌의 젊은층, 학교 중퇴자, 정신적 문제가 있는 사람, 미혼모, 기타 등등의 사람들일 수 있다. 이들을 위해 사회는 거의 기회를 제공하지 않고, 때때로 용납조차 하지 않는다. 유럽은 이러한 배타성을 극복하기 위해, 이들을 유럽 기업에 사회·경제적으로 포함시키는 정책, 구조, 프로그램을 고안하는 데 있어서 세계적인 노력에 앞장서고 있다. 그러나 그러한 목적은 달성하기 어려운 것으로 판명되었고, 빈곤의 새로운 유형, 즉 자주 빈곤하게 살거나 빈곤 직전에 있는 노숙자, 장기실업자, 사회적으로 소외된 사람들 등등이 발생하게 되었다. 유럽을 넘어 빈곤은 많은 다른 풍족한 국가에서도 분명히 지속되고 있다(Dixon & Macarov, 1998; Kelso, 1994; Hong Kong Council of Social Services, 1996 참조).

앞서 언급한 단계를 통한 개발도상국의 매우 불균등한 발전 양상 및 그 빠른 속도 때문에 모든 빈곤 유형이 동시에 발생하는 것을 발견할 수 있다. 최저 생계를 유지하는 전통

사회는 이미 알려진 사실이다. 농촌 빈곤은 빈곤층의 가장 많은 수를 차지한다. 슬럼가, 판자촌, 도시 거주 지역에 사는 사람들이 있는 도시는 빈곤화가 가장 빠르게 일어나는 곳이다. 사회·경제적으로 소외된 지역에서 낮은 사회응집력, 일반적인 삶과 다른 삶을 수용하고 인정할 수 있는 지속적인 능력의 부재, 많은 사회에서 일부를 발전에서 소외시키려는 경향 등 전통사회의 다원적인 특징이 나타난다. 따라서 개발도상국들은 서구의 경험을 반영한다. 그러나 후자의 경우 수세기에 걸쳐 그러한 경험을 자국에 반영할 시간적 여유를 두고 사회적·경제적·정치적 정책 해결안을 마련하는 반면, 개발도상국가에서는 매우 짧은 몇십 년에 걸쳐 급속한 개발 과정 내에 그 경험을 반영함으로 인해 부정적인 결과가 초래되었다. 따라서 전통적 경제, 농촌 경제, 비공식적 도시 경제, 공식적 도시 경제, 및 세계 경제가 자유무역 지대 등과 같이 많은 개발도상국들에서 다양한 개발단계가 있는 것처럼, 개발과 관련된 빈곤의 다양한 유형을 개발도상국에서 볼 수 있다. 따라서 개발도상국가에서의 빈곤 유형에 대한 이유와 특징은 다양하다. 왜냐하면, 식민지와 신 식민지 영향으로 인해 대체로 동시에 발생하는 국가개발 과정의 다양한 측면을 반영하기 때문이다. 그러나 역사적으로 서구 산업사회에서는 훨씬 느린 속도로 변화가 일어났던 것과는 다르게, 개발도상국은 다양한 유형의 개발과 급속한 변화 속도에 대응하는 데 큰 어려움을 겪었으며 결과적으로 빈곤이 초래됐다.

생계형 빈곤

최저생활 수준의 삶은 화폐를 사용하기 이전 사회에서는 일반적이었으며, 상당히 많은 다수의 사람들은 최소한 소득 측면에 있어서는 가난했다고 할 수 있다. 또한 대부분의 사람들은 기본적인 보건과 교육 필요 측면에서도 열악했다. 그러나 영양 및 주거 상태는 앞에서 지적한 바와 같이 대게 그들이 살았던 환경에 따라 달라진다. 빈곤의 가장 기본적인 정의는 생존 능력이다. 딕슨과 매카로브(1998, p. 4)가 정의하듯이, 빈곤은 "단지 자기 자신과 부양가족을 위한 충분한 식량을 구입하거나 재배할 수 있는 식량을 보유하는 것을 의미한다." 한편 이러한 정의에 식량을 채집하고, 자연으로부터 보호할 수 있는 피난처를 소유하는 것이 추가될 수 있다. 생계 빈곤은 만성적 기아와 빈번히 관련이 있다. 알렌과 토마스(Allen & Thomas, 1992, p. 28)는 "만성적 기아는 인간이 겪는 결핍 중 가장 중요한 부분이다"라고 언급하고 있다. 우리는 대다수의 개인의 빈곤을 완화시킬 수 있는 것이 바로 가족, 씨족 혹은 부족의 힘과 포용성 그리고 지지라는 점에 또한 주목해야 한다.

농촌 빈곤

비교적 최근까지는 세계 빈곤의 대부분이 농촌 빈곤이었다. 사실 멀른(Mullen, 1995, p. 1)은 "1980년대 전 세계 농촌 빈곤의 규모의 놀라운 증가"에 대해 보고하였다.

1997년조차도, 유엔개발계획은 "세계의 가장 가난한 사람들의 약 4분의 3이 농촌 지역에 살고 있으며, 생계를 위해 농업에 의존하고 있다"(pp. 7-8)고 보고하였다. 도시화 비율이 증가하면서 이러한 현상은 천천히 변화하고 있지만, 여전히 오늘날 세계 빈민의 대다수가 농촌 지역에 살고 있다. 이러한 통계적 사실에 의해, 농촌 빈곤이 도시 빈곤보다 더 열악하다는 것이 일반적인 인식이다. 세계은행(1990, p. 29)은 이를 분명히 언급하였으며, 상황은 개선되지 않는 것처럼 보인다.

심지어 도시와 시골 사이에 사는 비용의 실재적 차이를 고려한다고 할지라도 저소득으로 측정되는 빈곤층의 소득은 농촌 지역에서 가장 낮게 나타난다. 또한 영양실조, 교육기회의 부족, 낮은 기대수명, 열악한 주거 환경도 일반적으로 농촌 지역에서 더 심각하다.

그러나 더 가난한 국가에서조차 농촌 지역에서의 빈곤은 다양하게 나타난다. 세계은행의 1990년 보고서에 기록된 내용은 다음과 같다.

많은 빈곤층은 경작할 수 있는 토지가 거의 없고, 농업 생산량이 낮으며, 이들은 가뭄, 홍수 및 환경파괴가 쉽게 발생하는 지역에 살고 있다. 예를 들어 라틴아메리카에서 가장 심한 빈곤은 생태적으로 취약한 불모지나 가파른 비탈 경사지 지역에서 현저하게 일어난다. 그러한 지역은 종종 모든 영역에서 소외되어 있다. 농업을 제외한 고용기회는 거의 없으며, 노동은 계절성 수요만 존재한다. 가난한 사람들 중에서도 일부는 천연자원이 매장되어 있지만 사회적 서비스(교육, 보건)와 기반시설(관개, 정보, 기술적 지원, 교통수단, 시장) 접근성이 결여된 지역에 사는 경우도 있다. (p. 30)

농촌 빈곤의 두 가지 공통된 특징으로 매우 높은 문맹률과 매우 낮은 소득 수준을 들 수 있다(UNDP, 1997, p. 42). 일반적으로 농촌 지역의 문맹률이 도시 지역보다 2배가 높은데, 이는 사회서비스 접근에 있어서 농촌과 도시 간 불균형으로 인해 발생한다. 소득 빈곤 수준 또한 농촌 지역에서 훨씬 높은데, 이는 토지가 없는 사람들을 위한 유급 일자리가 일반적으로 없기 때문이다. 챔버스(Chambers, 1983, pp. 103ff)는 농촌 빈곤층의 대부분이 직면하고 있는 불리한 환경을 지적하고, "이들을 빈곤으로 옭아매는 빈곤 그 자체, 신체 허약, 고립, 취약함, 무능력이라는 다섯 가지의 상호 연관성 있는 불이익 모델"(p. 103)을 제시하고 있다. 이 모델에서(pp. 112-113) 챔버스는 '박탈의 덫(deprivation trap)'을 구성하는 다섯 가지 불리함의 각각의 핵심적 역할을 제시하고 있다. 그러나 핵심 요소는 빈곤 그 자체이다.

빈곤은 다른 것보다 강한 결정적 요인이다. 빈곤은 식량부족, 왜소한 체구, 감염에 취약한 낮은 면역력을 초래하는 영양실조, 보건서비스를 이용할 수 없는 무능력의 원인이 되며, 수업료를 지불할 능력이 없기 때문에 고립되는 것, 라디오나 자전거를 살 능력이 없는 것, 구직 활동을 할 수 있는 교통비가 없는 것, 혹은 큰 길가나 마을 중심 근처에 살 능력이 없는 것의 원인이며, 큰 비용을 지불하거나 우발사고에 대비할 자산 부족으로 인한 취약성의 원인이고, 부의 결여로 사회적 지위가 낮아지는 무능력의 원인이다. 가난한 사람들은 발언권(투표권)도 갖지 못한다. (p. 112)

세계은행과 챔버스가 제시한 원인과 더불어, 농촌 빈곤의 다른 원인은 정부 및 민간 부문 정책의 부적절함이다. 보고서에서 다루고 있는 가장 일반적인 내용은 다음과 같다.

· 농촌 부문에 대한 정부의 부적절한 개발
· 농촌 지역의 부적절한 직업선택권, 이는 농촌산업화와 같은 농촌 지역 정책으로 극복할 수 있음(예: 중국)
· 농촌 생산품(예: 보조금이 지급된 제품 출시와 사재기를 통한 통제) 및 주로 개발도상국에서 수입한 농촌 기계류 가격에 대한 서구의 통제
· 적당한 이율로 대출을 받을 수 있는 접근성 결여 및 사채업자의 착취
· 다양한 유형의 농촌 엘리트 집단에 의한 착취
· 특히 도시 지역에 비해 부적절한 농촌 지역의 사회서비스
· 부적절한 토지소유 시스템, 예를 들어 유산제도로 인한 봉건지주 및 소규모토지 보유
· 많은 국가에서 교육을 받은 숙련된 상당히 많은 사람들, 특히 젊은 층이 농촌에서 빠져나가고 있음
· 일부에 따르면, 초국적 기업의 유전자 변형 작물 도입으로 농부들은 전년도 수확에서 종자를 일정량을 저장하기보다는 매년 씨를 구매할 수밖에 없는 상황이 됨

농촌 빈곤이 만연되어 있고 종종 사람들에게 극도로 심각한 영향을 미친다. 이는 상당히 많은 그리고 넓은 범위의 빈곤의 감소 혹은 완화 프로그램이 주의를 기울여온 빈곤 영역이다. 결과적으로, 적어도 어떤 상황에서는 농촌 빈곤을 해결하기에 효과적인 일련의 정책, 프로그램, 전략이 존재한다. 이와 관련된 내용은 8장에서 살펴볼 것이다. (농촌 빈곤의 완화에 대한 포괄적 논의, Mullen, 1995; Chambers, 1983, 1993; Nayyar, 1996 참조)

도시 빈곤

도시의 개념은 간단하지 않다. 유엔은 20,000명 이상의 사람들이 정착해있는 곳을 도시라고 제시하였다. 그러나 드라카키스 스미스(Drakakis-Smith, 1987, pp.1-2)는 10만 명 이상이 정착한 곳은 도시, 500만 명 이상이 정착한 곳은 대도시로 정의하고 다음과 같이 지적하고 있다.

제3세계에 있는 도시 성장의 특징에는 거의 동질성이 없다. 이는 아마도 관련된 국가들의 수가 매우 많고 다양한 특징을 보유하고 있기에 놀랄 만한 일이 아니다. 수도는 태평양에 있는 인구가 2만 명이 좀 안 되는 도시부터 멕시코의 1,600만 명(지금은 2,000만 명 이상의 도시 중 하나임)까지 이르는 도시까지 다양하다.

분명한 것은 크기, 생활양식 혹은 생활여건에 있어서 도시로 간주할 수 있는 일관성이 없다는 것이다.

도시의 중심권은 오랜 역사를 지니고 있지만, 근대 도시는 농업과 산업 혁명에서 만들어진 대체로 최근 개발된 도시들이다. 이러한 개발 속도와 규모로 인해 종종 생활여건이 열악한 도시가 형성되고, 많은 인구가 단기간에 도시로 유입되면서 고용주가 노동력을 착취할 수 있었다. 그러므로 켈소(Kelso, 1994, p.7)는 현대사회와 현대사회 빈곤은 현대 자본주의 시스템 작용과 밀접한 관련이 있다고 주장한다. 이러한 도시 빈곤은 특히 주거와 필수 서비스 이용, 공식 부문에서의 낮은 임금 또는 비공식적 부문에서의 불확실한 재정상태라는 관점에서 본래 열악한 생활여건을 특징으로 한다.

도시 빈곤은 선진국에서는 분명히 장기간에 걸쳐 발생하였다. 그러나 1960년대 이전까지 정부가 도시 빈곤에 대해서 거의 관심을 갖지 않았다(미국에 관한 Kelso, 1994, 영국에 관한 Higgins, 1983 참조). 유럽, 북미, 호주의 많은 지역에서 그 당시 상당히 많은 반빈곤 캠페인을 진행했음에도 불구하고 도시 빈곤은 최근 수십 년간 증가하였으며, 가까운 미래에 빈곤이 상당한 정도로 감소될 가능성에 대해서는 여전히 많이 비관적이다(Dixon & Macarov, 1998, p.277). 게다가 서구 국가에서는 도시 빈곤 수준에 매우 빈곤하고 열악한 지역에서 비용이 많이 드는 도시 재개발에 대한 긴급한 필요들이 생겨왔다.

개발도상국에서 "16세기 이후 유럽 팽창의 영향은 도시 구조를 변화시켰다"(Gilbert & Gugler, 1992, pp. 16ff). 왜냐하면 제3세계의 도시화는 본래 유럽 자본 침투의 결과였기 때문이다. 확실히 식민주의에 앞서 나타나는 도시 중심권과 이와 함께 출현한 새로운 중심지에는 일자리를 찾는 농촌 이주자들이 대량으로 유입되었다. 농촌 사람들의 이주는 불균형적인 개발 과정에 기인한, 도시와 농촌 간의 불균형 때문에 일어난 것이며, 한편으로는 농촌 빈곤층 중 토지를 소유하지 못한 노동자들을 초래한 농촌 개발 정책 때문이고, 일부는 몇몇 농촌 사람들이 도시에 대해 갖고 있는 좋은 이미지 때문이다. 농촌의 생활수준이 향상된 것조차도, "많은 지역에서 이용 가능한 토지 비율 대비 인구 밀도가 심각하게 높아졌다"는 것을 의미하였다(Gilbert & Gugler, 1992, p. 63). 그러나 농촌에서 도시로의 이주의 대부분은 경제적인 이유가 압도적이다. 게다가 이주자들의 대부분은 이주로 인해 그들의 생활 여건이 개선되었다고 생각하였다(p. 69). 휴고(Hugo, 1987, p. 153)는 "소득 수준은 일반적으로 농촌 지역보다 도시 지역이 더 높다"는 것과 도시에 사는 이주자들이 대게 도시에서 혜택을 얻고 있음을 발견하였다. 그리고 대부분의 연구는 이러한 결과와 일치한다.

우리는 때때로 농촌에서 도시로 이주한 사람들이 대게 농촌 빈민들이라고 믿어 왔다. 이들로 인해 빈민가와 그들이 사는 지역의 도시 빈민수가 증가되었으며 이들은 직접적으로 도시 빈곤의 원인이 되었다. 그러나 이러한 논제는 일반화될 수는 없다. 전반적으로, 농촌에서 도시로 이주한 사람들은 상당히 많이 도시 경제에 기여해왔다. 왜냐하면 휴고(1987, p. 155)와 다른 연구들은 "개발도상국가에서 농촌에서 도시로 이주한 사람들은 농촌에 남은 사람들보다 평균적으로 교육을 더 많이 받은 사람들이다"라는 것과 또한 "더 역동적인, 잠재적 지도력을 가진, 새로운 생각을 받아들이는 데 더 수용적인" 사람일 수 있다는 것을 보여준다. 게다가 대부분은 결국 자신의 이주를 성공적이라고 평가하며, 안정적이고 더 높은 소득을 가진 것으로 보며, 집에 있는 것 보다 더 많은 기회를 가질 접근성이 있음을 알게 되었다. 그렇다면 농촌에서 도시로의 이주는 도시 빈곤의 원인이 되었는가? 비록 빈곤층 사이에 최근 이주자들이 발견되기도 하지만, 직접적인 상관관계는 없다. 그러나 장기적으로 빈곤은 도시에 거주하는 농촌 이주민들이 원인이라기보다는 도시 지역에 만연해 있는 환경의 결과였다.

농촌에서 도시로의 이주를 촉진하는 하나의 요인은 개발 정책이 도시로 치우쳐 있기 때문이었다(Midgley, 1995a, p.73). 이 개발 정책은 구조 변경 모델의 영향을 받아 잘못 촉진되었다(5장에 제시된 Lewis의 개발 이론 참조). 그러나 세계은행에서 지적하고 있듯이(1990, p.30) 도시로 치우친 개발 정책 경향은 도시 빈곤을 막지 못했다.

도시 소득이 일반적으로 더 높고 도시의 서비스와 시설의 접근성이 더 좋긴 하지만, 가난한 도시 거주자들은 어떤 측면에서는 농촌 가구보다 더 많은 고통을 겪는다. 도시 빈민들은 전형적으로 빈민가나 불법 주거지에서 살고, 종종 심각한 과밀 문제, 열악한 위생, 오염된 물 등과 싸워야만 한다. … 즉 도시 지역이 더 높은 임금을 받을 수 있는 많은 기회를 제공하며, 이는 결국 도시화가 빈곤감소에 도움이 된다는 것을 암시한다.

서구에서의 도시 빈곤은 노동집약적 산업과 밀접한 관련이 있는 반면, 대부분의 개발도상국들은 자본 집약적인 산업화를 육성하였다(Gilbert & Gugler, 1992, p.88). 따라서 대부분 개발도상국가의 도시 노동시장은 전반적으로 공급이 과잉된 상태이다. 길버트와 거글러(Gilbert & Gugler, 1992, p.94)에 따르면, 다음과 같다.

제3세계 도시에서의 대량 노동 낭비를 의미하는 실업과 불완전 고용, 부적합 고용은 세 가지 불평등과 관련이 있다. 소수의 사람들이 적은 비용을 지불하면서 많은 서비스를 이용하는 것이 가능하게 되면서, 풍족한 사람들과 근로자계급(하층민) 간 심각한 소득 차이는 부적합 고용을 촉진하게 된다. 언젠가는 보호받는 노동 계층으로 편입되기를 바라면서 현재 노동시장에서 버티기를 권유받으면서, 거대한 도시 노동자와 비교하여 보호를 받는 노동력인 특권 계층으로 인해 실업이 초래된다. 그리고 이로 인해 다수의 도시 노동자들이 자본이 거의 없는 채로 제한된 시장에서 경쟁하며 불완전한 고용상태로 살아가게 한다.

비공식적 부분에서 일하는 도시 노동자 비율은 대략 65%나 될 만큼 높다. 65%의 사람들은 가난, 위험한 근로 조건, 착취, 아동 노동 및 불안정함을 그 특징으로 한다.

이러한 노동시장 상황과 함께 빈민가와 불법 주거지들의 거주지 상태, 길거리 거주자(노숙자), 기본 시설에 대한 부적절한 접근성은 도시 빈곤의 중요한 지표가 된다(Blair, 1974 참조). 동시에 많은 도시 거주자들과 이러한 상황을 관찰하는 사람들은 빈민가를 최소한 부분적으로는 '희망의 빈민가(slums of hope)'로 보았으며(Lloyd, 1979 참조), 이는 현재도 여전히 지배적인 관점으로 자리 잡고 있다. 열악한 상황에도 불구하고 많은 도시 빈민들은 결국 소득을 얻고, 그들의 집을 천천히 개조하고, 자녀들이 학교에 갈 수 있도록 함으로써 그들의 상황을 개선해간다. 좌절한 사람들조차도 상황이 개선될 수 있다는 가능성과 결국에는 성공한 사람들을 보면서 격려를 받게 된다. 따라서 도시 빈곤은 전체적으로는 아니지만 개인 수준에서는 일시적인 현상으로 빈번히 간주된다.

실제로 많은 정부, NGO, 주민조직은 점진적으로 주거 여건을 개선하고, 다른 시설을 확장시키고, 노동 여건을 개선하고, 대출금과 훈련을 제공하여 소득을 창출시키고, 공동체의 역량강화와 발전을 증진시키기 위해 여러 지역에서 상당히 많은 실천을 해왔다. 이렇듯 많은 프로그램에도 불구하고, 도시 빈곤에 관한 연구는 지속적으로 발생하는 도시 빈곤에 관해 여전히 비관적인 견해를 나타낸다(UN/ESCAP, 1993; Gilbert & Gugler, 1992; Rao & Linnemannm, 1996). 반면, 효과가 있는 프로그램을 대상으로 확대 노력을 기울인다면, 기적이 일어날 수도 있다고 여겨진다. 다음 장에서는 몇 가지 핵심 전략을 살펴보고자 한다.

빈곤 그리고 특정 인구 범주

특정 문화권에서는, 사회구조를 반영하고 개발 과정에 의해 강화되는 특정 인구 범주가 다른 인구집단에 비해 빈곤에 의해 영향을 더 많이 받는 것이 분명하다. 이는 기본적으로 특정 인구 범주에 대한 문화적 평가절하에서 비롯되며, 이들을 향한 태도에서도 알 수 있듯이 결과적으로 어느 정도의 부정적 차별을 초래한다. 이는 다시, 이러한 가치와 태도가 전반적인 사회구조(사회적 배제)에 반영되면서, 해당 인구 범주에 속한 구성원들에게 어느 정도의 구조적 차별을 초래하며, 결과적으로 높은 빈곤을 유발하게 된다. 이에 해당하는 인구 범주로는 특히 성 편견에 취약한 따라 상태에 있는 여성, 성인의 소유물로 간주되어 착취당하고 학대당하는 아동들, 온전하지 못한 인간으로 간주되는 장애인, 사회의 주류 집단보다 열등하게 여겨지고 취급당하는 소수민족 집단의 구성원들이다.

많은 경우, 빈곤은 특정 인구 범주의 구성원이 되는 것이나 그러한 구성원이라고 인식되는 것, 그리고 배제, 소외 혹은 차별적 행위를 초래하는 특수한 사회적 상황에 처하는 것의 조합이다. 예를 들어, 결혼하지 않고 아이를 임신한 여성(미혼모) 혹은 남편을 불명예스럽게 한 여성은 그들의 행위로 인해 종종 사회에서 추방당하거나 빈곤하게 될 가능성이 있다. 이와 유사하게, 어떤 이유로든 가족을 떠나 길거리나 갱단에 속해 살아가는 아동들은 대부분의 사회에서 기회를 찾을 가능성이 거의 없다. 마지막으로, 비교적 개화가 덜 된 것으로 간주되는 다른 인종이나 소수 원주민인 경우 특정 장소나 특별한 생활양식으로 살아가기로 선택하게 될 경우, 극심한 역경을 경험하게 된다.

우리는 여성, 아동, 소수 집단의 세 영역을 간단히 살펴보고자 한다.

빈곤의 여성화

최근 빈곤의 여성화에 대해 언급하는 일이 많아졌다(UNDP, 1997, p.64; Pierson, 1998, p.71). 대개 여성은 남성보다 매우 빈곤한 인구일 가능성이 더 많다는 것을 의미한다. 1990년 유엔개발계획(1997, p.22)은 빈곤에 관한 보고서를 작성하였다.

빈곤은 명확한 성 편견을 갖고 있다. 빈곤 가구의 상당 부분이 여성이며, 특히 아프리카 농촌과 라틴아메리카의 도시 슬럼가에는 빈곤 여성이 많다. 빈곤 가구의 여성 가구원은 가족 내에서 식량 및 다른 소유물 분배에서 성 차별을 받기 때문에 남성 가구원보다 더 자주 가난하게 된다.

세계은행(1990, pp.2, 18)은 같은 해에 다음과 같이 언급하였다.

특정 집단이 더 심각하게 빈곤을 경험하고 있다. 일반적으로 여성은 불리하다. 빈곤 가구에서 여성들은 종종 남성보다 더 많은 노동을 하고 있으며, 교육은 덜 받았고, 돈벌이가 되는 경제 활동에 접근하기는 더 힘들다.…

보건, 영양, 교육, 노동 참여에 관한 자료를 보면 여성은 빈번히 심각하게 불리한 위치에 놓이게 되는 것을 알 수 있다. 여성은 심지어 빈곤한 남성이 직면하지 않는 모든 유형의 문화적, 사회적, 법적, 경제적 장애물에 직면한다.

10년 이후의 이들의 빈곤에 관한 보고서를 보면(UNDP, 1997; World Bank, 2000/2001) 긍정적 변화가 일어난 지표는 거의 없었다. 유엔개발계획은 남녀평등지수(GDI)와 여성권한척도(GEM)에 관해 설명하면서, "첫째, 어떤 사회도 남성뿐만 아니라 여성을 학대해서는 안 된다. 둘째, 성 불평등은 인간 빈곤과 강하게 관련이 있다"고 결론을 내렸다.

이 상황에서 중요한 요소는 역량강화 기회에 대한 여성, 특히 빈곤 여성의 접근성이다. 이는 단지 실용적인 접근성 문제가 아니라 권리의 문제이다. 엘슨(Elson, 1995a, pp.75-76)은 다음과 같이 언급하였다.

따라서 여성 빈곤에 대한 근본적인 문제는 가정 밖에서 유급 노동을 할 수 있는 접근성의 부족을 넘어서는 것이다. 이러한 이슈는 여성의 권리가 남성의 권리보다 더 열악하다는 사실에서 나온다. 이는 아동 양육과 다른 이들을 돌보는 것이 일상의 삶과 명확한 구별이 없다는 복잡성을 고려할 때 단지 토지와 재정에 관련된 것뿐이 아니라 가족 등과의 관계에 있어서도 그렇다.

여성들은 국가로부터 시민으로서, 그리고 스스로의 책임에 입각한 권리 보유자로서 완전히 인정받지 못하는 경향이 있다. 오히려 이들은 정도의 차이는 있지만 남성에게 의존하는 존재로 여겨진다.

그러나 여성이 남성에게 의존하지 않고 여성이 가구주가 될 때 이들의 상황은 대게 더 악화된다. 어떤 이유에서는, 남성 이주를 포함해서, 분쟁 기간 동안 발생한 과부나 버림받

은 여성, 강제추방된 여성, 가족 관계가 붕괴된 가정의 여성 등 여성 가구주가 상당히 많
아 졌다. 그러므로 역량강화나 고용과 같은 경제적 자원에 대한 접근성을 갖지 못하게 되
거나 사회적 지위가 향상되지 못하면서, 여성에 대한 짐이 더 커지게 되었다. 유엔개발계획
에서 지적하고 있듯이, 심지어 부부가 함께 있는 가구에서 조차, 여성은 빈곤 측면에서 최
전선에 서있으며, 빈곤을 유의미하게 다루기 위해서는 여성에 대한 역량강화가 요구된다.
유엔개발계획(1997, pp.6-7)은 다음과 같이 언급하였다.

> 이미 여성은 가구의 최전선에 있으며, 지역사회는 빈곤을 피하기 위해 노력하면서 빈곤의 충
> 격에 대처한다. 그러나 매우 빈번히 여성들은 가구, 지역사회 혹은 국가와 국제 영역의 의사
> 결정에 있어서 자신들의 목소리를 내지 못한다.

성평등은 인간 빈곤의 다른 형태를 제거하는 목표이자 수단으로서, 빈곤퇴치를 위한 각
국가 전략의 일부가 되어야만 한다. 그리고 "만약 빈곤감소 전략이 여성에게 권한을 부여
하는 데 실패한다면, 이들은 사회에 권한을 부여하는 데도 실패하게 될 것이다"(UNDP,
1997, pp.6-7).

논문을 통해, 엘슨(1995a)은 유엔개발계획(1990)과 세계은행(1990)의 빈곤완화 접근
에 있어서 젠더 이슈의 위치를 분석하며, 행동을 위한 지침을 제안한다(빈곤 여성과 관련
된 사회복지의 예, Abrahams & Peredo, 1996; UN/ESCAP, 1994b 참조).

아동 빈곤

빈곤이 특정 상황에서 나타나거나 어떤 이유에서든 갑자기 증가할 때, 아동이 특히 취
약하다는 것은 의심할 여지가 없다. 유엔개발계획 보고서(1997, p.3)에서 설명하고 있듯
이, "아동은 특히 취약하다. 아동의 뇌와 신체가 막 형성될 때 영양실조나 질병에 걸리게
된다. 1억 6천만 명의 아동들은 경미하게 또는 심각하게 영양이 부족한 상태이다. 1억 1천
만 명의 아동들은 학교에 다니지 못하고 있다." 이 내용에서 지적하고 있듯이, 아동기는
아동들의 발달과 미래를 위해 중요한 시기이다. 성인은 심각한 빈곤의 시기를 견디고 나

중에 다시 일어설 수 있을지도 모른다. 그러나 아동에게 있어서 빈곤의 경험은 이들의 나머지 삶을 심각하게 손상시킬 수 있다.

아동 보건, 교육, 신체적·지적 발달이 성장 과정의 중요한 시기에 필요한 것들을 공급받지 못함으로써 부정적인 영향을 받는다. 동시에, 아동들은 자신들의 발달 욕구를 충족시킬 수 있는 추가적인 몫을 받는 것은 말할 것도 없이, 이용 가능한 자원을 공정하게 분배받을 수 있는 지위, 힘 혹은 능력을 갖고 있지 않다. 아동들은 버림받고, 고아가 되고, 아동들에게 해를 끼치는 서비스를 성인들에게 제공하도록 강요받거나 단순히 무시당할 수 있다.

왜냐하면 아동들은 성인의 소유물로 오랫동안 간주되어 왔고 기본적으로 성인보다 못한 존재로 취급받아왔기 때문에, 최근에는 1990년 9월 국제법 서문 아동권리협약(UNICEF, 1997, pp. 9ff)의 효력이 발효되면서 아동 권리에 초점이 맞추어지는 경향이 있다. 그러나 아동권리조약의 목적이 실현되려면 많은 일반 대중 및 정부의 태도가 상당히 많이 바뀌어야 한다. 유니세프 정기 보고서에서 명백하게 알 수 있듯이(UNICEF, 세계아동연간보고서 참조) 분쟁으로 인해 발생하는 아동의 곤경, HIV/에이즈, 아동 노동 착취, 아동 성매매와 아동 노예, 빈곤의 희생양으로서의 아동의 상태는 엄청난 문제로 남아있다. 심지어 선진국에서조차, 빈곤에 처한 아동의 수는 계속적으로 주요한 우려가 되고 있다(Dixon & Macarov, 1998; Bradbury, Jenkins & Micklewright, 2000 참조).

소수민족 빈곤

유엔개발계획(1997, p. 43)이 지적하고 있듯이, 선진국이든 후진국이든 "빈곤을 줄이는 데 있어서 고르지 못한 과정은 그 국가 내 다양한 인종집단 간에 불균형으로 나타난다." 토착민들은 종종 다른 유형의 소수민족들보다 더 고통을 겪는다. "거의 모든 사회에는 소수 집단이 있는데, 토착민들은 다른 집단보다 훨씬 더 가난하다." 세계 빈곤에 관한 세계은행 보고서(2000/2001, p. 28)는 다음 내용에 전적으로 동의하고 있다.

많은 개발도상국과 선진국 그리고 과도기 경제 국가의 사회적 약자들, 소수민족과 인종집단은 종종 더 심각한 빈곤에 직면해있다. 표본으로 추출한 중남미의 경우, 토착민은 다른 집단에 비해 더 열악한 소득빈곤 상태에 처해있다.

인도에서는 지정 카스트(scheduled caste)와 지정 부족(scheduled tribe)이 더 높은 빈곤 위험에 처해 있음을 알 수 있다. 이들은 경제적 자원 부족뿐만 아니라 빈곤이 카스트에 의해 주로 결정되는 사회적 정체성과 강한 연관이 있는 구조적 빈곤층에 속한다.

현재 유럽의 소수집단 상황에 주로 적용되는 표현은 사회적 배제이다(Commission of the European Community, 1993, pp. 20-21). 유엔개발계획(1997, p. 17)은 발전하고 있는 세계에서 이러한 현상의 중요성에 주목하고 있다.

사용되는 용어에 상관없이 "전 세계적으로 낮은 지위의 소수민족 집단이 빈곤을 경험하는 비율이 매우 높다"(Meerman, 2001)는 것이 현실이다. 미어먼(Meerman)은 계속해서 다음과 같이 언급하였다.

게다가 특히 심각한 착취와 차별의 역사를 지닌 소수집단에게 빈곤감소는 더 어려운 일이다. 왜냐하면 그들은 빈곤의 일반적 원인을 강화시키는 사회적 약점을 물려받기 때문이다. 많은 국가들은 이들 집단의 경제적 발전을 증진시키려는 시도를 해왔다.

현 상황의 원인은 주로 다수 집단의 태도, 과거의 노예와 사회계급에서 추방된 자들의 지위, 새로 유입된 이민자들의 지위 혹은 다른 요인들 때문일 수 있다. 그들의 지위, 다시 말해 높은 수준의 문맹률, 낮은 교육과 공공연한 혹은 암묵적인 차별, 상대적으로 낮은 소득, 낮은 노동 참여, 높은 장애발생률, 신체적·정신적 질병, 그리고 범죄 등 결과적으로 현실은 거의 바뀌지 않았다. 낮은 지위의 소수집단 빈곤은 극복하기 어려울 뿐만 아니라 그들의 사회적 지위에 주안점을 둬서, 현황을 변화시킬 전략이 요구된다(토착 소수집단의 빈곤완화 및 사회개발에 대한 몇몇 논의는 Stoesz et al., 1999, 10장(미국 인디안 원주민들); Pearsoz, 2000(호주 원주민들); Singharov, 2001(인도 토착민들) 참조).

결과적 빈곤

여기서 말하는 결과적 빈곤이란 직접적인 원인과 결과에 의한 엄격한 의미의 결과는 아니다. 오히려 이는 빈곤과 밀접한 관계가 있는 다른 현상에 대한 조치를 취하지 않고서는 그러한 빈곤을 막는 것은 거의 불가능한 상황을 포함한다. 예를 들어, 현대의 분쟁은 불가피하게 대규모 빈곤을 초래한다. 그러한 의미에서, 대부분의 분쟁 후 상황에서는, 실업이 만연하고, 많은 사람들은 저축 잔고가 바닥나거나 혹은 저축한 것을 상실하게 되고, 주택이 심하게 손상되어 수리가 필요하며, 정상적인 사회서비스 공급에 심각한 지장이 발생하게 된다. 그러한 상황에서 중요한 것은 분쟁 후 재건이다. 이는 미디어를 통해 현대를 살아가는 우리에게 너무나도 익숙한 상황이다. 빈곤의 감소 혹은 완화는 재건 업무의 일부이며, 일시적인 인도주의적 원조의 중요성에서도 불구하고, 별개로 해결할 수 없는 문제이다. 분쟁이 사실상 현재의 빈곤을 악화시키고 추가적인 빈곤을 유발할지라도 두 현상의 밀접한 연관성은 명백하다(9장 참조).

우리는 결과적 빈곤의 네 가지 예, 즉 분쟁, 자연 재해, 생태계의 악화, 높은 인구성장률에 대해 살펴보고자 한다.

분쟁과 관련된 빈곤

1997년, 유엔개발계획의 인간개발보고서는 30개 국가의 인간개발지수가 낮아지고 있음을 알게 되었으며, 이들 중 9개는 "분쟁으로 인한 목숨을 건 인구 이동이 있었던 국가"에 있음을 발견하였다(p.65). 이러한 사실을 언급하면서 유엔개발계획은 세계은행(2000/2001, p.50)이 주목하였던 분쟁과 빈곤 간의 명백한 연관성을 강조하고 있다. 유엔개발계획(1997, pp.65-66)은 몇 가지 방법으로 이러한 연관성을 기술하고 있다. 첫째, 빈곤한 사람들은 "현대 시대의 전쟁은 빈곤국가에서 주로 일어나기 때문에" 분쟁에 노출된다. 둘째, "분쟁은 민간인을 대량으로 공격하기 때문에 빈곤가구와 지역사회를 강타한다." 셋째, "피해자의 대부분이 여성과 아동이다." 넷째, "빈곤국가의 분쟁은 빈곤을 퇴치하기 위한 노력을 막거나 불리하게 한다." 다섯째, "분쟁에 영향을 받는 것 외에 가난한 많은 사람들은 평화적인 대안인 경제적 제재의 희생이 된다"(예: 아이티, 이라크).

유엔개발계획의 1996년 보고서는 더 상세하게 이 점에 대해 설명하고 있다.

2차 세계대전 이래로 세계에서 분쟁 발생 수는 5배 이상 증가하였으며, 그 중 90% 이상이 내부 분쟁이다. 폭탄, 총알, 지뢰가 분쟁에서 가장 위험한 것으로 여겨지지만, 많은 사람들이, 예를 들면 식량과 물 공급 중단 혹은 보건서비스 중단과 같은 간적접인 원인으로 사망한다. 오늘날 분쟁 지역에서 1억 이상의 사람들이 만성적인 영양실조에 걸린 상태이다. 1990년대 초반 아프리카의 뿔(아프리카 대륙 북동부, 소말리아 공화국과 그 인근 지역)지역의 사망률과 유병률이 20배 이상 더 높았다. 이는 심각한 아동 희생자를 양산한다(1996a, p. 24).

분쟁과 빈곤 간의 연관성은 밀접하면서 광범위하며, 이는 중요한 분쟁 후 재건 단계에도 계속 지속된다(9장 참조). 사회복지사들은 분쟁 당시보다 분쟁 후 단계에 훨씬 더 많이 개입하게 된다. 그러나 사회복지사들은 여전히 분쟁과 빈곤이라는 두 가지 현상의 연관성의 본질을 다양한 상황 속에서 이해해야만 한다.

자연재해와 관련된 빈곤

세계은행(2000/2001, p. 170)은 많은 재해가 "인간이 초래한 것"과 "자연적인 것" 모두에 해당함을 지적하면서 "지난 10년에 걸쳐서 자연재해 발생이 증가했다"고 언급하고 있다. 보고서는 "모든 자연재해와 관련된 사망의 97%가 개발도상국에 있다"는 점에서 "개발도상국 중 특히 더 인구가 밀집된 지역은 자연재해의 타격으로 가장 큰 고통을 받고 있다"고 지적하였다. 게다가,

빈곤한 사람들과 빈곤한 지역사회는 재해방지 지역에서 살 수 있는 경제력이 없으며, 복잡한 임시 주거지에 살고 있기 때문에 자연재해의 주된 희생자가 된다. 재해 발생은 열악한 날씨나 지진활동에 훨씬 더 취약할 수 있는 빈곤 지역에서 더 높게 발생하는 경향이 있다. 그리고 빈곤 지역의 열악한 기반시설이 그들의 취약성을 증가시킨다.

그래서 우리는 빈곤한 사람들이 자연재해에 더 자주 영향을 받는다는 것을 알게 되었다. 그리고

자연재해는 그 영향을 받는 모든 사람들에게 해를 입히는데, 상해, 장애, 사망이 이들의 주요 자산과 노동에 영향을 미치기 때문에 빈곤 가족은 특히 크게 타격을 받는다. (p. 171)

자연재해 발생 이후 들어가는 높은 복구비용 때문에 빈곤감소 프로그램이나 다른 목적에 사용될 수 있는 자본이 감소하게 된다. 또한 세계은행(p. 172)은 자연재해가 빈곤층에 미치는 직접적·영향을 넘어서, 자연재해의 발생은 적어도 단기간에 더 큰 빈곤을 초래한다고 보았다.

재난이 발생한 국가에서는 손상된 기반시설을 교체해야 할 필요성으로 인해 장기간에 걸친 개발 목적으로 쓰일 정부 자원을 쓰게 되고, 다국적 기관으로부터의 대출금을 상당한 부분 소모하게 된다.

빈곤과 자연재해는 심각한 악순환을 만들어 내는 경향이 있다. 높은 빈곤 발생률은 빈곤층이 불안정한 여건에서 살도록 하면서, 자연재해에 대한 빈곤층의 취약성을 증가시킨다. 이런 이유로, 세계은행이 지적하고 있듯이, 재해에 대한 사람들의 취약성을 줄일 수 있는 조치를 실행하는 것이 필요하다(pp. 172ff). 이러한 조치에는 재난에 대한 일반적인 대비, 재난을 당하기 쉬운 지역주민들의 재정착, 주거 혹은 배수시설의 질 개선 등 지역 개선 프로그램, 환경 보호와 재조림 등이 포함된다. 근로복지제도 프로그램과 재난 후 대응에 대한 준비와 훈련 또한 매우 중요하다. "근로복지제도 프로그램은 더 이상 자신을 부양할 수 없는 사람들에게 생계를 제공하면서 재건 기능과 함께, 재난 지역에 유용하게 도입되고 확대될 수 있다"(World Bank, 2000/2001, p. 176).

생태계 악화와 관련된 빈곤

거의 20년에 걸쳐 진행된 연구에서 볼 수 있듯이 빈곤과 생태계 악화 간의 연관성은 밀접하다. 이러한 연관성의 한 측면은 생태계 악화로 인한 빈곤층의 취약성이다. 세계은행(1990, p.30)이 표현하듯이 "많은 가난한 사람들이 곡식을 경작할 수 있는 토지가 부족하고 농업 생산량이 낮고, 가뭄과 홍수, 환경적 질 저하가 빈번한 지역에 거주하고 있다."

또 다른 측면은 생태계 악화에 빈곤이 미치는 영향이다. "세계 빈곤의 덫이 팽팽해지고, 세계의 빈곤층이 점차 불안정해지며 재산을 빼앗기게 되면서, 생태계가 악화될 수 있는 조건이 지구의 취약한 땅으로 더 많이 확산되고 있다."

세계환경개발위원회(WCED, 1987, p.3)는 생태계 악화와 빈곤의 관련성을 강조하였다.

국제 정부 및 다국적 기관에서 경제개발 문제와 환경적 이슈를 분리할 수 없다는 인식이 증가하고 있다. 많은 개발의 형태가 개발의 기초가 되는 환경자원을 파괴시키고 있으며, 환경의 질 저하는 경제개발의 기반을 약화시키고 있다. 빈곤은 세계 환경 문제의 주요 원인이자 결과이다. 따라서 세계 빈곤과 국제적 불평등의 근간이 되는 요인들을 포함하는 폭넓은 관점으로 환경 문제를 다루어야 한다.

이러한 보고서들은 농촌과 도시 모두에서 빈곤과 생태계 악화 간의 연관성에 관심을 갖고 있다. 예를 들어, 토지를 소유하고 있지 않은 사람들이 파괴적이고 지속 불가능한 방식으로 환경을 개발하는 것을 제외하고는 다른 대안이 없는 불모지나 공유지를 사용할 수밖에 없는 상황에서 생태계 악화와 빈곤 간의 연관성이 발생한다. 도시의 경우 생태계 악화는 넓은 지역에 걸쳐있는 빈민가와 밀접한 관련이 있다. 더닝(Durning, 1990, pp.147-148)은 다음과 같이 기술하고 있다.

빈곤한 사람들의 빈민가는 부유층이 기피하는 지역으로 범람원, 매우 위험한 경사지, 알려지지 않은 대량의 유독성 물질을 포함한 주변의 쓰레기 처리장, 근처의 위험한 산업 지역이라고 할 수 있다. 보팔(Bhopal, 유독성 물질의 산업 배출이 발생하는 인도의 도시)의 희생자

들이 타 지역보다 극심하게 빈곤하다는 사실은 우연의 일치가 아니었다. 전 세계적인 산업
은 무더기를 뽑어내는 곳에서 멀리 떨어져 살 여유가 없는 사람들의 목숨을 앗아가고 있다.

물론 이는 농업, 산업개발 그리고 개발 정책이 일반적으로 환경에 동일하게 유해하지 않
을 수 있다는 것을 암시하지는 않는다. 지구 온난화에 관한 최근 연구는 모든 국가가 온
실효과를 초래하는 가스 배출 수준을 상당히 줄이려고 하지 않는다면 세계가 앞으로 매
우 위태로운 상황에 직면하게 될 수 있다는 것을 보여주고 있다. 2005년 2월에 효력을 발
한 1997년 교토 협약은 이 목적을 달성하는 데 보편적 지지를 얻으려고 했다. 그러나 일
부 주요 산업 국가는 지금까지 그 협약을 지지하지 않고 있다.

여기에서 몇 가지 교훈을 얻을 수 있으나 그 중에서도 두 가지 교훈이 중요하다. 한 가
지 명백한 점은 환경이 지속되기 위해서는 상당한 빈곤의 완화 혹은 감소가 극히 중요하
다. 두 번째는 미래의 빈곤 증가와 재난을 피하기 위해서는, 생태계적으로 온전하고 지속
가능한 개발은 필수적이다. 세계환경개발위원회(WCED, 1987, pp.51-56)는 지속가능
한 개발을 위해 전략적으로 중요한 몇 가지 사항을 밝히고 있으며, 이는 인간, 대중, 지역
사회 지표를 매우 강조한다.

최근 몇 년간 "환경적 지속가능성"과 "지속가능한 개발"에 대한 국제적 관심이 훨씬 더
커지고 있으며 빈곤과 세계 환경 문제 간에 매우 밀접한 관계를 다시 강조하고 있다. 유엔
개발계획은 7차 새천년개발목표(MDG)에 관해 보고하며 환경적 지속가능성을 보장하는
데 필요한 공공정책의 개요를 보여주고 있다(2003, 6장).

높은 인구성장과 관련된 빈곤

세계 인구통계학적 상황을 대략적으로 보면 빈곤과 높은 인구성장률 간의 관련성에 대
해 강조한다. 세계 인구는 1980년 44억에서 1998년 59억으로 증가하였다. 유엔인구기금
은 2025년 인구가 85억에 달할 것으로 추정하였다(UNPE, 1993).

1990년대 매년 약 9,000만 명의 인구 증가는 거의 개발도상국에서 일어난 일이다.
1998년 저소득 국가의 인구는 35억 명이었으며, 중소득 국가의 인구는 15억 명, 고소득

국가의 인구는 8억 8,550만 명이었다(World Bank, 1992/2000). 이와 같이 세계에서 더 빈곤한 지역에 인구 분포가 크게 증가하고 있으며, 현재의 인구성장률은 상황을 더 악화시키고 있다. 1998년 평균 인구성장률은 저소득 국가에서 2.0%, 중소득 국가에서 1.5%, 고소득 국가에서 0.7%였다. 그러나 최빈국 대부분의 인구성장률은 3% 이상(예: 니제르 3.9%, 앙골라 3.8%, 콩고 3.6%, 투르크메니스탄 3.6%)이나 됐다.

그러나 인구 수준 및 인구성장률과 빈곤 간의 관계는 단순하지 않다. 부모가 노년이 되었을 때 부모를 돌볼 수 있도록 충분한 자녀들이 살아남아야 하므로 빈곤층은 자녀를 많이 출산한다. 경제적 수준, 사회서비스, 안전 수준이 향상하게 되면 출산율은 거의 항상 감소한다. 세계은행(2000/2001, p. 49)에 따르면 "더 많은 교육은 높은 피임사용률 및 더 낮은 출산율과 관련이 있다는 증거가 있다." 높은 인구성장률이 더 높은 수준의 빈곤을 초래하는지 여부는 부분적으로는 자원배분과 이주 가능성에 달려있지만, 높은 인구성장률이 빈곤을 초래할 수 있는 높은 가능성을 갖고 있다는 분명한 사례들이 있다. 이런 이유로 오랜 역사 동안 고르지 못한 결과를 보였지만 출산 억제 노력이 있었다. 사회 경제 지표를 개선하는 데 초점을 두고, 사람들 스스로가 출산율을 통제하도록 놔두는 것이 더 낫다는 것은 경험을 통해 알 수 있다.

그러나 결과적으로 빈곤에 영향을 미치는 인구통계의 변화와 경제발전 간의 관계는 무엇인가? 세계은행(2000/2001, p. 49)에서는 다음과 같이 언급하고 있다.

경제발전의 인구성장에 대한 영향을 예견했던 맬서스(Malthus)의 암울한 견해는 실현되지 않았다. 18세기로 전환된 이래로 세계 인구가 5배 이상 증가하였고 모든 종류의 기술 향상으로 인해, 1인당 소득은 훨씬 더 많이 증가하고 있다. 인구통계의 변화와 개발 간의 관련성은 이보다 더 감지하기 힘들다.

예를 들어, 보고서는 선진국에서는 노년인구와 높은 부양 비율의 경제적 결과가 자주 논의되는 반면, 동아시아와 중남미에서는 출산율 감소가 노동인구 참여율과 경제성장에 미치는 다양한 영향력에 주목한다.

기존 자료에 의하면, 세계 최빈 지역의 높은 인구성장률이 기존의 빈곤을 악화시키고 더 많은 사람들이 빈곤한 삶을 살도록 초래하는 것은 분명하다. 외부의 개입은 교육과 건강 수준을 높여, 상당한 빈곤감소를 이루는 데 중요한 듯하다. 그 이후 대부분의 국가들은 중요한 개발에 착수해 결과적으로 빈곤을 낮출 수 있게 된다. 그러나 개발 형태가 각 상황에 맞게 지속가능하도록 고려가 이루어져야 할 것이다.

빈곤의 정의와 유형

빈곤 유형에 대한 앞의 논의를 통해 빈곤은 정의하기에 복잡한 개념이며, 빈곤의 정의가 알려진 주요 빈곤 형태에 의해 거의 불가피하게 결정된다는 것은 독자들에게 이미 분명할 것이다. 다시 말해서, 빈곤을 주로 소득 수준, 인간의 기본욕구 혹은 역량 관점으로 인지한다면, 빈곤 현상을 그에 맞게 정의해야 할 것이다. 따라서 우리는 확인된 주요 빈곤 유형을 고려하고 이러한 유형과 관련된 정의를 고려하고자 한다.

소득 빈곤

빈곤 유형 중 가장 일반적으로 인지되고 있는 것이 소득 빈곤이다. 이는 소득 수준이 어느 정도는 상대적으로 확인되고 측정되기 쉽기 때문이며, 다른 한 편으로는 개발 분야에서 소득 빈곤이 경제의 주요 역할과 일치하기 때문이며, 또 어느 정도는 소득 빈곤이 지역, 국가 그리고 다른 경계에 걸쳐 빈곤 수준 비교를 가능하게 하기 때문이다.

유엔개발계획(1997, p.16)은 소득 빈곤에 대해 다음과 같이 정의하였다. "한 사람의 소득 수준이 정의된 빈곤선보다 낮다면 빈곤에 해당된다. … 종종 빈곤의 경계선은 명시된 식량의 양을 살 수 있는 충분한 소득을 가지고 있는지 여부에 따라 정해진다."

유엔개발계획에 따르면, 생존하는 데 필요한 한 바구니의 식량과 지배적인 소득 수준 대비 측정되는 특정 맥락에서의 식량 한 바구니 값의 개념이 가장 일반적으로 사용되고 있다. 사람들은 생존을 위해 식량 이상의 더 많은 것을 분명히 요구하고 있지만, 식량은 빈

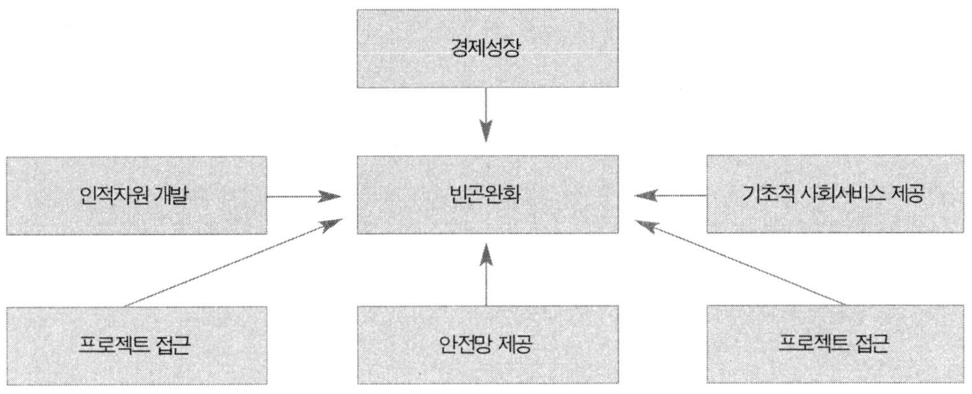

곤 지표의 전반적인 상황을 보여주는 것으로 보인다.

세계은행(2000/20001, p.1)은 빈곤에 관한 다양한 특성을 인정함으로써 세계 빈곤에 대해 검토하기 시작하였다.

빈곤한 사람들은 부유한 사람들이 당연시 여기는 더 나은 행동과 선택에 대한 기본적인 자유가 없는 채로 살고 있다. 그들은 적절한 식량과 주거지, 교육, 보건이 결여된 상태에 살고 있으며, 모든 사람이 가치 있게 여기는 종류의 삶을 박탈당한 상태에 있다. 또한 그들은 질병, 경제적 혼란, 자연재해에 극도로 취약한 상태에 직면해 있다. 그리고 그들은 종종 국가와 사회 기관의 횡포에 노출되며, 그들의 삶에 영향을 미치는 중요한 결정에 영향력을 행사할 힘이 없다. 이 모두가 빈곤의 범위이다.

그러나 세계은행은 "빈곤을 파악하고 측정하기 위해 금전적 소득이나 소비를 지표로 사용하는 것이 오랜 전통"임을 계속 지적하고 있다(p.16). 또한 세계은행은 빈곤의 다른 측면을 인정하면서 소득 빈곤 자료를 광범위하게 계속해서 사용하고 있다. 빈곤에 대한 이러한 다차원적인 견해는 1990년 빈곤완화에 대한 세계은행의 접근을 반영한 것이다(〈그림 7-2〉 참조). 세계 빈곤을 다루는 세계은행의 방식이 프로젝트 목표, 기간, 예산(예를 들어, 우물이나 기초 보건 병원 혹은 초등학교 혹은 어선 제공)에 중점을 둔 프로젝트 접근 방식을 포함하는 반면, 옹호되는 전반적인 접근방식은 포괄적이다. 그러나 사실 개발도상국에서 이 분야의 대부분은 프로젝트로 한정되어 있다(World Bank, 2000/20001, pp. 130-133 참조).

많은 빈곤 조사에서는 빈곤에 처한 사람들이 몇 명인지 그리고 이들의 특징을 결정하기 위해 기존 빈곤선을 사용하며 빈곤 심각도를 결정하기 위해 빈곤 격차(빈곤선과 사람들의 소득 간의 거리)를 사용하는 것이 일반적이다. 빈곤선의 자의적인 본질과 빈곤선 결정이 종종 정치적 행동이라는 사실은 널리 인정되고 있다.

인간 빈곤(혹은 삶의 질 빈곤)

유엔개발계획은 인간개발 개념에 인간 빈곤을 밀접하게 연관시켜 인간 빈곤의 개념을 도입했다. 1997년 보고서에 나와 있듯이, 인적 개발이 인간이 선택할 수 있는 기회의 범위를 확장하는 것에 관한 것이라면, 빈곤은 인적 개발에 가장 기본적인 기회와 선택, 즉 장수하고 건강하며 창조적인 삶을 살고 생계, 자유, 존엄, 자기존중, 타인존중에 대한 적절한 기준을 누리도록 하는 삶이 허락되지 않는 것을 의미한다(p. 15).

유엔개발계획은 인간개발에 대한 다면적 측면을 인식하면서 소득, 기본욕구, 역량이라는 빈곤에 대한 세 가지 관점에서 인간 빈곤을 정의해 인간빈곤지수(HPI)를 만들어 낸다. 이 인간빈곤지수는 인간개발지수(HDI)에 이미 반영된 인간 삶의 세 가지 필수 요소, 즉 장수, 지식, 적절한 삶의 기준에 중점을 둔다. 구체적인 변수에 중점을 둠으로써 다음과 같은 필수 요소를 측정할 수 있다.

· 40세 이전에 사망할 것으로 예상되는 인구의 비율
· 성인 문맹률
· 보건서비스와 안전한 식수를 이용할 수 있는 인구 비율
· 5세 미만 영양실조 아동 비율(p. 18).

인간빈곤지수를 결정하는 요소와 변수의 선택에 있어서 "무시할 수 없는 판단 요소"를 고려하되, 인간빈곤지수의 결정 요인 선택은 참여 민주주의적인 절차로 도출되고, "취약계층에 대한 관심과 걱정"을 반영하고 있다. 유엔개발계획의 1997년 보고서는 인간빈곤지수에 따라 각국의 순위를 정하고, 소득을 기초로 작성한 빈곤 측정을 통해 국가들의 성과를 비교한다.

우리는 이미 개발된 폭넓은 삶의 질 지표를 사용하고자 하지만(예: UN/ESCAP, 1990) 다수의 삶의 질 지표를 측정하고 필요한 자료를 수집하는 방식을 결정하는 데에는 어려움이 있다. 유엔개발계획은 빈곤을 폭넓게 보고자 하는 이러한 필요를 인정하지만 실상은 실제적인 고려사항으로 제한되게 된다.

기본욕구 빈곤

기본욕구 빈곤은 어떤 기본욕구가 생존에 필수적인지에 관한 삶의 질을 고려하는 것에서 벗어나, 사람들이 그들의 기본욕구를 충족시키기 위해서 접근성을 보유하고 있는지 여부에 주안점을 둔다. 유엔개발계획(1997, p. 16)은 "빈곤은 식량을 포함한 최소한의 욕구를 충족시킬 수 있는 물질적 필요를 박탈당하는 것이다"라고 빈곤에 대한 기본욕구 관점을 정의한다.

극빈 상황에서 처음에는 기본욕구 충족에 초점을 두는 것이 매우 중요하지만, 빈곤의 감소나 완화를 위한 전략은 가능한 빨리 욕구에 대한 기존의 협의의 정의를 넘어서야만 한다. 기본욕구 접근은 생존에는 상당히 많은 초점을 두지만 권리에는 거의 중점을 두지 않는다.

역량 빈곤

역량 관점에서의 빈곤 개념은 일반적이지 않지만 빈곤개입 전략을 사람들이 자활할 수 있는 중요한 수단으로 여길 때 상당한 의미가 있다고 할 수 있다. 유엔개발계획(1997, p. 16)은 다음과 같이 빈곤에 대한 이러한 관점을 기술한다.

빈곤은 기능할 수 있는 몇 가지 기초적인 역량의 부재를 나타낸다. 즉 최소한의 이러한 기능을 성취할 기회가 부족한 사람을 말한다. 그리고 소득과 공산품의 상대적 박탈이 최소한의 역량을 갖춘 상황에서는 절대적 박탈을 초래할 수 있기 때문에 역량 관점은 절대적 빈곤과 상대적 빈곤 개념을 조화시킨다.

초기에 알렌과 토마스(1992, p. 28)는 "사회에 참여하고, 보건서비스를 받는 것, 적절한 삶의 기준을 달성하는 것"을 포함한 기본적인 인간 역량에 대해 상세하게 설명하였다. 다른 저자들은 사람들이 직장에서 유능하게 일할 수 있는 능력 또는 소득창출 분야에서 능동적으로 대처하는 능력 제공과 같은 기초 직업 훈련에 초점을 두기도 한다. 유엔개발계획에 따르면, 기능의 상대적 영역이 각기 다르고, 따라서 필수 역량도 다양하다('역량 박탈로서의 빈곤'에 대한 포괄적 논의는 Sen, 2001, 4장 참조).

▌결론

▌다른 문제와 빈곤과의 폭넓은 상호작용 때문에 빈곤은 가장 광범위한 전 세계적인 문제이며 가장 복잡한 문제이다. 그러나 세계의 부와 지식 기반을 고려해볼 때, 그리고 상당한 수준의 안정이 확보된다면, 빈곤은 퇴치될 수 있다. 빈곤이 퇴치되지 않았고, 가까운 미래에 빈곤이 퇴치될 것처럼 보이지 않는 것은 크게 두 가지 이유 때문이다. 첫째, 여러 상황에서 안정성(정치적, 경제적 혹은 사회적)이 결여되어 있어서, 어떤 맥락에서 빈곤이 감소된다면 다른 곳에서는 빈곤이 증가하게 되어 결국 빈곤은 그대로 있게 되는 것이다. 두 번째 이유는 세계 부의 많은 부분이 상대적으로 몇 안 되는 사람들과 기업, 국가에 의해 지배된다는 것이다. 그리고 빈곤을 퇴치하기 위해 부를 어떻게 이용할 것인가의 문제는 거의 전적으로 부를 지배하는 사람들이 부를 퇴치하고자 하는 의지에 달려있다.

많은 국가에서 빈곤감소가 성공적인 것으로 증명된 것은 고무적인 일이며, 국제사회는 2015년까지 절대빈곤을 반으로 줄이기로 약속했다. 그리고 일반 대중은 2004년 12월 26

일에 있었던 인도해양 근처 지역을 강타한 쓰나미의 비극과 같은 상황에 아낌없이 후원하는 모습을 보였다. 그러나 더 나아가 상당한 빈곤감소는 일반적인 국제 지원 약속 및 대중의 선행 그 이상의 것을 요구한다. 우리가 지속가능한 개발 형태, 보편적인 훌륭한 거버넌스, 지역 간의 분쟁 종식, 이용가능한 자원의 효과적인 재분배를 달성할 수 있는 방법을 찾을 때까지 빈곤은 수백만 명에게 영향을 미치는 중요한 국제 현상으로 지속될 것이다.

사회복지사로서 우리는 가능한 모든 방법으로 빈곤을 종결하기 위한 캠페인을 해야 한다. 이는 빈곤의 본질과 원인 그리고 가능한 해결방안 등 빈곤 현상에 대한 폭넓은 이해를 요구한다. 이는 빈곤에 대한 이러한 설명과 더 심오한 연구가 매우 중요한 이유이다.

CHAPTER 07

◯ 요약

- 통합관점 접근은 빈곤의 복잡한 현상을 이해하고 모든 수준에서의 빈곤 완화 전략을 추구하기 위한 틀을 제공해준다.

- 빈곤감소에 상당한 진보가 있었으나, 현재 세계적으로 빈곤의 수준은 매우 높다. 지리적, 문화적, 경제적, 정치적, 사회경제적 정책 요인은 빈곤 유발에 큰 영향을 미치는 것처럼 보이며, 빈곤을 완화하기 위해서는 이러한 요인을 고려해야만 한다.

- 국제사회가 합의하였듯이 세계화 과정은 빈곤을 감소시키는 방향으로 더 나아가야 한다.

- 개발 과정을 분석함으로써 빈곤의 다양한 측면을 이해할 수 있다.

- 빈곤은 전쟁, 분쟁, 강제이주, 자연재해, 생태계 악화, 높은 인구성장률과 밀접한 관련이 있다.

- 빈곤을 정의하는 데에는 종종 논쟁이 있다. 이러한 복잡한 현상을 이해하는 데 다차원적 지표가 필요하다.

◯ 질문과 토론 주제

- 현재의 세계화 흐름은 세계 빈곤율에 영향을 미치는 데 있어서 왜 문제가 있는 것처럼 보이는가? 그리고 그 상황을 개선하기 위해 어떠한 변화가 필요한가?

- 개발과정은 선택받은 사람들과 지역에만 혜택을 주는 방향으로 편향될 것인가? 만약 그렇다면 이에 따른 영향은 무엇인가?

- 2장에서 제시된 통합관점 접근과 빈곤 현상을 깊이 생각해보고, 빈곤의 원인과 빈곤완화 전략에 대한 바람직한 방향의 관점에서 두 가지를 연결하여 생각해보자.

- 빈곤과 연결되는 다섯 가지의 폭넓은 요인에 대해 논해보자.

- 결과적 빈곤에 대해 당신이 이해한 내용은 무엇인가? 우리는 그러한 빈곤감소 혹은 빈곤완화에 어떻게 접근할 수 있는가?

- 빈곤에 대한 다양한 정의 혹은 확인된 유형은 뒤이은 정책과 프로그램에 어떠한 영향을 주는가? 그리고 이를 고려할 때 당신은 빈곤에 대해 어떻게 정의하고 싶은가?

◯ 향후 연구 분야

- 세계화 과정의 빈곤율에 미치는 명백한 영향력의 관점에서 국가나 지역을 선택하여 연구해보자.

- 특정 인구의 곤경에 책임이 있는 요인의 관점에서 특정 인구의 빈곤을 연구하고, 그러한 빈곤을 해결하기 위한 분석의 함의를 생각해보자.

- 비교 접근을 사용하여, 경제 성장률 혹은 정치적 과정이 선택된 국가의 빈곤 수준에 미치는 영향에 대해 연구해보자.

- 국가적 혹은 지역적 맥락에서, 통합관점 접근을 이용하여 빈곤 현상을 분석해보자.

- 당신이 알고 있는 빈곤완화 정책 및 프로그램의 성공 및 실패사례를 검토해보자.

08
CHAPTER

빈곤 분야: 프로그램과 전략

● 학습목표 ●

– 거시적인 빈곤의 퇴치 및 감소 정책, 프로그램의 맥락 내에서 지역차원에서의 빈곤완화 프로그램
  과 전략에 지속적인 필요와 가능성 이해
– 지역차원에서 빈곤을 완화하는 방법에 대한 기본적 이해 개발
– 해당 원칙을 이해하고 적용하는 것과 적절한 빈곤완화 프로그램을 따르는 것
– 지역적으로 그리고 세계적으로 빈곤완화에 대한 사회복지실천 분야의 기여에 대한 관심 및 약속

8장의 핵심은 상대적으로 효과적인 프로그램과 전략을 파악해, 개발도상국의 지역차원
에서의 빈곤을 완화하는 것이다. 그러나 거시적 혹은 국가적 차원에서 빈곤의 퇴치나 감소
를 위해 계획된 정책 및 프로그램이 지역차원의 정책이나 프로그램으로 이용되고 있으며, 이
용될 수 있다는 것을 인정해야만 한다. 몇몇 국가의 국가 정책 및 프로그램은 지역차원의
빈곤완화에 불필요할 만큼 집중하고 있다. 그러나 몇몇 국가에서는 지역차원에서는 훌륭
한 빈곤완화 프로그램을 잘 만들어왔지만 국가 전체적으로는 여전히 빈곤 수준이 높다. 이
는 특히 거시적 수준에서의 보완적인 조치가 결여되어 있기 때문이다. 대부분의 국가에서
그리고 아마도 모든 개발도상국가에서는, 거시적 수준과 지역적 수준의 양 차원에서 조치

가 이루어져야 한다. 따라서 최근 채택된 거시적 빈곤감소 프로그램을 간략하게 살펴보면서 8장을 시작하고자 한다. 왜냐하면 개입의 수준은 빈곤감소에 중요하며, 개입의 성공 정도에 따라 요구되는 지역 수준의 빈곤완화 조치 수준이 달라지기 때문이다.

지역차원에서 뿐만 아니라 국가적 차원에서의 개발에 대한 효과적이고 포괄적인 접근은 빈곤만을 특별히 목표로 해서는 안 된다. 왜냐하면 전반적인 개발 과정은 빈곤의 지배적인 정도와 본질을 고려하기 때문이다. 사실, 효과적인 전체 개발 프로그램은 빈곤완화 프로그램보다 항상 더 낫다. 왜냐하면 빈곤완화 프로그램은 빈곤에 처해 있는 사람들만을 목표로 하기 때문이다. 그러나 일반적인 현실은 개발 과정이 사회의 더 빈곤한 지역을 간과하는 경향이 있으며, 이 때문에 표적 집단을 두고 있는 빈곤완화 프로그램이 중요해지는 것이다. 그러므로 전반적인 개발 과정의 미흡함으로 인해 6장에서 다루는 지역차원 중심의 개발이 중요하다. 지역차원 개발의 핵심이 되는 프로그램과 전략(6장에서 논의)은 지역차원의 빈곤완화에 동일하게 적용할 수 있다는 점이 이 장의 핵심이 될 것이다. 사실상, 두 가지 목표는 분리될 수 없다. 그러나 6장에서 논의된 것 외에 빈곤완화를 위해 특별히 마련된 추가 프로그램과 전략이 있으며, 8장에서는 이에 중점을 두고 있다. 아울러 독자들은 본 내용과 매우 관련이 있는 6장에서 제시된 프로그램과 전략의 범위를 염두에 두길 바란다.

결국, 4장에서 논의된 기본적인 프로그램과 전략이 8장에서도 매우 중요하다. 이는 일반적으로 모든 차원에서, 빈곤을 완화시킬 수 있는 목적으로 사용될 수 있는 프로그램과 전략으로서 중요하다. 그러므로 독자는 이 장을 읽으면서 4장의 내용도 기억해야 할 것이다.

맥락에서의 빈곤완화

주요 국제사회복지실천 분야의 역할을 빈곤완화 맥락에서 조망해보기 위해, 최근 수십 년간의 빈곤퇴치 캠페인의 핵심 요소를 간략히 살펴보기로 한다. 이러한 캠페인은 빈곤퇴치가 목적이었으며, 1995년 사회개발에 관한 코펜하겐 세계정상회의(World Summit on Social Development)에서는 "우리는 인류의 도덕적, 사회적, 정치적, 경제적 요청으로써 중요한 국가적 행동과 국제 협력을 통해, 세계 빈곤퇴치 목적에 헌신한다"고 언급한 바 있다.

더 현실적인 대안으로 이 캠페인은 "2015년까지 극도의 빈곤에 처한 인구 비율을 반으로 줄이는 것"에 목표를 두었다(World Bank, 2000/2001, p.6; UNDP, 2003 참조).

빈곤을 감소시키기 위해 가장 많이 채택된 전략은 거시경제 개발이었다. 아시아개발은행 보고서에 언급되어 있듯이, "모든 국가는 빈곤을 다루기 위해 필요한 고용기회와 정부세입을 제공하는 데 있어서 경제성장의 중요한 역할을 인식하였다"(1999, p.20).

경제성장과 더불어 과세제도, 금리, 인플레이션 통제와 관련된 경제정책들 또한 분명히 빈곤감소에 중요하다. 그러나 이러한 맥락에서 거시경제 개발의 또 다른 중요한 측면은 수출산업과 무역협정의 협상을 포함한 세계적인 관심사이다.

전반적인 빈곤의 측면에서 분명히 거시경제 전략은 많은 곳에서 상당한 성공을 이루었으나, 거시경제 전략은 빈곤국가, 빈곤국가의 빈곤지역, 빈곤층이 많은 지역에는 거의 혜택을 제공하지 못했다(UNDP, 2002, p.2).

거시적인 개발 프로그램은 농촌지역에서 우선적으로 진행되었다. 특히 토지개혁 프로그램(예: 대만과 한국), 농부들에 대한 기술적 지원, 농산품에 대한 가격 통제, 농촌 산업(예: 중화인민공화국)은 농촌의 빈곤감소에 매우 효과적이었다. 그러나 농촌의 거시 개발 프로그램은 일부 농촌 주민들에게 혜택을 주기도 하지만 다른 농촌 주민들은 이로 인해 더 빈곤해지거나 다른 곳으로 이주할 수밖에 없었다.

농촌지역과 도시지역 양쪽 모두에서 미시적 개발이 우선적으로 이루어졌다. 가장 일반적이면서 병행되는 두 가지의 전략은 소득창출을 목적으로 하는 소액대출 제도와 소규모 기업이었다. 이러한 전략의 상당수가 빈곤층을 대상으로 하지만, 빈곤층 중에서도 극빈층에게까지 혜택이 돌아가지 않고 있다(UNDP, 2002, p.2 참조).

사회서비스 전략은 기본욕구 빈곤을 목표로 한 빈곤감소 접근 방식을 취하지만, 주로 역량강화를 추구하고 있다. 일부 국가들에서는 빈곤지역, 지역사회, 사람들에게 그러한 서비스를 제공하는 데 실패했지만 몇몇 국가에서는 전반적인 교육과 보건 수준이 크게 향상되었다. 사회서비스는 빈곤감소에 필수적이지만 모든 것을 해결할 수는 없는 것으로 널리 인식되고 있다.

마지막 전략 유형은 지역사회를 기반으로 한 전략이다. 이 전략은 위에서 논의했던 다른 영역보다 그 공식적인 중요성이 훨씬 더해졌다. 지역사회 기반 접근은 정부가 참여하기는 하지만 빈곤의 감소나 퇴치를 목적으로 지역사회의 참여를 촉진하기 위하여 구체적인 행동을 취할 때 가장 이상적이고 적절하다.

이러한 빈곤감소 전략의 전반적인 영향력은 전략을 적용하는 상황과 실행하는 방식에서의 다양성을 고려할 때 평가가 쉽지 않다. 그러나 비록 일반적인 방식이지만, 과거의 경험으로부터 특정 결론을 도출하는 것은 가능한 것처럼 보인다.

① 대부분의 인도의 도시 지역처럼 동아시아 지역에 몇몇 예외 사례가 있고, 극적인 성공사례가 있기는 하지만, 개발도상국에서 적용하는 전략의 강도와 유형으로는 빈곤 수준을 상당히 감소시키는 데 종종 실패하였다.

② 현상의 다차원적 본질 때문에, 위에서 언급한 전략 유형이 빈곤을 줄이지 못한다는 것은 점점 더 분명해지고 있다. 포괄적이고 잘 조율된 빈곤감소 프로그램이 필요하다.

③ 빈곤감소 전략이 주요 빈곤 집단 전체에 효과를 미치지 못하면서 빈곤층의 가장 위에 속하는 일부에게만 효과를 미치는 위광효과(creaming effect)를 초래하고 있다. 이런 이유로 친 빈곤 또는 빈곤에 초점을 둔 전략을 점차 강조하고 있다.

④ 마지막으로, 빈곤을 현저히 줄이는 데 실패한 주요 이유는 흔히 빈곤감소에 대한 정치적 측면, 즉 빈곤감소를 위한 정치적 의지의 부족 때문이다. 이는 아마도 그러한 전략이 비용이 많이 들고, 영향력 있는 유권자에게 인기가 없거나 혹은 권력을 가진 정당이 선택된 기득권층의 이해만을 대표하기 때문이다.

빈곤완화(빈곤완화가 이 맥락에서는 실현가능성을 더 면밀하게 반영하기 때문에 빈곤감소보다는 빈곤완화라는 용어를 사용하고자 한다)에서 국제사회복지실천의 역할을 고려해볼 때, 위의 결론을 명심해야 한다. 이에 대한 함의는 다음과 같다.

- 사회복지실천은 상기 전략의 일부 혹은 모든 부분에 도움을 주면서, 동시에 그러한 전략을 본질적으로 보완할 수 있는 빈곤완화 방식을 지역에 적용해야 한다.
- 국제사회복지실천은 빈곤에 처한 전 세계 인구 중에서도 가장 빈곤한 지역을 개발하는 데 전념해야 한다. 이러한 지역은 거시적 빈곤감소 전략에서 소외되는 경향이 많다.
- 국제사회복지실천은 정치적 무관심 혹은 그 반대(예: 빈곤층에게 권한을 부여하는 것)의 경우에도 불구하고 가장 빈곤한 지역에서 이루어져야 한다.
- 많은 상황에서, 국제사회복지실천은 단지 현재의 빈곤 수준을 어느 정도 완화시키는 것에 만족하기보다는, 오히려 빈곤완화를 매우 탁월하고, 가치 있고 필요한 단기 목표로 삼아야 한다.

빈곤 분야에서 일하는 모든 국제사회복지사들이 여기에 함의된 행동 수준이 되어야만 한다는 것을 시사하지는 않는다. 사회복지실천의 개입은 빈곤감소를 위한 다양한 행동 계획에 모두 필요하다(예: UNDP, 1997, pp.110ff; World Bank, 2000/2001, pp.37ff). 그러나 사회복지사들이나 다른 사람들이 현재의 빈곤감소 활동의 부족한 부분을 채울 수 없다면 전반적인 빈곤 상황의 현저하고 신속한 변화는 기대하기 어려울 것이다.

국제사회복지실천의 빈곤완화 모델

이전 장에서, 우리는 빈곤감소 혹은 빈곤완화에 대한 통합관점 접근방법을 살펴보았다. 그리고 그러한 분석이 세계 빈곤감소 기여에 있어서 국제사회복지실천의 실천 방향을 제시하는 데 중요하다는 것을 알게 되었다. 서로 상호 작용을 하는 다음 네 가지 관점은 각각이 매우 중요하다. 첫째, 우리는 빈곤 문제를 세계화 추세가 상당한 영향을 미치는 세계적 현상으로 접근해야만 한다. 둘째, 빈곤감소 혹은 빈곤완화를 단지 사람들의 욕구를 다루는 데 필요한 것이 아닌 사람들의 권리를 다루는 데 필수적인 것으로 접근해야 한다. 셋째, 빈곤과 생태적 문제 간의 연관성을 인식하면서, 빈곤감소 혹은 빈곤완화가

[표 8-1] 빈곤완화 모델

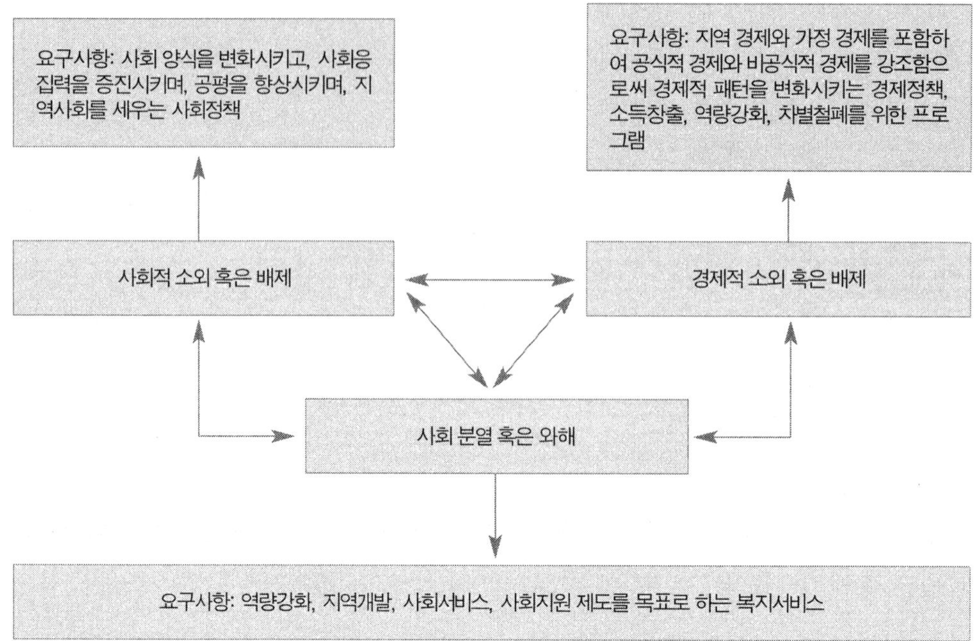

생태적으로 책임 있고 지속가능하도록 보장해야만 한다. 넷째, 우리는 사회개발 틀 내에서 빈곤감소 혹은 빈곤완화에 접근해야 한다. 이는 빈곤의 근본 원인, 빈곤에 영향을 주는 요인, 빈곤의 결과를 동시에 다루기 위한 이상적인 방식이 된다.

이 전 장에서는, 개입이 필요한 특정 상황에서 현재 빈곤의 정확한 형태를 파악하고 그에 따른 개입의 방향성을 정하는 것이 필요하다는 것을 시사하면서, 다양한 빈곤 유형과 형태를 상대적으로 별개의 것으로 논의하였다. 개입에서의 분석과 분석의 유용성이 사회복지실천에 중요하지만, 여기에서는 다른 접근방식을 취하며 국제사회복지실천을 위한 빈곤완화 모델 및 그 모델의 중요성을 제시하고자 한다(〈그림 8-1〉 참조).

이 모델은 빈곤을 역동적인 과정으로 제시한다. 빈곤의 과정이나 싸이클은 특정 형태의 사회적 소외 혹은 배제에서 출발한다. 예를 들어, 젠더, 민족, 인종 혹은 종교적 다양성에 따라 사회 내의 집단을 구별하게 되면서 이는 종종 근본적인 빈곤의 원인이 된다. 사회적 소외 혹은 배제의 중요한 결과는 부정적으로 인식되는 집단에 대한 심각한 차별이다. 이러한 차별은 사회적 영역부터 경제적 영역으로 그리고 다른 영역으로 번지고 있다. 이러한 현상으로 인한 불가피한 결과는 경제적 소외 혹은 배제로 이는 빈곤퇴치 모델에서 두 번째로 중요하다. 결국 경제적 소외 혹은 배제는 사회적 소외 혹은 배제를 심화시킨다. 배제된 일부 집단이 특정 사회집단의 동료 구성원들을 지지하고 최소한 어느 정도까지는 빈곤으로부터 이들을 보호하는 병렬 경제(parallel economy)를 확립한다고 할지라도 집단 구성원들은 고용 혹은 소득창출의 다양한 영역으로부터 배제되고 또한 종종 다양한 직업을 얻을 수 있는 직업 훈련과 교육으로부터 배제되기 때문에 경제적 소외 혹은 배제는 훨씬 더 자주 빈곤을 초래한다.

기본모델에서 세 번째로 중요한 것은 사회 분열 혹은 와해이다. 여기서의 진행 과정은 다음과 같다. 사회·경제적으로 고립된 사람들의 일부가 빈곤뿐만 아니라 자존감, 자신감, 관계를 형성하고 유지하는 능력, 정서적 안정감 측면에서 사회·경제적 고립의 결과로 그들이 경험하게 되는 배제와 지속적인 차별로 인한 부정적인 영향을 받는다는 것이다.

부정적 영향을 받는 사람들의 비율은 다양한 요인에 따라 달라진다. 그러나 무엇보다도 전체 집단 내의 연대와 상호 지원 체계 정도에 가장 많은 영향을 받는다. 예를 들어, 강한 네트워크와 내부 구조를 갖춘 민족 집단과 기타 집단들은 그렇지 않은 집단보다 사회적 분열 및 와해에 맞서 개인 구성원들을 더 많이 보호할 수 있다. 다시 말해 사회적 분열 혹은 와해는 사실상 전체 집단(예: 몇몇 토착 인구) 혹은 전체 지역사회에 영향을 줄 수 있는데, 이러한 경우 매우 많은 가족과 개인들이 고통을 받거나 혹은 사회적 분열 혹은 와해가 상대적으로 고립된 가족과 개인의 극히 일부에만 영향을 미칠 것이다. 요컨대, 사회·경제적 소외 혹은 배제는 개별적으로든지 혹은 복합적으로든지 간에, 사회 분열 혹은 와해의 한 원인이 된다. 개인, 가족, 지역사회가 사회 분열 혹은 와해를 더 많이 경험할수록, 그들은 더 심하게 사회적으로 혹은 경제적으로 소외되거나 배제될 것이다.

이 역동적인 삼각형 모형의 타당성은 그 과정이 삼각형 주변에서 진행되는 정도에 의해 대게 개입 여부가 결정된다. 이때 개입은 개선 방안 및 예방적 접근 모두를 채택한다. 상황이 사회적 소외 혹은 배제가 분명히 경제적 혹은 사회적 분열에 심각하게 영향을 미치지 않는다는 분명한 신호를 보여준다면(아마도 새로 도착한 이민자들처럼), 개입은 이러한 상황을 해결하는데 목표를 둘 것이다. 그러나 만약 사회 분열에 대한 많은 징후가 보인다면, 소외계층을 위해서 사회·경제적 소외를 바로 잡기 전에 그러한 상황을 바로 해결해야만 한다.

모델의 두 번째 측면은 과정의 각 세 가지 지점에서 고려되어야 하는 다양한 개입의 유형을 나타낸다. 사회복지실천 전문가는 사회적 소외 혹은 배제, 사회 분열 혹은 와해의 원인과 충격을 극복하거나 최소한 현저히 개선할 수 있는 정책, 프로그램을 보유하고 있거나 프로그램에 정통해야만 한다. 그러한 정책과 프로그램은 각각의 특수한 사회·경제·문화·정치적 상황에 맞게 변경되어야 한다. 이러한 영역에서의 전문 기술은 상황 분석 능력, 입증된 접근을 이용하고 이를 채택하는 개입 전략을 계획하는 능력에 있다. 세 가지 개입 영역에서 실행된 프로그램은 더 폭넓은 상황과 그 상황에 영향을 받는 사람들 모두에게 더할 나위 없이 발전적·예방적·개선적 영향을 미친다.

지역차원의 빈곤완화와 사회복지실천의 역할

여기서 제시된 모델의 목적은 빈곤완화다. 지역차원에서 빈곤을 퇴치하는 것은 비현실적이다. 왜냐하면 지역은 자신이 통제권을 갖고 있지 않은 다른 수준에서 결정되는 조치에 항상 영향을 받기 때문이다. 이는 어느 정도까지는 빈곤감소에도 적용된다. 확실히 지역사회를 기반으로 한 빈곤 프로그램의 목표는 빈곤의 정도를 줄이는 것이지, 누구도 빈곤으로부터 벗어날 수 있다고 단언하기에는 무리가 있다. 지역 수준에서만 활동이 이루어질 경우 예상되는 결과는 상당히 많은 사람들이 경험하는 빈곤의 심각성이 줄어들 수 있다는 것이다(즉 빈곤완화). 엄밀히 말하면, 많은 사람들은 기존 빈곤선 이하에 처해있을 수 있거나 또는 때때로 빈곤선 위에 때로는 빈곤선 아래의 삶을 살 수 있다. 그러나 우리가 성취할 것으로 예상되는 것은 그들이 처한 빈곤의 전반적인 수준과 심각성의 감소 및 삶에 미치는 충격의 완화이다. 왜냐하면 적어도 사람들은 자신의 상황에 대해 더 많은 통제력을 발휘할 수 있으며 지역 자원과 잠재력을 끌어올 수 있는 권한과 역량 의식을 부여받을 것이기 때문이다.

우리는 또한 이러한 활동 수준을 선택하는 것에 중점을 두었다. 왜냐하면 개발도상국의 극빈곤층에 있어서, 가장 이상적인 형태의 사회복지실천은(현재 그러한 사례는 거의 없다) 지역사회와 함께 일하고 빈곤한 지역사회에서 일하기로 기꺼이 결정하는 현장 활동가의 활동이 될 것이라고 예상되기 때문이다. 이는 이러한 활동가들이 다른 차원에서 성취되어야 하고 성취될 수 있는 욕구를 인식할 필요가 없다거나 또는 이들이 적어도 간접적으로 다른 수준에 기여할 수 없다는 것을 말하는 것은 아니다. 우리는 현장 활동가들의 경험과 제안이 전체 과정에 정기적으로 반영되는 것을 보장하면서, 사회복지실천 전문가들이 빈곤감소에 필요한 전반적인 비전을 갖고 이를 행동에 옮기기를 기대한다. 그러나 개인 사회복지사들은 아마도 지역사회 내 변화의 최전선에서 대부분의 시간을 보내지만, 그들은 중요한 역할을 하는 데 있어서 고립되지 않은 채 가장 알맞은 지원을 받는다. 사회복지사 교육 수준에 대한 내용은 다른 장(1장, 14장)에서 다루며, 상황에 맞게 교육수준은 달라질 수 있다. 그러나 사회복지사는 최소한 빈곤 현상에 대해 포괄적으로 이해해야 하며, 빈곤퇴치에 대한 지역사회 기반 접근 방식 안에서 개인, 가족, 지역사회와 함께 일하는 데 필요한 기술과 지식을 전체적으로 이해하고 있어야 한다.

지역사회 기반 접근은 확실히 중요하다. 어떤 개발도상국도 심지어 그것이 적절하다고 할지라도 여러 사회·문화적 이유로 자원을 개별적으로 이용할 수 있는 경우는 매우 드물다. 개인이 지역사회를 구성하고, 어느 정도는 개인이 중심이 되기도 하지만, 채택된 프로그램과 전략은 가능한 한 지역사회를 기반으로 해야 한다. 이는 가능한 많은 필요를 채우기 위해서 뿐만 아니라 지역사회가 개인보다 더 큰 잠재력을 가지고 있기 때문이다. 게다가 대부분의 경우 필요가 파악되면 선진국의 경우 기관에서 이를 처리하지만, 그 밖의 경우에는 지역사회가 이를 담당하게 되며, 결과적으로 주민조직 혹은 지역조직이 형성된다. 점차 이러한 대안적 선택은 필요에 의해 결정될 뿐만 아니라, 정부 및 비정부기관 등 여러 기관이 가지고 있지 않거나 그러한 기관들에 의해 선호되는 잠재력에 의해 선택되는 것이다.

그러면 빈곤퇴치에 대한 지역사회 기반 접근은 무엇이며, 사회복지사들은 어떻게 지역사회 기반 접근을 실행하는가? 사실상 이러한 질문에 답할 수많은 경험들이 있으며, 다음의 개요는 축적된 경험을 제시하고 있다.

지역사회에 기반을 둔 모델의 본질

여기서 제시된 빈곤완화 전략에는 두 가지 측면, 즉 빈곤완화 전략이 기초하고 있는 원칙과 빈곤완화 전략이 이용하는 과정이 있다. 그것이 포함하는 핵심 프로그램은 다음과 같다.

원칙(Principles)

빈곤완화 전략이 기반으로 하는 원칙은 매우 중요하며, 이 전략뿐만 아니라 모든 사회발전에 중요하다. 이러한 원칙은 다른 부분에서 논의되고 있기 때문에, 여기에서는 열거만하고자 한다. 네 가지 핵심 원칙은 다음과 같다.

① 참여: 전략은 모든 단계에 완전히 참여하는 것이다.

② 자기의존: 전략은 지역적으로 이용가능한 자원, 인적자원, 물적자원 이용을 극대화하고, 외부 투입을 최소화하도록 계획되었다.

③ 지속가능성: 전략은 지속가능한 자원 이용을 통해 다음 세대의 복지를 보장하는 것이다.

④ 권한부여: 전략은 이에 참여하는 모든 사람들에게 권한을 부여하도록 계획되었다(4장 참조).

과정(Processes)

과정은 전략을 실행하는 사회복지사들이 이용하는 기초 과정을 의미한다. 현장 경험을 볼 때, 이러한 과정이 프로그램만큼이나 성공에 중요하다는 것은 분명하다. 과정은 전략이 기반으로 한 원칙의 많은 부분을 구체화한 것이다. 그러나 과정은 또한 도입된 프로그램의 기본이 된다. 흥미롭고도 중요한 점은 이러한 과정이 현장에서 발견된다는 것이다. 이는 사회복지사들이 기본적으로 '과정'을 이용하도록 배웠기 때문이 아니라 '과정'이 빈곤에 심각하게 영향을 받는 사람들과 함께 일하는 데 필수적이라는 점이 분명하기 때문이다. 관련된 핵심 프로그램을 살펴보도록 하겠다(과정에 대한 더 깊은 논의를 위해 UN/ESCAP, 1996b 참조).

소규모조직 형성(Small-cell Formation) |　　이런 과정을 채택한 근거는 일반적으로 자긍심과 자신감이 결여되어 있는 빈곤층이 대개는 그들의 운명을 받아들이기 때문이다. 왜나

하면 이들은 너무나 자주 부당한 대우를 받고 억압받기 때문에 다른 어떤 것도 할 수 없고 눈에 띄지 않은 조용한 삶을 유지하는 경향이 있다. 이는 특히 빈곤에 시달리는 여성에게서 더 심각하며, 특히 여성이 가장인 가구와, 낮은 카스트 계급에 속한 사람들과 하층민들에 있어서 더 심각하다. 따라서 그런 사람들이 자신의 빈곤을 다루려는 활동에 즉시 참여할 수 있다고 가정하는 것은 비현실적인 것이다. 많은 사람들이 변화가 가능하다고 믿기 시작하고 행동으로 옮기기 위한 자신감과 용기를 갖기 위해서는 몇 달간의 시간이 필요할 것이다.

소규모조직 형성 과정은 서로 매우 가까운 위치에 거주하며, 비슷한 특징을 가진(모두 여성이거나 모두 어머니인 경우 등) 빈민들이 이미 이들과 개인적으로 접촉해서 기본적인 신뢰를 쌓은 사회복지사들과 함께 보통 5명의 소규모집단으로 함께 만나도록 독려를 받는 과정이다. 조직에 참여하는 사람들은 그들의 상황과 문제, 어려움, 자녀, 과거의 꿈이나 현재의 꿈 그리고 매일의 삶의 경험에 대해 얘기하도록 격려 받는다. 역경을 나누고 혹은 어려움을 이해하는 다른 사람들 앞에서 자신의 상황을 말로 표현하는 것은 도움이 되는 것으로 보인다. 그것은 아마도 권한부여의 시작이며, 자기의식—다시 말해 역경을 지각하게 되거나 혹은 프레이리(Freire)와 다른 사람들이 의식화운동이라고 부르는 것—의 시작이다.

이 조직은 구성원들이 구체적인 활동을 제시하기 시작할 때까지 정기 모임을 갖도록 권장 받는다. 이 시점에 조직은 두 번째 단계로 이동하게 된다.

활동 중심 |　　변화를 위한 어떤 희망이나 계획 없이 누군가의 역경에 대해 과도하게 논의하는 것은 그들을 낙담시키거나 우울하게 만들 수 있다. 이때 사회복지사는 서서히 대화에 개입하면서 이들이 생각하는 도움이 될만한 활동에 대해 질문한다. 예를 들어 "…라면 좋을 텐데", 즉 우리가 이것을 바꿀 수 있다면 좋을 텐데, 발견하면 좋을 텐데, 이것을 하면 좋을 텐데 등의 의견도 괜찮다. 아이디어가 도출되면, 사회복지사들은 이러한 논의를 촉진시키고, 제안을 실현가능한 활동으로 바꿀 준비를 한다. 기본 원칙은 이 조직이 자신들의 능력 내에서 외부의 도움을 받아 자신들의 희망과 자신감을 높이는 데 도움을 주는 작은 활동에 참여하도록 격려하는 것이다. 숙박시설, 보육, 문맹 교실 혹은 다른 영역

의 기본 훈련 혹은 소규모 저축 제도 등과 같은 활동이 있을 수 있다. 이 단계에서는 활동의 본질도 중요지만, 훨씬 더 중요한 것은 활동 그 자체에 참여하는 것이다.

주민조직화 확립 │ 소규모조직화 과정이 매우 중요한 시작단계이긴 하지만, 이와 관련된 사람들의 수는 적으며, 엄밀히 말해 그런 집단들이 대단한 권한을 부여받는 것은 아니다. 적절한 때에 사회복지사는 한 집단이 다른 집단을 만나도록 권하고, 일부 대규모사업에 힘을 합치도록 할 것이다. 점차 조직들이 함께 모이게 됨에 따라, 비슷한 딜레마에 직면하게 되고 변화를 위한 방향에 관해 몇 가지 중요한 생각을 갖게 되면서 유사한 배경을 가진 사람들로 구성된 주민조직의 근거가 마련된다. 이러한 주민조직은 목적 달성을 위한 조직적 기반을 보여준다. 주민조직은 효과적인 추진력을 보여주면서 소규모조직보다 훨씬 더 강한 기반을 보유하고 있다. 개발도상국에서, 주민조직 또는 지역조직은 해당 관심 분야에 관계 없이 시민사회의 기초를 세우는 단위가 되며, 상당히 다양한 모습을 보여주고 있다(미국에서 이용되는 이러한 접근에 대한 논의에 대해서는 Piven & Cloward 참조, 1979).

성인 학습 │ 전체 빈곤완화 전략의 핵심 과정은 성인 학습 과정이다. '아는 것이 힘이다'라는 속담은 사회의 모든 수준에서 진리다. 빈곤한 사람들은 그들 스스로가 개발에 대한 권리와 잠재력을 가진 가치 있는 사람들이라는 것에 대한 의식과 지식을 가질 필요가 있다. 따라서 성인 학습은 자기 자신, 자신의 상황, 이전에 결코 접한 적이 없는 지식과 기술, 사회 학습, 다른 사람들과 함께 배우는 것 그리고 결과를 살피는 것 등이 포함된다.

이러한 성인 학습은 지식 구축을 위한 중요한 도구로써 소규모집단에서 먼저 시도 될 수 있다. 그러나 점차 성인 학습은 외부 지식인들을 섭외하게 될 것이다. 지식 전달도 중요하지만, 사람들은 그들이 입수할 수 있는 외부 지식을 발견해야 하며, 그러한 자원에 접근하는 것에 대해 자신감을 가져야 한다. 마침내, 지역사회는 정기적인 학습활동을 할 수 있는 성인학습센터 설립에 대한 결정을 할 수 있다. 그러나 외부의 압력으로 인한 설립보다는 오히려 자체적인 준비가 되었을 때 지역사회가 학습 센터를 세우는 것이 중요하다. 지역사회가 센터를 운영하고 지역사회 전체와 정기적으로 논의할 위원회를 세우는 것 또한 중요하다.

팀 접근 | 효과적인 빈곤완화를 위해서는 효과적으로 일하는 사회복지사가 필요하다. 그러나 이는 매우 어려운 일이다. 빈민들은 주로 외진 지역에서 겨우 생계를 유지해가거나 전체 지역사회에서 배제된 소외 계층이거나, 또는 현재의 빈곤과 복종이 유지되는 것을 원하는 기득권층으로부터 착취를 당하는 계층이다. 정확한 상황이 무엇이든지 간에 빈곤완화는 어렵고 때때로 위험하기도 하다. 팀 접근은 이러한 사실을 인정하면서, 사회복지사가 팀의 다른 구성원들과 연결되어 지원을 받는 구조이다. 또한 업무보고, 교제, 평가, 계획, 지식 구축을 위해 그리고 일반적으로 목적의식과 충성도를 재발견하고 새롭게 하기 위해 정기적으로 최전방에서 일해야 하는 큰 부담이 없는 구조이다.

그러한 팀들은 계급제가 아닌, 구성원들에 의해 선출되는 리더나 혹은 전적인 지지를 받는 팀 리더가 이끄는 조직이며, 사회복지사가 자신의 일에 대한 의견을 솔직하게 나누고 가장 효율적인 방식으로 일을 할 수 있도록 환경을 제공하는 기능을 한다. 팀에 필요시 지원인력을 제공하며, 구성원들이 자유롭게 이동하고, 때때로 쉬면서 재충전하고 목표를 재확인할 수 있는 본부가 있다면 가장 이상적일 것이다.

국제사회복지실천의 빈곤완화 프로그램과 전략

일련의 빈곤완화 전략은 원칙을 기반으로 하여 세워지며 특정 과정을 활용하지만, 그 중심이 되는 것은 빈곤완화 전략에 포함되거나 혹은 빈곤완화 전략이 궁극적으로 기반하고 있는 프로그램들이다. 몇 가지 이유로 다음의 프로그램과 전략을 선정하였다. 이러한 프로그램과 전략은 넓은 범위의 다양한 맥락에서 폭넓게 적용된다. 프로그램과 전략이 잘 실행될 때 다양한 양상의 빈곤을 완화하는 데 매우 효과적인 것으로 나타났다. 일부 지역에서는 프로그램과 전략의 변경이 필요하기도 하지만, 대부분의 경우 실현가능성이 매우 높으며, 프로그램과 전략은 가장 근본적인 빈곤 측면을 다룬다. 빈곤완화가 성취되는 정도는 국가, 지역, 세계적 상황에 따라 달라진다는 것에 다시 주목해야 한다. 이러한 일련의 전략이 빈곤감소를 위한 만사해결책은 아니다. 그러나 제시된 내용에 따라 지역 수준에서 성공적으로 실행될 때, 어느 정도까지는 일부 사람들의 빈곤이 완화될 것이다. 그러나 빈곤에 얼마나 깊이 개입할 수 있을지 그리고 적용 범위가 얼마나 될지는 이 전략에서 분명하게 제시하지 않고 있다. 이는 특히 한 국가의 극빈 지역사회에서 전략을 실행할 경우, 이 전략이 다른 수준에서 긍정적인 반향을 일으키지 않는다는 것을 의미하는 것은 아니다.

지역수준의 빈곤완화의 초점은 지역 활동이 빈곤완화에 열쇠가 된다는 것을 말하려는 것은 아니다. 사실 국가 차원의 빈곤감소 정책과 프로그램이야 말로 궁극적으로 현저한 빈곤감소의 핵심이 된다. 또한 사회복지사가 국가수준에서보다 지역수준에서 더 중요한 역할을 한다는 의미도 아니다. 오히려 빈곤한 개발도상국가의 상황이야 말로 지역차원 활동과 빈곤완화를 어렵게 만들며, 이때 사회복지사들의 역할이 필요하며 또한 그 역할을 수행해야 하며 대부분의 경우 이들은 자신의 역할을 잘 수행한다. 다음의 논의와 사례가 보여주듯이 6장에서 논의된 지역수준 개발 접근은 빈곤완화와 깊은 연관이 있다. 독자들은 지역 수준의 빈곤완화와 관련된 주요 프로그램과 전략 범위에 대해 설명하고 있는 6장과 4장을 염두에 두고 본 장을 읽어야 한다.

6장에서는 개발을 기반으로 한 프로그램을 다룬다는 것을 염두에 두면서, 다음의 논의는 세 부분으로 나누었다. 즉 ① 지역사회를 기반으로 한 사회서비스가 핵심이 되는 지역의 빈곤완화 프로그램, ② 사회복지 대응이 핵심 전략인 곳에서의 프로그램, ③ 포괄적 접근을 갖춘 프로그램 등이다.

지역사회 기반 사회서비스 개발

중앙정부기관 혹은 지방정부기관이 특히 보건과 교육 서비스에 정부 세입과 재원을 상당히 지원하는 등 사회서비스를 제공하는 것이 가장 이상적인 모습이다. 그러나 많은 개발도상국들은 자원 부족으로 국가 전역에 걸쳐 적절한 수준의 기초 사회서비스조차 제공하기 힘들다. 많은 국가에서 재정 사용의 우선순위를 부여하지만, 종종 개발도상국들은 목적을 달성하는 데 필요한 재원이 부족하다. 그러나 자격요건을 갖춘 직원 수가 부족하거나 직원들이 그런 환경에서 일하기를 거부하기 때문에, 많은 국가들은 더 고립된 지역과 더 빈곤한 지역사회에 자격을 갖춘 직원을 파견하는 것에 어려움을 겪는다.

빈곤의 주요 요인이 기초 사회서비스에 대한 접근성 결여라는 것을 유념해야 한다. 그것은 직접적으로는 능력 부족 및 기본 욕구 결여를 초래하며, 간접적으로는 소득 빈곤에 상당한 영향을 미친다. 게다가 기초 서비스를 갖추지 않은 사회서비스에는 빈곤을 해결하는 데 필요한 기본 복지가 부족하게 된다. 이들은 열악한 보건 수준과 문맹으로 인해 능동적으로 대처하려는 노력에 있어서 근본적인 한계에 부딪치게 된다. 따라서 이러한 기본 욕구를 다루는 것은 근본적으로 중요하며, 국가차원에서 기본 욕구를 다루지 않는다면, 지역사회복지사들은 의무적으로 지역사회를 기반으로 한 실현가능한 대안을 발견해 한다.

공통의 전략은 지역주민들이 함께 뭉치도록 고무시키고 보건소, 초등학교, 어머니들이 모일 수 있는 아동 케어 센터, 혹은 다른 유형의 지역 센터를 세우도록 장려하는 것이다.

상황에 따라, 사회복지사들은 빈곤한 사람들이 지도감독 하에 건축재료나 일자리를 통해 식량을 받기를 원한다면 지역주민들이 필요한 지원을 받을 수 있도록 도와야 한다. 이러한 센터는 잠재적으로 그들 자신에게 중요할 뿐만 아니라, 그들을 바로 세우는 과정은 주민들이 협력하고, 자신감을 쌓고, 몇 가지 기본 기술을 개발하는 데 도움이 될 수 있다.

일단 기초가 세워지면, 긴급한 요구사항은 직원들의 몫이다. 일단 지역사회가 시설을 세우면 중앙정부는 직원을 파견할 것이다. 혹은 지역사회가 사회복지사를 확보할 수 있다면 정부는 급여의 전부나 일부를 제공할지도 모른다. 후자의 경우, 필수기술과 관련된 기초 훈련을 받을 지역주민을 선정하며 빈곤완화 업무 담당자가 그 훈련을 주관할 수밖에 없는 상황이 발생한다. 결과적으로, 어떠한 서비스에도 도움이 되지 않는 준전문가를 만들게 된다. 정부가 사회복지사 급여를 일부밖에 지급할 수 있는 곳에서는, 지역사회가 직원들에게 식사와 같은 현물을 제공하면서 급여를 보충해야만 한다. 그렇지 않을 경우 사회복지사들은 계속해서 자신과 가족의 생계를 위해 농업이나 기타 다른 일을 할 수 밖에 없다. 우리는 이러한 두 가지 상황 모두를 접하게 된다.

이러한 접근의 핵심 요소는 지역사회의 개입 자체가 긍정적인 결과를 가져온다는 것이다. 지역주민들은 그들에게 제공되는 부족한 서비스를 용납할 필요가 없으며 그리고 자신에게 많은 도움이 되는 가능성을 그들 스스로가 갖고 있으며, 정부와 다른 사람들에게 그들의 필요에 반응하도록 압력을 행사할 수 있음을 깨닫게 된다. 게다가 과정 전체를 통해 그들은 다양한 보건과 교육 문제에 대해 더 많이 인식할 수 있고, 이러한 인식은 개인과 지역사회의 행동 변화에 긍정적이다.

물론 이러한 프로그램의 궁극적인 결과는 매우 기초적인 것이며, 훈련을 받았지만 급여가 적은 사회복지사의 처우, 열악한 시설, 지역사회 보건 · 교육 · 기타 등등의 개선은 상대적으로 작을 수 있다. 그러나 중요한 것은 그것이 시작이라는 것이다. 지역사회는 이전보다 더 많은 서비스를 받을 수 있게 되고, 다양한 서비스의 본질과 중요성에 대해 훨씬 더 많이 알게 되며, 지역 서비스의 지속적인 개선을 위해 훨씬 더 열정적으로 일하게 된다. 또한 지역사회 구성원들은 학교 일을 돕는 부모로써 혹은 다른 방식을 통해 기초 시설을 지원할 수 있게 된다. 그리고 가정, 이웃 그리고 지역사회 수준에서 적절한 변화 과정에 참여함으로써 센터의 영향력을 확장시킬 수 있다.

마지막 결과에 있어서 성인학습 모델을 이용해 공공 보건 이슈에 대한 인식을 고취시키고, 가정 학습 및 지역 시스템을 이용해 가정의 위생, 숙박, 아동 케어, 중요한 다른 기준을 위해 노력하도록 독려하는 것은 매우 중요하다. 그래서 지역사회 센터 건설이 프로그램의 실제적인 요소가 될 수 있기는 하지만 기본적인 사회 · 보건 · 교육 필요에 수반되는 지역사회 교육 과정과 기준도 중요하다. 많은 지역사회가 수년에 걸쳐 보여주었듯이, 의식이 있는 지역사회는 지역의 개선을 위해 많은 것을 할 수 있다.

사회서비스에 대한 지역사회 기반 접근방식의 참여적이고, 독립적이고, 권한을 부여하는 본질은 분명하다(4장 참조).

사례 ▶ ▶ ▷

필리핀의 보건 케어와 지역사회 구축

첫 번째 예는 필리핀에 관한 것이다. 이는 기본적으로 주요 보건 케어가 빈곤완화에 중요하다는 것에 근거한다. 이 프로그램에서 목표로 삼은 지역사회들은 공식적으로 보건서비스가 없는 지역이며, 몇 가지 주요하면서도 특별한 보건 문제를 갖고 있는 곳이다. 또한 전체 지역은 지역사회 행동에 대한 강한 전통이나 공동기업이 없는 곳으로 알려졌다.

프로그램을 처음 시작한 NGO는 그 근간이 보건 분야에 있으며 보건 수준의 향상이 그 목적이지만, 훈련에 중심을 두면서 빈곤완화를 위한 포괄적인 접근을 하기로 결정하였다. 이는 실제로 가장 성공적인 프로그램이다. 이 프로그램의 핵심 목표는 지역사회를 기반으로 한 사회서비스이다. 능력과 헌신도가 높은 사회복지사 팀이 서비스를 수행하였다. 이들의 기본 접근 방향은 그들 스스로가 인근에 거처하면서 상황을 주도하는 촉매제 역할을 하는 것이었다. 사회복지사가 신뢰를 얻고 프로그램이 순조롭게 시작되기 위해 처음 3개월간의 집중적인 기간이 필요했다. 정부 부서가 해당 지역사회에 도움을 제공하는 데 많은 어려움이 있다는 것을 인지하면서, 그 작업은 계획 및 보고 단계뿐만 아니라 행동 단계에서도 정부 기관, 비정부 기관, 지역 단체를 포함하는 참여 모델에 기반을 두었다.

주민 중심 봉사활동의 핵심 목표는 지속적인 활동을 위한 의식 있고 적극적이며 조직화된 지역사회를 세우는 것이었다. 프로그램의 핵심 요소는 개발 과정 초기에 보건 문제를 중심으로 일할 지역사회복지사를 모집해서 고용하고, 사회복지사와 다른 사람들을 훈련함으로써 지역사회 역량을 향상시키는 것이었다.

지역사회 보건 자원봉사자들은 보건 교육자였으며, 보건 분야의 최전방에 있는 사람들이다. 이들은 영양 교육에 종사하였으며, 가족계획을 홍보하였다. 훈련을 받은 직원들은 15가구를 책임지고, 그들과 연락을 지속했으며, 일반적으로 교육 역할을 담당하였다. 보건 지표를 파악하고, 홍보활동에 이를 효과적으로 사용하도록 직원들을 훈련하였다.

아동 보건 프로그램과 유아 및 아동 사망 감소 프로그램은 일반 보건 프로그램 중에서도 특별한 프로그램이었다. 이 특별한 프로젝트는 46,000개 이상의 가구를 대상으로 한 것이다. 이들 가구 중 유아 사망은 1,000명의 출생률 대비 50.4%였다. 지역 공무원들도 이 계획을 위해 보건 자원봉사자들을 특별히 모집하여 훈련시켰다.

기관이 계획을 세울 때 이용하는 전략은 어떤 문제의 근본 원인이 무엇인지에 관해 사람들이 스스로 깨달을 때까지 사람들이 계속해서 자신들에게 질문을 던지는 것이다. 이는 의식화 운동과 유사한 과정이다. 이 단계에는 지역사회 계획과 합의된 프로젝트의 실행을 유도한다.

예방주사 접종 비율이 30.1%에서 57.2%로 증가되는 동안 이 프로그램은 보건 상황을 17.3% 개선하고, 안전한 식수 사용비율을 17.5%에서 61.3%로 증가시켰다. 빈곤 수준에 미친 영향력은 상당히 컸으나 그 영향력을 측정하지는 못했다. 필수적인 의료 공급 이용을 보장하기 위해 지역 약국을 설립하였다.

이 프로그램은 상당한 양의 원조금을 요구하였으나, 채택된 접근방식을 통해 지역사회가 내외적으로 균형을 찾도록 장려하고 지원하면서 프로그램을 통해 필요로 하는 자원의 최대 30%를 제공할 수 있었다. 이는 지역사회의 독립성 강화를 위해 계획된 것이었다.

이러한 지원활동이 채택한 다음과 같은 몇 가지 중요한 전략이 있다.

1. 프로그램은 빈곤의 본질과 깊이, 불안정한 정치적 상황, 지역사회의 타성을 포함하여 지배적인 상황에 대한 주의 깊은 분석에 맞춰 구조화되었다.

2. 프로그램은 보건에 중점을 두고자 하는 적절성과 효과성을 보장하기 위해 지역 의과대학에 기반을 두고 진행되었다.

3. 기관 직원들을 멀리 떨어진 매우 빈곤한 지역에 배치하는 일이 어렵지만 중요한 일이므로, 자격요건과 동기를 기반으로 하여 신중하게 선정하였으며, 강력한 지원 팀을 계획적으로 구축하였다.

4. 초기 단계는 신뢰와 이해를 쌓기 위한 집중 기간으로 주도적인 태도가 필요하다.

5. 보건 문제에 중점을 둔다고 할지라도, 이 프로그램은 더 넓은 맥락의 지역사회 구축, 소득창출을 위한 준비, 소규모기업, 식자 및 교육 프로그램, 기타 등등의 범위 안에서 보건 문제를 다루는 것에 대한 중요성을 인정하였다. 그러므로 보건 문제에 주안점을 둔다고 해도 이는 통합적인 접근방식이다.

6. 이 프로그램은 항상 다른 조직과 파트너십으로 일하고자 하였으며, 특히 정부기관이 매우 열악한 지역사회에서 효과성을 높이는 방법이 무엇인지에 대해 더 많이 생각하도록 촉진시키는 역할을 하였다.

7. 이 프로그램은 지역 자원을 충분히 이용하고 개발에 관한 의사 결정이 지역에서 이루어지도록 보장함으로써 지역의 자신감 및 자립심 구축을 추구하는, 지역사회 수준에서 매우 참여적인 프로그램이었다.

※ UN/ESCAP, 1996b, p.61.

방글라데시의 사회서비스와 교육

빈곤퇴치를 위한 지역사회 기반 사회서비스 접근의 두 번째 예는 방글라데시 NGO에 관한 것이다. 처음에는 자선단체였던 이 NGO는 사회에서 혜택을 받지 못한 사람들을 위한 사회서비스에 중점을 두는 단체로 변화하였다. 이 기관의 주요 프로그램은 식자 및 다른 기술 훈련을 포함하여 청소년과 성인을 대상으로 한 비공식적인 교육 향상에 관심을 두었다. 이후 이와 같이 교육에 중점을 두면서 문맹 여성들에게 자본을 제공하는 일에 관여하였으며, 지역에서 빈번하게 일어나는 자연 재해의 희생자들을 위한 주택공급에 관심을 가졌다.

기관의 선언문에는 '기관의 기본 목표는 지속적인 교육과 소득창출 활동, 비공식적인 초등교육과 기능 교육을 증진시키는 것이다'라고 언급되어 있다. 부가적인 프로그램에는 문맹 여성들에게 식자 교육, 인적 개발, 기술 훈련, 소득창출 계획을 위한 초기투입자본 등의 일괄 프로그램 등이 포함된다.

취학전 교육 프로그램에서는 6개월 동안 그림, 노래, 도덕 교육, 개인위생 과정을 제공하였다. 이 프로그램에는 12,000명 이상이 참석하였다.

조기 초등교육 프로그램에는 읽기·쓰기, 수리뿐만 아니라 환경, 보건, 위생, 식품과 영양, 질병 예방이 포함되었다. 이 프로그램에는 34,000명 이상의 아동들이 참여하였다.

청소년 식자 프로그램은 사후조치를 포함하여 18개월 동안 취업 지향 교육뿐만 아니라 기초적인 식자 프로그램도 제공하였다. 그 해 연도에 295개 센터에서 8,000명 이상의 사람들이 참여하였다.

성인 식자 프로그램은 12개월에 걸쳐 기능적인 식자 프로그램을 제공하였으며, 가족생활, 가정 예산 문제, 시민 의식 등의 내용도 다루었다. 대략 46,000명의 사람들이 4년에 걸쳐 이 프로그램에 참여하였다.

마지막으로, 지속적인 교육 프로그램은 원래 마을 지역사회 센터를 통해 제공되는 사후조치 프로그램이었다. 이는 새로운 식자능력에 대한 계속적인 필요들뿐만 아니라 사회화, 읽기, 문화 활동을 촉진시켰다. 225개 센터에서 약 42,000명의 사람들이 그 프로그램에 참여하였다.

전체 프로그램은 주된 목적을 달성하는 데 매우 성공적이었다. 이 프로그램은 많은 사람들에게 제공되었으며, 매우 긍정적이며 직접적인 결과를 가져온 것으로 평가되었다. 특히 빈곤 완화의 측면에서, 프로그램을 통해 참여자들이 얻은 간접적인 이익은 가늠하기는 어렵지만 상당히 큰 것으로 사료된다.

기관의 직원들은 다양한 직종과 배경을 가진 사람들로 구성되었다.

※ UN/ESCAP, 1996b, p.5.

빈곤층에 대한 사회복지 대응

복지 대응이 대개 개인에게 초점을 두고, 이러한 빈곤완화 전략이 모두 지역사회를 기반으로 한 것이라면, 언뜻 보기에는 전략이 포함하는 범위가 적절하지 못한 것처럼 보일 수 있다. 그러나 가난에 찌든 인구집단 안에는 항상 개별화된 도움을 요하는 특수한 장애를 가진 개인들이 포함되어 있기 때문에, 빈곤완화 전략들은 전반적인 전략 내에 중요한 전략 집합체를 형성하고 있다. 이렇게 개별화된 도움을 요하는 사람들에게 그들이 필요로 하는 복지서비스를 제공하지 않는 것은 전반적인 빈곤퇴치 전략에 그들이 접근하는 것을 제한하는 것이며, 인권과 인도주의적 관점에 반하는 것이다. 그러나 이들을 단지 복지 욕구를 가진 사람들로 보는 것 또한 받아들일 수 없는 것이다. 모든 유형의 장애를 가진 사람들의 대다수는 사회에 참여할 수 있는 상당한 잠재력을 여전히 갖고 있으며, 따라서 빈곤에서 탈출할 수 있는 자기의존적인 방식을 찾는 시발점이 된다. 불행히도, 많은 개발도상국 사회에서는 그러한 잠재력을 인식하지 못하고 있다. 장애를 가진 사람들을 다르게 생각하고 정상적인 삶에 참여할 수 없는 사람들로 간주한다.

이러한 빈곤완화 전략 유형은 선정된 사람들에게 복지서비스를 제공하여 그들이 사회에서 자리를 잡는 데 효과적인 첫 번째 단계가 될 것이다. 서비스는 어느 정도 개별화되어야 하지만, 최적의 접근방법은 장애 유형을 파악하는 것이며, 이를 위해 일반적인 해결방법을 도출할 수 있다. 장애 유형에는 지뢰 때문에 신체적 손상을 입은 희생자들과 과거 경험 때문에 정신적 외상을 입은 희생자, 지적 장애인들, 특정한 정신의학적 문제를 가진 사람들, 만성질환으로 고통 받는 사람들이 포함될 수 있다. 원조 전문가들은 자신의 지식을 바탕으로 최소한 이들의 필요에 반응할 수 있게 되었으며, 이를 통해 이해와 수용할 수 있는 자세를 갖추게 되며, 많은 사람들이 빈곤완화 프로그램에 참여하게 될 것이다.

사회복지사의 업무는 특수한 복지 욕구를 가진 빈곤인구를 확인하고, 그들의 필요에 대해 일반 지역사회를 교육하고, 이들이 빈곤퇴치 프로그램에 다른 사람들과 함께 참여하도록 준비시키거나, 필요하다면 적합하게 변경된 프로그램에 참여하도록 하는 것이다. 개인의 참여도 필요하지만, 특수한 필요를 다루기 위해 그룹 프로그램을 진행하는 것도 가능하다. 그리고 그러한 프로그램은 가능한 강력한 자조와 상호 간의 도움에 초점을 둔 매우 참여적이고 포괄적인 프로그램이어야 한다. 몇 가지 예를 살펴보겠다.

사례 ▶ ▶ ▷

중국의 지역사회 집단과 복지에 대한 욕구

중국 도시지역의 어느 지역사회 내 한 집단은 특수한 복지 욕구를 가진 사람들의 유형을 파악하고 이들을 돕기 시작했다. 이곳에 있는 많은 사람들은 정신 장애와 지적 장애로 매우 의존적이긴 하지만, 분명히 소득창출에 참여할 상당한 능력을 가지고 있고 보다 독립적일 수 있는 사람들임을 그 지역사회 집단은 곧 알게 되었다. 따라서 이 집단은 이러한 사람들의 능력 범위 내에서 소득창출 기회를 제공하는 보호 작업장을 설립하였다. 집단은 작업장을 세울 기금을 확보하고, 마케팅 부분에 더 신경을 쓰고, 기본적으로 자조기업을 지원하는 역할을 하였다.

또한 어느 누구도 어려운 환경에 처한 채 휠체어에 의지해 사는 사람들의 접근성 문제를 다루지 않았기 때문에 집단은 소수집단인 이 사람들이 어디에 사는지를 알아보았다. 집단은 휠체어가 접근할 수 있도록 변경이 가능한 1층 숙박 시설을 많이 찾아냈다. 이런 방식으로 지역사회는 소수 장애인들에게 적합한 숙박시설을 제공했으며, 지역적으로 참여할 수 있는 기회를 높여주었다.

집단이 세 번째로 시작한 것은 지원을 받지 않은 채 홀로 살지만 상당한 지원을 필요로 하는 몇몇 노인들이 어디에 사는지를 알아내는 것이었다. 이러한 사람들을 위해 집단은 노인들을 위한 호스텔을 세우고, 상호 지원 방식을 개발해서 거주민들과 함께 일하고, 매일의 간호 돌봄을 제공하기 위해 지역 병원을 마련하였다.

지역 사회 혹은 정부 기관에서 지원받는 것이 전부이며, 적절한 훈련을 받지 못하고 자원이 없는 개인들로 구성된 지역사회 집단이 이와 같은 계획을 수행했다는 사실을 알아야만 한다. 이와 같은 지역사회 시설을 세우는 과정에서, 집단은 이들이 파악한 궁핍한 개인들의 욕구에 대해서 일반 지역사회를 교육해야 할 필요성에 대해 인식하였다. 그러나 욕구를 충족시키기 위한 집단의 접근은 본질적으로 복지 접근이었다.

※ 저자의 현장 경험.

홍콩의 고용지원 프로그램

두 번째 예는 홍콩 사례이다. 전통적으로 홍콩의 약 26만 9천 명의 장애인 직업 욕구에 대한 대응은 주간 활동 센터와 보호 작업장과 같은 한정된 서비스에 기반하고 있었다. 작업장 인구의 2.9%만이 직장에 고용된 것으로 드러났으며, 고용지원 프로그램은 이러한 상황을 변화시키기 위해 세워졌다. 지적 장애인들에게 고용지원을 제공하는 NGO 단체가 이 일을 처음으로 시작하였다.

프로그램은 창고 및 학교 등에서 근무 중 감독으로 일하는 이동식 청소 직원과 함께 시작되었다. 그 후 지적 장애인들이 식품 산업에서 포장팀의 직원으로 일하도록 함으로써 집단 고용을 조직화하였다. 참여자들이 점점 독립적으로 일할 수 있게 되면, 개인 코치의 지원을 받으며 일을 하며, 최소한의 감독만으로도 충분할 정도가 되면 취업을 하게 된다. 일단 감독을 최소한으로 받게 될 정도로 독립하게 되면, 이들은 취업을 하게 되었다.

계획은 참여한 사람들에게 보호작업장에서 받은 임금의 약 5배의 임금을 받게 해주었으며, 이러한 사람들의 삶의 질을 향상시켰고, 권한을 부여하는 과정이었다.

※ UN/ESCAP, 1994a.

국제헬프에이지(HelpAge International)

국제헬프에이지는 노인들이 활동적이고 독립적일 수 있도록 돕기 위해 개발도상국 내에서 계획을 시작해온 비영리조직의 글로벌 네트워크이다. 인도에서는 헬프에이지와 그라비스(GRAVIS: Gramin Vikas Vigyan Samiti), 2개 NGO를 통해 노인들이 독립적으로 살도록 하는 것을 목표로 한다(국제헬프에이지는 염소 사육, 봉투, 초, 향초 만들기, 밧줄 짜기 등 소득창출 작업, 농업 및 식량안보 프로젝트 등에 재원을 제공). 캄보디아에서는, 노인협회를 통해, 노인 및 노인 가족에게 사회 · 경제적 이익을 높여주기 위한 대출제도, 저축 집단, 쌀 · 비료 은행을 지원하였다.

※ 국제헬프에이지, 2005a, 2005b.

세이브더칠드런

스리랑카에서는 세이브더칠드런이 다리를 잃은 아이들을 파악하고, 적합한 의족을 만들어 제공하며, 젊은층에게 새로운 의족을 사용하는 방법에 대해 일주일 단위의 훈련을 제공한다. 이러한 서비스를 통해 지뢰나 기타 다른 것으로 인해 손상을 입은 수천만 명의 사람들이 새로운 희망을 얻고, 국가 발전에 참여할 기회를 갖게 된다.

※ 세이브더칠드런의 예, 1992, p.39.

포괄적 접근을 이용하는 프로그램

성공적인 빈곤완화 전략에 위의 모든 프로그램 혹은 위에서 논의된 프로그램만 포함되는 것은 아니다. 빈곤은 복잡한 현상이므로, 직원들은 빈곤의 주된 유형과 원인을 파악하기 위해 상황을 주의 깊게 평가할 필요가 있다. 채택된 프로그램은 자원의 이용가능성과 평가를 반영할 것이다.

그러나 위에서 언급한 각각의 프로그램은 모두 효과적인 빈곤완화에 필수적인 역량강화 혹은 소득창출과 대부분 관련이 있고 또한 반드시 자원 집중적인 것은 아니기 때문에 매우 일반적인 것이다. 본질적으로 빈곤완화는 개인, 집단, 지역사회가 빈곤과 싸워나갈 수 있는 역량을 갖추도록 보장하는 것이며, 빈곤 극복과 복지 달성에 필수적인 소득 보장을 위한 기회 접근성을 보장하는 것이다.

그러나 처음부터 포괄적인 빈곤완화 프로그램을 확립하는 것은 주의해야만 한다. 6장 마지막에 한 가지 예를 제시하였으나, 또 다른 두 가지 예를 고려하는 것도 도움이 될 것이다.

방글라데시의 농촌 개발

첫 번째 예는 방글라데시 정부 기관에 의해 운영되었으며, 농촌 개발에 참여한 프로그램이다. 기관의 목적은 자산이 없는 소규모의 소외된 농부들과 농촌의 빈곤층이 주로 조합 설립을 통해 통합 농촌 개발 프로그램 내에서 사회·경제적 상황을 개선할 수 있도록 돕는 것이다. 이 프로그램은 정기적으로 발생하는 자연재해로 인해 정치적으로 매우 불안정한 극빈 국가에서 개발되었다. 프로그램의 핵심이 계속 경제적인 측면에 중점을 두었던 반면에, 점차 사회개발이 접근의 주요한 측면이 되고 있다. 다음 사업은 이 기관의 전반적인 프로그램을 구성하는 유일한 사업이지만, 이는 가장 크고, 매우 성공적인 것으로 평가받는 사업이다.

이 사업의 5가지 기본 전략은 동원, 조직화, 자본 창출, 훈련, 융자 제공, 시장 형성이다.

① 핵심 전략은 마을 단위에서 자산이 없는 남성과 여성을 위한 분리된 조직을 형성하는 것이었다. 이는 고용기회가 거의 없었던 지역에서 뽑힌 현장 조직가들을 통해 이루어졌다. 이들은 학교를 졸업했지만 고용의 기회가 거의 없는 사람들이었다. 현장 조직가들은 할당된 지역에 있는 마을을 방문하고, 표적집단과의 관계를 형성하고, 집단 형성을 촉진시키는 주도적인 역할을 담당하였다. 집단이 지도자를 세워서 임명했기 때문에 조직가들은 촉진자가 되었다. 집단은 남성 또는 여성들로 구성되었으나 남성과 여성이 함께 하는 집단은 없으며, 표적 집단의 50%가 여성이다. 집단은 비공식적으로 시작되었으나, 결국 근본적으로는 법적인 맥락에서 등록 단체가 되었다.

② 두 번째 전략인 자본 형성은 때로는 구성원들의 소액 저축으로 이루어졌는데, 이는 사실상 사회에서 지분을 구매한 것이다. 책임감 있게 자금을 관리하는 방법을 배우기 위해 저축하는 습관을 심어주는 것은 중요했다. 또한 형성된 자금은 자급자족을 위한 중요한 단계가 되었으며, 구성원들에게 사회에 대한 주인의식을 심어주었다. 자금이 축적됨에 따라, 구성원들은 자금에서 융자를 대출할 수 있었다.

③ 세 번째 전략은 훈련이다. 사업은 훈련을 제공하는 데 있어서 사람들을 지속적으로 고용하여 훈련 팀을 만들었다. 게다가 다른 정부 기관 직원으로부터 훈련을 제공받음으로써 전문성의 영역이 확대되었다. 그러나 가장 중요한 것은 사회 각계각층 구성원들로 부터 나온 "생명 기술연구원" 훈련 프로그램이었다. 이 사람들은 궁극적으로 서비스를 판매하

고자 하는 목적을 갖고 다른 사람들을 훈련하기 위해 그리고 훈련을 받은 사람들로부터 소액 급여를 받기 위해 훈련을 받았다. 또한 현장 조직가들은 몇 가지 훈련을 시작하였다. 폭넓은 훈련의 범위는 소득창출과 종종 연관이 되기 때문에 사업의 중요한 측면이었다.

④ 네 번째 전략은 융자 제공이다. 이는 훈련 전략과 밀접하게 연관되어 있었다. 소득창출 활동이 소규모라고 하더라도 대출이 필요하고, 일반 금융 시장을 통해서는 이러한 사람들이 대출을 이용할 수 없다는 이해에 근거하여 신용 거래가 형성되었다. 대출 제공은 구성원들의 저축 기록과 또한 관련이 있다. 대출 기간은 1년이며 대출 이자가 붙고, 매주 갚아야 하는 것이었다. 대출은 어느 정도 사회적 압력으로 작용하는 동료 5명으로 구성된 연대 집단에 의해 보호를 받았다. 이용가능한 대출금이 부족할 때도 있지만, 상환 비율은 93%에 다다랐다.

시장 기반시설 형성은 소득창출 성공에 중요한 전략이지만 지역마다 다른 형태를 갖추어야 했다.

이 사업에는 1,309개의 사회와 33,000명의 구성원들이 참여한 것으로 평가되었다. 집단의 목표 달성과 더불어 인식 증진, 신뢰 구축, 구성원들 특히 여성 지위 향상에 매우 성공적인 것으로 평가되었다. 사회는 구성원들이 국가 자원과 기반시설에 대해 정당한 몫을 챙기도록 하기 위한 권력의 토대를 제공하였다. 전반적으로 사업은 사회발전에 중요한 도구가 되었다.

⑤ 사회의 핵심 목표에 더하여, 모든 가구에 화장실 제공, 가족계획 증진, 예방접종 프로그램 확립, 식자 및 교육 조성을 위한 방안으로 기관이 사회를 잘 활용하였다. 때때로 기관 기금으로, 때로는 사회와 다른 곳의 기금 및 지원을 연계하여 시장 기반시설을 형성하였다.

실제로 방글라데시는 다양한 빈곤완화 프로그램 때문에 고통받았으며, 빈곤완화 프로그램의 전반적인 영향이 항상 이익이 되는 것은 아니었음을 주목해야 한다. 게다가 프로그램은 더 용이한 지역에 초점을 두고, 잠재적으로 더 개선 가능성이 많은 사람들에게 중점을 두는 경향이 있다. 마지막으로, 부유한 사람들은 이러한 빈곤완화 프로그램에 분개하는 경향이 있으며, 때로는 의미 있는 방법으로 빈곤완화 프로그램을 좌절시킬 수 있다는 것도 분명하다. 이는 수천 가구의 빈곤을 완화시키면서 방글라데시 빈곤완화에 상당한 투자가 있었음에도 불구하고 국가 전반의 빈곤을 상당한 수준으로 떨어뜨리는 데 왜 실패했는지에 대한 이유가 된다.

※ UN/ESCAP, 1996a, p. 10.

스리랑카의 빈곤완화

두 번째 예는 스리랑카에서 아마도 가장 잘 알려진 NGO에 관한 것이다. 불교적 교리와 마하트마 간디(Mahatma Gandhi)의 가르침에 근거하여, 조직의 중심 목적은 새로운 사회 질서의 비전을 추진하는 것이었다. 그것은 도시와 농촌 사회의 빈곤한 지역을 조직해 정의로운 사회 구축에 기여하기 위해 시작되었다. 이를 위하여 조직의 목적은 개인, 특히 젊은이들을 변화 운동에 끌어들이고 일련의 특별한 프로그램을 운영하는 것이었다. 연구의 핵심에서, 조직은 지역 여건을 개선하는데 30,000명 이상의 마을 젊은이들이 능동적으로 참여하도록 하였으며 5개의 주요 프로그램을 운영하였다. 이러한 프로그램에는 권한부여와 빈곤 퇴치, 경제 기업 개발, 조기 아동 발달, 농촌 기술 서비스, 오랜 기간의 내전에 영향을 받은 지역의 사회 갱생·회복·재건 등이 포함된다.

빈곤완화 프로그램은 빈곤층을 표적 집단으로 하여, 그들이 자신의 노력으로 근본적 욕구를 충족시키도록 촉구하고, 역량구축과 잠재력 향상을 통해 그들에게 권한을 부여한다. 이 프로그램은 한 곳에서 6~7년에 걸쳐 5단계로 운영하도록 계획한 것으로 빈곤을 완화시키는 데 시간이 오래 걸린다는 것을 강조한다.

1단계는 마을에서 NGO의 참여를 요청하도록 하고, 이로써 사람들이 동기부여가 되고 인식 수순이 상당히 높아신다. 그러나 몇몇 극한 상황에서는 다음 단계로 나아가는 것보다 분명한 요구가 우선하는 경우 주도적인 지역조사 접근 방법을 이용한다. 1단계의 핵심 목표는 지역개발에 관심이 있는 지역 집단을 세우고 이를 달성하기 위한 준비를 하는 것이다. 이를 위해, 주민들이 모든 결정을 하도록 보장하면서 조직은 지역사회복지사를 공급하여 주도적인 역할을 담당한다. 사회복지사는 과정 중에 더 젊고 교육을 잘 받은 지역 구성원들을 지원하고 지역 지도자들을 확인하고 훈련을 제공한다.

2단계는 주민들이 개발 계획을 세우는 것이다. 이 과정은 조급하지 않게 12개월에 걸쳐 진행되며, 이 기간 동안 더 많은 지도자를 양산하고 이들을 훈련한다. 2단계에서 가장 중요한 것은 합법적 독립체로 등록된 사회를 세우는 것이다. 이는 예를 들어 정부 부서와 협상하는 것과 같은 다양한 목적을 위해 필수적이다.

3단계에서는 사회가 강화되고 개발에 참여하게 됨에 따라 NGO 직원은 점차 뒤로 물러난다. 초기에 중점을 두는 것은 대게 경제개발이며, 사회는 경제 기업 개발을 전문으로 하는 기관 프로그램을 이용할 수 있다. 3단계에서 대게 저축 체계가 세워지고, 그로 인해 결국 구성원들이 대출을 할 수 있게 된다. 그 목표는 효과적인 소득창출 프로그램이다. 이는 문제와 자원을 분석하고 잠재적인 소득창출 활동을 파악하는 타당성 조사를 수행하도록 사회를 고무시키기 위한 준비라 할 수 있다.

4단계는 실행단계로, 경제 기업을 지도하기 위해 신중하게 훈련 받은 구성원으로 구성된 행동 위원회를 설립하는 것이다. 행동 위원회의 역할은 자원을 확보하기 위해 집단의 협상을 촉진하는 것이다. 이제 지역사회는 특히 소득창출에 따라(이 목표로 제한되는 것은 아니지만) 더 강하고 나은 사회를 구축하는 데 적극적으로 참여해야만 한다.

5단계에서 지역사회는 지역사회 자원을 기반으로 완전히 독립하게 되며, 대게 농촌 기업 관리자를 고용한다. 5단계에서 요구되는 사항은 어떠한 외부의 지원 없이도 지역사회 자체의 지속적인 개발에 관여해야 한다는 것이다.

빈곤완화 프로그램에 사용되는 많은 중요한 전략들이 있다. 이는 빈곤층을 표적 집단으로 하지만 마을 전체를 대상으로 진행되며, 더 나은 변화의 동력으로서 젊은이와 여성을 대상으로 하는 경향이 있다. 프로그램은 초기 단계에서 중요한 촉진자들을 고용하며, 각 촉진자들은 5개의 마을을 담당한다. 촉진자의 대부분은 단체가 채용해서 훈련시킨 청년들이다. 셋째, 단계적인 접근은 매우 오랜 기간 지속된다. 이는 지역사회가 권한부여 과정에서 프로그램과 함께 그리고 프로그램을 통해서 발전할 수 있다는 것을 보장하기 위해서다. 마을을 대상으로 할 때 핵심은 훌륭한 지도자를 세우는 것이며, 이 목적을 위해 젊은이를 대상으로 하는 것이다. 개발을 위해 지식과 기술이 필요하다고 가정할 때, 젊은이들과 다른 사람들을 훈련하는 것은 프로그램 과정 내내 가장 중요한 투자이다.

이 단체의 설립 기원 때문에, 프로그램에 대한 영적인 측면이 있다. 빈곤 퇴치와 지속적인 개발의 핵심은 개인의 영적, 도덕적, 문화적 자각이다. 또한 불교주의 사상과 일치하는 생태학적 측면에 대해서도 강조한다.

지역적으로 일어나는 첫 번째 개발 중 하나는 영양과 주요 건강 문제를 중요하게 강조하는 유치원의 설립이다. 이 분야에서의 자각과 지식 개발도 그 자체로 중요하지만, 유치원은 지역 여성과 지역 사회 조직 형성을 위한 중심 기능을 한다. 보육 교사는 자원봉사로 훈련을 받고 어머니들로부터 일부 급여를 충당한다.

이 단체는 사람들에게 조화와, 번영, 그리고 상호관계로 이루어진 지역사회를 세울 수 있는 능력이 있다고 굳게 믿고 있다. 비록 외부로부터 상당한 양의 지침과 지원이 과정 중에 제공된다는 것을 가정하기는 하지만 말이다. 또한 이 단체는 개발도상국의 개발과정을 통틀어 가장 성공한 단체 중 하나로 인식되고 있다.

※ UN/ESCAP, 1996a, p.91.

결론

개발도상국에서의 사회복지실천은 빈곤 문제를 경시하거나 빈곤의 원인을 해결하기 위해 어떤 것도 하지 않는 자선을 기반으로 한 대응에 관여해왔다. 이는 실제로 빈곤을 어떤 접근방법으로도 해결할 수 없는 매우 광범위하고 견고한 현상으로 보는 것이 그 이유로 설명되기도 한다. 다양한 원인 관점에서 볼 때 빈곤은 매우 복잡한 현상이기 때문에, 빈곤을 해결하는 것이 사실상 다른 모든 주요 문제들—건강 문제, 낮은 교육 서비스, 낮은 경제개발 수준, 내전, 생태계 파괴, 정치적 부패, 열악한 통치제도와 민족적 편견—에 대한 해결을 요구하는 것처럼 보인다.

완전한 빈곤퇴치의 가능성이 매우 희박하다는 점을 인지하면서, 국내외적으로 빈곤퇴치에 초점을 맞추는 것은 중요하다. 그러나 절대적 빈곤을 퇴치하는 목적은 빈곤완화를 통해서 실현가능하다. 한편, 사회·경제적 발전이 빈곤을 줄이는 데 기여하는 것과 마찬가지로 빈곤의 원인을 하나하나 해결할 때마다 빈곤 발생을 줄일 수 있다. 이는 최근 수십 년간 빈곤감소에 있어서 상당한 진보가 있었던 이유가 된다. 그러나 불행히도 빈곤감소는 사회의 특정 부문을 선호하는 경향이 있다. 멀리 떨어진 위치, 토착 소수 집단의 지위, 다수의 집단과는 다른 민족의 기원, 매우 견고한 계급제도인 카스트, 혹은 젠더에서 비롯된 시스템 때문에 극도의 빈곤이 계속될 수 있다. 이런 견고한 빈곤이야 말로 지역 차원 개발의 빈곤감소 및 빈곤완화의 효과와 더불어 사회복지실천이 우선순위를 두어야 하는 부분이다(6장 참조). 이는 빈곤의 원인을 다루는 데 기여하고, 빈곤감소에 긍정적인 영향을 미칠 수 있는 정책, 프로그램 및 구조적 변화 촉진에 있어서 사회복지실천의 중요한 역할을 무시하는 것이 아니다. 그러나 본질적으로, 사회복지실천 전문가들은 다양한 빈곤완화 전략을 통해 뿌리 깊게 자리 잡은 빈곤 중에서도 좀 더 간과된 빈곤 문제 측면에 중점을 두어야만 한다.

따라서 8장은 단단히 자리 잡은 빈곤 상황에 적용될 수 있는 빈곤완화에 대한 다양한 접근에 초점을 두고 있다. 우리는 이러한 일의 어려움에 대해 알고 있으며, 인기가 없다는 것을 인식하고 있다. 우리는 대부분 개발도상국의 사회복지실천 전문가가 현재 그러한 일을 맡고자 하는 의지가 있고 능력이 있는 사회복지사가 많지 않다는 것 또한 알고 있다.

그러나 우리는 요청받은 지역에 관계 없이 이러한 어려움이 사회복지실천 전문가들이 그러한 일을 수행하는 것을 막을 필요도 없고 막아서도 안 된다고 주장하고자 한다. 절대빈곤에 처한 수백만 명의 사람들(적어도 13억 명) 및 전 세계의 안전과 복지를 위해 사회복지실천이 미시적 수준의 빈곤완화 노력을 이행하면서 거시적 수준의 빈곤감소를 위한 공식적 노력을 보완하는 것은 매우 중요하다. 위의 사례 및 다른 많은 사례에서 볼 수 있듯이 우리는 다양한 측면에서 이 목적을 달성하는 방법에 대해 알고 있다. 부족한 점이라면 많은 성공적인 이니셔티브의 범위를 확대하고자 하는 의지 및 헌신이다. 이는 실로 개발도상국 및 전 세계에 있는 사회복지실천 전문가에게 중요한 도전이다.

CHAPTER 08

◐ 요약

- 국제사회복지실천은 지역 수준에서 빈곤을 완치시키는 데 기여할 수 있다.

- 사회 · 경제적 배제와 그 중에서도 사회 해체를 다루는 포괄적이고 통합적인 모델은 효과적인 빈곤완화에 필수적이다.

- 참여, 자기 독립, 지속성, 권한부여는 빈곤 업무에 있어서 핵심 원칙이다.

- 사회복지사의 경험은 실천적 행동과 성인 학습에 의한 자조집단 및 주민조직을 형성하고 유지하는 과정 있어서 중요한 부분임을 보여준다.

- 빈곤완화 프로그램과 전략의 초점은 지역사회 기반 사회서비스이며, 국가적으로 혹은 지역적으로 제공된 복지, 혹은 역량강화 및 소득창출 활동을 통합하는 포괄적 접근이다.

- 전체적으로 볼 때, 지역사회 기반 접근과 인간중심의 접근을 이용할 때 그리고 특정 원칙과 과정 및 프로그램을 수반할 때 빈곤완화 업무가 가장 효과적임을 사례를 통해 볼 수 있다.

◐ 질문과 토론 주제

- 세계적 반빈곤의 주요 전략과 사회복지사들이 지역단위, 국가단위, 특정 지역단위에서 그러한 캠페인에 어떻게 기여할 수 있는지에 대해 조사해보자.

- 8장에서 제시된 빈곤완화 모델을 비판적으로 검토하시오.

- 개발도상국의 사회복지사 및 다른 직종의 종사자들이 8장에서 서술된 특정 지역 단위의 빈곤완화 접근에 참여한 사례를 찾아보자.

- 참여, 자립, 지속가능성, 권한부여의 원칙은 빈곤완화에 얼마나 중요한가? 그리고 이러한 원칙 중에서 혹은 다른 원칙 중에서 어떤 것에 우선순위를 두고자 함인가?

- 지역사회 기반 접근이 일반 지역사회에서 실현가능하다고 생각하는가? 아니면 지역사회 기반 접근이 특수한 환경을 필요로 한다고 생각하는가?

- 특정 지역 단위에서 빈곤완화에 참여하는 직원들이 문제를 적절히 해결하기 위해 필요로 하는 특징과 훈련은 무엇인가?

- 극빈층과 함께 일하면서 종사자들이 이용하는 핵심 과정에 대해 비판적으로 검토해보자. 그러한 업무를 수행하기 위한 당신의 개인적 강점과 가능한 영역에 대해 생각해보시오.

- 마지막 두 가지 사례를 분석하고 빈곤완화 업무에 사용된 기본 전략과 과정이 무엇인지 확인하

시오. 그러한 전략과 과정을 포괄적인 접근으로 분류하도록 하는 것은 무엇인가?

◎ 향후 연구 분야

- 구체적으로 빈곤에 영향을 받는 상황의 특징을 선정하여 그러한 상황에 효과적일 수 있는 빈곤
완화 프로그램을 생각해보자.
- 특정 상황에서 상당한 정도로 빈곤이 감소된 내용에 관한 문헌을 찾아보고, 대체로 결과에 대해
책임이 있는 프로그램과 전략의 특징을 추론해보시오.
- 효과가 있었던 그리고 효과가 없었던 빈곤완화 프로그램과 핵심 원칙, 과정, 프로그램에 대한 분
야를 연구해보자.
- 소자본대출 계획에 대해서 이용 가능한 자료를 평가하고, 자신의 권리에 있어서 빈곤완화 전략
의 중요성을 평가해보자.

분쟁 및 분쟁 후 재건 분야: 배경과 이슈

역사는 민간인 사상자, 재산 및 환경 파괴를 수반하는 다양한 유형의 사회 집단 구성원들 간 또는 반대 집단의 군인들 간의 전쟁으로 점철되어 있다. 게다가 그리스와 로마와 같은 제국들은 부와 노예제도를 추구하면서 침략과 영역 정복에 착수하였다. 그 후 로케트폭탄 등 무기 사용이 확대되면서 민간인 사상자가 증가하였고 재산 및 기반시설 파괴가 증가하였고, 최근 수세기 동안 유럽 및 다른 지역에서도 민족국가 간의 분쟁이 점차 익숙한 현상이 되었다. 이러한 전쟁은 1914~1918년과 1939~1945년 두 차례에 걸친 세계대전으로 절정을 이뤘다.

지난 수십 년간의 분쟁 중 사회복지사 및 다른 인도주의 종사자들은 적십자, 종교 기관, 다른 NGO와 협력해서 일하였다. 다른 사회복지사들은 제대 군인이 원활하게 사회에 복귀하고 고향(서구국가)의 가족 및 지역사회로 재통합될 수 있도록 도왔다. 또한 몇몇 NGO와 사회운동들이 더 평화로운 세상을 만들고자 유엔 및 의회에서 로비활동을 벌이는 한편, 동시에 다양한 분야의 사람들이 평화 캠페인에 참여하였다.

최근 수십 년간 전쟁의 양상은 국가 간 전쟁에서 종종 민간인을 대상으로 하고 기반시설을 파괴하는 국가 내 분쟁으로 뚜렷하게 변화하고 있다(Brown, 1993; UNHCR, 2000, p.9; Duffield, 2001, pp.13-15; Stewart & Fitzgerald, 2001; Debiel & Klein, 2002; Kaldor, 2003, pp.119-128 참조). 이러한 내전은 일반적으로 분명한 선전포고를 하지 않거나 혹은 최종 평화 협정에 서명하지 않은 채 장기간에 걸쳐 일어난다. 이러한 변화와 함께, 분쟁 지역에 직간접적으로 개입하는 사회복지사 및 다른 종사자들의 수가 눈에 띄게 증가하였다. 많은 사람들이 분쟁 상황 및 분쟁 후 상황에서 인도주의 단체와 함께 일해 왔고 현재도 일하고 있다. 또한 종종 엄청난 파괴의 여파 속에서 점차 많은 사람들이 지역사회 및 국가를 다시 세우는 재건 노력에 참여하고 있다. 많은 다른 종사자들은 그들이 어디 있든지 간에, 분쟁 난민, 피난민 등 전쟁 희생자 및 다양한 국가의 난민지위신청자들과 함께 일한다. 또 그들은 난민 센터에서 근무하며 분쟁으로 인한 외상후 장애 경험으로 고통 받는 사람들과 고문 희생자들을 지원한다.

최근 몇 년간 분쟁 및 분쟁 후 상황에서 사회복지의 개입이 크게 증가하고 있음에도 불구하고, 그러한 일에 대한 수요는 앞으로 더 증가할 것이다. 지난 10년간 그랬듯이 다양한 차원의 분쟁 상황에 사회복지 지식과 기술을 보다 잘 적용할 일이 더 많아 질 것이다. 게다가 사회복지 종사자들은 다른 종사자들과 마찬가지로 점차 현대 분쟁의 본질 및 규모에 의한 어려움에 직면할 것이며, 이런 이유로 영속적인 평화를 달성하려는 노력이 증가할 것이다. 이렇게 될 때, 사회복지는 과거 분쟁 중인 단체 간의 화해, 지역사회 관계 및 사회 응집력 강화, 지역사회 재건, 더 강하고 조화로운 다문화사회 건설과 같은 실천 영역에서 사회복지의 역량을 향상시키고자 하는 노력을 강화할 것이다.

분쟁 및 평화 이슈에 대한 통합관점 접근

현대 분쟁은 내전이 대부분의 경우를 차지하지만, 여러 가지 면에서 세계적인 성격을 띠고 있다. 첫째, 분쟁이 광범위하게 퍼져 있기 때문에 분쟁은 세계적 대응을 요구하는 세계적 현상이다. 둘째, 분쟁의 원인이 되는 요소들로는 세계의 부를 분배하는 본질, 원조 경향, 무역과 투자, 따라서 사회적이고 경제적인 기회의 분배 그리고 세계가 어느 정도로 평등, 사회정의, 인권에 기반을 두고 있는가를 포함한다. 다시 말해서 외적인 상황 및 자기 자신의 상황에 대한 좌절은 세계적으로 볼 때 내적 요인을 더욱 악화시키고 있다. 셋째, 현대 분쟁에 대한 대응은 전 세계적이며 세계적이어야만 한다. 분쟁 종식, 평화보장, 인도주의 원조 제공, 분쟁 후 재건 활동에 참여하기 위해서는 잘 조율된 국제적 노력이 요구된다. 마지막으로 인적 차원에서 분쟁과 분쟁의 여파에 대한 대응은 사회복지를 포함하는 원조 전문가들의 세계적인 연합을 요구한다. 지역사회복지사들과 함께 일하기 위해 세계 곳곳에서 원조기관에서 종사하는 사람들이 들어오게 된다. 게다가 이러한 전문가들은 단순히 경제적·물질적 지원이 아니라, 이 특수 분야의 지식 증진 및 기술 개발, 훈련 향상, 그리고 활동하기에 어렵고 위험한 분야에 대해 국제 압력단체를 창설하고 로비를 하는 일에도 많은 국제적 지원을 요구할 것이다. 마지막으로 칼도어(Kaldor, 2003)는 세계시민사회가 분쟁에 대한 중요한 해답이라는 점을 책 전반에 걸쳐 강조하고 있으며, 우리도 세계시민사회를 보다 더 많이 발전시키는 것이 매우 중요하다는 데 동의한다.

인권 관점은 분명히 가장 중요한 부분이 된다. 인권 침해와 인권 무시는 분쟁을 유발하는 흔한 원인이 되며, 분쟁 해결 및 분쟁 후 재건 노력에 열쇠가 되는 것 또한 인권이다. 첫째, 지배적인 정치·경제적 관점 내에서 인권의 영역을 보장하기 위해 인권 관점의 중요성이 계속적으로 촉진된다면, 둘째, 이 분야에 일하는 모든 종사자들이 인권 훈련을 받고, 현 상황을 타개하기 위한 해결책을 인권에서 찾고자 한다면, 이는 가능하다. 사회복지사들은 이미 인권이 간과된 영역의 사람들—제대 군인, 소년병, 강간 희생자, 지뢰에 의해 장애를 입은 사람들, 군인들이 휘두르는 칼에 부상을 입은 사람들, 외상후 장애를 입은 사람들, 소외되고 정치적으로 중요하지 않은 집단—의 인권을 보호하고자 노력을 기울이고 있다. (Duffield, 2001 및 이 문제에 대한 Human Rights Watch의 세계보고서 참조)

생태적 관점 또한 이러한 실천 영역에서 근본적으로 중요하다. 현대 분쟁은 종종 환경에 파괴적인 영향을 미치며, 때때로 고의적으로 영향을 끼치기도 한다. 복구활동은 종종 중요한 인구층이 거주하는 전략적 지역에 편중되는 경향이 있다. 국제사회복지는 특히 분쟁이 생태적으로 영향을 미친 지역 중 전략적 중요성이 덜한 지역에 특히 더 초점을 두어야 한다. 왜냐하면 이는 더 가난하고 더 혜택을 받지 못하는 사람들과 밀접하게 관련된 측면이기 때문이다. 국제사회복지사들은 생태적 이슈에도 익숙해져야만 한다. 그럼으로써 자신들의 노력, 예를 들면 지역사회 재건과 같은 부분 등이 생태적 지속가능성을 지킬 수 있도록 해야 한다. 확실히 재건 활동은 생태적 훼손을 초래하는 과거의 경향들을 바로잡기 위한 기회가 될 수 있다.

마지막으로 국제사회복지실천의 다른 영역을 살펴보면, 사회개발은 분쟁 후 재건 작업에 대한 개입 전략을 선택하고 개발하는 데 지침이 된다. 주지하듯이 상기 활동이 구호보다는 개발중심적이어야 한다는 논쟁이 있었다(Duffield, 2001, 2장 참조). 그러나 그 이상으로 다양한 수준과 다양한 측면에서의 포괄적 접근에 관한 사회개발 초점은 분쟁 후 상황에 매우 적절하며, 이 장에서 제시할 분쟁 후 재건 의제는 그러한 전제에 확고하게 기반하고 있는 것이다.

현대 분쟁의 규모와 본질

최근 수십 년간 분쟁은 이전보다 더 일반적으로 발생하고 있으며, 유럽의 2차 세계대전이나 한국 전쟁과 같은 전쟁과는 사실상 그 양상이 다르게 나타나고 있다. 해리스(Harris, 1999, p.3)는 다음과 같이 기술하고 있다.

1980년대와 1990년대에, 해마다 30~40차례의 '심각한 무장 분쟁'이 있었다. 스톡홀름 국제평화연구단체는 심각한 무장 분쟁을 "두 개 혹은 그 이상의 정부들의 군사력 간 장기적인 전투이거나, 또는 하나의 정부만 관여하고 있다면, 분쟁 기간 동안 적어도 1,000명 이상의 분쟁 사상자를 초래하는 조직화된 무장 집단"을 포함하는 것이라고 정의한다.

구소련과 유고슬라비아가 붕괴될 때까지 사실상 모든 주요 무장 분쟁은 개발도상국에서 발생하였다.

1989년 이래 전 세계적으로 증가한 분쟁은 주로 냉전 종식 이후 증가된 내전 때문이다. 왜냐하면 냉전기간 동안 미국과 구소련은 여러 활동과 영향력을 통해 분쟁 가능성이 폭력 사태로 번지는 것을 막고 있는 것처럼 보이기 때문이다(UNRISD, 1995a, p.6). 1993년 유엔 보고서(UN/경제 및 사회개발 부문, 1993, p.146)는 다음과 같이 보고하고 있다.

냉전 종식 이후 폭력적인 분쟁이 심각하게 확대되고 있다. 1989년에서 1990년의 기간 동안 1,000명 이상의 사상자를 낸 무장 분쟁이 33번이나 일어났다. 이 중 오직 한 차례만이 국가 간 분쟁이었다. 나머지는 하나의 동일 국가 안에서의 민족 집단, 종교집단 혹은 다른 집단 간에 일어난 분쟁으로 모두 내전이었다.

1990년대에는 이러한 상황이 더 이상 나아지지 않았으며, 유엔은 2001년에 36번의 내전이 진행 중이라고 보고하였다.

분쟁의 원인

분쟁은 거의 항상 복잡한 원인 때문에 일어난다. 대부분의 저자들은 과거 식민지였던 국가 내에서 발생하는 분쟁의 근본 원인이 식민지시대의 잔재라는 데 동의한다(UNHCR, 2000, 2장 "아프리카의 탈식민지" 참조). 해리스와 르위스(Harris & Lewis, 1999, p.8)는 다음과 같이 기술하고 있다.

강압과 속임수로 식민지 토착주민들은 억압받았으며, 이들에 대한 배려는 거의 없었다. 이 과정에 있어서 식민지 당국은 토착주민들을 복종시키기 위해 권위주의적 법 체계 및 폭력에 의존했다. 오늘날 후기 독립국가들은 식민지국가일 때보다 사람들을 기초로 하는 경향이 약간 강화되었으며 위에서 부과된 인위적이고 강제적인 외부 구조가 기본적으로 지속되고 있다. 후기 독립국가들은 종종 식민지의 폭력적 수단을 물려받았으며, 국민을 통제하고 공포에 떨게 하려고 폭력적 수단을 사용한다.

종종 다민족적, 종교 다원주의적 국가들이 때로는 독립이나 자치권을 얻기 위해 폭력 투쟁을 초래하는데, 이는 점차 하나 혹은 그 이상의 정당이 용납되지 않는 현실이 분명 주된 원인인 것처럼 보인다. 예를 들어 동티모르, 스리랑카, 에티오피아, 체첸공화국, 인도네시아의 아체 지역, 구 유고슬라비아를 떠올릴 수 있다. 다른 상황에서는 경쟁 관계에 있는 민족 집단 혹은 다른 집단 간의 긴장이 다년간 지속되며 중미, 피지, 캄보디아, 베트남, 수단을 비롯, 많은 아프리카 국가의 일부에서와 같이 한 정당이 다른 정당들을 지배하고자 할 때 종종 폭력이 발생한다(수단의 내전 및 대응에 관한 사례연구를 위해 Duffield, 2001, 8장과 9장 참조). 전형적으로 아프가니스탄, 이란, 이라크의 예처럼 하나 이상의 국가들이 어떤 국가에서 발생한 사건에 개입하는 것 또한 일반적이지 않은 일이다. 동시에, 인접국가나 준 국가 간의 전쟁은 이란–이라크 전쟁, 이라크–쿠웨이트 전쟁, 이스라엘–팔레스타인의 전쟁에서 보듯이 여전히 일어나고 있다. 카슈미르의 예처럼 분쟁 지역에서의 전쟁도 일반적인 일은 아니다. 마지막으로 개발 과정의 본질 또한 종종 한 요인이 된다. 빈곤을 극복하는 데 개발이 균등하게 일어나지 않고, 개발을 통해 빈곤을 극복할 수 없으며, 빈곤을 극복하고자 하는 의지가 없을 때 혹은 취약한 지배체제를 초래할 때, 계기만 마련된다면 분쟁은 언제든지 시작된다(Duffield, 2001, pp.113-117).

분쟁의 특징

분쟁의 본질 및 분쟁이 당면한 원인은 다양하긴 하지만, 현대 분쟁이 일어나는 횟수만큼 중요한 것은 분쟁의 본질이다. 현대 분쟁의 가장 중요한 특징은 다음과 같다.

· 민간인을 목표로 한다는 점에 집중한다. 표적이 되는 민간인들은 무장 세력보다 종종 더 위험한 상태에 처해있으며 사상자의 비율이 매우 높다.

- 용병이나 종종 돈을 받지 않는 징집된 사람들을 이용한다. 이들을 약탈하는 경향이 있으며, 그렇지 않으면 개인적 이득을 위해 상황을 이용한다.
- 기반시설, 식량 그리고 자원의 파괴와 더불어 주거시설 파괴에 초점을 둔다. 대규모의 사람들이 집을 잃고 기아의 위험에 처한 상태로 남게 되고, 분쟁 후 대규모 재건 프로그램이 요구된다.
- 매우 많은 사람들이 국내외적으로 이동하게 된다.
- 과거에 그랬던 것처럼 고문과 강간이 발생하며, 그 규모가 커진다.
- 상대적으로 새로운 요소인 소년병이 분쟁에 참여한다(UNICEF, 1996, 1장).
- 분쟁 이후에도 오랫동안 민간인 사상자를 계속 발생시키는 지뢰가 폭넓게 사용된다(Reports of the Mines Advisory Group, U.K. & Canada 참조).
- 현대 분쟁은 전쟁선포가 없다는 점, 또한 협상을 통해 도출되며 신뢰를 주지 못하는 정기적 휴전, 분쟁의 장기화 및 이로 인한 사람들의 불안감 등을 그 특징으로 한다(예: Zwi, 1995; Macrae & Zwi, 1994 참조)

셔크러스(Shawcross, 2000, p.13)가 기술하고 있듯이, "세계는 현재 구조화되지 않은 혹은 파괴된 분쟁의 기간에 있으며, 이는 종종 '정체성에 근거한 세계'라고 불린다." 유엔난민기구(2002, p.23)는 최근에 다음과 같이 보고하였다.

냉전 종결 이후, 분쟁은 사실상 내부적, 민족적 혹은 공동체적으로 되어가면서 점점 골치 아픈 일이 되고, 결과적으로 종종 국가 간의 전통적 분쟁보다 종종 더 해결하기 어렵게 된다. 유엔난민기구는 군지도자, 군부, 지역 및 국제 기업, 심지어 피난 집단 내에 있는 집단조차도 수십 년간 지속될 수 있는 장기전에 자신들의 이해관계를 가지고 있다고 결론을 내렸다.

분쟁의 영향

분쟁의 영향은 항상 대단히 참혹하며, 특히 분쟁에 참여한 사람들과 그들의 가족들에게는 그 결과가 더 잔혹하다. 그러나 현대 분쟁의 영향은 오히려 이전보다 더 충격적이다.

1945년 이래 2,200만 명 이상의 분쟁 사상자가 발생했으며, 이들 중 84%가 민간인인 것으로 추정되었다. 훨씬 더 많은 사람들이 분쟁으로 인해 육체적으로 혹은 정신적으로 장애를 갖게 되며, 그러한 장애는 사람들의 삶을 엄청나게 파괴한다. 특히 개발도상국 사람들에게 이러한 문제는 훨씬 더 심각하며 분쟁 희생자의 대다수는 이들이다. 분쟁으로 인해 경제는 항상 무너진다. 경제 재건은 어려우며 장기간의 시간을 요한다. 게다가 지속적으로 투자를 하기에 경제상황이 불안하거나 또는 투자수익이 높지 않을 것이라는 판단이 서면, 이런 경제의 재건은 훨씬 더 어렵다. 물론 이는 경제에만 해당되는 것은 아니다. 한 국가의 물리적, 제도적 기반시설이 상당히 파괴되어, 이루어지는 주요 재건 작업은 종종 분쟁 이후 상황과 관련이 있다. 이러한 거대한 재건 작업은 리더십을 가진 많은 사람들의 사망, 도피 혹은 이주로 인해 더 어렵게 된다. 특히 상당한 사회적 기반시설이 파괴된다는 사실을 주목해야 한다. 물리적 파괴뿐만 아니라 인종, 종교 혹은 계급에 의해서도 사회는 분리된다. 분쟁의 정신적 상처에 의해 상실되고 분리되며 영향을 받은 구성원들의 가족생활 및 지지 구조는 상당히 약화된다. 따라서 분쟁 후 재건은 지역사회뿐만 아니라 개인과 가족의 삶의 재건을 요구한다.

유엔의 역할

분쟁과 관련된 유엔의 역할은 분쟁 환경이 변화함에 따라 변화하기 시작했다. 로버트슨(Robertson, 2000, p. 25)이 지적하고 있듯이, 1993년 이전에 유엔은 "내부탄압에 대한 조사를 반대하거나 혹은 비난하는 것을 반대하는 국가에 대해 조치를 취하는 것을 거부했다." 그는 1993년 이후에서야, "냉전이 끝난 이후 그리고 '인종 청소'의 비극이 유럽에 다시 시작되었을 때"에서야 많은 분쟁 발발 지역에서 정당한 역할 수행을 가능하게 하는 초강대국의 결의가 유엔안전보장이사회에서 있었다고 하였다. 유엔의 조치가 변화하게 되면서, 유엔은 인도주의 원조를 제공하고 난민들을 지원하는 것뿐만 아니라 평화유지군을 지원하고 인도주의에 반하는 인권 유린과 범죄를 다루면서 평화 협상을 하는 데 빈번히 관여하였다. 유엔은 1994년 르완다 교전(Shawcross, 2000, 5장 참조) 발발 이전 기간에 적절한 조치를 취하지 않았으며, 특정 상황에 정의를 이루기 위한 필요한 자원이 유엔의 회원 국가들로부터 적절히 제공되지 않아 한때 비난을 받기도 했으나, 그럼에도 불구하고 유엔의 개입은 점점 더 중요해지고 있다. 그러나 분쟁에 대한 유엔의 대응은 여전히 유엔 회원국에 의해 상당 부분 결정된다. 이들은 안전보장이사회 내에서 의결권을 가진 회원국이며 유엔의 대응 조치에 대해서는 재정적·인적 기여를 하는 회원국이다. 유엔안전보장이사회가 초강대국 및 북대서양조약기구와 같은 조직과 함께 주도적으로 분쟁 상황을 타개한다 할지라도, 국제 시민사회의 역할이 매우 중요하다는 것 또한 주목해야 한다(Kaldor, 2003).

세계시민사회의 역할

국제사회의 많은 비정부 구성원들은 유엔의 결정과 실행에 영향을 미치는 데 중요한 역할을 한다. 게다가 많은 비정부기구들은 그들 자신만의 프로그램으로 분쟁 및 분쟁 후 상황에 대응하며, 그들의 역할은 성공적인 결과에 중요하다. 분쟁의 시작에 유엔과 몇몇 정부 단체들이 관련되기도 한다. 예를 들면, 호주 정부는 동티모르에 상당한 지원을 했다. 적십자, 국경없는의사회, 기타 의학 단체들, 국제 엠네스티와 같은 몇몇 인권 조직들 등 NGO 기관들도 많은 역할을 한다(MSF, 1997, 인권감시보고서 참조). 시간이 지남에 따라 더 다양한 NGO들이 참여하고 있으며, 특히 분쟁 희생자들을 원조하고, 인도주의 원조를 제공하면서 난민들과 일하고 있다. 이상적으로는 다양한 영역의 조직들이 서로 밀접하게 협력하여 일한다. 그러나 분쟁 후 상황에서는 관련 정부 및 비정부 단체의 수가 엄청나게 증가하게 되어 실제로는 밀접한 협조가 이루어지기가 어렵다.

여기서 우리는 분쟁보다는 오히려 분쟁 후 상황에 더 많은 초점을 두고자 한다. 적십자는 물론이고 많은 인도주의 원조, 난민, 의료 지원 NGO들(예: 국경없는의사회)이 분쟁 상황에 매우 많이 관련되어 있기는 하지만, 사회복지사들이야말로 분쟁 후 상황에 더 많이 개입하기 때문이다. 분쟁 후 대응은 분쟁 기간 중에 이미 시작된 활동의 연속이라고 할 수 있다. 이러한 활동에는 일반적으로 첫째, 외교활동, 무기 공급, 군사훈련 등이며 분쟁 상황에서 얻는 폭리에 대한 대응이 포함된다. 대응의 이러한 측면이 매우 다양한 성질을 포함하고 있으며 종종 정치적이며, 이익에 좌지우지된다는 사실은 국제사회의 분쟁 후 개입 노력에 도움이 되지 않는다. 그 이유는 관련된 단체의 개입 동기를 신뢰하기 어렵기 때문이다. 이 때문에 상황을 가능한 한 신속히 통제하는 데 유엔이 선호되고 있다.

둘째, 인도주의 대응은 분쟁 기간에 시작될 것이다. 난민, 국내 난민, 전쟁 수감자, 그리고 기타 전쟁의 희생자들이 겪는 곤경은 다양한 조직으로부터 가능한 다양한 대응을 요구하고 받아들일 것이다. 이들 중 많은 사람들이 심각한 피해를 입은 절망적인 상태라는 것과 그들이 원조에 의존하고 있다는 것을 고려할 때, 의존하는 문화가 형성되는 것은 놀랄만한 일은 아니다. 그러나 동시에, 대체적으로 외부 원조는 사람들의 욕구에 한참 미치지 못하고, 많은 사람들이 개인의 힘에 의존하고, 생존을 위한 필사적 노력으로 과거에는 잘 개발되지 않았던 대처 기제를 발휘한다는 것을 인정해야만 한다. 의존성을 키우는 것과 대처 기제를 향상시키는 것 간의 균형이 무엇이든지 간에, 외부 원조의 유산은 분쟁 후 상황에서 중요한 요인이다.

활동의 세 번째 유형은 인권이다. 다양한 그룹들이 분쟁 기간 동안 인권 상황을 모니터링하고, 관련 자료를 이용해 전쟁 당사자들에 대한 외부 압력을 가하고 있다. 분쟁 기간 동안 반인륜적인 범죄 가능성 등 인권 문제에 대한 지속적인 초점은 재건과 복원 측면에서 매우 중요하다. 인권은 화해 문제와 밀접한 관련이 있다.

분쟁 기간에 활동하는 기관과 더불어, 분쟁 후에는 평화 조약을 시행하도록 위임받은 추가적인 기관들이 속속 도착하게 된다. 이는 분쟁의 마지막 단계에 유엔, 북대서양조약기구 및 유럽연합 혹은 아프리카연합과 같은 지역 공동체 및 다양한 국가 권력이 중재함으로써 시행되는 국제정치 과정이다.

마지막으로, 분쟁 종결 시에는 역할을 담당하고자 하는 조직들이 몰려온다. 대부분은 인도주의 목적을 갖고 있지만 일부는 경제개발에, 몇몇은 전문화된 서비스 제공에 중점을 두고자 할 것이다. 이타주의자들도 있지만, 자신의 단체를 유지하기 위해 이용 가능한 원조금을 차지하고자 하는 조직들도 있을 것이다. 현재 욕구의 몇몇 측면을 이용하여 수익을 얻고자 애쓰는 사람들 그리고 기금의 상당 부분을 빼돌리기 위해 원조 단체의 모습으로 부당하게 존재하는 몇몇 사람들도 존재할 것이다. 숫자에 관한 예를 들어 보자면, 보스니아 헤르체코비나가 1995년 후반 평화를 선언한 이후로, 약 240개의 단체들이 분쟁 후 상황을 해결하기 위해 보스니아로 들어갔다. 그 당시 이러한 단체들이 상대적으로 호화롭게 생활하는 방식, 특히 지역 출신 직원들조차도 특정시설 사용에서 배제됨으로써 분노를 일으킬 수 있으며, 특히 개발도상국가에서는 그 정도 숫자의 단체들이 들어오는 것조차도, 식품과 숙박시설 물가와 같은 지역 경제에 영향을 미친다.

분쟁 후 상황과 분쟁 후 재건 의제

현대 분쟁의 본질과 세계 안정 및 분쟁을 겪은 국가를 다시 회복시키려는 세계 경제에 대한 중요성을 고려할 때, 마샬 플랜과 함께 2차 대전의 여파 속에서 재건을 위한 노력이 있었던 것처럼, 최근 수십 년간 분쟁 후 재건에 막대한 노력이 있었다. 최근의 경험을 통해 본 주제에 관한 중요한 문헌들이 나오고 있다(예: Harris, 1999; War-Torn Societies Project, UNRISD, 1998; Kumar, 1997a). 우리는 〈그림 9-1〉과 〈표 9-1〉에 기술되어 있는 2가지 모델로 현장 실무자들의 관점으로 복구 과정에서 핵심 요소를 취합해왔다.

〈그림 9-1〉은 특정 상황에 대한 분석을 수행하는 데 유용한 분쟁 후 상황 일부에 해당하는 모델을 제공한다. 〈표 9-1〉은 수행되기 위한 중요한 업무의 윤곽을 잡아주고, 어떤 수준에서도 대응할 수 있는, 체크리스트로 사용될 수 있는 분쟁 후 의제를 나타낸다.

분쟁 후 상황에 대한 모든 측면 혹은 제시된 의제의 모든 부분이 사회복지 영역 내에 있는 것은 아니지만 사회복지사들과 이러한 상황에서 일하는 종사자들이 전반적인 문제에 대해 알고, 그들이 직접적으로 개입할 수 있는 일 외에 그들이 하고 있는 일에 대한 중요성을 아는 것이 중요하다. 두 가지 모델의 다양한 요소에 대해 간단하게 알아보도록 하겠다.

분쟁 후 상황: 분석

<그림 9-1>은 분쟁 후 상황 모델을 나타낸다. 이는 상황에 대한 국제적 반응에 관한 본질과 특히 측면을 결정하는 데 있어서 두 가지의 중요한 관련 요소를 파악함으로써 시작된다. 분쟁의 위치와 지배적인 국제 상황이 이러한 요소들이다. 분명히 발칸반도와 중동과 같은 세계의 특정 지역들은 아프리카 일부 지역 등 많은 다른 지역보다 더 전략적인 지역으로 중요하다. 분쟁이 정치적으로 혹은 경제적으로 민감한 지역에서 시작된다면, 이

[그림 9-1] 분쟁 후 상황

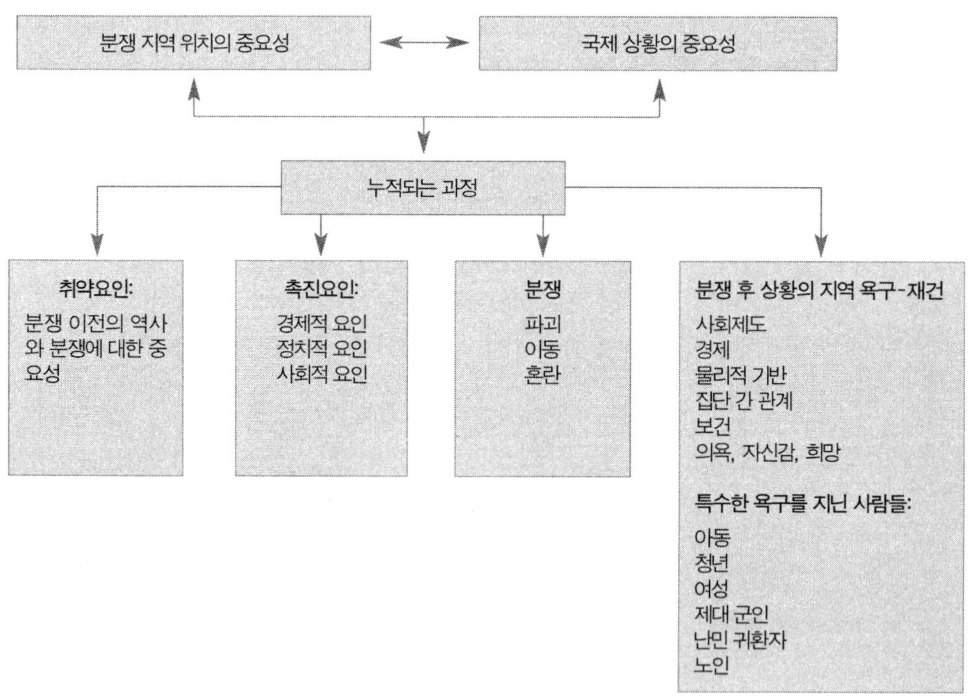

[표 9-1] 분쟁 후 의제

A. 과도기 기간 동안의 평화 유지 및 임시 정부 혹은 임시 행정부

평화 협정 수행
난민귀환과 재편입
   - 주인 사회(host society)와의 관계
   - 재산권의 재개
   - 복지를 위한 필수품 제공
군인 제대와 군인 복귀
   - 시민과의 관계 및 반대 세력 간의 관계
   - 복지를 위한 필수품 제공
화해
   - 인류에 반하는 범죄를 저지른 사람들에 대한 처벌
   - 진실과 화해 위원회

B. 복지에 대한 포괄적 접근

개인 및 가정의 일반적이고 즉각적인 욕구
   - 종종 더 넓은 재산 문제와 관련된 피난처
   - 자립 준비 및 식량 원조
   - 일반적인 보건, 교육, 사회서비스
아동, 청년, 여성, 노인, 장애인, 제대 군인, 귀환자 및 특수한 욕구를 가진 사람들의 즉각적인 욕구
   - 특수 교육, 보건 서비스
   - 특수 숙박시설 마련
   - 상담 및 사회복귀 서비스
지역사회의 즉각적인 욕구
   - 지역 의식
   - 상호 지원 준비
   - 소득창출 활동
   - 지역 중심의 의견 정립
사회의 즉각적 욕구
   - 법, 질서, 경찰, 사법제도
   - 정치 생활: 선거 및 통치제도
   - 물리적 기반시설: 도로, 다리 등
   - 경제 체제: 은행, 신용거래, 시장, 투자 등
   - 사회 화합: 정체성, 가치, 사회적 관계

C. 선행 요인과 촉발 요인을 포함한 분쟁의 근본 원인

지속적인 사회개발을 위한 확고한 기반 확립에 기여하는 방식으로 수행되는 모든 활동

문제에 대한 해결안은 정치·경제적으로 민감하지 않은 지역의 경우보다 더 정치적으로 대응하게 되며 훨씬 더 많은 관심을 받게 될 것이다. 마찬가지로, 국제 관계에 대한 지배적인 현실도 중요한 역할을 하게 될 것이다. 만약 예를 들어, 강대국이 점령당하는 일이 발생했다면, 또는 분쟁이 현재의 국제 관계 상황과 관련이 있다면, 혹은 분쟁 해결(혹은 연장)에 개입하는 것이 주요 권력의 현재 의제와 맞는다면, 다양한 당사자들의 개입의 본질은 상당히 영향을 받을 것이다. 이런 이유로 분쟁 및 분쟁 후 상황에 대한 대응은 종종 외부 요인들에 의해 좌우된다.

모델의 두 번째 부분은 분쟁 그 자체와 관계가 있는데, 이는 누적되는 과정으로 나타난다. 선행 요인과 촉발 요인이 결합되어 위기 상황이 일어난다고 가정하는 것이 일반적이다. 첫 번째 요인들은 종종 분쟁 후 대응책을 세울 때 간과되기 때문에 두 가지를 구분하는 것은 중요하다. 그러나 해결책이 아니라면, 첫 번째 요인을 인정하는 것은 분쟁의 근본적 원인을 다루고 미래에 분쟁이 재발하지 않도록 하는 데 중요할 수 있다. 선행 요인은 분쟁에 훨씬 앞서지만 분쟁의 근원을 반영하는 것들이다. 아마도 오랫동안 나타나지 않을 수도 있지만, 선행요인은 분쟁을 조장하거나 유발하는 정치 지도자들에 의해 다시 쉽게 분쟁이 시작되는 집단적 기억을 구성한다. 이러한 요인은 과거에 적절하게 다루어지지 않았기 때문에 쉽게 다시 나타난다. 촉발 요인은 분쟁으로 이르게 하고 분쟁 발발을 초래하는 데 지배적인 역할을 하는 것들이다. 촉발요인은 본질적으로 경제적, 정치적 혹은 사회적일 수 있으며, 일반적으로 세 가지 유형 모두가 결합된 것이다.

최근의 많은 분쟁은 사실상 대부분 종족간의 분쟁 혹은 종교 분쟁으로 인식되고 있으며, 이러한 주장은 어느 정도 확실한 사실이다. 유엔사회개발연구소 보고서는 "최근 몇 년 동안, 매우 많은 종족 간 분쟁, 종교 분쟁, 인종 분쟁은 '개발'이 종족의 충성을 약화시킬 것이라는 예언이 거짓임을 보여주고 있다. … 종족 분쟁에서 이러한 현상이 급증하는 것은 많은 요인에 의해 발생한다"(1995a, pp.6-10)고 언급하고 있다.

그러나 다른 이들은 정치지도자들이 종종 종족 카드 혹은 종교 카드를 사용한다고 지적한다. 왜냐하면 그것은 그들의 정치적 의제에 대한 지지를 이끌어내거나 혹은 그들이 이용할 수 있는 불안을 초래하기 때문이다. 이것이 가능하다는 사실은 해당 종족 관계 상황이 불확실하거나 잠재의식 속에 분노가 있다는 것을 의미한다. 또한 많은 분쟁은 사람들의 복지와 안전에 영향을 미치는 경제 상황이 악화되는 것과 매우 비슷하다. 마지막으로, 선거, 파업, 혹은 폭동과 같은 특별한 정치적 사건도 종종 불안감의 원인 중 하나이다. 유엔난민기구(1997, p. 12)는 "국제사회는 이주의 움직임 그리고 대량 인구 이동뿐만 아니라 집단 분쟁, 사회 폭력, 빈곤, 실업, 조직화된 범죄와 테러를 포함하여 불안의 다른 원인에 점차 관심을 갖게 되었다"라고 언급하고 있다.

이 보고서는 분쟁으로 가는 과정에서 발생하거나 조성되는 다양한 형태의 불안에 대해 매우 강조한다. 또한 분쟁, 이주 그리고 분쟁으로 인해 지속적으로 발생되는 다른 결과들에 의해 불안은 더욱 강화된다. 사노운(M. Sahnoun, 1996)이 언급한 내용은 눈여겨볼 만하다.

평화와 민주주의에 대한 도전이 반드시 갑작스러운 대규모의 무력 분쟁을 가져오는 것은 아니다. 이러한 도전은 인플레이션, 지역 긴장감, 다른 경제 사회 상황을 정치적으로 이용하는 것, 증가하는 파벌주의, 충돌, 외부 개입, 무기 공급, 점점 더 커지는 대립을 통해 표면화된다.

이론상으로는 이러한 악화시키는 요인들을 확인해 이에 대응할 수 있지만, 이러한 요인들이 분쟁 상황에 반영될 때는 그렇지 않다. 위의 요인과 더불어, 개발 과정과 분쟁 간의 관련성을 주목하는 것 또한 중요하다. 즈위(Zwi, 1995, p.101)가 지적하듯이, 분쟁을 촉진시키는 요인에는 절대적 및 상대적인 경제개발의 결여, 환경 자원의 결여, 국가 자원의 부적절한 혹은 불균등한 분배 등이 있다. 즈위는 "폭력적 분쟁은 경제, 사회, 정치, 환경적 스트레스의 표현이다"라고 결론을 내린다. 몇몇 저자들은 "자원 결여 및 자원 경쟁은 분쟁의 원인으로 무시되는 경향이 있다"(Vontira & Brown, 1994). 이를 경시하는 것은 분쟁 후 상황을 해결하려는 노력에 분명히 역효과를 가져올 것(Minear, 1994, p.2)이라고 언급하였다.

마지막으로, 분쟁 그 자체는 분쟁으로 인해 발생하는 비용 때문에 매우 중요하다. 이미 지적하였듯이, 분쟁은 광범위하게 삶, 거주지, 생계 자원, 기반시설, 기관을 파괴시킨다. 분쟁은 개인, 가족, 지역사회 그리고 사회의 광범위한 분열을 초래한다. 분쟁은 대개 대규모 이동과 상당한 혼란을 야기시킨다. 분쟁 시 사람들이 경험하는 폭력, 테러, 불안정은 과거의 경험을 강화시키고, 잠재된 두려움을 심화시키고, 오래된 편견을 다시 일으키며, 타인에 대한 잠재의식 속의 분노와 화를 드러낸다. 이와 같이 분쟁의 실상은 선행 요인과 촉발 요인이 복합적으로 얽혀 일어난다. 그리고 분쟁 후 상황에서 종사자들이 직면하게 되는 것은 이러한 경험, 감정, 태도가 복잡하게 혼합된 양상이다.

분쟁을 누적되는 과정으로 보는 것은 대단히 중요하다. 왜냐하면, 유엔난민기구(1997, p.175)에서 지적하듯이, "재건 과정의 첫째 목적은 우선 분쟁을 일으켰던 조건들이 '다시 형성되는 것'을 방지하는 것에 있다." 이는 분쟁을 초래하는 것으로 보이는 모든 요인들을 주의 깊게 고려해야 하며, 바람직하고 실현가능한 방식으로 다루어야 한다는 것을 의미한다. 물론 이러한 관점은 전체 재건 문제에 상당한 무게를 실어준다. 분쟁의 즉각적인 결과에 대응하는 것은 중요하며, 이에 대한 비용은 어마어마한 규모에 이른다. 개발 과정부터 인종 관계, 분배 정책에 대한 정치적 분야까지, 분쟁의 원인이 되는 일련의 요인을 다루는 것은 불가능하게 보이며 종종 불가능하다. 그러나 중요한 것은 문제를 부분적으로 해결하는 것이 미봉책이라는 점을 인식하는 것이다. 기본 상황이 지속가능하지 않다면, 분쟁과 재건의 전체 사이클이 반복되는 것은 시간문제일 뿐이다. 실현가능하고 지속가능한 미래의 기초를 재건 과정 중에 세울 수 있는지 아닌지를 우선적으로 검토해야 한다.

그러나 이 질문을 하기 전에, 모델의 세 번째 측면 다시 말해 분쟁 후 상황에서 나타나는 필요를 다루어야 한다. 우선적인 필요는 재건이지만, 이는 분쟁이 발생하기 이전 상태로 다시 돌아가는 의미가 아니다. 문제는 분쟁의 근본적 원인에 대한 인식을 제고하고 새로운 상황과 일관성이 있는 방식으로 재건하는 것이기 때문이다. 왜냐하면 분쟁은 언제나 상황을 변화시키기 때문이다. 총체적 접근 방법 채택의 필요성은 늘 강조되어야 하는 부분이다. 플로라 맥도날드(Flora Macdonald)의 진술은 다음과 같은 관점을 보여 준다.

재건이 성공적으로 이루어지기 위해서, 재건이 이러한 협의에서 고려되는 4가지 요소, 즉 재건, 화해, 비무장화, 효과적인 다자 간 협정을 모두 통합하는 전반적인 전략의 일부가 되어야 한다. 또한 재건 과정에는 지역사회, 지역 및 국가의 통치 체제 재건이 포함되어야만 하며, 경제적 기회 확장과 이전에 권리를 박탈당한 집단이 포함되어야 하며, 환경적 균형의 회복, 영적 · 문화적 가치의 재건 등이 포함되어야 한다. (UNHCR, 1996, p. 27)

세계은행 직원들은 "평화 증진과 분쟁 후 재건은 다각적이고, 밀접한 그리고 값비싼 대가를 치르는 과정이며, 이것이 지속적인 영향력을 미치기 위해, 국가 및 지역 제도와 경제 활성화뿐만 아니라 시민사회 단체의 강화 또한 요구한다"고 말한다(P. Weiss-Fagen가 배포한 자료, 연대 미상).

총체적 접근도 중요하지만, 재건 과정 내에서 다루어져야 하는 전체의 여러 측면을 분리해서 파악하는 것 또한 중요하다. 이 모델은 물론 각각의 상대적인 중요성을 파악하고 이에 따른 우선순위 영역을 선택하지만 우리가 항상 관심을 가져야 할 재건에 대한 일곱 가지 측면을 확인한다. 일곱 가지 측면에 대해 간략하게 설명하도록 하겠다.

사회제도

사회제도는 분쟁으로 인해 상당히 악화된다. 예를 들어 언제나 가장 부정적인 영향을 받는 것은 법적·정치적 체계이다. 사회는 양극화되거나 파벌화된다. 의사결정은 중앙집권화되고 종종 개인화되거나 혹은 국제사회의 통제 하에 있게 되며, 시스템은 와해되거나 폐기된다. 따라서 관건은 일련의 국가 제도를 강화하고, 또한 시민사회를 세우는 것이다. 이 중에서도 지배제도 확립, 적절한 경찰력, 수감 시설, 은행 설립, 보건 교육 서비스 제공이 강조되는 부분이다.

경제

경제는 또한 분명 가장 중요한 것이다. 분쟁 후 상황에서, 실업률은 극도로 증가되며, 식량 생산과 분배가 질서 있게 이루어지지 않으며, 의존도는 높아지고, 기업 활동에 참여할 의지와 능력은 낮아지며, 사회의 경제제도는 제대로 작동하지 않는다. 경제 재건의 긴급성이 매우 중요하다. 이는 일반 복지와 난민 귀환, 미래의 자신감을 불러일으키며, 개발 프로그램에 도움이 되는 환경 형성에 중요하다.

물리적 기반시설

국가의 물리적 기반시설은 항상 분쟁의 희생양이다. 도로와 다리는 군대의 이동을 차단하기 위해 파괴된다. 또는 방치되거나 무거운 군대장비가 이동함으로써 그 상태가 악화된다. 기본적인 공공물(물, 전기, 가스)의 분배는 분쟁 기간 동안 손상되고 방치된 기반시설로 인해 심각하게 감소된다. 이러한 기반시설을 가능한 빨리 복구하는 것이 중요하다.

집단 관계

만약 지역사회와 사회가 협력하고자 한다면 집단 내 및 집단 간 관계 구축은 근본적으로 중요하다. 평화는 최소한 재건을 위한 필수 전제조건이지만 평화 구축은 매우 어려운 일이며 종종 매우 느린 과정이다. 오투누(Otunnu, 1996, p.6)가 언급하였듯이, 국가 내 분쟁은 "강도가 세며, 분노와 증오의 특징을 지니는데, 이는 분쟁의 여파 속에서 다루기에 매우 어려운 일이다." 그는 "3가지 상처", 즉 배제에 기인한 상처, 소외에 기인한 상처, 분쟁 행위에 기인한 상처에 중점을 두어야 한다고 제안한다(p.8). (Norell & Walz, 1994; UNHCR, 1997 참조)

지역사회

대부분의 사람들의 삶에 지역사회는 그 중심이 되기 때문에 지역사회 재건은 어려움에 직면한다. 건강한 지역사회, 또한 사회응집을 통한 경제(이러한 맥락에서 비공식적 경제의 중요성에 관해서 Duffield, 2001, 6장 참조), 시민사회, 평화 재건을 위한 중요한 기초로 볼 수 있다. 심리사회적 건강, 사기진작, 자존감 회복도 부분적으로는 지역사회가 성취한 정도에 따라 달라질 것이다. 그러나 지역사회 재건은 느리고 수고로운 과정이며, 종종 유능한 지역개발 종사자들을 필요로 한다. 때때로 일부 사람들을 가정, 지역사회 시설, 기반시설, 소득창출 기회, 식량 공급 시스템을 재건하는 일에 주안점을 갖게 함으로써 상기 목표를 가장 잘 달성할 수 있다. 그러나 때로는 사회응집력에 상당한 중점을 두는 것이 중요하다(예: Maynard, 1997 참조).

보건

보건 이슈는 재건 사업의 중심이 되어야만 하는데, 특히 가장 중요한 재건 자원으로 여겨지는 사람일 경우에는 더욱 그렇다. 그러나 재건은 대체로 물질적 관점에서 고려되며 외부인의 책임으로 여겨지기 때문에 보건 이슈는 경시되기 쉽다. 분쟁에 대한 네 가지 주요한 보건 영역, 즉 신체 건강, 정신 건강, 보건서비스 제공, 공공 보건 정책이 있다. 신체 건강 문제에는 내전 상처, 장애를 입은 군인들, 아동 보건, 전염병 그리고 에이즈 등이 있다. 트라우마와 관련된 질병 발생 또한 매우 높지만, 정신 건강 문제는 "상실, 슬픔, 사회적 고립, 지위 상실, 지역사회 상실, 특정 환경에서의 새로운 환경으로의 문화적 적응 문제와 관련이 있다"(Zwi, 1995, p.107). 보건서비스 붕괴는 고통을 가중시키면서 질병률과 사망률에 영향을 미친다. 그리고 기반시설 붕괴는 일반적으로 보건 수준에 영향을 미치며 사람들을 심각한 유행병에 노출시킨다. 보건과 교육 서비스는 재건 차원에서 중요하다.

의욕, 자신감 그리고 희망

마지막으로, 의욕, 자신감, 희망을 다시 세우는 것은 중요하다. 왜냐하면 결국 사람이 사회 재건의 주체가 되기 때문이다. 그렇기 때문에 사회 재건을 위해서는 사람들이 위와 같은 자질을 적절한 수준으로 갖추고 있어야 한다. 개인 및 집단의 동기부여 정도는 성공적인 재건에 핵심이다. 각각의 성공이 자신감을 증대시킨다. 하지만 동시에 개인과 집단은 의욕, 자신감, 희망을 고취시켜 줄 수 있는 특별한 활동이 요구되기도 한다.

이 모델은 어떤 종류의 사람들은 분쟁 후 상황에서 매우 특수한 욕구를 가지고 있으며 그렇기 때문에 전문가의 특화된 서비스가 필요할 것이라는 것을 강조한다. 간략하게 이러한 영역에 대해 살펴보도록 하겠다.

아동

종종 분쟁으로 인해 아동기의 필수적인 발달 단계가 지장을 받는다. 부모들은 생존을 위해 고군분투해야 하며, 학교는 문을 닫고, 아동이 정상적인 경험을 누리기는 힘들다. 결과적으로, 많은 아동들은 심리적으로 손상을 입고, 고아가 되고, 교육을 받지 못해서 지적 발달이 이루어지지 않고, 트라우마를 겪게 되며, 영양실조 등에 걸리게 된다(Rosenblatt, 1983; UNICEF, 1996; Reinchenberg & Friedman, 1996).

청년

대부분의 청년들은 교육을 받는 데 지장을 받게 되고, 기술 부족으로 불확실한 미래에 직면하게 될 것이다. 상당한 청년들이 어린나이에 군대에 가게 되고, 사람들을 살해하도록 강요받게 된다(Goodwin-Gill & Cohn, 1994). 많은 사람들이 결코 잊을 수 없는 폭력과 고문을 경험하거나 목격하게 될 것이다. 몇몇 젊은이들은 가족과 떨어져 지내게 되고, 정상적인 삶에서는 생각하거나 경험할 수 없는 생존 기술을 획득하여 살아남게 될 것이다. 청년기의 부상은 종종 이들의 삶에 영향을 미치며 치료가 요구된다.

여성

여성들은 종종 분쟁 시 주요한 민간인 목표물로 여겨진다. 크래나(Cranna, 1994, p.163)가 지적했듯이, 강간은 종종 조직적인 방법으로 이루어진다(UNHCR, 1997, pp.160-161). 많은 여성들은 지원을 받지 못하며, 어린 아동들과 나이가 많은 노인들을 돌보기에 어려운 환경에 처하게 된다. 분쟁 후, 많은 여성들은 아직 여성 가장이 사회적으로 혹은 경제적으로 수용되지 않는 사회 구조 속에서 종종 그들 스스로가 가정을 이끌어 나가야 할 처지에 놓인다. 결국, 재건 과정에서 여성은 분쟁 기간만큼이나 어려운 처지에 놓이게 된다(Sorensen, 1998; Jacobs, Jacobson, & Marchbank, 2000).

제대 군인들

현대 내전에 참여했던 많은 사람들은 자신의 의지와 상관없이 분쟁에 참여했으며, 이들은 나이가 어리고 감수성이 풍부한 경우가 많다. 또한 이들은 분쟁 후 상황에서는 적절하지 않은 부적절한 행동 패턴을 습득했을 가능성이 높다. 많은 사람들이 가족과의 연락이 두절되고, 군대에서 일한 것에 대해 급여를 받지 못한 채 극빈자로 남게 된다. 많은 군인들에게 제대 과정은 복잡하고 어려우며, 지역사회에서의 그들의 이미지와 지위도 별 도움이 되지 못한다. 아이티의 부대해체 과정에 관한 연구에 따르면, 완전한 통합을 기대하는 것은 불가능한 일일 수 있다고 결론을 내렸다(Dworken, Moore, & Siegel, 1997, p.61). 종종 제대 군인들은 분쟁 후 생존을 위해 어쩔 수 없이 마피아 스타일의 암 시장 및 갈취 활동 등과 같은 그들의 경쟁력과 미래의 삶에 부정적 영향을 미치는 활동을 하게 된다.

장애인

분쟁에서 장애인이 된 희생자들은 종종 소외된다. 그들은 재건에 기여하기 힘든 사회의 짐으로 여겨진다. 게다가 몇몇 사회는 전통적으로 이들을 일반인보다 부족한 사람들로 여겨 이들을 수용하지 않는다. 분쟁으로 장애인이 된 사람들은 대부분 신체적으로 장애를 입은 사람들이며, 지뢰 희생자들, 분쟁으로 심화된 노이로제와 정신병을 가진 정신 장애인들, 감정적으로 장애를 입은 사람들과 트라우마를 입은 사람들이다. 이러한 사람들은 사회복귀를 요구하지만, 분쟁 후 상황의 현실 속에서 이들의 사회복귀를 위한 서비스는 종종 사치스러운 것으로 간주된다.

귀환자

많은 난민들은 집으로 돌아가기를 소망하거나 혹은 강제적으로 집으로 돌아가게 된다. 많은 요인들이 성공적인 귀환에 영향을 미친다. 이동 과정 중에 겪은 부정적인 경험이 집으로 돌아온 뒤에까지 지속될 수 있고, 지역 적대감에 직면하게 될 수도 있을 것이다. 왜냐하면 그들은 비겁하게 도망친 사람들이며, 방어하거나 싸우기 위해 남아있던 사람들만큼 도움을 받을 만한 사람들이 아니라고 여겨지기 때문이다. 또 어떤 사람들은 그들을 적으로 간주하고, 돌아오기를 원하지 않는 인종 혹은 종교 집단의 구성원으로 생각한다. 대부분의 사람들은 파괴된 집, 부족한 식량, 고용기회가 없어진 현실로 돌아오게 될 것이다. 개별적인 환경에 관계없이, 분쟁 후 귀환자들의 역경은 엄청나게 닥칠 것처럼 보인다 (UNHCR, 1997, 4장, pp.170-171 참조).

노인

많은 노인들은 극심한 분쟁 기간 동안 살아남지 못하지만, 살아남는 사람들은 종종 상당한 어려움에 직면하게 된다. 그들은 가족의 지원을 거의 받지 못한다. 대체로 노인들을 위한 복지 시스템도 존재하지 않는다. 노인들은 아동 및 노동자들보다 원조를 받을 가치가 덜 하다고 스스로 생각하거나 많은 경우 그렇게 간주되기도 한다. 노인들을 위한 적절한 보건 및 돌봄 시설은 우선순위가 아니다. 심리적으로 노인들은 스스로가 다른 사람들에게 짐이 될 수 있다고 느낀다. 그들은 잃어버린 과거에 대해 슬퍼하고, 분쟁으로 희생된 지인들 때문에 슬퍼한다.

욕구 및 그러한 욕구 대응에 가장 적합한 프로그램에 관한 관점에서, 그 모델에서 서술된 다양한 영역의 특수한 욕구에 관해 이해해야 할 것이 많이 있다. 모든 영역은 원칙적으로 말하면 그 영역에서 전문지식을 가진 직원들이 어느 정도 특화된 개입을 해야 한다. 그러나 종종 그 분야에 우연히 발을 들여놓게 된 종사자들은 욕구 표현의 다양성에 대응해야 하며, 욕구 표현을 이해하려고 할 것이고, 다양한 개입 전략을 시험해 보게 될 것이다. 최소한, 종사자들은 상황에 대한 몇 가지 기초적인 이해를 가지고 욕구 평가를 수행할 수 있어야 한다. 그러한 분석을 하기 위한 기초로서 제시된 모델을 이용하는 것과 논의된 원칙을 적용하는 것은 출발점을 제공한다.

분쟁 후 의제

학계와 현장에서는 분쟁 후 상황에 대한 포괄적 접근을 전반적으로 지지하고 있으며 이는 굉장히 논리적이다(Harris, 1999, 4장 참조). 만약 그 상황에 대한 성공적인 해결이 목적이라면 근본 원인을 다루는 것과 분쟁에 대한 보다 최근 원인을 분리해서 생각할 수는 없다. 재통합은 상당 부분 화해에 의해 결정되기 때문에, 화해 문제와 귀환자 및 다른 사람들의 재통합 문제를 따로 생각해서는 안 된다. 마찬가지로, 인도주의적 구호는 사람들의 미래를 위한 지속가능한 기반을 제공할 수 없기 때문에 인도주의적 구호와 개발을 함께 생각해야 한다. 그러나 포괄적 접근은 논리적 접근이지만 실제로 적용하기는 어렵다.

어떤 활동이든지, 활동 범위는 목적을 반영한다. 사람들에게 식량을 공급하는 것이 목표라면, 기관은 자연스럽게 식량 구호에 중점을 둘 것이며, 많은 기관들은 구체적인 목표를 세우는 방식을 취한다. 마찬가지로, 정부의 강력한 바람이 난민들 또는 망명 희망자들이 본국이나 출신지역으로 돌아가는 것이라면, 정부는 난민들의 장기 생존능력이나 또는 심지어 단기간의 안전 문제에도 그다지 많은 관심을 두지 않을 것이다. 마지막으로, 국제사회의 목적이 어떤 대가를 치르고서라도 평화를 얻고자 하는 것이라면, 그들은 재건과 지속적인 개발에 대한 목적 달성은 좌절되지만, 부분적이나마 평화를 가져다 줄 수 있는 타협안을 수용할지도 모른다. 포괄적 접근은 수용가능하고 지속가능한 수준의 복지뿐만 아니라 장기적인 발전을 가능하게 하는 일련의 목표를 수용하는 것을 의미한다. 이상적이지만, 그러한 접근은 종종 현 환경에서는 가능하지 않다. 그러나 그것은 여전히 실현 가능한 어떤 상황에서도 모델로서 기능해야만 한다. 인도주의 원조와 진행 중인 개발의 관계에 대한 주요 논쟁이 있어왔다(Duffield, 2001, 1장 참조). 1980년대에는 공통적으로 종종 인도주의 원조는 단기간에 이루어지는 것으로, 진행 중인 개발은 장기간에 이루어지는 것으로, 혹은 전자는 생존 욕구를 다루는 것이고, 후자는 개발 욕구를 다루는 것으로, 두 가지 접근이 분리되어 있고 다른 것처럼 여겨졌다. 이러한 구분은 1980년대 이후로 다양한 이유로 비판을 받고 있다. 첫째, 원조와 개발을 구분하는 것은 먼저 분쟁을 중단하고 분쟁 후 원조를 진행하며 그리고 나서 개발을 한다는 1차적 진행방식에 그 전제를 두고 있다. 이러한 가정에는 오류가 있다. 예를 들어, 분쟁은 종종 명확하게 종결되지 않고 간헐적으로 지속된다. 그리고 개발에 대한 욕구는 때때로 분쟁 때문에 중단되기도 하지만 계속 지속된다. 이러한 구분은 원조와 개발의 목적 및 본질이 다르다는 가정에 기초하고 있으나, 현장에서 이를 구별하는 것은 쉽지 않다. 예를 들어, 피난처를 재건하는 것이 원조인가 개발인가, 또는 소득창출 기회를 신속하게 제공하는 것이 원조의 가장 좋은 형태인가, 아니면 개발의 가장 좋은 형태인가? 원조 개발 구분에 대해 비평가들은 원조에 대한 의존성을 키우고 자립에 대한 불안감을 어느 정도 불러일으킨다는 점에서 원조가 개발을 약화시킬 수 있다고 우려한다.

인도주의 원조 및 개발 간의 관계에 대한 상당한 논쟁에도 불구하고, 1990년대 지배적인 관점은 대체로 원조가 필수적이며, 개발을 증진시키는 방법으로 제공될 수 있고 제공되어야만 한다는 것이었다. 따라서 인도주의 원조와 개발의 목적은 모두 포괄적 접근의 측면이다(UNHCR, 2000, p. 142, 이러한 입장에 대한 역사를 잘 요약해서 보여준다). 얼마 안 되어 이러한 원칙으로 되돌아가겠지만, 포괄적 접근에 있는 다양한 요소들을 앞서 살펴본 〈표 9-1〉에서 정리한 것처럼 분석하고자 한다.

분쟁 후 포괄적 의제

분쟁 후 포괄적 의제는 오늘날 이론상으로 넓게 지지를 받고 있다. 유엔난민기구 보고서(1997, p. 174)는 소위 "평화 과업"의 범위 관점에서 접근방식의 요소를 정리하고 있다.

평화 구축 과정은 서로 다르지만 맞물리는 12개의 과업, 즉 현재의 기관 역량강화, 자유롭고 공정한 선거 유지, 인권 감시 및 증진, 과거 인권 유린에 대한 책임소재 규명, 강한 시민사회 확립, 전투부대 제대, 지뢰 및 불발 대포 제거, 안전서비스 개혁, 교육 및 보건 시설 복구, 분쟁 피해 아동 지원, 농업 생산 재개, 물리적 기반시설 재건, 거시경제 정책 개혁을 통합한다. 더욱이, 만약 난민들을 그들 사회에 효과적으로 그리고 지속가능하게 통합하고자 한다면 이러한 모든 평화 구축 활동이 동시에 수행되어야 한다.

유럽연합은 보스니아-헤르체코비나에 관한 1997년 자료에서, 확인된 거주지 재건, 사회심리적 기반시설 재건, 지역경제 개발, 지역단체 개발이라는 네 가지 요소를 갖춘 통합 프로그램 관점에 대해 언급하고 있다. 다양한 영역의 저자들과 많은 보고서에서 재건 프로그램 내에서 해야 하는 다양한 종류의 활동을 설명하고 있다. 〈표 9-1〉은 포괄적 접근을 구성하는 것으로 공통적으로 확인된 혹은 공통적으로 나타나는 업무의 종류를 보여준다.

집단 A의 업무에는 분쟁 후 상황에 대한 네 가지 대표적인 대규모 대응이 포함된다. 즉 평화 협정은 이행되어야 하고, 임시 환경에 처한 사람들은 집으로 돌아가거나 혹은 그 밖의 반영구적인 곳에 정착해야 하며, 현재 잡히지 않은 무장 세력들은 민간인 생활로 통합되어야 하고, 분쟁 당사자 간의 적대감은 적어도 예비 단계의 화해 수준이 되어야 한다는 것이다. 이 네 가지 중 어떤 상황에 대해서도 적절한 대응을 할 수 있는 능력 부재는 전체 재건 과정을 위태롭게 할 수 있다.

집단 B의 업무는 사람들의 복지에 대한 포괄적 접근을 나타낸다. 개인은 피난처, 식량, 개별화된 지원, 보건 서비스를 필요로 한다. 또한 지역사회는 욕구를 갖고 있으며, 그러한 욕구에 대한 대응은 지속가능한 방법으로 개인의 욕구를 충족시키는 데 필수적이다. 게다가 이용가능한 자원을 고려한다면, 현재의 욕구에 대한 지역사회 기반 대응은 종종 가장 효과적인 대응이 된다. 마지막으로, 사회적 차원에서 가장 잘 충족될 수 있는 다양한 욕구가 존재하며, 이러한 모든 것은 사회 재건에 필수적 측면이다.

집단 C의 업무는 장기간의 측면을 반영하며, 구체적으로 분쟁의 근본적 원인과 관련이 있다. 분쟁 이전의 정치적, 경제적 혹은 사회적 시스템이 사회응집력을 위태롭게 할 정도로 상당히 많이 무너졌다면, 궁극적으로 사회 재건은 그 사회 모든 집단의 장기적 복지를 보장하고 조화로운 관계에 긍정적인 방향으로 이루어져야 한다.

이러한 의제의 포괄적인 본질은 각각의 분리된 항목들이 포괄적으로 조합된 것으로 인식되어서는 안 된다. 재건에 필수적인 다양한 측면은 연결되어 있어야만 한다. 이는 한 영역에서의 성공이 다른 영역에서의 성공에 따라 종종 달라지는 각 요인 간 상호의존성 때문이다. 그러나 의제의 다양한 영역이 하나의 프로그램 또는 일련의 프로그램 내에서 함께 접근될 수 있는 방식으로 나아갈 수 있으며, 또 그렇게 해야 하기 때문에 또한 그러하다. 기본적으로, 사람들은 온전한 한 인간으로서 대우받아야 하며 외부에서 개입할 때 빈번히 발생하는 것처럼 외부에서 결정되는 구체적인 측면(예: 다양한 신체적, 감정적 혹은 정신적 측면)의 관점에서 다루어져서는 안 된다. 게다가 지역사회와 사회는 독립체이며, 지역사회와 사회가 서로 영향을 주지 않도록 구분하려는 시도는 궁극적으로 역효과를 가져오게 될 것이다. 셋째, 개발은 명백히 통합된 포괄적 과정이며, 그렇게 될 때에만 사람들의 욕구에 적절하게 대응할 수 있다.

포괄적 관점에 대한 논의는 조율이 된 접근방식의 필요성을 즉시 대두시킨다. 그것은 또한 장기적이며 사람들이나 사회의 계속되는 개발 목적 및 욕구와 관련된 목적을 기반으로 해서 운영되어야 함을 강조한다. 마지막으로, 그것은 상당한 비중을 차지하고 상당한 비용이 드는 프로그램을 의미한다. 이러한 각각의 사항은 쉽게 그리고 효과적으로 시행되는 포괄적 접근을 방해하는 것으로 여겨질 수 있다. 그러나 평화로 인한 혜택, 인구 전체의 미래 복지를 보장하는 일의 가치, 오래 지속되는 안정성을 가져올 수 있는 세계적 의의의 관점에서 성공적인 포괄적 접근을 획득하는 것은 과소평가되어서는 안 된다. 일정 기간 후에 다시 분쟁으로 악화될 수 있는 미봉책은 돈이 제대로 사용되지 못했다는 것을 나타낼 뿐만 아니라 불안정을 영속화시키고 더 심한 고통을 야기하는 것에 책임이 있을 수 있는 반면에, 포괄적 접근은 이러한 방법으로 돈이 잘 사용되는 것을 보여줄 것이다. 포괄적 접근이 완전히 실행될 수 없을지라도, 특수한 환경을 고려한다면, 이상적인 수준에 못 미치는 수준에서 조차도 이상적인 목적 및 노력할 만한 가치가 있는 것으로 남는다. 마지막으로, 그것은 포괄적 접근이 국가적 차원의 활동, 지역 공동체 활동 혹은 둘 간의 활동을 위한 지침으로 사용될 수 있음을 강조해야만 한다.

인도주의 원조에 관한 논쟁

인도주의 원조(Beigbeder의 정의 참조, 1991, pp. 2-3)가 다양한 맥락에서 요청되고 제공될지라도, 분쟁과 인도주의 재난은 분리될 수 없는 경향이 있다. 공통적으로 인도주의 원조를 요구하는 상황은 분쟁이 발생하기 전이며, 대부분 언제나 인도주의 원조는 분쟁과 동반적으로 일어나며, 대체로는 어느 정도의 평화가 이루어진지 오랜 시간이 지난 후에도 지속된다. 현재 내전의 본질을 고려할 때, 인도주의 원조는 전체 인구의 80%를 위해 계속될 수 있으며, 10년이 지난 후에도 상당한 비율의 인구에게 지속된다. 분쟁과 인도주의 원조에 대한 욕구 간의 관련성과 더불어, 사실상 모든 피난민들과 난민들의 상황은 원조 프로그램을 필요로 한다. 탈출 중에 있는 난민들, 다양한 종류의 캠프에 거주하는 난민들, 본국으로 송환되어 본국에 재통합되는 과정 중에 있는 난민들은 인도주의 원조에 대한 욕구를 갖고 있다. 마지막으로, 인도주의 원조는 적어도 개발도상국가에서는, 경제 위기와 자연재해로 인해 발생한 긴급상황 및 지속되는 빈곤과 항상 관련이 있다.

세 가지의 모든 상황에 있어서, 현재의 주안점을 두고 있는 부분은 위기와 분쟁을 예방하거나 혹은 적어도 사람들의 취약성을 줄이는 것, 위기에 처한 사람들을 보호하는 것(예를 들면 그들을 위험, 착취로부터 보호하는 것), 다양한 형태의 긴급사태로 피해를 입는 사람들에게 필요한 원조가 무엇이든지 간에 그들이 요구하는 원조를 제공하는 것이다. 이는 종종 분쟁이 연장될 경우에 해당하는 일이며 그들의 삶에 어느 정도의 정상적인 수준을 회복할 수 있는 기회를 증가시키는 방법으로 원조를 제공하는 것이다. 더필드(Duffield, 2001, pp. 75ff)는 소위 '신인도주의'의 본질에 대해 논한다. 더필드는 다음과 같이 기술하고 있다.

> 신인도주의는 구호, 개발, 분쟁 해결, 사회 재건을 연결하는 초기 정책 투입을 강화한다. 신인도주의는 인과관계의 분석적 틀 내에서 원조기관의 조치와 존재감을 포함시키고자 하는 의지를 반영한다. (p. 75)

신인도주의는 새로운 분쟁의 복잡성에 대한 진정성 있는 반응이다. 결과 및 과정과의 관계는 재평가의 일부가 되어야만 한다. 그러나 그것의 특수성을 이해하는 데 있어서 중요한 것은 개발 지향적인 신인도주의의 실제적 진실성이라기보다는, 이를 대체하는 체제보다 더 성공적인지 여부에 관계없이, 자유민주주의 정부를 위한 신인도주의의 함의이다.

바라는 결과가 이루어지기 위해서는, 이익이 되는 과정을 촉진시키면서 해로운 결과를 제한하는 새로운 형태의 감독, 평가, 모니터링이 요구된다(Duffield, 2001, pp. 80-81).

그러나 많은 해설자들이 주장하기를, 지속적이면서도 당연시 되는 주요 초점은 활동의 세 번째 영역, 즉 긴급상황에서 인도주의 원조를 가능한 빨리 신속하게 제공하고, 가능한 많이 그러한 필요에 대해 원조를 제공하는 것이다(인도주의 원조의 본질과 역사에 대한 개관에 대해 살펴보고자 한다면, Beigbeder, 1991의 서문 참조).

여기서 직면하는 문제는 사회복지사들이 인도주의 원조에 있어서 해야 할 역할이 있는지와 상당한 기여를 할 수 있는 잠재력이 있는지에 대한 것이다(시민사회와 원조에 대해서는 Van Roony, 1998 참조).

사회복지사와 인도주의 원조

사회복지사들이 분쟁과 분쟁 후 상황에 참여하는 한, 난민들과 일하게 되며, 경제 위기 및 자연재해로 초래된 빈곤을 완화하는 일에 인도주의 원조 프로그램으로 직접적 혹은 간접적으로 항상 참여하게 된다. 따라서 사회복지사들은 인도주의 원조를 둘러싼 많은 복잡성에 대해 공감해야 하고 국제적 실천이라는 중요한 영역에 기여를 할 수 있는 잠재력을 개발해야만 한다.

그러한 일의 본질을 고려할 때, 국제적으로 참여하는 모든 사회복지사들은 인도주의 원조에 대한 깊은 이해가 있어야 하며, 그들이 세계 어느 지역 출신이든지 간에 이러한 활동 영역에서의 전문성을 키우는 것이 필요하다. 또한 인도주의 원조 대응을 요구하는 긴급상황에 가장 취약한 국가에서의 사회복지사 교육에는 인도주의 원조에 대한 내용이 포함되어야 한다. 그들의 활동 영역이 계획, 관리, 운영 혹은 심지어 인도주의 원조 프로그램과의 조율 작업이든 상관없이, 이러한 중요한 활동 영역에 대한 지식은 대부분의 국가에서 중요하다.

오늘날 인도주의 원조에 대한 이해

모든 사회복지사들이 국제적 차원에서 종종 복잡한 긴급상황 대응에서 제공되는 인도
주의 원조의 복잡성, 한계, 위험성에 대한 지식 및 이해가 필요하다는 것을 인정하면서, 이
러한 활동 분야의 몇 가지 핵심 이슈들을 살펴보고자 한다.

최근 인도주의 원조 확대와 규모

유엔난민기구(1997/1998, p. 41)는 인도주의 지원 확대에 관해 언급하였다.

지난 10년 동안, 인도주의 지원에 투자된 자원이 급증하고 있다. 공식적인 원조 기관에서 긴
급상황에 지출된 자원은 지난 10년간 5배 증가하였다. 선진국의 총 양자 간 원조 지출에서
긴급 지원은 1991년 1.5%에서 1994년 8.4%로 증가하면서 훨씬 극대화되었다.

걷잡을 수 없이 발생하는 30회 이상의 내전, 4천만 명 이상의 난민과 피난민의 증가,
1990년대 자연재해의 증가 및 점점 증가하는 그 심각성, 아시아와 남아메리카를 강타하
고 아프리카의 일부에서 계속 일어나고 있는 경제 위기와 더불어, 모든 측면의 인도주의 원
조가 최근에 폭발적으로 일어나고 있다는 사실은 놀랄 만한 일이 아니다. 그러나 이러한
인도주의 원조가 확대되면서 발생하는 몇 가지 부정적 결과가 있다. 하나는 긴급상황에
필요한 기금이 마련되어 있지 않다는 것과 또 다른 하나는 서구 세계의 많은 국가들이 그
러한 현상에 대해 무뎌지고 있다는 것이다.

인도주의 원조에 참여하는 핵심 단체들

유엔의 몇몇 기관들은 그들의 업무의 일부로서 긴급상황에 대응 한다. 이들 중 핵심 기
관은 아마도 유엔인도주의 업무조정국(The Office for the Coordination of Humani-
tarian Affairs, 본래는 인도주의사무국(The Department of Humanitarian Affairs)으
로 1992년 설립되었다)이지만, 유엔난민기구(UNHCR), 세계식량계획(WFP), 유엔아동
기금(UNICEF), 유엔개발계획(UNDP), 세계보건기구(WHO)도 있다. 이러한 유엔 기구

들과 함께 많은 NGO들이 인도주의 원조에서 핵심적인 역할을 하고 있다. 가장 잘 알려진 기구로는 국제적십자위원회, 국경없는의사회, 옥스팜, 월드비전, 케어 인터내셔널, 국제구호위원회, 세이브더칠드런이 있다. 유엔에 등록된 NGO기관은 약 1,500개 정도이다. 이들 중 많은 기관들이 최소한 어느 정도까지는 인도주의 원조 분야에서 일하고 있으며, 앞서 언급한 단체는 더 잘 알려진 단체 중 일부일 뿐이다.

긴급상황에서는 많은 기관들 간에 조율 문제가 흔히 대두된다. 유엔난민기구(1993, p.92)는 다음과 같이 말하고 있다.

오래 계속되는 위기 상황에는 문자 그대로 거의 수백 명의 독립적인 참여자들이 증가하고, 심각한 위기는 많은 구호 단체들을 개입시킨다. 그들이 상호보완적으로 일하거나, 적어도 서로 어긋나지 않게 일하기 위해서는 엄청난 노력이 요구된다. 단체들 간의 협력이 모두를 위한 것일지라도, 한 단체가 다양한 단체들에 대해서 압력을 행사할 수는 없다.

유엔은 전반적인 인도주의 지원 운영의 책임을 지기 위해 '지도 기관'을 지명함으로써 그들과 함께 일하는 유엔 기관과 개인 기관의 조화를 추구한다. 혹은 개인을 긴급 조정자 혹은 특별 대표로 지정할 것이다(UNHCR, 1993, p.92). 참여 NGO들은 때로 협력 기구를 설립한다(예: 태국의 난민과 분쟁 후 재건에 대한 지역 대응). 그러나 이들은 매스컴 보도, 지역 참여, 보조금을 놓고 서로 노골적으로 경쟁하기도 한다.

많은 인도주의 재난의 복잡한 본질

유엔난민기구는 1993년 보고서에서, 난민 긴급상황에 대해 언급하면서, "전통적인 난민 긴급상황"을 다음과 같이 보다 복잡한 난민 긴급상황과 구분하고 있다.

보다 복잡한 상황에서, 무장 분쟁, 정치적 불안정, 가뭄, 민족 간 긴장, 경제 붕괴, 시민사회의 퇴보는 동시 다발적으로 발생하였다. 한 지역 내 다양한 긴급상황은 예측 불가능한 방법으로 그리고 여러 차원에서 상호작용하며 일어난다. (p.86)

보고서는 복잡한 긴급상황에서 "구조 활동은 다소 혼란스러운 상황 하에서 불가피하게 이루어지며", "매주 논리적이며 조직적인 솜씨"를 요구한다고 지적하고 있다. 조직과 직원들이 절망적인 상황과 복잡한 정치 · 경제 · 사회적 상황에 있는 많은 사람들에게 인도주의 원조를 지원할 때 직면하는 어려움은 실로 매우 크다고 할 수 있다. 실수가 있더라도 그리고 실제로 있지만(예: Rieff, 2002 참고), 이는 전혀 놀랄 만한 일은 아니다.

정치적 중요성

이러한 주제로 쓰인 대부분의 글에서 되풀이되는 주제는 대부분의 상황이 첫째는 매우 정치적이며, 두 번째로는 인도주의적이라는 것이다. 원조 기관은 정치에 무관심한 방식으로 운영될 수 없다. 테리(Terry, 2002, pp. 220-221)는 다음과 같이 기술하고 있다.

그러나 모든 사례가 보여주듯이, 원조 기관들이 참여한다는 사실 자체가 큰 정치적 상황에 연루되어 있다는 것을 보여주며, 특히 정치적 의제를 추구하면서 정부로부터 기금을 받았을 때는 더욱 그렇다. 그들이 이러한 사실을 인정하든 인정하지 않든지, 그들이 분쟁의 양 측면에 동등하게 개입하지 않았거나 혹은 그들의 원조가 분쟁 중인 한쪽 당사자에게 어떤 이익을 가져다주지 않는다는 것이 확실하지 않다면 원조기관은 한쪽을 지원하고 있는 것이 된다.

리프(Rieff, 2002, p.26)는 "인도주의 원조 전문가들은 점점 자신들의 일도 정치적이어야 한다는 생각을 받아들이고 있으며, 인도주의 정치를 위해서 인도주의 대 정치에 대한 관념을 포기하고 있다"고 기술하고 있다.

마지막으로, 더필드(1994)는 복잡한 긴급상황이 특별하고 급진적인 형태의 정치 경제를 만들어낸다고 주장했다. 그는 다음과 같이 설명하였다.

아프리카의 많은 지역에서 냉전 이후 지속된 내전으로 인해 촉발된, 복잡한 긴급상황에 관한 새로운 분석이 나오고 있다. 이는 아프리카 특정 지역의 기근과 같은 복잡한 재난이 권력과 젠더의 관계에 의해 구조화 된 뚜렷한 정치경제를 만들고 있다고 주장한다. (p.52)

이런 이유로, 더필드(1994, p.65)는 다음과 같이 결론을 내렸다.

복잡한 긴급상황에서 인도주의 정책은 정치 과정의 일부로서만 개발될 수 있다. 과거 원조기관들은 종종 인도주의 정책을 조직의 기술적 문제나 우수사례로 격하시킴으로써 비정치화하였다. 이전의 유고슬라비아에서는 정치 참여에 대한 대안으로 인도주의 원조가 의도적으로 사용되었다.

더필드(2001, 4장)는 이러한 점을 더 심화시켰다. 문헌에서 공통적으로 발견된 두 가지 관련 논의는 복잡한 긴급상황은 그 본질이 강한 정치적 요소를 갖추고 있으며 이는 국제사회가 다루어야만 하는 문제라는 것이다. 그리고 긴급상황에 대한 인도주의 대응은 언제나 인식하고 있어야 하고 다루어야만 하는 정치적 측면을 지니고 있다는 것이다.

인도주의 원조의 한계와 위험성

유엔난민기구 보고서(1997/1998)는 인도주의 원조의 4가지 한계와 위험성에 대해 나열하고 있다. 첫 번째 한계는 이전의 의견을 반영한다.

첫째, 인도주의 조치만으로는 복잡한 정치적 긴급상황과 강제이주 상황을 해결할 수 없으며 … 인도주의 조치가 정치적 행동이나 결정을 대신할 수 없다.

둘째, 인도주의 조치는 인권을 보장하는 데 있어서 그리고 지속되는 분쟁 상황에서 인간의 안전을 보호하는 데 있어서 매우 제한적인 역할을 할 수 있을 뿐이라는 것이 너무나 명백해지고 있다.

셋째, 인도주의 조치로 인해 발생하는 몇 가지 의도되지 않은 결과들을 인정하고 다루는 것 모두 필요하다. … 위기 지역에 식량과 다른 원조를 무차별적으로 퍼부어버릴 때, 지역 시장과 사회 안전망의 기반이 악화되기 쉽다. 동시에, 대규모 구호활동은 외부 원조를 받는 수혜자들에게 물리적·심리적으로 모두 해로운 의존성을 쉽게 만들어낼 수 있다.

넷째, 인도주의 조치가 무력 분쟁의 논리로 쉽게 빠져들 수 있다는 것을 인정하는 것이 훨씬 더 중요하다. 그렇게 함으로써, 분쟁을 연장시키거나 심지어는 강화시킬 수 있다. (pp.44-45)

유엔난민기구가 나열한 이러한 주장은 이 보고서뿐만 아니라 더필드(2001), 리프 (2002), 테리(2002) 및 다른 저자들도 예로 들고 있는 것이다. 예를 들면 제공된 원조가 어떻게 군대를 지원하기 위해 전용되는지, 외부 원조를 확보하기 위해 어떻게 위기를 조작 할 수 있는지, 인도주의 원조 제공이 어떻게 이동과 개인을 정당화할 수 있는지, 원조 제공 지역이 어떻게 사람들의 이동을 초래할 수 있는지(아마도 그렇게 함으로써 인종청소 지역 을 지지함), 원조가 어떤 상황에서는 강자들을 지지할 수 있지만 약자들의 기반을 어떻게 약화시킬 수 있는지, 원조가 자립의 형성 기반을 어떻게 완전히 약화시킬 수 있는지, 원조 프로그램이 제공한 난민 캠프가 어떻게 군인 모집 장소로 이용되는지 혹은 전사들이 회복 기간 동안 후퇴할 수 있는 장소로 이용될 수 있는지 등등이다. 위험은 끝이 없는 것처럼 보 이며 종종 심각하게 보인다. 리프(2002, p. 24)는 "원조를 제공하는 것은 원조 전문가들이 상상하던 것 보다 더 애매모호한 조치일 수 있음이 증명되었다"고 결론을 내리고 있다.

인도주의 원조 및 그와 관련된 원칙

테리(2002, pp. 19ff)는 인도주의 원조를 기반으로 한 원칙을 살펴보는 것에 대한 중요 한 관점을 제공한다. 그녀는 적십자의 원칙을 우선 조사하였다.

적십자 운동의 7가지 기본 원칙 중 3가지인 인간애, 공명정대, 중립은 인도주의 행동에 지침 이 되며, 최근 몇 년간 나타난 다양한 행동 강령의 기초를 형성하는 가장 광범위한 기본 원 칙을 제공한다.

테리는 적십자의 4번째 원칙인 독립을 "다른 원칙을 옹호하기 위한 전제조건"으로 본 다. 테리는 4가지 원칙을 다음과 같이 정의한다.

'인도주의의 긴요성'은 인도주의 원조를 어디에든지 필요한 곳에 제공하는 것은 의무이며, 받 아들일 권리에 입각하고 있으며, 제안할 의무가 있다는 것이다. 공명정대는 국적, 인종, 종 교 혹은 다른 요인 때문에 수혜자들 간에 어떠한 차별 없이 지원이 오로지 욕구에 기반하고 있다는 것을 의미한다. 중립의 원칙은 전투에 참여하지 않는, 혹은 분쟁에 대해 어느 한 편의 이익을 더하는 어떠한 행동에도 착수하지 않는, 혹은 다른 편의 이익을 위태롭게 하지 않는 의무를 의미한다. 독립은 인도주의 조치가 모든 정치, 종교 혹은 관련 없는 영향력으로부터 자유롭고 인류의 복지에만 관계하는 것을 보장하기 위한 필수 조건이다. (p. 19)

결국 이러한 각각의 원칙에 대한 논의를 하면서 테리는 모든 것에 실행의 문제가 있음을 발견하였다. 예를 들어, 중립에 관해 그녀는 그것이 도덕적으로 수용할 만한 것인지 혹은 분쟁 전체 상황에서 가능한 것인지에 대해 묻는다. 리프(2002, p. 21)는 2차 세계대전 초기 나치 집단 수용소 및 비아프라에서의 상황(1967년 끔찍한 폭력으로 나이지리아에서 분리됐음)에 관해 국제구호위원회가 침묵했던 것을 용납하는 것이 불가능하다는 것을 알게 된다. 국제구호위원회는 자신들이 추구하는 것을 위태롭게 할 수 있기 때문에 "그들의 중립성을 위태롭게 하고 내용을 공개하는 것을 거부했다." 공정성의 원칙과 관련하여 테리는 한 조직이 재정적 · 정치적으로 독립한 상태일 경우에만 중립이 가능하다고 결론을 내렸다. 하지만, 대부분의 NGO는 그렇지 않다. 예를 들어 대부분의 정부는 인도주의 원조가 전쟁을 수행하는 데 방해가 되거나 평화를 이루는 과정에 방해가 되는 것을 허락하지 않으려 할 것이다. 결국 단지 지원만 하는 것이 사람들의 복지를 위태롭게 한다면, 실제로 직접적으로 혹은 간접적으로 인도주의 원조로 인해 위태롭게 된 곳이 많이 있는데, 이럴 경우 인도주의의 긴요성은 명백하지 않다. 테리가 염려하는 문제는 다음과 같다.

원조를 제공하기 전, 원조가 공정해야 한다는 인도주의의 긴요성 또는 그러한 의무가 확실한 인권 옹호를 보장하고자 하는 필요성과 함께 어떻게 받아들여질 수 있는가?(그것은 국제 협력단체들이 "인권 조건부를 지원 프로그램에 총괄적으로 적용한다"는 유엔의 요구이다)(p. 26)

테리는 "인도주의의 역설", 즉 "그들의 고통에 원인이 되는 단체에 도움이 되지 않으면서 사람들을 지원하고자 노력하는 데 있어서 내재하는 긴장감"에 대해 계속 논한다.

인도주의 조치에 근거를 두고 어떤 원칙을 선택하든지 간에, 원칙을 적용하는 것이 의도

와는 매우 다른 결과를 초래하면서 어떤 점에서는 역효과를 가져오기도 하는 위험이 종종
있다. 리프(2002, pp. 249ff)는 1997년 아프가니스탄 사건과 연관시켜 미국의 대외구제
협회의 공식 원칙에 대해 다음과 같이 결론을 내린다.

> 많은 다른 구호 단체와 마찬가지로 사명선언문은 원조 전문가들, 후원자들, 일반 대중들의
> 감정이 고무되도록 계획된 순수한 수사법이었다. 사실, 아프가니스탄에서 인도주의 구호와
> 인권에 전념하는 것은 탈레반이 정권을 잡고 있는 한 양립할 수 없다는 것을 모든 구호 전문
> 가들이 알고 있었다.

리프는 인도주의 원조가 유엔, 미국, 대부분의 NGO와 단체들에게 "대체로 도움이 됐
다"는 것을 계속 보여준다. "인도주의 문제에 대한 어떤 인도주의적 해결도 없다"고 확신
하면서 "욕구를 박애주의 관점으로 해결하던 원칙에서 인권에 대한 정치적 원칙으로의 이
동"으로 인권에 기반한 인도주의가 유엔에서 시작되었음을 보았다. 원조를 효과적으로 제
공하기 위해서 원조는 항상 정치적이어야 한다. 세르비아의 밀로세비치 혹은 아프가니스
탄 탈레반의 알 카에다 연합 통치(혹은 이라크의 사담 후세인 통치)의 파괴는 필요했던 본
보기였다(pp. 253-254). 인도주의 원조는 결국 특정 인도주의 위기상황에 지배적인 정치
권력의 목적을 이루는 데 도움이 될 수밖에 없는가? 또는 대부분 분쟁지역에서 나타나는
많은 당사자들 간의 상충되는 의견 사이에 끼여 있는 것인가? 인도주의 원조는 결국 대개
사리사욕의 문제인가? 리프(2002, p. 85)는 다음과 같이 기술하고 있다.

> 위기 상황을 거듭 경험하면서, 인도주의 집단은 그들 자신 기관의 이익과 그들이 서비스를
> 제공하기로 약속한 기관의 이익을 구분 할 수 없는 것으로 나타났으며, 이러한 문제는 현재
> 인도주의의 큰 이슈 중 하나이다.

인도주의 원조를 기술적인 대규모 사업으로 전환하려는 유혹과 위험

인도주의 원조의 핵심 목표는 고통을 완화 시킬 수 있는 것처럼 보일 수 있지만, 역사적

으로 그리고 동시대의 관점에서 볼 때 그 목적은 식민주의 야망, 선교적 열의, 인권 책무, 권력과 영향력, 양심에 따른 행동 등 종종 다른 많은 목표와 얽혀 있다. 경영차원에서, 원조 제공과 관련된 조직 및 직원 모두 많은 딜레마에 빠져있다. 따라서 전 분야를 기술적인 대규모 사업으로 전환하려고 했던 일은 놀랄 만한 일이 아니다.

정부와 대중에게 원조의 필요성을 '판매'하는 것이 중요해졌다. 미디어를 잘 이용해, 홍보에 도움이 될만한 상황이나 이미지를 선택하는 것도 이 노력의 일환이다(Duffield, 2001, pp.76ff). 효율성을 제고하고 책임소재 파악을 위해, 사실상 모든 측면의 원조에 대한 가장 최상의 기술적 접근을 파악하는 것이 중요하다. 원조 전용과, 무력에 의한 분배 체제왜곡 방지 및 직원들의 안정을 위해 운영 차원에서 경비를 고용하는 것은 중요하다(Duffield, 2001, pp.65-68 참고). 테리(2002, p.236)는 다음과 같이 기술하고 있다.

2차 세계대전 이후 냉전 말기에 인도주의 활동의 팽창 및 NGO의 확산은 진정한 '원조 산업'을 형성하였다. 인도주의 원조에 대한 더 큰 국제 예산－1995년 60억 달러－과 인명구조 구호의 제공을 넘어서 분쟁 후 평화 구축과 재건의 영역까지 '인도주의' 활동에 대한 개념을 확장하려는 원조 기관의 준비는 서구 산업 이익을 위한 새로운 시장의 길을 열었으며, 원조는 기업이 되어 가고 있다. 대부분의 조직은 확대된 역할을 받아들였으며, 기술 전문가식 접근은 앞으로 더 확대될 것처럼 보인다.

테리는 민간보안 회사를 고용하는 원조 기관의 추세에 대해 설명한다.

민간 보안을 이용하는 데서 제기된 윤리적·현실적 이슈는 너무 커서 본 책에서는 다룰 수 없다. 인도주의 활동이 분배 활동으로 격하된다면, DSL(Defence Systems Limited) 보호를 갖추어 원조를 제공하기 위해 슈퍼마켓 체인점과 계약하는 게 나을 수 있으며, 적어도 인도주의의 가면을 피할 수 있다. (pp.234-235)

리프(2002, pp.86-88)는 "인도주의는 불가능한 기업이다", "인도주의 원조 내에서 역할 혼돈은 지속되지 않을 것이다", "인도주의의 미래는 누구에게나 가능성이 있다"라고 결론을 내렸다.

인도주의 원조에 관해 쉬운 해답은 없다. 하지만 분명한 것은 희생자들의 고통이 실제적이며, 지원에 대한 욕구가 대체로 긴급한 것이고,

이타심, 동정심, 연대, 도와주려는 욕구가 인류 문화에 깊이 뿌리박혀 있어 그것이 고유한 것이든 학습된 것이든지 간에, 기본적인 인간 감정의 하나로 당연히 원조를 언급할 수 있다. (Rieff, 2002, p.57)

또한 분명한 것은 인도주의 원조는 "후원자들에게 효율성을 '입증'하기 위한 기술적 요소"로 전락하는 것, 즉 인도주의 활동의 근간이 되는 사상을 격하시키는 일을 결코 허락해서는 안 된다(Terry, 2002, pp.52-53). 이러한 이유 하나 때문에, 사회복지사 및 다른 원조 전문가들은 그러한 활동을 영리기업에 넘기면서 원조기업에 등을 돌려서는 안 된다. 그렇게 하는 것은 상호 원조라는 인도주의 기반을 부인하는 것이다.

인도주의 원조 맥락에서의 학습에 대한 제도적 제약

인도주의 원조가 계속 잘못을 반복할 것인지 아닌지에 대한 의문을 제기하는 테리(Terry, 2002)의 저서인 『잘못을 되풀이할 것인가?(Condemned to Repeat?)』는 중요하다. 이 책의 마지막 장에서, 테리는 몇 가지 중요한 메시지를 담고 있는 "학습에 대한 제도적 제약"에 대해 설명하였다. 그는 "원조 남용에 대한 불안감과 근심이 원조 프로그램의 생존능력과 부작용에 대한 의구심을 제기하는" 매우 스트레스를 받는 상황에서 직원들이 일한다는 것을 인식하고, 첫 번째 팀 구성원들의 경험에 대한 설명을 기술하고 있다(p.225). 테리는 직원들이 공통적으로 채택한 4가지 대처 전략에 대해 살펴보았다.

① 과로: 즉각적인 그리고 미시적 차원의 문제에 함께 초점을 둠
② 거리두기: 그들이 도움을 주고자 노력하는 사람들로부터 거리를 두면서 죄책감과 좌절이라는 감정을 해소할 것

③ 전이: 그들 스스로부터의 죄책감을 정치, 후원자, 정부, 심지어 희생자들과 같은 다른 요
인으로 전이시킴으로써 행동을 합리화하는 것

④ 현실 왜곡: 제도적 부적절함 혹은 실패 중에 자아존중감과 자아 성취감을 느끼도록 할
수 있는 성공의 오해를 만드는 것

테리(2002)가 결론을 내리고 있듯이, 이러한 정신적 대처 전략은 경험을 해석하는 방식
에 영향을 준다. 특히 실수를 인정하고 실수로부터 배울 수 있는 개인의 능력을 방해하는
비판을 방어하는 데 있어서, 더욱 그렇다(p. 228).

테리는 인도주의 조치에 있어서 후원자의 만족이야 말로 재정적 생존가능성을 좌우한
다는 점을 지적하면서 "정당화시키는 문화"에 대해 논하였다.

따라서 원조 기관들은 인도주의 조치를 인간 고통에 대한 필수적인 치료책으로 간주하는 제
도적 동기가 있다. 대부분의 경우, 후원자들에 대한 책무가 표적 인구 집단에게 시기적절한
인도주의 지원 제공 보장에 우선하며, 인도주의 조치의 부정적 결과는 경시되는 경향이 있
다. (p. 229)

테리는 "재난 외설물"과 "CNN 요인"의 사용을 언급하면서, 원조 기관이 "상황의 심각
성을 증폭시킬 필요성 혹은 충분한 인식과 반응을 일으키기 위해 가장 최악의 측면을 보
고할 필요"가 있다고 말하고 있다(p. 230). 이러한 추세의 전반적인 결과는 "인도주의 조
치의 실패 혹은 부정적인 결과에 대한 기관들 간에 열린 토론을 막는다"(p. 231).

다음 부분은 "제도 보존의 타당성"에 관한 것이다(Terry, 2002, pp. 232ff). 3가지 측
면의 중요한 논리가 있다.

첫째, 제도 보존의 타당성을 뒷받침하는 것은 인도주의 조치가 난민들 및 재난의 다른 희생
자들의 생존에 반드시 필요하다는 원조 공동체의 뿌리 깊은 믿음이다.

제도적 보존 타당성에 대한 두 번째 측면은 인도주의 기업이 서구 민주주의 정부의 본질 덕
분에 앞으로도 지속될 것이라는 점이다("동정심 정책").

타당성의 세 번째 측면은 "비록 인도주의 조치가 분쟁으로 생긴 위기에 대한 해답은 아니지만", 원조를 기업으로 전환시키고 기술관료주의식 접근을 채택하기 위해, 원조 기관이 인도주의 조치에 서구의 관점을 사용해왔다는 것이다.

이유가 무엇이든 간에, 종종 국제 활동이 과거의 실수로부터 좀처럼 배울 수 없는 것처럼 보이고, 더 나은 전략을 도출해낼 수 없는 것처럼 보인다는 의견을 종종 듣게 된다. 때때로, 이는 특정 활동 분야 종사자들의 이직률과 활동 경험을 기록하지 않으려고 하는 경향 때문이다. 또는 때때로 이는 위에서 시사한 바와 같이, 종사자의 다양한 방어 기제 혹은 대처 전략일 수 있다. 또한 때때로 테리가 위에서 설명하고 있듯이, 그들의 말과 행동이 그들의 활동과 지속적인 생존을 약화시키지 않으려는 원조기관 때문이다. 이유가 무엇이든지 간에 테리의 글은 전반적인 인도주의 원조 상황과 특정 상황에 대한 비판으로 가득하다. 리프와 다른 사람들이 주장하듯이, 세계의 위기와 욕구에 대한 모든 인도주의 대응을 재고하여 더 나은 방향으로 수정할 필요성이 있다.

긴급상황 이후의 인도주의 원조의 중요성

여기서 제기하고자 하는 마지막 이슈는 인도주의 원조에 관한 또 다른 이슈이다. 이는 부분적으로 원조에 관해 있을 수 있는 부정적인 결과에 관한 문제이다. 예를 들어, 원조는 의존성을 키우는 경우가 많으며, 건강한 수준의 독립심을 감소시키는 것으로 보인다. 고먼(Gorman, 1993, p.8)은 이를 매우 생생하게 표현하고 있다.

난민 전문가들 사이에서, 팔레스타인 사례는 난민 문제를 극복하지 못한 전형적인 예가 된다. 사실, "팔레스타인화"는 예방될 수 있는 질병의 의미로 사용된다. 난민들이 팔레스타인화되는 것을 피하기 위해서, 난민 전문가들은 난민 상황의 가장 초기 단계에 난민들의 독립심을 키우는 것이 필요하다고 주장한다.

두 번째 부정적 결과는 원조가 부적절하게 국가의 책임을 맡고 있는 곳이다. 더필드

(1994, p.58)가 표현하고 있듯이, "대체로 그 과정은 기본 복지서비스 제공에 있어서 국가를 대신하는 NGO에 의해 잘 나타난다."

위기 및 위기 이후 상황에 대해 장기적으로 만족스러운 성과를 극대화하는 방법으로 인도주의 원조가 제공되어야 한다는 점이 좀 더 긍정적인 접근방식으로 논의되고 있다. 예를 들어, 고먼(1993)의 모든 저서는 난민과 개발 간의 관련성과 관계가 있는데 서문에 쓰여 있듯이, 책의 핵심 주제는 다음과 같다.

> 세계는 경제 저개발 및 난민 이동의 위기에 계속 직면하고 있다. 이 책은 이 두 가지 난제에 대해 다루고 있으며, 이 둘은 현실적으로 상호 연결되어 있기 때문에 한 가지 문제를 고려하지 않고는 다른 문제를 해결할 수 없다. (p.1)

매크래이와 즈위(Macrae & Zwi, 1994)의 책 중 더필드, 매크래이, 즈위(Duffield, Macrae & Zwi, 1994, p.231)의 글에서는 "지속가능한 평화 개발은 국제 책임의 신매커니즘 개발 및 국제 구호 및 개발 원조 기금을 위한 전략을 촉진시키는 것과 깊이 관련되어 있다"고 하였다.

그리고 나서 그들은 변화를 위한 6가지 토대에 대해 언급한다. 요약해서 말하면, 이는 "폭력을 촉진시키는 구조적 상황을 인정하는 것", "폭력과 저개발의 희생자인 사람들의 권리를 증진시키는 국제법 틀 개발", "단극(unipolar)의 세계 질서에 대한 선택적 정치적 수단이 되는" 간섭을 피하는 것, "분쟁 확대에 대한 구호 지원의 영향력을 감시하고 평가하는 도구"를 개발하는 "독립적이고 국제적인 모니터링 시스템"을 확립하는 것, 분쟁에 영향을 받는 지역사회에 "구조적, 정치적 폭력을 방지, 완화, 해결하기 위한 국제적 조치를 결정하는 발언권을 주는 것" 등이다.

마지막으로 저자는, 인도주의 원조가 분쟁 이후 상황에서 대체로 중요하다는 점을 말한다. 이러한 인도주의 원조에 초점을 두는 저자들은 종종 원조의 궁극적 목표가 한 국가가 다시 도약하도록 하는 것이라고 지적한다. 그들은 원조를 제공하는 방식이 장기적 회복에 기여하거나 혹은 상당한 정도로 전체 과정에 차질을 줄 수 있다고 주장한다. 이러한 맥락에서 원조 제공 과정은 한 국가의 장기적인 회복과 관련되어야만 한다.

이러한 모든 상황에서, 원조 제공은 사람들의 생존과 복지에 필수적이긴 하지만, 원조는 그 자체로 목적이 아니다. 그러나 원조 제공 동기가 원조를 제공하는 후원자나 그 원조에 의존하는 기관과 연관이 될 때 원조는 그 자체가 목적이 된다. 인도주의 원조는 인도주의의 이유로만 제공되어야 하며, 모든 사회복지사들이 알고 있듯이, 인간중심의 접근은 단기적·장기적 목표 모두를 포괄한다. 원조를 제공하는 기본 이유는 수혜자들의 궁극적 복지이다. 원조가 사람들의 단기간 생존에 기여하긴 하지만 궁극적으로 그들을 부당하거나 불가능한 상황에 남겨둔다면, 원조의 중요한 목표는 실패하는 것이다. 이는 인도주의 원조에 대한 현재 접근법이 자주 행하는 방식이라고 많은 저자들이 말하고 있다.

인도주의 원조의 위기 대응에서 일하는 종사자

누가 원조 전문가인가? 인도주의 원조 욕구에 관한 보고서를 발행하고, 원조를 허락할 수 있는 권력과 협상하고, 비호의적인 곳에 원조를 제공하며, 절망에 빠진 군중들을 통제하면서 혼란스러운 상황 속에서 원조를 배분하고, 원조를 원하는 사람들을 조직하고, 공정한 원조 배분을 보장하며, 원조를 절실하게 필요로 하는 재난 피해자들 간에 많은 욕구에 대응하는 사람들은 누구인가? 인도주의 원조에 관한 많은 훌륭한 논의들과 그것의 성공과 실패 그리고 이러한 운영을 둘러싸고 있는 많은 역설과 이슈, 논란이 있지만 수많은 원조 전문가들은 일반적으로 대중매체에 인터뷰되지 못한 채 대개 '원조 전문가'라는 조용한, 비인격적인, 익명의 영역으로 축소된다. 저자들은 매크래이와 즈위(1994)의 저서,『전쟁과 기아: 복잡한 긴급상황의 국제적 대응에 대한 고려(War and Hunger: Rethinking International Responses to Complex Emergencies)』와 같이 거시적 이슈에 대해 주로 관심을 갖는 경향이 있다. 그러나 누가 원조 전문가인가?

옥스퍼드 브룩스대학교의 휴고 슬림(Hugo Slim)은 1994년 "인도주의 전문가의 지속적인 탈바꿈"에 관한 논문을 썼다. 그는 이 논문에서 현대 인도주의 긴급상황의 대부분은 1980년대에 요구되었던 것보다 원조 전문가들이 다른 기술을 갖추기를 요구한다고 제시하고 있다. 이는 "복잡한 긴급상황이 가진 무엇보다 중요한 특징이 그들의 정치성과 분쟁에 의한 통치"로 긴급상황의 본질이 바뀌었기 때문이다. 보고서는 구체적인 기술을 요구하는 영역에 대해 다음과 같이 논하고 있다.

- · 협상

- · 분쟁 분석 및 관리

- · 선전 및 인도주의 방송

- · 도시 지역에서 일하는 것(도시 환경에서 일하는 것이 90년대에는 훨씬 더 일반적이었음)

- · 인권 모니터링(인도주의와 인권 의제의 유의미한 통합 때문에)

- · 무장 요원 및 보호

- · 유엔군과 일하는 것('국제 구호 체계의 군대화'라는 또 다른 측면)

- · 긴급상황이 오랫동안 지속되는 것과 개발 패러다임의 필요성

- · 한 국가의 전문가가 되는 것의 중요성

- · 평화 구축과 재건

- · 개인적 안전과 감정적 건강('많은 구호 기관 및 종사자들이 무기력함을 경험'하고 '종종 강
  탈당하고, 공격당하며, 심지어 살해당하기 때문에')

슬림의 핵심 요점은 1990년대 초기와 같이, 복잡한 긴급상황에 처한 대다수의 종사자들이 위의 모든 특성을 공통적으로 요구하는 상황에 직면하였다는 것이다. 종사자들이 필요한 기술을 미리 갖추고 있지 않고 단기 훈련 과정에 착수하지 않았다면, 그들은 피할 수 있는 상황을 찾아 원조 전문가 자신과 또 그들의 효율성을 위해, 결과적으로 원조의 수혜자들을 위한 방식을 찾아야만 했을 것이다(Stearns, 1993 참조).

결론

분쟁, 결과적으로 인간에게 미치는 영향과 특히 지역사회의 분쟁 후 재건은 사회복지사들이 점차 많이 참여하는 중요한 국제적 활동이다. 그러나 종사자들이 현대 분

쟁의 본질 및 분쟁 후 작업에 대해 이해를 갖추고 들어가야 한다는 점은 어렵고도 위험하다. 우리는 그러한 일에 관련된 모든 것과 모든 측면에 대한 통합의 중요성을 명확히 보여주기 위해 이 분야를 의제의 관점에서 제시하였다. 우리는 이 장에서 인도주의 원조에 대해 논하였다. 왜냐하면, 결코 이러한 분야의 일에만 국한될 수는 없지만, 인도주의 원조는 항상 분쟁에 대한 중요한 대응 요소이기 때문이다. 다음 장에서는 국제사회복지실천 분야와 특별히 관련이 있는 몇 가지 프로그램과 전략을 제시하고자 한다.

CHAPTER 09

◐ 요약

- 분쟁과 평화 달성, 분쟁 후 재건은 효과적인 업무를 위한 통합관점의 접근을 요구한다.

- 현대 분쟁은 다양한 요인들로 인해 증가하고 초창기 때보다 변화해왔다. 종종 민간인들은 이러한 분쟁의 최전선에 놓이게 된다. 그들의 한계와 그들에 대한 비판에도 불구하고 유엔, 정부 조직, 국제 시민사회 단체들은 평화와 질서를 회복하는 데 중요한 역할을 한다.

- 분쟁 후 재건에 관심이 있는 국제사회복지사들은 비록 분쟁 후 상황과 의제가 지역에 따라 다양할지라도 이를 철저히 이해하고 있어야 한다. 많은 요인들이 현대 분쟁 뒤의 원인이 되며, 현대 분쟁을 촉발시키고 악화시킨다.

- 분쟁 후 의제는 적어도 7가지 욕구 차원을 포함하며, 특수한 욕구를 가진 6개의 인구집단을 포함한다.

- 분쟁 후 의제는 평화 구축, 화해 달성, 모든 차원에서의 즉각적인 욕구 충족, 법과 질서 회복, 분쟁의 근본적인 문제 해결을 위한 임시 행정부 체제와 평화 구축 업무를 포함한다.

- 인도주의 원조가 매우 중요하고, 종종 논란의 여지가 있지만, 사회개발 원칙에 맞게 인도주의 원조를 제공하는 것은 중요하다.

◐ 질문과 토론 주제

- 현대 분쟁의 성격은 어떤 식으로 외부 개입을 어렵고 종종 위험한 과정으로 만드는가?

- 분쟁이 지속되는 동안 원조 전문가들이 할 수 있는 잠재적 역할이 있는가? 있다면 그들이 해야 할 역할은 무엇인가?

- 분쟁 결과의 복잡성과 정도(규모)를 고려할 때, 분쟁 이후의 종합적인 재건은 실현가능한 목적인가?

- 기본적 구호와 개발 접근 간의 차이를 고려할 때, 개발 접근을 채택하는 것은 미래에 얼마나 중요하며, 얼마나 실현가능한가?

- 인도주의 원조를 제공하는 데 있어서 중요한 이슈는 무엇이며, 이러한 분야에서 주로 돕는 일을 하는 전문가들이 수행하는 역할은 무엇인가?

- 평화와 분쟁 후 재건을 이해하고 그러한 상황에 개입하는 데 있어서 통합적 접근 방법의 유용성에 대해 논하시오.

- 우선순위에 대한 당신의 생각의 관점에서 분쟁 후 의제를 논의해보자.

◎ 향후 연구 분야

- 당신이 관심을 갖고 있는 국가의 분쟁에 대해 생각하고, 분쟁에 대한 국제적 대응뿐만 아니라 분쟁의 규모, 원인, 영향 등에 대해 분석해보자.
- 선택한 분쟁/분쟁 후 상황에서, 외부에서 참여한 사람들의 역할을 분석하고, 그러한 상황에서 적절한 외부의 개입에 관해 스스로 자신의 결론을 도출해보자.
- 2차적 출처를 사용하여, 사회복지사와 원조 업무를 하는 다른 사람들이 하는 분쟁 후 재건에서의 역할을 정립하고, 그들이 할 수 있는 추가적 역할에 대해 생각해보자.
- 가능하다면, 분쟁 후 상황에 대해 당신 자신 혹은 다른 사회복지사의 경험을 반영해 기록해보자.
- 통합관점 접근을 기반으로 하여 당신이 알고 있는 분쟁/분쟁 상황을 분석해보자.
- 적절한 프로그램과 서비스를 개발하기 위해 분쟁 후 상황의 영향력, 지역적으로 그리고 외부적으로 이용 가능한 자원, 다양한 차원의 대응 관점에서 분쟁 후 상황을 분석해보자.

분쟁과 분쟁 후 재건 분야: 프로그램과 전략

● 학습목표 ●

- 전문적인 관점을 통해 분쟁 후 재건의 핵심적인 전략들을 소개한다.
- 분쟁 후 경제, 인프라, 제도의 재건과 분쟁 후 사람, 가족, 공동체의 회복에 대한 중요성을 생각하고, 이 두관계의 연관성을 생각해본다.
- 분쟁 후 상황에서 사람과 기관이 함께 일하는 데 필요한 기본전략에 대한 이해를 돕고, 통합관점 접근방법의 중요성에 대한 이해를 높인다.
- 분쟁 후 재건 의제를 실행하는 데 있어 국제사회복지의 역할을 생각해본다.

우리는 9장에서 박애적인 원조와 더불어 분쟁 후 재건에 대해 논의를 하였다. 또한 포괄적이면서 조화로운 방식으로 해당 의제를 구현하는 것에 대한 중요성을 강조하였다. 특히 내전의 특성상, 분쟁 후 국가의 재건 사업은 그 규모가 복잡하고 거대하며 매우 많은 비용을 필요로 한다. 따라서 이 사업과 관련하여 국제 공동체가 수행해야 할 역할이 점점 더 많이 요구된다. 10장에서는 재건 기업에 있어 국제사회복지의 역할을 검토하는 것부터 시작하려고 한다. 사회복지사가 재건의 모든 분야에 참여할 수 있고, 실제로 그렇게 활동하기도 하지만, 재건의 과정 중 전통적인 사회복지 전문 분야와 더 밀접한 것으로 여겨지는 분야가 있다. 그 분야는 전쟁 경험의 트라우마를 겪는 사람들에게 심리사회적 프로그램을 제공하는 것으로, 사회복지의 임상 전문지식과 관련이 있다. 또한 공동체의 재건 작업은 공동체 개발 전문지식을 응용할 수 있다. 분쟁 후 재건 활동에 대해 한 차원 더 나간다면 화해, 더 조화로운 공동체 관계 및 지속가능한 평화 등에 대한 장려이다. 전통적인 사회복지가 분쟁 후 재건의 이러한 영역에서 활동하지는 않았으나 공동체 관계와 산업 환경 또는 다문화 서구 환경에 있어 화해 또는 분쟁해결에 대한 문제해결이 전통적으로 사회복지의 한 부분으로 형성되어 왔다. 그러한 전문지식을 분쟁 후 재건 분야에 적용할 것인지 여부에 대해 고려하게 될 것이다. 분쟁 후 재건 상황과 관련이 높은 난민 사업 분야에 대해서는 12장에 가서 다루겠지만 난민에 대한 사업과 분쟁 및 분쟁 후 사업의 환경이 중복되기 때문에 12장은 10장과 함께 읽어야 할 것이다. 같은 이유로, 9장에서 설명한 것과 같이, 분쟁 영향에 대한 대처와 진행되는 개발의 기반 구축 사이에는 연관성이 있기 때문에 6장에서 기술한 지역 차원의 개발에 해당하는 프로그램과 전략들의 일부가 이 장과 연관이 있다. 마지막으로 4장에 포함된 내용 또한 본 상황에서 활용될 수 있다.

포괄적인 전후 의제의 실천

분쟁 후 재건 사업은 사회가 다시 일어서서 앞으로 나아가도록 설계된 사회개발 주도의 초기 단계이기 때문에 재건 사업의 원칙은 사회개발 원칙을 뒷받침해야 한다.

포괄적 접근방식의 원칙

포괄적 접근방식의 주요 원칙은 인간중심, 참여중심으로 인권, 기본적인 자유, 역량강화 및 지속가능성에 기반하고 있다. 다른 여러 사회개발 환경과 다른 점은 관찰자와 참여자의 마음에 이러한 기본 원칙을 거스르려는 경향이 있다는 사실이다. 예를 들면, 일부 활동가들은 지역주민들이 빈곤과 폭력, 테러에 정복당해 있었으므로 동정이나 온정적인 접근이 적합하다고 느낄 수 있으며 이러한 접근방식이 공여기관의 요구나 인식된 위급상황에서의 필요요인으로 여겨지기도 한다. 예를 들어 단기간의 인도주의 원조는 지속성이 없거나 역량강화에 기여하지 않더라도 매우 중요하다고 주장할 수 있다. 결국 위급한 요구는 종종 인간중심으로 인식되지 않는다. 대신, 제도 구축, 인프라 재건, 경제 시스템 구축 등이 전문가와 기업이 구현해야 할 주요 임무로 여겨지며 그러한 것들을 사용하고 이용할 사람들에 대해서는 고려하지 않게 된다. 그러나 실제로는 다른 환경보다 분쟁 후 재건 환경에서 이러한 모든 원칙에 초점을 두어야 할 필요성이 보다 중요하며 이것을 간과하면 장기적으로 분쟁 후 활동 전체의 성공을 위태롭게 할 수 있다.

포괄적인 접근방식의 전략

일반적인 전략을 논의할 때 모든 분쟁 후 상황에 적용될 수 있는 청사진이 존재한다고 말할 수 없다. 이에 대해 유엔난민기구(1997/1998, p.175)는 다음과 같이 기술하고 있다.

평화에 대한 청사진은 없다. 아프가니스탄, 보스니아, 과테말라, 르완다, 모잠비크와 같이 전쟁으로 파괴된 국가들을 보면, 상태를 유지하고 결국 내전과 공동체 간의 분쟁을 종식시키도록 이끄는 환경은 다양하다. 평화 구축 전략들은 이 다양성을 반영하면서, 조심스럽게 환경에 맞추어야 한다. 평화 구축 전략들은 또한 폭력을 야기시킨 환경에 대한 엄격한 분석을 기본으로 해야 한다.

그럼에도 불구하고 분쟁 후 환경과 관련하여 신중하게 고려해야 하는 전략들이 존재한다. 1997년 유엔난민기구 워크숍에서 이러한 전략들에 대해 다루어졌고(UNHCR, 1997), 그때 해당 주제에 대한 많은 논의가 진행되었다.

인도주의적 구제방식보다 개발주의적 접근의 적용

다음에서 살펴볼 모든 전략을 특징짓는 기본 접근 방식은 9장에서 기술한 바에 의거하여 통합관점 접근방법을 적용할 것이다. 첫째, 좁은 의미의 구제 접근방법과 재개발 단계로 이끄는 방식(보통 개발 접근방법이라고 부르는 방식) 간의 차이에 대해 설명하려고 한다. 개발 접근방법과 구제 접근방법의 주요 차이(<표 10-1> 참조)가 1996년 옥스퍼드 브룩스대학교의 미발표논문(Slim, 1996)에 언급된 바 있다.

두 접근방법의 차이가 의미하는 바는 개발 요구사항과 일관되는 한 최대한 구제노력이 보장되어야 한다는 것이다. 그러한 전략은 또한 위에 언급한 원칙들과도 일치해야 한다. 개발 접근방법에 있어 많은 사례가 있다. 예를 들면, 어떤 프로그램은 식량생산과 식량제공을 통합한다. 어떤 프로그램은 보건 또는 교육 서비스 제공을 지역사회 자급 프로그램과 결합하여 필요한 구조를 만들고 직원을 뽑는다. 어떤 원조 프로그램은 취로사업을 기본으로 운영한다. 의사결정 단계이든 실행단계이든 사람이 중요 참여자가 되는 모든 프로그램은 그 특성상 개발 접근방법이다. 이런 개발활동은 3장에서 제시한 통합관접 접근방법에 따라 이끌어야 한다.

[표 10-1] 구제 접근방법과 개발 접근방법

구제 접근방법	통합관점(개발) 접근방법
· 단편적	· 포괄적이고 통합적
· 눈앞의 이슈들에 초점	· 세계화와 지역성을 고려한 문제에 초점
· 구제중심 활동	· 인권 관점과 생태적 관점에 따른 활동
· 치료적	· 개발적
· 공여자 주도	· 수혜자 중심
· 신속한 행동	· 느린 행동
· 빠른 시간 활용	· 시간 초과
· 실패를 인정하지 않음	· 실패를 인정함
· 증상에 초점	· 원인에 초점
· 정상으로 돌아오기	· 변화를 부추김
· 단기	· 장기적
· 물질적	· 비물질적, 물질적
· 반응적	· 예방적
· 권력에 대한 도전이 없음	· 권력에 대한 도전이 있음
· 비참여적	· 참여적
· 프로젝트에 초점	· 프로그램에 초점
· 구체적, 기술적	· 비구체적, 태도중심적

분쟁 후 상황에 대한 전략

분쟁 후 환경과 관련된 개발 전략 중 특정한 유형, 특히 전통적인 사회복지기술과 일치하는 유형을 함께 생각해보자.

분쟁 후 상황에서 볼 때 이러한 전략 구현이 사회개발 상황이나 빈곤 경감 프로그램에 적용될 때와 근본적으로 차이가 있는지에 대한 의문이 제기된다. 분쟁 후 상황에서의 실천은 전쟁에 의한 황폐, 사람들의 혼란과 외상의 정도, 전쟁 사회의 특징인 비통함과 적개심의 정도, 가용자원의 정도와 특성, 자원별 가용수량 및 가용시기의 상이함 등에 분명히 영향을 받을 것이다. 이렇듯 다양한 분쟁 후 환경들 때문에 분쟁 후 상황을 일반화시키기는 어렵다. 게다가 많은 사회복지사들이 배치되는 지역 차원에서, 이러한 이슈들은 오직 출발점 또는 당면한 우선순위를 정할 때에만, 또한 사회복지사들이 지역 자원에 의존하는 범위에 한정하여서만 연관이 있다.

예를 들어, 만약 지역주민들이 분쟁 후에 대한 충격으로 황폐화되고 있다면 영양공급, 치료, 건강강화에 대한 강력한 초기 집중이 요구되며, 이때 공동체기반 역량구축이 가능해질 때까지 최대한 집단 접근방식이 사용되어야 한다. 이와 마찬가지로, 지역사회의 경제 섹터 사이에 냉소, 증오 또는 불신이 크다면, 화해와 점진적인 신뢰 구축에 대한 과업이 우선순위에 있어야 한다. 자원과 관련하여, 지역차원의 재건에 요구되는 여러 측면의 필요한 외부자원 가용수량이 전반적으로 다를 것이고 다양한 기관의 상황에 따라서도 상이할 것이다. 이러한 다양성은 지역활동가들이 지역자원에 의존해야 하는 정도에 영향을 미칠 것이며, 이때 자원은 인적자원을 포함한다. 그리고 이것은 전략 구현보다 목표 달성의 측면에서 사회복지사들과 사람들의 어려움 정도에 영향을 줄 것이다. 마지막으로 인적자원 개발 정도가 높은 구 유고슬라비아 또는 스리랑카와 같이 상대적으로 선진국에서 발생되는 경우와 아프가니스탄, 라오스 또는 아프리카의 여러 나라와 같이 상대적으로 개발도상국에서 발생하는 경우 등 국가들의 상황에 따라 지역자원의 풀(pool)은 크게 다를 것이다.

그러나 모든 상황에서 사회복지사들은 특정한 지역과 인구에 대해 분쟁 후 영향 면에서의 상황과 가용한 지역자원의 범위, 국가차원과 지역차원의 개발 현황을 분석하는 것으로 시작해야 한다. 그런 분석 후에라야 기관들이 자신들이 제공하거나 제공받을 수 있는 프로그램의 종합적 특성을 결정할 수 있다. 이것이 상황에 맞는 논리적 접근 방식임에도 불구하고, 현실은 매우 다른 결과를 가져온다. 우리는 현장의 복지사들로부터 현장의 요구에 대응하기 위해 이미 전력을 다해 운영되는 지역 상황에 도달했다는 얘기를 들어왔다. 말하자면 문이 열리자마자 그들은 일에 파묻혀 버렸으며 수년이 흐른 후에는 그들이 상황에 접근하여 계획을 발달시킬 시간 같은 사치는 없었다고 말하곤 한다. 그러나 이것은 인정할 수 있는 변명이 아니다. 분쟁 후 상황에는 높은 수준의 매우 어려운 요구사항과 종종 무질서한 환경이기는 하지만 요구에 효과적으로 대응하기 위해서는 숙고한 뒤에 프로그램을 구축하여야만 최대한 신속하게 최대의 효과를 낼 수 있다.

분쟁 후 상황 대응의 문제 중 일부는 모든 정립된 의미와 현대 내전과 관련하여, 이 분야의 활동이 비교적 새롭다는 것이다. 또한 현실은 위에서 언급한 이유들로 많은 접근방법이 잘 설계되어 있지 않고, 사회복지사들은 철수하기 전 자신들의 안전과 보호를 위하여 상대적으로 짧은 기간 동안 위기시 대처 형태로 활동하는 경향이 있었다는 것이다. 그 자체는 칭찬할 만하지만 채택한 전략의 전체적인 결과를 소수의 사회복지사 또는 기관들조차 검증된 전문성과 전략의 풀(pool)을 취합하여 지식이 해당 영역의 신참들에게 제공한 경우는 거의 없다. 이것이 최근에 바뀌기 시작하였지만, 분쟁 상황에 대응하는 가장 좋은 방법을 알고 그러한 지식을 유사 상황에 진입하기 시작하는 사회복지사 대다수에게 전달된다고 확신을 하기에는 아직 멀었다. 그러려면 가능한 모든 지식을 모으는 동시에, 매우 다양한 환경에서의 사회개발 활동 경험에서 교훈을 얻고 그러한 배움을 모든 분쟁 후 상황의 현실에 활용해야 한다. 실제로도 중요한 차이점 또한 존재함에도 불구하고, 개발도상국에서 전형적인 사회개발 상황과 전형적인 분쟁 후 상황 사이에 상당히 중첩되는 부분이 있다는 것이 이미 확실히 증명되었다.

이 환경에서의 마지막 문제는 평화가 가능한 빨리 어느 정도 보장될 수 있도록 상황에 대부분의 대처를 착수하기 위한 국제 공동체의 성향이며, 이것은 지속적인 전쟁의 결과에 대한 국제적 염려 정도에 따른 전쟁에 의해 자극을 받은 동정에서 기인한다. 그러나 대응의 범위는 대중의 동정을 불러일으키는 미디어에 의해 결정되는 것처럼 보인다. 이때 공여 정부가 판단하는 수혜 국가의 전략적 중요성, 공여 국가가 기존에 가지고 있는 대중의 태도 등에 따라 대중의 동정은 매우 달라진다. 일단 초기 목표들이 성취되면, 국가와 공여

[표 10-2] 역량강화 전략, 지역사회와 시민사회 재건 전략, 소득창출 시작 조장 전략

역량강화 전략	지역사회와 시민사회 재건 전략	소득창출 시작 조장 전략
· 의료 시설과 서비스 설립하기 · 다양한 교육과 아동/청소년 보호 시설 설립하기 · 지역사회 지원센터 설립하기 · 외상후와 다른 재활 서비스 준비 · 양육 및 자조집단 설립하기 · 리더십과 준전문가 훈련 제공하기	· 일반적인 지역사회 개발 촉진하기 · 화해와 지역사회 관계 확장하기 · 자신들의 가정 재건 또는 대안적 시설 건축을 위한 가족구성원들을 능력화하기 · 재건과 시설 작동에 있어 지역사회 구성원들이 참여하기 · 지역 시설 설립을 조장하기 · 지역 공동체와 시민사회 조직을 강화하기	· 토지 소유자들이 다시 생산할 수 있도록 하기 · 지역사회를 바탕으로 한 시장과 신용체계 조장하기 · 지역차원에서 기업의 재건을 위한 식량(food-for-work)을 확보하기 · 재건 작업에 있어 가능한 한 많은 지역주민들을 고용하기 · 단기 고용기회와 함께 꾸준한 훈련 제공하기

국, 적어도 비정부 섹터의 일부는 철수하려는 경향이 있다. 왜냐하면, 다른 분쟁 또는 위기 상황들이 국제적 근심을 차지하는 반면, 전쟁에 대한 기억이 멀어지기 시작하고 고비용의 개입으로 국가의 해결책과 대중의 동정이 약해지기 시작하기 때문이다. 국제 공동체의 특정한 섹션이 비교적 짧은 기간의 참여 후에 철수하는 것이 이해할 만하고 인정하지만, 그러한 상황이 계속해서 위급한 개발 상황으로 여겨져 유엔, 정부섹터 내의 개발 기관들이 장기적으로 개발 요구가 적절하게 유지, 대응될 것을 보장하는 것이 맞는지에 대해서는 논란의 여지가 있다. 이것은 만약 모든 사회차원에서 초점이 개발과 역량구축의 전반적인 전략이라면 국제 공동체가 관여하는 첫날부터의 권리는 자존감과 참여원칙을 기본으로 해야 할 것이다.

분쟁 후 상황에서의 국제사회복지의 핵심 분야

문헌과 현장 경험의 분석을 통해, 우리는 사회복지사와 다른 원조 전문가들이 함께 집중해야 할 핵심 분야를 추천하기로 하겠다. 이것은 사회복지사들이 분쟁 후 활동의 다른 측면에는 관여하지 않거나 관여하면 안 된다는 것은 아니다. 그러나 사회복지사들의 전통적인 사회복지 전문 분야와 가장 관련이 높은 분쟁 후 지역의 개발활동에 대한

지식과 기술의 개발을 신중하게 고려할 것을 주장한다. 여기서 논의할 분야는 심리사회 프로그램의 제공, 공동체 재건, 평화 구축과 화합 실천에 관한 것이다.

심리사회 프로그램 제공

마이너드(Maynard, 1997, p. 204)가 정의한 전쟁 파괴 효과는 인류 역사를 통해 꾸준히 제기되는 주제이다. 오늘날 우리는 더 많아진 전쟁과 이로 인해 더 많은 사람들, 특히 시민들이 영향을 받고, 미디어와 사람들의 이동을 통해 이러한 상황을 더 많이 인식할 수 있기 때문에 전쟁 파괴 효과에 대해 좀 더 잘 인지하고 있다. 전쟁에 대한 심리적 영향과 사회적 영향에 대해 많은 설명이 있으므로 이 상황이 어떻게 보이는가에 대해 요약하였다. 마이너드는 군인과 시민들에게 종종 나타나는 전쟁 경험 트라우마를 4단계로 구분하여 다음과 같이 설명하였다.

전쟁 경험 트라우마의 4단계

싸움과 고문에의 노출

직업군인들은 사람을 죽이고 목숨을 잃게 되는 것에 어느 정도 단련되었지만, 내란과 관련된 많은 시민들은 이런 상황을 처음 겪게 된다. 더 나아가 어떤 사람들은 싸우도록 강요받고, 아동일 때 징병당해 무기를 들고 죽이도록 강요받으며, 예전에는 이웃이었던 많은 사람들이 전쟁에 참여하여 서로 싸울 수도 있다. 고문과 수족절단뿐 아니라 싸움이 종종 거리, 집, 일상생활과 여가장소(예: 사라예보의 시장, 이스라엘의 커피숍, 북아일랜드의 선술집)가 치열한 공격 장소가 된다는 사실이 여기에 공포를 더한다.

이런 전쟁에 대한 경험들은 대부분 사람들에게 영향을 주지 않을 수 없으며 이런 영향은 수십 년 또는 일생동안 그들에게 남아있을 것이다. 물론 싸움과 잔인함의 정도가 다르고, 경험하는 정도와 기간도 사람들에 따라 다르다. 내란 중에 태어난 아동들은 그들의 중요한 시기의 전부 또는 많은 부분을 전쟁 외에는 아무 것도 모르는 삶을 살게 되고(예: 팔레스타인, 캄보디아, 시리아 일부, 스리랑카, 남 수단, 소말리아, 사하라 이남 아프리카), 또 어떤 아동들에게는 그들의 유년기 시절을 잔인하게 방해한 사건이 된다. 마지막으로 전쟁과 고문을 경험한 사람들과 그런 사건들을 목격한 사람들 사이의 영향 또는 충격에 대한 차이는 미미하다는 점을 주목해야 한다. 루이스(Lewis, 1999, p. 99)는 "사실 많은 연구에서 잔인한 것을 목격한 사람들이 종종 상해를 입고 고문당한 사람들보다 안 좋은 영향을 받는 것이 나타나고 있다"고 언급하였다.

폭력에의 노출

군인, 전쟁 포로, 시민들에게 가하는 폭력은 현대 전쟁의 특징이다. 폭력은 다양한 형태로 나타난다. 만도와 같은 무기로 무방비 상태인 사람에 대한 공격, 대중 앞에서 또는 자녀 앞에서의 여성 강간, 손목 또는 발목 절단(콩고와 라이베리아), 특히 주택 같은 재산의 잔인한 파괴, 아이들 장난감을 사용한 지뢰 사용(예: 보스니아), 시민을 상대로 한 지뢰 사용(예: 캄보디아), 정보 보안을 위한 고문 사용(예: 이라크), 다수에게 최대의 두려움을 주기 위한 다양한 전술 사용 등이다. 또한 2004~2005년 사이에 이라크에서 발생한 주민 납치 사건도 포함될 수 있다. 이런 극악무도함을 경험하거나 목격한 사람들은 심한 트라우마를 겪을 수 있다.

박탈

박탈은 사람들에게 무기로 사용되기도 하고 피할 수 없는 전쟁의 결과로도 볼 수 있다. 사람들은 보통 식량, 보금자리, 의료 등을 빼앗긴다. 특히 마지막 것은 전염병이 비위생적인 생활환경에 노출되어 영양가 있는 음식도 섭취하지 못하는 사람들을 강타할 때 매우 심각할 수 있다. 심각한 트라우마적 경험 중에는 많은 이들이 일상적인 심리적 지원마저 박탈당한다. 일부는 버려졌다고 느낄 것이다. 일부는 효과적으로 자신의 정체성을 빼앗겨 더 이상 주변 사람들로부터 과거와 개성이 있는 사람으로 여겨지지 않는다. 많은 사람들이 물건을 빼앗기고 안전하다는 생각을 상실한다. 믿음과 희망마저 빼앗기는 사람도 있다. 가혹하고 오랜 박탈은 대부분 사람들에게 커다란 영향을 미친다.

의미와 통제력 상실

전쟁으로 파괴된 사회에서, 사람들은 자신들의 생활, 관계, 가치, 신념 등이 더 이상 아무런 의미도 없다고 느낀다. 그들의 세계는 완전히 뒤집혔다. 그들은 어쩔 줄을 모른 채 삶의 방향성도 잃게 된다. 또한 그들은 자신들이 영향을 미치거나 통제할 수 있는 범위를 완전히 벗어난 상황에 사로잡혔다고 느낀다.

전쟁에 대한 심리적 충격과 더불어 사회적 충격도 있다. 루이스(1999, p.99)는 "전쟁으로 몹시 파괴된 국가에서 사회체계와의 오랜 폭력적 분쟁은 엄청난 파괴를 일으키고, 사회, 공동체, 가족 수준의 구조와 의사결정 체계를 약화시킨다"라고 하였다. 또 다른 차원을 덧붙여서, 마이너드(1997, p.207)는 "전쟁으로 파괴된 사회에서 다른 집단 간의 건강한 사회적 유형은 불신, 불안, 폭행으로 대체되며 지역사회 응집력, 상호의존성, 상호보호를 손상시킨다"라고 하였다.

전쟁의 사회적 충격은 분쟁이 끝난 뒤에도 회복하는 데 많은 시간이 걸리기 때문에, 개인이 분쟁의 심리적 충격을 해결하기가 훨씬 더 어렵다. 마이너드는 이것을 다음에서 잘 표현하였다.

> 전쟁으로 인한 심리적 손상과 사회적 손상은 끊임없이 서로 얽혀 있다. 개인의 정신건강 악화는 망상증, 노골적인 불신, 비이성적인 행동 등을 통해 공동체 안정성을 서서히 손상시킨다. 동시에, 파괴된 사회 조직과 집단 내의 관계는 혼란을 더욱 가중시키며, 정신적 취약성을 악화시킨다. 그 결과, 국내 분쟁은 폭력에 있어 공동체의 정신건강에 매우 유해한 영향을 주고 있다. (1997, p.207)

루이스(1999, p.98)에 따르면 "가족 구성원의 죽음뿐만 아니라, 신체적 부자유, 부상, 고문, 신체절단, 약탈, 강간, 감금, 고문이나 대량 학살 목격 등의 다중 트라우마"를 견디는 경험에 따른 심리적 영향은 상대적으로 제한된 대응을 하게 한다. 여기에는 "수면장애, 심리 불안정(슬픔과 분노 포함), 지나친 피로감, 산만함, 기억력 감퇴" 등이 포함된다. 파커(Parker, 1996, p.80)는 '생존자 증후군'에 대한 네덜란드의 연구를 인용하여 이러한 증상들에 대해 다음과 같이 증상을 표현하였다.

'생존자 증후군'의 정의는 매우 광범위하다. … 다음과 같은 증상과 징후로 구성된다. 불안, 만성 우울상태, 인지와 기억 혼란, 고립과 틀어박히는 성향, 많은 정신적 불만 그리고 어떤 경우에는 죽음이 임박하여 무감정과 무력 상태로 퇴행하는 강제 수용소 포로들의 단계인 '산 송장' 단계와 유사성을 보인다.

파커는 이런 증상들이 잘 알려진 외상후 스트레스 장애(PTSD)와 유사하다고 보았다. 마이너드(1997, p. 206)는 외상후 스트레스 장애의 증상을 다음과 같이 나열하였다.

다양한 범주의 증상에는 불안, 우울, 약물남용, 은둔형 외톨이, 적대감, 불화, 절망, 고립, 목표상실, 배신에 대한 예상, 심한 불면증, 사회적 신뢰에 대한 역량파괴 등이 있다. 특히 외상후 스트레스 장애에 있어, 당사자는 기억의 자극에 대해 과잉 대처하며 종종 원래의 트라우마를 다시 체험한다.

그러나 파커와 마이너드 모두 트라우마 경험에 대한 대처가 문화에 따라 결정되고, 외상후 스트레스 장애에 관한 대부분의 연구가 서구 환경에서 이루어진 것을 지적한다. 그러므로 사회복지사들은 사실상 나타나는 증상, 괴로움 혹은 표현 방식이 문화에 따라 매우 다르다는 것을 잘 알아야 한다. 게다가 가해자들이 왜 그런 행동을 하고 그 장기적인 결과가 무엇인지에 대한 이해를 돕는 자료들은 거의 없다.

트라우마 피해자들에 대한 대처

트라우마 피해자에 대한 대처 방법, 즉 도움이 될 심리사회적 프로그램 분야로 다시 돌아가보자. 그러나 어떤 특정한 제안을 하기 전에, 알아야 할 두 가지 사항이 있다. 하나는 이 주제에 대한 경험과 연구가 분쟁 후 상황에 있어서 상대적으로 한정적이고, 연구자들은 그 주제에 대한 프로그램을 만들 때 사용할 수 있는 지침이 거의 없다는 것을 인정한다. 두 번째로 매우 중요한 점은 서양의 관습을 개발도상국의 전후 상황 대다수에 적용할 때 매우 신중해야 한다는 점이다. 이 두 가지 주의사항을 가지고 권장 프로그램들을 검토해보자.

치료

어떤 연관성이 있는 치료 방법이 좋은가에 대한 판단은 지역사회복지사에게 맡기겠지만, 앞서 언급한 두 번째 주의사항이 여기에 적용된다. 파커(1996, p.83)는 치료에 대해 다음과 같이 서술하였다.

한 가지는 분명하다. 소위 말하는 (심리치료와 심리 분석 같은) "이야기 치료는 비서양국가에서는 거의 효과가 없다." "이야기 치료의 사용"은 … 특정 사회적 상황으로부터 상대적으로 고립되어 자신을 변화시킬 능력이 있는 확연하고 독립적인 개인에 기반한다.

아프리카와 많은 비서양 국가에서는 치료 대부분이 다른 가족 구성원, 더 나아가서 지역사회까지 직접적으로 관여한다. 개인의 회복이 더 광범위한 지역사회의 회복에 달려있을 경우 한 사람의 고통을 개인화하는 것은 별 도움이 되지 않을 것이다. 즉 전쟁의 여파에 대한 효과적인 치유는 지역 환경에 의해 크게 영향을 받는다.

어떤 사회복지사들은 집단 치료를 활용하는데, 고통을 경험한 집단 구성원들은 그들의 경험과 통찰을 서로 공유한다. 이것은 고통 받는 개인에게 그들이 혼자가 아니라는 것을 알리고 유사 상황에서 남들은 어떻게 대응하는지를 생각할 수 있도록 한다. 많은 이들이 주장하듯이, 트라우마에 대한 경험을 묻어두고 자신에게도 책임이 있다는 생각에 수치스럽게 여기며 겪고 있는 특정 증상을 이야기하기를 부끄러워하거나 내면으로 침잠하여 사회적 접촉을 끊어버리는 것보다 해당 경험을 단순히 이야기하는 것만으로도 효과적인 치규가 될 수 있다.

재건 과정에 참여

연구자들과 사회복지사들은 트라우마를 겪은 사람들이 남들과 함께 재건 사업에 참여하는 것이 좋은 효과가 있다는 데 동의한다. 그 혜택은 간접적이지만 힘든 일은 다른 사람들과 함께 작업하는 사회적인 경험을 주며, 순간적이나마 직전의 과거를 잊게 하며 자신과 가족, 지역사회 및 국가의 미래를 재건하는 데 집중함으로써 희망을 키우도록 한다. 루이스(1999, p. 106)는 다음과 같이 기술하였다.

모잠비크에서는 집을 짓거나 토양을 일구는 등 재건을 위한 실질적인 육체 활동이 전쟁 후의 개인 및 지역사회 치유에 특히 중요하게 여겨졌다. … 생활하고 일하는 과정에 참여하는 것만으로도 그들 자신은 "사람들이 다시 한 번 더 나은 방법으로 생활하는 살아 있는 본보기"가 되었다. 지역 인프라를 재건하는 일은 참여자들에게 회복의 표지자로서의 중요한 의미를 부여한다.

화해와 분쟁 해결 시도

화해에 대해서는 후에 논의하겠지만, 우리는 여기서 화해가 치료 과정과 연관이 있다는 것에 주목해야 한다. 많은 연구자들은 폭력과 학대 가해자를 의식적으로 용서하는 행위가 분노와 같은 부정적인 감정을 떨치고 앞으로 나아갈 수 있게 하는 치유 과정의 중요한 단계라고 주장한다. 화해에 대해서도 공동체적인 측면이 존재한다. 마이너드(1997. p. 209)는 "신뢰할 수 있는 지역사회의 부활은 외상후 스트레스 장애를 겪는 환자들에게 가장 치유 효과가 크다"라고 하였고, 다른 연구자들도 이 관점을 지지하고 있다.

지역사회 중심의 접근방법

지역사회 중심 접근방법에 대한 중요성은 이 맥락에서 자주 강조되었다. 루이스(1999, pp. 101-102)는 다음과 같이 언급하였다.

굿윈-질과 콘(Goodwin-Gill & Cohn, 1994)은 전쟁과 관련된 정신적 트라우마 치료는 시설 밖에서 이루어져야 한다고 주장하며, 기존의 인적·물적 자원을 활용하는 지역사회 중심의 전략에 대한 중요성을 강조한다. 그들은 이 전략의 목표가 심리치료에 따르는 오명을 줄이는 데 있다고 설명한다. … 이와 마찬가지로 개인의 심리사회적 치료에 많은 초점을 둔 접근방법들은 더 광범위한 사회, 정치, 경제적 재건 이슈와 대체되어서는 안 된다. 서머펠드(Summerfeld) 또한 전쟁과 관련된 외상이 개인이 간직하는 상처로 간주해서는 안 되며 가족, 공동체, 사회와 같은 다양한 단위의 사회·문화적 단체를 침해한 과정으로 여겨야 한다고 하였다.

지역사회 중심의 과정을 실제 문제로서 해석하는 방식은 여러 가지가 있다. 화해 실천과 트라우마를 겪는 사람들의 재건 사업 참여, 집단 치료 등은 지역사회 재구축과 마찬가지로 모두 이 범주에 속한다.

전통적 치료자, 종교 단체, 문화 전략 등의 활용

외부에서 평가 및 대처 과정을 수립하는 것에 대한 위험은 이미 앞서 강조하였다. 이러한 관점에서 연구자들은 분쟁 후 치료 단계에서 트라우마와 스트레스에 대한 고유 반응을 식별하고 이것을 제거하는 것에 대한 중요성을 강조한다. 루이스(1999, pp. 102ff)는 이러한 접근방식에 대한 중요성을 강조하는데, 그 이유는 "사람들이 자신의 고통을 구체화하고 의미를 주는 방식이 문화적 환경에 따라 강하게 영향을 받기 때문이다"(p. 102). 그녀는 "예를 들어 모잠비크에서는 지역사회 기관과 치료자가 이미 고통 받는 사람들에 대한 의미 있는 설명과 그 관리를 위한 특정 메커니즘 모두를 제공하고 있다"고 하였다.

또한 모잠비크에서는 "전쟁 트라우마에 전문적이며 전통적인 치료사는 좌절된 삶을 재건하는 데 핵심적인 역할을 하였으며"(p. 104), "모잠비크에서 교회는 화해, 용서, 성인과 아동 모두가 재건 과정을 다시 확인할 수 있도록 도와주는 역할을 하는것으로 인식되고 있다"(pp. 105-106)고 밝혔다.

외부 전문가들이 전통적 치료사와 지역 종교 기관을 신뢰하는 것이 쉽지는 않겠지만, 중요한 문제는 관련된 사람들이 누구를 신뢰하느냐는 것이지 외부 사회복지사들이 누구를 신뢰하느냐가 아니다.

심리사회적 회복의 다섯 단계

많은 연구자들은 사회심리학적 회복이 단계적 과정이라는 것을 강조하지만, 마이너드(1997, pp. 209ff)는 이것을 더 구체화한 5단계를 제안하였다. 1단계는 "안전 정립: 모든 치료에서 중요한 점은 위험을 제거하고 안전의 토대로 대체하는 것"이다. 2단계는 "공유화와 사별: 트라우마 경험과 생각, 그에 따른 감정, 대응을 안전한 환경에서 다른 사람들과 공유함과 동시에 상실에 대한 애도기간을 갖는 공유화는 치료 과정에 있어 중요한 부분"이다. 3단계는 "신뢰 재정립과 신뢰를 할 수 있는 역량 재정립: 건강한 정신과 대인관계 정립에 중요한 다음 단계는 이해당사자 사이의 신뢰와 헌신을 재건하는 단계"이다. 4단계는 "개인과 사회 도덕성의 재정립: 심리사회적 상처의 치료는 주제(무엇이 옳은가)에 대한 개념의 재구성과 개인 행동에 대한 지침" 및 사회 윤리를 재정립하는 것이 필요하다. 마지막 5단계는 "통합과 민주주의적 담론의 회복: 건강한 사회는 사회의 다양한 요인을 용납하는 것"이다.

사람들은 이 다섯 가지를 반드시 필요하다거나 유일한 단계로 받아들이지는 않을 것이다. 그러나 중요한 것은 분쟁 후 환경에서 심리사회적 치료 프로그램에는 루이스의 논리에 따라 여러 단계가 존재한다는 것을 고려해야 한다는 것이다. (트라우마와 그에 대한 대처법에 대해서는 Welsh, 1996; Straker, 1993 참조)

사례 ▶ ▶ ▷

다음의 두 가지 사례는 보스니아-헤르체고비나의 경우이다. 안타깝게도 일부뿐인데, 전문적인 심리사회적 프로그램이 발칸국가에서 매우 보편적이어서 대부분의 분쟁 환경에서보다 더 많이 개발되고 더 많은 기록이 있다.

사라예보에서의 가족 회복 프로그램

첫 번째 사례는 가족의 심리사회적 회복에 대한 것으로 이것은 종교기관 소속의 INGO에 의해 실행되었다. 프로젝트는 사라예보에서 진행되었고, 전문적이고 우수한 직원들과 300가정의 1,574명이 참여하였다. 프로그램은 사라예보 사람들 대다수가 4년간의 전쟁 기간 동안 매일 두려움과 스트레스에 노출되었다는 가정에서 시작한다. 또한 전쟁의 상흔에도 불구하고, 많은 가족들과 개인들이 상당한 저항력을 가지고 있다는 신념을 바탕으로 하였다. 프로그램은 원조 제공을 위해 시작하면서 가장 좋은 결과를 가져다 줄 수 있는 정신요법을 알아내도록 하였다. 또한 트라우마 사건에 대한 정상적인 반응이 비정상적으로 되는 순간을 포착하려고 하였다. INGO는 트라우마적 사건에 대한 반응과 회복에 걸리는 시간이 다양하다는 기존 연구에 동의했다. 비록 핵심 프로그램에는 300가구가 참여하였지만, 프로젝트 실행시 2,305명의 가족을 방문하고 평가하였으며 오직 소수만인 집중 관리가 필요하다는 것을 발견하였다. 다른 가족들은 아동발달 문제, 난민 귀환자들의 지위, 알코올 중독, 분쟁상황, 노인 돌봄, 권리와 욕구충족에 대한 정보의 지원이 필요하였다. 대부분 가정들은 위생키트를 포함한 물질적 도움이 필요하였다.

진행된 심리사회적 사업은 환자 개인과 직접적인 관계원들을 포함해야 하였으며 치료사와 환자 간의 우호적 관계를 형성하는 데 많은 시간을 보내야 했는데, 이것은 이 업무의 가장 힘든 부분이었으며 많은 인내를 필요로 했다고 한다.

프로젝트는 다양한 서비스의 필요성을 발견하였는데 그 중에는 유치원과 학교에서 사용할 수 있는 치유 방법에 대한 직업 교육, 결혼 전, 결혼 후 관계와 가족 관계 카운슬링 센터, 비행청소년 전문 서비스, 가족 트라우마 센터 설립, 전쟁 아동 희생자를 위한 프로그램, 구성원을 잃은 가족을 위한 프로그램, 아동과 성인을 위한 SOS 라인, 노숙자를 위한 긴급 숙박 지원 등이 있다.

※ Catholic Relief Service, 1996, p.1.

사라예보의 보건실무자를 위한 프로그램

두 번째 사례는 사라예보에서 4년간의 전쟁 동안 의료서비스를 제공한 여성들을 위해 설계된 프로그램이다. 이 여성들은 다양한 부상을 치료했으며 식수, 전기, 가스, 식량, 약물 등이 없는 시설에서 이러한 작업을 하였다. 이 작업을 지속적으로 하는 것의 긴장감은 엄청났다. 전쟁 후에 지역대학에서 사회복지서비스 단위는 독일의 NGO와 함께 이 여성들의 사회적 복귀를 지원하였다.

이 프로그램은 사라예보의 여성을 26명의 그룹으로 묶어 21일 주기로 진행하였다. 목표는 심신의 쇠진과 개인 트라우마(가족 구성원과 집을 잃음, 전쟁 기간 동안 얻은 다양한 신체적, 심리적 변화 등)의 경험 극복을 촉진하는 것이었다. 여성들은 매주 2회의 집단 세션과 2회의 개인 세션에 참여하였다. 직원들은 이러한 유형의 작업을 위해 특별히 훈련받았으며, 특히 정신병 치료, 심리상담, 사회복지 등에 대해 교육을 받았다.

이 프로그램은 또한 일탈을 할 수 있는 모든 방법에 여성들이 적극 참여하도록 하였다. 또한 다양한 활동으로 이루어진 '적극적인 긴장완화' 프로그램도 있었다.

이 프로그램은 5개월 동안 286명의 여성들에게 적용되었고, 필요한 기간 동안 후속 조치하도록 운영되고 있다.

※ Catholic Relief Services, 1996, p.29.

지역사회 재건

지역사회 재건과 관련하여 반박의 여지가 없는 세 가지 사항이 있다. 첫 번째는 지역사회가 인간개발 및 인간행복에 대한 사회적 기능상 중요한 역할을 하고 있기 때문에, 지역사회 재건이 분쟁 후 재건 의제에 기본적인 역할을 한다는 것이다. 두 번째는 지역사회 재건이 작업의 초기에서부터 사회복지 직업 영역에 포함된다는 것이다. 세 번째는 전쟁으로 트라우마를 겪는 사람들이 재건 과정에 참여함으로써 상태가 호전되며 대부분의 사람들에게는 이 작업이 지역 공동체 수준에서 이루어져야 한다는 점이다. 그러나 현실에서는 이 세 가지 사항들이 완전히 받아들여지지 않고 있는 것으로 보인다.

쿠마르(Kumar, 1997b)는 자신의 책 앞부분에서, 전쟁으로 황폐한 사회의 재건에 적합한 활동의 많은 목록을 논의하였으나, 지역사회 재건에 대해서는 언급하지 않았다. 마이너트는 1997년에 저술한 책 『지역사회 재건(Rebuilding Community)』의 1장에서 이 분야를 설명하였는데, 여기에서는 '풀뿌리 운동차원의 심리사회적 치료, 재통합 및 화합'이란 소제목에 초점을 두었다. 이 책에서는 지역사회의 중요성에 대해 직접 또는 간접적으로 언급하였으나, 지역사회 재건 과정에 대해서는 직접적으로 언급하지 않았다. 개입 또는 다른 재건 활동과 관련 없이 발생할 수 있을 것이라고 가정한 것일까? 이것은 분쟁 후 상황에서 지역사회 재건을 위해 자원을 배치하는 것을 꺼리는 현상으로 보인다. 그렇게 하려면 많은 전문가들이 다양한 지역사회에 배치되어야 하기 때문일까? 또는 그러한 사업에 참여하는 핵심 기관들이 보기에 국가차원의 제도 구축, 경제개발 및 인프라 재건보다 중요도가 훨씬 덜하다고 생각하였기 때문일까? 또한 지역사회 개발의 실천이 최근 수십 년간 잘 수행되어 왔음에도 사회복지에 있어 이 분야에 초점을 두지 않았었다.

무력 분쟁으로부터의 회복에 대한 또 다른 교재에서 스펜스(Spence, 1999)가 저술한 장에는 '지역사회 주도 회복의 중심적 역할'이라는 적절한 제목이 붙어 있다. 그러나 그녀는 아직 오늘날 전후 상황에 있어 관련 기관 대부분은 지역사회와 풀뿌리 운동 단체들을 무시하고 있다는 유엔사회개발연구소(UNRISD)의 연구결과를 인용했다. "경제재건, 정책 재건, 사회 재건, 포로 송환과 군사 해제"로 회복 요인들을 목록화한 스펜스는 다음과 같이 서술하였다(p. 210).

분쟁 후의 사회 재건은 모든 회복 과정에 있어 분명히 매우 중요한 요인이다. 전쟁의 영향을 다루는 것은 분쟁경험을 한 지역사회 구성원들의 필요를 다루고, 전쟁을 도발한 사람과 전쟁 때문에 고통 받는 사람 모두에 대한 치료를 다룬다. … 정치적, 경제적 재건과 인프라 재건을 가능하게 하는 에너지를 제공하는 것은 사람인 것처럼, 모든 국가에 있어 가장 힘 있는 요인은 인적자원이므로, 재건 정책 수립시에 전쟁이 민간인에게 미친 효과에 주의하는 것이 매우 중요하다.

스펜스는 지역사회 참여가 전반적인 재건 성공에 핵심적이고, 그러한 참여가 지역사회 요구 및 구조 강화에 민감하게 의존하는 것이 분명한 몇몇 상황에 대해 언급한다. 또한 분쟁 기간 동안의 지역사회는 단순히 전쟁의 희생자이거나 비활동적이지 않다는 점을 지적한다. 많은 사람들이 자신의 생존과 회복 과정에 적극적으로 참여하기 위해 역량이 강화되기 때문에 전쟁이 끝나기 전에 복구 및 재건 과정을 시작한다(pp. 208-209). 그녀는 후에 다음과 같이 서술하였다.

분쟁 후 상황의 현실은 정부와 국제기관이 여전히 복구와 재건 정책을 궁리할 때, 지역사회는 이미 그들 스스로 복구과정을 실험한다는 것을 말해준다. 시민들이 재건의 방법 등과 같은 지침을 기다릴 것이라는 기대는 비현실적이다. … 복구 과정에서 다른 활동가들이 이 자생적인 계획(self-generated scheme)의 중요성을 인지하고 이에 맞추어 활동하는 것이 더 나은 개선안을 제안하는 것보다 더 낫다.

그녀는 나중에 전쟁을 경험한 지역사회에 대해 저술하였다.

그들은 새로운 대처방법을 발견할 수도 있다. 지역사회에서의 여성의 역할은 남자가 징집되었을 때 더 강해진다. 그들은 힘든 조건에서 적응할 수 있을 것이다. 그리고 가능한 한 빨리 정상상태로 회복되기를 바라는 염원을 공유할 것이다. 이러한 능력들은 지역사회가 복구할 수 있도록 인도할 것이다.

스펜스의 언급이 전형적인 지역사회는 재건 및 복구 과정에서 외부 지원이 필요 없으며 외부 기관만이 복구의 전반적인 과정에서 자신들의 역할을 인정할 것이라는 의미인지는 분명하지 않다. 그녀는 지역사회 차원의 역량강화와 조직적 개발이 강화되어야 하며, 정부 및 다른 기관의 재건 정책이 지역 요구에 민감하고 유연하며 지역을 기반으로 해야 한다고 주장한다. 스펜스의 "전쟁복구의 기반은 지역사회의 경쟁력이고 지역사회가 참여하는 복구 과정에 있어 다른 활동가를 인정하는 것은 견고한 경제적 체계와 사회적 체계로 인도할 것"(p. 220)이라는 의견에 동의하지만, 많은 상황에서 이러한 지역사회 경쟁력은 저절로 나타나지 않는다. (Nee & Healy(2003)의 캄보디아의 전후 상황에 대한 사례 참조)

분쟁 중 지역사회는 여러 방법을 통해 나쁜 영향을 받는다. 지역사회 구성원들은 도망치거나 죽거나 징집되고, 가족과 다른 체계들은 혼란스럽게 되고, 사람들은 정신적 충격을 받으며 희망을 포기하기도 하며 지역사회 자원은 망가진다. 많은 사람들이 새로운 대처 기술을 개발하고 내부의 힘을 발견하고 어려운 현재 상황에 대처하기 위해 서로 강하게 의존하기도 하지만, 역경을 극복하고 강하고 건강한 지역사회를 재건하는 데는 여전히 긴 시간의 노력이 필요하다. 그리고 이 과정이 일찍 시작되지 않으면, 일을 할 수 있는 사람은 복구가 빠르고 기회가 많은 곳을 향해 떠나며 어떤 이들은 가능하다면 외국으로 떠날 것이다. 결국 더 많은 지역사회의 중요한 인적자원이 사라지게 된다. 많은 지역사회가 몇 달 또는 몇 년 동안 복구 침체로 약해지는 경우, 해당 환경에서 실행가능한 지역사회 개발 프로그램을 시작하고 더 넓은 범위의 재건 과정에 지역사회가 적극적으로 참여할 수 있도록 하는 것이 중요하다. 그 다음에는 어떤 요소들이 이러한 지역사회 개발 프로그램의 구성 요소와 필요 직원을 파악하여야 한다.

유엔사회개발연구소의 '전쟁으로 폐허가 된 사회 프로젝트' 연구에 실린 "분쟁 후 사회 재건을 위한 중요한 자원들은 사람들 그 자체와 그들의 탄력성, 창조성, 실리주의, 적용에 대한 능력 등이다"(1998, p. 16)라는 문구에 전적으로 동의한다.

재건에 대한 지역적 해결방안과 대처방법은 비지역적 대응보다 더 효과적이고, 저렴하며, 지속적이기 마련이다. 또한 그들은 명예, 자신감, 지역 역량에 대한 믿음 회복에 기여한다.

중요한 점은 이 관심사들을 보편적으로 현실화시키는 방안이다. 다음과 같은 실천 전략을 제안한다.

지역사회 재건을 위한 구체적 전략

다음 전략들은 보고서에서 발췌하였으나, 다양한 범위의 관찰과 경험에서도 나타나고 있다. 이 전략들은 재건 과정에 관여하는 국제기관과 국가 정부 간 기관 그리고 정부 기관들, NGO 또는 개인 사회복지사 등에 의해 실행될 수 있다. 또한, 실천을 위한 전략 또는 모든 행동을 보강하는 원칙으로서 해석할 수 있다. 전략들은 다음과 같다.

· 지역사회가 가능한 많은 재건 프로그램에 적극적으로 참여할 수 있는 단계를 밟아라.
· 가능한 많은 재건 프로그램 안에서 지역사회 단위의 요소들을 개발하라.
· 가능한 모든 단계들이 사람과 지역사회의 치료를 촉진할 수 있게 한다.
· 적극적인 지역사회가 무엇을 하는지 눈여겨보고, 그들의 행동을 인정하며, 가능한 더 많은 계획 안에서 함께 협동한다.
· 어떤 지역사회가 소극적인지를 잘 파악하고, 그 이유를 사정하며, NGO들이 그런 상황을 교정하기 위한 적절한 프로그램 실행을 격려한다.
· 지역사회의 재건에 필요한 기본 자원을 제공하고, 자신들의 재건에 참여하도록 장려한다.
· 신용제도, 소득창출 기회, 지역조직 형성 등을 포함하는 지역사회 재건에 있어 지역 지도자들을 위해 훈련 워크숍의 조직을 장려한다.

사례 ▶ ▶ ▷

분쟁 후 캄보디아의 지역 NGO

기본적으로 농촌 국가인 캄보디아는 오랜 기간의 전쟁과 억압으로 황폐해졌다. 아래는 전쟁 이후의 지역사회 재건과정에 대해 국제 NGO 지원을 받아 운영된 지역 NGO 관리자의 증언이다. 변화의 씨앗은 외부기관이 부여하는 것이 아니라 마을 자체적으로 발견해야 한다는 믿음아래 NGO는 초기 생존(구제) 기간과 사회변화(개발) 기간 동안 활동하였다. 폭력적인 분쟁 후 농촌의 재건 기간은 많은 도전의 기간이나 동시에 새로운 기회의 기간으로 묘사되었다.

지역사회 재건 과정에 있어 사회복지사들은 해당 국가에 대해 두 가지 사실을 기억해야 했다. 혈족관계 네트워크가 가용할 수 있는 핵심적인 지원 체계인 점과 이 네트워크가 지역 지도자의 권력이 최고 권위를 가진, 매우 약한 정의 체계인 사회라는 점이다. 대부분 가정의 생존은 신체 방어, 경제적 지원, 도덕적 지지를 제공할 수 있는 후원자를 구하는 것에 의존하였다. 이 관계는 모든 상황에서 후원자에게 충성의 의무를 다하고 필요시 노동적 지원도 제공할 의무를 받게 된다. 이러한 후원 체계는 권력자들의 위치를 더 공고히 하지만, 대부분 사람들, 특히 빈곤한 사람들의 필수불가결한 것으로 여겨진다.

그러나 전통적인 관계의 네트워크는 분쟁에 의해 검증을 거치게 되었으며, 경제성장과 HIV/에이즈의 위협, 외부 물질 지원 등으로 더욱 많은 도전을 받게 되었다. 또한 분쟁과 탄압의 경험이 불확실성과 절망의 태도를 굳히게 하였으며, 결국 사람들은 스스로 자신들의 요구에 대한 해답을 스스로 찾기보다 그것을 제공해주는 사람들을 기다리게 되었다. 실로 공동체 문화의 모든 것이 전쟁에 의해 붕괴되어 왔다. 부패는 많은 사람들에게 있어 생존 전략이 되었고, 셀 수 없는 많은 사람들이 외상후 장애 경험으로 고통을 받고 있었다. 신뢰의 수준은 매우 낮았고, 특히 권력자들의 '거짓말 체계'가 상황을 다루는 일상적인 방법이 되어 인간관계는 더욱 손상을 입었다.

1990년대에는 국제적 원조가 굉장히 많이 필요하였고 이미 받은 원조의 양과 향후 받을 원조에 대한 희망 모두 높은 수준의 의존성을 야기하여 개빌의 잠재성을 손상시켰다. 대부분의 원조 기관들은 지역사회 실체에 대해 이해가 거의 없었다. 심지어 INGO들은 지역주민들에 의해 지역사회에 대해 알지 못하지만 잠재적 후원자로 여겨지기 시작했다. 그러나 INGO는 먼저 시민사회 재건 방향을 바르게 정립하고, 2003년까지 800개의 지역 NGO 설립을 도왔다. 지역 NGO는 서민들의 역량강화를 촉진하고 아래로부터의 개발을 최대화할 것으로 기대되었다. 실제로는 이런 새로운 지역 고유의 조직은 매우 취약하고 해외 기관과의 접촉에 너무 의존적이게 되었다. INGO 직원 관점에서 볼 때, 이 NGO는 가족 단위의 자원 정도에 불과하였다. 이러한 NGO와 NGO의 국제적 파트너, 지역 정부 사이에 불신이 형성되었다.

이러한 증언을 한 NGO 관리자와 그 기관은 변화에 대한 대안적인 방법을 찾았다. 더 나은 삶을 위한 사람들의 욕구로 시작할 수 있는 것을 말이다. 이것은 태도, 인지, 신념, 각 개인의 위엄과 가치를 인정하도록 활동하는 것을 의미한다. 직접적인 방식보다, 지역주민들에게 기술과 전략을 가르치는 방식, 즉 사회복지사들이 실천으로 보여주는 것에 의해 해결할 수 있었다. 사회적 위치에 대한 존경을 인권에 대한 존경보다 훨씬 더 중요시하는 전통 때문에 인권 중시 운동이 특히 중요하였다. 또한 이것을 진행하는 방식도 중요하였다. 사람들의 경험과 문화를 반영해야 했다. 분쟁 해결에 지역적으로 관여하는 방식이 가장 효과가 좋았다. 그러나 지속적으로 발전하기 위해 신뢰의 작은 네트워크를 확산시킴으로써 신뢰를 구축하였다. 개발을 위한 두 번째 기반은 교육으로 보인다. 둘 다 느린 과정이 되어야 했다. 이 과정들은 신뢰 구축에서 출발하는 데 요구대응에 대해 협력하는 동시에 모든 단계별로 교육체계를 동시에 구축해야 한다. 이러한 과정에서 중요한 것은 지역주민들이 널리 보급된 체계와 가능한 해결방법을 분석하고 비평하여 앞으로의 가장 좋은 방법을 정립하는 것이다. 이를 위한 전략은 단순한 이야기에서 비판적인 반성으로 이동하도록 하는 것이다. 그룹 내에서 걱정거리가 표명되고 해당 그룹이 이야기하도록 하며 이야기를 비판적 반성으로 표출하여 행동에 반영되도록 하는 것이다.

대중이 변화가 필요하고 가능하다고 확신할 때만이 마을 또는 공동체 재건이 일어날 것이며, 행동을 위한 가장 좋은 방법을 함께 선택할 수 있다. 중요한 것은 지역주민이 발의하는 성장을 격려하면서, 목적의식 있는 네트워크를 지명하여 지원하는 것이다. 개발 실천가들의 역할은 "배우고, 관계 맺고, 경청하고, 멘토링하며, 제 때에 가능한 새로운 지식과 경험을 하는 것"이다. 이야기를 함께 공유하는 것은 좋은 시작점이 될 수 있다. 공동체에서 공유한 힘든 이야기를 포함하여, 함께 이야기를 공유하는 것은 좋은 시작점이 될 수 있으며, 이것은 또한 치료적 가치가 있다. 과거와 현재 사이의 다른 점을 이야기하도록 하는 것, 미래를 상상하도록 하는 것, 훈련 및 다른 자원의 위치에 대한 정보를 공유하는 것 등이 모두 중요한 역할이다.

네트워킹의 출발점은 서민 조합을 연결하는 것인데 실제로 많은 서민조합이 존재한다. 기존의 조합은 목표를 가진 독립 기관으로써 존중을 받을 가치가 있고 외부의 새로운 기관의 프로젝트에 적합하도록 교체되는 것이 아니다. 기존 그룹과 새로운 네트워크의 존재는 지원되고 양육할 수 있으며, 신뢰와 단결을 고취시키고, 약하고 고립된 사람들을 끌어안도록 할 수 있다. 서민 조합들은 정부부서와 네트워크를 할 수 있고, 사회 협회들과 연결할 수 있으며, 부패를 저지하는 등 개발 활동에 궁극적인 영향을 줄 수 있다.

지역 협회의 네트워크가 강해짐에 따라 식량, 피난처, 법의 보호, 국가 건강과 교육 체계에 접근 등을 확보할 것이다. 그들은 효과적으로 협상할 수 있는 능력을 개발할 것이다. 그러나 이것은 점진적으로, 지역 공동체 결합과 구조가 강화될 때에만 일어날 수 있다. 이 전체 과정은 사회복지사와 함께 '공동체 안에서 핵심 인물의 멘토링'으로 시작한다.

이 보고서에 따르면, 쉬운 답은 없다. "폭력 해결을 뛰어넘을 수 있는 운동은 자신들의 삶이 달라질 수 있다는 상상할 능력이 있고 당면한 세상을 변화시키기 위해 함께 노력할 수 있는 모든 사람들의 통찰력과 성찰에서 시작된다."

※ Nee & Healy, 2003.

평화 확보와 유지, 그리고 화해 촉진

평화추구는 국가 또는 국제사회복지에 있어 공통 주제가 되지 못하였다. 사회복지 교육자인 샌더스(Sanders, 1985, 1998)가 1980년대에 평화추구에 대해 자주 언급하고 연구했던 반면, 힐리(Healy, 2001, p.247)는 사회복지 안에서의 "평화와 분쟁 연구"에서 평화추구에 대해 간략하게 언급하였다. 그러나 여기서는 이 주제가 매우 중요하고, 평화추구는 다른 환경에서의 분쟁 해결만큼 사회복지사들의 업무범위에 포함된다. 국제사회복지 업무가 분쟁 결과에 대응하는 것으로는 충분하지 않으며 적극적으로 평화를 촉진하는 데 관여하여야 한다. 궁극적으로 분쟁 후 상황에서 성취해야 할 것이 평화이지만, 일반적으로 시급한 목표로 화해가 언급된다. 그러므로 초기의 사회복지사의 개입을 분쟁 후 상황의 화해 단계에서 고려할 것이다. 그러나 평화는 앞으로의 분쟁을 방지하고 조화롭고 응집력 있는 사회를 건설하여 강하고 포괄적인 사회개발을 이룩하게 되므로 국제사회복지 활동이 도전할 만하고 지원할 만한 일이다. 그럼, 분쟁 후 화해에 대한 첫 번째 질문에 대해 생각해보기로 하자.

분쟁 후 상황에서 화해 촉진

사회복지사인 노렐과 왈츠(Norell & Walz, 1994, p.99)는 지역차원의 화해 실천에 대한 현재 상황을 잘 요약하고 있다.

화해조정자에게 내분의 비폭력 해결을 향한 큰 장애물은 예전에 일어난 폭력에 대해 민족집단이 용서와 화해를 하지 않는다는 점이다. 국제 중재자의 노력이 휴전성립에 제한적이나마 성공적이지만, 앞으로의 분쟁을 줄일 수 있는 화해와 용서를 촉진하는 노력은 드물다. 현재 분쟁 중인 민족집단에 사용되는 개입으로서의 화해 과정에 대해서는 거의 알려진 것이 없다.

같은 해인 1994년에 헤릭과 메이너트(Herrick & Meinnert, 1994, p.130)는 사회복지의 교육 과정이나 전통적인 실천 현장이 "사회화합 촉진, 민족분쟁 방지와 민족분쟁에의 개입과 그 결과의 처리 등을 위하여 계획되지 않았다"는 것에 대해 안타까워했다. 화해의 중요성은 아무리 강조해도 지나치지 않는다. 갈텅(Galtung)이 1995년에 연구하여 유엔 사회개발연구소 뉴스레터에 실린 논문에는 다음과 같은 구절이 있다.

> 만약 해결과 재건이 화해없이 실행된다면, 사회구조와 사회문화에 가해진 외상후 스트레스 장애와 증오, 손상들이 되돌아올 것이다. 분쟁 후 심하게 분열된 사회는 병든 사회이며, 이 병은 결국 진전될 것이다.

이 활동에 관련된 용어를 먼저 분명히 정의할 필요가 있다. 노렐과 왈츠(1994, p. 100)는 "화해는 기억을 치료하고 용서하는 것뿐 아니라 폭력을 선동하고 조장하고, 지속하는 사회의 구조를 변화하는 것"이라고 주장하였다. 그들은 화해를 "사람들이 용서와 분쟁을 야기한 조건을 변경함으로써 자신의 삶에서부터 특정 분쟁을 제거하는 과정(예: 구조 변화)"이라고 정의하였다.

이 과정의 첫 단계는 폭력을 멈추기 위해 설계된 중재이다. 그 다음은 용서가 따라온다. 용서는 "희생자가 과거 폭력행동의 가해자를 향한 미움과 분노의 감정을 놓아주는 것이 화해의 단계"이다. 용서할 수 있는 희생자는 가해자의 참회를 유발시키고, 참회의 일정 모습은 화해에서 거의 항상 필요하다. 노렐과 왈츠(1994, p. 102)는 이 단계를 다음과 같이 언급하였다.

> 그러나 회개는 잘못된 행동의 객관적인 증거와 실질적인 범죄를 자백했을 때에만 일어날 수 있다. 피해자와 가해자 모두 공격적 폭력과 보복적 폭력을 인정해야 한다. 누가 희생자이고 누가 침략자인지에 대한 모호함이 때때로 이 과정에서 기인한다.

보통 후회가 수반되는 다음 단계가 원상복구, 즉 회복이다. 저자가 언급한 것처럼, "각 문화는 자신만의 모습으로 회복하려는 경향이 있다." 그러나 그것이 어떤 형태이든지 회복은 "희생자와 공격자 사이의 관계를 회복하는 방법을 제공한다." 화합 과정에서 마지막 단계는 다음과 같이 나타난다.

화해에서 마지막 단계는 기존의 적대관계가 정상화되는 것이다. 각각의 사회적 과제들이 과거의 감정적 앙금 없이 실행될 수 있어야 한다. 지난 트라우마의 역사가 떠오를 수는 있지만 약화될 것이다. 과거 트라우마는 더 이상 민족 집단의 정체성을 정립하거나 단결에 영향을 미칠 수 없다. (Norell & Walz, 1994, p. 103)

마이너드는 모든 과정의 중심이 되는 결과는 "신뢰의 재건과 신뢰에 대한 역량의 재건"이라고 말한다(1997, p. 215). 그녀의 언급은 주목할 필요가 있다.

특히 오늘날 사람 사이의 분쟁에서 분쟁시의 배신은 상대에 대한 믿음과 신뢰를 손상시킨다. 더 나아가 상대에 대한 인간성 말살 과정은 그 권력과 존중을 약화시킨다. 인간성과 명예 회복은 심리적 트라우마를 회복하는 데 꼭 필요한 단계이다. 또한 이것은 사람들과의 관계 재형성에 중요한 역할을 하며, 결과적으로 지역사회 구성원 간의 상호작용에 중요한 역할을 한다. 분쟁으로 황폐해진 사회에서 회복된 신뢰는 다른 지역사회 구성원들의 선한 목적과 공통 서비스를 위한 그들과의 의존성, 사회에 책임 있는 역할에 대한 의지 그리고 앞으로의 공동체 결합에 대한 약속 등의 일반적인 믿음을 포함한다.

분쟁 상황에서 화해는 여러 단계에서 이행된다. 유엔 또는 다른 기관들에 의해 이행되는 평화 과정은 화해를 위해 꼭 필요한 단계이다. 전쟁 범죄와 인류에 대한 범죄가 기소될 수 있는 과정 정립 또한 중요한 단계이다. 남아프리카에서 인종차별정책 제도 직후, 진리와 화해 위원회(TRC: Truth and Reconciliation Commission)는 "모든 남아프리카 시민을 위한 국가 구축과 국가통일, 국가 화해를 장려하기 위해" 설립되었다 (Manphiswana & Netshiswinzhe, 1999, p. 66). 그들은 계속해서 "TRC의 가장 중요한 점은 … 최근의 인종차별 기간 중 저지른 범죄의 폭로를 통해 상처를 입은 사람들과 외상 장애를 입은 국가를 치료하는 것이다"(p. 67)라고 밝혔다. 유사한 기관이 엘살바도르, 르완다, 동티모르 등에 세워졌고, 캄보디아는 분쟁 휴전 후 오랜 기간이 지난 최근에야 설립 중이다. 그러나 한 가지 우려되는 것은 지역차원의 화해가 사회복지사와 분쟁에 휘말린 커뮤니티 구성원의 식견과 능력에 전적으로 의존한다는 것이다. 오늘날 이 분야에 대한 훈련을 받은 사회복지사는 적지만 많은 수가 프로그램을 실행할 기본 능력과 소양을 갖추었다.

유엔난민기구(UNHCR)는 몇 년 동안 사회복지사와 지역의 지도자에게 이 분야의 훈련을 제공하는 것의 중요성을 주장하였다. 1995년 유엔난민기구 집행위원회에서는 위원회에서 다음과 같이 언급하였다.

> 난민 공동체 교육이 국가 화해의 역할을 할 수 있고, 유엔난민기구가 다른 기관과 협력하여 운영국가 정부가 교육—평화와 인권을 위한 교육프로그램 요소들의 소개를 포함—에 난민들이 접근할 수 있도록 지원노력을 강화하도록 격려하여야 한다. (UNHCR, 1997)

1997년 유엔난민기구가 개최한 워크숍에서는 평화와 화해 분야에 대한 일반적 역할, 이동하는 평화군대의 부분이 될 수 있는 사회복지사를 위한 전문화된 훈련, 모두에 대해 초점을 맞추었다. 훈련은 이 분야에서 우선순위가 높지만 우선 이 분야의 사회복지사들을 위해 자주 제안되는 전략들을 보기로 한다.

공통적인 과업 참여를 통한 화해

자주 제안되는 전략으로는 전에 서로 다투던 집단 구성원들이 재건 과정에서 함께 일하도록 하는 것이다. 마이너드(1997, p. 214)는 "고통의 경감과 개발 프로젝트는 믿음 구축 기여를 가져올 수 있다"라고 말하였다. 그리고 "재건활동에서 직접적인 신체적 참여는 공동체의 미래를 향한 비교적 안전한 단계로써 제공된다"(p. 220)라고 후에 덧붙였다. 헨릭과 메이너트(1994, p. 130)는 "전쟁 당사자 모두가 앞으로 발생될 것에 대한 상호 책임있는 개발 활동의 참여는 중요하다"라고 서술하였다. 결국, 해리스(Harris, 1998, p. 48)는 1995년 갈텅이 언급한 "분쟁 해결, 분쟁 후 재건, 국가 화해 등의 과업은 해결과 재건에 함께 일함으로써 화해한 분쟁 당사자들과 함께 접근해야 한다"는 말을 인용하였다.

용서를 교무하는 전략들

노렐과 왈츠(1994, p. 101)는 다음과 같이 서술하였다.

용서를 위한 역량은 다양한 방법으로 개발될 수 있다. 이는 피해자에 대한 이해와 공격자의 상황과 조건에 대한 통찰력을 증진시켜 촉진할 수 있다. 또한 폭력의 굴레를 끊고자 나서서 큰 피해를 종식시키려는 피해자의 정직한 욕망을 통해 이룩할 수 있다. 또한 피해자의 종교나 영적인 믿음을 통해 성공할 수 있다.

그러나 중요한 점은 지역사회 구성원들이 폭력의 가해자라고 믿는 사람을 용서하는 능력을 개발하는 것이다. 이것은 쉽지도, 빠르지도 않은 과정은 아니다. 그러나 사회복지사들은 첫 번째 발걸음을 내딛도록 격려하고 가능하게 이끌어줄 수 있다.

분쟁 해결 전략

분쟁 해결의 중요성은 당연하고, 이 방면의 경험이 풍부한 전문가의 도움이 중요해지는 단계이다. 분쟁 해결을 위해 학자들은 지역사회 지도자의 훈련을 제안하고 이를 위해 지역사회의 조직화를 제안한다. 집단 간에 대화할 수 있는 상황을 만드는 것이 특히 중요하다.

교육적 전략

1997년 유엔난민기구의 논문에는 "평화, 분쟁 해결, 인권 등을 위한 교육"을 강하게 강조하고 있다. 이것은 평화와 인권이라는 구성요소는 매우 다양한 교육 과정에 포함될 수 있다고 제안하며, 탄자니아의 사례연구를 통해 평화를 위한 교육 사례를 보여주었다(pp. 32ff). 인권 교육과 관련해서, 이 논문은 인권을 강화하는 가치에 초점을 두어야 한다고 강조하였고, 권리뿐만 아니라 책임성의 용어에 대한 개념 정립의 필요성도 강조하였다. 마이너드(1997)는 또한 워크숍에서 인권에 대해 주장하였다.

현장 실천가를 위한 일일 활동 전략

노렐과 왈츠(1994, pp. 108ff)는 현장의 실무자를 위해 다음과 같은 전문적인 전략들을 제안하였다.

· 개인에 대한 경청

"폭력의 희생자가 자신들의 이야기를 반복해서 말할 수 있게 하는 것이 중요하다. 이것은 그들 경험의 트라우마를 약하게 한다." 이것은 또한 희생자들이 그들의 이야기를 상대방에게 할 수 있는 상황을 만드는 집단 단위를 장려할 수 있고, 결국 '동료 카운슬링'의 환경을 창조하게 된다.

· 민족성 유지

"개인과 민족 집단은 다른 민족 집단과 타협하기 전에 그들의 민족성을 유지할 수 있는 그들의 능력이 확고하다는 것을 느끼게 해야 한다. 심지어 정치, 종교 지도자들은 민족성을 무시하고 때로는 모욕하기도 한다. 그러나 민족성은 대부분 참여자에게 중요하다."

· 정열과 관심을 북돋아주기

이 저자들은 신속한 대응이 종종 지속적일 수 없다고 지적하였다. "인정 많은 실천가들은 그들이 일하는 대상자들과 함께 느끼거나 아파해야 한다." 그러나 희생자들과 과도하게 동일시하는 것은 피해야 한다.

· 화해에 대한 전통적인 모델 찾기

"문화 안에서, 분쟁의 해결과 분쟁 당사자들의 화해를 촉진하기 위한 오랜 전통 방법이 있다. 이러한 과정을 찾고, 존중하고 자부심을 갖도록 하면 자신의 문화에서 화해가 강화될 수 있을 것이다."

화해 활동에 대해 필요한 관심과 연구가 진행되지 못하고 있지만, 이 분야의 사회복지사들은 국제사회복지사들이 현재 알아야 할 다양한 전략들을 성공적으로 사용해오고 있다. (화해 과정과 관련될 수 있는 물질적 전략에 대해 4장의 '사회통합과 사회응집력'을 참조)

사회응집력과 사회조화 구축

평화와 분쟁 또는 전쟁 영역에서, 조화로운 관계 구축, 평화 유지, 분쟁 예방 등에 기여할 전략들의 사용이 확실하게 강조되어야 한다. 사회사람들이 방법들을 개발하려고 노력함에 따라 사회응집력을 증진시키는 것은 개발적 경로에 초점을 둔, 예방적이고 개발적인 접근이다.

사회응집(또는 사회통합 또는 사회조화)을 이루는 데 핵심적 목표는 사회가 전적으로 모든 차원과 모든 수준에서 포괄적이 되도록 확실히 하는 것이다. 사회개발을 위한 세계 정상회담에서 다음과 같이 언급하였다(United Nations, 1995, p.68).

사회통합의 목표는 '모두를 위한 사회'를 창조하는 것이며, 이때 개인은 권리와 책임과 함께 적극적인 역할을 가진다. 이러한 포용적인 사회는 모든 인권과 기본적인 자유, 문화와 종교의 다양성, 사회정의, 취약집단의 특정한 욕구, 민주주의적 참여, 법치주의 등의 관점을 기본으로 해야 한다. 대부분 사회의 다원론적 성격은 집단 간 조화와 협력을 달성하고 유지하며, 사회 모든 자원을 동일하게 접근하는 데 문제가 되어왔다. 법치주의 환경에서 각 개인의 권리에 대한 완전한 인지가 항상 완벽하게 보장되지는 않는다. 유엔 설립 이후 지금까지 인간적이고 안정적이며 관대하고 정의로운 사회에 대한 탐색은 그저 일관적이지 않은 기록을 나타내고 있다.

이 회담을 위해 유엔사회개발연구소가 준비한 자료에서, 반구라(Bangura, 1994)는 "정체성, 결속, 근대화" 사이의 복잡한 상호작용을 논의하였다. 그는 "근대화의 이익을 포착하려면, 사회가 민족성의 경계를 깨고, 세속적인 민족국가 정체성을 포용하며, 개발에 대한 이성적이고 과학적인 관점을 개발하며, 자율적인 실체로써 개인을 다루어야 한다"고 제안하   였다.

그러나 그가 계속해서 말하는 것은 근대화 과정은 사회와 다르게 다른 집단에 영향을 주고, 좋은 점과 비용이 민족적, 인종적, 종교적 공감과 일치하는 것처럼 보일 때, 사람들은 여기서 개발을 보게 될 수 있다. 경기 침체, 안정화와 재건 프로그램은 그런 분열을 차츰 더 심각하게 할 수 있다.

반구라는 사회통합과 관련된 민족 정체성과 종교 정체성, 정치적 정체성의 역할을 탐색하여 다음과 같이 결론을 지었다.

민족성과 종교적 행동은 종종 현대생활의 무질서한 상황에 적절하게 대처하는 것을 대표하는 의식의 형태이다. 그들은 비인간적인 형태의 현대성이 다룰 수 없는, 인류 환경의 부유성을 제공한다. 그러나 오늘날 대부분 나타나는 분쟁과 전쟁이 특수주의적 가치와 정체성에 자극받는 사례도 있다.

실로 국가 안에서 불안정과 분쟁에 대한 오랜 역사가 존재하며 많은 학자들은 수년간 이 주제를 언급해왔다(예: Enloe, 1973; Smith, 1983). 이 논의의 대부분은 개발도상국을 대상으로 하였다. 선진국에서는 역사적으로 과거의 산물인 인종적 사회와 민족적 사회의 구분을 아우르는 지역사회 관계, 이주 프로그램 또는 최근의 불법이주자와 망명자들이 만들어 내는 다양한 인구집단에 대한 결속, 조화롭고 성공적인 다문화사회 구축에 대한 도전에 집중되어 있다. 사회응집 또는 사회통합 이슈에 대한 상황적 특성 또는 분석 결과에 상관없이, 어떤 개입 전략이 그런 환경에서 적절하고 성공적인가가 중요한 문제이다. 사회복지사와 다른 전문가들이 중요한 다원주의를 직면했을 때 성공적인 사회 구축 과업이 무엇인가? 이 질문에 대해 몇 가지 대응방법을 보자.

사회개발을 위한 세계정상회담(UN, 1995)에서 다음과 같은 핵심 활동 영역을 제안하였다.

- 정부는 개발에 대한 권리를 포함한 모든 인권과 기본적인 자유를 장려하고 보호해야 한다. (p.69)
- 정부는 사회의 모든 가능한 참여를 독려해야 한다. (p.70)
- 정부는 차별을 제거하는 행동을 하고 상호 인내와 존경을 장려해야 한다. (p.71)
- 정부는 '평등과 사회정의를 촉진'해야 한다. (p.72)
- 정부는 취약계층과 장애인 집단의 특정한 요구에 대처해야 한다. (p.73)

반구라(1994, pp.32ff)는 먼저 사회경제 개발을 강조한다. 예를 들면 "경제개발 정책은 개발 자체가 지속가능하려면 사회적 소외감, 사회적 불평등, 정치적 불균형 등에 민감해야 한다." 여기에서 반구라는 보편적인 재분배 정책을 연구하였다.

대부분의 다원 사회에 시도한 주요 재분배 정책은 균형과 차별철폐조치를 기본으로 하고 있다. 첫 번째 유형은 일, 정치적 임명, 교육기회, 공공투자 프로그램들이 인구 비율을 반영한다는 확신을 하는 것이다. 이것은 분담액, 국가 보조금, 장애인을 위한 특별기금 등의 사용을 수반한다. 두 번째 유형은 첫 번째 유형과 유사하지만, 먼저 역사의 특성인 차별적인 실천에 의해 나타나는 불평등을 바로잡도록 시도한다. 이 사례에서는 분담액, 보조금, 특별기금과 다른 재분배 메커니즘 형태 등이 장애인 인구집단의 불평등을 수정하기 위해 사용될 수 있지만 목표는 민족 균형을 이루는 것은 아니다. (p.33)

반구라가 두 번째 강조하는 것은 제도적 변화이다. "두 번째 분야는 제도적 변화와 정책이 그들의 생활을 구체화하는 중요한 정치적 과정으로부터 멀리하지 않도록 하는 것이다"(p.35). 이 교재에서 반구라는 특히 설명과 참여에 초점을 두었다. 그의 최종 결론은 주목할 만하다.

이 협의는 사회질서, 정치적 안정, 다민족사회에서의 참여 등의 문제를 해결하는 정책이 하나도 없다는 것을 보여준다. 또한 정치적 안정과 충분한 사회응집력을 다지기 위해 권리이양 및 권력공유를 하지 않는 다민족사회는 없다. 다만 이런 정책들이 역사적 경험과 개인사회의 사회적 구조를 반영해야 하고 시민 권리와 대중 권리에 기반해야 한다. 오직 민족 집단 권리를 기본으로 하는 정책은 집단 사이의 관계를 서먹하게 하고, 민족우월주의를 장려하며, 집단의 특권을 확립하고, 기회를 원하거나 집단 정책을 벗어나려는 개인을 처벌하고, 개인적 관심을 기본으로 한 사회적 상호관계를 방해한다. (p.39)

오스트레일리아의 학자인 맥올리스터(McAllister, 1990, 요약 p.1)는 오스트레일리아의 다문화 정책에 대한 지역사회 관계에 대한 문헌을 검토하고 다음과 같은 결론을 내렸다. 그는 개입에 있어 네 가지의 광범위한 접근방법을 확립하였다.

① 자원봉사와 비공식적인 활동 또는 교육과 주택 정책 등을 통한 개인 간의 '접촉 장려'
② 특정한 지역사회와 개인의 대표와 역할 모델 촉진의 이익을 위해 활동하는 민족 압력단체

와 이익단체에 관여하는 '집단 대표'

③ 지역사회 교육의 완수, 대중매체를 통한 긍정적인 정보 보급, 국가의 단일성 또는 시민권

　과 같은 상위 목표의 보급 등 '집단 간 협동 촉진'

④ 기회균등, 차별철폐, 이행협약, 반선전 법률과 같은 '법적 권한'의 공포

그는 계속해서 세 가지의 특정 개입전략이 성공확률을 가장 높일 수 있다는 결론을 내렸다. (1990, 요약 p. 2)

① '대표' 전략으로 개인대표의 증가와 민족 압력단체와 이익단체가 이용할 수 있는 크기, 분

　배, 자원 등을 변경

② 지역사회 관계 개선을 위한 '대중 매체 캠페인' 요소로 역할 모델자와 최고 목표 결합

③ 지역사회 교육은 집단 내 잠재적 분쟁을 목표로 하여, '지역사회'를 기본으로 한 개입 전

　략의 기초 제공

많은 실천가와 학자들은 소수집단을 강화하기 위한 아래로부터의 접근방법 또한 중요하며, 이때 강력하고 밀접한 민족, 인종, 종교 등과 같은 집단들이 더 광범위한 사회에 상품, 서비스, 고용의 소비자로서 그리고 사회개발의 기여자로서 더 잘 참여할 수 있다는 가정이 전제된다.

마지막에 제안한 전략들이 대규모의 이민에 의해 만들어진 서구 사회에서 개발되었으나 전후 개발이 필요한 다원주의 사회에 이 전략들을 적용할 수 있는지에 대해 분석할 필요가 있다.

탄자니아 난민의 평화 교육

평화 교육에 대한 첫 번째 사례는 탄자니아 난민촌에 있는 서로 적대하는 난민 집단 사이의 평화를 촉진하도록 설계된 프로그램으로 유엔난민기구에 의해 운영되었다. 이 프로그램의 관점은 다음과 같다.

첫째, 공동체 대표들의 정기적인 만남이 주선되었다. 목표는 집단사이의 대화 구축과 공동체가 공통 이익을 위해 함께 일할 수 있도록 도와주는 것이다.

둘째, 공동체 센터가 집단이 함께 일을 해야 하는 실질적인 양동작전으로서 각 캠프에 세워졌으며, 처음에는 센터의 건축 방법과 사용용도에 대해 논의한다.

셋째, 집단 간 대화를 활성화할 수 있도록 네트워크를 설치하였다. 처음에는 다소 인위적이었지만, 시간이 지날수록 대화의 장이 되었으며 화해의 전달수단이 되었다.

넷째, 캠프 간 '평화를 주제로 한 사생대회'가 어린 학생들에게 도입되었다. 그림은 각 캠프에 전시되었고 관람객들은 투표를 위해 초대되었다. 이것은 많은 토론을 자극하였다.

캠프의 어떤 여성들은 자신들의 평화 이니셔티브를 제안하였는데, 이것은 집단 형태로 분쟁이 자녀들과 자신들에게 미친 영향에 대해 토론하는 것이었다.

이 프로그램은 또한 평화 노력을 위한 종교적 지도자들의 지역회의를 개최하였다.

위 개발에 대한 보고서에서, 유엔난민기구는 "모든 평화 이니셔티브가 위협적이거나, 심지어 '적과 협력하는 것'으로 보는 사람들이 많았다. 이러한 사람들은 '평화 활동가'에게 겁을 주고, 어떤 경우에는 그들의 안녕과 안전, 일부는 목숨까지 위협했다"고 지적하였다.

※ UNHCR, 1997, p.45.

스리랑카의 평화 교육

정부는 유니세프의 지원을 받아 '분쟁 해결을 위한 교육'이라는 프로그램을 만들었다. 핵심 그룹을 선정하여 다양한 국가에서 사용한 분쟁 해결의 여러 다른 형태에 훈련받았으며, 마침내 교장, 교사 훈련생, 교사, 학생 등을 대상으로 한 10개의 상이한 훈련 매뉴얼이 만들어졌다. 이 매뉴얼은 스리랑카 문화, 특히 불교문화와 마을 생활의 공통적이고 보편적인 원칙과 조화를 이루어 작성되었다. 또한 내적 평화를 이루기 위해 만들어진 명상도 넣었다.

1992~1994년, 이 프로젝트는 교장 3,500명과 주임 교사 500명, 교사 3,000명, 학생 간부

7,500명을 훈련시켰다. 마침내 스리랑카의 45만 명 학생 중 약 42만 명에게 접근할 수 있었다. 1995년에는 부모와 공동체에도 전체적인 영향이 미칠 수 있도록 대중 매체 캠페인으로 확장되었다.

※ UNICEF, 1996, p.32.

소말리아의 평화 교육

공식적인 사법 구조가 없는 지역에서 공동체들은 가축의 손실, 가족원의 본국 송환 등과 같은 분쟁으로 인한 많은 문제들의 해결을 위해 전통적인 사법 형태를 이용해 왔다. 평화 회의는 지역사회들이 조직하고 부족 연장자들이 집전해왔다. INGO는 이러한 평화 회담에서 요구한 운송을 제공함으로써 과정을 지원해오고 있다. 이 제도는 소규모 지역에서 상당히 성공하고 있다. 이 과정을 시작하고 촉진시키는 데 외부 활동은 최소한으로 필요했고, 결국 이는 지역 문화전통과 일치하는 것이었다.

※ UNHCR, 1998.

결론

분쟁과 분쟁 후 상황에 있어 사회복지 전문가가 상대적으로 상당한 규모로 개입하는 것은 비교적 새로운 일로, 이전 장에서 논의한 1980년대 후반 이후의 분쟁에서 꽤 많이 나타나고 있다. 그럼에도 사회복지사로서의 참여는 필요보다 부족하였으며, 앞으로 참여해야 할 부분이 더 많을 것이다.

분쟁과 분쟁 후 재건 현장에 사회복지사들이 직접적으로 관여하더라도, 사회복지 전문가 집단의 모든 구성원들은 기본적으로 현대 분쟁에 대해 어느 정도 이해를 하고 있어야만 한다. 그 원인, 분쟁 범위, 특성, 특히 세계 사람들의 안녕에 대한 영향 등을 이해해야 한다. 현대 분쟁의 영향은 어마어마하고 광범위하다. 그 영향력은 드디어 집으로 돌아오는 군인들과 그 가족들에게 미친다. 분쟁에 휘말려 수십 년 동안 그 무서운 결과를 떠안고 살아야 하는 민간인들, 분쟁으로 강제이주되어 전 세계에 흩어진 난민과 망명 요청자들, 대다수 국가들에 대한 전쟁의 경제적 · 정치적 영향, 심지어 언론을 통한 지속적이고 생생한 분쟁 상황 모니터링의 영향까지 말이다. 사회복지사는 이 분야에서 직접 활동하든 그렇지 않든, 이 혼란스런 현상에 대해 이해할 필요가 있다.

사회복지사들이 앞으로 더 많이 종사했으면 하는 세 가지 핵심 분야는 다음과 같다.

① 사회응집력의 확장을 위한 화해 프로젝트와 프로그램을 통해 예방적이고 치료적인 단계로의 평화 구축
② 분쟁의 피해자들이 많이 발견되는 곳은 어디서든, 그들의 고통의 원인과 특성에 무관한 분쟁의 상처 치료
③ 가족과 지역사회 생활의 재건, 특히 필요의 차원과 구심점이 되는 지역사회의 재건

비록 이 분야에서 해야 할 일은 점점 확실해지고 있지만, 요구에 대응하는 최적의 접근 방법에 대해서는 배워야 할 부분이 많다. 이 분야에서 사회복지 경험범위가 꾸준히 증가하지만, 그 경험들은 거의 문서화되지 않거나, 적절한 개입 전략틀을 구성하는 데 사용되지 않았다. 그래서 지금 필요한 것은 다음과 같다.

· 기존에 경험한 것들을 체계적으로 정리
· 이 분야에 대한 더 많은 연구
· 이 분야의 교수와 훈련에 더 많은 자원 집중

9장의 분쟁과 분쟁 후 상황에 대한 개요에 이어 이 장에서는 사회복지의 과거와 미래의 역할에 대해 다루었다. 그러나 현장 경험 사례가 증가했음에도 불구하고 이 장의 기초가 될 사회복지 이론 또는 실습에 대한 최근 자료가 상대적으로 제한되었음을 모두 잘 알고 있다.

이 장을 통해 더 많은 사회복지사들이 사회복지 관점에서 이 영역을 전반적으로 고려하고 졸업생들이 이 수요가 많은 영역으로 이끌 수 있기를 기대한다.

CHAPTER 10

◎ 요약

- 국제사회복지는 분쟁 후 재건에 있어 통합관점 접근방법으로 특정 원칙과 선택된 전략들을 사용하여 이끌 수 있다. 중심에는 심리사회 프로그램과 지역사회 재건이 있다.

- 심리사회 프로그램의 제공은 문화 환경에서 분쟁 경험 트라우마를 이해하고 그에 따라 트라우마 피해자들의 요구를 기반으로 한 대응책을 개발하여 그들의 사회심리적 회복을 촉진할 수 있다.

- 중요도가 떨어진다고 평가받기도 하지만, 지역사회 재건은 분쟁 후 상황에서 근본이 되는 활동이며, 이런 활동은 지역 주민, 자원, 해결책을 따져 보고 연결하여 이행되어야 한다.

- 안전과 평화유지는 화해, 분쟁 해결 및 모든 단계에서 조화로운 관계 구축 등의 과정을 수반한다.

◎ 질문과 토론 주제

- 분쟁 후 상황에 대한 제안 전략들을 토론해보자.

- 심리사회 프로그램과 지역사회 재건의 논의와 관련하여, 분쟁 후 상황에서 수행할 때 중요한 문제는 무엇인가?

- 지역사회 재건이 크게 강조되지 않는 이유는 무엇이고, 이를 바꾸려면 어떻게 해야 하는가?

- 자신이 생각할 때, 지역사회 재건에서 가장 중요한 세 가지 전략은 무엇인가?

- 자신이 알고 있는 최근의 분쟁에서 화해 실천 활동의 중요성과 잠재적인 활동에는 어떤 것이 있겠는가?

◎ 향후 연구 분야

- 현재의 지역사회 개발에 대한 이해와 전후 환경에서 지역사회 재건 활용에 대해 분석해보자.

- 일반적으로 분쟁 해결과 화해 실천에 있어 활동 전문가의 역할에 대한 문헌을 고찰하고 분쟁 후 환경에서 활용할 수 있는 방안을 제시해보자.

- 외상후 스트레스 장애에 대한 서구식 이해와 대응방법을 알아보고 비서구 지역에서 분쟁 후 재건 실천과 관련된 것을 찾아보자.

- 지역사회 재건의 강조가 약한 이유를 찾아보고 그에 대한 대응전략을 수립해보자.

- 가능하다면, 인도주의적 원조 활동가들의 경험을 미래 실천 지침을 위한 교재 관점으로 문서화해보자.

- 분쟁 후 상황에 있어 화해와 평화 안정 과정을 체계적으로 문서화해보자.

추방 및 강제이주 현장: 배경과 이슈

학습목표

- 강제이주의 개념, 본질, 유형, 범위에 대해 이해한다.
- 추방된 사람 그리고 그밖에 강제이주민의 어려운 입장에 대해 이해하고, 그러한 어려움에 대한 국제적 주요한 대응과 정부 및 대중의 주요한 반응에 대해 이해한다.
- 강제이주민들이 주로 처하게 되는 상황에 대한 기초적인 사정을 정립하고, 그 함의와 그에 대한 실현가능한 긍정적인 대응을 세운다.
- 여러 강제이주 상황에 대해 사회복지실천 개입의 관점에서 이해한다.

갈등, 자연재해, 생태계 파괴 등 현대 사회가 직면하는 많은 어려운 상황들의 결과 중 하나는 몇백만 명의 인구가 그들의 주거지, 사회적 지지, 삶의 방식 그리고 자신의 국가로부터 추방(displacement)하게 된다는 것이다. 우리는 이들을 세계의 추방된 사람들, 뿌리가 뽑힌 이들, 혹은 강제이주민이라고 표현한다. 어떤 명칭을 사용하든지 이러한 사람들의 욕구는 주로 그 범위가 크고, 복잡하고 해결하기 매우 어려운 경우가 대부분이다. 2차 세계대전 때부터 강제이주의 현장은 많은 사회복지사들의 관심을 끌었고, 그들은 이러한 강제이주민들에 대한 국제적인 대응과 지역사회의 대응에 참여해왔다. 그러나 이러

한 부류의 사람들은 적은 수일지라도 추방된 사람들로서 혹은 난민지위신청자로서 오늘날 대부분의 국가에 반드시 존재한다는 점을 고려해보건대, 이는 거의 모든 국가에서 사회복지사들이 매일 매일 실천현장에서 맞닥뜨리는 문제로서, 국제적인 차원의 고려대상이 되어 왔다. 국제적으로 그리고 지역적으로 추방된 사람들에 대해 심사숙고한 개입의 결과 방대 실천 경험이 터득되었다. 이번 장과 다음 장에서는 국제사회복지실천 분야에 처음으로 입문하는 사회복지사들에게 국제사회복지 현장에서 일을 하는 것이 어떠한 것인지에 대해느낌을 제공하는 데 그 주요 목적이 있다.

이번 장은 두 부분으로 구성되어 있다. 첫 번째 부분은 오늘날 우리가 직면하고 있는 강제이주 상황에 대한 내용이며, 2차 세계대전 이후 이 분야가 어떻게 발전했는지에 대한 고찰을 포함하고 있다. 두 번째 부분은 이러한 문제의 원인이 되는 요소, 세계적이고 지역적인 대응과 그 결과의 본질에 영향을 미치는 요소들에 초점을 맞춘 비판적인 분석을 포함하고 있다. 이를 위하여 우리는 상황을 분석하고 이러한 현장에 개입하기 위한 적절한 개념적인 틀을 가지고 있는 것이 중요하다는 내용을 다루어야 하고, 그러한 틀을 제공하기 위해 통합관점으로 접근할 것이다.

강제이주: 상황과 그 배경

이번 장에서 다루게 되는 실천현장은 아주 다양하기 때문에 일반적으로 개념화하기는 어렵다. 그러나 '강제이주(forced migrants)'라는 용어가 포함하고 있는 많은 상황들은 모두 공통적인 요소들을 가지고 있는데, 예를 들어 비슷한 원인, 특성 및 결과가 그 공통 요소들이다. 그러므로 그 상황들은 사회복지사와 그 밖의 원조 전문가들로부터 모두 비슷한 대응을 요구하게 된다. 현 시대에 강제이주 상황은 매우 복잡하므로 법적, 행정적 그리고 인도주의적 딜레마를 초래하며 해마다 몇천만 명의 삶에 영향을 미친다(난민위기에 대한 일반적인 내용은 Zolberg, Suhrke, & Aguayo, 1989; Kushner & Knox, 1999 참조). 더욱이 최근에는 이러한 상황이 국제사회와 각국의 정부로 하여금 적절하고 인도주의적이면서 동시에 정치적으로 인정될 만한 대응을 하기에 매우 어려운 상황으로 치닫고 있다.

현대사회 내 강제이주의 본질

우리는 '강제이주민(forced migration)'이라는 용어를 사용할 때 폭넓은 여러 가지 상황을 묘사하고 있는 것이다. 그러나 이렇게 폭넓은 상황을 묘사하는 데 따르는 어려움은 강제라는 단어가 가진 의미가 넓고 모호하다는 데 있다. 인구 이동의 배후에 있는 강제성은 경제, 사회, 생태적 혹은 정치적인 성질을 가지고 있을 수 있고, 이주 상황에서의 잡아당기는 요소와는 다른 밀어내는 요소를 의미하고 있기도 하다. 그러한 이주 상황은 강제성의 정도에 따라 매우 달라지며, 그런 의미에서 밀어내는 요소로서의 강제의 중요성과 강제이주가 불러오는 상황 등도 모두 달라진다. 그러므로 강제이주라는 용어는 그리 이상적이지 않은 표현이다. 우리는 강제이주민이라 불리는 여러 부류의 사람들을 자발적이고 공식적이고 비교적 영구적인 이주민들, 즉 그들이 영주하는 국가를 바꾸기를 원하는 사람들, 그리고 단기간 여행을 목적으로 하는 여행객들로부터 구분하고자 한다. 세계교회협의회(WCC: World Council of Churches, 1996, p.10)는 강제적으로 뿌리가 뽑힌 사람들의 공통된 특성을 다음과 같이 설명하고 있다.

사람들이 그들의 지역사회를 떠나는 이유는 다양하며, 그들은 모두 다른 이름(난민, 국내 추방된 사람, 난민지위신청자, 경제적 이주민)을 가지고 있다. 교회로서 우리는 그들이 다른 사람들로부터 어떻게 불리는지와 관계없이, 심각한 정치적, 경제적, 사회적 상황에 의해 그들의 땅과 문화로부터 분리되어야 하는 상황에 있는 사람들을 정신적으로 고양시키고자 한다. 뿌리가 뽑힌 사람들이란 힘에 의해 그들의 지역사회를 떠나야만 하는 사람들로서 박해와 전쟁으로부터 도망친 사람들, 환경의 황폐로 인해 강제적으로 추방된 사람들, 그리고 그들의 고향에서는 살아남기 어려워 도시나 외국에서 살 길을 찾는 사람들을 포함한다.

강요된 추방에 관한 또 다른 문헌(DeMartino & Buchwald, 1996, pp. 195-196)은 강제로 주거지가 옮겨졌을 때 사람들에게 미치는 영향에 대해 다음과 같이 요약하고 있다.

강요된 추방은 인간이 경험할 수 있는 일 중 가장 스트레스가 많은 일이다. 추방의 주된 이유가 되는 분쟁, 박해, 폭력 혹은 사회적인 그리고 정치적인 붕괴 등은 다양하고 지속적인 극도의 스트레스를 유발한다. 난민들은 생존가능성에 대한 두려움과 더불어 깊은 수치심과 최악의 무기력함을 느낀다. 그들은 안전한 피난처와 음식, 쉼터 그리고 응급의료 서비스만을 바라는 것이 아니다. 그들은 사회정의, 법적인 보호 그리고 그들의 지역사회와 무너진 인간 존엄 및 정체감을 복구할 수 있는 격려도 역시 필요하다.

우리가 정의하고자 하는 강제이주의 개념은 다음과 같다.

강제이주라고 했을 때 우리는 정치, 경제, 혹은 사회적인 매우 강력한 강제적인 상황이 사람들로 하여금 살고 있던 곳에서 떠나도록 만든 것을 의미한다. 그리하여 극도의 스트레스 상황 속에서 그들은 상대적으로 잘 알지 못하는 목적지를 향해 떠나야 하고, 이동하는 동안, 그리고 입국하는 동안 아무런 안전함도 느끼지 못하는 상황 속에 처한 사람들을 의미한다.

이러한 개념 정의에는 강제이주민들의 욕구에 대응하는 데 있어서 매우 중요한 네 가지 중심 요소들이 포함되어 있다. 그 첫 번째 요소는 강제력에는 그 강도가 존재한다는 점이다. 사람들이 이주를 가볍게 생각하고 결정하는 일은 드물다. 왜냐하면 대부분의 사람들은 그들이 살던 곳에 강한 애착을 느끼기 때문이다. 이주가 강제로 이루어졌다는 사실 속에는 그 강제성에 대한 좌절과 분노가 있을 것이다. 그렇게 강제적으로 그 곳으로 이주하게 되었기 때문에 그 사람들은 새로운 상황에 적응하는 것이 더욱 어려워진다. 두 번째 요소는 강제이주가 항상 어느 정도의 스트레스와 관련이 있다는 점인데, 주로 장기간의 극도로 충격적인 경험을 하면 느껴지는 극도의 스트레스를 유발한다. 스트레스와 충격의 산물은 강제이주민들 사이에 쉽게 발견된다. 세 번째 요소는 목적지가 어디인지 전혀 모르거나, 목적지가 모호하다는 점이다. 사람들은 강제적으로 그들이 어디로 가게 될지 전혀 모르는 상황에서 익숙한 곳을 떠나게 된다. 혹은 최소한 그들이 자유와 안전 그리고 더 나은 미래 등을 찾고 있다는 점을 잘 아는 상황에서 어렴풋이나마 그런 장소 혹은 나라가 있을 것이며, 그 중 어느 한 곳을 선택하게 될 것이라는 점을 추측할 뿐이다. 그러나 전체적인 계획, 즉 그들의 목적지, 그들이 어떻게 받아들여질지, 그리고 그들의 장기적인 미래 등에 대해서는 가정만 할 수 있을 뿐이다. 마지막 요소는 안전하지 않다는 점이다. 어떤 강제이주민들은 두 팔 벌려 환영받을 것이라 기대하기도 한다. 그러나 과연 그럴지에 대해서는 명확한 단서가 없다. 어떤 이들은 그들을 받아주는 국민과 정부로부터 적대감, 분노, 그리고 일반적으로 부정적인 반응을 예감하기도 한다. 그러면서도 희망을 잃지 않고, 혹은 그런 일들을 직면하지 않겠다는 목적 하에 강제이주를 계속 진행한다. 어찌되었던 현실은 많은 수의 강제이주민들이 오랜 시간 동안 심각하게 불안전한 상태에 머물러 있어야 한다는 점이다. 이상의 네 가지 요소들은 강제이주민들을 다른 범주의 이주민에 비해 훨씬 더 취약한 상태에 머물게 하며, 그렇기 때문에 현실적으로 행해지는 관료들의 대우와는 정반대인 세심하고 동정어린 환영을 필요로 한다. 그러므로 원조 전문가들이 이러한 불행한 상황을 고치도록 혹은 최소한 완화하도록 노력하는 것은 그 일이 아무리 힘들지라도 그들이 반드시 해야 할 의무이다.

이 장에서 다룰 강제이주라는 특별한 범주는 추방된 사람, 난민지위신청자, 난민, 불법이민자, 이주노동자 등으로 설명할 것이다. 이제 각각의 범주들에 대한 개념을 살펴보고, 현대사회에서 그들의 수와 본질에 대해 살펴보자.

추방된 사람

추방된 사람이라는 용어는 근래에 와서 일상적으로 사용되고 있다. 이 용어는 〈그림 11-1〉에 나오는 다양한 범주의 사람들을 모두 포함하고 있다. 그러나 기본적으로 공통된 요소는 그들이 살던 지역을 벗어났고 그 이유는 자발적인 선택에 의한 것이 아니라 그들이 스스로 통제할 수 없는 것에 기인한다는 점이다. 사람들은 전쟁, 분쟁, 침략 등의 이유로 추방을 경험하며 그 기본이 되는 이유는 당장의 위험으로부터 도망치기 위함이다. 또 다른 사람들은 박해나 그와 비슷한 두려움으로 인해 추방을 경험하는데, 이는 주로 특정 부류의 사람들에 대한 인권이 늘 침해당하는 정부제도 하에서 일어난다. 또한 추방은 자연재해가 원인인 경우도 있다. 예를 들면 지진, 지진으로 인한 해일, 화산 폭발 혹은 폭풍, 사막화나 염분화와 같이 오랜 시간에 걸쳐 자연적으로 환경이 변했을 때를 말 한다. 이런 경우 갑자기, 혹은 점진적으로 사람들은 그들이 살던 곳에서 더 이상 살아남는 다는 것이 불가능해지면서 이주할 수밖에 없는 상황에 이르게 된다. 마지막으로 어떤 사람들은 댐건설(Cernea & McDowell, 2000 참조)과 같은 개발계획이나 정부가 강요하는 이주프로그램(인도네시아의 경우처럼)에 의해 강제로 이주되기도 한다.

추방은 사람들이 살고 있던 모국의 어느 다른 지역으로 옮기는 것, 즉 국내 추방된 사람(internally displaced people)이라 불리는 것과, 국경을 넘어 다른 나라로 옮기는 국외로 추방된 사람을 포함한다. 약 십년 전부터 국내 추방된 사람의 한 부류에 대한 고민이 심각해졌다. 유엔난민기구(UNHCR, 1997/1998, p.99)의 보고서는 국내 추방의 개념을 다음과 같이 정의하였다.

> 박해, 무력 분쟁이나 폭력에 의해 살던 집과 동네를 버리고 떠나도록 강요당했지만 그들의 모국 안에 머물러 있는 사람들을 일컬어 '국내 추방된 사람들'이라고 부르기로 한다.

1995년경 유엔난민기구는 국내 거주지에서 추방된 사람의 수가 난민의 수, 즉 유엔의 1951년 개념상으로 국외로 추방된 사람의 수를 넘어섰다고 보고했다. 1,500만 명의 국내 추방된 사람 중 유엔난민기구가 책임지겠다고 받아들인 난민은 600만 명 밖에 되지 않았다. 1999년에 유엔난민기구의 보고에 의하면 전 세계적으로 국내에서의 추방된 사람이 2,000만 명에서 2,500만 명에 이를 것으로 추정된다고 보고했다. "몇백만 명의 추방된 사람이 세계 지역사회로부터의 잠시 스쳐가는 관심을 받을 뿐이다"(Wilkinson, 1999, p.5). 이런 상황에 빠진 많은 사람들은 투명인간 취급을 받으며, 어떤 사람들은 국제사회에서 정치적인 이유 때문에 접근 불가능한 상황에 있기도 하다. 그러나 이러한 사람들의 입장이 무시되는 주된 이유는 종종 국제사회가 어떠한 행동을 취하는 데 필요한 자원을 모을 수가 없거나 모을 의지가 없기 때문이다. 유엔난민기구는 유엔이 그러한 상황에 어떠한 개입을 할지를 포함하는, 그리고 국가들의 행동에도 지침이 되는 국내 거주지에서 추방된 사람에 대한 지침서라는 제목으로 30개의 원칙(오늘에 이르기까지 이 원칙들은 무시되고 있다)을 도입한 바 있다(UNHCR, 1999, p. 11). 유엔난민기구가 우려하는 국내 거주지에서 추방된 사람의 수는 2003년에 이르러 1,710만 명 중 530만 명으로 줄어들었다(UNHCR, 2004, p. 6; 국내 거주지에서 추방된 사람에 관한 사례연구는 Cohen & Deng, 1998 참조).

난민지위신청자들

추방된 사람들 중 국경을 넘은 사람들은 그들이 현재 발견된 나라의, 혹은 유엔의 난민지위신청이나 난민자격 조건의 적용을 받는다. 그들은 그들이 모국을 떠나 다른 나라에 들어오게 된 이유가 1951년 유엔의 난민자격협약과 의정서(본 의정서는 난민의 개념을 정의하고 그들의 국제적인 권리를 포괄적으로 성문화했다)에 의거, 난민자격을 허락해 달라는 요구를 하는 것이고, 또한 의정서의 보호를 받는 일시적인 주민권을 허락해 달라는 것이다. 난민지위신청으로서 인정받을 것인지는 이들에게 매우 중요한 일이다. 그러나 1993년 유엔난민기구는 다음과 같이 밝힌 바 있다.

개인적으로 난민지위신청을 할 권리(세계인권선언 14[1])와 국가로서 그 권리를 허용할지에 대한 판단 사이에 차이가 존재한다. 이러한 법적인 무인지대 속에서는 각 나라가 그들 나름대로 난민지위신청을 인정할지, 그리고 왜 인정하는지에 대해 결정을 내리게 된다.

난민지위신청자는 유럽연합에 의해 다음과 같이 정의된다. "난민지위신청자란 스스로를 도피처를 찾고 있는 난민으로 인식하고 있는 사람들이며, 그러므로 다른 나라의 영토에서 난민으로서의 자격을 인정받고자 하는 사람이다(Kumin, 1998, p. 7).

그러나 현실적으로, 개발도상국에서 난민지위를 신청하는 사람과 난민지위신청 전에 서구 국가에 도착한 사람들과는 구분을 하게 된다. 서구 국가들에서는 첫 번째 부류를 진정한 난민지위신청자들로 간주하는 경향이 있는데, 그 이유는 그들이 도망친 후 첫 번째로

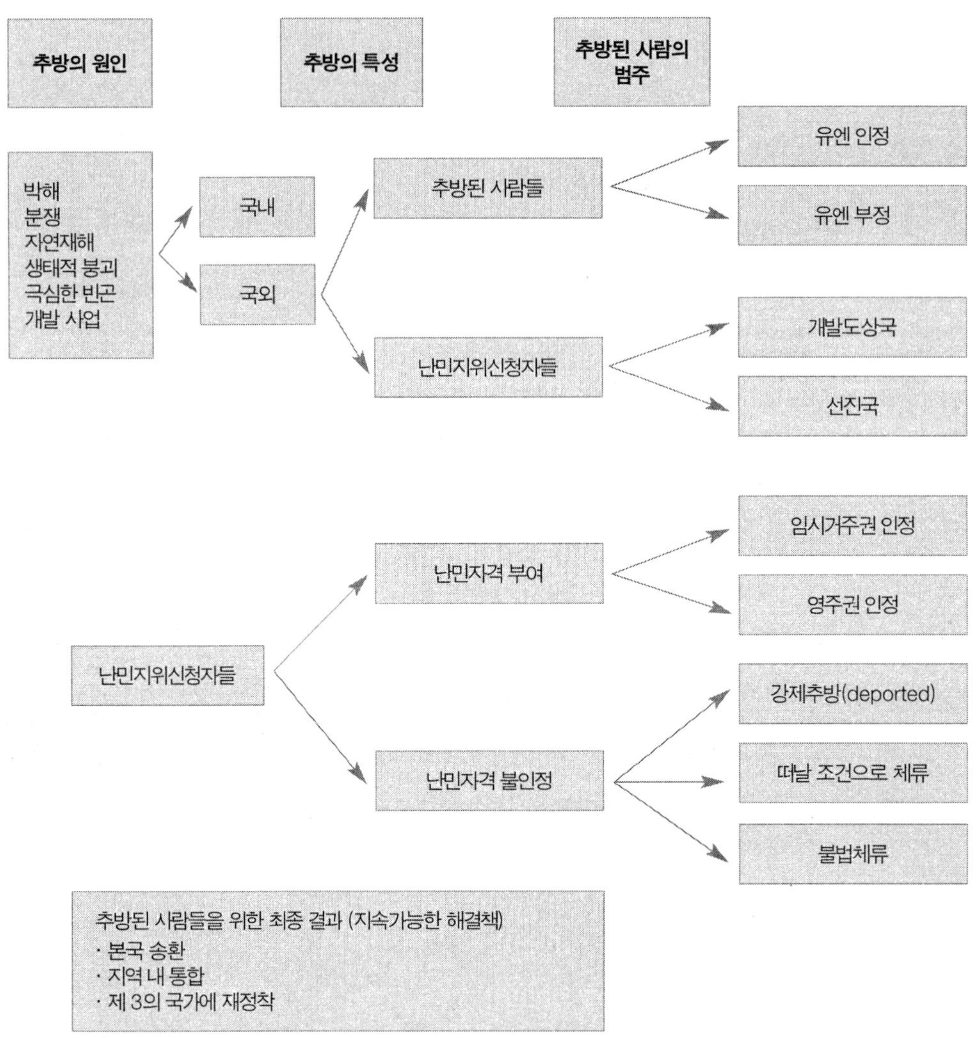

체류하게 된 국가에서 난민지위신청을 주장하기 때문이다. 반면 두 번째 부류는 가짜 난민지위신청자로 간주하는 경향이 있는데, 그 이유는 그들이 진실로 피난처가 필요해서 도망친 것이 아니라, 서구 국가에 정착하기 위한 목적으로 난민지위신청을 주장하는 것이라는 관점 때문이다. 여기서의 논리는 그들이 왜 체류하게 된 첫 번째 국가에서 난민지위신청을 주장하지 않았는가에 대하여 의심하는 것에 근거한다.

서양 정부가 이러한 구분을 하는 주된 이유는 난민지위신청자가 1970년대에서 2000년도 초에 이르기까지 급증했기 때문이다(2003년부터 서구 사회에 들어오는 난민지위신청자 수는 줄어들기 시작했다). 유럽에서 난민지위신청자 수는 1970년대 초 1년에 약 1만 3,000명으로 추정되는데, 1980년대 말 1년에 약 20만 명에 이르렀다. 2003년에는 프랑스가 최대인 5만 9,800명의 신청서를 받았고, 다음으로 독일이 5만 600명, 그리고 영국이 4만 9,400명으로부터 신청서를 받았다. 캐나다와 미국 또한 이 시기에 지속적인 증가를 경험했다. 캐나다의 경우 1983년에 5,000명으로 시작하여 1988년에는 4만 명으로 증가, 2003년에는 3만 1,900명이었다. 미국의 경우는 1983년에 약 2만 명에서 1989년에 10만 명으로 증가했으나 2003년에는 4만 3,300명으로 줄어들었다. 호주의 경험도 비슷했으나 이보다는 훨씬 적은 수였다. 1980년대 난민지위신청 절차를 받은 사람들은 몇백 명 수준이었으나 1990∼1991년에는 1만 명이 넘었고 1999년에 9,500명 선에 머물렀다. "1982년부터 시작하여 서양의 주요 나라들이 870만 명의 난민지위신청서를 받았고, 1992년에는 최고치를 도달하여 85만 8,000명의 의뢰서를 받았다. 이 기간 동안 200만 명이 공식적으로 난민으로서 받아들여지면서 난민지위신청자의 허가를 받았고, 영주권 혹은 임시거주권을 받았다(UNHCR, 2002, p.13).

이 문제는 상당히 민감한 것이다. 많은 서구 국가들이 이러한 난민지위신청 희망자들을 불법체류자처럼 대우하려는 경향이 있다. 그들의 신청서가 처리되는 동안에는 국제법의 보호를 받을 수 있어야 하는 데도 불구하고, 신청서의 결과가 나올 때까지 많은 국가에서는 이들을 의무적인 구류 상황에 비인간적으로 가두어 놓아 많은 사람들이 장기간 상당한 고통을 겪게 되기 때문이다(호주 상황에 대해 Mares, 2001 참조). 많은 사람들은 감옥 같은 입국센터에 머물면서, 노동허가를 받지 못하고 최소한의 보건과 교육 서비스를 제공받을 뿐이다. 그러다 난민지위신청을 거부당한 사람들은 강제추방(deported)당하거나 자발적으로 떠나기도 하고, 어떤 사람들은 불안과 빈곤 속에서 지하조직의 일원으로 살게 된다. 난민지위신청자로 인정받아 임시거주권(주로 3년간 거주권을 인정하는 비자)을 받은 사람들도 정부에 의해 가난하게 살도록 강요당하는 일이 많고, 간혹 따뜻한 지역사회나 NGO에 의해 인간적인 상황으로 바뀌기도 한다(선진국에서의 난민지위신청에 관하여 UNHCR, 2000, 7장 참조).

난민들

난민이란 기술적으로는 1951년 유엔난민협약에 의거 난민 자격을 부여받은 난민지위 신청자로 제한되는 용어다. 난민지위라는 것은 유엔난민기구의 보호를 받는다는 것을 의미한다. 그리고 난민지위를 받지는 못했지만 "유엔난민기구의 관리를 받는 사람들"로 인정받아 비슷한 수준의 보호와 원조를 받는 사람들도 있다. 난민 자격을 부여받은 사람들은 특정 나라에 난민지위신청을 할 수도 있지만 그렇지 못할 때도 있다. 그것은 유엔난민기구가 그들을 위해 요청해야 하는 일이며 각 나라 정부의 호의에 결국 의존해야 하는 일이다.

1951년 유엔의 난민 자격에 관한 협약과 의정서에 의하면 난민은 다음과 같이 정의되어 있다.

> 난민이란 인종, 종교, 국적, 특성 사회 혹은 정치적 집단의 구성원이라는 이유로 박해받을 것이라는 분명한 두려움 때문에 자신의 국가에서 빠져 나왔고, 두려움 때문에 돌아갈 수 없거나, 국가의 박해를 거부하는 사람들 혹은 국적이 없는 사람들, 그리고 살던 곳에서 벗어난 후 그곳으로 다시 돌아가기를 바라지 않는 사람들을 일컫는다.

이러한 정의가 가지고 있는 문제점은 시간이 흐르면서 인식되기 시작했는데, 그것은 바로 국내에서 추방된 주민들을 배제했다는 점이다. 그리고 박해만을 강조했다는 점, 박해라는 것이 위의 정의 속에 그리고 유엔 협약에서 조차도 정의내려져 있지 않다는 점이다. 또한 그 박해가 전쟁의 피해자와 같은 사람들은 포함하고 있지 않다는 점, 그리고 성차별적이라는 점, 즉 여성과 아이들이 심각하게 고통을 받을 수밖에 없음에도 불구하고 대부분의 경우 박해의 직접적인 초점은 남성이라고 인식되는 경향이 있다는 문제를 가지고 있다. 그러나 오늘날 합의되는 여론은 만약 국제적으로 합의된 정의가 만들어 진다면 현재의 것보다 훨씬 제한적이 될 것이라는 의견이다. 이것이 바로 난민이 밀려드는 많은 나라들이 우려하고 있는 문제이다.

불법이민자들

불법이민자들이란 출생으로 인한 권리나 시민권, 혹은 입국 허가서를 받지 아니하고 다른 관할구역에 들어간 사람들을 말한다. 이러한 부류의 사람들의 다양성으로 인해 어려움이 발생한다. 예를 들면, 특정 난민지위신청자의 경우 불법적으로 국경을 넘어 난민지위신청을 요청할 권리가 애초에 없었으므로 불법이주민이라 선언되며 불법이민자에게 해당하는 사회적 지위를 받게 된다. 불법이민자의 두 번째 부류는 일을 할 목적으로 불법으로 입국하는 사람들이다. 이런 경우 정부는 노동자들을 유인하려는 목적으로 입국 필요조건을 엄격하게 요구하지 않는다. 보통의 경우 노동력을 위해 입국을 허가하기는 하지만, 엄격하게 말해서 그들은 불법이민자들이며 아무런 권한도 없고(정치적인 이유로 인한) 단속의 대상이 되는 불법이민자들이며 강제 출국명령의 대상이 된다. 불법이민자의 세 번째 부류는 범죄 행위를 하기 위해서, 혹은 그 나라가 제공하는 것을 착취하기 위한 목적으로 입국 필요조건을 무시하고 들어온 사람들이다. 마지막 부류는 임시 체류허가 기간이 지난 후에도 체류를 하는 법적인 입국자들이다. 이러한 네 가지 부류의 불법이민자들은 그들이 불법적으로 입국하여 체류하고 있는 국가로부터 모두 같은 대우를 받는 것은 아니다.

불법이민자들의 역사는 길지만 비교적 새롭고 놀라운 발전이 있었던 것은 불법이주와 관련된 인신매매가 늘어나면서 부터이다. 2000년도에 유엔난민기구(Kumin, 2000, p.19)는 다음과 같이 보고한 바 있다.

인신매매 문제는 분명히 새로운 현상은 아니다. 그러나 이 문제는 세계적인 무기 거래, 마약, 성매매 그리고 아동 학대와 관련하여 해마다 70억 명이 오고가는 문제로 부풀어졌다고 전문가들은 믿고 있다. 빈곤한 사람들, 약한 사람들, 난민, 그리고 난민지위신청자들이 모두 표적의 대상이 되고 있다. 이들을 표적으로 삼고 있는 사람들은 우선 피해자들을 그 나라의 국경을 넘게 해준 후 강제로 현대판 노예와도 같은 일을 하도록 강요하는 인신매매 전문가들, 그리고 그 보다는 조금 온화한 '밀입국자들'로서 궁지에 몰린 '고객'을 다른 나라까지 운반해 줄 것을 약속하고 현금을 받는 사람들이다.

미국 정부는 "약 5만 명의 여자와 아이들이 해마다 성매매를 위해 미국 내로 이송되어 들어온다고 추정하고 있다"(Kumin, 2000, p.19). 그리고 유럽에서도 이와 비슷한 일이 벌어지고 있으며 호주의 경우 이보다는 조금 덜 심각하다. 또한 아시아의 개발도상국들에서도 이와 공통적인 현상이 벌어지고 있다. 이 문제는 많은 단체들과 개인들의 주된 관심사가 되고 있다(Le Breton의 2003년 책, 『올가미(Trapped)』에 브라질의 경우가 생생하게 기록되어 있다.)

이주노동자들

전문용어로 말하자면 이주노동자는 법적으로 노동할 수 있는 허가서를 받고 입국을 했지만 영주할 수 있는 권리는 주어지지 않은 경우를 말 한다. 그들은 그 나라의 노동력을 확보하기 위해 임시적으로 노동자로서 받아들여진 것으로서, 정식 이민 프로그램을 통해 인구를 늘리려는 (혹은 다양화하려는) 욕구나 의도는 없다. 이주노동 비자(사증)는 주로 시간이 정해져 있고 그 외에도 허가 없이 직장을 옮길 수 없다거나 직계 가족을 동반할 수 없고 또는 내국인에게는 제공되는 시설이나 사회서비스에 접근할 수 없는 등 지켜야 할 사항이 많이 있다. 이러한 이주노동자들은 착취의 대상이 되거나 기본권이 거부될 위험에 처해 있으며 그로 인해 이등시민이 될 우려가 있고, 일반 시민들에게 잘 받아들여지지 않는다. 여기에서 우리가 언급할 이주노동자들은 살아남기 위해, 그리고 가족들의 생존을 위해 강제적으로 해외로 나가 일을 하게 된 사람들로서 최소한의 능력 밖에는 없고, 많은 지역 기관과 알선기관의 착취를 피하기 위해 아무런 도움 없이 외국으로 노동하러 가는 경우이다.

위에 언급한 다섯 가지 부류의 강제 이민자들 사이에 경계선을 긋는 것이 위에 언급한 것과 같이 간혹 어려울지라도 이들은 모두 현대사회에 매우 중요한 사람들이며, 받아들일 수 없을 정도로 인권이 무너지고 복지가 무시되는 상황에 처하는 경우가 많으므로 자주 개입을 필요로 하는 사람들이다. 사회복지사들이 이러한 개입에 동참하는 경우가 매우 많기 때문에 국제사회복지실천의 한 맥락으로 매우 중요하게 다루어지는 것이다.

최근의 강제이주 움직임과 통계

공식적인 난민 보호와 원조 활동 중 일부는 1차 세계대전과 2차 세계대전 사이에 시작되었다. 그러나 우리의 초점은 2차 대전 이후에 두도록 한다. 2차 대전 이후 난민 보호를 위한 국제적인 제도가 시작된 이래 추방된 사람들, 난민들, 그리고 난민과 비슷한 상황의 사람들 등의 규모와 범위의 폭이 상당히 넓어졌다. 유엔난민기구(2000, p.275)에서 밝혔듯이, "유엔난민기구가 존재하기 시작한 이래 지난 반세기 동안 강제이주의 역학에는 상당히 많은 변화가 있었다. 강제이주 역학의 변화는 그 문제에 대한 국제적 대응에도 변화를 가져오게 하였다."(보고서의 11장은 이와 관련하여 좋은 정보를 담고 있다)

세 가지 주된 변화는 우선 위에서 언급한 것처럼 난민 관련 용어들이 다양해지면서 난민의 개념이 매우 복잡해 졌다는 것이고, 두 번째로 난민의 수가 기하급수적으로 증가했다는 점이며, 마지막으로 오늘날 추방의 장소는 대부분이 개발도상국이라는 점이다. 각각의 변화들은 국제적인 개입의 역학을 바꾸어 놓았고 2차 대전 직후에 서구에서 취할 수밖에 없었던 대응책으로 해결하고자 하는 그들의 의지와 능력을 모두 저하시켰다. 이제 세 가지 주된 변화를 한 가지씩 더 자세히 검토해보도록 하자.

원래 난민이라는 말은 주로 2차 대전이나 공산주의를 피해 떠났던 유럽 사람들을 일컫는 말이었다. 그랬기 때문에 서양의 민주주의 국가들은 그들의 재정착을 환영했던 것이다. 그러다가 추방의 원인이 다양해지면서 추방된 사람들에 대한 관점도 다양하게 변하기 시작하였다. 어떤 이들은 난민지위신청자로, 어떤 이들은 경제적 난민으로, 어떤 이들은 단순히 그들과 자녀들의 보다 나은 삶의 질과 미래를 위해 다른 나라로 이주하기를 원하는 사람들로, 또 어떤 이들은 난민지위신청자도 아니고 경제적 난민도 아닌, 예를 들면 생태적인 난민들, 즉 지역 생태계의 변화로 인해 추방을 할 수밖에 없게 된 사람들 등 난민을 바라보는 관점이 다양해졌다. 게다가 이들은 국내와 국외로의 이주민들로 또 그 부류가 나뉘게 되었다. 그러므로 이렇게 다양해진 사람들을 똑같은 사회적 신분을 가지고 있는 사람들로 분류하여 똑같은 대응 그리고 같은 협정이나 조직의 관리 하에 포함시키는 것은 어려워진 것이다. 더욱이 관리당국은 그들을 유인하거나 장려하지 않도록 이들의 문제에 조심스럽게 대응해야만 하는데, 왜냐하면 그래야 일탈하거나 수용되기를 바라는 인구의 수가 증가하는 것을 막을 수 있다는 일반적인 견해가 있었다. 사실상 국가 정부 등은 이러한 상황을 제지하는 것이 얼마나 중요한지에 대해 자주 언급했고, 그러한 가정 하에 이 문제에 접근하곤 했다.

두 번째 변화는 난민과 같은 상황에 빠진 사람들의 수가 급증했다는 점이다. 예를 들어 유엔난민기구가 형성된 1951년에는 세계적으로 약 125만 명이 난민의 분류에 속했으나 1998년에 이르러서는 2,200만 명이 유엔난민기구의 보호를 받게 되었고, 유엔난민기구의 통제를 받지 않는 추방된 사람들의 수도 그와 비슷했을 것으로 추정된다. 유엔난민기구(1997/1998. p.2)의 보고서에 의하면, "전 세계적으로 약 5,000만 명이 강제이주의 피해자라고 합법적으로 묘사될 수 있을 것이다." 이렇듯 그 수가 큰 만큼, 그들을 보호하기 위한 비용도 엄청난 액수이다. 각 정부는 유엔난민기구의 예산에 맞도록 요구되는 액수를 제대로 채우는 일이 극히 드물기 때문에 결국 난민들의 일부분은 아무런 보호를 받지 못하는 일이 생긴다. 2001년 유엔난민기구는 약 2,300만 명이 기관의 보호를 받고 있다고 보고했지만 2002년에는 1,980만 명으로 그 수가 줄었다고 보고했다. 약 1,980만 명에는 "1,200만 명의 난민, 630만 명의 자국 내로 이주된 사람들(IDP), 그리고 다른 부류로 94만 800명의 난민지위신청자들과 46만 2,700명의 귀환인들이 포함되어 있다"(UNHCR, 2002, p.13). 2003년 말에 유엔난민기구의 보호 하에 있는 사람들의 수는 1,710만 명에 머물렀다(UNHCR, 2004, p.6).

2차 대전 이후 중요한 변화의 세 번째는 이주의 장소가 주로 유럽 국가에서 개발도상국으로 바뀌었다는 점이다. 2002년 유엔난민기구(2002, p.13)는 보고서를 통해 "개발도상국에서는 전 세계적으로 86%의 난민이 발생했으며 동시에 개발도상국은 10명 중 7명의 난민에게 피난처를 제공하기도 했다"고 밝혔다.

근래의 불안정한 정권, 뻔뻔한 인권의 무시, 그리고 내란 등은 주로 개발도상국에서 발생하고 있으며, 이러한 나라의 낮은 수준의 개발, 경제적 · 정치적 상황의 불만은 삶의 질을 악화시켰고 그로 인해 도망치고자 하는 욕구를 증가시켰던 것이다. 이러한 장소의 변화는 여러 가지 결과를 낳았다. 첫째로 개발도상국에서의 난민이나 추방된 사람들은 최근 인도주의적인 원조를 도입하고 분배하고 또한 그들을 보호하는 과정 중에 많은 이들이 도움을 받지도 못하고 보호를 받지도 못하여 불의의 사고가 급증하게 되는 결과를 초래했다. 이러한 상황 속에서 일을 하는 사회복지사들까지도 예전에 비해 심각한 위험에 처해 있으며, 이들에게도 자주 사고가 생긴다. 두 번째 결과는 도피하고자 하는 사람들이 가능한 한 이웃의 개발도상국을 피해 곧바로 서구 국가로 가고자 하며, 이들은 제트기 시대의 난민들이라 일컬어진다. 이러한 변화는 서구 국가들로 하여금 난민들의 진실성을 의심하게 만든다. 즉 난민들이 피난처를 찾고자 하는 것이라면 어째서 그들은 가장 가까운 나라로 가지 않았는지를 묻게 만든다. 서구 국가에서는 난민들이 이웃 개발도상국으로 건너가 난민지위신청을 하는 것이 최선이라고 주장한다. 세 번째 결과는 서구 사회의 일반 시민들이 개발도상국의 난민을 바라보는 관점이 예전 공산국가를 피해 도망친 사람들을 바라보던 관점과는 달라서 이들을 덜 동정하고 있으며, 이해와 수용에 소극적이라는 점이다. 이러한 관점의 변화는 이들을 받아들이는 서구 국가의 정부들에게 불리하게 작용한다. 더욱이 공개적으로 잘 광고되어 몰려들어오는 추방된 사람들에 대해 몇몇 서구 국가의 일반 시민은 경제적 그리고 사회적으로 위협을 느낀다. 그리고 시민들이 설사 그들을 향한 동정심이 부족한 것이 아니더라도, 시민은 그들의 돈과 인내를 끝없이 요구하는 난민들에 대해 점차 지치는 현상을 경험하게 된다. 이러한 현상은 "동정심 감퇴"라 부른다.

현대의 이탈 현상의 정확한 원인을 규명하는 것은 쉽지 않다. 그러므로 우리는 이를 단순히 현대사회의 현실이라고 추정하는 수밖에 없다. 그 현실이란 현대사회의 내전, 인권 학대, 불안정한 정치, 늘어나는 자연재해와 생태적 재난, 사회경제학적인 불평등 그리고 개발의 불균형 등을 포함한다. 이러한 요소들이 우리가 논하고 있는 움직임에 얼마나 영향을 미치는지는 알기 어렵다. 그러나 이러한 요소들이 어떠한 상황이나 어떠한 나라에서는, 국민들로 하여금 모국을 떠나 더 발전한, 더 안전한 그리고 더 부유한 나라로 이주하기로 결심하는 데 어느 정도 영향을 미치고 있다고 생각할 수 있겠다. 세계적인 범죄와 공포정치와 같은 또 다른 요소들도 최근 사례가 보여주듯이 숫자적으로는 약소한 영향일지 모르지만 상당히 비참한 결과를 초래하기도 한다. 드마르티노와 버크왈드(DeMartino & Buchwald, 1996, p.195)는 "오늘날 대부분의 강요된 추방은 무력 분쟁으로 인한 갈등이 그 원인이며" 또한 "난민 이주의 다른 주된 원인은 위협과 박해"라고 주장했다.

우리가 또 기억하여야 할 것이 있는데, 그것은 기본적으로 네 부류의 특정 행위자들이 관여하는 움직임이 가져오는 결과가 무엇인가하는 것이다. 여기서 두 부류의 행위자들은 바로 국가들인데, 다시 말해서 사람들이 이주하기 전에 살던 나라와 새로 이주해서 들어가는 나라들을 일컫는다. 이때 이러한 두 가지 경우가 가져오는 결과는 혼합되어 있다고 할 수 있다. 우선 이주민들의 모국의 입장에서는 나라에 주된 공헌을 할만한 창의적이고 능력이 있으며 진취적인 시민을 잃게 되는 것이라 할 수 있다. 그러나 반면 성공적으로 이주하여 정착한 사람들이 큰 액수의 잉여소득을 고국의 친척들과 지역사회에 송금한다면, 지역 경제와 복지 수준에 상당한 기여를 하게 될 수도 있다. 이주민을 받는 나라에서는 그들 나름대로 난민을 재정착시키거나, 난민지위신청자들을 처리하거나, 불법으로 들어온 사람들을 찾아내기 위해 높은 초기 비용을 들여야 할 것이다. 그러나 그들 중 남아있게 되는 이주민들은 융합되어 결국은 경제에 순기여자가 될 것이다. 이민자 중에는 종종 대단한 기업가적인 성취를 보이는 사람이 나타나기도 하고 더 나아가 창의적인 능력을 발휘하기도 한다. 1990년도 초기부터 난민지위신청자의 수와, 노동 허가를 받은 사람들의 수, 그리고 체류 허가를 받은 사람들의 수는 비용과 이득의 방정식에 매우 중요한 관련 요소였다. 그러므로 두 부류의 나라들이 전반적으로, 그리고 각각의 나라들이 개별적으로 어떻게 하면 비용과 이득에서 균형을 이룰 것인가는 의심할 것 없이 다양한 양상을 보이겠지만, 연구보고서에서 폭넓게 나타나는 분위기는 많은 경우 양쪽 나라들이 모두 이익을 얻는 경험을 하는 경향이 있다는 것을 보여주고 있다. 그러나 오늘날 이주민을 받아들이는 나라의 일반적인 시민들 사이에서 만연한 감정적 느낌은 그들이 교묘히 조종당하고 착취당하고 있으며, 큰 경제적 손실의 피해자가 되고 있고, 결핵과 같은 질병의 위험과 범죄나 정치적 폭력인 테러에 노출되어 있다는 것이다. 이러한 감정은 국가적으로는 미래의 사회 응집력, 그리고 국제적으로는 평화적인 관계에 있어 결코 좋은 징조가 아니다(Huntington, 2002, pp.198-206 참조).

　세 번째와 네 번째 부류의 행위자들은 사람들인데, 다시 말해서 이주하지 않고 뒤에 남아있는 가족과 지역사회 구성원들, 그리고 이주하여 지역을 떠난 사람들이다. 이러한 부류에 속하는 사람들은 일반적으로 어떻게 지낼까? 역시 여기에도 변함없이 이득과 손해가 따른다. 아무리 멀어지는 거리의 정도가 예전에 비해 그렇게 심하지 않다고 하더라도, 남아있는 사람들이 갖게 되는 떠나버린 친척과 친구들에 대한 마음은 그리 평화로울 수만은 없다. 하지만 고국이 아닌 다른 어떤 나라와 연결되어 있다는 점에서는 이득이 있을 수 있다. 예를 들어 떠난 친척과 친구들은 주기적으로 고국에 그들의 소득의 일부를 보내기도 하고, 혹은 다른 사람들도 이주할 수 있도록 후원자가 되어주기도 한다. 하지만 여기에서 네 번째, 즉 마지막 부류의 행위자들의 경험이 가장 중요하면서 동시에 가장 염려되는 부분이다. 이 문제에 대해서도 많은 학자들이 손익분석을 제시한 바 있다. 그러나 이러한 사람들과 함께 일하는 사회복지사들은 이들 중 대부분은 큰 손해를 경험한다는 것을 확실히 알고 있을 것이다. 첫째로 우리의 거주지와 친인척을 떠나는 일은 그리 쉬운 일이 아니다. 둘째로 이주하는 동안의 경험은 예측 불가능하다. 이들은 늘 발각되거나 체포당하거나 투옥되거나 강제추방당할 것에 대한 두려움을 가지고 산다. 그들은 난민 수용소나 난민지위신청자 보호소와 같은 매우 어려운 상황 속에서 오랜 시간 살게 된다. 셋째로 만약 이들이 불법으로 체류하고 있다면 늘 체포당할지도 모른다는 두려움을 가지고 살아야 하고, 또 차별과 착취 혹은 공갈협박에 직면할 수 있으며, 만약 병원이나 그 외 기본적인 편의시설을 이용하게 되면 발각되고 강제추방당할 수도 있다는 두려움을 가지고 살아야 한다. 만약 이들에게 법적인 어떠한 자격이 부여된다고 해도 초기의 저임금으로 고국에 남겨진 가족들에게 돈을 보낸다거나 미래를 위해 모아둔다는 것은 극도로 어려운 일이다. 이러한 과정에서 많은 희생과 질병, 우울, 절망감을 동반하게 된다. 이들이 결국 성공한다고 하더라도 그 어떠한 성공도 성공하기까지의 고통을 온전히 보상해주지는 못할 만큼의 지불이 따른다. 그리하여 많은 이들은 일반적으로 이민에 대한 진정한 보상을 그들 자녀들에게 투사하면서 이민자들의 희생이 무의미한 것이었다는 생각으로 인해 행여 이민자들의 자녀들이 실망감을 느끼지 않도록 해야 한다는 간절한 바람을 가지고 있다.

최근 아프리카의 강제이주민들

아프리카의 상황이 관심의 초점으로 선택된 이유는 비록 가장 극심한 사례이기는 하지만 강제이주 현장에서 벌어지는 많은 일들의 대표적인 사례가 되기 때문이다. 아프리카에서 시작된 최근의 내란과 강제이주에 관해서 많은 문헌과 대중매체의 보고가 있었지만 (Duffield, 2001, 8장; Cranna, 1994, 4-6장; Shawcross, 2000, 10장; Rieff, 2002, 5장 참조), 이후 내용의 대부분은 유엔난민기구에서 발표한 『아프리카의 교차로』라는 보고서

(Wilkinson, 2003)의 내용을 토대로 한 것이다.

아프리카의 상황에 대한 발표에 반복적으로 등장하는 두 가지 주제는 정치와 인도주의 차원의 언급이다. 정치적 주제는 윤리적으로 그리고 정치적으로 분단된 상황, 불안정하고 타락한 정부와 정치적 체계, 독재 정치를 포함하고 있다. 이러한 요소들의 결합은 결국 문명성의 손실, 무법의 상황 상승, 인종 간 갈등 그리고 낮은 경제적 투자와 빈곤이라는 결과를 초래한다.

반면 인도주의 차원의 주제는 폭넓은 욕구의 증가와 비인간적인 처우의 증가, 그 해결에 요구되는 밑 빠진 독에 물을 붓는 것과 같은 고액의 원조비용, 그 결과로 빚어지는 열정의 약화와 난민의 피로증가를 포함한다. 서구 국가들은 이렇게 증가하는 어려움에 대해 대처 하고자 하는 마음과 외면하려는 경향을 둘 다 보이는데, 이는 변화를 가져올 수 없을 것이라는 생각 때문이다. 이러한 양가감정은 서구 정부들과 개인 후원자들에게 모두 보이는 양상이다.

아프리카에서 경험하는 이러한 문제의 규모는 엄청나다. 유엔난민기구(Wilkinson, 2003)는 "이해할 수 없는" 상황에 직면하여 도망쳐야만 하는 뿌리를 잃은 사람들의 수가 "1,500만 명에 이른다"고 보고했다. 도망친 사람들의 수에는 전쟁이나 분쟁, 폭력, 고문이나 비인간적인 처우의 희생자와 같이 살아남지 못한 사람들의 수도 포함되어 있다.

다음에 제시된 특수 상황에 관한 수치는 이러한 문제의 규모를 잘 드러내고 있다.

'최근 세계 최고 규모의 대학살'이 있었던 르완다에서는 100만 명의 사람들이 사망하였고, 밝혀지지 않은 수천 명이 이웃 나라로 몸을 피했으며, "거의 100만 명이나 되는 사람들이 끔찍한 4주간의 시간을 들여 탄자니아에 도달했으며", "약 200만 명은 르완다 접경부근에서 열악한 조건하에서 숨어 지내고 있다"(Shawcross, 2000, p.120). 약 300만 명은 콩고공화국에서 사망하였고('아프리카의 첫 번째 세계전쟁'이라 불리는 참사), 250만 명은 강제적 쫓겨났다. 수단은 그들이 독립을 선언한 1956년 이후로 계속 아프리카의 내전 상태에 잠식되어 왔고, 200만 명이 죽고 400만 명은 아직도 사막 쓰레기더미 위를 배회하고 있다(Duffield, 2001; Cranna, 1994 참조). 아프리카 서부 전역은 "라이베리아에서 1989년에 한 번 더 전쟁이 시작되어 240만 명의 라이베리아 사람들이 이주당하고 50만 명이 죽고 난

이후 매우 불안정해졌으며", "부룬디는 세계에서 가장 가난하고 작은 나라인데, 그곳에서도 10년 넘는 갈등은 20만 명의 사람들을 죽였고 약 100만 명의 사람들이 고향을 잃었는데, 그 수치는 전 인구의 약 14%나 된다." 2003년 아프리카의 약 10개국은 콩고공화국에서 약 10만 9,000명에서 시작해서 탄자니아에서 약 69만 명에 이르기까지 많은 추방된 사람들에게 살 곳을 마련해주었다. 2003년 유엔난민기구는 350만 명의 난민들과 더불어 아프리카 전역에 걸쳐 추방된 사람들에게 원조를 제공했다. 아프리카의 많은 지역에서 갈등에 의해 강제이주된 사람들은 다른 사건들에 의해 상황이 더 악화되었는데, 그 사건들에는 2001년에 있었던 HIV/에이즈 전염병의 확산으로 인해 200만 명의 생명을 잃었고, 그로 인해 많은 수의 고아가 생겨난 것을 포함하여 말라리아, 홍역, 폐결핵, 약 800만 명의 생명을 앗아간 설사병과 갈등과 가뭄으로 인한 기아는 많은 사상자 수를 낳았다. 그리하여 2003년에 "세계 식량 프로그램에 의하면 약 4,000만 명의 아프리카 사람들이 에티오피아, 에리트레아, 사헬, 아프리카 서쪽 지역에서 기아를 경험하고 있다고 보고했다."(모든 인용문과 통계 수치는 UNHCR, 2003 참조. 또한 아프리카에 대한 유엔 보고서와 Shawcross, 2000 참조)

2004년이 되면서 그러한 상황에 큰 진전이 있었던 것은 아니다. 그 해 가장 주된 뉴스 내용은 남부 수단 지역 서쪽에서의 상황이다. 그 곳에서는 몇천 명의 시민이 죽었고, 약 120만 명이 고향을 떠나야만 했다. 그러나 그 해 말에 정부와 수단의 반란군 세력은 남부에서 진행되어 왔으며 200만 명 이상의 인명피해를 가져온 지난 22년간의 반란을 멈추는 평화 조약에 서명해야만 했다. 아프리카에서 발표된 2004년 보고서 중 하나(Carroll, 2004-2005)는 아프리카 대륙에서 미약하나마 희망의 불빛을 발견했고, 상당히 어두운 전반적인 상황 속에서 그 희망은 지속되었다.

아프리카를 다음과 같이 통합관점 접근을 이용하여 바라보자.

세계적 관점 | 국제적으로 보았을 때 많은 사람들과 정부는(예를 들어 미국의 경우는 1990년대에 한 동안) 아프리카와 그곳의 문제들을 해결하기 어려운, 혹은 실패할 것이 분명한 노력쯤으로 생각하려는 경향이 있었고, 국제적으로 그리 중요하지 않은 문제라고 생각하는 경향이 있었다. 물론 그리 잘못된 생각은 아니다(의미 있는 변화 중 한 가지는

2005년 영국 정부가 아프리카에 대한 원조와 개발 활동지원을 가장 우선시하면서, 유럽연합도 그렇게 할 것을 격려했다는 점이다). 아프리카는 지구상 매우 중요한 일부분이다. 예를 들어 아프리카에 있는 사람들에게 무슨 일이 벌어지면 결국 그들이 북쪽으로 대거 이동하는 일이 발생하며 많은 아프리카 사람들이 가능한 모든 방법을 동원하여 유럽에 스며들게 될 것이다. 아프리카의 생태계에 무슨 일이 생기면 결국 지구상에 영향을 미치게 되는 것이다. 아프리카의 정치적 불안정은 테러와 국제적 범죄의 온상을 제공하며, 아프리카 내 거대한 규모의 고통은 평범한 전 세계 국민으로 하여금 죄책감과 수치 그리고 도덕적 분노에 지대한 영향을 미치고 있으며, 영향을 미칠 수밖에 없게 되는 것이다.

인권 관점 |　　인권 관점에 있어서 아프리카는 아마도 가장 덜 알려진 대륙일 것이다. 그리고 아프리카 사람들을 현대화된 세상의 온전한 일부분으로 바라보지 않는 경향도 있다. 그러므로 이들은 다른 지역의 사람들과 똑같은 수준의 인간으로서의 권리를 가지지 않아도 된다고 생각하는 경향이 있다. 하지만 인권이라는 개념과 본질 자체가 그러한 태도에 항의하고 있다. 아프리카에 사는 사람들도 다른 어떠한 사람들과 마찬가지로 똑같은 인간으로서의 권리가 있으며, 그러한 권리가 너무나 오랫동안 체계적으로 학대당해왔던 것이다. 만약 인권이 아프리카에서 소멸되어져 버린다면 아프리카 사람들은 아마 다른 어디에서도 오래 살아남지 못할 것이다. 인권이라는 개념 자체가 심각하게 훼손당하게 될 것이기 때문이다.

생태적 관점 |　　높은 인구증가율, 지속 불가능한 개발 추세, 분쟁 그리고 자연재해 등은 아프리카의 약한 자연 환경을 오랜 시간에 걸쳐 파괴해왔다. 그렇게 세계의 주요 자원의 일부분을 위험에 몰아넣는 처사는 도덕적으로 받아들일 수 없을 뿐 아니라 그 어떠한 관점에서 보더라도 정상적이지는 않다. 그러나 이러한 상황을 멈추게 하고 오늘날 아프리카가 직면하는 모든 문제에 맞서 싸우기 위해서는 엄청난 노력이 시급히 요구된다.

사회개발 관점 |　　많은 아프리카 학자들이 오랜 시간 주장해왔듯이 아프리카의 문제에 대한 해답은 그 대륙의 개발을 위한 포괄적이고, 통합적이며 다측면적이고 다각적인 수준

이어야 하며, 분명한 가치를 기본으로 한 접근이어야 한다. 사회개발이 없이는 평화도, 유지 가능한 환경도, 인구 증가도 없을 것이며, 그 대륙에 퍼져 있는 여러 종류의 전염병을 근절할 방법도 없을 것이다.

강제이주 상황에 대한 비판적 분석

이 장의 초반부에서는 2차 세계대전부터 시작되어 점차 증가하여 오늘날 무서운 비중을 차지하고 있는 강제이주 상황에 대해 묘사했다. 앞서 아프리카의 사례를 통해 주장한 바와 같이 이러한 걱정스러운 상황에 대한 최근 몇 년 동안의 대응은 정치적인 수준과 인도주의적인 수준이라는 두 가지 수준으로 정리될 수 있다. 정치적인 수준은 점점 서구 정부들의 대표적인 대응방법이 되어왔고, 그 이유는 강제이주가 선거결과에 미치는 정치적 반격을 피할 수 없게 만들며, 서구 사회의 평화와 번영에 이미 너무나 큰 영향을 미치고 있다는 우려 때문이다. 서구 정부들은 개발도상국으로 강제이주를 흡수시키려고 광범위한 범위의 정책을 시도하였다. 이러한 정책은 서구 국가들 주변으로 '벽'을 쌓는 일을 포함한다(예를 들어 심리적으로 '유럽 성벽'을 쌓는 일, 혹은 주변 바다를 순찰하는 제도를 도입한 호주의 경우, 혹은 미국 국경의 입국 저지 정책 등). 또한 지정된 몇몇 나라를 돈으로 포섭하거나 그 외의 방법을 사용해서라도 가능한 한 난민지위신청자를 그들의 나라에 남아있게 하도록 격려하는 일을 포함한다(이것은 여러 시점에서 폴란드, 멕시코, 혹은 인도네시아에 요구되었던 일이다). 또한 다른 불법이주자들을 단념시키기 위해 불법으로 입국한 사람들을 엄하게 다스리는 것도 포함된다(호주에서처럼 일정기간 동안 의무적으로 가난한 상황에 처하게 하도록 하는 정책). 또 도착한 사람들을 바다 옆으로 옮겨 놓고 마치 그들을 외국 땅에 있는 사람인 것처럼 처우하는 것도 포함된다(호주의 '대서양 해결책'은 배로 도착한 사람들을 그렇게 대했다). 마지막으로 국제항공사들로 하여금 마치 서구 세상의 이주를 감시하는 경찰관인 것처럼 활동할 것을 요구하면서 정당한 비자가 없는 사람들을 이송할 것을 거절해야 한다고 주장했고, 만일 이송한 경우 그에 소요되는 모든 비용을 항공사 측에서 지불할 것을 요구했다.

그러나 대부분의 국제 지역사회의 반응은 인도주의적인 수준이다. 리프(Rieff, 2002, pp. 20-21)는 이에 대하여 다음과 같이 설명하고 있다.

인도주의자들은 서구 유럽, 캐나다, 그리고 미국에서 왔으며, 그들이 자발적이든 그렇지 않든 간에 지금까지 모든 재난에 대한 돈 많은 세상이 지목한 양심의 역할을 해 왔다. 그들의 구체적인 의무는 다양하다. 그러나 그들이 기본적으로 해야 할 일은 고통 받는 사람들에게 원조를 제공하는 것이다.

리프는 과거 유엔난민기구의 말을 다음과 같이 인용한다. 사다코 오가타(Sadako Ogata)는 "인도주의적 문제에 대한 인도주의적 해결책은 없다"고 말한 바 있다. 자연스럽고 건전한 대응일 수는 있으나, 인도주의적 대응은 결코 온전히 적절한 것일 수 없다—어떠한 상황도 완전히 해결해내지 못하기 때문이다. (인도주의적 원조에 대해 9장 참조)

우리가 제시하는 세계의 강제이주 상황에 대한 비판적인 분석은 상황의 원인을 분석하는 데 있어서나 그에 대한 전반적이고 반드시 필요한 대응을 분석하는 데 있어서 모두 통합관점 접근을 적용한 것을 토대로 하고 있다. 물론 다음 제시하는 네 가지 접근 관점을 분리해서 이해해야 하겠으나, 그 네 가지가 서로 일치하는 부분이 있다는 것은 자명한 일이며, 그러므로 전체적으로는 통합적이라고 볼 수 있는 것이다.

세계적 관점

강제이주를 초래하는 복잡한 요소들은 대부분의 경우 빈곤, 불평등, 편협적인 개발, 침체된 경제, 정치적 억압 그리고 인권학대 등과 같이 지역적인 요소들이 압도적이다. 그러한 지역적 요소들은 항상 국제적인 요소들을 반영하는 것 또한 실질적으로나 관념적으로나 분명한 일이다. 예를 들어, 지역적인 요소들은 다음과 같은 국제적인 영향에 의한 것일 수 있기 때문이다. 불공평한 무역과 가격책정 장치라던가, 부패되고 억압적인 정부에 대한 외부 지지, 지원제공에 대한 외부의 거부, 인종 혹은 종교 집단에 대한 부정적인 태도 혹은 삶의 질이 월등히 우월한 나라들이 존재한다는 것 자체가 세계적인 요소의 예가 되겠다. 실제 존재하는 혹은 관념으로만 존재하는 세계적인 요소가 무엇이든 간에, 모국으로부터 벗어나겠다는 결심을 하고 종착지를 결정하는 데에 이러한 세계적인 요소는 자주 영향을 미치게 된다. 더욱이 외부 권위자들(유엔 혹은 특정 국가)이 문제에 대응을 할지, 하지 말지에 대한 결정은 탈출의 규모와 절박함에 영향을 미치며, 나아가 장기적인 인도주의적 대응의 차원에도 영향을 미친다.

강제이주에 대한 대응은 유엔의 시도를 지지하는 것에서도 알 수 있듯이, 강제이주에 관해 지속적으로 언급되는 국제적 고통분담이라는 개념에서도 알 수 있듯이, 그 특성이 세계적이어야만 한다. 또한 장기적으로 강제이주 상황은 국제적 대응이 응급치료가 아닌 예방적인 차원이어야만 비로소 관리가 가능해질 것이다. 국제지하는 관심과 활동으로 인해 모든 종류는 학대로부터 보호될 것이라고 알게 되면서 안전함을 인식하게 될 때, 전 세계적으로 사람들은 매우 긴박한 상황에 처했을 때에만 비로소 탈출을 생각하게 될 것이다. 결론적으로 인권을 토대로 한 세계적 수준의 경제, 정치, 사회 및 생태적 체계 그리고 사회정의와 환경 유지 및 평등의 원칙은 사람들로 하여금 탈출을 결정하게 만드는 지역차원의 상황이 발생되는 것을 막는 데 효과가 있을 것이다.

인권 관점

대부분 강제이주의 중심에는 모든 종류의 인권 학대가 존재한다. 정치적, 경제적, 사회적, 문화적인 권리를 인정받지 못한 사람들, 자신의 가능성과 온당한 삶의 질을 개발할 권리를 거부당한 사람들 그리고 권리가 주기적으로 무시당한 사람들은 어쩔 수 없이 그 상황에서 벗어나는 것을 하나의 대안으로 생각할 수밖에 없다. 비록 그 상황에 빠진 사람들 중 극소수만이 탈출할 수 있다는 사실은 그 상황 속에서는 그리 중요하게 고려되지 않는다. 탈출을 시도한 사람들과, 탈출자들을 받게 되는 나라들, 그리고 남겨진 모국과 모국민들에게 비참한 결과를 안겨주는 것은 아주 극소수 사람들의 탈출만으로도 충분히 가능하다.

그러므로 모든 사람들의 권리를 충분히 보호하겠다는 결의와 능력을 키우기 위해, 국제사회가 인권에 대해 심각하게 고려하는 것만이 강제이주에 영향을 미치는 억압적 상황을 대폭 감소시킬 수 있을 것이다. 그러므로 이러한 상황에서 사람들의 권리를 적절히 보호하는 것은 매우 중요한 예방적인 방법인 것이다. 더 나아가 강제이주 현상에 대한 지금까지의 대응들과 앞으로 있을 대응들은 반드시 인권에 기초하는 것이어야만 한다. 유엔인권협의회에서도 자주 언급했듯이, 현재 강제이주에 대한 정치적인 대응의 대부분은 인권에 대한 약속을 무시하는 듯하다. 더 나아가 강제이주에 대한 인도주의자들의 대응 중 일부 양상들은 원조 전달에만 급급하여 이런 종류의 원조가 가져오는 결과에 대해 미처 생각하지 못하며, 이는 인권에 대해 적절하게 고려하고 있지 않고 있음을 나타내고 있다.

생태적 관점

사람들의 생활공간이 위협을 받아서, 그리고 자연 상태를 바꾸거나 특정 개발 과정 때문에 생활공간이 더 이상 살 수 없는 곳이 되어버리는 생태계 파괴라는 직접적인 결과로 인해 강제적으로 이주하는 상황에 처하게 되는 사람들의 수는 그리 많지 않다(자연 상태를 바꾸는 예는 사막을 침해하는 일, 염분을 늘리는 일, 내륙 바닷물을 건조시켜 육지화하는 일, 그리하여 물고기와 야생생물을 줄이는 일 등이다. 그리고 특정 개발 과정의 예는 숲이나 습지대의 대규모 파괴이다). 그밖에 많은 생태계 파괴는 광범위한 빈곤 혹은 식량 공급과 자연 환경을 의도적으로 파손시키는 전쟁의 결과이기도 하다. 그리고 이러한 상황에 따른 한 가지 결과는 강제이주인 것이다. 결론적으로 강제이주는 일반적으로 잘못된 개발이나 근본적으로 유지되기 어려운 개발, 혹은 다수의 손해로 일부 기득권에게 이득이 가는 개발이 그 원인일 수 있다. 대규모의 환금작물 도입이라던가, 커다란 둑 건설, 그리고 기계화의 폭넓은 도입은 모두 강제이주를 심각한 수준으로 이끄는 결과가 될 수 있다. 그 이유는 자연 환경의 본질과 필요조건, 그리고 그 지역에 살고 있는 사람들을 지지할 자연환경의 능력 등이 무시되었기 때문이다. 혹은 개발이 고용 면에 있어서 너무나 많은 사람들을 불필요하게 만들었기 때문이다.

생태적 요인이 중요한 원인이 되는 요인이라면 강제이주의 대응을 개발할 때 중요하게 고려되어야 할 필요가 있다. 예를 들어, 강제이주민들은 음식이 있고 쉼터가 있으며 의료

서비스가 제공되는 곳으로 불러 모아지거나 스스로 모인다. 이러한 대규모 소집은 지역 환경에 파괴적인 영향을 미친다(예: 음식을 하기 위해 연료를 모아야 하는 등). 그러한 영향 중 특히 지역주민들의 빈곤을 악화시킨다거나, 더 많은 강제이주민을 만들어 내는 것은 파괴적인 영향의 예가 된다(이러한 현상은 아프리카 일부 지역에서 흔히 발생하는 결과이다).

사회개발 관점

사회개발 관점은 강제이주의 원인이 되는 요소를 파악하는데, 그리고 강제이주 상황에 대한 최선의 대응이 무엇인지를 이해하는 데 매우 중요한 것임을 독자들은 이제 분명히 알게 되었을 것이다. 저개발 혹은 개발이 무시된 상황, 그리고 편협하거나 왜곡된 개발은 모두 강제이주를 유발시키는 많은 요소들과 관련이 있다. 내란으로 복잡하게 얽혀있는 나라, 혹은 타락하고 비효율적인 정부의 통제를 받는 나라는 능률적이고 지속가능한 개발을 지지할 능력도, 의지도 없을 것이다. 마찬가지로, 한 나라의 일부 지역만 개발하려고 한다거나 일부의 사람들은 무시한 채 다른 일부 사람들의 편의만 제공하는 개발은 지역 간 관계의 평화와 조화를 위협하고, 결국 발생하는 모든 결과(강제이주를 포함하여)와의 갈등을 초래할 것이다.

또한 중요한 것은 이제는 일반적인 주장이 된 것으로서, 강제이주 상황에 대한 대응은 반드시 지속가능한 사회개발에 대한 고려와 함께 인도주의적인 구조 등에 대한 고려가 함께 이루어져야 한다는 점이다(Gorman, 1993; Duffield, 2001). 최종 목표는 지속적인 사회개발에 적절한 기초를 제공하고자 함이다. 이것은 난민 수용소에 있는 사람들과 강제추방된 사람들의 상황에 대한 대응과 추방 조치, 그리고 분쟁 후 재건 과정 등에도 적용할 수 있는 지침이다. 이는 결국 지역주민들과 강제이주되었다가 돌아오는 사람들 모두를 위한 일이다. 사회개발 관점은 강제이주에 대한 예방과 치료적 대응의 기본적인 방향에 토대가 되고 또한 그 방향을 결정짓는다.

강제이주 상황에 대한 국제사회복지실천의 구체적인 측면

사회복지실천은 강제이주 현장의 모든 측면에 개입할 수 있고 개입해야만 한다. 사회복지실천가들은 정책 개발, 일반 행정, 프로그램 개발과 진행, 인사 관련 훈련과 슈퍼비전, 지역사회 교육, 인도주의적 원조, 그 외 많은 업무에 관여할 수 있다. 그러나 현장을 관찰한 결과와 오늘까지의 경험으로 미루어볼 때 사회복지실천가들은 강제이주 상황의 여러 측면에 관여하게 되는 경우가 많다. 왜냐하면 사회복지실천가들이 가진 사회복지실천의 토대가 되는 지식과 기술 자체가 그들로 하여금 다른 전문가에 비해 보다 더 그럴 수밖에 없는 상황을 초래한다고 볼 수 있다.

물론 강제이주자들이 처하게 되는 상황은 여러 종류가 있고, 또 적절한 유형의 개입을 원조 전문가들이 찾는 데 저해가 되는 상황도 여러 종류가 있지만, 여기에는 일곱 가지를 뽑아 묘사하고자 한다. 이러한 일곱 가지 상황에 대한 여러 각도의 적절한 개입 전략에 대한 논의는 다음 장에서 논하기로 한다.

난민, 추방된 사람, 그리고 난민지위신청자를 위한 캠프 및 수용소

많은 난민들과 추방된 사람, 그리고 난민지위신청자들은 단기간의 숙식을 제공하고, 어느 정도의 인도주의적 원조를 제공하며, 입국절차 등의 과정을 처리해주고, 또 수준의 차이는 다양하겠지만 어느 정도는 안전이 보장되는 센터에 머물게 된다. 이러한 특성 외에 센터가 가지고 있는 특성들은 매우 다양하다. 센터 밖으로 외출하는 자유가 전혀 없는 실질적으로 감옥이나 다름없는 곳도 있는 반면, 또 어떤 곳은 출입이 자유로운 곳도 있다. 어떤 곳에서는 각종 '일반적' 편의시설이 제공되기도 하지만, 어떤 곳은 꼭 필요한 것만 간신히 제공하는 텅 빈 곳, 간혹 그것마저도 제공되지 않는 곳도 있다. 친절한 사람들에 의해 잘 운영되는 곳도 있지만, 어떤 곳은 군인이나 정부에 의해 혹은 난민을 돕기보다는 난민을 이용하려는 사람들에 의해 운영되기도 하고, 즉 난민들의 욕구에 따른 서비스를 제공하기 위해 그 자리에 존재한다는 역할을 인식하지 못하는 사람들에 의해 운영되는 일도 있다. 센터 직원들이 인식하는 역할은 상황을 통제하고 최선을 다해 원조를 골고루 배분하는 것으로 종종 인식되곤 한다. 실제로 현장에서는 여러 범주의 다양한 역할들이 존재한다. 마지막으로 어떤 센터들은 단 몇주만 머무는 사람들에게 '집'이 되어 주는가 하면, 또 어떤 이들은 십년이 넘게 그 곳에 머물기도 한다. '십년이 넘도록 질질 끈 상황'에 처한 많은 사람들을 조사한 결과 유엔난민기구(2002, p. 26)는 다음과 같은 보고를 했다.

> 강제로 고향이나 모국을, 그리고 가까운 친인척을 떠나야만 했던 민간인들은 매우 충격적인 스트레스를 경험하게 된다. 추방된 사람들이 빠른 시일 내에 고향으로 돌아간다면 그 충격은 완화될 수 있으나, 유배의 기간이 불명확하게 몇 년 동안 지속된다면 그로 인한 심리적이고 육체적인 짐은 파괴적인 영향을 끼칠 수 있다.

추방된 사람들이 캠프 및 수용소와 같은 곳에 장기간 머무르게 되면 그들에게 미치는 영향은 센터의 특성과 상태가 어떠냐에 따라 크게 다를 수 있으며, 앞서 언급한 대로 센터의 상황은 매우 다양하다. 이러한 차이가 존재한다고 하더라도 이렇게 이도 저도 아닌 대기 상황이 사람들에게 미치는 영향에 대해 일반적으로 설명할 필요가 있겠다. 첫째로, 이러한 센터는 여러 가지로 결핍되어 있다. 즉 자유, 기본적인 편안함, 사생활, 존엄, 개성, 상호의존, 주체성, 안심감, 지지, 기본 서비스 그리고 간혹 희망마저도 결핍된 상태이다. 둘째로, 오랜 시간의 기다림은 지루함을 유발하고 지난 날 발생한 일들과 앞으로 발생할 일들에 대한 건강하지 않은 생각들이 꼬리를 물게 되며, 무기력한 느낌을 만들어 내고, 그로 인해 죄책감과 불안감이 생기게 되며, 자살이나 정신장애를 유발시키는 정신적 상황을 야기시켜 정말 위험한 상황에 이르기도 한다. 이러한 상황에 처한 기간이 가져오는 영향은 각기 다른 부류의 사람들에게 서로 다르게 나타난다. 예를 들어, 특히 여성들은 강간을 당하거나 성적으로 착취당하는 위험에 직면함에도 불구하고, 아이들이나 노인들을 돌보아야 한다는 목표와 강인함을 스스로 발견하기도 한다. 하지만 전반적으로 사회복지실천가나 연구자들은 남성들이 더 많은 위험에 노출되어 있다고 제언하는 편인데, 왜냐하면 남성들은 이전에 가지고 있었던 역할, 그들의 남성다움과 존재감을 증명해주는 그러한 역할들을 빼앗겼기 때문이다(Hitchcox, 1990, pp. 218-219). 버크월드(Buchwald, 1991, p. 3)는 다음과 같이 이러한 상황을 정리한 바 있다.

원조 프로그램의 수혜자인 난민들은 '과도하게 시설화'되는 경향이 있다. 그들은 그들의 문제를 스스로 해결하는 것을 어렵게 생각하기 시작하며 적응 능력도 저하된다. 고국에서 도피해야 하는 상황에 의한 충격과 난민 수용소의 인위적으로 만들어진 삶의 질로 인한 스트레스, 정체감의 상실에서 오는 고통, 낮 시간을 채울 만한 의미 있는 활동들의 결핍 등으로 인해 그들은 기관의 직원들이 자신들에게 제공하는 것들에 더 더욱 의존하게 될 것이다. 응급 단계에서 그들은 이미 불안과 자존감의 상실, 방향감각의 상실, 무기력함, 심리적인 원인으로 인한 신체의 질병 그리고 외상후 스트레스 장애 등을 보인다. … 이러한 초기의 응급 단계에서 지속적인 구조가 제공되는 단계로 접어들면서 우울과 신경증, 무감각, 공격성 그리고 '학습된 무기력함'의 태도가 시작될 수 있다.

학자들은 다양한 권위자들이 난민들에게 꼬리표(label)를 붙이려는 경향을 강하게 보이고 있다며 이를 안타까워한다. 제터(Zetter, 1991)는 난민들에게 꼬리표를 붙이는 경향에 대해 언급한 바 있는데, 꼬리표를 붙임으로서 난민들의 비참여적이고 무기력한 본질을 강조한다고 표현했다. 유엔사회개발연구소(UNRISD, 1993, pp. 2ff)는 "꼬리표의 학대"라고 보고하면서 난민들에 대한 부적절하고 과도한 꼬리표 붙이기 과정은 난민들의 부적절한 처우의 결과를 낳는다고 했다. 그리하여 잉그람(Ingram, 1989), 윌슨(Wilson, 1992), 그 외 학자들은 난민들에게 그들의 상황에 대한 통제력을 조금이라도 가질 수 있도록 하는 것이 매우 중요하다고 주장한다. 예를 들면 음식 습득 과정, 기부자들로부터 제공된 음식으로 무엇을 할지(예: 되팔거나 물물교환 등) 등에 대한 선택권이 있어야 한다는 것이다. 즉 난민들이 인도주의적 원조에 대해 의존적이고 소극적인 수혜자이어야만 한다는 것은 잘못된 발상이며, 불필요하고 도움이 되지 않는 추측일 뿐이라고 주장한다. 예를 들어 어떤 캠프에서는 난민들이 음식을 생산하는 일에 관여할 수 있고 또 적극 참여하라고 지지를 받는다(Kreitzer, 2002 참조). 이렇듯 난민들의 의존성에 대해서는 많은 논의가 되고 있다. 현장에서 일하는 대부분의 사회복지실천가들은 이러한 의존 상황이 어느 정도는 꾸며낸 이야기라고 생각하고 있으며 난민들이 스스로의 복지를 위해 주된 책임을 지고 있어야만 하며, 그렇게 하고 있다는 점을 지적하고 있다. 반면 난민보호에 대한 많은 관료적인 접근은 난민들을 완전히 의존적인 존재로 취급한다. 많은 실천가들은 유엔사회

개발연구소(UNRISD, 1993, p.6) 보고서들에서 사용한 단어를 되풀이 하면서 다음과 같이 주장한다. 외부 원조의 가치를 손상시키지 않는 한도 내에서 "난민들이 가지고 있는 지식, 능력 그리고 적응 전략을 강조하는 것은 매우 중요한데, 그 이유는 그러한 요소들이 바로 난민들에게 있어서 살아남기 위한 주된 수단이며 미래를 위한 희망이기 때문이다."

치료적인 개입에 관한 논의에 있어서 외상이라고 하는 것이 난민들에게 폭넓게 영향을 미친다는 점은 널리 인정되는 사실이다(Daniele, Rodley & Weisaeth, 1996). 그러나 동시에 난민들 중 일부는 치료적인 개입에 필요한 진단을 거부하는 경우도 있다는 사실을 인식하고 있어야 한다. 일부 난민들은 진단이 그들의 미래에 부정적인 결과를 초래할 것에 대해 두려워하고 있다. 예를 들면 재정착 기회로부터 그들이 거부될 수도 있기 때문이다 (Knudsen, 1991 참조). 치료적인 개입이 필요하기는 하지만 난민들이 가지고 있는 이슈들을 해결하기 위한 폭넓은 목표 상황에 맞게 조심스럽게 접근되어야만 한다. 멀리카 (Mollica, 1990)는 아주 잘 문서화되어 있는 태국과 캄보디아 국경의 수용소에서 벌어진 정신 보건 위기상황에 대해 언급하기를, "안전, 쉼터 그리고 물질적인 구조"를 과도하게 강조하면서 적절한 정신보건 프로그램을 도입하는 데 실패하는 죄를 범했다고 했다. 그리고 그러한 상황에서 실천 가능한 프로그램에 대해 소개하기도 했다.

앞서 언급한 것들은 난민 수용소를 비롯하여 그와 비슷한 상황에서의 욕구들과 그 복잡함, 그와 관련된 위험 그리고 그러한 상황에 급진적인 변화를 가져와야 한다고 주장한 많은 논문들의 극히 일부분을 언급한 것이다(이와 관련된 논문들은 부록②의 읽을거리 참조). 불행하게도 그러한 논문들이 발표된 후 10년간 아프리카의 크고 일시적이며 반 구조화된 수용 캠프에 대하여 보다 더 중점을 두었다는 것 외에 변화는 거의 없었다. 반면 난민지위신청자들이 구류되어 있는 서구의 수용소들은 난민지위신청자들을 위한 주요 정책들로서 점점 억류에 강조가 두어짐에 따라 인간적인 상황들은 더욱 더 악화되었음을 보여준다. (그 예로 호주의 구류 정책에 대해 McMaster, 2001, 참조)

여러 종류의 수용소들은 사회복지실천가들과 그 외 전문가들이 난민 혹은 난민과 같은 상황에 처한 사람들에게 원조를 제공해야만 하는 매우 중요한 상황에 있다. 그들의 역할은 상황을 인간답게 바꾸려는 노력을 하는 것, 가능한 한 지역사회라는 느낌이 들도록 개발하는 것 사회적이고 휴식이 되는 활동들을 촉진하는 것, 보건과 교육 서비스를 도입하는 것, 그리고 심리사회적인 프로그램을 제공하는 것과 더불어 센터가 가지고 있는 많은 목적과 어울리면서 사람들의 복지를 해하지 않도록 수용소를 운영하는 데 도움이 되는 일을 포함한다. 그들의 모든 노력은 실천가들이 난민의 위치와 지옥과도 같은 상황이 사람들에게 미치는 영향에 대해 통합적인 이해를 가지고 있을 때 효과적이다.

본국 송환 과정

난민들을 위해 유엔이 제시한 3가지의 "장기적 해결책(본국 송환, 지역 내 통합 그리고 제3세계로의 재정착)" 중 오늘날 가장 빈번한 경우는 본국으로의 송환이다. 이상적으로는 본국 송환이란 난민의 모국이 다시 평화를 되찾은 경우, 그리고 본국으로 돌아간 사람들이 빠른 시일 내에 정상적인 삶으로 돌아갈 수 있을 때에 이루어지는 것이다. 그러나 안타깝게도 이러한 이상은 점차 현실과는 거리가 멀어지고 있다. 유엔난민기구 보고서(2000, p.152)는 이에 대하여 다음과 같이 설명하였다.

1990년대에 분명히 발견된 것은 분쟁 후 상황에 처한 난민들이 아직 긴장이 완연하고 만성적인 정치적 불안감과 사회구조가 심각하게 망가진 위험한 상황으로 돌아가는 경우가 종종 있다는 점이다. 이러한 나라들은 평화가 유지되거나 다시 전시 상태로 돌아가는 기로 사이에서 위험한 위치에 처해 있는 경우가 많다.

유엔난민기구에서 밝힌 바와 같이 1990년대 본국 송환에는 세 종류가 있었다. 이상적인 것은 자발적이고 조직화된 본국 송환이다. 이러한 과정은 난민이 송환의 상황이 최소한 만족스럽게 바뀔 때까지 기다리는 것과 국제사회(주로 유엔난민기구)가 송환을 조직할 의향이 있을 때, 그리고 교통수단을 제공할 자원과 귀국 후 단기간의 원조를 모두 포함한다. 이러한 귀국 상황에 해당되는 사람은 송환 조치를 받은 사람의 불과 10%라고 일부 학자는 예측하고 있다(UNHCR, 1997/1998, p.49). 본국 송환의 두 번째 형식은 본인의 자발적인 본국 송환이다. 고국으로 돌아가는 난민의 대부분은 공식적 송환 계획에 의해서라기보다는 그들 자신의 주도 하에, 그리고 자신들이 선택한 시기에 그렇게 한다. 이러한 과정은 난민을 보호하고자 하는 조직에는 딜레마가 된다. 유엔난민기구(1997/1998, p.148)의 설명에 의하면,

> 난민들이 아직 평화를 완전히 찾지 못한 고국으로 돌아가는 일은 최근 많이 보이는 현상이다. 이에 관해 한 전문가는 이렇게 말하고 있다. "대부분의 본국 송환은 분쟁갈등 중에 이루어지며, 선거나 평화 조약과 같은 분명한 정치적인 사건 없이, 그리고 싸움의 근본 원인이었던 통치나 상황에 있어서의 주된 변화는 없이 이루어진다."

많은 경우 난민들은 분쟁갈등과 불안정의 상황으로 다시 돌아가게 되는데 그 이유는 협박에 의해 본국 송환을 당하거나 혹은 본국의 상황이 비록 완전히 안전하지 않다고 하더라도 귀국이 그들에게 가장 이득이 되는 결정이라 느껴지기 때문이다.

본국 송환의 세 번째이자 마지막 유형은 협박에 의한 본국 송환 또는 강제적인 본국 송환 혹은 응급 송환이라고도 불린다(Bayefsky & Doyle, 1999 참조). 이에 대해 유엔난민기구의 1993년 보고서는 다음과 같이 설명하고 있다.

> 난민지위신청을 요청한 나라가 위험한 경우 그 곳으로부터 도망쳐야 하는 경우는 매우 특별한 종류의 본국 송환이다. … 응급 상황에서의 본국 송환은 계획되지 않은, 그리고 조직화되지 않은 이주 스펙트럼의 가장 끝에 있는 것이다. 극단적인 움직임의 가장 극단적인 종류이다(p.111).

유엔난민기구는 1997/1998년 보고서에서 명시하기를(p.147), 협박에 의한 귀국은 "난민이 피해 있는 정부나 지역사회 혹은 그 외 인물들이 난민들을 본국으로 돌아가게 강요하고자 하는 분명한 의도가 있는" 활동에 의해 이루어진다. 이것은 결국 "추방금지 원칙(난민들을 강제로 본국으로 보내지지 않을 것이라는)이 지난 수년간 주기적으로 지켜지지 않아 왔다는 것을 의미한다." 그 외의 상황은 난민지위신청을 요구한 나라의 상황이 전반적으로 악화되어 본국으로 보내질 수밖에 없는 상황이 있다. 지난 10년간 아프리카의 경우가 그러했다.

본국 송환에 대해서는 또 다른 많은 문제들이 있다. 첫째, 송환을 저해하는 많은 장애물이 있다. 지속적인 폭력과 박해가 그 중 하나이고, 그 외에 송환되는 사람들을 받아들여야 하는 고국의 정부나 지역사회가 협조를 하지 않는 것도 포함된다(보스니아-헤르체고비나의 경우). 또한 고국에 남아 있는 지뢰(캄보디아의 경우), 집과 땅에 대한 소유권 다툼과 인도주의적인 기본적인 원조, 기본적인 서비스 그리고 소득을 창출할 기회의 부재가 포함된다. 간혹 귀국이 난민지위신청보다 더 어려울 때도 있다(UNHCR, 1997/1998, p.153). 유엔난민기구 보고서는 귀국의 어려움을 육체적인 불안감, 사회심리적인 불안감, 법적인 불안감, 그리고 물질적인 불안감 등의 제목으로 요약했다(pp.154-159).

마지막으로 본국 송환은 재통합을 목표로 한다. 그리고 재통합이 이루어질 때까지 본국 송환은 불완전한 것이다. 그러나 재통합을 하고자 하더라도 지속적인 갈등과 계속되는 박해와 미개발 상태가 이를 방해하곤 한다. 이에 대해 유엔난민기구(1993, p.112)에서는 다음과 같이 밝히고 있다.

> 송환에 난민들이 당면한 문제와 장기적인 목표달성에 도움이 될만한 개발 프로그램들이 수반되지 않는 한 화해와 회복의 가능성을 강화하기보다는 약화시킬 것이다. … 극도의 가난과 자원에 대한 심한 경쟁은 분쟁에 다시 불을 지를 수 있고, 평화를 이루는 일을 저해할 것이다.

대부분의 난민들과 추방된 사람들에게 본국 송환이 종국적인 결과라면 우리는 이러한 과정에서 어떠한 사회복지 개입이 가능한지를 고민해볼 필요가 있다.

지역통합의 과정

난민을 위한 두 번째 유지가능한 해결책이자 강제이주의 두 번째로 흔히 나타나는 결과는 난민이 도피해 간 나라나 난민지위신청을 요청한 나라에 통합되게 되는 것이다. 난민을 위한 이러한 결과에 대해서는 별로 밝혀진 것이 없지만 이 방법은 유엔난민기구가 개입되는 상황이다. 유엔난민기구는 "2003년 말 경 개발도상국이 받아들인 650만 명의 난민 중 73%는 유엔난민기구에서 제공하는 원조를 받았다”고 보고했다(2004, p.5).

간혹 이런 일은 자연스럽게 이루어지기도 한다. 즉 아무런 조치가 취해지지 않고 추방된 사람이 비호를 신청한 지역에 남아 있는다면 그 지역으로의 통합은 결국 장기적인 현실 속에서 이루어질 수밖에 없는 것이다. 이런 일은 추방된 사람과 불법이민자에게 일어나는데, 그리하여 결국 그들이 사면을 받아 그 나라에 머무를 수 있게 되는 것이다. 그리고 처음에는 받아들여지지 않은 난민지위신청자들도 숨어 지내다가 그 나라에 무기한 머무르게 되는 것이다.

추방된 사람을 위한 지역 통합은 추방당한 사람과 그들을 받아들이는 지역사회 사이에 일종의 유대관계가 있거나 매우 비슷한 점이 있는 경우 가장 흔하게 이루어진다(예를 들면 파키스탄 내의 아프가니스탄 사람들과 남미 멕시코의 중남미 사람들의 경우가 그렇다. Stein, 1997 참조). 지역사회에 추방된 사람들이 받아들여질 뿐 아니라 정부는 결국 그들을 영주권자로 인정할 가능성이 크다. 이들의 통합과정은 비록 그 시작과 초기 경험이 다를지라도 정상적인 이주의 과정과 근본적으로 다를 것이 없다. 반면 모국에서나 도망치는 과정에서, 그리고 타국으로 추방된 상황에서 있을 수 있는 박해나 갈등이라는 초기의 경험은 그들의 힘을 많이 소진시켰으며 그리하여 통합의 과정이 다른 이민자들에 비해 더 힘들게 느껴질 수밖에 없다. 오늘까지 사회복지사는 이러한 상황에 최소한의 개입을 해온 것으로 보인다.

제3국가에서의 재정착

1951년 협약에서 말하는 형식적인 의미의 난민들을 위한 마지막 해결책은 서구와 같은 제3국가에서 재정착하도록 받아들이는 것이다. 최근 난민 중 1%도 되지 않는 인구의 재정착이 받아들여졌는데, 이는 아마 1990년대 대부분 동안의 0.5%에 보다 더 가까운 비율이다. 난민의 배경에 의한 영향과는 상관없이 난민의 재정착은 모든 이민자들의 통합과는 본질적으로 다른 점이 거의 없다. 그러나 가끔 과거 경험에 의하여 복잡해지기 때문에 더 어려운 것이다(Cox, 1989; Balgopal, 2000 참조). 그동안 사회복지사들은 모든 주요 재정착 국가들에서 난민의 재정착을 위하여 오랫동안 관여를 해왔다.

수용소에 포함되지 않은 추방된 사람들

많은 경우 추방된 사람들은 매우 넓은 지역으로 분산되고, 또 어떤 경우는 어느 영구적 거지지 속으로 거주 지역 속으로 사라지기도 한다. 그들이 넓게 분산된 지역들 중에는 숲 속, 덤불로 가득 찬 곳, 산 속 경사지와 같이 활용할 자원의 부족이나 약탈로 인해 쉼터의 제공이 협소하고 생계를 유지할 자원이 거의 없는 지역일 수 있다. 또는 분산된 지역이 인구 밀집지역이어서 추방된 사람들이 쉽게 "사라져 눈에 띄지 않는" 곳일 수 있고, 또 그들이 기존 주민들에게 환영받을 수도 있고 그렇지 않을 수도 있다. 분명히 이렇게 분산된 추방된 사람들을 찾아서 그들의 복지에 필요한 것들을 제공하기가 훨씬 어렵다. 한편, 그들은 당연히 수용소에 있는 사람들보다 더 취약한 상황에 처하게 된다. 이들을 돕는 전략으로 사용된 것들로는 그들이 분산된 지역에 센터를 세워 인도주의적인 원조와 의료 서비스를 받을 수 있도록 준비해 놓고 그들이 이러한 센터에 대한 소문을 들어 찾아오기를 바라는 것이다. 간혹 추방된 사람들이 고립되어 있거나 접근하기 어려운 지역에 있는 경우 상공에서 음식을 뿌리는 방법을 사용하기도 하고 특별한 경우에는 복지사가 사륜구동차량을 이용하여 그들을 찾아내고 센터로 안내하거나 도망갈 수 있도록 돕기도 한다. 지역 사회는 원조를 제공하기도 하지만 땔감이나 식량을 찾는 추방된 사람들을 매우 적대시하기도 한다.

일반적인 지역사회에 살고 있는 불법이민자들

불법이민자들은 늘 눈에 띄지 않는 낮은 위치를 유지함으로서 학교나 병원과 같이 신분증을 요구하는 행정 관리자나 편의시설을 피하고자 한다. 이렇듯 편의 시설에 대한 의도적 회피는 그들을 위험에 처하게 하며 기본적인 서비스 혜택을 받을 수 없는 상황에 처하게 한다. 노동 상황에 있어서 그들은 집단 저임금 형태와 노동조합이 없는 상황을 찾으려는 경향이 있다. 그런 곳의 고용주들은 불법 신분의 그들을 더 쉽게 착취할 수 있다는 것을 알고 그들의 신분을 눈감아 주기 때문이다. 많은 서구 사회에서 이러한 종류의 직종을 발견할 수 있는데 주로 시골인 경우가 많고, 또 개인 집에서 고용하는 경우도 그러하며 의류 관련 공장인 경우도 있다. 그러나 많은 개발도상국에서도 불법 노동자들을 끌어들이는 일터가 있다. 안타깝게도 관련 관료들은 이러한 상황을 잘 알고 있는 경우가 많으며 불법이민자들의 불시단속이 정치적으로 필요한 상황이 되면 그런 장소들에서 발견된 이들을 강제추방하게 된다. 원조 전문가들이 이러한 불법이민자들과 접촉하는 것이 그리 어려운 일은 아니지만, 그들과의 믿음을 쌓기 위해서는 매우 특별한 작업이 필요하고, 또 관련 관료들의 심기를 건드릴 수 있는 위험이 따르는 일이다.

개발로 인한 추방

개발로 인한 추방은 많은 나라들에서 발견되는 중요한 현상이다. 국민들의 추방과 이주는 많은 이유로 인해 발생되는데 인구 밀집지역의 불균형에 변화를 주기 위한 노력(인도네시아의 경우), 인종 분산 정책(이전 소련의 경우), 거대한 댐 건설(인도와 중국의 경우), 자연 자원에 접근하려는 노력(아시아와 라틴아메리카 및 그 외 지역에서의 광업과 임업), 그리고 개발도상국에서의 토지와 농업 개혁을 포함한다. 지금까지 추방된 사람들을 위한 이주나 지역으로의 통합에 사회복지의 개입에는 한계가 있었다. 그러나 점차 국제적으로 사회복지는 추방된 사람들의 권리를 보호하기 위한 옹호운동에 관심을 보이고 있고, 특히 되돌릴 수 없을 정도로 그동안의 전통적인 삶의 방식이 파괴된 상황에 지대한 관심을 보이고 있다.

외국에 나가 있는 이주노동자들

외국인노동자의 상황은 다국적 기업의 고위 관리직에서부터 시골의 문맹인에 이르기까지 매우 다양하다. 여기서 우리가 관심을 가지는 상황은 이주노동자들의 불안한 상황으로 인하여 그들에게 주어질 수밖에 없는 상황들, 수행되는 일의 성격이 노동자와 그들 가족에게 해로운 영향을 가져다주는 위험 부담이 높은 상황들이다. 이러한 상황에서의 개입은 주로 여러 수준에서 이루어져야만 한다. 첫째, 정책적 프로그램 수준에서 이루어지는데 이는 인간적인 방법을 찾고자 하는 노력과 관련된 사람들의 보호를 확실히 하는 일을 포함한다. 둘째, 외국인 노동자를 보내는 지역사회의 수준에서 이루어지며, 이는 노동자로 이주하고자 하는 사람들을 교육시키고 준비시키는 노력, 돌아오는 사람들의 재통합을 돕는 일, 그리고 남겨진 가족 구성원들에 대한 지원을 확고히 하는 일을 포함한다. 그리고 마지막으로 이주노동자를 받는 지역사회의 수준에서 이루어지는 것은 그 어떠한 상황에 처한 노동자이건 간에, 그들을 위한 보호 장치와 지원 구조를 세우고자 노력하는 것이다. 여성 이주노동자들은 유독 쉽게 위험에 처할 수 있는가하면, 남성 노동자들의 경우는 매우 열악한 환경에 노출이 되는 경우가 많다(Cox, 1997 참조; 13장과 외국인 노동자에 관한 ILO 출판물 참조).

결론

사회복지실천 전문가들과 여타 전문가들이 도전으로 느끼는 것은 위에 언급한 모든 혹은 그 중 몇 가지 상황이라도 해결할 만한 프로그램을 만들어 내는 일이다. 또한 직면해 있는 각 각의 맥락에 성공적일 수 있는 전략을 고안해 내는 일이다. 이것은 평범한 도전이 아니다. 이 문제는 많은 나라에 넓게 퍼져 있으며, 적절한 프로그램을 실천에 옮기거나 성공적으로 개발하는 것은 차치 하고서라도, 접근조차 어려운 상황에 처해 있는 수백만 명이나 되는 사람들에 대한 이야기이기 때문이다. 다음 장에서 우리는 위에 언급한 모든 상황에 적용 가능한 여러 종류의 프로그램에 대해 살펴보도록 하겠다.

CHAPTER 11

◯ 요약

- 강제이주란 사람들로 하여금 강제로 그들의 고향을 떠나 알지 못하거나 확실치 않은 종착지로 향하게 하는 즉, 온갖 불확실한 상태를 포함하는 각종 상황을 포괄하는 폭넓은 개념을 가지고 있다. 강제이주가 최근 급격히 증가했음에도 불구하고 강제이주민들의 욕구에 대한 대응책은 여전히 부족한 현실이다.

- 추방과 이주의 근본 원인은 국제적이고 지역적인 정치적 상황과 인권 무시, 생태체계적인 붕괴, 그리고 개발의 부족이나 잘못된 개발에 기인한다.

- 강제이주민들은 여덟 가지의 각기 다른 상황 속에서 발견될 수 있고(난민 수용소나 센터, 본국 송환, 지역사회로의 통합, 제3국가에서의 재정착, 뿔뿔이 흩어진 추방된 사람, 불법이주민, 개발로 인해 추방된 사람, 그리고 외국인노동자), 이러한 상황 속에서 사회복지사는 중요한 역할을 담당할 수 있다.

◯ 질문과 토론 주제

- 강제이주의 주된 원인과 논점, 그리고 대응의 요소들이 무엇이라고 이해하고 있는지 논하시오.

- 통합 관점 접근을 적용하여 이탈과 이주의 원인에 대해 분석해보자.

- 외국인 침략자로서의 불법 입국 혹은 난민지위신청자들에 대한 두려움과 "열정/정렬 피로" 현상 사이에 오늘날 어떠한 관련이 있는지 고찰해보자.

- 가장 흔하게 발견되는 강제이주 상황 속에서 사회복지사와 그 외 원조 전문가들이 가지는 주된 역할이 무엇인지 논하시오.

◯ 향후 연구 분야

- 강제이주의 예가 되는 구체적인 상황을 하나 선택하여 그 원인, 본질, 그리고 결과를 분석하고 가능한 개입 전략을 결론으로 도출해보자.

- 비호신청자들의 유입과 같이 강제이주로 인정되는 상황 혹은 강제이주 상황을 가설로 설정하여 주민들의 반응에 대해 설문조사를 해보자.

- 강제이주의 구체적인 상황을 설정하고 강제이주자들의 욕구와 그들을 위한 대응책에 초점을 맞춘 개입 전략을 개발해보자.

- 몇 개 나라들의 강제이주 현황을 분석하고 그 분석 결과와 통합관점 접근과의 관계를 탐색하시오.
- 여러 나라들이 현재 강제이주에 대해 어떠한 대응과 정책을 가지고 있는지 분석하되, 특히 인권의 관점에서 조사하시오.

추방 및 강제이주 현장: 프로그램과 전략

● **학습목표** ●

- 독자들로 하여금 강제이주자들에게 만연된 상황, 과거의 경험들, 구체적인 욕구들을 다룬 유용한 프로그램들에 대해 학습한다.
- 다양한 강제이주 상황들에 적합한 프로그램들과 전략들에 대해 고민해 보도록 독자들을 장려한다.

사회복지는 추방 및 강제이주에 관련된 영역을 주요 분야로 다루어왔으며 특히 2차 세계대전 막바지부터 이 분야에 대한 관심이 더욱 증가되었다. 많은 사회복지사들이 유럽에서 전쟁 난민들을 위해 일하였다. 그리고 서구 국가들(호주, 캐나다, 미국과 같은 나라)을 중심으로 주로 동유럽에서 발생한 다수의 난민들을 위한 공식적인 프로그램이 시작되면서, 난민을 위한 사회복지실천은 보다 세부적이고 중요한 영역으로 발전하게 되었다. 이 시기에 정신보건이나 보건 전문가들 그리고 원조 전문가들이 난민 보호소에서의 경험과 연구, 그리고 삶의 터전을 잃은 사람들과의 경험과 연구결과를 작성하면서 다량의 관련 문서들이 출간되기 시작하였다. 난민지원센터들이 유럽에서 제3세계의 개발도상국가들로 이전하면서, 다수의 종교성을 띤 난민 기관들과 유엔난민기구(UNHCR), 그리고 국제이주기구(IOM)에 소속되어 활동하는 소수를 제외하면 이 분야에 대한 사회복지의 참여가 원활히 이루어지지는 않았다. 그러나 점차적으로 난민 활동을 주목적으로 하는 기관과 인도주의적, 혹은 개발이나 분쟁 후 활동과 병행하는 목적으로 하는 다수의 기관들에서 활동하는 사회복지사와 인근 원조 전문가들의 수가 급속도록 증가하기 시작했다. 하지만 불행하게도 이민과 난민에 관한 연구가 견고한 학문체계로서 자리 잡는 데에는 많은 시간이 걸렸다. 이러한 학문적인 발전의 과정은 난민연구에 대한 유용한 자료를 활동가들에게 제공하며 이 분야에 지속적인 활동을 보이고 있는 영국 옥스퍼드대학교와 캐나다 요크대학교에 있는 난민전문 연구기관의 역할이 매우 컸다.

난민 분야는 복지적인 관심과 더불어 인권법의 하위영역으로서, 그리고 독립적인 법학영역으로서 발전하였다. 비록 난민 분야가 국제사회복지 전문가들에게는 매우 중요한 학문영역이기는 하지만, 그렇다고 법학 분야의 영역을 침범해서는 안 될 것이다. 법학 분야의 연구만큼 중요한 것이 유엔난민기구나 난민보호와 원조활동 분야일 것이다. 난민 분야의 전문가들에게는 분야가 아마도 난민 관련 법학 분야보다 더 중요한 가치를 가지고 있을 것이다. 그러나 이 분야도 우리가 침범해서는 안 될 영역이다(국제난민법 학술지는 이 분야에 최고의 가치가 있는 정보를 제공하는 자료이므로 관심 있는 사람들은 그 학술지를 참고하기 바란다). 이번 장은 이전 장의 말미에서 개략적으로 서술된 다양한 유형의 강제이주 현상들에 대한 사회복지와 다른 전문분야에서 제공하고 있는 강제이주와 관련된 주요 프로그램의 유형들에 초점을 맞추고 있다.

강제이주 상황들에 대한 사회복지 프로그램의 일반적인 개괄

이번 장은 사회복지사들과 기타 원조 전문가들이 주된 역할을 담당하고 있으며, 강제이주 상황에서 전반적으로 중요하게 다루고 있는 많은 프로그램들에 대해 논의하고자 한다. 11장에서 설명된 바와 같이 강제이주 상황은 다양한 유형으로 전개되고 있기 때문에 이 장에서는 모든 프로그램이 모든 강제이주와 관련된 상황에서 동일하게 적용되거나 단일한 방법으로 실행될 수 있음을 제안하지 않는다. 그러나 강제이주 상황에서 이 모든 프로그램은 적용 가능한 것으로 심각하게 고려될 수 있으며, 그 후에 어떤 프로그램을 우선순위로 선정하고 어떠한 구체적인 과정으로 실행되어야 할지에 관한 의사결정을 할 수 있는 것이다. 우선 프로그램들을 비슷한 것들과 함께 범주화하여 나열하고 그 프로그램의 본질을 간단하게 명시할 것이다. 그리고 세부적으로 각각에서 요구되는 전략들과 기술들을 논하고 이에 대한 사례들을 보여주면서 프로그램들의 주요한 것들을 더 논할 것이다.

〈표 12-1〉에 나열된 프로그램의 대부분은 별도의 설명이 필요하지 않을 것이다. 그러나 강제이주 상황에 왜 그러한 프로그램이 적절한지에 대한 이유를 간단히 설명하겠다.

옹호 프로그램은 강제이주자들의 동기가 종종 오인되기 때문에 중요하다. 그들의 존재(또는 존망)이 위협으로 여겨지는 경우가 있기 때문이기도 하며 그들 고유의 문화가 이상하게 인식되고 환영받지 못하는 경우가 있기 때문이기도 하다. 옹호 프로그램은 관련된 일반 시민과 관료들이 강제이주자들의 상황이나 원인에 대해 충분히 이해함으로써 되도록 강제이주민들과 그 상황에 대해 긍정적인 태도를 갖게 하기 위해서 필요한 프로그램이다.

아웃리치 프로그램은 많은 강제이주민들이 쉽게 정착하지 못하거나 징벌/보복 등이 두려워 의도적으로 숨어 지내기 때문에 종종 요구되는 프로그램이다. 그러므로 그들의 위치를 파악할 수 있도록 그리고 그들이 원하는 시간에 프로그램에 접근할 수 있도록 안전함을 보장하면서 위협적이지 않은 상황 속에서 그들에게 아웃리치하는 것이 중요하다.

인도주의적 원조 프로그램은 강제이주자들이 필요한 물품을 충분히 챙기지 못한 채 이동했고 필수 물품들을 얻는 것이 어려우므로 기본적으로 필요한 프로그램이다. 사회복지사들이 때때로는 실질적으로 인도주의적 원조를 제공하기도 하지만, 더 많은 시간을 그들은 강제이주자들에게 그러한 프로그램을 소개하고 그들이 프로그램에 접근하도록 돕는 일을 한다.

보건 프로그램은 일반적인 상황보다 강제이주 상황에서 더욱 중요하다. 왜냐하면 도망친다는 행위 자체가 사람들로 하여금 치료를 요하는 여러 상황에 쉽게 노출시키고, 그러한 상황으로 인한 고통에 시달리게 만들기 때문이다. 게다가 실향민들이 모여 밀집되어 있고 위생적이지 않은 상황에서 사람들을 다양한 질병의 발생에 취약하게 만든다. 그러므로 공공 보건적 대책은 매우 중요한 것이다.

[표 12-1] 강제이주 상황에서의 사회복지 프로그램

일반적인 프로그램	구체적인 분야의 프로그램
광범위한 상황과 관련된 프로그램 - 옹호 프로그램 - 아웃리치 프로그램 - 인도주의적 원조 프로그램 - 보건 프로그램 - 기존 상황을 인간적으로 변화시키는 프로그램	가족과 그 구성원들과 관련된 프로그램 - 아동교육과 심리사회적 프로그램 - 난민 여성을 위한 프로그램 - 가족 서비스 프로그램 - 가족 재결합 프로그램 - 국가 간 개별 사회사업 프로그램
인간의 과거경험과 관련된 프로그램 - 트라우마/외상 상담 프로그램 - 재활 프로그램 - 지지 프로그램 - 사교와 여가를 위한 프로그램	구체적인 욕구와 관련된 프로그램 - 본국 송환과 재통합 프로그램 - 통합 프로그램 - 인권 프로그램 - 법률 프로그램
집단 상황에 관련된 프로그램 - 자조 프로그램 - 지역사회 개발 프로그램 - 지역사회 관계 프로그램	
미래 욕구에 관련된 프로그램 - 교육 프로그램 - 기술개발과 역량강화 프로그램 - 소득창출 프로그램	

기존 상황을 인간적으로 변화시키는 프로그램은 여러 맥락으로 보았을 때 필요한 일이다. 예를 들어 난민 보호소나 난민지위신청자 센터는 종종 급하게 설립되어 자원이 없고, 가능한 한 상황을 인간화하거나 정상화하는 데 필요한 아이디어가 거의 없는 스태프들에 의해 관리되기도 한다. 자원이 거의 없을 때라도 상황을 향상시킬 수 있는 여지가 있는 프로그램은 항상 존재한다. 이러한 프로그램은 특히 이주민들이 문제가 되는 상황에 오랫동안 남아있을 경우, 그렇게 문제가 되는 기관에 오랜 기간 머물러서 생기는 부정적인 효과들을 제거하기 위해 중요한 것이다.

트라우마/외상 상담 프로그램은 많은 강제이주민들이 겪는 충격적인 경험에 대한 대응을 의미한다. 충격적인 경험이란 심각한 폭력과 고문, 사랑하는 사람들과의 갑작스러운 이별, 폭력에 의해 사랑하는 사람들을 잃거나 충격적인 탈출의 경험을 포함한다. 현재 우리는 외상후 상황을 효과적으로 대처하는 많은 경험을 쌓았고, 그러한 프로그램들은 중요하다.

재활 프로그램은 과거의 경험에 의해 어떠한 형태로든 상처를 입었거나 불구가 되었거나 장애를 갖게 된 개인들의 특별한 욕구에 부응하는 것이다.

지지 프로그램은 강제이주 상황 중에서 다수의 사람들이 모두 지원이 필요하고 전통적인 지지구조가 박탈되어온 상황에 있다는 전제 하에서 일반적인 집단을 위해 구상된 것이다.

사교와 여가를 위한 프로그램은 아마 사치스럽게 들릴지 모르지만 전혀 그렇지 않다. 사교와 여가를 위한 프로그램은 많은 욕구를 채워준다. 이 프로그램은 사람들로 하여금 즐길 만한 것들에 몰두할 수 있도록 돕는다. 그리고 그들의 상황과 미래가 해결되는 동안 불확실한 상태로 남겨져 있는 많은 강제이주자들이 직면하는 단조로움과 지루함을 없애준다. 그러한 프로그램들은 또한 치료적일 수 있으며, 그러기 위해서는 가능한 한 노련한 지도자들에 의해 프로그램이 계획되어야 한다. 프로그램은 구체적으로 정신적 외상을 입은 아이들, 강간피해자들, 노인들 그리고 그 외에도 많은 사람들에게 맞게 계획될 수 있으며 구체적인 욕구가 충족될 수 있도록 만들어 진다. 마지막으로 그러한 프로그램들은 강제이주 상황에서 큰 위험요소일 수 있는 고립이라는 문제를 무너뜨리는 데 도움이 될 것이다.

자조 프로그램은 비슷한 상황에 처한 사람들이 함께 모여 서로를 지지할 수 있도록 구상된 것이며, 적절한 자조집단을 통해 특정한 어려움을 벗어나도록 서로를 돕고 현재의 상황에서 일어날 가능성이 있는 많은 미래의 사건들에 대응할 수 있는 능력을 높일 수 있다.

지역사회 개발 프로그램은 미래에 대항하여 확고한 기반을 제공하는 지역사회의 시민들과 연결시켜줌으로써 강제이주민들에게 도움을 줄 수 있는 프로그램이다. 지역사회 안에서의 삶의 질은 매우 다양할 것이다. 그러나 강제이주 상황에 처한 많은 사람들에게는 가능한 한 지역사회와 유대감을 강화시켜 주는 것이 이득이 될 것이다.

지역사회 관계 프로그램은 강제이주된 사람들이 그들을 받아들이는 국가의 내국인 또는 그 외 강제이주된 다른 집단 사람들과의 관계 속에서 어려움이 있는 경우 대처하기 위해 필요하다. 이러한 두 가지 상황 중 어떠한 상황이든 간에 더 좋은 지역사회 관계를 형성함으로써 장기적인 불안감과 잠재적인 갈등을 피하는 것은 중요한 일이다.

교육 프로그램은 명백하게도 미래의 행복을 위해 중요한 것이지만 종종 현존하는 상황 속에서 공식적으로는 실천가능한 것이 아닐 수 있다. 그러나 실천가능한 상황이라면, 혹은 비공식적인 프로그램을 개발할 수 있는 상황이라면, 적절한 성인교육 프로그램을 제공하는 동시에 아이들과 젊은이들을 발전시킬 수 있는 모든 기회를 포착하는 것은 중요한 일이다.

기술 개발과 역량강화 프로그램은 인간의 미래를 위해 중요한 것이라 여겨지는 모든 기술들을 포함한다. 언어 기술, 직업과 관련된 기술, 살아가는 기술 등에 초점을 두고 있다. 이러한 기술들은 새로운 상황에서 미래에 적응하는 기술을 도울 뿐 아니라, 새로운 기술을 추구하는 것은 그 자체로서 도덕성, 자부심, 자신감 증진, 그리고 단순히 건설적으로 시간을 보내는 데에까지 도움이 된다.

소득창출 프로그램은 우리가 종종 인식하고 있는 것보다 훨씬 더 넓은 범위를 포괄한다. 이 프로그램은 난민 캠프 내에서, 분산된 집단 사이에서 그리고 또 그 외에도 많은 다른 상황에서 활용할 수 있다. 어떠한 상황에서 그러한 프로그램이 실행 가능한지 확실히 한 후에 조심스럽게 계획되어야만 하며, 그러한 과정을 잘 이끌 수 있는 사회복지사에 의해 잘 안내되어야 한다(예를 들어 외부자원에 접근하는 것을 훈련하고 이를 보장해줄 수 있는 사람에 의해).

아동의 교육과 심리사회적 프로그램은 첫째, 정상적인 발달 경험을 박탈당한 강제이주 상황에 갇힌 많은 아이들에게 어느 정도 보상이 되기 위한 시도이다. 이를 위해 공식적인 교육이 초점이 될 수도 있으나, 현실적으로 비공식적인 교육일 경우가 더 많다. 두 번째, 이 프로그램은 갈등, 도망, 분리 등과 같은 과거 경험이 아이들에게 미친 부정적인 영향에 대응하기 위한 것이다. 다시 말해 심리사회적 프로그램이 교육 프로그램 내에 포함된다는 것이다. 어떤 면에서 이 프로그램 내에 부모를 관여하게 하는 것은 종종 가능하며 도움이 된다.

난민 여성을 위한 서비스는 매우 중요하다. 왜냐하면 난민 여성들은 추방된 집단에서 높은 비율을 차지하고, 갈등의 시기나 갈등을 벗어나는 과정에서 큰 짐을 떠맡고 있고, 도망친 뒤에도 매우 빈번하게 위험한 상황에 빠지기 때문이다. 난민 여성들 사이에서 강간과 폭력의 발생률은 매우 높다. 구체적인 보호 대책은 현실적으로 매우 필요하다. 그러한 여성을 목표로 하는 다양한 서비스를 제공하는 것은 최우선순위이다. 유엔난민기구(1991)는 여성 난민 보호를 위한 안내서를 출판했으며, 동시에 다양한 발표물 역시 난민 여성에 초점을 맞추고 있다(예를 들면 난민 여성을 위한 국제 NGO 단체, 1989).

가족 서비스 프로그램은 중요하다. 왜냐하면 가족의 삶과 관계는 강제이주로까지 치닫게 만든 여러 상황으로 인해 무척 고통 받기 때문이다. 부부는 아주 오랜 이별을 경험했을 수 있다. 한 쪽 또는 부부 모두 그들의 배우자와는 차마 나눌 수조차 없는 경험들을 했을 수 있다. 부모들은 발생하는 여러 사건들에 온통 정신이 쏠려 그들의 자녀들로부터 감정적으로 소원해졌을 수 있다. 조부모는 다른 가족들에 의해 짐스럽게 여겨졌거나 스스로를 짐스럽게 느껴 가족들과의 관계에 부담을 주었을 수 있다. 가족 구성원 사이에서 이주에 대한 결정이 모두에게 공평하도록 의견이 공유된 후에 이루어지지 않았다면, 지속적인 긴장과 더불어 어떤 일이 제대로 해결되지 않을 때마다 책임을 돌리는 결과를 경험할 수 있다.

가족 재결합 프로그램은 갈등과 도피의 시기 동안 떨어져 있던 가족들을 재결합하도록 돕기 위한 것이다. 종종 가족 구성원은 다른 가족 구성원이 살아있는지조차 알 수 없을 때가 있다. 가족 구성원은 다른 가족 구성원이 죽었을지 모른다는 공포를 느낄 수 있기 때문에 살아 나가기 위해 가족 구성원의 재결합은 매우 중요하며, 최소한 육체적인 재결합에 앞서 가족 구성원의 생사에 대한 정보를 얻는 것이 필수적이다. 이러한 서비스가 바로 국제적십자사에서 제공하는 추적 서비스(tracing services)이다.

국가 간 개별 사회사업 프로그램은 가족들이 서로 떨어져 있는 경우, 즉 각기 다른 나라에 있는데 공동 결정을 해야 하는 상황에 직면해있거나, 서로 다른 당(party)으로부터 정보나 서류를 얻고 있거나, 혹은 불일치나 갈등과 같은 상황을 극복하려할 때 도움이 될 수 있다. 제노바에 본부를 둔 국제사회서비스는 이 분야의 국제단체 중 하나이다(Cox, 1986 참고).

본국 송환과 재통합 프로그램은 모든 강제이주민들에게 적용되지는 않는다. 그러나 현실적으로는 추방된 사람들, 난민, 난민지위신청자 중 높은 비율이 결국 본국으로 돌아가게 된다. 그러한 과정은 때때로 매순간이 순탄하지 않지만, 이상적으로 그러한 과정은 완벽하게 준비되어야 하고 가능한 한 순탄하게 진행되도록 조속히 처리하며 재통합이 만족할 만한지 확인하는 후속조치가 따라야 한다.

통합 프로그램은 본국으로 돌아가지는 않고 그들이 피난 온 나라 또는 그 외 다른 나라에 정착하도록 허용된 강제이주민들을 위한 것이다. 통합은 간단하지 않은 과정이며 대개 자격을 갖춘 사회복지사들에 의해 운영되는 적절한 통합 프로그램에 의해 이루어져야 한다.

인권 프로그램은 다양한 종류의 학대로부터 강제이주민들을 보호해야 함을 강조한다. 그들은 반갑지 않은 외국인으로서 쉽사리 학대되고 착취당하고 차별당하거나 거부당한다. 그렇기 때문에 이러한 프로그램은 이들을 보호할 수 있는 인권체제를 협상하고 감시할 수 있는 인권운동가들을 확보하고 있어야만 한다.

법률 프로그램은 강제이주자들의 법적 욕구가 종종 인권의 분야를 넘어선다는 점을 인식하고 있다. 강제이주자들의 법적 위치가 결정되는 동안, 혹은 불법으로 입국한 것에 대해 기소될 때, 혹은 그들을 받아들인 나라의 시민들에 의해 박해를 받을 때 강제이주자들은 법적 조언이나 변호를 필요로 할 수 있다. 그들의 법적 신분 자체는 법적 지지 체계를 종종 중요한 서비스로 요구하게 되는데, 대개는 법적 지지 체계의 방법을 넘어서는 서비스를 필요로 하여 관련 관료들에 의해 못 마땅하게 여겨지거나 심지어 거부되기도 한다.

앞서 나열된 프로그램들은 간단히 살펴본 것이고, 이제 이들 중 주된 것들을 자세히 살펴보아야 할 것이다. 특히 각각의 사례에 적용될 경우 도움이 될 수 있는 구체적인 전략 측면에 대해 더욱 자세히 고려해야 한다. 이러한 전략은 국제사회복지 또는 지역사회복지 분야에서도 유용한데, 여기에서는 강제이주 분야에 특별히 관련 있는 것이어서 살펴보기로 한다.

다양한 강제이주 상황들에 대처하기 위한 몇 가지 구체적인 프로그램들과 전략들

여러 가지 강제이주 상황에서 인도주의적 원조를 지원하는 것은 사람들의 생존을 위해 매우 중요하다. 대개 사람들은 사실상 빈손으로 탈출했을 것

전략들
· 특별한 욕구나 부가적인 어려움을 경험하는 사람들을 찾아내기
· 가장 불이익을 당하는 사람들에게 초점을 맞추기

이며, 살기에 적합하지 않은 상황에 머물러야만 하며 많은 사람들과 함께 살 수밖에 없는 상황일 것이다. 외부원조 없이 삶을 지탱한다는 것은 사실상 불가능하다. 다행스럽게도 여러 종류의 인도주의적 원조에 초점을 두고 위기상황에 대처하는 실행능력에 대해 상당히 경험이 있는 다양한 국제기관들이 있을 수 있다. 그러나 종종 일이 잘못되는 경우가 있다. 예를 들면, 물자 원조가 충분하지 않을 수 있으며, 사실상 원조를 가지고 강제이주 상황의 현장에 도달하는 것이 불가능하기도 하며, 배분 자체가 정해져 있는 어느 지점에서만 이루어져야 하는데 강제이주자들 스스로가 그 곳까지 오는 것이 불가능할 수도 있으며, 제공되는 원조의 종류는 강제이주민들의 특수한 욕구를 충족시키기에 부적절할 수도 있다. 이렇게 어려운 상황에 대해 사회복지사나 그 외의 원조자들이 할 수 있는 일은 별로 없다. 그렇기 때문에 유엔과 그 외의 단체들은 기부자와 수혜 정부들이 더 이상 생명을 잃게 되는 일을 조속히 막을 수 있도록 협조해 달라고 설득할 필요가 있다.

▎ 인도주의적인 원조와 배분

사회복지사의 역할은 특별한 욕구가 있거나 추가적인 어려움을 경험하는 사람들을 찾아 원조를 배분하는 일을 돕는 것이다. 때때로 식량 배분은 아주 조직적이어서 단지 젊은 사람들과 식량을 얻기 위해 싸울 수 있는 사람들에게만 돌아가고, 아프고 어린 자녀들이 있는 엄마나 나이든 사람들은 제외되는 것이 현실이다. 또 간혹 배분은 효과적으로 정치적이어서 갈등 상황 속에 있는 집단 중 몇몇 집단에게만 제공되기도 한다. 만일 지역사회복지사가 이러한 상황의 위험성에 대해, 혹은 이러한 상황이 실제 일어나고 있다는 사실을 알고 있다면 배분전략을 고안하거나 집단의 지도자들과 협상을 하여 비극적인 불평등 상황을 피하기 위한 노력을 할 수 있을 것이다. 사회복지사들이 어떠한 전략을 적용할지는 현재의 상황이 어떠냐에 달려있을 것이다. 그러나 중요한 요소는 가장 불이익을 받는 사람들에게 초점을 맞추어야 한다는 점이다(일반적으로 인도주의적인 원조에 대한 자세한 논의는 9장을 참고).

크로아티아의 난민 구호의 어려움

난민들에 대한 원조 제공에 있어 몇 가지 어려움의 예들을 크로아티아의 사례에서 찾아 볼 수 있다. 관계자들이 인정하기를 먹을 만한 식량들이 그 지역사회 내에서 구입할 수도 있는 반면에, 전달되어진 구호 식량이 본래의 가치보다 세 배나 비싸다는 것이다. 두 번째 어려움은 공정하게 배분되기에는 너무 적은 양으로 기부된 식량들을 되팔 수가 없는데, 이는 부정부패의 의심이 두렵기 때문이라고 했다. 세 번째 어려움은 식량을 배분하는 데 관여하는 기관들에서 식량 배분 시 최대한의 이미지 홍보 효과를 보고자 하는데 그런 경우 간혹 폭동의 원인이 되기도 한다는 점이었다. 마지막으로 조리된 음식을 난민들에게 제공하는 경우 계약자들에게 큰 이익이 되는 반면 난민들에게는 종종 입에 맞지 않는 음식을 제공하게 되는 것이기도 했다. 즉 전반적으로 난민 상황을 통제하는 사람들이 "음식을 준비하고 함께 음식을 나누는 사회적인 의식행동이 공동체 생활을 복원하는 데 얼마나 기본적으로 중요한 일"인지를 인식하지 못하고 있다고 지적했다.

※ Harrell-Bond, 1996, p. 26.

기존 상황을 인간적으로 변화시키는 프로그램들

난민, 추방된 사람들, 난민지위신청자 그리고 그 외의 강제이주민들이 처해 있는 상황은 종종 이상적인 상황에 미치지 못한다. 그 이유는 종종 그들을 위한 시설들이 자원이 불충분한 상황에서 급하게 만들어지거나, 혹은 정치적인 집단들과 그 외의 집단들이 처벌의 수단으로, 그리고 이주민 재발을 방지하고자 하는 아주 정치적인 이유에서 시설들을 최악의 상태로 짓기 때문이다. 또한 그러한 상황은 시설을 설립하기 위한 실행계획에 대해 책임이 있는 사람들이 시설 내에 거주하게 될 사람들에 대한 욕구나 특정 상황이 가져다주는 가능한 영향들에 대해 파악하지 못하기 때문에 발생되기도 한다. 더 나아가 그들은 과거에 훈련받은 대로 군대막사나 보호시설과 같은 기관을 만들게 될 수도 있는데, 그러한 환경이 얼마나 해로운지 인식하지 못하고 있을 수 있다. 마지막으로 그러한 시설을 운영하는 사람들은 그곳에 살고 있는 사람들과 같은 특수한 부류나 사람들의 욕구에 역효과를 초래할 수 있는 방법으로 시설을 운영하기도 할 것이다. 예를 들어 그들은 취약한 계층의 사람들을 위한 적합한 보호를 제공하지 못하거나 적절하게 가족 단위로 모일 수 있게 지원하지 못하거나 자연스러운 지지구조가 형성될 수 있도록 돕는 것의 중요성을 모르고 있을 수 있다. 동시에 그들이 운영하는 시설에서 살고 있는 사람들을 기관 운영에 참여하도록 할 때 발생될 수 있는 장점에 대해 인식 하지 못할 수도 있다.

비인간적인 시설이 그 곳에 사는 사람들에게 미치는 부정적인 영향에 대한 연구와 경험을 통해 우리가 이해하고 있듯이, 강제이주민들이 구금되어 있거나 수용되어 있는 여러 종류의 센터들을 인간적으로 만드는 임무는 매우 중요한 일이다. 부정적인 영향의 예로서 보호시설에 익숙해지는 시설화와 의존성을 들 수 있고, 단조롭고 지루함이 초래하는 정신건강 문제, 살아가면서 유지했던 대부분의 역할을 잃어버림으로써 종종 찾아오는 충격적인 영향, 난민 자격을 지원한 결과나 제3국가에 정착하기 위해 지원한 결과를 불확실하게 오랫동안 기다리면서 늘어나는 불안감 그리고 일부 수용자들이 매일 매순간 직면하는 폭력과 강간과 같은 일들에 대한 공포를 포함한 불안감을 모두 포함한다.

이러한 상황에서 사회복지사나 그 외의 전문가들이 받는 역할은 존재하는 욕구와 잠재된 위험에 대해 고려하면서, 이러한 상황에 처한 사람들을 도울 수 있는 프로그램과 환경을 조성하고, 이러한 변화를 일으켜야 하는 중요성에 대해 관련 관료들을 설득시키는 일이다. 이상적으로 그러한 작업은 강제이주 집단과의 긴밀한 협조 하에 수행되어야 한다. 그들은 도움이 될만한 프로그램에 대한 아이디어를 가지고 있을 가능성이 크며, 결정된 변화를 수행하기위해 도움을 줄 수도 있고, 그렇게 관여함으로써 개인적으로도 이득을 얻을 수 있다. 어떠한 구체적인 프로그램을 시작하느냐는 물론 전반적인 상황에 의해 결정된다.

난민 캠프 내에서 난민 아이들을 보호하기 위해 유엔난민기구(1994, pp. 46-47)에서는 다음과 같이 안내하고 있다.

캠프 환경: 난민 캠프 상황을 피할 길이 없다면, 경제, 사회, 문화적으로 가능한 한 정상적으로 살 수 있도록 가족과 난민 지역사회를 돕는 방법을 강구하는 것이 그 아이들에게 도움이 될 것이다. 이전 지역사회에서의 생활을 모델삼아 재생하는 일은 성인 난민들의 경제활동과

가정원예, 훈련과 생산을 위한 워크숍을 통해 가능할 수 있다. 적어도 기초교육을 위한 기회는 확보되어야만 한다. 캠프 밖으로 나갈 수 있는 자유를 부여함으로써 넓은 세상에 접근하도록 하는 것은 아이들에게 매우 가치 있는 일일 수 있다.

캠프의 환경을 인간적으로 변화시키는 또 다른 구체적인 단계의 예는 여가활동을 할 수 있는 센터나 만남의 장소를 제공하는 것, 스포츠 행사를 조직하는 것, 종교적인 축제를 조직하는 것을 돕는 일, 가족들의 성장에 중대한 시점을 축하하도록 독려하는 것, 사람들이 음식을 만들어 먹을 수 있도록 하는 등 캠프 생활 내에서 가능한 많은 측면에 대한 자율성을 가질 수 있도록 허락하는 것이다.

> **사회복지사의 역할**
> · 역량강화
> · 능력개발에 관여하기
> · 트라우마/외상, 스트레스, 불안, 그 외의 만연되어 있는 다른 상황들에 대한 간접적인 치유

반면 난민 상황을 인간적으로 변화시키는 일은 윤리적인 딜레마로 인식될 수도 있다(사례 참조).

사례 ▶ ▶ ▷

홍콩에서 난민 캠프를 인간적으로 변화시키는 과정에서의 어려움

홍콩에서 일하고 있던 NGO는 난민들이 그들의 신체적 · 정신적 건강에 도움이 되는 환경을 만들기를 원한다는 이유로 동남아난민 캠프를 폐쇄했다. 그러나 그렇게 함으로써 그들의 프로그램이 난민들이 원하지 않는 상황을 지속시킨다는 인식을 심어주는 데 따르는 위험을 인식했으며, 그것은 그들에게 이득이 되는 상황이 아님을 깨달았다. 동시에 자립과 자기존중감을 증진한다는 NGO의 목적은 질서정연하고 빡빡하게 캠프를 관리하고자 하는 정부의 생각과 반대로 작용하였다. 그리하여 NGO기관은 지속적으로 감옥 같은 환경을 인간적인 환경으로 만들고자 노력하였다. 그러던 중 여러 스태프들을 윤리적인 문제들 때문에 잃게 되었고, 때로는 행정부와 몇몇 난민들과 부딪치는 일도 있었다.

※ Community and Family Services International, 1991.

정신적 외상 상담 프로그램들

페테비(Petevi, 1996, p. 166)는 다음과 같은 논평을 통해 이 주제에 대해 훌륭하게 소개하였다.

난민 집단에 폭넓게 영향을 미치는 트라우마/외상은 유엔난민기구와 국제사회에 의해 점차적으로 인식되고 있다. 이러한 인식은 증가하는 인도주의적 구호 원조에 잘 반영되어 있다. 트라우마에 대한 예방적이고 치료적인 처방은 상황에 따라 난민 유입의 초기단계에 시도되기 시작하고 있다. 신속하고 예방적이며 전 집단을 대상으로 하는 개입은 아주 많은 난민들의 심리적인 욕구를 충족시키기 위한 방법으로서 인식되고 있으며, 장기적 안목을 갖고 그들의 심리적·지적·지사회적 기능과 더불어 그들의 미래를 위한 인간적이고 사회경제적인 발전을 도모하기 위한 방법으로 인식되고 있다. 가족의 재결합과 일상의 활동을 계획할 수 있는 자율성, 학교교육, 집단으로 모임, 전문적이고 소득을 창출할 수 있는 활동 그리고 개인과 집단의 네트워크를 재구성하는 것을 통하여 난민들의 역량을 강화하는 일은 한 단계 앞서나가는 것이며, 대처능력과 난민사회에 자원을 동원하는 일에 기여하는 것이다. 이 영역의 조기 개입을 통해서 난민들이 개인적으로 또는 지역사회를 기반으로 한 경험을 표현하고 분석하고 표출하고 서로 교환하여 결국 문제를 촉진시킴으로써 민족적인 화해와 평화를 이루는 데 크게 기여할 수 있을 것이다.

난민과 추방된 사람들에게 트라우마/외상을 입히는 상황에는 여러 가지가 있다. 드마르티노와 버크왈드(De Martino와 Buchwald, 1996)는 강제추방에 대한 일반적인 상황을 유용하게 요약해 놓았는데, 그것은 "인간이 경험하는 가장 스트레스가 많은 상황 중 하나"라고 표현한 것이다. "많은 추방된 사람들은 고문을 경험했으며, 또한 고문만큼 심각한 수준의 각종 폭력을 경험했는데"(WHO/UNHCR, 1996, p. 110) 이러한 경험은 종종 심신을 약화시키면서 뚜렷하게 인지될 만한 증상들을 일으킨다.

세계보건기구/유엔난민기구(WHO/UNHCR, 1996, p. 11)의 보고서는 심각한 폭력에 대한 가장 흔한 반응들에 대해 다음과 같이 언급하였다.

심각한 폭력과 고문에 시달린 사람이라면 이러한 반응들의 대부분을 경험할 것이다. 그러나 사람마다 그 반응은 다르고 어떤 사람들은 다른 사람들 보다 고통을 더 잘 견뎌낼 수도 있다. 하지만 어떤 사람이 이러한 여러 반응들에 대해 불편함을 호소한다면 아마 그 사람에게는 추가적인 다른 지원이 제공되어야 할 것이다.

페테비(Petevi, 1996, p. 180)는 모든 난민들과 추방된 사람들에게는 "특별한" 행동이 발견된다고 말하면서 다음과 같이 올바른 경고를 덧붙였다. 그는 강조하기를, 그러한 행동은 "병적으로 인식되어서는 안 되며, 비정상적인 상황에 대한 정상적인 반응으로 간주되어야만 한다"(Petevi, p. 181)고 하면서, 충격적인 경험에 대한 더욱 구체적인 반응들을 다음과 같이 나열하였다.

· 트라우마 상황이 강도 높은 불안과 악몽, 공황상태, 수면장애를 동반하면서 회상되는 경우
· 높은 불안감과 무기력함에서 벗어나기 위한 회피의 행동(사회로부터 멀어짐, 정서적 육체적 무감각증)
· 깜짝깜짝 놀라는 반응과 심리적인 문제로 인한 육체적인 고통(예: 불안증), 타인에게 매달리고 의지함, 술이나 약물 의존
· 건강, 지역사회와 문화를 상실한 것에 대한, 가족구성원들과 친구들의 죽음에 대한 슬픔과 우울함. 난민과 추방된 사람들은 아이들의 끔찍한 죽음이나 장애를 갖게 되는 상황으로 인해 유독 많은 영향을 받는다.

고문과 폭력, 극심한 스트레스 상황을 경험한 사람들에게 흔히 나타나는 증상들에 대해 이해하는 것과 그러한 증상들의 원인에 대해 이해하는 것이 중요한 동시에, 사회복지사들이 그러한 상황에 대응하는 방법을 알고 있는 것 또한 특별히 중요한 일이다. 또한 도움이 되는 것으로 밝혀진 특별한 프로그램을 가지고 있는 것이 중요한 만큼 그러한 프로그램을 운영하는 원칙 또한 도움이 된다. 그 원칙들의 몇 가지를 살펴보도록 하자. 첫째로 프로그램들이 여러 단계별로 진행되어야 하는 점을 인식할 필요가 있다. 그리고 어떠한 상황에서든 그 단계에 대한 선택권이 있다는 것이 매우 중요하다. 여기서 단계란 개별, 집단,

가족 그리고 지역사회 수준의 단계를 의미한다. 그러나 어떤 이들은 개별적 심리치료와 그 외의 개별 프로그램은 무기를 동원한 갈등 상황 이후와 같은 상태에 적용하기에는 매우 한계가 있다고 믿고 있다.

둘째로 어떠한 접근 방법이 채택되든 간에 그것은 문화적으로 적절한 것이어야만 한다. 드마르티노와 버크왈드(1996, p. 202)는 다음과 같이 충고하고 있다. "몇몇 NGO는 치료자들에게 그들 자신만의 치료법을 그 문화적 적절성에 대한 조심스러운 고찰 없이 문화가 다른 사람들에게 적용해서는 안 된다고 주의를 주고 있다."

세 번째 원칙은 이러한 일을 하는 직원과 자원봉사자들이 가능한 한 난민들 사이에서 발굴되어야만 한다는 것이다. 드마르티노와 버크왈드(1996, p. 200)는 "그들은 난민들과 똑같은 충격으로 고통을 받았고 그러므로 그들이 공유하는 문제들에 대해 깊이 있게 이해하고 있음을 표현할 수 있을 것이다. 그리고 전통적인 치유 접근 방법을 부활시키는 데에 도움을 줄 수 있을 것이다"라고 지적하였다. 물론 그런 사람들은 비록 기본적일지라도 조심스러운 훈련과 지속적인 지지를 종종 요할 것이다.

네 번째는 가능한 한 심리사회적 지지 프로그램을 현존하는 서비스에 포함시키는 것으로서 이를 통해 지지와 보호가 가능하여 발생 가능한 낙인의 효과를 피할 수 있기 때문이다.

마지막으로 이상 나열된 모든 업무의 최종 목표는 존엄성을 다시 세우고 능력을 발휘하도록 하는 것이다. 드마르티노와 버크왈드(1996, p. 210)는 이에 대해 다음과 같이 언급하고 있다.

> 심리사회적 접근을 하는 사회복지사들은 지금까지 억눌려 있던 존엄성을 다시 세우고 능력을 발휘하도록 도와야 하는데 그래야 난민들이 적응할 수 있는 새로운 힘이 개발되고 일상의 책임을 다 할 수 있기 때문이다. 이러한 치유의 과정을 통해 불면증이나 악몽 그리고 통증과 같은 심리적인 이유로 발생하는 신체적인 증상들이 점차 사라질 수 있다.

과거 경험을 통해 얻은 위에 언급한 원칙들을 따르는 것과 더불어 집단이나 지역사회를 기반으로 한 접근방법을 활용한 특별 프로그램도 몇 가지 있다. 페테비(1996. pp.183ff)

가 논의한 바로는, 더 넓은 지역사회의 적응 기술과 자원을 활용하는 것, 개개인들이 스스로의 행동에 대해 이해할 수 있도록 도움으로써 그들의 증상을 미쳐가고 있는 것으로 인식하지 않도록 돕는 것, 일가친척 혹은 지역사회 구성원들과 자연스럽게 지지망을 구축하는 것, 비슷한 경험을 한 사람들과 자조집단을 형성하는 것, 자주성과 자존감이 향상될 수 있도록 사람들에게 고용의 기회를 제공하는 것, 스포츠와 여가활동을 할 수 있게 하는 것, 보고/발표할 수 있는 기회를 제공하는 것 등이 있다.

보고/발표란 특별한 개입으로서 난민들이 충격적인 사건에 대해 토론하고 이겨낼 수 있게 도와주며 충격적인 사건을 건강한 방법으로 그들의 기억에 통합시키도록 도와준다. 이는 사회적으로 고립된 비밀과 근거 없는 믿음을 만들어 내는 것을 시작부터 예방하는 데 기여하며 증오, 복수의 감정을 축소시키는 데 기여한다. 이는 같은 경험을 한 집단에 특별히 더 효과적이다.

드마르티노와 버크왈드(1996, pp. 201-202)는 다음과 같이 구체적인 방법들에 대해 제시하고 있다.

· 잘 이끌어지는 의사소통이란 집단으로, 그리고 개별적인 수준에서 진행될 수 있는데, 문제들이 논의되고 해결책이 정교하게 만들어지는 과정을 의미한다.
· 비언어적 치료는 적절한 문화적, 종교적 상황에서의 명상과 같은 것으로 때로는 매우 강력한 도구로 바뀔 수 있다.
· 창조적인 방법, 즉 트라우마/외상이 표현된 게임, 연극/영화, 그림과 같은 것은 예술가와 그 예술을 바라보는 사람 모두에게 트라우마/외상을 없애고 자신감을 다시 세우는 강력한 효과를 가져 올 수 있다.
· 특수한 시각적 도움, 즉 그림책이나 비디오와 같은 것은 특별히 도움이 된다고 밝혀졌다.
· 운동, 호흡법이나 근육 이완 기술과 같은 것은 장기적으로 좋은 효과를 볼 수 있다.

특수한 집단은 특별히 고안된 프로그램을 필요로 할 수 있다. 난민 아동, 제대한 군인들, 고문의 피해자, 강간 피해자 등은 그들의 욕구가 잘 사정되어 개별적으로 접근되어야 한다. 하지만 동시에 그들이 자연적으로 소속된 지역사회로부터 그들을 분리시킴으로써 그들을 낙인찍는 일이 생기지 않도록 항상 조심해야 한다.

이러한 작업의 주된 책임은 지역사회와 그 지역구성원 중 선발되어 훈련된 개개인들에게 부여된다. 그러나 동시에 욕구를 찾아내고 사정하는 것과 프로그램을 구성하는 것, 그 지역 직원을 뽑고 훈련시키는 것, 그들에게 지속적인 지지를 제공하는 것 그리고 이러한 작업이 재통합과 화해와 재건과 사회개발을 위해 진행되는 더 큰 단위의 프로그램에 잘 스며들도록 노력하는 일은 전문 사회복지사들의 역할이며 이는 모두 매우 중요하다.

사례 ▶ ▶ ▷

칠레에서의 치료적 증언

칠레의 정치적 난민들을 위한 프로그램 중 치료적인 도구로 증언을 활용하는 방법이 개발되었다. 증언은 치료자와 과거에 수용되었던 사람들로부터 발굴되었는데, 이는 제도에 반발하는 증거물을 모으기 위한 목적도 있었고, 동시에 치료적인 과정이기도 했다. 그 과정은 카타르시스를 불러일으켰으며 사람들로 하여금 현실과 다시 연결될 수 있도록 도와주었다.

※ Agger & Jensen, 1990, pp. 118-119.

이야기를 통한 치료적 효과

또 다른 난민 현장 어딘가에는 증언을 자서전적이거나 고통과 탈출의 상황을 일반적인 표현으로 서술하는 것과 같은 이야기로 표현하기도 한다. 발칸 지역에서는 난민들로 하여금 그들의 개인적인 이야기를 쓰도록 부탁한다. 그 한 가지 예를 소개하면 다음과 같다.

내 삶의 이야기

나는 부코바(Vukovar),에서 1982년 4월 19일에 태어났다.

나는 12월 8일에 프리리에보(Prilyevo)라는 시골 1944번지에 살고 있었다.

지금은 부코바 선상(Zagreb라는 동네의) xx번지 6층에 살고 있다.

나는 아버지와 삼촌 때문에 슬프다.

나의 아버지는 지난 2년 3개월간 실종 상태이다.

나의 삼촌은 캠프(Stremska Mitrovica)에서 죽었고 1992년 3월에 발견되었다.

부코바에서 총질이 난무하던 때 나는 지하실에서 지냈다.

배가 고팠고 그 당시 정말 먹은 것이 별로 없었다.

사람들은 박격포와 총에 맞아 급속도로 죽어나갔다.

우리가 지내던 지하실로 군대가 침입해 사람들을 끌고 나가던 것을 기억한다. 그래서 우리는 그곳에서 나왔다.

내가 있던 곳에서 멀지 않은 곳에 우리 집이 있었고, 우리 집은 이미 박격포를 세 발이나 맞았다.

건너편 집은 아무 것도 보이지 않을 정도로 무너졌는데 박격포를 쏘아대는 것이 집 위에 떨어져있었다.

우리는 그 길을 걸으면서 온갖 끔찍한 것들을 보았다.

구덩이에는 상반신을 잃은 시체가 있었다.

나는 마치 외국에 와 있는 것처럼 슬프고 외로웠다.

부코바로 돌아가고 싶지만, 그게 쉬운 일은 아니다.

불가리아 사람들의 묘지가 텔레비전에 소개되었을 때 우리는 어머니의 슬픔을 함께 느끼며 눈물을 흘렸다. 그 곳에는 1,000개가 넘는 무덤이 있었다.

※ Prica와 Povrzanovic, 1996, p.91.

크로아티아의 치료적 극장

크로아티아에 있는 부코바에서 온 아이들을 위한 난민 캠프에서는 아이들이 극장 안에 그들이 살던 집과 마을을 상징적으로 재건해 놓았다. "그들이 잃어버린 동심과 상처받지 않은 행복을 표현해 놓은 이야기 속 장소"인 것이다. 또 다른 아이들은 기술 좋은 꼭두각시 인형제작자와 함께 작업하면서 이야기들을 만들어 내고 발전시켰으며, 리허설을 통해 "치유 작업을 표현해 내면서 동시에 아이들로 하여금 눌려있던 감정을 살려내어 그 감정들에 직면하고 감정들을 받아들이고 또 해결의 방법을 찾아내고 살아남을 길을 찾아낼 기회를 제공하게 된다."

※ 1997년 보스니아-헤르체고비나 국가에서 콕스(D. Cox)의 현장 노트.

지지 프로그램들

사회복지사들은 비록 외부인에게는 모호하게 보일지 모르는 지지 프로그램이지만 다양한 맥락에서 그러한 프로그램의 가치를 인정하고 있다. 어떠한 경우든 지지를 받는다는 것이 어떠한 의미인지 익히 알고 있으며, 지지한다는 것은 상황이 어려우면 어려울수록 더 더욱 중요한 것이다. 지지한다는 의미는 지지를 제공하는 사람이 구체적으로 무언가를 제공하지는 않는다는 의미도 있다. 지지한다고 해서 당면한 상황을 변화시킬 수는 없으며, 구체적인 자원을 제공하지도 못하며, 어떤 구체적인 형태의 서비스와 관련이 있는 것도 아니다. 지지하는 사람은 그저 존재하면서 필요할 때 도움의 손길을 제공하거나 위안이나 격려를 하고 사람들이 외톨이나 혼자가 아니라는 느낌을 주는 것이다. 지지서비스는 강제이주와 같은 상황에 처한 다수의 사람들이 특별한 욕구를 가지고 있다는 사실을 인지하는 것이면서 동시에 육체적, 사회적, 경제적 그리고 심리적으로 매우 어려운 상황에서 다만 생존을 위해 애쓰고 있다는 사실을 인지하는 것이기도 하다.

지지서비스는 개인과 가족 그리고 집단이 경험할 수 있는 위기상황의 가능성을 최소화하는 효과적인 예방 전략이 될 수 있다. 이를 통해 이미 자원의 한계에 도달한 기관들에게 부담이 되는 불필요한 고통과 비용을 절감할 수 있다. 게다가 이러한 서비스를 유지하기 위한 비용은 그리 높지 않다. 지금까지 언급한 내용은 외부 사회복지사가 실천해야 할 것처럼 보일 수도 있으나 반드시 그런 것만은 아니다. 지지서비스를 필요로 하는 많은 사람들 중에는 자연스럽게 지지에 대한 욕구를 발견하고 적절하게 지지서비스를 제공할 경향을 가진 사람들이 있다. 이들에 대한 적절한 훈련과 지원을 통해서 이들은 어떤 상황에서도 효과적인 지지서비스를 제공하는 인력으로 기능할 수 있다. 이들은 같은 언어를 사용한다는 장점과, 같은 민족이라는 장점, 그리고 이미 같은 상황에 처해 있다는 장점과 더불어, 이러한 일을 자원봉사로 제공할 수 있다는 장점이 있다. 이들 중에는 스스로가 추방된 사람의 구성원일 수 있는데, 예를 들면 난민캠프 안에서 이들을 발굴해낼 수 있을 것이다. 또한 이들은 귀환한 집단의 예를 들면 귀환한 난민을 받아들이는 시민 중 일부일 수도 있

> **지지서비스의 내용들**
> · 대화 기회 제공
> · 정보나 조언 제공
> · 각종 다른 서비스와의 연계
> · 역할분담을 통해 스스로 일을 할 수 있다는 것을 인식하고 믿을 수 있도록 격려
> · 곤란을 겪게 되는 상황들에 대한 적절한 지지 제공

다. 결국 외부 사회복지사의 역할은 지지서비스를 제공하는 팀을 모집하고 훈련하며, 가능하다면 그들을 지지하는 것이다. 이 전략은 난민캠프와 보스니아-헤르체고비나의 갈등 이후 상황에 효과적으로 활용된 바 있다.

사교와 여가를 위한 프로그램

이러한 프로그램 역시 쉽게 과소평가되고 있다. 인본적인 욕구와 보호욕구와 같은 것들과 비교해보았을 때, 사교와 여가 활동에 대한 욕구를 위해 프로그램의 공간이나 부족한 자원을 사용하는 것은 사치스러운 것으로 보일 수 있다. 하지만 지지서비스처럼 주된 목표가 사람들로 하여금 살아남도록 돕는 것이라면, 우리가 제시해야 할 질문은 사교와 여가를

위한 프로그램이 그러한 목표에 도달하기 위해 어떠한 몫을 담당할 수 있는가이다. 여기서 언급되어야 할 주요지는 첫째, 인간이란 장기간 정서적으로 타인들로부터 고립되어서는 살아남기 매우 어려운 사회적인 존재라는 점이다. 그리고 둘째, 여가활동은 치료적이어서 심신을 약화시키는 스트레스 상황에 대한 반응들을 줄일 수 있다.

사교 프로그램은 주로 적절한 집단이 형성되는 것을 가능하게 하는 데 초점을 두며, 그러한 집단들이 함께 잘 응집되도록 촉진하는 일에 초점을 둔다. 집단들은 사람들로 하여금 경험을 나누고 여럿이 지지하고 공유할 방법을 발견하게 해주며, 상황에 대한 힘과 통제를 발휘할 수 있도록 하며, 상호간에 지지해줄 수 있는 기회를 제공하고, 익숙한 집단의 현실 속에서 어느 정도 긴장을 푸는 것을 허용한다. 언급한 이러한 목적들은 강제이주 상황 속에서 매우 중요하며, 사회복지사들이 이러한 사실을 알고 있다면 집단을 형성할 수 있도록 촉진하는 일에 총력을 다 기울일 것이다. 이러한 작업은 비슷한 사람들끼리 함께 모으는 일 혹은 서로 만나게 하는 일(자조집단 접근 방법)을 통해 가능하다. 또한 중심이

되는 위치를 정해 놓고 하나의 집단이 모일 수 있도록 촉진하는 방법도 가능하며, 집단이 이득을 경험할 만한 활동을 진행하도록 제시하는 것을 통해서도 가능하고, 혹은 단기간 동안 집단이 형성되는 과정을 지도할 사람을 제공하는 것을 통해서도 가능하다.

여가 프로그램은 사람들로 하여금 일정 기간 동안 긴장을 풀고 불안감을 떨쳐버릴 수 있는 기회를 제공해주기 위해 사회복지사가 조직하는 프로그램이다. 수용소에서 지내는 난민들이 스포츠를 즐기거나, 아이들이 오락 놀이를 한다거나, 앞으로 있을 문화 축제를 조직하기 위해 집단이 모여 노력한다거나, 혹은 소집단이 어떤 축하 행사를 즐기는 모습을 볼 수 있을 것이다. 이러한 프로그램은 큰 맥락에서 보면 사소한 것으로 여겨질 수도 있겠으나 시간과 자원을 들여서라도 시도할 만한 중요한 일이다. 이 작업은 비인간적인 위험한 상황을 인간적으로 변화시키는 일의 일부이거나 비정상적인 상황을 정상적으로 변화시키는 일의 일부인 것이다.

이러한 작업의 많은 부분은 사회복지사들이 크게 시간과 노력을 기울이지 않아도 가능한 일들이다.

아동 교육과 심리사회적 프로그램들

여기에서 난민 아동이란 18세 이하이며 전쟁이나 그 외 사건들에 의해 그들이 지내던 일상 환경으로부터 추방된 사람을 의미한다. 많은 아동들은 이러한 상황에서 그들의 부모로부터 분리되며 이들은 흔히 보호자가 없는 아동 혹은 미성년이라고 불린다. 그 밖에도 가족 구성원들과 함께 있지만 대책을 필요로 하는 특수한 욕구를 가지고 있는 아동도 포함된다. 유엔난민기구의 "난민 아동을 위한 정책"에서는 "아동들의 의존성, 취약성, 그들의 발달에 필요한 욕구들(예: 건강한 성정과 연령에 따라 다르게 요구되는 개발에 필요한 것들) 등 3가지 연결된 요소들이 난민 아동의 특별한 욕구에 기여하고 있다"(UNHCR, 1994, p. 166)고 보았다.

난민 아동의 수는 엄청나다. 일반적으로 알려져 있는 것은 전 세계적으로 추방되었거나 자신의 문화나 국가라는 토양에서 뿌리가 뽑힌 사람들의 약 반 정도의 인구는 아동들이라고 한다. 즉 2000년을 기준으로 2,500만 명의 아동들은 본거지를 떠나 추방된 상태에 처해 있으며, 그 중 유엔난민기구에 의해 보호받는 아동은 1,000만 명에 불과하다(UNHCR, 2001, p. 7). 아프리카에 추방된 아동들의 수는 더 많기 때문에 보고서에는 다음과 같은 우려의 목소리를 담고 있다. "전쟁, 자연재해 그리고 기근이라는 응급상황 속에서 가족들로부터 분리된 아이들", 즉 보호자가 없는 아동들은 아프리가 전 지역의 사회복지사와 많은 사람들에게 주된 관심대상이 되고 있다. (보호자가 없이 추방된 사람들에 대해 중점적으로 다룬 아프리카 사회개발 학회지(Journal of Social Development in Africa), 1993년 편 참조)

부스비(Boothby, 1992)와 그 외 학자들(Athey & Ahearn, 1991 참조)의 연구는 폭력과 전쟁을 모국에서 경험하고, 피난 중에 목숨을 잃고, 난민 자격을 부여받고, 난민 수용소와 비호신청자 센터에 살면서 충격적인 상황에 노출되고 굶주렸으며, 길거리에서 살아야 했던 아동들이 입는 영향에 대해 생생하게 기록하고 있다. 몇백만 명의 아동들이 최근 10년간 끔직한 상황에 노출되었으며, 그로 인한 영향은 노출의 정도와 아동의 연령과 상황에 따라 다르게 나타날 것이다.

많은 난민 아동들이 겪는, 그리고 아동들을 특수한 위험 상황에 처하게 하는 경험의 종류에는 트라우마/충격/외상, 상실, 심각한 굶주림 등이 있다. 이러한 스트레스를 직면했을 때 아동들이 활용하는 적응 행동은 그들의 발달 단계와 사용 가능한 각종 자원에 따라 다를 것이다(Athey와 Ahearn, 1991, p. 4).

이러한 아동들은 추방된 사람들의 무리 속에서, 난민 수용소에서 발견될 수 있다. 또한 새로운 도시의 거리에 버려져 그 지역 아이들 틈에서 최선을 다해 살아남으려고 노력하고 있을 수도 있다. 또한 비호신청자를 구금하고 있는 센터와 귀국하는 인파 속에서 전쟁과 상실감을 이겨내려고 앞으로 나아가려고 애쓰는 많은 아동들 사이에서 발견할 수 있다. 이러한 모든 상황 속에는 뿌리가 뽑힌 아동들의 여러 부류를 대상으로 하는 프로그램을 개발할 필요성이 있다. 우리의 경험과 문헌 속에서 다음과 같은 여러 대응책을 발견할 수 있겠다.

중요한 장기적인 욕구는 가능하면 이 아동들을 그들의 부모나 그 외 가족 구성원들과 재결합하도록 하는 일이다. 부스비(1992, p.15)는 모잠비크 상황에서 다음과 같은 사례를 제시하였다.

추적과 재결합의 노력은 잃어버린 가족 구성원 중에서 도움을 필요로 하는 아동들을 적극적으로 찾는 일로부터 시작된다. 그 과정은 고아원이나 아동 보호 시설, 병원 그리고 식량보급소, 도시 속 길거리 그리고 인근 국가의 난민 수용소나 해체 센터의 대리 가족을 통해 보호자가 없는 아동들을 찾아내고 기록을 남기는 것이다.

이 작업은 상당히 복잡한 과정이며, 아이들과 부모를 발견하는 일, 부모와 친척을 찾아내는 일, 그들 모두가 겪어낸 일들 이후에 만족스럽게 재결합을 이루는 일 등의 어려움을 동반한다.

두 번째 개입은 당장 아이들의 심리사회적 욕구와 더불어 지속적으로 필요한 성장과 교육욕구를 충족시켜주는 일이다. 상황이 안정적일수록 이러한 프로그램을 세우는 작업이 쉬울 것이다. 그러나 비교적 안정적인 난민 수용소나 구금 센터와 같은 상황 속에서도 관련 관료들을 설득시켜 이러한 프로그램을 시작해도 된다는 허락을 받고 필요한 자원을 획득하는 일은 매우 어렵다. 수용소에서의 생활이 장기화되는 경우 이러한 프로그램은 더욱 시급하게 필요하다. 유엔난민기구(1994, p.46)는 다음과 같이 보고하였다.

아동이 난민 센터나 수용소와 같이 인위적인 환경, 즉 정상적인 활동을 할 수 없는 환경에 오랜 시간 머무르게 되면 그들의 정서적인 성장은 부정적인 영향을 입을 수 있다. 그러한 상황은 난민 아동들로부터 움직이는 자유를 제한하며 보호와 유지에만 필요한 지지 상황에 의존하게 만들며, 그들의 관심을 살만한 것들이 아주 적은 열악한 상황에 살게 만든다. … 성인 가족 구성원의 복지 상태와 가족 모두에게 미치는 (수용소에서의) 장기 체류의 부정적인 영향으로 아동들은 시달려야 한다. … 난민 아동들이 드디어 수용소를 나오게 된 후에도 간혹 그들은 심각한 적응 문제를 일으키기도 한다.

더 나아가 이 보고서에는 "개발, 정서 혹은 심리적인 문제들을 발견할 수 있는" 다양한 활동들을 제시하고 있다.

난민 아동들이 그들의 성장 단계에 비해 너무 많이 뒤처지지 않기 위해 교육은 매우 중요하다. 자주 일어나는 일인데, 만일 아이들이 심각한 수준으로 뒤처지게 되면 본국으로 송환된 이후나 다른 곳에 재정착한 이후에라도 결코 정상 성장 속도를 따라잡지 못할 것이다. 그러므로 기본적인 교육 서비스가 뒤따르지 않는다면 그 아이들의 미래 전체는 위험에 처하게 된다. 그러나 현실적으로 난민 아동들의 심리사회적인 재활은 교육보다 훨씬 더 중요하다. 세계보건기구/유엔난민기구(1996)에서 출판한 난민의 정신보건에 대한 자료는 난민 아동들의 정신보건에 대해 따로 다루고 있다. 어헌과 아데이(Ahearn & Athey, 1991)의 논문은 연구 문헌에 초점을 두고 있으며 이 또한 매우 도움이 되는 문서이다. 사실 난민 아동들을 위한 심리사회 프로그램에 대한 보고서는 많이 있다. 다음과 같이 1993~1996년에 걸쳐 진행된 마케도니아에 있는 보스니아 난민 아동들을 위한 프로그램을 예로 들 수 있겠다(Catholic Relief Services, 1996, pp.55-61). 이 프로그램에는 7~15세까지의 약 300명의 아이들이 참여했으며, 다음과 같이 네 단계로 진행되었다.

① 도입단계: 첫 번째 단계는 모임을 갖고, 접촉을 시작하고, 집단 작업의 규칙을 소개하고, 자신감과 지지체계를 재정립하는 단계이다.

② 개방단계: 두 번째 단계는 의사소통의 새로운 방법을 찾는 데 집중하는 단계로서 여러 다양한 방법(주로 비언어적인 줄긋기, 그림그리기, 움직이기, 소리내기, 목소리 등)으로 이루어진다. 이는 내용을 상징화하는 과정의 도구들이며, 상징화하는 과정은 아이들이 직접 선택하여 적극적으로 참여함으로써 진행된다. 예를 들어, 우리는 집단 안에서의 창의력 개발, 진취성 자극, (이름/호칭을 이용한 많은 종류의 놀이를 통한) 아동의 정체감 형성, 강렬한 감정 표현, 두려운 표현(두려움을 표출함으로써 두려움을 없애는 과정), 공격적 느낌, 불안감 감소 등의 면에서 매우 구체적으로 작업하였다.

③ 개별적인 삶의 의미를 찾는 단계: 이 세 번째 단계는 이야기하기의 방법을 통해 이루어진다.

④ 통합의 단계: 이 단계에서 주된 작업은 전쟁에 대한 자신의 이야기를 책으로 제작하여 표현하는 것이다. 이 책을 만드는 작업은 아동들이 전쟁으로 인해 경험한 트라우마에 직접

적으로 접근하는 첫 번째 시도이다. 그리고 그들의 삶(고통스러웠던 것과 좋았던 것을 모두 포함)에 대한 첫 번째 자서전이다. 이 책에는 아이들이 스스로 적어 넣고 싶은 내용을 이야기로 담아낸다. … 이 단계 작업의 목표는 가장 민감하고 종종 억눌려 있던 아이들의 경험과 만나 아이들 삶이라는 전체적인 공간에 그 경험들을 포함시키는 것이다.

이러한 내용을 언급한 보고서(Catholic Relief Services, 1996, pp. 115ff)에는 1996년 사라예보에 있는 여섯 개의 유치원에서 심리사회 프로그램이 진행되었다고 명시되어 있는데, 그 프로그램들은 유럽 동쪽과 중앙에 있는 19개 국가들에서 진행된 소로스 재단(Soros Foundation)의 헤드스타트(Head Start) 프로그램과 같은 것이었다. 당시 적절한 분위기(안전한 느낌, 사랑 받고 있다는 느낌, 능력 있는 사람으로 인정받는 느낌, 독립적일 수 있다는 격려 등)를 조성하는 일이 매우 강조되었고, 분위기 조성은 "충격과 스트레스에 의한 전쟁의 결과를 치유하는" 활동들과 함께 이루어졌다. 이러한 프로그램은 아동들에게 지속적으로 충격에 대해 묻거나, 이 아이들이 뭔가 다르고 어딘가 장애가 있다고 단정 짓거나, 그들의 현재 환경으로부터 소외당하게 하는 일을 피하려고 애를 썼다. 왜냐하면 그리하면 아이들이 지속적으로 스트레스를 받을 것이기 때문이다.

아동들과 함께 이루어진 이러한 프로그램에 덧붙여 가족 구성원과 그 외 사람들을 개입시키는 것이 이상적이다. 즉 사회복지사와 난민 아동들은 아동들의 직접적인 환경에 대한 작업을 해야 함을 중요하게 여긴다. 이에 대해 부스비(1992, p. 115)는 다음과 같이 언급하고 있다.

추방된 지역사회에 살고 있는 아동들은 보안과 그 외 삶에 기본적으로 필요한 것들이 부족한 형편이다. 그런 아이들에게 외상후 스트레스 장애(PTSD)를 위한 접근은 충분하지 않다. 그 대신 아이들과 부모, 아이들과 가족, 아이들과 지역사회 그리고 아이들과 같은 부류의 인종집단과의 기본적인 관계를 다시 세우고 지지하는 폭넓은 원조의 노력을 통해 이 아이들에게 보다 긍정적인 사회 현실을 조성해주는 것을 개입의 목표로 삼아야 할 것이다.

이러한 접근은 기본적인 것인데, 왜냐하면 "난민 아동들이 위험과 역경 속에서 오래 지내면 지낼수록 그들의 성격, 행동, 도덕적 민감성은 변질될 수 있기 때문이다"(Boothby, 1992, p. 120). 어헌과 아데이(1991) 또한 이 점을 강조했다. 그들은 난민 아동의 정신보건에 관해 다음과 같이 정리한다.

> 정책과 프로그램 개발은 난민들로 하여금 그들 스스로의 지역사회를 재건하는 데 도움을 주고 그 지역사회를 더욱 강화시키는 일을 분명히 하도록 계획되어야만 한다. 또한 가족들을 지지할 수 있는 방법들이 개발되어야 하는데, 이는 가족들이야 말로 아동이 적응하는 데 매우 중요하기 때문이다.

> 지역사회를 세운다는 일은 어떤 경우 특히 어려운 일일 수 있다. 그러나 난민들 사이에서 공동체적 응집력을 강화하고 강력한 응집력과 상호지지 세력을 촉진하는 일은 항상 가능한 일일 것이다.

사례 ▶ ▶ ▷

아프리카 난민 아동을 위한 교육 프로그램

아프리카의 곳곳에는 유엔난민기구가 오랜 기간 동안 난민 아동들을 위한 여러 교육 프로그램을 제공하고 있다. 여러 공공기관은 아이들을 위한 학교를 위해 장소를 제공하고 있어서 유엔난민기구는 학업과 통학 그리고 개인 용돈 등에 관한 비용을 절감하고 있다. 유엔난민기구의 상담자들은 프로그램을 감시하면서 난민 아동들이 그들의 지역사회로부터 분리되었을 때 종종 필요로 하는 원조를 제공하고 있다. 또한 여전히 실종 상태이거나 난민 수용소에 있는 가족들에 대해 아이들이 걱정을 하고, 아이들이 각종 좌절감을 경험할 때 그들이 필요로 하는 도움을 상담자들은 제공하고 있다. 이 체계를 평가하면서 유엔난민기구는 효과성 있는 상담 서비스가 중요하다는 점과 학생들을 조심스럽게 선발해야 하는 점, 특별한 휴일을 결정할 때나 치료적인 프로그램을 시작하는 일 등도 매우 중요하게 강조하고 있다.

※ Guebre-Christos, 1989, pp. 143-145.

난민 여성을 위한 서비스

난민 여성들에게 특수한 욕구가 있다는 사실을 인식한지는 이미 오래되었다. "난민 여성을 위한 국제 NGO단체(International NGO Working Group on Refugee Women)는 1986년에 만들어졌으며 난민 여성에 대한 정보를 NGO 단체들과 공유하고 난민 여성들의 문제에 대해 유엔난민기구와 함께 옹호 활동을 벌임으로써 난민 여성들에 초점을 맞추고 있다"(International NGO Working Group With Refugee Women, 1989. p.9). 이러한 노력으로 1989년 『난민 여성들과 함께 일하기: 실질적인 안내서(Working With Refugee (Women: A Practical Guide)』를 출간했다. 1991년에는 유엔난민기구(1991)가 『난민 여성 보호를 위한 안내서(Guidelines on the Protection of Refugee Women)』를 출판했으며, 이는 모든 프로그램에 난민 여성들이 필요로 하는 내용을 담을 것을 강력히 주장했다.

난민들이라면 모두가 취약한 조건에 처해있기는 하지만 그들 중 여성이 가장 취약한 집단이라는 점에 일반적으로 동의하는 편이다. 로보와 메이야다스(Lobo & Mayadas, 1997, p.422)에 의하면,

최근 갈등으로 인해 여자들은 아이들과 노인들과 함께 남자의 도움 없이 국경을 넘어, 문화와 언어의 장벽을 넘어 도망쳐야만 했다. 이러한 상황은 여자들을 도덕적인 위험과 육체적인 위험, 그리고 그밖에도 많은 부당한 착취상황에 노출시켰다. 그리하여 착취 피해자들, 특히 성적으로 학대당한 피해자들을 위한 특별한 프로그램이 만들어지게 되었다.

문제는 현대의 내전 상황에서 방어능력이 없는 시민들을 상대로 싸울 때, 강간을 무기 삼는 경우 여성들이 주로 표적이 되고 있다는 사실이다. 크래나(Cranna, 1994, p.164)는 내란에 대해 다음과 같이 언급하고 있다.

보스니아—헤르체코비나의 전쟁은 체계적으로 강간을 조직화하고 종종 지역 관료들이 이것을 허가한 대규모의 사건으로 잘 알려져 있다. 이 범죄로 인해 이슬람교도 여성들은 가장 많

은 고통을 겪었다. 믿을 만한 통계에 의하면 약 2만 명의 이슬람교도 여성들이 강간을 당했다고 한다. … 이들 중 많은 여성들은 강간으로 인한 정서적인 외상이 평생 동안 지속될 것이다.

여성들은 또한 도망치는 와중에도 표적이 된다. 물론 난민 수용소에서도 여성들이 당당하게 누릴 수 있는 권리인 인도주의적인 원조와 그 밖의 각종 서비스들의 제공에 대한 대가로 여성들에게 성적인 보상을 요구하는 관료들을 종종 발견하기도 한다.

일반적으로 우리는 여성들이 추방될 때 여러 가지 부담을 져야만 한다고 말한다. 왜냐하면 남성보다 여성인 난민의 수가 월등히 많고, 아이들과 노인들을 책임져야 하기 때문이다. 또한, 전통적으로는 여성이 가장의 위치를 갖는 것이 받아들여지지도 않았고 그러한 위치가 부여되지도 않았던 사람들 임에도 불구하고, 이제는 여성들이 가장이 될 수밖에 없기 때문이다. 이러한 전반적인 상황은 망명의 과정 내내 지속되며, 특히 귀환—재통합의 과정에서는 더 있는 일이다.

여성들이 여러 종류의 착취를 당할 가능성이 크다는 점으로 미루어 보아 그들의 위한 프로그램의 초점이 보호에 있다는 것은 놀랄 일이 아니다. 유엔난민기구(1991, p. 7)에 의하면,

여성들은 모든 난민들이 가지고 있는 보호의 욕구를 공유한다. 모든 난민들과 마찬가지로 여성들은 강제적인 본국 송환으로부터 보호받고자 하며, 무기로 인한 공격과 그 외 폭력으로 부터의 안전을 원하고, 정당하지 않으며 지나치게 장기화되는 구금으로부터 보호받기를 원하며, 사회적 경제적 권리에 적절한 법적 신분을 부여받기를 원하고, 마지막으로 식량과 쉼터와 입을 것과 의료 서비스와 같은 매우 기본적인 것들에 접근할 권리를 원한다.

모든 난민들과 공유하는 기본적인 욕구에 덧붙여, 난민 여성과 소녀는 그들의 성과 관련하여 특별한 보호의 욕구가 있다. 예를 들면, 교묘하게 조종당하는 것으로부터, 성적·육체적으로 학대당하거나 착취당하는 것으로부터, 그리고 물자와 서비스 제공 시 성차별로부터 보호받을 필요가 있다.

이러한 보호 욕구에 대한 분석을 고려하여 유엔난민기구는 모든 정부와 비정부기구에

따라야만 하는 안내문을 요약하였고, 시행가능한 여러 가지 프로그램을 제안하였다. 이 안내서는 특히 수용소의 구조와 구성에 관심을 두고 있으며, 식량과 물, 땔감 및 그 외에 나누어주는 품목들에 대한 접근가능성에 초점을 두고 있고, 적절한 보건 서비스로의 접근성, 교육과 기술 훈련 및 경제 활동에 관심을 두고 있다. 이러한 분야들과 또 다른 분야들은 1989년 난민 여성을 위한 국제단체에서 출간한 『난민 여성들과 함께 일하기: 실질적인 안내서』에도 잘 드러나 있다. 많은 제안들이 이 두 문서에 모두 자세히 나열되어 있으며, 난민 여성을 위한 국제단체의 출판물에는 난민 여성을 위한 각종 프로그램에 대한 사례도 포함되어 있다. 여기에 요약하기에는 너무나 광범위한 내용이지만, 관심 있는 사회복지사들은 이 분야에 관한 자료를 찾는 데에 그리 어려움을 겪지 않을 것이다.

사례 ▶ ▶ ▷

과테말라의 여성 단체

마마 마뀐(Mama Maquin)이란 멕시코에 살고 있는 과테말라 난민 여성들이 세운 조직들이다. 그들이 하는 많은 일들 중에는 난민 여성들이 여성으로서 누릴 수 있는 권리가 있다는 점에 대한 인식을 높이는 활동과 더불어, 이러한 권리를 위해 행동을 취하는 일, 필요한 서비스를 개발하고 시행하는 일에 참여하는 것, 평화와 본국 송환 회담에 관여하는 일, 그리고 마마 마뀐 조직들이 난민 여성과 그들의 가족을 받아들이고 도와줄 수 있도록 유지시키는 일을 포함한다.

※ 세계교회협의회(WCC), 1996, p.66.

아르헨티나에 있는 칠레 여성들을 위한 프로그램

아르헨티나에 살고 있는 칠레에서 망명한 난민 여성들을 위한 프로그램은 NGO에 의해 아르헨티나로의 통합에 초점을 두었는데, 동시에 언젠가 칠레로 다시 돌아갈 수도 있다는 가능성을 잊지 않았다. NGO는 근로 장학금 제도를 시행했는데, 무역 현장에서 견습생으로 훈련을 받거나, 작업장이나 회사에서 기술적인 훈련을 받기도 하였다. 이것은 지지집단을 형성하는 일을 지원하고 격려하기도 했다. 이러한 집단에서 여성들은 그들 스스로 여러 종류의 활동들을 신속하게 조직했다.

※ International NGO Working Group on Refugee Women, 1989, p.163.

팔레스타인 난민 수용소의 여성들을 위한 프로그램

요르단에서는 NGO가 팔레스타인 난민 수용소 중 가장 큰 곳에 프로그램을 개발했다. 수용소 밖에서는 여성이 근로활동을 할 수 없는 문화적 상황이지만 그들은 일을 해야만 하는 입장이어서, NGO는 병원 유니폼 제작과 같은 특수한 틈새시장 영역을 겨냥하여 옷을 만드는 일에 초점을 둔 훈련과 고용 센터를 설립했다.

※ International NGO Working Group on Refugee Women, 1989, p. 130.

소말리아에 있는 난민 여성들을 위한 고용 프로그램

소말리아에서는 국제노동기구가 그 지역 NGO와 협동하여 서로 인접해 있는 난민 수용소 네 곳의 프로그램들을 개발했다. 프로그램은 소득창출, 시장성 있는 기술 개발 그리고 난민 협회 강화, 특히 여성 협회의 강화에 목표를 두고 있었다. 이로 인해 수용소를 돕고 있는 원조 기관에 많은 고용의 기회가 생겼는데, 이는 원조 프로그램 내에 있는 직업과 수용소 내에서 그들이 자체적으로 시작한 소득창출 활동을 포함했다. 이러한 시도는 적어도 또 다른 12개의 소말리아 NGO들로 확대되어, 더 많은 직업을 창출한 여러 종류의 농업 체계와 소규모기업을 세우는 데 관여하는 수많은 통합 수용소 개발 프로젝트의 결실을 맺었다. 몇몇 외부 복지사들의 이러한 개발 작업에 도움을 주었지만 난민들 스스로가 가장 중요한 역할을 담당했다.

※ International NGO Working Group on Refugee Women, 1989, p. 126.

가족 재결합 프로그램들

갈등과 추방의 기간 동안에 가족 구성원들이 분리될 가능성은 정말 높다. 가족들은 구성원 중 일부 혹은 모든 구성원들에게 득이 될 것이라는 이유로 뿔뿔이 흩어질 결정을 할 수도 있다. 예를 들어, 동남아시아의 많은 사람들이 아이를 멀리 보내는 경우가 그러하다. 혹은 혼란 이후의 우연한 결과로 분리가 될 수도 있다. 분리된 근본 이유가 무엇이든 간에, 난민과 추방된 사람들은 가족 구성원들이 살아있는지, 살아있다면 어디에 있는지를 모르는 채 잠시 머무를 곳에 도착하게 된다. 그런 상황 속에서 안정을 찾고 자기 자신의 욕구충족에 몰두하기란 매

두 가지 주요 전략

· 강제이주자들을 데이터베이스와 연결해준다.
· 가족 재결합에 있어서, 소식을 접한 난민들의 반응을 살피고 그들이 나쁜 소식을 접했을 때 적절한 지지를 받을 수 있도록 노력한다.

우 어려운 일이다. 다행스럽게도 그러한 상황에 처한 가족들의 가족 재결합의 욕구는 오래 전부터 인식되었고, 일부 기관들은 가족 재결합의 목적으로 중앙 데이터베이스를 구축하여 사람들의 위치에 대한 정보를 모으고 그 정보를 가족과 친구를 찾는 사람들에게 제공하는 일을 해 왔다. 국제적십자는 이런 일에 많은 경험과 능력이 있는 것으로 두각을 드러내고 있어 대부분의 난민 상황에 이러한 서비스를 구축할 준비가 되어 있다. 그리하여 지역사회복지사의 업무는 단순화되었다. 주로 사회복지사들은 그들이 접촉할 수 있는 사람들이 데이터베이스에 연결이 되어 있는지 확인만 하면 되는 것이다. 물론 적십자가 이 모든 과정을 순조롭게 진행할 수 있도록 원조하는 일도 포함되어야 한다. 난민들이 수용소나 수용소와 같은 장소에 집단으로 모이면 가족 재결합 과정은 매우 순조로울 수 있다. 그러나 난민들은 뿔뿔이 흩어져 있을 수 있는 데다 이러한 서비스의 존재 자체에 대해 모르고 있을 수 있다. 그러므로 모든 사회복지사들은 어떠한 상황에서 일을 하던 가족 재결합의 필요성에 대해 인식하고 있어야 하며, 이러한 프로그램이 존재하고 있다는 것을 알고 있어야 하며, 난민들을 필요에 따라 이러한 프로그램에 연결시켜 주어야만 한다.

가족 재결합에 있어서 사회복지사가 맡은 역할로 두 번째 중요한 것은 난민들이 새로운 소식을 접했을 때 어떻게 반응하는지를 살피는 일, 혹은 나쁜 소식을 받았을 때 그들에게 지지서비스가 제공되도록 노력하는 일이다. 소식을 접하면 난민들은 사랑하는 사람을 신속히 찾아 나서고자 할 수 있고, 엄청난 슬픔의 충격에 쌓일 수 있으며, 그들이 들은 정보를 잘못 이해할 수도 있고, 혹은 전반적으로 표현하면 듣게 된 소식에 대해 그들 스스로의 복지/안녕에 부적절하거나 해가 될 수 있는 반응을 보일 수 있다는 것이다. 물론 소식의 현실 자체가 달라지는 것은 아니지만, 의사결정 과정을 도울 능력이 있는 사회복지사가 소식을 접하는 사람들을 도와 슬픔, 불안 혹은 그 외의 감정들을 견뎌내도록 하는 일은 이러한 상황에서 매우 중요한 역할인 것이다.

본국 송환 프로그램들

여러 유형의 강제이주민들을 본국으로 송환하는 일은 요 근래에 들어와 매우 흔한 일이 되었다(11장 참고). 하지만 강제이주민의 유형에 따라, 그리고 본국 송환의 특별한 상황에 따라 그 과정은 매우 다를 수 있다. 이러한 차이는 개입에 매우 중요한 정보이다. 한 가지 중요한 변수는 어느 정도의 자유선택권이 있느냐이다. 어떠한 경우는 사실상 아무런 선택권이 없이 강제적으로 본국 송환이 진행될 수 있고, 다른 상황에서는 완전한 자유의지가 허용될 수도 있다. 그러나 결정은 이 과정에 관여하는 관료들의 태도에만 달려있는 것이 아니라 본국 송환 외에 취할 수 있는 대안이 존재하느냐에 달려있다. 두 번째 변수는 본국 송환에 공식적인 기관이 어느 정도로 개입하고 있느냐이다. 어떠한 경우는 즉석으로 본국 송환이 일어나고 사람들은 어떠한 기관의 개입 없이 돌아가게 된다. 또는 유엔난민기구나 혹은 정부 기관이 송환에 대한 협상을 하기는 하지만 그 과정을 빨리 이루어지는 데에는 별로 노력하지 않는 경우도 있다. 또 다른 경우에는 협상이 이루어질 뿐만 아니라 이동수단이 마련되고 재통합 과정을 돕는 원조가 제공되고, 게다가 사회복지사들이 송환되는 사람들과 동행하여 초기 송환 후 과정을 도와줄 수도 있다. 세 번째의 중요한 변수는 혼란과 혼돈 그리고 본국 송환을 둘러싼 불확실성의 정도이다. 상대적으로 평화롭고 조직적으로 비교적 안정적인 상황으로 귀환되는가 하면 그와는 정 반대되는 상황일 수도 있다. 사회복지사들은 각각의 상황에 대한 이 모든 변수들에 대해 사정을 한 후 그들의 역할을 계획해야 한다.

어떤 이들은 어째서 난민들이 스스로 이상적이지 못한 상황으로 돌아가려 하는지 의아해 할 것이다. 아마도 많은 경우에 이들을 귀환하도록 이끄는 힘이 존재한다는 점을 인정해야 할 것이다. 그 한 가지 힘은 고향의 소중함이다. 집, 땅, 시골, 사회연결망, 문화나 삶의 방식, 그리고 국가 자체와 동일시 하는 힘은 매우 강한 것이다. 그리고 전쟁의 파괴력, 많은 사람들의 죽음, 지속되는 불안전함, 그리고 미래에 대한 불확실성에 대해 익히 알고 있음에도 불구하고 많은 사람들은 그저 고향에 돌아가기를 원한다. 두 번째 요소는 망명 중 견뎌야만 했던 상황들이다. 난민 수용소나 정치적 망명을 원하는 사람들이 모인 센터나 생소한 국경지역에서의 구금상태가 길어지면 필요 이상으로 그곳에 머무르고 싶어질리 없다. 이것이 바로 기득권이 기본상황을 유지할 수 있는 하나의 이유인 것이다. 물질적인 상황 때문만은 아니다. 이러지도 못하고 저러지도 못하는 상황에 있는 동안 최소한의 활동만이 허용될 뿐이어서 자신의 상황에 대해 고찰할 수 있는 시간이 너무나 많아 걱정 만 늘게 되면 대부분의 강제이주민들은 더 이상 그러한 상황을 견디기 어려워진다. 세 번째 그리고 마지막 힘은 대안의 존재 여부이다. 본국으로 돌아가는 것을 대신할 만한 실현가 능하고 만족스러운 대안을 최소한 상상이라도 할 수 있는 상황이 아닌 이상 강제이주민들은 본국 송환을 선택할 것이다. 오늘날 만족스러운 대안이란 거의 존재하지 않는 실정이다.

난민들 혹은 추방된 사람들의 본국 송환은 우리가 많이 경험한 일이다. 하지만 일반적인 불법체류자들과 서구 국가에서 온 난민지위신청자들의 본국 송환은 비일비재하게 일어나는 일임에도 불구하고 본국 송환을 경험하는 다른 사람들과 똑같은 수준의 관심을 받지 못했다. 왜냐하면 이 경우 본국 송환은 법정이나 관료들에 의한 행정적 명령의 신속한 실행이 강하게 강조되는 추방의 성격을 가지고 있기 때문이다. 그리하여 원조 전문가들이나 친구들이 할 수 있는 일이 별로 없기 때문이다. 하지만 간혹 난민지위신청자와 불법체류자들이 자발적으로 돌아가겠다고 할 수도 있다. 이러한 경우에는 복지사가 그 과정에 관여할 공간이 존재한다. 여기에는 난민과 추방된 사람들의 본국 송환에 대한 논의에 초점을 맞추어야 하지만, 논의되는 내용이 그 외의 상황에도 적용 가능하다는 것을 독자들이 알고 있기 바란다.

앞으로의 귀환 준비

이상적으로 난민들은 그들 앞에 벌어질 만한 모든 일들에 준비가 되어 있어야만 한다. 특히 그들의 미래가 심각한 난관과 위험을 앞두고 있기 때문이다. 그들이 잘 준비되어 있을수록 그들 삶의 다음 단계가 성공적일 수 있을 것이다. 그러나 대부분의 추방된 사람들이 본국으로 송환되며, 그들의 성공적인 재통합이 귀환 후의 주된 목표라고 할 때, 모든 프로그램은 난민과의 작업 초기 단계부터 이러한 목표를 위해 초점을 맞추어야 할 것이다. 그러기 위해서는 다음의 세 가지 주된 전략이 있다.

역량구축

귀환자들이 특별한 능력을 가지고 있다면 도움이 된다는 점은 자명한 일일 것이다. 이 상황에서의 초점은 어떠한 능력을 선택하여 어떠한 훈련을 할 것이며 "훈련관이 되도록 훈련시키는" 접근을 활용하는 능력에 대한 것이다. 그리하여 이 단계에서, 그리고 다음 단계에서 난민들이 다른 사람들을 돕는 데 필요한 기술을 일부 난민들에게 제공하자는 것이다. 대부분의 경우 난민들이 돌아갈 국가의 경제 상황에 맞는 직업 기술을 강조하게 된다. 그러한 기술 개발은 태국과 캄보디아 사이의 국경 지대나 팔레스타인 수용소와 같은 난민 수용소에서 흔하게 볼 수 있는 일이다.

심리적 준비

많은 추방된 사람들은 귀환하는 데 있어서 심각한 수준으로 걱정하고 불안해하며 심지어 두려워하기도 한다. 그러므로 이러한 감정들을 잘 다루어 주는 것은 도움이 되는데, 흔히 집단상담을 통해서 이루어진다. 이러한 집단적 접근은 다음과 같은 것들을 강조한다.

· 정확한 정보의 제공과 그 정보에 대해 논할 수 있는 기회
· 참여자들이 그들의 걱정거리와 공포감에 대해 집단 내에서 목소리를 높일 수 있도록 허용하여 다른 사람들도 똑 같은 공포를 느끼고 있다는 것을 앎으로써 도움을 허용하도록 하고, 그렇게 토론하는 것으로부터 새로운 현실을 만들어가는 것
· 그리고 어떤 경우는, (역할놀이를 통해) 귀환 후 벌어질 만한 상황을 시나리오로 만들어 행위화해 봄으로써 사람들로 하여금 그런 상황이 실제 벌어진다면 어떻게 대처할 것인지를 생각할 수 있도록 돕기도 한다. (예를 들면 적으로 인식되는 집단에 소속되어 있는 공격적인 이웃과 대면해야 하는 상황)

물자지원 패키지

유엔난민기구나 특정 정부 기관이 귀환하는 사람들의 재통합을 돕는 기본적인 자원을 제공하는 일은 흔히 있는 일이다. 물자지원 패키지에는 종종 약간의 현금과 기본 식량, 도구, 그리고 약간의 씨앗을 포함한다. 사회복지사들은 적절한 패키지가 제공되도록 옹호

활동을 펼치고 수혜자들이 그 물품을 잘 활용할 수 있도록 도울 수 있다. 그러나 불행이도 이러한 패키지는 종종 본국귀환을 하도록 격려하려는 뇌물로 제공되기도 하므로, 사회복지사들은 이러한 의도를 잘 인식하고 있을 필요가 있다. 사실 그러한 의도가 있음에도 불구하고 이 패키지가 유용한 것은 사실이다.

사례 ▶ ▶ ▷

캄보디아인을 위한 귀환 전 훈련

동남아 주변에 있는 캄보디아 난민을 위한 수용소들은 모두 운이 좋게도 서구 NGO에서 제공하는 것과 같은 교육과 취업 기술 프로그램에 접근할 수 있다. 많은 난민들은 기술적인 훈련이나 보건 서비스 제공자나 선생, 사회복지사, 지역사회조직가, 번역가 그리고 행정가로서의 훈련을 받았다. 대부분은 캄보디아로 돌아간 후 취직이 되기를 희망했다. 물론 그 과정이 쉬울 것이라 기대하지는 않았지만 말이다.

귀환 준비는 (수용소와는 매우 다른) 캄보디아의 보건 상황에 대한 내용과 특히 취약계층—장애가 있거나, 노인, 고아 등)에 대한 정보를 포함할 필요가 있었다. 그리하여 귀환 후 무엇을 기대할 수 있을지, 그리고 지원이 필요한 곳을 어떻게 찾아 낼 수 있을지에 대해 준비 했던 것이다.

※ UNHCR, 1993, p.104.

시에라리온에서 온 난민들을 위한 준비 부족

위의 사례와는 반대로 인근 국가에서부터 시에라리온으로 돌아오는 난민들을 위한 준비는 불가능했다. 유엔난민기구는 누가 귀환할 것이며 그들의 최종 목적지가 어디인지에 대한 정확한 정보가 없었다. 어떤 경우에는 난민들에게 접근하기조차 어려웠는데, 그 여러 가지 이유 중 하나는 사회복지사에게 위험이 따를 수 있기 때문이었다. 그러므로 귀환을 계획하고 사람들을 준비시키는 것은 불가능했다.

※ UNHCR, 1997.

모잠비크로 돌아가는 난민들을 위한 출발 전 계획

모잠비크로 송환되는 난민들을 위한 출발 전 계획에는 모든 송환자들의 등록과 건강 검진 프로그램, 그리고 모잠비크의 특수 지역 상황에 대한 정보를 제공하는 것을 포함했다. 가장 초점을 둔 것은 나라 전역에 퍼져 있는 약 200만 개에 달하는 지뢰의 위험성에 대한 것이었다.

※ UNHCR, 1993, p.108.

말리로 돌아가는 난민들을 위한 원조 계획

본국 송환 원조 패키지의 한 사례로서 말리로 돌아가는 투아레그족 난민들을 위한 프로그램을 들 수 있다. 이 패키지에는 텐트, 모기장, 식량이 포함되어 있었다. 고국으로 돌아간 후 그들은 정착보조금을 받을 수 있었다.

※ UNHCR, 1997/1998, p.151.

실제 이동

실제 이동 자체는 많은 유형을 띠고 있다. 도보로 이동하거나 트럭이나 밴, 버스 혹은 비행기로 이동할 수 있다. 소집단으로 진행되기도 하고 대집단이 함께 이동하기도 한다. 문제는 본국 송환을 준비하는 사람들이 작업의 실행계획에 집중하고 있어서 난민들에 대해 생각하고 걱정할 여유가 없을 수 있다는 것이다. 이러한 이동은 스트레스를 동반하므로 병자와 장애인, 아동, 노인 그리고 많은 아이들을 돌보아야 하는 엄마들에게 미치는 영향에 대해 신중하게 고려되어야 하며 이 모든 사람들이 시련을 극복할 수 있도록 가능한 모든 노력을 기울여야 한다. 즉 원조 전문가들이 계획 과정에 가능한 한 완전히 관여해야만 한다는 것을 의미한다. 이동수단, 이동 중 편의시설, 이동하는 난민들이 가지고 가야할 필수 물품들 그리고 지원을 최대화하기 위해 그들과 함께 움직여야 할 사람들에 대해 주의를 기울여야 한다. 이러한 이동 과정 중에 가장 취약한 사람들의 욕구를 충족하는 일은 특별히 중요하며, 이들이 가족이나 지지집단으로부터 분리되지 않도록 예방하는 일도 중요하다. 이상적으로는 사회복지사들이 이 계획을 이행하는 동안 본국 송환자들이나 최소한 그들의 지도자들과 밀접하게 조언을 구해야만 한다.

귀환자들과 동행할 복지사가 있느냐의 여부는 많은 요소들에 따라 다를 것이다. 그러나 취약한 사람들, 특히 잘 모르는 곳이나 엉망으로 망가진 곳, 혹은 위험한 상황으로 돌아가는 사람들은 사회복지사와 동행되거나, 도착한 후 그 곳에서 만나거나, 최소한 당면할 결과들에 대해 잘 준비가 되어야 할 것이다. 만약 사회복지사들이 이러한 목적으로 제공되지 못할 경우, 귀환자들 중 일부가 선발되거나 자원하도록 격려되어 이동과 초기 재통합 과정 중에 지지를 담당하는 인원으로 훈련을 받을 수 있다. 이렇게 선발된 사람들에게 기본 기술을 심어줌으로써 필요한 지원 서비스를 제공하는 것은 그리 힘든 일이 아니다. 이는 예방책으로서, 그리고 특정 위험 상황을 인식하고 적절하게 대처하는 데 도움이 될 수 있으며, 유엔난민기구는 이러한 접근방법을 종종 적용하곤 한다. 그러나 모든 귀환자들은 누구나 어느 정도의 불안감을 가지고 있을 것이며 도착하면 누구나 많은 역할을 담당해야 하므로, 남들에 대해 걱정하기에는 자기 자신의 상황에 정신이 집중되어 있는 상황임을 사회복지사들은 이해할 필요가 있다.

귀환 후 통합

귀환자들은 귀환 후 많은 문제에 직면할 수 있다. 어떤 이들은 모국으로 돌아간 후 또다시 추방된 사람이 된 스스로를 발견할 수 있다. 그 이유는 그들의 소유물이 다른 사람의 손에 들어갔거나, 그들의 땅이 지뢰나 그 외의 방법으로 사용할 수 없는 상태가 되어 버렸거나 그들이 살던 곳의 경제적 상황이 더 이상 생존할 수 있는 곳이 아닐 수 있기 때문이다. 그러면 귀환자들은 시골에서 도시로, 혹은 또 다른 시골 동네로, 혹은 친척이나 친구의 집으로 옮겨 원조나 일할 곳을 찾아야 할 것이다. 이러한 귀환 후의 구체적인 상황은 재통합에 분명한 영향을 미칠 것이다.

귀환 후 주된 요소는 귀환자들과 그 외의 집단들 간에 생기는 지역갈등 관계이다. 종종 귀환자들은 그들의 권리와 욕구에 대해 전혀 민감하지 않은 이웃과 지역사회 구성원과 지역 관료들과 직면해야 한다. 왜냐하면 간혹 그들은 귀환자들이 피신한 행동을 시민으로서의 의무를 불이행한 것으로 인식하기 때문이다. 이에 대한 논의는 다음 단락에서 다루기로 한다.

우선 최우선의 업무는 적절한 쉼터를 마련하는 일이다. 여기서 쉼터란 임시 거처일 수도 있고 급하게 임시로 수리한 귀환자 자신의 집을 의미할 수 있다. 장기적으로는 재건축 혹은 새로운 장소로의 이동을 돕는 것을 의미할 수 있고, 혹은 합법적으로 소유물을 취득할 수 있도록 법률 및 행정 원조를 제공하는 것일 수도 있다. 소유물에 대한 문제는 종종 복잡하고 민감한 부분이다. 왜냐하면 합법적인 소유물에 대한 경쟁이 될 만한 법적이고 윤리적인 주장이 흔히 있기 때문이다. 보스니아-헤르체고비나에 있는 소유물 위원회는 이 거대하고 복잡한 문제를 해결하기 위해 설립되었다.

두 번째의 중요한 임무는 유지할 수 있는 자원을 확보하는 일이다. 귀환자들에게 당장의 취업은 가능성이 희박하기 때문에 그들은 종종 인도주의적인 원조 프로그램을 찾게 된다. 하지만 일부는 고향을 떠나지 않았던, 혹은 여전히 유배상태이지만 취업이 가능한 곳에 살고 있는 친척이나 친구들에게 의존하게 된다. 단기적으로나마 유지를 위한 자원을 획득하는 것은 반드시 필요하다. 그리고 많은 귀환자들은 그러한 자원을 획득하는 데 도움을 구할 것이다. 그러나 그것을 넘어서는 장기적인 소득창출은 커다란 도전이 된다. 일부 상황에서는 귀환자들의 자문을 구하여 그 지역에서 가능한 소득창출 체계를 창안할 수 있을 것이다.

마지막으로 특정 가족 구성원의 통합 욕구는 충족되어야 한다. 아이들, 청년, 여성, 남성, 노인, 장애인들은 모두 집단적인 그리고 개별적인 욕구를 가지고 있다. 이러한 욕구를 충족시키는 데에는 지역의 지원이 요구될 것인데, 심리사회적 프로그램과 자조 프로그램, 지역개발 프로그램, 사회서비스 프로그램, 즉 보건과 교육 프로그램을 모두 포함한다.

사례 ▶ ▶ ▷

말리로 돌아가는 투아레그족 사람들을 위한 원조

유엔난민기구는 말리로 돌아가는 투아레그족 난민들의 통합을 위해 새로운 물 공급 자원과 기존의 물 공급 자원을 재개발시키는 일을 도왔고, 또 곡식의 씨, 장비, 그밖에 농업에 필요한 것들을 나누어 주었으며, 관개 기술에 대한 훈련을 제공했고, 소액신용대출과 소득창출 프로젝트를 만들었으며, 학교를 고치거나 건축하고 가구를 넣는 등의 일을 했다. 여기에서 중요한 것은 이러한 통합 프로젝트를 진행할 때 난민들과 국내 추방되었다가 돌아온 사람들 그리고 원래 지역주민들 사이에 어떠한 차별도 두지 않았다는 점이다. 그렇게 한 것은 지역사회 간의 관계에 공평함과 조화로움을 유지하기 위함이었다.

※ UNHCR, 1997/1998, p.151.

지역사회 간 관계 상황

지역사회 간 관계에 해당하는 두 가지 상황은 매우 흔히 있는 일이다. 그 하나는 귀환자들이 피신하지 않았던 사람들에게 인기가 없는 경우이다. 도망갔다는 행동은 비겁하거나 배신이거나 단순히 쉬운 길을 택한 것으로 보일 수 있고, 남아있었던 사람들은 남아서 소유물과 지역사회, 혹은 나라를 지켰으므로 스스로를 영웅으로 여길 수 있다. 그런 경우 남아있던 사람들은 갈등 상황 속에서 그들이 차지하게 된 소유물에 대한 최우선의 권리를 합법적으로 자신들이 가지고 있다고 생각할 것이며, 또한 인도주의적인 원조, 취업의 기회 그리고 능력개발 프로그램에 대한 권리 또한 그들에게 있다고 여길 것이다. 이는 귀환자들을 매우 어려운 위치에 처하게 한다. 특히 귀환자들을 상대로 지역 관료들이 남아있던 사람들의 주장을 지지한다면 이는 매우 어려운 상황이다.

두 번째 상황은 지역사회가 둘로 분리된 경우로서, 갈등 상황 중에 경쟁하는 집단들 간에 싸움이 있었고, 그로 인해 분리 상태가 가혹하게 지속되고 있는 경우이다. 더 열악한 상황은 평화 협상의 결과, 두 집단 중 한 집단이 많은 권리를 획득하게 되어 그 지역 상황을 통제하게 되었지만, 귀환자들이 그 집단에 대항하는 집단에 소속되어 있는 경우이다. 이러한 상황에서 귀환자들이 환영받을 리는 없다. 오히려 그들이 집을 재건하려고 하면 폭력을 직면할 수 있을 것이다. 혹은 외면당하고 적은 양의 기회만 제공될 것이다. 그들의 귀환은 인구학적 균형을 변화시켜 미래의 선거나 그 외의 사건들에 영향을 미치려는 외부의 시도로 받아들여 질 수도 있다.

지역단위로 귀환자들이 직면하게 되는 이러한 상황은 물론 국가적인 재통합 프로그램의 일부로서(9장 참조), 대규모 추방된 사람의 결과가 낳은 상황들에 대응한 후 반드시 필요한 프로그램이다. 이러한 프로그램들은 다양한 단위로 도입되어야 하는데, 지역단위로 필요한 경우가 많다. 그러므로 전반적인 본국 송환과 통합 계획에 중요한 요소인 것이다. 그러나 갈등과 갈등 후 상황에 관한 화해의 장은 여전히 새로운 분야이다. 남아프리카에서처럼 국가적인 차원에서 진실(과 화해의) 위원회와 과거 유고슬라비아와 르완다에서처럼 전쟁 범죄자들의 고발을 통해 흥미로운 실험이 이루어졌다. 이 두 접근방법은 갈등 기간 동안에 무슨 일이 벌어졌는지를 공개적으로 알리는 데 도움이 될 수 있다. 하지만 장기적으로 지역사회 간 관계에 어떠한 영향을 미칠지는 예견하기 어렵다. 왜냐하면 아직 갈등을 경험한지 얼마되지 않았기 때문이다.

지역단위의 화해는 미국과 같이 인종적으로 분리된 지역사회와 같은 전통적인 지역사회 간 관계의 경험과 유사할 것이고, 또한 호주, 캐나다, 영국과 같이 대규모 이주를 경험한 나라의 경험들과 유사할 것이다. 그러나 이러한 상황에서 개발된 집단 간 관계를 위한 전략이 갈등 후 상황에 직접적으로 적용가능한지는 아직 알 수 없는 일이다. 그렇지만 그 전략을 약간 각색할 필요가 있을지 몰라도, 대부분의 갈등 후 상황들이 개발도상국에서 발생한다는 상황을 고려해 볼 때 그러한 전략은 어쨌건 필요할 것이라는 제안은 이치에 맞는 것이다. 그러므로 갈등 후 상황에 맞는 전통적인 전략 몇 가지를 살펴보도록 하자.

교육 전략들 |　이 전략들의 초점은 궁금해 하는 집단들에 대한 진실, 공존하는 지역사회에 대한 정보, 그리고 과거에 무슨 일이 벌어졌는가 하는 사실들에 사람들이 접근할 수 있도록 하는 데에 있다. 이러한 교육은 여러 가지 많은 방법들을 통해 시도될 수 있는데 (예: 출판된 언어, 텔레비전 방송 그리고 거리 극장), 상황에 따라 다르며, 그것을 접하는 사람들의 반응은 항상 강력한 심리적 요소를 담고 있을 것이며, 이러한 심리적 요소는 종종 인지적 차원을 왜곡하기도 한다. 달리 표현하면, 사람들은 진실이란 절대로 변화하지 않는다는데 대한 절실한 감정과 태도를 가지고 있다는 것이다.

참여 전략들 |　많은 경우 사람들의 부정적인 감정은 그들에게 적이 되는 집단 구성원들을 만날 수 있는 기회를 갖게 되면, 그리고 그 구성원들을 알게 되면 곧 사라질 것이라고 오래도록 믿어 왔다. 이 전략 내용에는 사람들이 함께 모여 재건축과 같은 공동의 업무를 수행할 수 있도록 하는 것을 포함할 수 있다. 혹은 사교 장소에서 모일 수 있도록 하거나, 혹은 상황에 대해 논의하고 미래를 위한 계획을 세우는 일을 함께 하도록 장소를 마련해 주는 것을 포함한다. 물론 경쟁적인 집단들이 함께 모여 긍정적인 결과를 가져오기 위하여서는 그들 사이에 어느 정도의 관계는 이미 형성되어 있어야 한다.

애초에 '폭로'라고 불렸던 토론 집단의 전략들 |　갈등 후 상황과 난민의 귀환 후 상황 속

에서 지역 구성원들이 한 자리에 모여 갈등 기간 중에 무슨 일이 벌어졌는지에 대한 그들의 관점을 나누는 것은 특별히 중요한 일이다. 이러한 집단적 모임은 사람들로 하여금 그들의 분노를 표출하고 고발할 수 있는 기회를 제공하며, 그와 반대의 입장에 처한 사람들로 하여금 대응하고 그들의 입장에서 상황을 표현할 수 있는 기회를 제공한다. 과연 이 일이 결과적으로 더 공평하거나 실제 일어난 일에 대해 보다 정확한 사정을 하게 될지, 또 이 일이 슬픔과 사과까지도 표현하게 이끌지, 혹은 어느 정도의 용서로 이끌지의 여부는 크게는 그들이 처해진 상황에 달려있고, 또 일부는 지역 내 지도력이 존재하느냐에 달려있다. 하지만 집단의 지도자의 기술이 주된 요소가 될 수도 있다. 그러므로 우리는 이러한 상황에 직면할 가능성이 있는 사회복지사들에게 화해의 작업을 교육시킬 수 있는지, 그리고 교육시켜야 할지에 대해 고민하지 않을 수 없다. 이러한 집단 작업에는 타협이 강한 요소가 될 것이고, 갈등 중재의 기술은 분명히 중요한 것이다.

평준화의 기회들 | 이것은 전통적으로 매우 중요한 전략들로 인식되어 왔다. 여기에는 지역 간 관계의 문제는 구조적인 것, 즉 특정 편의시설이나 기회에 공평하게 접근하지 못하는 구조적인 문제에 있다는 추측이 내포되어 있다. 갈등 후 상황은 근본적으로 그 원인이 모두 다르다. 예를 들어 미국의 경우는 인종 관계에 기인하고 있는 것처럼 말이다. 그렇지만 대부분의 경우 한 개 혹은 그 이상의 몇 몇 집단이 다른 집단들 보다 더 많은 힘과 자원을 누리고 있어서 발생되는 일이며, 이러한 현상은 상당한 양의 불만, 분노 그리고 과거에 이미 있었던 감정들을 더욱 악화시킬 만한 그 외의 많은 감정들을 유발시키게 된다. 그러므로 이러한 국면을 탐색하고 이런 문제를 유발시키는 방식이나 구조를 변화시키기 위해 할 수 있는 일이 무엇인지를 알아보는 일은 중요하다. 물론 이러한 일을 광범위한 수준에서 달성시키는 것은 어려운 일일 것이다. 그러나 지역단위라면 어느 정도의 발전은 가능할 수 있다.

여러 관료와 지도자 훈련 | 직접적으로 개입하기보다는 지역 지도자 혹은 공공 관료들과 작업하는 것이 더 나을 수 있다. 만약 이러한 지도자층의 사람들을 대상으로 기술이 뛰어난 사회복지사들이 모든 사람을 위해서 화해와 긍정적 지역 간 관계 형성이 중요하다고

[표 12-2] 본국 송환 과정의 네 단계 요약

단계	전략/과정
앞으로의 귀환 준비	· 능력개발 · 심리적 준비 · 물자 지원 패키지
실제 이동	· 이동 시 발생하는 스트레스 · 이동 수단, 이동 중 이용 가능한 편의시설, 물자 그리고 동반자 · 가장 취약 계층의 욕구 · 가족 구성원의 분리
귀환 후 통합	· 적절한 쉼터 · 유지 가능한 자원 · 특정 가족 구성원의 통합 욕구
지역사회 간 관계 상황	· 교육 전략들 · 참여 전략들 · 토론 집단 전략들 · 평준화 기회들 · 다양한 관료와 지도자 훈련

설득한다면, 이러한 지도자 계층의 사람들은 그들 지역에 소속된 시민들을 그러한 방향으로 이끌고 나갈 것이다.

통합 프로그램들

귀환하는 난민이나 추방된 사람들에 대한 통합이나 재통합은 이미 앞서 언급한 내용 이외 또 다른 맥락에서도 중요하다. 소위 지속가능한 해결책의 하나는 추방된 사람들이 최초의 망명지에 머물면서 그 곳에 통합되는 것이다.

> 전략들
> · 추방된 사람들의 상황과 인권의 문제에 대한 인식개선

이 방법은 지금까지 지구 한편의 몇몇 장소에서 흔히 볼 수 있는 해결책이었다. 정착에 관한 또 하나의 지속가능한 방법은 재정착하는 국가에 통합되는 것이다. 이 방법은 비록 오늘날 흔하게 일어나지 않지만, 2차 대전 이후 수십만 난민들의 현실이었다.

통합은 복합적인 과정으로서 선진국에서는 오랜 세월동안 많은 연구가 있었다(예를 들

면, 1980년대 말까지 이와 관련된 연구동향과 오스트레일리아를 중심으로 한 연구에 관심이 있는 경우 Cox, 1987, 1989 참조). 이 과정은 몇몇의 분파들을 포함하며 다양한 주요변수들의 영향을 받는 다단계적 과정을 포함하는 것이다. 이 같은 통합의 과정은 비록 새로 정착하러 오는 사람과 받아들이는 국가의 주민간의 차이가 크지 않다 하더라도 쉽사리 해결되기 어려운 문제이다. 만일 인종이나 문화 그리고 과거의 경험이 다르다면, 통합의 문제는 더욱 어려운 문제가 된다. 강제이주민의 경우 이주민과 받아들이는 국가의 국민과의 차이가 매우 큰 것이 엄연한 현실이다. 게다가 강제이주민의 경우는 개념적으로도 알 수 있듯이 정확하게 표현하자면 그러한 이주 상황을 스스로 선택한 것이 아니지 않는가. 이들은 어쩔 수 없는 피난을 통해서 고향과 누렸던 생활방식을 이제 모두 잃은 것이 슬플 것이며, 동시에 탈출에 성공하지 못해서 두고 온 친지와 친구들에 대한 그리운 마음을 가지고 있을 것이다.

특히 서구에서 다수의 통합 프로그램이 시도되고 시험되었다. 이 중에는 우리가 다루는 주제에 적합한 프로그램도 있겠지만, 상황이 열악한 저개발국가의 환경 아래에서는 몇 가지 추가적인 요인도 고려해야만 한다는 점을 잊어서는 안 된다. 통합 프로그램들 중 흔히 논의되는 내용은 다음과 같다.

· 적응기간을 위한 준비과정
· 통합에 도움이 되는 능력의 개발, 예를 들면 언어습득
· 받아들이는 국가를 대상으로 한 교육
· 본국 송환 프로그램에서 언급되었던, 지역사회 관계에 초점 맞추기
· 기회 제공, 예를 들면 받아들이는 국가의 주민들을 차별하지 않는 한도 내에서 새로 이주한 사람에게 고용기회 제공
· 이주민에 대한 지지기반과 역량감을 제공하기 위한 이주민 인종집단 개발과 지역사회의 개발 촉진
· 받아들이는 주민에게 제공되는 수준의 공평한 보건, 교육, 기타 서비스 및 편의시설 이용 허용
· 이주민의 특성화된 욕구를 충족시킬 수 있는 범주별 특화된 서비스

캄보디아 전쟁 후 UNTAC과 인권

UNTAC(캄보디아의 이주 상황을 관리하는 유엔기구)는 캄보디아를 전쟁 후 관리하는 기구
로서 인권에 관한 사항을 다루었다. 이 기구는 몇몇 정치범죄자들을 옥에서 풀어주는 일, 감
옥에서의 특정 처우 유형을 금지하는 일, 그리고 원주민의 인권을 돕는 일을 관장했다. 이러
한 기구의 일들은 매우 성공적이어서 수십만 명의 회원이 관여하기에 이르렀다.

※ Shawcross, 2000, p.57.

인권 프로그램들

강제이주 상황은 인권침해로 가득 차 있다. 인권이 침해되는 상황은 강제이주
민의 피난의 원인이 되기도 하고 도피의 한 가지 요인으로 작용하기도 하며, 기타 관련된
상황의 속성을 구성하게 된다. 많은 경우 난민 캠프가 난민들의 안전을 보장하지 않을 수
도 있다. 혹자는 피난처를 찾는 많은 난민들이 그 과정에서 인권이 침해당하는 상황에 처
하게 되고 이로 인해 과거 인권이 보장되지 않거나 옹호해줄 사람이 없는 상태로 돌아가게
된다고 말한다. 이러한 경우는 상황에 따라 차이가 날 수 있지만 평상시에 지켜져야 할 일
반적 인권이 보장되지 않는다는 것은 공통적이라 할 수 있다.

이 같은 상황에서 사회복지사의 역할은 인권과 관련된 옹호, 보호, 의식강화 운동과 같
은 것이다. 옹호는 개입이 가능한 권력을 가진 사람들에게 정보를 제공하는 일, 침해하는
사람의 신상정보를 공공에게 알리고 당국에 고발하는 일, 도움이 될만한 대안적 상황에 대
한 홍보와 같은 일을 통해 변화를 모색하는 것을 말한다. 보호는 침해 상황이 극적으로
혹은 신속하게 개선되지 않는다는 인식하에 사회복지사가 사회적 약자집단에게 보호를
제공하고 그 후 대안적인 상황을 만들어 주는 것을 의미한다. 마지막으로, 강제이주민들
은 종종 그들이 겪는 인권제도, 불법행위, 그리고 수용할 수 없는 상황에 대한 이해가 부
족한 경우가 많다. 따라서 사회복지사는 이탈자들에게 다양한 관습에서의 인권이나 일반
적인 상황에 대한 의식수준을 높이는 것이 바람직하다. 강제이주민이 취해야 할 행동은 상

황에 따라 다를 수 있고 궁극적으로 그들이 스스로 선택해야만 하지만 관련된 상황에 대한 이해를 통해 스스로의 이해를 옹호할 수 있는 기회가 주어져야만 한다.

법률 프로그램들

앞서 언급한 인권에 관한 쟁점에 덧붙여 많은 강제이주민들은 법적 조언이나 대리로부터 도움을 받을 수 있다. 빈번히 강제이주민들은 본인의 현재의 신분 혹은 미래에 바라는 신분에 대한 신청서를 작성해야만 하고, 과거의 경험이나 탈출에 대한 정보를 관계당국에 제공해야 하며, 강제추방이나 송환에 반대하여 대항하거나, 본인과 가족과 관련된 특정 권리에 관해 논쟁을 벌여야 한다. 만일 이주민이 이 같은 상황에 대한 경험이 적다면, 특히 교육을 많이 받지 못한 경우나 글을 읽지 못하는 경우, 스스로나 그들이 처한 상황에 대해 적절히 표현하는 것이 제한될 수밖에 없다. 또한 어떤 진실을 폭로했을 때, 혹은 어떤 제안을 받아 들였을 때 발생할 수 있는 결과에 대해 두려움이 있다면, 스스로에 대한 방어의 효과에는 한계가 있을 것이다. 이 때문에 법적인 조언이나 대리가 필요한 것이다. 법적 지원은 선진국의 경우 제공 가능하지만, 그 외의 국가에서는 여의치 않은 경우가 대부분이다. 따라서 모든 강제이주민에게 법적 조언을 제공하는 것을 목표로 삼는 것은 분명히 중요한 일이다. 일선 사회복지사가 이 같은 상황에서 법적 전문가의 역할을 대신한다는 것은 그리 적절하지 않을지 모르지만, 사회복지사 외에는 현실적으로 다른 대안이 없을 수도 있다.

국제사회복지 현장에 관심 있는 사회복지사는 흔히 일어나는 상황에 대한 법적인 측면에 대한 기초교육을 받는 것이 가능하며, 또한 이는 바람직한 일이다. 사회복지사는 훈련을 통해서 난민과 난민지위신청자와 같은 사람들에 관한 인권법의 주요 조항과 특별권리에 대한 지식을 얻게 된다. 또한 교육과정을 통해서 빈번하게 발생하게 발생하는 상황에 대한 법적 차원에서 강제이주민들을 원조할 방법에 대해 학습하게 된다. 현실적으로 개별 사회복지사가 일대일 상황에서 이러한 역할을 수행하는 것은 불가능할 것이므로, 대안적인 전략으로 다음과 같은 것들을 제안할 수 있겠다.

· 집단적인 정보제공과 토론의 장
· 관련된 상황에 대한 기초적인 정보를 몇몇 집단 구성원에게 훈련
· 법적 전문가를 제공할 것을 강력하게 주장

강제이주민들은 많은 상황에서 방어능력이 현저히 떨어지며, 정부가 강제이주민에 대한 문제해결에 있어서 법적인 방법에 의존하게 된다는 점을 감안할 때, 이 분야의 사회복지사는 법적인 측면을 그들의 업무 중 매우 심각한 부분으로 고려해야만 할 것이다.

지역사회 개발 프로그램들

강제이주민에 관한 지역사회 개발 프로그램에 관한 문헌을 찾는 것은 어려운 일이다. 하지만 강제이주의 상황은 안정적이라 할 정도로 장기적인 것이어서 이러한 상황에 지역사회 개발이 적용되지 않을 이유가 없을 정도이다. 하지만 1980년대 홍콩의 동남아 난민의 폐쇄 수용소 사례에서 알 수 있듯이 지역사회 개발의 접근은 여러 집단의 심각한 반대와 윤리적인 문제가 전혀 없이 이루어지기는 어렵다.

사례 ▶ ▶ ▷

홍콩의 난민 수용소에서 이루어진 지역사회 개발 프로그램에 대한 사례연구
이 프로그램을 실행에 옮긴 NGO는 역량강화를 지역사회 개발 전략의 주된 목표로 삼는다. 이들은 서비스의 대상이 되는 사람들을 서비스 전달에 참여시키는 것을 주된 역량강화로 보고 있다. 그러나 지역개발을 계획된 사회 변화로 묘사하는 것은 시설화되어 있는 사람들에게는 별로 절실하게 와닿지 않을 수 있다는 점을 인식하게 되었다. 왜냐하면 시설화되어 있는 사람들에게는 시민권의 개념이 분명치 않고 또한 미래에 대해서도 불분명하기 때문이다.

이런 상황에서 지역사회 개발의 과정은 기존 권력 관계에 대한 일부 권력을 차지하는 것으로 부터 시작된다. 이것은 집단의 과거 중요한 경험에 대한 소유, 집단 내 존재하던 전통적인 힘의 구조, 영향력 있는 사람들이 누구인지 알고 있는 것, 그리고 수용소 경영 내 관계들을 포함한다. 이것은 지역사회 구성원들과의 목적이 분명한 상호관계를 통해 얻게 되는데, 이는 집단과 복지사들 사이에 합리적인 라포가 형성되어야 가능한 일이다. 다음 단계는 지역사회 내 관심 있는 집단들(예: 여성협회, 불교인협회, 청년집단, 위탁보호제공자, 그리고 노인집단 등)을 알아낸 후 지역사회 조직을 위해 중요한 이유가 되는 문제들(예: 장애인, 정서적으로 불안정 한 사람들, 보호자가 없는 미성년자들, 안보와 폭력 문제, 그리고 수용소 청결 문제 등)을 드러내는 일이다.

지역사회 개발 전략에서 가장 중요한 측면은 지역사회의 욕구를 파악해내는 것이며, 지역사회가 가지고 있는 자원과 외부자원을 욕구충족을 위해 움직이도록 노력하는 일이다. 충족되어야 할 욕구에는 사교, 건강, 청결, 안전, 문화, 경제, 그리고 특별한 집단들 등이 포함된다. 이렇듯 충족되어야 할 욕구를 찾아내는 일은 지속적으로 이루어져야 하는 과정이다.

NGO는 새로운 난민들이 들어오면 그들을 위한 모든 오리엔테이션 세션에 개입될 수 있도록 노력했고 그 목적으로 정보집을 만들어냈다.

이런 과정에서 다음과 같은 어려운 점들에 직면했다.

> 수용소 관리자들, 특히 기본적으로 범죄자들을 관리하도록 훈련된 사람들과 어려움을 경험했다.
>
> 수용소 내 민족들의 구성은 전략에 매우 중요한 요소였다. 왜냐하면 민족들 간 경쟁은 수용소 내 평화를 지속적으로 손상시키기 때문이다.
>
> 장기간 수용소에서의 구금, 그리고 시설화된 환경은 난민들로 하여금 무관심하게 만들었고, 이는 높은 수준의 참여를 기대하기 어렵게 만들었다.
>
> 문화적 수준에 있어서 대부분의 베트남 난민들은 자유민주주의 정치에 대한 개념이 없었으므로 개개인들에게 그들의 삶에 영향을 미칠 의사결정에 참여할 권리가 있다는 점을 인정하는 데 어려움을 경험했다.

촉진자와 촉매자로서 지역사회 개발 사회복지사들의 역할, 그리고 각각의 역할이 형성한 라포는 가장 치명적인 도구였다. 지역개발 준전문가들은 중요한 역할 모델이 되어주었고, 또한 기관과 지역사회 사이를 연결해 주었다. 예를 들어 이러한 모든 시도들은 복지사와 준전문가들에 의해 개별화되어야만 했다. 덧붙여 다음과 같은 사항들이 기본적인 것으로 밝혀졌다.

발견된 지역사회 구조는 어느 정도 경제적인 자유를 필요로 했다.

지역사회 지도자들은 함께 모여 일할 수 있는 공간을 필요로 했다.

정보 수집은 항상 문화적으로 적절하게 이루어져야만 했다.

선거로 당선된 지역사회 지도자들은 어느 정도의 보상이 지불되어야 했다.

모든 집단들을 대표하는 프로그램 자문 위원회를 구성하는 것은 중요한 일이었다.

NGO는 이러한 전반적인 전략이 전체적인 '난민의 현실'의 일부분으로서 미세한 현실에 대응하는 것이라고 보았다. 고위층에 지역사회의 욕구를 잘 표현해내는 능력은 가장 중요한 것으로 널리 인정되었다. 비록 NGO 직원들은 권력의 중개인으로 역할을 하는 동안 종종 무기력함을 느끼지 만 말이다.

NGO는 이러한 지역사회 개발 전략을 통해 폐쇄 수용소에 있는 난민들의 역량강화 과정에 극적인 변화를 가져올 것이라고 생각하는 것은 어리석은 것이라 결론지었다. 그러나 아주 작은 발전을 위해서라도 노력하는 것은 매우 중요하다는 결론을 내렸다.

※ Community and Family Services International, 1991.

▍결론

이 장에서는 그동안 전 세계 다양한 종류의 강제이주자들과 일할 때 고려해야 할 문제점, 복합성, 그리고 긴급성에 관해 논의하였다. 이 분야에 관해서는 많은 경험과 연구가 축척되어 있고(옥스포드대학교 난민연구 프로그램과 같이 특화된 도서관을 통해서가 아니고서는 대부분의 자료의 접근이 용이하지 않지만), 문헌연구의 주요 결과를 찾아내고 전달하고자 하였다. 하지만 우리가 인용한 기존의 연구들은 우리가 이 글을 집필할 때에 비해 강제이주민이나 난민지위신청자, 그리고 난민에 대한 사회적인 정서가 옹호적이었고, 지금보다 정치적인 논쟁거리가 덜 되었던 시절에 연구된 문헌들이다. 이 분야의 사회복지사는 과거에 비해 다양한 정부부처들과 화합적으로 일하는 상황이기보다는 갈등적인 상황에 처하기도 하고, 필요한 자원을 지원받지 못하는 경우가 많다. 이러한 이유로 이 분야의 사회복지는 점점 어려워지고 있으며, 반면 욕구는 지속적으로 많아지고 있다. 그러므로 사회복지 전문가 차원에서 이 중요한 분야에 대한 이해를 늘리고 이 분야에 공헌할 수 있는 능력을 키우는 데 총력을 기울여야 할 것이다.

유엔난민기구와 기타 기관의 사회복지분과는 다양한 유형의 추방된 사람들에 대한 최선의 대응방법을 개발하는 데 지대한 공헌을 해왔다. 이들의 연구물은 사회복지교육기관의 교육과정에 포함시켜야 한다. 만일 이 분야에 대한 사회복지 차원에서의 연구가 병행된다면 특히나 우리는 앞으로 수십 년 동안 다양한 유형에 처한 추방된 사람에 대해 최선의 원조 방법이 무엇일가에 대해 배울 수 있을 것이다. 하지만 처해진 상황이나 대우가 인본주의와 인권적인 측면에서 도저히 수용할 수 없는 상황에 처한 사람들 그리고 그들에 대한 부정적인 태도가 존재하는 상황 속에서, 난민지위신청자나 추방된 사람들과 같은 인구집단에 대한 (유엔의 용어로) 지속가능한 해결책을 찾는 것은 실로 어려운 과제이다. 강제이주자에 대한 수용가능한 해결책을 찾는 과제는 매우 어려운 일이며, 다양한 분야의 전문가 집단과 개인들 그리고 사회복지사의 독창성, 헌신, 사명감을 필요로 하는 일이다.

CHAPTER 12

요약

- 사회복지사들은 효과적인 전략들을 적용하여 대부분 유형의 프로그램들에 기여할 수 있다.

- 사회복지사들은 가장 취약한 강제이주자들에게 초점을 맞추어야 한다. 강제이주자들의 문화에 적절하게 개입할 필요가 있으며, 창조적이고 건설적으로 강제이주자들과 관계 맺어야 한다.

- 우선순위는 여성을 보호하고 아동의 교육적 심리적 욕구를 충족하는 전략들이여야 한다.

- 가족 재결합을 도모하기 위해, 사회복지사는 강제이주자들을 현존하는 데이터베이스를 통하여 관리하고, 가족구성원들의 소식에 대한 그들을 반응을 살펴야 한다.

- 본국 송환과 재통합을 위한 준비, 실제 이행, 재통합, 그리고 집단들 간 조화로운 관계 형성의 단계들은 체계적인 계획을 요한다.

- 적절한 교육, 고용, 복지 프로그램들은 제3세계에 재정착되는 강제이주자들을 위해 개발되어야 한다.

- 사회복지사들은 장제이주자들의 인권에 관한 인식을 높이고 적절한 법적 서비스를 위해 로비를 펼쳐야 한다.

- 계속적으로 증가하는 강제이주자들의 현상은 더욱 복잡하고 어려워지고 있다. 이 분야에 대해 사회복지사들이 공헌하기로 결심해야 비로소 강제이주자들의 복지에 크게 기여할 수 있다.

질문과 토론 주제

- 강제이주 상황에 적절한 일반적인 프로그램들과 구체적인 프로그램들이 무엇인지 정리하시오.

- 본 장에서 언급한 구체적인 프로그램들 중 가능성 있는 전략은 무엇이라 생각하고 있으며, 그러한 전략 속에서 사회복지와 일반 원조 전문가들의 역할은 무엇이라 생각하는가?

- 당신이 강제이주 현장에서 일하는 사회복지사라면 어떠한 프로그램을 가지고 일하기를 원하며, 그러기 위해 어떠한 지식과 기술이 필요하리라고 생각하는가?

- 사회복지사가 강제이주 상황에서 활동을 할 때 어떠한 어려움과 딜레마에 봉착할 수 있을까?

- 대부분 강제이주 상황의 본질을 감안하고 생각해볼 때 적용가능한 프로그램과 전략들은 얼마나 이상적인가?

- 강제이주민들에게 어떠한 인권이 적용되며, 그러한 인권은 어떻게 받아들여지고 있으며, 미래의 활동에 어떠한 영향을 미칠까?

• 당신이 만약 강제이주 집단과 일을 해달라고 부탁을 받았다면, 당신이 가지고 있는 강점은 무엇
이고 이러한 일에 자신 있게 관여하기 위해 발전시켜야 할 부분은 무엇인지 생각해보자.

• 본 장의 마지막 부분에 제시된 사례연구를 분석하고 주요 프로그램과 전략, 그리고 문제점들에
대해 분석해보자.

◎ 향후 연구 분야

• 알려지지 않았거나 기록되지 않은 강제이주 상황에 적용한 사회복지 프로그램에 대해 평가해보자.

• 강제이주민을 위한 본국 송환 프로그램에 대해 기록하고 효과적인 본국 송환을 촉진시키는 요소
들은 무엇인지 찾아보자.

• 선별된 국가 내에서의 최근 (반)이민 혹은 난민지위신청자 정책의 영향을 분석하고, 이들에게 도
움이 될만한 프로그램이 무엇인지 찾아내거나 개발하는 연구를 시작해보자.

13
CHAPTER

특정 집단 대상 국제사회복지

● 학습목표 ●

이번 장의 학습은 독자들로 하여금

- 소외된 취약집단인 네 가지의 특정 집단(거리의 아동들, 아동노동자들, 이주노동자들과 에이즈에 걸린 고아들)의 본질 및 심각성을 이해하도록 한다.
- 이러한 소외된 취약집단에 대한 분석과 이들과 함께 일하는 데 있어 각각 통합관점 접근(2장)을 적용해보도록 한다.
- 이들과 함께 일하기 위하여 활용될 주요 전략 및 프로그램을 이해하도록 한다.
- 소외된 취약집단에 대응하고 주요 전략을 적용하는 데 있어 공통된 측면들을 이해하도록 한다.

앞 장들에서 우리는 네 분야의 국제사회복지를 중점적으로 살펴보았다. 각 분야들은 국제사회에서 비중이 있고 상당한 문헌들도 다루고 있는 잘 알려진 활동 영역으로 간주되는 것들이다. 다루어질 수 있는 다른 분야들로는 자연재해, 교육과 건강 그리고 장애가 있을 것이다. 이러한 분야들은 국제사회복지로 조직화될 수 있는 한 방향을 대표하는 반면, 많은 기관과 개별 사회복지사들은 사실상 특정 집단에게 초점을 두고 있다. 이러한 인구집단들 모두의 상황은 여러 다른 분야들과 긴밀하게 연결되어 있다. 하지만 동시에 그들은 드러나는 필요욕구에 대하여 집중화된 도움을 요하는 특수한 성격을 가진 별개의 구별된 집단이기도 하다. 이러한 인구집단들이 많이 있고, 개발 국가 내에서 사회복지사들과 타 전문직들에게 관심의 대상이 되어왔지만, 이 장에서는 일반적으로 대표적 예가 될 만한 네 가지 대상집단에 대하여 살펴보기로 한다.

여기서 다루게 될 네 가지 대상 집단을 포함한 대부분 이러한 인구집단은 취약성이라고 하는 공통된 특성을 가진다. 유엔개발계획(UNDP, 1997, p. 12)은 취약성에 대하여 "취약하다는 것은 두 가지 측면으로, 충격, 스트레스, 위기에 대한 외적 노출 그리고 내적 무방비, 즉 고통과 그로 인한 손상에 대하여 큰 상실감 없이 적절히 대처하는 방법을 모르거나 잘 대처하지 못함을 의미한다"고 정의하였다.

지구상의 많은 사람들이 한 가지 혹은 다른 면에 대하여 취약성을 가지고는 있다고 볼 수 있지만(UNDP, 1999, p. 90 참조; Friedmann, 1992), 여기서 다루고자 하는 특정 인구집단이 직면하고 있는 취약성은 이러한 일반적 인구집단의 특성들과 상황으로부터 생겨나게 되고 동시에 이에 대한 조금 더 세심한 이해를 필요로 한다.

이러한 인구집단의 두 번째 특징은 주변화, 즉 문제가 되는 집단이 지역의 주류 집단으로부터 소외되어 있다는 것이다. 주변화는 사회적(심각한 사회적 배제), 경제적(노동 시장에서의 차별 등) 혹은 정치적(사회 내에서 무력하고 정치 참여에 대한 접근성 없음) 측면을 모두 포함한다. 주변화는 취약성을 초래하는 주된 요인이지만 그렇다고 모든 취약 집단이 주변화되지는 않는다.

실제로, 대부분 취약한 주변화된 인구집단들은 특정 소수인종 집단, 특정 이민자들, 아동이나 청소년 집단 그리고 특정 범주의 남성과 여성들이었다. 이들 집단은 가난하고 병들고 교육수준이 낮고, 개인적 고통이 심하며, 자존감이 낮고, 사회적인 지지망도 열악하며 정체성 확립에 어려움을 겪는 경향이 있다. 종종 강력한 집단을 조직하기 위해 집단 내 동료들과 함께 자조적 조정을 해나갈 수 있는 개인의 잠재된 능력까지도 대부분 그들의 상황으로 인하여 상당히 제한받곤 한다.

우리가 여기에서 다루고자 하는 인구집단은 거리의 아동들, 아동 노동자들, 이주노동자들과 에이즈로 인한 고아들이다.

거리의 아동들

유엔아동권리협약(1989)은 아동의 권리를 옹호하고 지키기 위한 정책 및 프로그램들을 도입하는 데 각 나라들이 협조를 하도록 한 널리 승인된 협약이다(이 협약에 관한 논의에 대하여는 Save The Children, 1999 참조). 아동권리협약 및 국제적으로 사용되는 여타 영역에서, "아동에게 적용되는 법 상 그 국가 국민들의 대다수가 그 이전 나이에 성인이 되지는 않을 경우, 아동이란 18세 이하의 사람들을 의미한다." 그러나 어떤 국가에서는 21세 미만의 사람을 아동이라 정의하고 혹은 그렇지 않은 경우 18세보다 어린 나이로 규정하기도 한다.

정의와 인구수

거리의 아동들에 대한 정의는 다소 더 어렵다. 공통적 정의는 다음과 같다.

거리의 아동들은 노동 여부와 관계없이 대부분의 시간을 거리에서 보내는 아동들로, 보호를 제공할 가족들의 혈연적 유대관계가 거의 없거나 약하고, 특정 생존 전략들을 습득해 온 아동들이다.

이 정의는 이러한 아동들이 실제로 거리에서 무엇을 하는지, 그들이 가족들과는 어떠한 관계를 가지고 있는지 등에 대하여는 자세히 설명하지 않고 있다. 그러므로 이 정의는 거리의 아동들이 사실상 아주 다양한 집단들로 구성되어 있으며 이들을 한 가지로 일반화한다는 것이 그다지 현실적이지 않다는 관점을 내포하고 있다. 이는 이러한 아동들의 특징상 현실적 여건들을 고려하였을 때 일반화하는 것이 무리일 정도로 시기나 장소에 따라 천차만별이기 때문이다.

거리의 아동들의 수는 제대로 파악하기 어렵다. 그들은 명수를 헤아리기 거의 불가능할 정도로 수많은 나라의 도시와 마을들에 산재해 있다. 1990년대 초 어느 보고에서는 1억 명이라고 하였으나, 유니세프에서는 비슷한 시기 약 3,000만 명이라고 추정하였다. 정확

[표 13-1] 거리의 아동들 범주의 예

거리의 아동이 된 이유에 초점을 둔 구분 (SSWAP, 1988)	아동과 거리 혹은 가족과의 관계에 초점을 둔 구분 (NASWE, 1992)	가족 관계에 특별한 초점을 둔 구분	개입 전략에 특별히 초점 둔 구분 (UNDP, 1996b)
· 생계를 위하여 부모를 돕기 · 부모에게 학대 받음 · 결손 가정 · 양육능력이 없는 부모 · 그저 거리에서 유흥하기 위한 목적 · 어떤 이유로든 기거할 주거지가 없음	· 거리의 아동들: 거리에서 기거하지는 않으나 일하는 아동 · 거리의 아동들: 거리에서 일하고 기거하며 그 가족들에게서 버려진 아동 · 완전히 버려진 아동들	· 실제로 매일 자신의 가족들과 만나는 아동 · 이따금 자신의 가족들과 만나는 아동(예: 시골집에 방문 등) · 가족들이 어디에 사는지는 알지만 전혀 만나지 않는 아동 · 자신의 원 가족에 대해 전혀 모르고 교류가 없는 아동	· 아무런 가족과의 교류가 없는 거리의 아동 · 가족과 함께 거리에서 지내는 아동 · 혼자서 생계를 책임져야 하는 아동 · 가족과의 교류가 있든 없든 간에 교육받은 거리의 아동

한 숫자는 알 수 없지만 일반적으로 그 수가 매우 많으며, 최근 몇십 년간 꾸준히 증가하고 있다고 알려져 있다. 일부는 그 수가 증가하는 이유에 대하여 개발도상국들 내의 도시 개발과 병행하는 불가피한 측면 때문이라고 설명하기도 한다.

거리의 아동들의 범주

다양한 범주들이 거리의 아동을 규정하기 위해 제시되고 있으며 현실적으로 알려진 것은 인구집단이 매우 다양화되어 있다는 것이다. 다양성을 반영하면서 서로 다른 원인에 대하여 범주화되어 왔다. 한 분류는 왜 그들이 거리의 아동이 되었는가에 초점을 맞춘다. 어떤 분류는 그들의 원 가족과의 관계에 초점을 둔다. 그리고 어떤 분류는 서로 다른 범주의 대상들에게 각기 차별화된 개입전략을 적용해야 한다고 제안하는 개입전략의 차별화에 초점을 둔다. 이에 대한 몇 가지 예를 살펴보도록 하자.

〈표 13-1〉의 각각의 예에서 범주들은 각기 아동들을 규정하고, 그들의 상황을 이해하는 데 도움이 되는 주요 결정요소들에 대하여 표명하고, 또한 사회복지사가 활용하게 될 개입전략을 결정하기 위한 방식에 영향을 주게 될 상당히 구체적 특성들을 규명하고 있

다. 범주들은 극빈이나 가족붕괴와 같은 근본적 원인 및 그들에게 영향을 끼치는 주된 상황적 요소들을 보여주고 있다. 동시에 이러한 근본 원인과 상황적 요소들은 사회복지사가 개입 프로그램을 효과적으로 발전시키기 위한 중요한 고려사항이 된다.

이제 유용함이 증명되어진 다양한 개입전략들에 대하여 논의해보기로 하겠다. 그러나 우리가 알아야 할 것은 서로 다른 이슈를 가진 또 다른 집단들도 있다는 것이다. 이는 범죄나 성매매 등 자신들의 이익을 위하여 거리의 아동들을 그들의 상황에 악용하여 착취하는 사람들이다. 거리의 아동들을 타인에게 폐만 끼치는 불편한 존재들로 인식하여 국가와 사회를 모욕한다고 여기는 당국의 권위적 위치를 가지고 공권력을 사용하는 층도 있다. 어느 국가에서는 거리의 아동들을 퇴출하는 목표가 특정 지역에서 추방하여 멀리 숨겨버리거나 단순히 그들의 삶의 방식이나 활동들을 그대로 지속하지 못하도록 동기를 상실시키기 위해 창피를 주는 정도인 반면, 남미 일부 국가에서는 당국이 이러한 거리의 아동들을 살해하는 데 동조하기도 할 정도로 심각하다고 보도되고 있다. 결국 이들을 그 지역에서 강제로 이주시키는 일을 하는 조직을 구성하거나, 전단지를 주거나 돈을 주면서 수치심을 유발하거나, 혹은 그러한 아동들에게 거부감을 직접적으로 표현하거나, 그보다 더 심한 방법을 사용하는 등 일반 대중들이 거리의 아동들에 대하여 부정적인 입장을 견지할 수도 있다. 거리의 아동들을 위하여 일하는 사회복지사는 그들이 추구하는 목적에 다른 사회집단이나 대중들이 언제나 같은 입장에서 협력하지는 않을 것이라는 사실에 대해 충분히 인식하여야 한다. 아동에 대하여는 그들이 거리에서 살아야 하는 결정을 하게 된 권리가 존중되어야 하는 반면, 아동들에게 열려 있는 다른 선택에 대한 권리 역시 간과되지 않아야 한다.

거리의 아동 대상 개입전략 및 기술

다양한 상황들의 차이와 관계없이 사회복지사가 거리의 아동들을 대상으로 일해 나가는 데 고려해야 할 가능한 선택사항들을 보여주는 네 가지 측면들을 고찰해 봄으로써 논의를 시작해보자.

거리의 아동과 함께 일하는 4가지 선택사항들
· 거리의 아동, 그들의 가족들 그리고 지역사회를 대상으로 일하기
· 예방 혹은 치료적 차원에서 일하기
· 거리기반 접근 방법들
· 제도적, 지역사회, 가족, 기관 혹은 거리에서 직접 접근하기

거리의 아동들, 그들의 가족 혹은 지역사회를 대상으로 일하기

이는 개별 아동, 그의 가족들, 혹은 그 지역사회 범위의 상황에서 발생되는 공통된 일련의 선택이다. 사회복지사가 거리의 아동들과 직접 실천을 하는 쪽으로 선택하게 될 때, 이는 단지 그 대상들이 가족이나 지역사회로부터 지나치게 소외되었거나 분리되었기 때문일 수 있다. 만약 그 아동이 가족과 정기적으로 만나거나 교류를 하고 있다면, 실천의 대안은 가족 기능을 강화하고 그들의 사회경제적 지위를 높이고 궁극적으로 그 아동이 거리에서의 생활보다는 더 나은 삶의 질을 담보할 수 있도록 가족체계 안에서 재통합되는 목적을 가지고 그 가족들과 함께 일해 나가거나, 당연히 그 아동과 어느 정도는 함께 일할 것이다. 만약 그 아동들의 가족들이 같은 지역사회에 산다면, 세 번째의 방법은 그 가족들과 아동들 모두에게 영향을 끼칠 수 있을 만큼의 경제적, 사회제도적 지원을 가능하게 하는 지역사회 자원 할당 몫을 증가시키는 방향으로 일하는 것이다. 결정을 하기 위한 요인들은 부분적으로 거리의 상황에 존재하는 위급성의 수준, 그러한 맥락에서 취해지는 치료적인 활동에 기인할 것이다. 어떤 상황들에서는 세 가지 모든 수준에서 일하는 것이 가능하기도 필요하기도 하며, 이를 위해 여러 팀원들의 협동이 필요하다.

예방 및 치료 수준에서의 실천 작업

이는 또 다시 사회복지사들이 직면하게 되는 흔한 선택에 관한 것이다. 많은 개인들의 치료를 위하여 필수적인 존재인 치료적 사회복지사는 사실상 고려 대상의 개인을 위한 문제를 수습하게 되는 수준의 일을 하는 것이지, 요컨대 다른 아동들이 매주 또 다시 거리의 아동들이 되는 것에 대한 예방적인 차원의 일을 하는 것은 아니라는 것은 분명한 사실이다. 예방적 차원의 실천 작업, 즉 예를 들어 일반적으로 사회경제적인 상황이 나아진다면 미래에 거리로 나가는 아동의 수가 줄어들게 될 것이라는 막연한 희망으로 저개발이나 빈곤과 같은 근본적 원인에 초점을 둔 작업을 한다면, 이는 지금 당장의 거리의 아동들에 대하여서는 방치하는 것처럼 보일 수 있다. 물론 분명히 이상적일 수 있는 예방과 치료 이 두 가지 모두에 대하여 모두 다룬다는 것을 대부분의 우리들은 선택하고자 하겠지만 이는 쉽지 않은 일이다. 왜냐하면, 그 두 가지 선택은 서로 다른 전략들을 필요로 하고 서로 다른 종류의 사회복지사의 역할을 요구하며 부분적으로 서비스 개발의 수준에 따라 달라지기

때문이다.

제도적, 지역사회, 기관 혹은 직접적인 거리 수준에서의 대응방안 개발

다시 한 번 말하지만, 이러한 선택들은 여러 가지 맥락에서 같은 가치들을 가지고 있다. 이러한 맥락에서 교정적 접근이라 불리는 제도적인 접근은 거리의 아동들을 거리에서 방출해야만 하거나 기껏해야 분리시켜 교정되어야 하는 비행자들로 보는 경향이 있는 것이 사실이다. 대부분의 실무자들은 거리의 아동들에 대한 이러한 개념정의와 그러한 문제에 대한 접근방법에 대하여 반대할 것이다. 희생자라고 볼 수 있는 거리의 아동들을 범죄자처럼 여기는 것은 대상들이나 그 문제에 대한 지역사회의 인식차원에서 엄청난 역효과를 가져올 수 있다. 이러한 접근 방법이 긍정적인 결과를 주로 가져온다는 증거는 거의 없다.

여기서의 지역사회 수준의 접근방법은 거리의 아동들이 태어나고, 여전히 관계를 유지하고 있는 지역사회를 의미하는 경우가 아닌 때에는 한정적인 의미밖에 가질 수 없다. 실제적 문제점은 불가피하게 장기적인 지역사회 대상의 작업의 본질이 현재의 거리의 아동 인구집단에게 이익을 가져다 줄 시간적 틀 내에서 긍정적인 결과물을 가져올 수 있느냐 그렇지 않으냐에 대한 것이다. 그것은 그야말로 장기적인 예방 차원의 작업일 수 있다.

기관중심의 접근은 사실상 단기적으로 거리의 아동들이 거리에서 사라지도록 하는 것이 가능하고 또 바람직하다고 가정하고 있다. 이는 분명히 개인적으로 이러한 기관을 이용하는 것이 단순히 자발적인 의도이고, 기관이나 직원들이 신뢰할 만하며 그들의 욕구에 부응한다고 여겨지는가에 달려 있다. 기관은 기본적 건강 및 교육적 욕구에 대하여 부응할 것이며, 심층 교육이나 직업 훈련을 제공하거나 거리의 아동들에게 그들의 필요 욕구와 두려움을 표현하고 도움이 되는 지원과 조언을 받을 수 있게 해줄 것이다. 이러한 기관들은 실시하고 있는 프로그램 등 거리의 아동들을 대상으로 제공해줄 많은 내용들을 갖고 있다. 그렇지만 어린 거리의 아동들이 충분히 수용가능한 프로그램을 운용할 숙련되고 헌신적인 직원들을 필요로 한다. 또한 이는 기관이 일정 수준 이상의 이해력과 성숙도, 또한 동기부여가 된 거리의 아동들의 욕구에만 부응할 수 있다는 전제하에 가능하다. 기관들은 솔직히 초기 단계의 신뢰관계를 성립하는 수준부터 작업해나가야 하는 아웃리치 프로그램이 필요한 다른 아동들에게는 그다지 접근성이 높지 않을 수도 있다. 이러한 경우에는 오직 한정된 몇몇의 거리의 아동들에게나 기관의 프로그램에 관심을 가지게 할 수 있을 정도일 수도 있다.

거리기반 접근

거리에 기반을 둔 접근방법은 기본적으로 접근하기 어려운 상황에 있는 거리의 아동들에게 접촉하기 위해 고안된 아웃리치 활동이다. 왜냐하면 이러한 접근법은 가장 열악한 환경에 있는 취약한 아동들을 위하여 계획되는 것이기 때문에 일반적으로 생각할 때 극단적으로 어려운 작업이 아닐 수 없다. 이는 본래 거리의 아동들과 기관이 연결을 맺도록 고안되었지만 다른 상황에서는 기관을 대신하는 거리에 기반을 둔 기능을 한다고 볼 수 있다. 이러한 역할을 감당해야 하는 사회복지사는 이제 건강, 교육, 직업훈련 및 기타 원조 등을 지지 및 상담, 그리고 이러한 자원을 이용하고자 하는 대상들에 대한 광범위한 지역사회와의 연결을 어떻게 제공할 것인가에 있어 어려움을 직면하게 된다. 이러한 거리 기반 프로그램이 아무런 영향력이 없다고 회의적으로 평가하는 사람들도 있다. 이러한 어려움 중의 하나는 그들이 작업하는 것들이 크게 드러나지 않는다는데 있다. 그러나 분명히 이러한 프로그램을 진행하는 사회복지사들은 거리의 아동들에게서, 범죄자들, 경찰 심지어 일반 대중들에게로부터 엄청난 위험 부담을 받고 있고 극심한 압력 하에 있는 상황이다. 남미의 어느 학자는 자신의 관점에 대하여 다음과 같이 적고 있다(Raffaelli, 1997, p. 98).

아웃리치 프로그램은 거리의 아동들이 실제로 살고 있는 현장에서 다수의 대상들과 접촉할 수 있는 가능성 측면에서 보다 실용적이지만, 거리에서 살아간다는 것의 위험성과 거리 생활에서 주류사회에 부응하는 삶으로 변화된다는 것이 쉽지 않다는 데 대한 어려움 측면에서 그 궁극적인 성공여부는 미지수이다. 어느 숙련된 청소년 복지 교육가의 말을 빌면, "거리의 생활에서는 바람직한 재기는 불가능하다. … 재난에서의 구조란 한계를 설정하는 것을 의미하지만, 거리라고 하는 현실에는 그 어떠한 제재도 없기 때문이다"라고 하였다. 대부분의 청소년 옹호자들은 거리의 청소년들은 그들이 잃은 가족들을 대신해 줄 환경을 만드는 데 필요한 안전한 주거환경을 필요로 한다고 믿는다. 사회복지사 및 다른 서비스 제공자들의 이러한 대안적 장에서의 바람직한 청소년기 발달에 대한 역할은 지극히 중대한 것이다.

이제 거리의 아동들의 상황에 있어 도움이 되는 구체적인 전략들에 대하여 논의해보자.

거리의 아동들과 함께 일하는 몇 가지 전략들

다음의 전략들은 문헌이나 학술회의 때마다 이따금씩 등장하는 것들이다. 각각의 전략들은 국가차원에서 시도되어 왔으며 유용하고 효과가 있다고 증명되었다. 우리는 각각의 전략들을 별개로 살펴볼 것이지만, 어떤 기관들이나 사회복지사는 이 전략들이 개별적으로가 아닌 다차원적으로 활용하여 중복적용을 할 수도 있다는 것을 명심하여야 한다. 다음은 콜롬비아의 예이다(Carrizosa & Poertner, 1992, p.409). 재활 모델에 대하여 기술하고 있으며 다음과 같은 요소들을 가지고 있다.

> 거리의 아동 대상으로 일하는 전략
> · 거리에서의 교육 및 촉진자
> · 거리 학교 운영
> · 다른 형태의 센터들에서의 서비스 제공
> · 에이즈나 성병 등의 특별한 문제 표명하기
> · 영향력을 가진 제3자와 일하기

이 프로그램의 4가지 단계들은 거리에서 생활하는 거리의 아동들과 관계를 맺는 것에서부터 … 중간의 집(half way house)으로 들어오게 하는 것까지를 모두 포함한다. … 아동이 행동에 있어 바람직한 변화를 보여 프로그램에 대한 책임감을 보여준다면, 다음 단계는 … 주거형 학교이며 마지막 단계는 … 자치형 지역사회이다. 이 모든 과정은 궁극적으로 더 넓은 사회로의 통합이 주요 목표이다.

우리는 각각의 전략들이 독립적으로 수행된다는 가정 하에 살펴보고자 한다.

교육자/촉진자 전략

필리핀에서의 언론 보도는 전략에 대해 다음과 같이 기술하고 있다, "거리기반의 접근방법은 아동이 있는 거리에서 혹은 그들이 일하는 장소에서 아동에게 접근한다. 거리차원의 교육자들은 아동들에 대하여 알고 그들의 상황을 이해하며, 원조를 제공하고 바람직한 가치들을 알려주기 위하여 비공식적인 대화를 이끌어간다"(NASWE, 1992, p.7).

남미의 한 논문은 "이러한 접근은 거리의 아동 문제를 해결하기 위한 최선의 방법이 그들을 교육하고 역량을 강화하는 것이라고 가정한다"(Carrizisa & Poertner, 1992, p.409). 흔히 이러한 프로그램들은 거리의 아동들을 대상으로 문제점을 파악하는 데 사용되어 지고 가능한 해결방안을 탐색하는 데 활용되기도 한다. 이러한 과정은 비공식적인 교육 정도의 수준에서 이루어진다. 이는 아동들이 자신들의 상황을 초래하게 된 사회에 대하여 질문을 하게 북돋아 준다. 그러나 개별적으로 그들 각자에게 유용하고 가능한 선택들은 무엇인지 역시 고려하게 한다. 아동들 자신이 가능한 대안들을 탐색해볼 때, 사회복지사는 이를 근거로 하여 그들에게 유용할 서비스와 기회들에 연결할 수 있도록 촉진하는 역할을 한다. 가끔은 이러한 자원이나 서비스들이 사회복지사들이 이전에 미처 생각하지 못한 것일 수도 있다. 사회복지사는 자신들의 삶과 상황을 변화시키고자 갈망하는 그들에게 필요한 지원과 격려를 제공하게 된다. 특별히 남미에서는, "아웃리치 접근은 파울로 프레이리(1973)에 의하여 제안된 모델로서 그는 교육적 과정 중에 학습자가 수동적이지 않고 적극적인 주체로 참여시켜야 한다"고 주장하였다(Raffaelli, 1997, p.97). 다른 학자들은 거리차원의 사회복지사들이 거리의 아동들에게 그들을 위한 유용한 시설이나 자원들이 있음을 알게 하고, 자신들의 삶과 상황에 대하여 인지하며 자신의 개인적 발달과 성장 또한 미래의 복지에 있어 필요로 하는 서비스에 접근할 수 있도록 장려하는 역할로서 기능하여야 한다고 강조하고 있다(예: Rane, 1994, p.99). 이는 이러한 서비스들이 거리의 아동에게 개방되어 있다는 것을 강조하지만 불행하게도 사실상 항상 그러한 것은 아니다. 자원들이 준비되어 있지 않다고 하더라도 사회복지사의 중요한 역할은 제공될 수 있는 서비스들이 증진되도록 이를 촉진시키는 것이다.

이러한 작업에 있어 거론되는 관점들 중 한 측면은 자조를 촉진하고 거리의 아동들 간에 서로 돕는 구조를 장려하는 것의 중요성이다. 기존의 연구들을 살펴보면, 거리의 아동들은 보다 연장자이고 강한 아동들이 다른 아동들을 지지하거나, 보다 경험 있는 아동이 새로 온 아동들에게 조언하고 안내해주는 방식으로 집단을 형성한다. 이러한 자연스런 발생이 지지되는 반면에, 때때로 사회복지사가 독립적으로 이러한 연대감에 대하여 강화 혹은 연장시키는 것을 자극할 수도 있다. 예를 들면, 아동이 거리의 생활을 멈출 수가 없고 취약한 상황일 때, 사회복지사는 다른 거리의 아동들이 그 아동에게 가족이나 집단 환경을 형성해주도록 설득할 수 있다. 항상은 아니지만 종종 그들의 이러한 지지들이 마음속으로는 착취적인 동기에서 비롯될 때도 있지만 여전히 아무 것도 해주지 않는 것보다는 나을 때가 있다.

거리의 아동들을 대상으로 직접 거리에서 일하는 것은 실용적이고 필요한 접근이다. 필요한 일이지만 사회복지사에게 굉장한 부담이 된다는 것도 부인할 수 없다. 사회복지사는 기본적으로 그 자리에서 지원이 제공될 수 있는 상황이 아닌 곳에서 일할 경우가 많으며, 여러 욕구들에 부응하여야 하는 상황에 직면하게 되고, 정규 업무 시간 외에도 일하며, 상당한 에너지를 소비해야만 하는 일들에 맞닥뜨리게 된다. 이러한 일은 준전문 사회복지사들이 하게 되기 때문에 이들이 적절한 훈련을 받아야 함에 대한 중요성을 강조할 수밖에 없다. 이러한 사회복지사들은 팀 내에서 일하게 되는데, 각각의 사회복지사가 자신의 복지에 있어 필수적인 지원과 지지들을 받아가며 일할 수 있도록 하는 환경을 만드는 것이 바람직할 것이다.

거리의 학교 전략

거리의 교육자는 거리의 아동들의 현재 상황/현실에 걸맞은 교육, 즉 교육적 용어를 빌리자면, 비공식적인 교육에 초점을 두고 있다. 또 한편으로, 거리의 학교 전략은 이 아동들이 공식 학교 체계로 들어갈 수 있는 준비 역시 도와야 함을 감안해야 한다. 대부분의 상황에서는 사실상 비공식 또는 공식적 교육 모두의 조합이 필요하게 될 것이다. 그러나 거리의 학교는 현재 공교육 체계에서 벗어나 있는 거리의 아동들이 언젠가는 다시 학교에 돌아가고 그러한 기회를 제공받을 수 있다면 가장 바람직하다는 것에 대하여 특별히 인식하고 있다. 아동들이 당분간은 가족들을 부양해야 하는 이유 등으로 거리에서 지내게 되겠지만, 곧 학교로 돌아가고 직업 훈련으로 이어질 수 있을 것이다.

거리의 학교는 거리의 아동들의 현실과 상응하는 방법으로 교육 욕구를 충족시켜 주기 위하여 말 그대로 거리에 만들어지게 된다. 장소는 승합차나 천막 혹은 다른 건물들일 수 있다. 이러한 학교들은 거리의 아동들의 일상생활 내에서의 중간 휴식과도 같은 역할을 하게 되며 이를 중시한다. 그들을 위한 유일한 학급, 즉 스스로 오고 싶을 때 오고, 개별 학습 프로그램으로 운영된다. 또한 다양한 연령층과 학습 수준에 맞추어 운영된다. 이러한 학교가 가지는 목표는 아동들이 연령에 맞는 수준의 공식 학교에 다시 들어갈 수 있는 학습 수준에 다다르게 하는 것이다. 학습 방법들도 이러한 다양성에 부응할 수 있도록 해야 하며, 직원들 역시 개별 욕구에 더 초점을 두어 가르쳐야 한다.

물론 거리의 학교에 오게 되는 거리의 아동들은 특별한 욕구들을 동반하므로, 학교 직원들은 교육적 본래 목적을 유지하면서도 다양한 상황에 존재하는 욕구에 부응하기 위하여 준비되어 있어야 한다.

가족기반 전략들

모든 거리의 아동들의 가족들이 도시의 같은 지역에 살고 있지는 않지만, 대부분은 같은 지역에 살고 있는 경우가 많다. 이러한 상황에서의 대안적 전략은 기본 목적들 중의 하나인 아동들에게 거리에서 함께 일해 나갈 수 있는 다른 대안들을 가짐과 동시에, 그 가족들을 하나의 전체로 간주하는 것이다. 부모들과 함께 일하게 되면, 부무들이 자녀들이 학교에 다니고 경제적으로도 지원할 수 있도록 도울 수 있게 된다. 가족 내 관계 강화는 아동이 가족생활에서 벗어나게 만든 다른 압력이나 문제들을 감소하는 데 도움이 될 수도 있다. 혹은 가족 전체에게 요구되는 물질적인 도움을 주는 것도 하나의 방법이다. 건강이나 가족계획에 대하여 상담하는 것 역시 또 다른 거리의 아동이 생겨나지 않도록 하는 필수적인 도움이 될 수 있을 것이다. 결국 교육적 후원, 입양, 위탁 보호 그리고 주간 보호 등이 대안적인 방법을 수용할 수 있는 기회를 개별 아동에게 제공해왔으나, 이러한 가능성들은 사실상 가족들과 함께 그들을 통해서 탐색되어져야 할 필요가 있다.

이러한 작업은 물론 정상적인(normal) 가족기반 전략 그리고 지역사회 기반 전략과 다를 바 없다. 한 가지 다른 점이 있다면 그것은 개입의 초점이 거리의 아동들 자신에게 있다는 점이다. 그리하여 전략 자체 내에 가능한 한 아동들을 거리에서 벗어나게 하려는 노력을 일부 포함하고 있다는 점이 차이라고 볼 수 있다.

기관적 전략

라펠리(Raffaelli, 1997, p.98)의 언급대로, "거리의 청소년을 위하여 일하며 대변하는 대부분의 사람들은 그들이 거리가 아닌 안정된 주거 환경을 원한다고 믿는다." 그러한 이유로 거리의 아동들에게 개방되어 있는 다양한 형태의 기관을 제공하는 것에 상당한 초점이 맞추어져 왔다. 이러한 기관들은 거리에서의 열악한 생활환경의 개선을 목적으로 하는 센터에서부터 아동들이 강제로 입소하도록 특별히 고안된 주거 센터까지 다양하다. 그렇다면, 가능한 주요 대안들에 대하여 고려해보도록 하자.

방문 센터(drop-in center)는 아동들이 거리의 생활을 정리할 수 있는 여러 선택적 사항들을 마음 터놓고 제안하고 이야기할 수 있는, 사회복지사들과의 접촉이 가능한 동시에 거리의 생활을 조금 더 견딜 수 있게 하는 지지 역할을 한다. 한 인도의 보고서는(Rane, 1994, p. 20) 이에 대하여 다음과 같이 묘사하고 있다.

> 방문 센터는 지원 체계로서 만들어졌으며 건강, 여가, 훈련, 상담 그리고 목욕 시설 및 보충 음식을 제공한다.
>
> 이 센터의 목적은 거리의 아동들이 하루 중 일정한 시간에 이 센터에 들리도록 동기화되고 장려하는 것이다. 그래서 이 시간을 거리에서 아무런 목적 없이 방황하고, 그 과정에서 착취나 학대의 표적이 되는 대신 좀 더 교육적이고 유용하며 생산적인 시간을 보내도록 하는 것이다.
>
> 이 전략은 바로 그 시간에 거리의 아동들을 센터에 있게 함으로써 얻어지는 이익을 알도록 하는 것이다. 그들에게 센터에 대한 신뢰와 확신을 얻고 그들의 문제에 대한 맥락을 이해하고 기본적 서비스를 받을 기회를 제공하며 그들을 거리에서 생활하는 것에서 벗어날 수 있는 대안적인 활동을 제공하는 것이다.

어떤 센터들은 따뜻한 저녁식사와 잠자리를 제공하기 위하여 특별히 만들어진 곳도 있다. 주로 야간 쉼터라고 부른다. 인도의 보고서에서 관찰했듯이 "아동들은 그들의 우선적 욕구인 음식과 잠자리를 가장 우선시해왔다"(Rane, 1994, p. 101). (NASWE, 1992, p. 7 참조)

과도적 혹은 임시 센터(transitional or temporary center)는 좀 더 장기적인 목적을 세운다. 이는 아동들에게 거리의 생활을 청산하고 대신 다른 생활방식을 만들어 나가도록 돕는다. 필리핀의 링갭 센터(Lingap Center)라는 곳이 그렇게 설립되었다. 사회복지교육협회(NASWE, 1992, p. 7) 보고서는 이 센터를 다음과 같이 묘사하고 있다.

링겝 센터는 좀 더 장기적이고 지속적인 서비스를 제공한다. 이러한 서비스들 중에는 신체적 상해에 대한 의료적 서비스와 정서적으로 고통 받는 상처에 대한 사회적 치료, 손상된 사회 기능에 대한 회복, 재활, 아동의 학교 복귀, 기술 증진 그리고 돈을 벌 수 있는 직업을 구하기 위한 준비에 대한 것들이 있다. 어떤 센터들은 위탁 보호 및 입양 서비스 역시 제공한다.

1988년에 필리핀사회복지대학협회(SSWAP)는 5개의 링겝 센터를 필리핀에 세웠으며, 이에 대하여 다음과 같이 언급하고 있다.

링겝 센터는 과도기적 중간 역할을 하는, 아동을 위한 휴식처이다. 각 센터들은 60~100명의 아동들에게 이들이 대략 머무르게 되는 3개월 동안 서비스를 제공하고 있다. 이 기간 동안 사회복지사들은 아동들이 자신의 부모에게 돌아가도록 하거나 위탁 가정 혹은 장기적인 보육 기관, 입양을 통한 서비스를 제공하기 위하여 일하고 있다. 이 센터에서는 신체적, 사회적, 경제적, 영적, 도덕적, 의료적, 영양적 그리고 이들을 위한 교육적 욕구에 부응하는 서비스를 제공하고 있다. (SSWAP, 1988, p.37)

그룹홈은 가정이 없는 아동들에 대한 오늘날의 일반적 전략을 그대로 수행하고 있다. 그 인식은 가능한 한 가정과 유사한 형태의 삶을 기대하면서 가정적인 맥락 하에 한 부모님이 몇 명의 아동들을 돌보는 형태이다. 이러한 가정들은 아동이 밖으로 외출도 하고, 학교에 다니며, 직업훈련도 받고 작업장에서 일도 할 수 있는 안전한 환경을 제공한다. 아동들은 그들이 바란다면 언제든지 떠날 수 있지만 그룹홈에서의 부모와 사회복지사들 및 다른 여러 사람들의 지원과 지지를 통하여 그들이 그들 자신을 위하여 세운 목표를 향해 갈 수 있도록 동기화될 것이다. 거리의 아동들을 위한 그룹홈 프로그램들은 인도와 그 밖의 지역들에서 개발되어져 왔다.

치료 센터는 교정적인 학교와 비슷한 환경 내에서 치료를 제공하기 위하여 고안되었고, 거리의 아동들을 강제적으로 주거 센터로 이주하도록 하기로 한다. 이러한 접근을 통하여 아동은 교정을 필요로 하는 비행자로 여겨진다. 이러한 접근이 때로는 필요하지만, 이는 아동들이 거리의 생활을 정리하고 새로운 선택들을 할 수 있도록 돕는 자발적인 센터들과는 대조적인 양상을 띠게 된다.

특수한 욕구에 부응하기 위하여 고안된 전략들

거리의 아동들이 가진 특수한 욕구에 부응하기 위해 고안된 전략의 유용한 예들이 있을 것이다. 그러나 여기서 소개하고자 하는 예는 문헌을 통해서 상당히 많이 알려져 있고 또한 여전히 논의 중에 있는 것으로, 이는 거리의 아동들에게 영향을 미치는 HIV/에이즈 및 여타 성과 관련된 질병(STD, 이하 '성병')에 관한 것들이다. 이러한 문제와 관련된 프로그램들은 다분히 예방적이며 본질상 교육적인 측면이 강하다.

거리의 아동들에 대한 보고서들은 흔히 아동들의 성적으로 연관된 활동에 대한 언급을 하곤 한다. 이들 중 상당 부분의 아동들이 성행위에 연루되어 있고 이러한 행위는 성적인 호기심에 의한 시도인 동시에 서로를 통하여 위안을 얻으려는 의도이다. 많은 수가 거리의 삶을 통하여 성적인 착취를 당해오고 있으며, 살아남기 위한 전략으로 성매매를 하기도 하며, 이는 동성 관계 및 이성 관계를 모두 포함하고 있다. 이들은 성병과 에이즈에 심각하게 노출되어 있다(Dube, 1997, 짐바브웨의 예 참조). 이러한 상황에서는 "거리기반의 성병 및 에이즈 교육" 개발이 필요하다(Connolly, 1994, p. 199). 성교육에 더불어, 콘돔 배포 역시 추진하여야 하며, 이는 자존감을 증진하고 거리의 아동들의 역량을 강화하는 차원의 프로그램과 병행되어야 한다. 교육적 전략으로 채택되어진 것들 중에는 관련된 책을 통한 교육뿐만 아니라 거리 무대, 영화, 비디오, 게임 방식으로의 적용도 있다.

짐바브웨에서는 전통적 에이즈 예방 교육 프로그램이 그다지 거리의 아동들에게 영향력을 발휘하지 못했다는 것을 발견하고, 혁신적인 "거리의 아동들을 위한 동료 교육 전략"을 개발하였다. 뮤페지스와, 마팀바, 케뇨와(Mupedziswa, Matimba & Kanyowa, 1996, p. 75)는 다음과 같이 이 전략을 표명하였다.

간단히 말하면, 구상 중인 이 모델은 동료들을 교육할 수 있는 특별한 훈련을 위하여 뽑히게 될 거리의 아동들 중 '핵심'이 되는 아동들이 누구인지 규명하는 것을 포함한다. 그러한 핵심 아동은 나이, 배경이나 관심분야 등 여러 관련 변수들이 비슷한 사람으로 선정되게 된다. 이 전략은 훈련을 받는 데 관심이 있을 만한 집단 내 영향력이 있는 아동을 표적으로 한다. 이렇게 훈련을 받게 된 아동이 그 마을과 도시를 두루 다니며 성병과 에이즈 등에 대하여 교육하고, 대화나 조직화된 집단 형태의 활동을 통해서 예방교육을 할 수 있게 될 것을 기대하는 것이다.

이러한 모델에 있어 염려되는 요인은 거리의 아동들은 특별히 주거 지역이 결정되어 있지 않고, 의사소통하기 어려우며, 다른 외부인들에게 간섭받기를 싫어하며, 영향을 받기가 쉽지 않을 것이라는 데 있다. 그러나 어떤 경우에는 이러한 문제들을 가지고 있지 않을 수도 있다. 논문들은 이 모델의 성공을 위한 안내 원칙들을 소개하고 효과적인 전략 실행을 위해 필요한 단계들을 연구했다.

두베(1997, p.72)는 다음과 같이 명확하게 지적하였다.

에이즈나 성병 및 증가하는 약물 중독의 위험은 선택과 기회 부족이라는 문제와 불가분한 것이다. 우리들의 장기적 과업은 공중 건강 및 위생뿐만 아니라 그러한 아동들이 자기 스스로의 이미지를 개선 및 증진시키는 방향으로 발전시켜야 한다는 것이다. 그들에게 건강 및 자존감 향상을 위한 지식과 필요한 서비스 시설들을 제공해주는 것이 성병과 에이즈 전염의 위험 감소와 동시에 자아존중감을 높일 수 있게 해주는 것이다. 아동들의 행동 변화는 자존감의 향상과 그들이 스스로 인지하고 결정내릴 수 있는 환경이 제공될 때만이 가능하다.

영향력을 가진 제3자와 일하기

거리의 아동들의 문제에 대한 일반 대중의 인식을 개선하는 것도 중요한 일이다. 일반 대중들은 거리의 아동들이 반사회적이며, 비행을 저지르고, 약물의 공급책이라는 등의 편견을 가지고 있기가 쉽다. 그러나 대중이 이들에 대한 부정적 태도와 인식을 개선하고 전반적인 현실과 그러한 현상에 대하여 조금 더 관심을 가지고 이해할 수 있을 때에만이 거리의 아동들을 대상으로 한 어떠한 작업도 성공적이라고 할 수 있을 것이다. 이들에 있어 일반 대중은 영향력 있는 제3자의 일부이기 때문이다.

두 번째 영향력 있는 인구집단은 함께 일하게 되는 특수한 직업군의 사람들이다. 여기에는 경찰, 안전요원, 교통과 관련된 사람들 노점상인들 그리고 가게의 상인들 등이다. 이러한 인구집단들은 정기적으로 혹은 거의 매일 거리의 아동들의 삶에 연관이 있다. 그러므로 이러한 사람들에 대한 태도가 거리의 아동들에 대한 영향력과 더불어 무시할 수 없는 요소이다. 그러므로 각 상황들에 적합한 유용한 전략들에 대한 이해와 상황에 대한 좋은 기반의 긍정적 태도들을 이 집단에게 잘 설득하고 교육하는 일은 중요한 일이다.

사례 ▶ ▶ ▷

아프가니스탄의 방문 센터

아프가니스탄에서는 20년에 걸친 분쟁으로 인하여 다수의 거리의 아동들이 생겨나게 되었고, 이들은 학대로 고통 받고 있는 경우가 많았다. 대부분은 가난으로 인하여 거리로 나올 수밖에 없는 상황이었으나 거리의 삶이 초래하는 장기적인 신체적, 심리적 영향은 아동들이 지속적으로 가난에서 빠져 나오기 힘들게 만들었다. 한 지역사회 기관이 지역사회를 지원하고자 응급지원 방문 센터를 설립하는 계획을 착수하였다. 이 센터는 의사가 운영하고 사회복지사들이 근무하고 있다. 거리의 아동들은 정기적으로 이 센터에 방문하여 기초적인 교육과 건강, 위생교육, 음식, 스포츠활동 그리고 여가생활 등의 서비스를 제공받았다. 일단 아동이 이 센터를 정기적으로 방문하는 것이 습관화되면서, 그 곳에서 행해지는 여러 서비스 중 한 가지인 직업훈련을 받기도 했다. 사회복지사는 아동과 초기 관계를 형성해나가고, 가능하다면 정기적으로 부모도 방문하며, 아동을 위한 추수 지원도 하게 된다. 이 센터가 운영된 첫 해에 무려 450명이 넘는 아동들이 이 센터에 왔고, 그 중 다수는 정기 회원이다. 일부는 성공적으로 학교로 다시 복귀하게 되어 학습을 지속하게 되었고 다른 일부는 이 센터에서 교육 받고 있다.

※ UN/ESCAP, 1994a, p.11.

뭄바이에서의 아웃리치 프로그램

뭄바이의 거리의 아동수는 10만 명을 웃돌고 있으며, 이러한 거리의 아동수의 증가는 이 도시가 있는 인도에서 급속히 증가하는 도시화 현상 중 하나이다. 이러한 아동들의 대부분은 기본적 필요 욕구에 있어서도 많이 부족한 형편이어서 배고픔과 질병, 특히 피부병에 노출되어 있다. 대부분은 글을 읽지 못하며 자신들이 교육 받지 못하는 것에 대하여 당연하게 생각하며 공부는 안 해도 된다고 여기고 있다. 뭄베이에서는 22개의 NGO기관들이 이러한 아동들의 복지를 위하여 일하고 있다. 아동들에게 기차역이나 절 등에서 접근하는 아웃리치 프로그램이 성공적으로 이루어지고 있다. 전반적인 프로그램 내용은 보건서비스 제공, 영양, 교육, 직업훈련, 여가생활, 상담 등을 포함하고 있다. 보통 거리의 아동 옹호 및 대변 활동을 하고 거리의 아동과 함께 일하는 사람들을 훈련하기도 한다. 1년 동안 그 기관의 아웃리치 프로그램의 결과, 45명의 아동들이 학교로 복귀하였고, 25명의 아동들이 은행계좌를 열게 되었으며, 리더십을 증진하기 위한 3일 캠프에 30명의 아동이 참석하였으며, 20명에게 직업훈련을 하였으며, 다른 많은 아동들에게 역시 다양한 방법으로 원조를 제공하였다.

※ UN/ESCAP, 1994a, p.17.

필리핀 여아들을 위한 거리기반 프로그램

세 번째 예는 필리핀의 여아들을 위한 거리기반 개입에 관한 것이다. 이 프로그램은 동료집단을 조직하여 그 중에 선발된 아동을 '거리의 보호자'로 정해 훈련시키고, 여아들이 자신들의 삶을 다양하게 선택할 수 있음을 깨닫게 하며, 성희롱 등과 같은 위험요소들로부터 서로 보호하기 위한 집단을 구성하고, 자신들이 인지하는 욕구들에 대하여 잘 부응할 수 있는 계획을 세우는 데 도움을 주며, 주변 동료들을 급한 도움이 필요할 때 보살펴줄 수 있도록 하고, 예방적인 보건 서비스를 해줄 수 있도록 훈련하기도 한다. 이들이 자신의 가족에게 다시 돌아가기를 원하는 경우에 기관은 그 부모들이 양육 역할을 증진하도록 하는 도움을 통하여 지원해준다.

가장 본질적인 이 프로그램의 특성은 이들에 대한 옹호 및 대변자의 역할을 수행하는 것이다. 이는 특별히 법 규제를 강화하는 사람들에 대하여서 활동하는 것이다. 아동들이 경찰들에 대해 그동안 부정적인 경험들로 쌓아왔던 불신에 대하여 이해하고, 신뢰감을 얻게 되는 것 역시 필요하다. 개인이 대상이 아니라 지역사회 차원일 때에는 어려움이 배가 된다. 전체 지역사회는 이 아동들의 생존이나 발달측면에 있어 지속되어지는 기본 문제들을 새로이 정립하고 해결해나가기 위해 재구성되어야만 하기 때문이다.

마닐라 거리의 여아들은 구조적인 부정과 불공평, 집단 빈곤, 필수적인 관계의 부재, 왜곡된 가치들 때문에 빚어진 폭력들로 인하여 '몸과 마음이 파괴되어진 채' 여전히 고통을 당하고 있다.

※ Childhope, 1989.

아동 노동자들

아동과 관련된 큰 문제 중 하나가 아동 노동이다. 이것은 일반화하기에 어려움이 있다는 사실을 고려했을 때 상당히 복잡한 상황의 문제이다. 실제적으로 아동 노동이 노동가능한 법적 연령 이하의 아동을 고용하는 것으로 정의되어질 수 있는 반면에, 이러한 정의는 다양한 범위의 상황들을 포함하고 있기 때문이다. 첫째, 아동들이 일을 하고 있는 다양한 상황이 있을 것인데, 유니세프(1997, p.24) 보고서는 이를 다음과 같이 명시하고 있다,

> 실제적으로 아동들은 상당히 다양한 상황과 조건하에서 여러 가지 일을 하고 있다. 이는 양극단을 연결하는 연속성의 상황에서 발생된다. 이러한 연속성의 한쪽 끝에서 긍정적 측면의 일이라고 하는 것은 이득이 있고, 교육과정이나 적당한 여가 및 휴식에 방해가 되지 않는 한도에서 아동의 신체적, 정신적, 영적, 도덕적 그리고 사회적 발달을 돕게 된다.
> 또 하나의 끝인 부정적 측면에서는 명백하게 파괴적이며 착취적이다. 또한 아동의 발달에 반드시 악영향을 주지는 않는 일들 역시 포함하여 이 두 양극단 사이에서의 방대한 영역의 활동들이 존재하고 있다.

노동 적정 연령에 관하여서는, 세계노동기구가 15세라고 일반적 상한선을 정해 놓았지만, 12세에서 18세까지 나라들마다 다양하게 규정하고 있다(UNICEF, 1997, p.25). 세계 많은 아동들이 가족의 일을 할께 하고 있는데, 환경상 그다지 유해하지는 않으며, 특별히 농업사회에서는 더 그러하다. 또한 많은 아동들이 용돈벌이나 가족에게 도움이 되기 위하여 방과 후에 일을 하기도 하는데, 이는 도리어 종종 바람직하다고 여겨진다. 문제가 되는 것은 아동 노동, 즉 본질적으로 착취적이고 아동 발달에 있어 부정적인 영향을 주기 쉬운 노동에 대한 것이다.

아동 노동은 흔한 현상이다. 이는 지구상의 모든 곳에 존재하고 가난한 나라들에서 역시 더욱 자주 보게 되는 일이다. 유니세프(1997, p.26)는 이에 대한 세계적인 추세에 대하여 다음과 같이 요약하여 보고하였다.

전 세계에 걸쳐 다음과 같은 상황이 드러나고 있다. 전체 아동 노동 인구의 대다수가 아시아, 아프리카 그리고 남미에 살고 있다. 동남아시아에서는 비율이 감소하고 있는 추세이긴 하나, 전체 아동 노동 인구수의 반에 해당하는 수가 아시아에 있다.… 아프리카에서는 3명에 1명꼴로 일을 하고 있으며, 남미에서는 5명에 1명이 일하고 있는 셈이다.

그렇지만, 보고서에서는 대다수 노동하는 아동들은 그들의 가족을 위하여 가정 내에서, 들에서, 거리에서 일하고 있으며, 유해한 환경에서 일하는 아동의 수는 정확히 알려지지 않고 있다고 하였다. 그러나 분명히 공장에서, 농장에서, 탄광에서, 거리에서 그리고 국가적으로 일하고 있는 아동들이 있을 것이다.

유니세프(2005)에서 나온 좀 더 최근의 보고서에서는 다음과 같이 언급하였다.

오늘날, 5세에서 17세 사이의 세계 3억 5천 명 이상의 아동들이 일을 하고 있다. 이들은 연령이나 그들의 기본권에 노동이 미치는 영향, 특별히 그들이 노동으로 인하여 해를 당하는지 등에 따라 모두 다른 상황으로 판단되어질 수 있다. 전체 중 1억 4천 명에 해당하는 아동들은 이미 국제 노동 기준에 비추어 보았을 때 충분한 긍정적 조건에서 일하고 있다. 하지만 6천만 명은 아동 노동에 있어 '최악의 유형'으로 보호받아야 함이 당연함에도 불구하고 착취당하는 상황에 놓여 있다. 또한 다른 8천만 명은 개발도상국이나 공업 국가들에서 그럭저럭 합리적인 일을 수행하고 있다.

대략 2억 1,100만 명의 15세 이하의 노동 아동들 중에서 반 이상(1억 2천만 명)은 '최악의 유형'인 상황에서 일하고 있다. 그러므로 그 연령 이상의 청소년들과 합하면 18세 미만의 1억 8천명의 아동·청소년들이 최악의 상황에서 일을 하고 있는 것이다. 이는 대충 전 세계의 아동들 12명 중에 1명이라고 할 수 있다. 이 중 대다수인 1억 7천만 명은 건강에 해로움을 감수해야 하는 유해한 환경에서, 또 어떤 경우는 생명에 위협을 가져오는 여건에서 일하고 있다.

논란이 되고 있는 핵심은 일하는 아동들이 아니라 그들의 건강이나 복지에 해가 되는 환경에서의 아동 노동력 착취에 관한 것이다. 아동권리협약 제32조에서는 정부가 "경제적인 목적을 위한 착취나 유해하거나 학습을 방해하거나 건강, 신체, 정신, 영적, 도덕적 혹은 사회적인 발달에 해로운 노동을 하는 것에서" 보호하도록 의무화하고 있다. 그렇다면 어떤 상황들이 아동의 노동력을 착취하는 상황인 것인가?

유니세프(1997, p. 24)는 다음과 같은 상황을 착취로 개념화하고 있다.

· 너무 어린 연령의 아동이 전업으로 일하는 것

· 과도한 시간 동안 일하는 것

· 지나친 신체, 사회 혹은 심리적 스트레스를 동반한 작업

· 열악한 여건에서 거리에서 일하고 생활하는 경우

· 적절치 못한 급여

· 과다한 책임

· 학령기 연령인 아동이 학습할 수 없도록 방해하는 일

· 노예나 계약 혹은 성적 착취 등 아동의 인권과 존엄성을 침해하는 일

· 사회적 그리고 심리적인 발달에 해로운 종류의 일

어떤 이들은 선택의 자유에 대한 질문을 할 수도 있을 것이다. 아동의 선택의 자유라는 문제는 논쟁의 여지가 있음에 불구하고 아동이 만약 노동에 강제적으로 동원되고, 실제로 죄수처럼 취급받으며 이런 여건에서 빠져나갈 수가 없는 상황이라고 한다면, 여기에서 선택의 자유가 없다는 것은 분명히 하나의 치명적 요소가 된다고 하겠다.

유해한 아동 노동을 표명하기 위한 전략들

이러한 문제들에 있어 먼저 고려하여야 할 몇 가지 일반적이거나 간접적인 전략들이 있다.

간접적인 전략들

한 가지 전략은 '교육'이다. 교육은 아동 노동에 대한 논리적인 대안이다. 그러므로 아동이 학교에 다닐 수 있도록 하는 모든 가능한 단계들이 동원되어야 한다(UNDP, 1996b,

p.91). 이것 때문에 아이케와 트우마시 안크라(Ike & Twumasi-Ankrah, 1999, p.115)
는 강제적 초등교육 정책에 대하여 "만연한 아동 노동을 감소하기 위해서 모든 아동을 위
한 무상의 의무적인 초등교육을 하도록 하는 강력한 정부의 정책이 요구되어 진다"고 제
안했다. 이는 또한 직업교육과 병행되어야 한다. 아동권리협약은 초등교육이 일반화되며
강제적으로 시행되어져야 한다고 주장하였고, 유니세프는 정부가 이것을 강력히 실행한
다면 "아동 노동 착취는 감소할 것"이라고 확신하였다(UNICEF, 1997, p.48). 또 한편으
로, 초등교육의 의무화뿐만 아니라 교육의 질을 개선해나가는 것도 앞으로 풀어가야 할
과제라고 보았다.

> 교육과 아동 노동은 서로 깊이 연관되어 상호작용하고 있다. 우리가 보아온 것과 같이, 노
> 동은 아동을 교육으로부터 멀어지게 한다. 동시에 질적으로 낮은 교육은 아동이 학교를 그
> 만둘 수밖에 없게 하고 어린 나이에 일을 하게 만들기 쉽다. 반면에 질 높은 교육은 아동을
> 교육으로 유인하게 하고 지속적으로 배울 수 있게 만들어 준다. 더 장기적이고 질 높은 교육
> 은 아동이 해로운 노동으로 유인될 수 있는 가능성을 더 적게 만들어 준다.

두 번째 전략은 '법제화'이다. 아동노동법의 통과는 그동안 관례처럼 이어져온 문제들
을 불법화하여 폐지할 수 있는 필요한 보호책에 법적인 권위를 제공한다는 의미에서 중대
한 일이다. "모든 국가들은 합의 표명 및 더 넓은 범위의 노력을 위한 도약대로서의 역할을
하기 위한 아동노동법의 일관된 정책을 수립해야 한다"(UNICEF, 1997, p.58). 법제화가
여러 나라들에서 효과적이었음이 밝혀졌지만, 일부 어떤 나라들에서는 법이 필요는 하지
만 충분 조건, 즉 그것만으로 효과가 있지는 않음을 보여주고 있다. 인도의 예는 법제화
가 되더라도 독립적이고 청렴한 감독체계가 없이는 유명무실함을 보여준다.

'옹호' 활동은 흔히 언급되는 세 번째의 전략이다. 이상적으로는 아동 옹호 센터가 연구
조사를 수행하고, 훈련을 제공하며 프로그램을 개발, 정부에 영향력을 행사하며, 전 세계
의 자원들과 협력하며, 아동 노동에서 초래되는 착취 등의 부정적 영향을 줄여나가는 역할
을 수행하는 것이다. 바라기는 옹호 활동을 통하여 전체 사회가 주축이 되어 이러한 운동
에 참여하는 것이 이상적일 것이다. 유니세프(1997, p.63)에서 언급하듯이, "모든 사회 구

성원들이 진정한 국가적 운동에 관련되어 참여할 때만이 정부가 그 의무를 신중하게 하는 것이라고 할 수 있다." NGO기관들, 언론, 노조, 고용주들, 아동 자신들 모두 이러한 목적 달성을 위하여 각자의 주요 역할을 담당해야 한다.

마지막으로, '빈곤의 무력함을 감소시키고 빈곤 자체를 줄이는 것'은 그 근본적 원인의 뿌리를 규명해내는 전략이다. 어린 아동들을 유해한 노동환경으로 내모는 것은 대부분의 경우 빈곤 때문이다. 그러므로 "장기적 변화를 가져오기 위해서는 빈곤 가족들이 무력감으로부터 스스로 벗어나도록 하는 근본 요인이 해결되어야만 가능하다"(UNICEF, 1997, p.61). 지역사회 차원의 개발 및 빈곤감소에 대해 논의되었던 전략들(6장 및 8장 참조)은 이러한 맥락과 연관되어 있다. 때때로 이는 빈곤 상황에 대한 지역차원에서 실행되는 전략들과 마찬가지로 사회 구조 내에서 이러한 목적을 달성하기 위해 요구되어지는 변화들이다.

직접적인 전략들

앞서 언급된 전략들이 본질적으로 예방적인 차원이며 다수의 착취적 노동 상황에 연루되게 될 아동의 수를 줄이기 위함이라면, 과연 아동 노동에 대한 현재의 필요한 욕구들에 부응하는 효과적인 전략은 무엇인가? 아동 노동에 연관되어 있는 대다수의 아동들에게 직접적으로 접근하는 것은 쉽지 않은 일이라고 알려져 있다. 그들은 사실상 그들을 관리하고 착취하는 자들에 의하여 암묵적으로 자행되고 있거나 감금되어 있다. 그리고 이러한 아동들과 접촉을 시도하는 데는 엄청난 계략과 수법이 필요하게 될 것이다. 대안은 이들과 접촉하고 이들을 고용하고 있는 사람들의 행위에 대해 영향력을 끼치는 것이다. 원칙에 있어 이것이 좀 더 실용적일 수 있겠지만, 실제적으로는 이들이 아마도 상당한 이득을 축적하며 아동들을 교묘하게 착취하고 있는 자들이기 때문에, 이러한 상황을 알고 논의하며 자신들이 스스로 변화를 추구한다고 하는 것은 기대하기 어려운 일이다. 그러나 이 전략이 가능하다면 사회복지사들은 이러한 착취 고용자들에 대한 조치를 취할 수 있는 권위적 힘을 가진 것이 무엇인지 찾아야만 한다.

몇몇 군데에서 벌어지고 있는 완연한 열악한 실태들과 많은 국가의 부패한 행정 체계들을 보았을 때, 이러한 일들을 추진한다는 것은 성과 없이 무모하게 보일 수도 있다. 그러

[표 13-2] 해로운 아동 노동 상황을 표명하기 위한 전략들

간접적 전략	직접적 전략
· 교육 · 법제화 · 옹호 활동 · 빈곤 및 빈곤자들의 무능력 감소	· 아동 고용자들의 행위에 대한 영향력 행사 · 착취적인 고용주들에 대항하기 위한 관련 기관 설득 · 아동의 이익을 보호하고 고용주 및 관련 기관에도 수용적 정책 및 시행을 표명하기 · 관련된 아동들 및 가족들이 수입에 대한 대안을 찾을 수 있도록 원조하기 · 로비의 목적을 위한 관계망 개발하기

나 적어도 지속적인 시도는 해보아야 한다. 단순히 이러한 관행들을 없애기 위한 로비를 하는 것보다 더 중요한 일은 철저하게 사고하고 그 고용주들 및 행정기관에도 잠재적으로 수용되어 지며 당사자들인 아동들의 이익을 최대한으로 대변할 수 있는 정책과 실행내용을 표명할 준비를 하는 것이다(예: 실용적인 교육—노동 통합 프로그램이나 정부가 보조하는 노동 조건 개선안 등). 결국 사회복지사들이 고용 상황을 개선하는 데 있어 효과적으로 기능하려면, 관련된 아동들을 돕고 그 가족들과 아동들이 대안적인 수입원과 자원을 동시에 찾을 수 있는 데 대한 대안 마련을 도와야 한다. 그런데 이는 이러한 준비가 되어 있을 때 가능할 것이다. 초래될 결과를 미리 예견하지 못하며 그에 따른 대응 계획을 세우지 않은 채 부정적인 노동 관행의 종식을 위한 로비를 한다는 것은 무책임한 행위이다.

사례 ▶ ▶ ▷

다음의 사례들과 설명은 이 분야에 대한 유니세프(1997)의 경험을 그 출처로 한다.

케냐에서의 국내 노동자들을 위한 교육

케냐에서는 도시빈민 가족들이 자녀들을 먹여 살려야 하는 의무에서 벗어난 것에 대하여 긍정적인 반응을 보이고 있다. 특별히 자녀들을 노동자로 교환하여 받아들이고 먹여주는 의무를 감당하여야 하던 친척인 경우에는 더욱 더 그러했다. 대부분은 아동들을 교육시키겠다고 약속하지만 그 약속이 제대로 이루어지는지는 알 수 없다. 또한 종종 아동들은 아무런 교육을 받지 못하고 있으며, 그 대신 긴 시간의 힘든 노동과 차별, 소외에 시달린다. 이러한 상황들에 대한 해결책으로서 나이로비의 산업지구에 있는 한 NGO가 아동들에게 기본교육과 훈련, 즉 요리교실 등을 포함하는 국내의 어린 노동자들을 위한 편의시설을 제공하

는 센터를 설립하였다. 이 센터는 국제노동기구의 아동노동을 반대하기 위한 국제 프로그
램에 의하여 세워진 것이다. 약 100명의 여아들이 6개월 코스의 프로그램에 등록하였고, 이
프로그램은 기초 읽기, 요리, 초급 기술들(예: 재단이나 타자치기) 등을 가르치고 있다. 수
업 시간은 아동들을 고용하고 있는 고용주들과 협의하게 되는데 고용주들 역시 교육 시간
이 자신들의 형편에 맞고 비용이 들지 않기 때문에 대부분 동의하곤 한다. 여아들은 주로 7
세 정도이며, 대개 14세나 15세 정도에 임신을 하곤 한다. 그러면 그들은 거리로 내몰리게
된다. 이 센터는 현재 이 문제에 대한 자금은 없는 상황이지만 앞으로 이러한 상황들에 대하
여 서비스가 추가로 필요하다고 진단하였다. 이곳은 케냐에서 국내 여아 노동자들에 대한
기술 훈련과 기초 읽기 프로그램을 제공하는 유일한 기관이다.

※ UNICEF, 1997, p.34.

교육 프로그램

유니세프는 노동하고 있는 아동들이 학교에 복귀하는 문제에 대하여 신중하게 고심하여 왔
으며, 다음과 같은 설명과 실례들을 제공하고 있다.

인도의 서부 뱅갈주에서 한 NGO가 370명의 아동들로 하여금 노동을 그만 두고 자신의 학
업을 계속하도록 지원하여 왔다. 이들은 아동들에게 학용품, 보건서비스, 점심을 제공해주
었다. 14세가 넘은 또 다른 19명의 아동들은 그곳에서 받은 직업훈련을 기반으로 하여 숙
련된 기술을 배울 수 있게 되었다. 이는 노동하는 아동들의 욕구에 부응하기 위한 수많은
나라들에 세워진 기관에서 이루어낸 하나의 성과에 지나지 않는다. "노동하는 아동들이 보
다 나은 기회들을 보장받기 위해 필수적인 교육은 이러한 프로그램들을 통한 가장 공통적이
고 일반적인 하나의 실마리이다. 어려운 점은 이러한 교육을 아동 및 그들의 가족들에게도
경제적으로도 이득이 되도록 효과 있게 이끌어내는 데 있다"(UNICEF, 1997, p.50).

흔히 이러한 비공식 교육을 통하여 아동들은 다시 정규학교로 돌아가게 되곤 한다. 많은 프
로그램들이 비공식적 교육 및 생존 기술 모두를 포함하는 요소들을 가진 지역사회를 기반으
로 하면서도 지속가능한 대체 방안을 만드는 것을 그 목적으로 한다. 네팔에서는 카펫 공장
에서 풀려난 아동들을 위한 2년짜리 프로그램이 무료 급식, 숙박 그리고 공식 혹은 비공식적
교육을 제공하였으며, 이를 통하여 학교에 다시 등록하게 되거나, 이곳에서 익힌 직업훈련을
통하여 새로운 일자리를 찾아가게 되었다. 인도의 우타 프레디시주에서는 어느 NGO기관이
이전에 담보로 붙들려 일을 하던 아동들을 위하여 60개의 학교를 열고 기초교육 5년분을
3년에 마치는 프로그램을 제공하였다.

※ UNICEF, 1997, p.50.

"일하는 아동들의 문제를 다루는 데 있어 일반적인 어려움은 그들 자신과 가족들의 생존에 있어 경제적인 것이 가장 큰 문제인 아동들에게 어떻게 교육을 지속시킬 수 있는가에 대한 것이다. 여기에는 관련된 교육과정, 융통성 있는 수업 계획 및 질 좋은 교육이 필수적이다." 학교 교육에 드는 직접적인 비용을 부담할 수 있는 방안들이 아동이 노동을 하지 못함으로 인한 가족들의 현금생계비 제공과 더불어 제공되어야 한다. 유니세프는 이에 대하여 남미의 사례를 들고 있다.

온두라스에서는 2천여 명의 거리의 아동들이 건강, 상담, 학용품, 교복을 비롯해 필요한 경우 부분적인 장학금 및 급식보조까지 제공하는 NGO기관에 의하여 설립된 공식/비공식 교육을 통한 혜택을 받아왔다. 에콰도르에 있는 또 다른 NGO기관은 수공예품 생산을 통하여 구두닦이 소년들이 버는 양 정도의 주급을 제공하고 있다. 그리고 이에 참가하는 아동들은 정기적인 학습을 해야 한다.

브라질의 한 개혁적인 프로그램으로 1개월에 2일 이상 수업에 빠지지 않은 학생의 가난한 가족들에게는 기초급여와 같은 장학금을 주는 제도가 있다. 저금 및 신용 계획을 포함하고 있는 이 프로그램은 가난한 학생들의 자퇴율을 현저히 떨어뜨리는 데 기여했다.

※ UNICEF, 1997, p.51.

이주노동자들과 그 가족

이주노동자라는 용어의 사용 범위가 다국적 기업들의 기동력 좋은 높은 관리직들에서부터 돈을 벌기 위한 목적으로 국가 간 경계를 불법으로 넘어 들어가 일을 하는 비숙련공까지를 모두 포함한다고 했을 때, 이주노동 현상에 속하는 대상의 범위는 참으로 방대하다. 어떠한 경계를 명확히 나누기가 힘들지만, 여기에서 논하고자 하는 초점은 이러한 현상에 있어 숙련되지 않고 위험에 노출된 열악한 인구집단에 맞추도록 한다. 게다가 이주노동자 운동이란 남녀 모두를 포함하며 근래에는 대다수의 여성들이 포함되어 있고 이들은 같은 형편의 남성 노동자들에 비하여 훨씬 더 열악하다. 이제부터 논의될 내용들이 성평등적인 용어들이겠지만, 한편 일반적으로 혹은 점점 증가하는 추세의 여성들로 이루어진 인구집단에 대하여 언급하도록 한다.

이주노동 현상의 역사와 현황

이주노동자의 이동은 긴 역사를 가지고 있지만, 여기서는 18세기 이후 근대에 대해서 살펴보도록 한다. 이주노동자 이동은 어느 지역에서는 노동력 부족이 어떤 지역에서는 노동력 과잉이 일어났을 때 노동력이 넘쳐나는 곳에서 시작되게 된다. 사람들은 그 어떤 수단과 방법을 동원해서라도 이주하였고, 이는 그들의 삶의 목적을 달성하거나 생존하기 위한 노력이었다. 이러한 이민의 구체적 특성들은 천차만별이었다. 이는 유럽에서 미주나 호주로 새 나라를 찾아 떠난 것과 마찬가지로 대부분 자유를 찾는 이주였다. 또한 일자리를 찾기 위해 노동력이 남는 시골에서 급속히 발전하는 도시로의 이동과 같은 국내적인 현상이기도 했다. 아프리카, 아시아, 유럽 그리고 남미 등 대륙 내에서도 대단위 이주현상이 일어나기도 했다. 이러한 대륙 내 이동은 공식 혹은 비공식, 합법 혹은 불법, 그리고 일시적 혹은 영구적인 특성을 가지고 있었다. 마침내 이주노동자들의 이동은 대다수의 남성 및 여성 인구, 성인들 그리고 가족집단으로 확대되었다. 대부분의 이러한 이주 현상은 산업화 등의 사회발전에서 초래된 현상이었다. 일부 국가들이 발전하게 되면 그 노동력을 채우기 위하여 국경에 가까운 유용한 노동력을 구하게 되는 것이다. 노동력을 제공하는 국가들은 자기 국가 내에서 고용 수요를 채우지 못하는 경우가 많고, 또한 이는 늘어나는 숙련 노동자들 및 시골 지역의 비숙련 노동자들 모두를 위한 것이기도 하다. 이런 현상은 현대에도 발생하고 있고 다양한 형태로 일어나고 있다. 실례로 2005년 전반 서부 아프리카에서 이라크에 이주노동자들을 채용한 프로그램이 그것이다(예: Sierra Leone).

근래에는, 아프리카, 아시아 그리고 남미 내에서의 노동의 이주가 심각한 염려를 불러일으키고 있다. 전체 국가 인구에 비해 그 비율이 높지는 않지만 그들 대다수는 긍정적이든 부정적이든 전체적 이주 현상에 의해 영향을 받게 되는 경우 많다. 아시아의 경우 일례로 1996년 "아시아 이외의 지역에 3백만 명의 아시아 노동자들이 고용되어 있고, 같은 수인 3백만 명의 아시아인이 역시 아시아 내 다른 지역들에 고용되어 있다"고 보고하였다 (Martin, Mason, & Nagayama, 1996, p. 165). 아시아 내에 고용되어 있는 3백만 노동자들 가운데 약 50%는 불법 이주노동자들이다. 이 연구보고서에 의하면, "21세기에는 여러 가지 지표들로 미루어 보아 더 많은 이주노동자들이 발생할 것이 예측된다"고 하였다.

노동자 이동 현상은 보내고 받는 국가들, 이주노동자들 자체 그리고 자기 나라에 남아 있게 되는 가족들 등의 측면에서 매우 복잡한 양상을 띠게 된다. 바로 앞서 언급한 연구자들은 전체적인 상황을 이렇게 요약하였다.

대부분의 이주노동 현상의 핵심은 노동 수출 및 수용 국가들 내에 있다. 그러나 이러한 이주를 해야만 하게 하는 압력을 감소하는 해결책은 보내는 국가들에게 달려 있다. 노동력을 수입하는 나라들은 외국 노동자들의 유입을 합법화하거나 참아줌으로써 그 이동상의 이주 흐름을 정하게 된다. 이주노동자들은 어려움이 있다면 적응에 장애가 생기지만, 곧 이주국의 회사들과 노동 시장에서에서 자신들의 영역을 구축해 나가게 된다. 이주하는 나라에서의 가족들, 마을 그리고 지역은 국제 노동 시장의 영향을 받으며, 노동 중개인 그리고 중개업자들이 노동 이동을 지속적으로 고무시키곤 한다. 누적되는 인과관계라고 불리우는 역동적인 과정이 고용을 위한 이주를 영속화하기 위하여 실제적으로 기능하고 있다. 이주민들의 존재는 특정한 일자리를 재구조화해야 하거나 임금을 조정할 필요가 없게 만들어, 결과적으로 이들은 주 경제 영역에서 소외되는 결과를 초래하게 된다. 송금액이나 귀환 등은 기대치를 높이지만 그렇다고 해서 이들이 경제적 부흥 자체에 불을 붙이거나 하는 데에는 그다지 영향력을 발휘하지 못한다. 그래서 어떤 마을은 외국에서 일하고 있는 가족들을 가진 유아나 노인들 위주의 인구로 이루어진 '유아원화, 양로원화 된 마을'이 될 수 있다. (Martin et al., 1996, pp. 165-166).

이주노동과 관련된 이득과 위험

이주노동 현상에서부터 기인하게 되는 여러 가지 잠재적 이득도 있다. 보내는 나라는 잉여 노동력을 수출함으로써 다양한 비용을 절감할 수 있게 된다. 그들의 경제 역시 이주노동자들이 보내오는 송금액과 노동 시장에서 배우게 되는 기술 등을 토대로 호전되게 된다. 노동 수입국은 단기적으로 비용효과 측면에서 드러나게 되는 방식으로 노동력 부족에 대응할 수 있게 되며, 동시에 훈련 비용이나 통상 임금보다 적은 임금 등을 통해 이득을 얻게 된다. 그러나 언급했듯이 이러한 이득에는 뒤따르는 난점이 있다. 특별히 장기적인 측면에서 그러하다. 결국 이주노동자들은 수입을 보장 받고 그 수입을 자신의 고향 가족들의 경제적 상황을 낫게 하는 데 쓰며, 심지어 사업자금으로 사용하기도 하여 이득이 있어 보인다. 또한 중개업자들은 노동력 시장에서의 수지맞는 거래를 통한 이익 취득에 관여하게 되는 것이다. 왜 이러한 형태의 움직임들이 이와 관련된 모든 관계자들에게 매력이 있는 것인지 이해하기는 어렵지 않다. 그리고 많은 나라와 사람들이 적어도 단기적으로는 이득을 보고 있는 것에 대해서도 의심의 여지가 없다.

노동자와 가족들과 그 외의 타인들 모두를 포함한 이러한 나라들의 시민들에게 매우 중요한 국가 차원에서의 영향력에 대하여 알고 있음에도 불구하고, 우리는 노동자들과 그 가족들에 대한 관점에서 고찰해보았을 때 이주노동 현상에 대하여 여전히 여러 우려점이 있는 것이 사실이다. 사회복지사들은 이러한 위험에 대하여 잘 인식하여야 함과 동시에, 어떠한 상황에서도 그 영향력에 대하여 명확히 사정할 수 있어야 하며 이러한 상황을 표명하기 위한 전략들을 잘 알고 있어야 한다.

이주노동의 본질

노동자들의 대거 이동에 있어서의 본질은 노동자들이 열악한 상황에 놓여 있다는 데 있다. 실제로 이들은 합법화되지 않은 불법 이주 상황에 놓여 있으며, 이주해 간 국가의 국적을 가지고 있는 다른 동료 노동자들이 누릴 수 있는 여러 시설이나 이득들에 대하여 상대적으로 불리한 입장에 처해 있는 경우가 많다. 또한 이러한 불법 노동자들을 돌려 보내려는 정부의 결정들이 있을 때마다 종종 급작스런 강제추방에 노출되게 된다. 부도덕한 업주들과 타인들에게 착취를 당하기도 하며 항상 불안정하고 때로는 공포심을 가지고 살아가게 된다. 노동자들이 바라는 것은 지금 하고 있는 일을 지속적으로 유지하는 것을 위한 노동운동이지만, 정부가 장기적으로는 이러한 운동의 목적이 영주권을 획득하는 것으로 변화될 것이라는 것을 충분히 인지하고 있다면, 노동자들은 이도 저도 아닌 중간 위치에서 애매하게 놓여있게 되는 것이다. 결국 60년대와 70년대 유럽의 일부 지역에서 일어났던 상황과 같이 다양한 관련자들이 노동자들이 영주권을 획득하게 하기 위한 권리를 위하여 효과적으로 교섭할 때까지, 종종 그들은 자신의 가족들을 신분상으로 보증하지 못하게 된다. 여기서 필요한 것은 그들이 정상적인 삶에 대한 욕구들을 인지하면서, 이주노동자들의 상황에서 오는 불명확한 모호성을 제거해나가야 하는 데 있다.

노동자들에 대한 착취

그 본질에 있어 이주노동자들이 착취당할 수 있는 측면이 있음과 동시에 그들은 실제로 흔히 교묘하게 착취당하고 있는 것이 현실이다. 착취는 이주노동자 중개인들 사이에 혼한 일이며, 중개업자 등은 이주노동자가 되게 해준다는 것에 대하여 거짓으로 약속을 하고 터무니없는 비용을 요구하며, 가짜 여권이나 기타 서류 등을 발행, 어떤 때는 선불을 받아 놓고 행적을 감추어 버리기도 한다. 이러한 착취는 기초 생계수준에 사는 빈곤한 사람들에게는 엄청난 악영향을 가져다준다. 이러한 착취는 노동자를 필요로 하는 수입 국가 내에서 고용주들 측에서도 일어난다. 이주하는 데 드는 비용에 관련시켜 임금을 체불하거나, 여권을 빼앗아가 노동자들이 마음대로 귀국하는 것을 막고, 성추행이나 다른 고위험군의 일을 시키고, 노동 시간 연장과 절대로 용인되지 않을 악조건에서 일을 시키고 있다. 그러나 여전히 노동자들은 보호되지 않고 있는 것이다. 이따금 보내거나 받는 나라의 정부 관리들 역시 불법적인 추가 비용을 받거나 그들의 문제들을 봐준다는 이유로 웃돈을 요구하는 등 횡포가 심하다. 노동자의 교육 수준이 낮을수록 그리고 숙련도가 낮을수록, 이러한 착취 상황에 노출될 가능성은 커지게 된다.

두 가지의 개선 유형의 전략들이 이러한 착취적 관행에서 노동자들을 보호하기 위하여 지난 수년간 발전되어 왔다. 첫째, 이러한 인구들을 보호하기 위한 국제법의 발전이다. "국제법은 이들을 외국인의 신분으로 보호한다. 노동법은 그들의 근로 조건들을 보장한다. 인권은 이들을 다른 사람들과 똑같이 명시한다"(Editor's Introduction, APMJ, 1993).

국제노동기구는 1986년에 '노동자권리: 이주노동자 고용 및 그 조직에 대한 국제 노동기구의 기준에 대한 지침'을 인준하였고 동 기구는 이주노동자들의 권리를 위하여 부단히 노력해왔다. 이러한 노력의 결과로 이주노동자들의 권리에 대한 유엔 협약이 1992년에 채택되었다. 그러나 노동자들의 권리는 여전히 대중, 언론, 정부에 의해서는 지지되지 못하고 있는 채, 유엔과 국제노동기구 그리고 몇몇 NGO단체들에 의해서만 행해져 오는 외로운 싸움으로 남겨져 있는 실정이다.

두 번째 개선책의 유형으로는 이주노동자들의 현황 및 개선 방향에 대하여 그들의 역량을 강화하고 지지를 증진하기 위하여 이에 대한 사실을 알고 자각하는 수준을 높이기 위한 프로그램 도입 및 실행 방안이다. 어떤 프로그램들은 보내는 정부들에 의하여 개발되기도 하는데 필리핀 정부에서는 이러한 측면에서 많은 일을 해 오고 있다. 어떤 NGO기관들에서도 프로그램을 만들고, 시골 지역에서 사람을 모집하는 과정에서 실행하고 준비 프로그램을 운영하며 중간 다리 역할을 하기도 한다. 이러한 것들이 홍콩이나 싱가포르처럼 노동자들을 필요로 하여 받아들이는 나라에 있어서는 유용하고 실용적이다. 노동자들을 영입하는 나라에서는 NGO들이 종종 이주노동자들이 서로 함께 만나는 자리를 마련하기 위한 노력을 하기도 한다. 함께 모여 경험을 나누고 불만을 토로하며 서로를 지지하고 자조적 능력을 증진하기 위한 방안을 논의하는 것이다. 그러나 이러한 프로그램들이 제공하는 질 좋은 서비스 측면에 반하여 참여하는 대상자들의 수는 기대하는 것만큼 많지가 않다.

본국에 남아 있는 가족들

주요 문제 중 마지막은 본국에 남아있는 가족들이다. 여기에는 몇 가지 어려움들이 있다. 근래에 많은 수의 이주노동자들은 여성이기 때문에 그들은 남편을 두고 오게 되는 경우가 많은데, 남아 있는 남편들은 그 동안 가사일을 해본 경험이 그다지 많이 않은 사람들이다. 또한 남겨진 자녀들 역시 제대로 양육되어지지 않을 수 있다. 남겨진 남편과 자녀들은 이러한 환경에서 어려움을 당하게 되곤 한다. 또한 남편이 해외로 나가 일을 하게 되면 여성들은 주로 남편이 송금해주는 돈으로 생계를 이어가고, 가끔은 친척들이나 형제 중 다른 남성들을 통하여 도움을 받게 되기도 한다. 부모 모두가 외국에 나가 일을 하게 된다면 자녀들은 조부모나 친척들의 보호 하에 최소한의 양육을 받거나 지금까지 받아온 수준보다 많은 용돈을 받게 될 수도 있다. 이런 경우 적절한 보호나 제재가 없이 경제적인 여유가 생긴 아동들이 약물을 하거나 다른 위험한 비행 행동에 연루될 가능성이 높아지게 된다. 어떤 나라에서는 정부와 NGO기관들이 이렇게 남겨진 가족들을 위한 프로그램을 실행하여 왔으며, 이러한 프로그램 개발을 위하여 많은 교사들이나 종교 지도자들이 기여했다.

사회복지사의 역할과 전략

이주노동자들이 당면한 문제들과 관련하여 사회복지사들과 여타의 원조자들이 해야 할 역할과 수행해야 할 전략들이 있다. 이제부터의 논의에서는 이주노동 과정에 있어 관련된 단계에 따른 범주 내에서 그 역할을 나누어 보기로 한다.

선발과 모집 과정

외국에서의 노동 기회를 필요로 하거나 선호하고 그러한 모집 중개인들의 활동이 활발한 지역에서는, 사회복지사와 다른 원조 전문가들은 대중 교육 프로그램을 마련하고 그 초점이 개인들이 가진 궁금한 것들에 대한 정보들을 찾을 수 있는 장을 마련하도록 해야 한다. 또한 집단 상담, 정보, 논의의 장이 역시 마련되어야 하며, 지방 정부 관리들이나 모집 중개인들이 그들의 활동을 모니터하고 있다는 것에 대하여도 알고 있도록 해야 한다. 이러한 활동들과 관련된 전략은 명확하다.

준비 단계

보내는 나라의 정부는 떠나는 노동자들에게 이러한 준비 프로그램에 대한 정보를 제공하여 주고 적극적으로 참여할 수 있도록 개방하고 장려해야 한다. 이 프로그램에는, 필요에 따라 외국에서 일하기 위한 법적 · 행정적 절차, 외국으로 가는 것을 포함해서 개인적 보호 및 하게 될 일과 관련된 기술을 익히고 역량을 증진하는 것(예: 집안 일을 하게 될 경우 그들에게 익숙하지 않은 현대식 가사노동 기술들 등), 자신들의 권리를 효과적으로 주장할 수 있도록 하는 자기주장 훈련, 이주해 가게 될 나라의 언어에 대한 기본 교육, 본국의 대사관이나 NGO 등을 통하여 받을 수 있는 서비스 정보 등을 포함한다. 지역 NGO들은 그 나라의 정부와 협력하여 이러한 준비 프로그램들을 개설하고 노동자들이 무료로 참여할 수 있도록 하는 활동을 할 수 있을 것이다. 이러한 작업들이 일부 수행되고 있는 좋은 예로서 필리핀을 들 수 있다.

가게 되는 이주국의 상황

해외에서 일을 하고 있는 동안 노동자들은 극심한 위험에 노출되는 상황이 종종 있을 수 있다. 이럴 때 긴급하게 연락이 가능하고 그들의 생활들에 대하여 점검해주며 필요한 원조를 제공하고 외국에서의 생활경험이 대부분은 긍정적일 수 있음을 장려해줄 수 있는 기관이 필요하다. 이러한 기관들은 대사관이나 정부가 될 수도 있고, NGO단체나 국제 NGO(INGO)혹은 이러한 목적을 위하여 설립된 초국적 NGO(TNGO), 유엔여성발전기금과 같은 유엔의 기구이거나 국제노동기구 등과 같은 형태일 수 있다. 현실적으로 노동수용국에서 이러한 일들을 해나간다고 하는 것은 쉬운 일이 아니다. 실제로 국제적 압력에 의해 정부가 이러한 일들을 강제적으로 종용하지 않는다면 실행되지 않을 것이다. 여러 맥락에서 사회복지사들은 이를 계획하고 발전시키며 관리하고, 요구되어지는 직접 서비스들의 전달을 위하여 많은 역할들을 하여야 한다.

남아 있는 가족들의 상황

보내는 나라에서의 정부나 NGO기관에게 부딪치는 도전은 외국인노동자들의 가족들이 지금까지와 같이 앞으로의 경험에서 잘 살아갈 수 있을지, 또한 이주노동자들이 보내주는 비용을 적절히 운용하고, 필요하다면 이들이 지역 시설들을 잘 알고 선용할 수 있을 것인지에 관한 것이다. 이러한 것들을 고려한 서비스가 없이는 남은 가족들은 뿔뿔이 흩어지거나 송금되는 돈은 탕진되고 자녀들의 교육과 건강은 방치되며, 나가있는 노동자 가족원에게만 모든 것을 의지하거나 종종 외국에 일하러 간 엄마를 둔 남은 가족의 상황으로 인하여 주변으로 부터의 낙인감 때문에 고통을 겪기도 할 것이다. 지역사회 차원에서의 사회복지사들은 지지 집단을 제공하고, 상담을 하며 정보 서비스, 실질적 소득창출 프로그램을 통한 경제활동 등 여타 기회제공을 통하여 가족들이 보내오는 송금을 적절히 선용할 수 있도록 관계 학교나 보건 관련 전문직들과 협력하며 일해야 한다.

귀국하는 노동자들의 상황

마지막으로 일을 마치거나 도중에 본국으로 돌아오는 노동자들 역시 다양한 필요욕구와 어려움에 직면하게 된다. 외국에서의 경험이 상처가 되었을 수도 있고 그러한 상처가 또한 제대로 치유되지 않았을 수도 있다. 은행을 통하여 지급된 자금이나 받지 못한 체불 임금 등의 문제로 해결되지 않은 문제들이 남아 있을 수 있다. 이러한 문제들을 대외적으로 논의하고 싶은 욕구도 있을 것이며 전문 지식인이나 상담자와 객관적인 논의를 통하여 가족 및 장래 계획에 대하여 논의하고 싶은 점들도 있을 것이다. 모든 귀환자들은 이러한 욕구에 부응할 수 있는 서비스를 제공하는 기관에 연결되어야 하며 사회복지사들은 이러한 노동자들의 이주 및 정착에 관계된 경험과 과정들에 능통한 경험을 가지고 있어야 한다. 이는 구체적인 상황이나 현실의 문제를 다룰 만한 모든 것을 포함한 포괄적인 지식과 경험이 기반되어야 할 것이다.

[표 13-3] 이주노동자들과 함께 일하는 데 있어서의 핵심 전략들

모집 단계	· 대중 교육 프로그램을 개설 · 집단상담, 정보제공, 논의하는 기회와 장 마련 · 정부 관리들 및 모집 중개인들의 활동에 대한 모니터링 활동
준비 단계	· 떠나는 이주노동자들을 위한 준비 프로그램 개설 · 해외 노동 상황에 대한 법적 · 행정적 정보들을 제공 · 개인 보호 및 일하는 데 있어서의 기술습득 및 발전을 위하여 돕기 · 권리 주장을 해야 할 상황을 위한 자기주장 훈련 제공 · 부가적 원조 및 서비스들에 대한 조언
해외 노동 상황 단계	· 이주노동 생활에 대하여 모니터하는 기관을 설립 · 필요한 지원과 원조 제공 · 위와 같은 프로그램 개발을 위한 계획 및 로비 활동
고국의 남은 가족들의 상황	· 지지 집단을 제공하기 위하여 학교 및 건강 보건 관련 기관과 협조 · 상담 및 정보 제공 서비스 마련 · 실질적인 수입 창출 및 다른 기회의 마련 및 시작하도록 돕기
돌아온 노동자들의 상황	· 그동안의 경험에 대하여 나누며 어려웠던 경험을 공유하는 기관 혹은 시설 마련 · 해결되지 않은 문제들에 대하여 돕기 · 가족 상황이나 앞으로의 계획에 대한 염려 상황들 탐색해보기 · 적절한 서비스에 연결해주도록 도움 제공

스리랑카로 귀국한 노동자들을 위한 상담

스리랑카에서는 1990년 걸프전의 영향으로 쿠웨이트에서 갑자기 귀국하게 된 여성 이주노동자들을 위한 상담 서비스가 개설되었다. NGO의 직원들이 12개월 동안 8만 4천 명의 귀환 노동자들과 그들의 이주, 해외 노동 및 귀국에 대한 면담을 실시하였다. 이것의 목적은 이들에게 필요하다면 상담 서비스를 제공하려는 것이었는데(면담한 사람들 중의 반은 상담이 필요하다고 드러났다.), 동시에 주요 문제가 무엇이며 현재 진행되고 있는 프로그램들 중 어떤 것들이 그들에게 도움이 되는지 알고자하는 목적도 있었다. 대부분의 여성 이주노동자들은 외국에 일자리를 잡기 위하여 필요한 비용에 대하여 과다하게 돈을 빌렸던 가난한 가정의 유부녀들이었다. 많은 수가 이들이 외국에 있는 동안 가정에 심각한 문제가 생겼고, 해외에 있는 동안 충격적인 경험을 했으며, 경제적인 또한 귀국 후에 가지는 다양한 어려움들을 경험하고 있었다. 상담자들에 의하여 면담한 41,572명의 여성들 중에 4,430명의 중증 정신적 외상을 가진 사람들은 전문적인 원조팀에게 의뢰를 하였다. 추가적으로 면담을 했던 대상들 중 2%에 해당하는 사람들은 신체적·성적 학대를 경험하였다고 하였다.

이 프로그램은 적어도 중동 지역에서 일하고 있는 여성 이주노동자들의 위험 노출성을 중요시하였다. 또한 광범위한 영역들의 프로그램 필요성을 제시하였다. 일반적인 해외 노동에 대한 지역사회 교육이 특별히 빈곤층을 중심으로 이루어져야 하고, 해외 노동을 하러 떠나려고 하는 대상들이 출발 전에 참여하면 도움이 될 프로그램들, 인권과 자기 보호에 강조점을 둔 오리엔테이션 및 준비 프로그램들, 엄마가 일을 떠나고 없는 가족들이 가진 욕구에 부응하기 위한 가족관련 프로그램들, 가족들과 지역사회에 다시 통합되기 위한 돌아온 노동자들에 대한 귀국 후 프로그램들이 이에 포함된다. 이러한 프로그램들은 정부 및 민간 기관들 모두가 관련되어 주체가 되어야 하며 프로그램은 적절히 자격이 갖추어진 전문가에 의하여 운영되어야 함을 깨닫게 되었다. 게다가 대부분의 지역사회복지사는 여성인 것이 바람직하다.

※ Cox, Owen, & Picton, 1994.

아프리카에 있는 에이즈 고아들

HIV와 에이즈 전염은 엄청난 영향력을 가져오는 국제적인 재난이다. 이에 대한 부적절한 오해 때문에 에이즈 환자들, 즉 희생자들은 일반적으로 두려움의 대상이며, 사람들이 꺼려하며 아주 교묘한 방식으로 주변화되어 왔다. 여기에서 논하고자 하는 대상은 아동들이다. 하지만 이는 아동들만이 유일한 피해자임을 의미하는 것은 아니다. 사회복지사들이 아웃리치를 통하여 에이즈 희생자들을 돕는 것이 아동들에게만 한정되는 것 역시 아니다(Sachdev, 1998; Sewpaul & Rollins, 1999 참조). 그러나 에이즈 고아들(역자 주: 에이즈에 감염된 고아들과 부모가 에이즈 감염으로 사망하여 고아가 된 아이들을 모두 포함)의 경우 이들은 문제의 핵심인 고아라는 점과 에이즈 현상이 복합적으로 맞물려 있는 상황이라는 독특한 취약성을 가진다.

HIV/에이즈 전염의 본질과 심각성

HIV/에이즈는 현대의 국제적 유행병인데, 세계 모든 나라 엄청난 수의 인구에게 영향을 미쳤다. 1980년대 초 처음 HIV 첫 사례가 진단되어졌으며, 그 이후 이 질병은 전염병적인 추세로 퍼져나갔다. 지금까지 얼마나 이 병에 의해 사망했는지 알기는 어려우나 유엔은 2001년 4,200만 명이 감염된 총수라고 보고했다. 이 중에 2,940만 명은 사하라 아프리카 하단에 살고 있다. 아시아에서의 이러한 인구는 최근에 급상승하고 인도가 가장 높은 수치를 기록하고 있는데, 최근의 측정으로는 매년 두 배씩 증가하는 추세로 감염되어 400만 명에 가까운 사람들이 감염된 것으로 알려져 있다. 현재 에이즈 상황은 유엔에이즈기구, 유니세프 그리고 유엔원조기구(2004, p. 3)에서 다음과 같이 정리하고 있다.

에이즈는 15세에서 49세 사이 전 세계적으로 가장 많은 사망원인이다. 2003년 290만 명이 에이즈로 죽었고 480만 명이 감염되었다. 에이즈로 인한 부모의 사망으로 고아가된 아이들은 전 세계적으로 2001년에 1,150만 명에서 2003년에는 1,500만 명으로 증가하였다.

초기에 이 질병은 동성끼리의 성관계를 가진 남성들이 감염되고 정맥에 약물을 투여하는 사람들에게 발견되었었다. 점차적으로 동성애자가 아닌 일반적인 사람들에게서도, 많은 수의 여성들에게서도 발견되어 앞서 소개한 두 부류의 대상자 숫자와 비슷해지거나 초과하는 상황이 되었다. 특히 놀라운 것은 태어날 때부터 감염되어 있거나 아주 어린 유아기에 이로 인하여 사망하는 아동들의 숫자이다. 유니세프는 2001년 모든 아동 사망률 중 60%가 에이즈 바이러스로 인한 것이었으며, 61만 명의 아동들이 사망하였다고 보고하였다. 그러므로 에이즈는 실질적으로 온 세계에 영향을 미치는데, 특별히 개발도상국이나 가난한 나라들에서 더 심각하게 나타나고 있다.

이 질병의 영향력은 엄청나다. 이는 많은 나라의 많은 가족들의 생활을 황폐화시키는데, 가장인 아버지가 없는 가족들을 남기고, 부모가 없는 자녀들을 남기곤 했다. 사하라 아프리카 남쪽에서는 2003년 1,130만 명의 아동들이 에이즈로 인하여 고아가 되었으며 이것은 그들의 장래에 엄청난 영향을 끼치게 될 것이다(UNAIDS et al., 2004, p.10). 이 지역에서 전체 고아들의 인구인 1억 4,300만 명 중 이들이 차지하는 비율은 참으로 심각하다. 특별히 이러한 아동들에게 필요한 보호를 위하여 사회복지적 서비스 체계가 전무한 나라들에는 더욱 그러하다. 이러한 현상은 노동인구를 감소시키고 기업들의 이익 감소를 가져왔으며 전체적인 경제전반에 영향을 미쳐왔다. 예를 들어 남아프리카에서 노동 가능 인구 4명 중 1명은 현재 이 바이러스를 보유하고 있는 셈이다. 아프리카에서 많은 극빈국들에서 이러한 상황은 식품 공급에 장애를 초래하고 시골 지역의 많은 인구가 이로 인하여 사망하며 일상적이고 생산적인 생활을 할 수 없도록 만들었다. 어떤 보고서들은 에이즈가 아프리카의 식량 위기를 더욱 부채질하고 있다고까지 표현한다. 이 질병의 직접적 영향력은 엄청나게 많아진 대상자들의 수이다. 이러한 요인은 관리나 대중의 태도에까지 영향을 주게 되었다. 이 질병에 걸린 사람들이 가장 불공평하게 대중으로부터 추방당하는 결과는 비정상적인 행위의 허세에 대한 대가로 여겨졌었다. 이는 쉽게 전염되고 두려워해야 하는 존재인 바이러스성 전염병으로도 잘못 알려졌다. 그래서 이 병에 걸린 사람들에 대하여 강한 편견이 생기고, 이 병에 걸린 사람들의 가족들과 자신의 자녀들과는 함께 어울리지도 못하게 하는 성향이 나타나게 된 것이다.

아직 완벽한 치료법는 없지만 의료적 치료 측면에서 이야기하자면, 이 병을 중지시키거나 진행을 완화하는 약 처방은 있다. 하지만 불행하게도 이러한 투약은 여전히 논란 중이다. 제약회사들은 합리적인 가격의 약 판매에 대하여 주장하고 있지만 대부분의 감염자들에게 그러한 약값은 턱도 없이 비싸다. 사하라 아프리카 남단에서는 일례로 면역결핍에 걸린 2,930만 명의 인구 중 30만 명이 구조 약품을 받고 있고, 이러한 부족 상황은 특별한 진전이 없어 보인다. 전체적인 이슈는 전략에 의하여 좌지우지 되고 있는데, 에이즈 약에 대한 음모들과 에이즈가 HIV에 의하여 생기는 것인지에 대한 남아프리카 내 다양한 책략들이 문제의 핵심이다.

HIV와 에이즈가 현대사회에서의 가장 심각한 전염병 중의 하나라는 점과 이 문제가 유엔 및 관련 기관들, 국제 NGO들, 각국 정부들, 전문 의료인들 그리고 사회복지사들을 포함한 원조 전문가들로부터 국제적인 대응을 요하는 것임에 틀림없다. 이는 지역사회 교육 및 인식 개선, 의료 보호, 휴식 및 호스피스 보호, 고아들 및 가족 집단에 대한 보호, 환자들에 대한 지역사회 및 공공기관의 태도 교육, 감염자 당사자들을 대상으로 하는 자조 동기 강화 등 상당히 복잡한 욕구들을 포함하고 있다. 다행이도 이 정도의 차원들에서는 많은 활동들이 이미 시행되고 있다. 그러나 매 보고서들은 이러한 재난이 잘 관리될 수 있는 차원으로 되기까지는 아직 수행되어야 할 작업들이 많다고 주장하고 있다.

사회복지사들이 실제적으로 개입하여 관여해야 할 분야는 너무나 많다. 그러나 여기서는 현재 아프리카에서 문제로 꼽히는 많은 에이즈에 걸린 고아들에 한정 짓기로 한다.

에이즈 고아들을 위한 프로그램들

앞서 논의하였다시피, 필요한 프로그램을 요하는 에이즈 고아들의 수는 최근 여러 나라들에서 엄청나게 증가하고 있다. 2004년 봄 유엔에이즈협의회는 "HIV와 에이즈로 인하여 어려움을 겪고 있는 고아들에 대한 보호, 양육 및 지원에 대한 계획"을 인증하였다 (UNAIDS et al., 2004, p. 21). 이 구상안은 몇 가지 주요 원칙들을 승인하고 있다(pp. 38-39).

에이즈 고아들과 함께 일하기 위한 전략들
· 지역사회 기반의 대응들을 강조하기
· 대중들의 인식 증진과 교육하기
· 필요한 서비스들을 위한 로비 및 차별에 대한 옹호 활동하기
· 예방차원의 방법들을 착수하기
· 사회복지 교육 프로그램 내에 이러한 주제들에 대하여 포함시켜 교육하기

· 에이즈로 인해 고아가 된 아동들뿐 아니라 위험에 노출된 정도가 가장 심각한 아동들이나 지역사회에 우선적인 초점을 둔다.

· 초기에 지역사회의 특정 문제와 위험 요소들에 대하여 규명하고, 지역사회를 기반으로 결정된 개입전략을 추구한다.

· 이에 대한 반응 과정에 아동들과 젊은 인구들을 적극적인 참여자로 동반시킨다.

· 아동, 남성, 여성의 역할에 대하여 특별한 관심을 가지고 성차별적인 요소들을 표명한다.

· 파트너십을 강화하고 협력적 활동을 발휘한다.

· 열악한 아동들에 대한 지원과 동시에 에이즈에 걸린 인구에 대한 보호, 지원 활동을 HIV/에이즈 예방 활동과 연결한다.

· 지역사회 동기 부여를 강화하기 위하여 외부 지원을 활용한다.

일반적으로 에이즈 고아들은 확대가족에 의한 양육, 입양, 위탁 보호, 시설 보호 등 일반 고아들이 필요로 하는 비슷한 범위의 서비스를 요구한다. 흔히 발생하는 두 가지 문제점들은 첫째, 다른 나라들에서 찾아볼 수 있을 사회복지서비스가 없는 가난한 나라들에서 이러한 대상들이 많다는 것과 둘째, 예상 수명이 짧으리라 생각되는 동안에도 자신의 삶을 책임져야 하게 방치된 채 자신들조차 자신들을 바라보는 태도 자체가 사회로부터 분리되고 주변화되기 쉽다는 것이다. 짐바브웨와 사회복지 개입 문제와의 연관에 대하여 카세케와 검보(Kaseke & Gumbo, 2001, p. 57)는 다음과 같이 언급한다.

지역사회 기반의 보호 프로그램은 특별히 확대가족 체계, 즉 조부모나 친척들의 도움이 부재한 상황에서 고아에 대한 보호 문제에 유일하게 실용적이고 적절한 대응이 된다. 그러나 지역사회 기반 고아 보호 프로그램이 전 국가적으로 영향력을 가지려면 국가적 차원에서 지속되어야 한다. 그러려면 대부분의 지역사회에서 현재의 빈곤 상태에 있어서 고아들에게 보호를 제공하기 위한 지역사회의 역량을 강화하는 데 노력의 초점이 맞추어져야 한다.

다른 많은 사회적 욕구들과 마찬가지로 개발도상국들에서 지역사회 기반 대응이란 가장 현실적인 대응중 하나이다. 하지만 숙련된 전문가들에 의하여 촉진되어야 할 필요가 있다.

에이즈 고아들은 직접적인 서비스 제공이 필요한 반면, 사회복지사들은 그 지역사회의 에이즈나 HIV에 대한 인식 그리고 그로 인한 고아들을 비롯한 그 희생자들에 대한 인식수준 증진에 대하여 간접적인 공헌을 해야 한다. 논의되었던 여러 가지 이유로 인하여 이러한 질병에 대한 무시와 편견이 팽배하고 종종 오해와 두려움으로 나타난다. 그러므로 대부분의 연구자들과 회의에서의 발표자들은 그 질병에 대한 자각 수준을 높일 수 있고 이에 대한 적극적인 대응을 할 수 있는 프로그램을 마련하는 데 강조점을 두곤 한다. 이러한 프로그램들은 주로 다양한 대중들, 즉 공중 보건 및 복지 의무와 관련된 정부 관리들이나 각계의 전문가들, 이 병에 걸린 사람들을 고용할 잠재적 고용주들 그리고 일반 대중 등 다양한 사람들을 대상으로 한다. 게다가 이러한 프로그램들은 다른 집단들은 옹호가 필요한 특별한 개인들인 것에 비해 그 본질상 상당히 일반적이고 대중적이다. 미아와 레이(Miah & Ray, 1994, p.80)가 적은대로,

> 에이즈에 걸린 사람들이 대부분 차별을 받기 때문에 이들은 다양한 서비스와 편의에 접근할 수 있는 도움이 필요하다. 사회복지사는 이러한 대상들이 직업, 학교, 사회서비스, 주거, 어린이집, 법적 원조 및 건강서비스에 있어 차별받지 않도록 옹호 역할을 하여야 한다.

그러나 더욱 중요한 일은 여전히 이러한 질병들에 대하여 사회와 전 세계 각계각층에서 가지고 있는 편견들에 대한 긍정적인 인식 전환을 위하여 계획된 광범위한 교육 캠페인이 펼쳐지는 것이다. 다행이도 성공적인 많은 국제적 캠페인들이 시도되어 왔으나 지역사회 속속들이 들어가 전파하는 차원에서는 아직도 더 많은 노력이 필요한 상황이다.

부가하여 사회복지사들은 에이즈 고아들의 숫자 자체를 줄이기 위한 노력을 하여야 한다. 첫 번째 방법은 HIV에 노출되는 것 외에 다른 대안들이 없는 여아들이 성적 착취를 당하고 있는 상황에 대한 조치이다. 여전히 여아들을 HIV나 에이즈에 감염되게 하고 어린 나이에 사망하게 하며 어린 자녀들을 고아로 남겨 놓게 되는 매춘을 목적으로(거짓 속임수로 가족들에게서 강제로 떼어 놓고) 여아들을 '유괴'하는 일들이 만연하다. 두 번째 방법은 사회복지사들이 HIV/에이즈 치료약에 대한 조치로, 이 병으로 고생하지만 약을 사

지 못하는 사람들이 살 수 있을 만한 합리적인 가격으로 공급할 수 있도록, 정부와의 로비를 통하여 제약회사들과 협상을 할 수 있도록 하는 것 등이다. 이 문제는 근래에 매우 논란이 있어 왔으나 반드시 추구되어야 하며, 평등의 차원에서 약에 대한 접근 가능성을 높여 주는 것은 참으로 중요한 일이다. 왜냐하면 우리가 에이즈로 인하여 죽어가는 사람들의 수를 줄일 수 있다면, 우리는 반드시 에이즈 고아들의 숫자도 줄일 수 있기 때문이다. 세 번째 직접적인 접근법은 사회복지사들을 비롯한 다른 원조 전문가들에 대한 교육을 통하여 이루어 질 수 있다.

고아를 비롯한 HIV/에이즈로 고생하는 사람들을 위하여 서비스를 제공하는 실무자들 및 이러한 전염병에 대하여 효과적인 대응을 할 수 있도록 로비하는 위치에 있는 다양한 원조 전문가들은 이러한 대상들에 대하여 잘 알고 있으며 이 병과 병에 걸린 사람들에 대한 대중들의 반응에 영향을 미칠 수 있는 근거 없는 두려움이나 편견을 없애야 하는 것이 중요한 역할이다. 안크라(Ankrah, 1992, p.59)는 사회복지교육 내에서 이러한 주제에 대한 공식 과목을 가르쳐야 한다고 주장해 왔다. 아랍 사회복지 전문직들의 에이즈에 대한 지식과 태도에 관한 연구에서 아자이자와 벤아리(Azaiza & Ben-Ari, 1997)는 연구 대상자들의 대다수가 적절한 지식이나 개방적인 태도를 가지고 있지 않았고, 훈련 받지 못했으며 에이즈는 많은 부분 의학적인 문제일 뿐이라고 생각하는 것을 발견하였다. 솔리먼과 미아(Soliman & Miah, 1998)는 HIV와 에이즈에 대한 미국 및 이집트 사회복지학 학생들의 태도에 대한 연구에서 "대부분의 미국 사회복지 교육자들은 HIV/에이즈에 대한 내용을 그들의 교육 내용에 연결하여야 하는 데 대한 중요성에 대하여 명확히 인지하고 있던 반면에, 이집트의 사회복지대학들은 교육과정 개발에 있어 전혀 이러한 문제들에 대하여 포함시키거나 고려하지 않았다"고 보고하면서 다음과 같이 결론을 내렸다.

사회복지 교육과정은 학생들이 HIV/에이즈 감염 클라이언트, 가족들 그리고 지역사회들을 위하여 효과적으로 일하기 위하여 필요한 지식과 통찰력 그리고 기술들을 습득할 수 있도록 방향을 잡아야 한다. … 사회복지사들은 공공 보건 교육과 안전을 위한 보다 많은 자금들을 확보하기 위한 정책에 영향을 미치는 방법에 대하여 연구해야 한다. (p.51)

다음의 예는 세계 1,500만 명의 에이즈 고아들 중 80%가 있는 남 사하라 아프리카의 사례이다. 가장 심각하게 이러한 병의 영향을 받은 10개국 중 4개국이 보즈와나, 말라위, 잠비아 그리고 짐바브웨이다(AVERT, 2005). 다음은 국제 HIV/ 에이즈 구호기관(AVERT)의 웹사이트에서 제공하고 있는 간략한 활동 요약이다(www.avert.org/aidsorphans.htm).

사례 ▶ ▶ ▷

보즈와나의 국가적 차원의 고아 프로그램

1999년, 보즈와나는 정책들을 검토하고 발전시키며, 제도적 역량을 강화하며 사회복지서비스를 제공, 지역사회 기반 주도를 지지하며 여러 활동들을 감시하고 평가하기 위해 국가적으로 고아 프로그램을 개발하였다. 이 프로그램은 영리 및 비영리기관들 모두에 의하여 실행되었다. 지역사회 보호가 장려되는 동안에 제도적인 보호는 단지 최후의 수단에 그쳤다. 국제연합에이즈협회는 12만 어린이들이 2003년말까지 에이즈에 의하여 부모를 잃었다고 추산하였다. 지역사회 자원봉사자들과 지역 파견 직원들로 구성된 합동팀이 식료품, 의류, 담요, 상담, 장난감, 학교 통학비, 교복 그리고 다른 교육에 필요한 물품들을 도움이 필요한 고아들에게 제공하였다. 고아들을 위한 방문 센터 모델은, 부담이 심하게 가중되어 힘들어하는 친척들을 대상으로 지원을 해주도록 하였고, 아동들이 놀 수 있는 기회를 제공해주고 미술이나 전통 춤을 배울 수 있도록 하였다. 여러 복잡한 문제들이 이러한 에이즈 고아들을 위한 지역사회와 제도적 보호 프로그램의 실행으로 인하여 해결되게 된 것이다.

※ http://www.avert.org/aidorphans.htm.

말라위의 에이즈 고아들

국제에이즈구호기관이 추산한 바에 의하면, 말라위에는 2003년 말까지 50만 명의 에이즈 고아가 있었다. 1990년대 초반에 말라위 정부가 고아보호대책위원회를 설립했으나 행정력 부족과 부적절한 자원으로 인하여 고아들에게 지원이 그다지 효과적이지 못했다. 마을의 지역 고아위원회와 반 에이즈 클럽모임들이 에이즈라는 병에 대하여 지역사회에 교육을 제공하고 도움이 필요한 고아들에게 도움을 제공하였다. 내적인 자원이 최대한으로 동원되어 한계에 다다르자 추가적인 재원, 프로그램, 서비스들이 에이즈 고아들의 보호를 위하여 필요하게 되었다.

※ http://www.avert.org/aidorphans.htm.

잠비아에 있는 에이즈 고아 지원 프로젝트

잠비아는 2014년까지 에이즈 고아의 숫자가 100만 명에 이를 것이라 추산하고 있다. 친척들로 부터의 지원이 거의 전무한 채 일부 고아들은 주민들에 의하여 키워지고 일부는 고아원에 그리고 일부는 부랑생활을 하고 있다. 이들 아동들의 교육은 무상교육이 아닌 관계로 가장 큰 문제가 되고 있다. 일부는 지역 학교들이 아동들이 교육을 무상으로 받을 수 있도록 압력을 가하는 반면 어떤 사람들은 고아들이 교육을 받는 비용을 올리기조차 한다. 자원봉사자 교사와 공간을 동원함으로써 지역의 무상교육 학교를 개설하였다. 2002년에는 국제 NGO들이 13만 7천 명이 넘는 고아들과 다른 열악한 환경의 아동들에게 일생동안 지속되는 보호와 지원을 제공하는 프로젝트를 지원하였다. 이 프로젝트는 확대가족과 지역사회 내에서 형제, 자매들이 함께 살 수 있도록 도와주는 것이다. 또 다른 프로젝트는 교육적, 영적, 경제적, 사회적 지원을 4,000명 이상의 고아들에게 제공해주고 있다.

※ http://www.avert.org/aidorphans.htm.

짐바브웨의 에이즈 고아들을 위한 정부 정책

짐바브웨는 98만 명의 에이즈 고아들이 있다고 추정된다. 정부 정책은 고아들을 위한 지역사회 기반 보호를 강조하고 있다. 첫째, 확대가족, 둘째, 대리가족, 셋째, 보호자의 지도·감독 하에 함께 살 수 있도록 고아들의 집단 형성, 넷째, 지역의 감독이나 지원을 통하여 형제자매가 함께 모여 청소년 가장이 이끌어가는 형태, 다섯째, 위의 4가지가 모두 불가능한 경우 고아원에서 일시적으로 지내도록 하는 것이 그것이다. 그런데 이 병과 관련된 낙인감을 에이즈에 걸린 당사자들뿐 아니라 간호하는 사람조차 경험하게 되는 경우가 많다고 한다.

※ http://www.avert.org/aidorphans.htm.

HIV/에이즈와 여타의 전염병들

HIV/에이즈를 비롯한 여타의 전염병은 커다란 비중을 차지하는 문제이며 이는 사회복지사를 비롯한 다양한 전문직들의 조화롭고 협동적인 노력이 요구되는 것이다. 그러나 현실에서는 도움이 절실히 필요한 곳에 사회복지사의 존재나 활약은 그다지 활발해보이지 않는다. 이러한 상황은 가장 열악한 지역의 국가들에서 적절한 수준과 필요한 인력의 사회복지 활동을 고무하고 지원할 수 있도록 전문가들이 필요함을 여실히 보여주고 있다. 심지어 전문가들은 바이러스에 감염된 대다수의 사람들 수에 대하여 지역사회를 기반으로 한 잠재적 자원들이 무엇인가에 대하여 충분히 탐색하여야 한다. 이에 더하여, 이들 대상에 대한 양가감정, 무시, 희생자들에 대한 부정적 태도와 더불어 HIV/에이즈의 보편적 본질에 대한 것들이 사회복지 교육과정에서 다루어져야 한다.

우리가 관심을 가져야 하는 주변화된 사람들과 관련된 영역으로서, 여기서는 HIV/에이즈에 대하여 초점을 두어져 있지만, 수많은 인류의 삶에 파멸을 불러일으킨 다양한 다른 유행병들도 수없이 많다고 생각하는 독자들이 있을 수 있다. 말라리아, 결핵 바이러스, 실명과 수많은 다른 질병들이 완치되기 어려우면서도 엄청난 어려움을 가져다 주는 것들이다. 이러한 질병들에 대한 의료적 대응의 중요성은 명확한 반면, 관련된 이를 돕기 위한 공중 보건 문제, 지역사회 교육 그리고 지역사회 기반 대처 등의 모든 분야는 사회복지사들이 공헌해야 하는 영역이며, 지금보다 훨씬 많은 지원이 필요하다. 이러한 영역에 대하여 도움이 될만한 사회복지 교육과정 내에 공중 보건이 포함되어 많은 나라에서 교육되어야할 것이다.

▌결론

이 장에서 우리는 집중된 개입 프로그램을 요하는 매우 구체적인 문제를 가지고 있는 대상 집단의 4가지 예를 살펴보았다. 이러한 대상들에게 필요한 욕구들은 대부분 개발이나 빈곤과 같은 광범위한 개입 영역과 관련되어 있을 수 있다. 하지만 동시에 그들의 권리를 행사하는 영역으로 다루어져야만 할 그리고 아주 구체적이고도 긴박하게 처리되어야 할 문제들이 역시 있다. 사회복지대학들의 교육과정에 이러한 영역들을 포함하고 있든지 그렇지 않든지의 여부는 그들의 국가적 맥락에서 그 문제에 대한 긴급성과 중요성에 달린 것이다. 적어도 이러한 활동의 중요성과 동시에 필요한 것은, 도움이 필요한 특수한 대상 집단에 대한 연구조사를 수행하고 현실적인 교육과 특별한 워크숍에 활용될 수 있는 실무적 연구 작업들을 펴내는 일이다.

이러한 구체적 대상 집단의 목록은 여기에서 다루어진 것들보다 훨씬 많이 있을 것이다.

여기에서 다루어진 네 가지 대상들에 부가하여 인신 매매, 아동 성매매, 아동 군인, 거리의 청소년, 다양한 맥락들에서의 원주민들, 특수한 신체적 · 지적 장애를 가진 사람들 그리고 소외된 노인들 역시 떠올릴 수 있는 이슈이다. 전반적인 초점이 불가피하게 빈곤 등과 같은 주 사회현상에 주어지는 동시에, 이런 특수한 대상 집단들이 직면하는 열악한 상황들 역시 절대로 간과되어서는 안 되기 때문이다. 이러한 상황들은 꼭 개발도상국들이 아니더라도 구체적인 관심을 필요로 한다. 많은 사회복지사들에게 이러한 대상 집단은 광범위한 영역에 대한 것보다 더 집중적인 관심을 유발하게 될 것이다. 그리고 사회복지사들은 이러한 역할에 대하여 철저히 준비되어야 할 필요가 있다.

CHAPTER 13

◗ 요약

- 국제사회복지실천에 있어 이러한 소외되고 열악한 상황의 대상 집단은 어느 나라에나 있기 때문에 중요한 영역이다. 그러므로 이러한 대상들을 위하여 일하는 것은 중대한 일이다.

- 거리의 아동들의 문제의 범위를 결정하는 것은 쉽지 않은 일이지만 사회복지사와 다른 전문직들은 이러한 문제에 대한 이해를 증진시키고 상황을 표명하기 위한 효과적인 전략들을 개발해왔다.

- 아동 노동은 생산과 소비 과정을 통한 지구상의 모든 나라들을 연결하고 있는 중요한 국제적 문제이다. 직·간접적 전략들이 이러한 현상들을 규명하기 위하여 요구된다.

- 엄청난 수의 이주노동자들이 불규칙하고 공정하지 않은 국가 간 개발 과정에 연관되어 있다. 이러한 노동의 이주와 관련된 이득과 위험들이 있음에도 불구하고, 이주노동자들은 심각한 위험에 직면하고 학대나 착취에 시달리고 있다. 이러한 상황들을 표명하기 위하여 효과적인 전략들이 있다.

- 특별히 아프리카 지역의 급증하는 에이즈 고아들은 지역 및 국제적인 대응이 필요하다. 사회복지사는 지역사회의 대응을 촉구하고 대중을 교육하며 고아들을 옹호하고 이러한 질병의 확산을 막는 데 있어 효과적인 전략들을 개발하고 활용해야 한다.

- 가장 열악한 개인들과 집단들은 심각한 정도의 배척, 궁핍, 삶을 진척시키는 데 있어 결정적인 장애물들을 경험하고 살아간다. 사회복지사들은 이러한 상황을 규명하는 데 있어 모든 차원의 노력을 다해야 하는데, 이는 아웃리치를 행하고 참여적 혹은 환경적 변화 접근을 하며 국제적인 선언과 프로그램을 수행하는 것을 도와야 하는 것이 될 것이다.

◗ 질문과 토론 주제

- 열악하고 위험에 노출되기 쉽다는 것과 사회적으로 소외당한다는 것에 대하여 당신은 어떻게 이해하고 있습니까?

- 2장에서의 통합관점 접근을 적용하여 위의 두 주제, 즉 열악성 및 소외의 원인에 대하여 논의해보자.

- 논의되었던 네 대상 집단 이외에 특별히 열악하고 소외된 다른 집단들에 대해 이야기해보고, 어떻게 그들을 규명할 수 있을지 논의해보자. 또한 그들 대상과 함께 일하는 데 있어 활용된 전략들과 제안하고 싶은 적절한 전략들을 제시해보자.

- 거리의 아동들의 주요 범주와 이 범주들의 근거들에 대하여 논의해보자.

- 아동 노동 현상에 대하여 대처하기 위한 직·간접적 전략에 대하여 논의해보자.

- 이주노동자들과 그 가족들과 관련된 이득이나 위험들에 대하여 논의해보자.

- 학대나 착취로부터 이주노동자들을 보호하고 그 가족들과 함께 역량강화하기 위하여 사회복지사들이 해야 할 일은 무엇인가?

- 에이즈 고아들이 직면한 어려움과 이러한 어려움에 대응하기 위한 전략을 논의해보자.

- 소외되고 열악한 인구집단들과 함께 일하는 국제사회복지실천을 위한 3가지 기본 측면과 핵심 개입전략에 대하여 논의해보자.

◐ 향후 연구 분야

- 아동 노동과 관련된 각국의 정책과 프로그램을 비교하여 분석해보자.

- 관심이 있는 소외 및 열악한 상황의 대상 집단의 여건에 대처하기 위한 혁신적이고 활용 가능한 전략들을 문서화할 수 있도록 사례를 찾아보자.

- 이주노동자들에게 영향을 미치는 욕구 및 문제점들에 대한 문헌을 조사해보자.

- 일련의 소외된 열악한 인구집단에게 적용 가능한 핵심 개입 전략의 효과성을 연구해보자.

21세기를 위한
국제사회복지실천에 있어서의 도전

● **학습목표** ●

이 책에서 개괄하였듯이 국제사회복지실천이 발전하고 있는 상황에서 21세기에 사회복지실천 교육과 실무에 필요한 변화들에 대하여 독자들이 생각하도록 장려하기 위하여 독자들이 특별히 다음과 같은 것들을 하도록 권장한다.

– 21세기를 위한 국제사회복지실천 교육과 실무에 대한 비전을 발전시키기.

– 그러한 비전을 실현하기 위한 가능한 전략을 고안하고 실행하기.

– 국제사회복지실천의 발전을 위한 반영 및 계획하기.

1장에서 우리가 내린 국제사회복지실천에 대한 정의에서는 "전 세계 인구 중 많은 부분을 차지하는 사람들이 살고 있는 지역의 복지에 영향을 끼치고 있는 다양한 국제적 도전들에 대한" 대응을 위한 교육 및 실무적 측면에서의 사회복지개입을 위한 역할을 강조하고 있다. 이러한 정의는 국제적 상황과 상황에 대한 대응을 분석하기 위한 통합관점 접근을 적용하기 위한 논의로 이어진다. 다시 말하면, 사회복지실천에 대한 우리의 이해와 국제적인 입지는 국제적, 인권적, 생태적 그리고 사회개발 관점을 모두 종합적으로 다루어야만 한다는 것이다(2장). 그런데 논의가 진전되어 갈수록 지역적으로 행해지는 사회복지 역시 이러한 통합적 관점을 통하여 적절히 이해될 수 있음을 알게 된다. 사실상 이러한 접근의 4가지 차원 각각은 사회복지실천이 조직화, 실천화되는 방식에 여러 도전을 통한 어려움을 보여주고 있다. 즉 세계적 맥락에 대한 인식이 없고, 모든 인류에 대한 인권에 초점을 두지 못하며, 생태적인 민감성이 떨어지고, 사회개발적 접근을 통합시키지 못하는 사회복지실천이라고 한다면, 이는 현실 세계와 발맞추어 가는 것 자체를 실패한 것과 다름이 없는 것이기 때문이다.

3장에서 우리는 사회복지실천 기능 그리고 각각의 차원들이 현대 사회복지실천에 도전을 주는 세계적 맥락이 무엇인가에 대하여 분석하였다. 이러한 세계적 맥락은 사회복지실천에 있어 중요성을 갖는데, 왜냐하면 이러한 맥락에서의 최근의 변화들이 사회복지실천의 전 측면에 주요한 영향력을 행사하기 때문이다. 특별히 우세한 신자유주의 및 신보수주의적 이데올로기에 있어서 이러한 것들은 사실로 드러나는데, 결국 복지국가의 약화 및 기반이 흔들림, 정부 서비스의 감소, 전 세계의 소외되고 어려운 사람들에 대한 부정적인 태도, 빈곤 정도와 불평등의 증가 그리고 사실상 사회복지사를 비롯한 원조 전문가들의 역할을 향한 몇몇 나라들의 양가적 태도를 초래하게 되었다. 기관 차원에서 국가 정부 기관, NGO 분야, 국제사회의 모든 측면에서의 사회복지사 역할은 조직적 분야에서 그들 자신의 변화와 마찬가지로 엄청나게 빠른 속도로 변화해왔다. 정책 차원은 사회복지실천 맥락에서 언제나 중요한 측면이지만, 세계정책의 출현은 모든 수준의 사회복지의 역할, 특히 정책 형성 과정에의 개입에 있어 중요한 함의를 가진다. 모든 단계와 차원에 있어 특별히 정책의 형성 과정에 있어서의 개입과 관여에 있어서 사회복지실천의 역할에 대하여 국제사회 정치란 커다란 함의를 가진다. 결과적으로 유엔이나 다른 기관들에 의하여 묘사되어지는 주요 국제적 사회문제에 대하여 사회복지실천은 모두 관여되어 있으며 결코 독존하지 않기 때문이다. 국제 빈곤선, 국제 테러리즘, 세계 '문명화'(헌팅톤과 다른 이들이 세계 이데올로기적 집단화를 의미하기 위하여 사용하였던 것과 같이, 3장 참조), 세계적 생태 변화와 파괴 그리고 전 세계에 걸친 인구의 이동은 모든 국가, 국민 그리고 지역적, 국가적, 전 세계적인 차원에서 사람들에 대한 염려를 나타내는 원조 전문가들에게 지대한 영향력을 끼치고 있다. 사회복지실천은 이러한 일들과 기능하고 있는 세계적 맥락의 나머지 3가지 차원들에 의하여 영향을 받을 수밖에 없다.

사회복지 전문직이 어떻게 현대 세계에서의 여러 가지 도전들에 대응할 수 있을까? 이 질문에 답하는 것은 너무 광범위하고 복잡한 문제이므로, 여기에서 모두 언급하기에는 쉽지 않겠지만 이러한 주제에 대하여 사회복지와 관련된 독자들에게 필요한 자극을 주는 것은 중요한 일이다.

국제사회복지 앞에 놓인 길: 21세기 국제사회복지실천은 어디로 가야 하는가?

이 책에서의 국제사회복지실천에 대한 고찰 맥락 내에서, 그리고 사회복지 윤리에 대한 다양한 성명 및 사회복지 전문직의 목적 하에, 우리는 이번 장에서 21세기에 국제사회복지가 택하여야 할 그리고 우리가 믿는 방향성에 대하여 총괄적으로 논의하기로 한다. 이러한 논의 방향에 더하여 우리는 이러한 변화를 수행하기 위해 가능한 전략들을 살펴보게 될 것이다.

진정한 국제 전문직되기

사회복지실천은 최고로 개발되었고 부유한 나라에는 최고이여야 하고, 많은 개발도상국에서는 고전을 겪어야 한다는 생각, 게다가 최빈국에서는 고작 극소수의 외국인들에 의해 운영되는 원조와 개발 관련 기관들을 제외하고는 사회복지실천이란 존재하지도 않는다는 사고는 절대로 받아들일 수 없다. 윤리와 비전에 충실한 사회복지 전문직이라면 꼭 저개발국뿐 아니라 선진국이나 개발도상국으로 분류되어지는 많은 다른 국가들 내의 낙후한 지역 발전을 위해서도 공헌하려 한다.

이러한 보편성의 목표를 위하여 사용할 수 있는 전문적인 전략은 다양하다. 사회복지 전문직들에 있어 한 가지 전략은 이러한 저개발국들과 많은 나라의 시골이나 외진 지역들에 사회복지대학을 설립하는 일이다. 이러한 작업은 국제 혹은 국가적 전문가 협회에 의하여, 또는 부유한 나라들에서는 사립 교육기관 차원으로 설립될 수 있을 것인데, 미국과 캐나다에 이미 몇몇 학교들이 있다(부탄이나 네팔에 대하여 인도가 설립한 학교들이나 동유럽에 대한 유럽의 학교들이 그러했듯이). 두 번째 전략은 저개발국가나 필요로 하는 지역의 학생들을 훈련할 수 있는 장소 혹은 인접 국가에 학교를 설립하는 방법이다. 세 번째 전략은 (아마도 유엔난민기구에서) 사회복지 전문직이 유엔이 사회복지실천 작업을 수행하는 과업을 착수하도록 권면하고, 인간발달적 목표와 관련된 사회복지실천 역할 수행 과정에 있어 유엔과 밀접하게 일해 나갈 수 있도록 지원하는 것이다.

국제적인 욕구에 대한 진정한 국제적 대응

세계가 직면하고 있는 주요 사회적 욕구는 다양하게 표명되어 왔다(3장 참조). 이들은 빈곤과 불평등 문제를 포함하고 있다(예: 개발 이슈, 도시와 지방, 시민전쟁과 전후 갈등 복구를 포함하는 전쟁과 평화 문제, 난민 이동 현상, 정치적 망명 추세, 여러 가지 입장들을 가지고 있는 추방된 인구들, 생태적 붕괴 및 자연재해 영향, 일반적인 노동력 공급을 위한 국제적 인신매매 및 국제적 성매매, HIV/에이즈와 여타 질병에 의한 폐해, 여러 지역에서 인권 유린 등). 사회복지실천, 사회복지윤리, 그리고 명명하는 목적들을 구성하는 지식과 기술들은 사회복지 전문직이 이러한 영역에의 대응에 중요한 역할을 감당해야 함을 여실히 보여주고 있다. 그러나 현실적으로 개입은 늘어나고 있지만 여전히 한계가 많다.

이와 같이 국제적으로 필요로 하는 주요 욕구 영역에 대한 사회복지의 역할을 증대시키기 위해서는 어떠한 전략이 사용되어야 하는가? 첫째, 모든 사회복지 대학들에서 위에서 언급한 분야들에 있어 포괄적인 개입을 하는 국제사회복지를 교육한다면, 더 많은 선진국과 개발도상국의 졸업생들이 이 분야로 진출하는 것에 대하여 더욱 진지하게 고려해볼 수 있을 것이다. 둘째, 국제사회복지협회들로 하여금 이러한 분야에서의 사회복지실천에 대한 계절 학기나 다른 심화 교육과정을 개설 혹은 운영하도록 하는 것이다. 셋째, 이 분야에 대하여 잠재적으로 사회복지적 공헌을 할 수 있을 국제적인 기관을 매입하는 것도 필요하다. 조금 더 나아가 위의 모든 것들을 보충해줄 것으로 이미 이러한 분야에서 일하고 있는 사회복지사들을 권면하여 그들의 경험을 글로 써 출판을 통하여 다른 사회복지사들과 함께 나누도록 하는 것 역시 필요할 것이다.

사회복지 교육과정 내에 사회개발 관점 통합하기

우리는 이미 사회복지실천 내에서 사회개발 관점에 대한 논점들이 기존 문헌에 상당히 많이 다루어졌다고 알고 있다. 1997년 엘리어트(Elliot, 1997, p. 448)는 국제사회복지실천에 연관하여 언급하기를,

사회개발 모델은 이론적이나 이상적 틀을 넘어 전문적인 측면으로서, 문화 간 교환에 있어 개별적, 지방적, 지역적, 국가적, 국제적 차원에서 강화시킬 사회복지실천에 대한 실제적이고 실행적 모델로 간주될 만큼의 잠재력을 가지고 있다.

여러 사회복지대학들은 이미 교육과정 중에 사회개발 관점을 포함시키는 방향으로 가고 있으며 여타 다른 대학들은 그렇게 하기를 고려하는 중일 것이다. 사회개발 관점은 과거의 전통적 지역사회 개발 관점을 능가하는 것으로 전통적 교육과정과 전형적인 사회복지 대학들에 대한 급진적인 변화가 필요함을 시사하고 있는 내용이다. 한 가지 변화는 학생들의 수와 관련한 것인데, 왜냐하면 현재 논의되고 있는 개발도상국에서 사회개발 모델의 적용은 사회복지 분야를 공부한 최고의 일꾼들을 많이 필요로 하기 때문이다. 또한 사회복지는 이후에 논의되게 될 교육이나 전문적 차원에 대한 문제 역시 거론하여야 한다. 게다가 전형적인 교육과정은 국제적인 문제, 문화 간 사회복지실천 그리고 국제적 실무에 있어 선택적 영역에 보다 초점을 맞추어야 할 필요가 있다. 사회복지실천은 그 본질에 있어 더욱 성숙해지고 끊임없이 발전하고 있는 국제사회 내에서 전문직으로서의 중요성을 가지기 위한 방향으로 움직여야 한다.

그렇다면 이러한 목적은 어떻게 해야 달성될 수 있을 것인가? 한 가지 전략은 사회개발 접근이 적절하게 통합된 표준이 되는 교과과정 모델을 사회복지대학들에 제공하여 교과과정 개발을 개별 대학들 자체로 해야 하는 부담을 덜어주는 것을 들 수 있다. 이것이 이 교재의 후반부에서 지향하고 있는 목표이다. 그러나 이는 다양한 차원에서 이루어져야 할

필요성이 있으므로 신중히 고려하여야 한다. 두 번째 전략은 사회개발 영역에 주 초점을 맞춘 새로운 사회복지대학들을 설립하는 것으로 이러한 학교들이 기존의 학교들 내에 미래 교육 과정 개발에 있으므로 신중히 역할 모델로 기능하도록 하는 것이다. 세 번째 전략은 이러한 변화들을 기꺼이 원하고 있는 여러 사회복지대학들을 대상으로 자문 서비스를 제공할 수 있는 국제 협회(국제사회복지대학협회나 국제사회복지사연맹)나 여타 기구들의 역할을 강화하는 것이다.

사회복지교육와 실무의 세 가지 차원 모델 소개

우리는 1장에서 사회복지 대학의 학생 모집, 실무 및 교육 모델에 반영된 사회복지실무의 세 가지 단계 모델 개발의 중요성에 대하여 언급하였다. 이 세 가지 단계는 특정 분야 내에서 실제 일반 대중 수준에서 시작하여 효과적으로 일하도록 훈련된 사회복지 보조자들, 현재 대표적 주도세력인 사회복지전공자들, 석사 이상의 학생들 전체라는 전문직에 걸쳐 지도력을 제공할 수 있는 선임 사회복지사들로 구성되어 있다. 이러한 세 부류 단계들이 지역적으로 혹은 세계적으로 각 분야에 필요한 인원들을 배출하고 있다면 국제적으로 필요한 욕구들에 대한 국가적 혹은 국제적인 대응을 하기 위해 의미 있는 공헌을 할 수 있을 것이다.

우리는 사회복지 전문직 내에 준전문가 수준을 포함시키는 것에 대해 항상 반대의견이 있어 왔음을 잘 알고 있다. 그러나 준전문가를 포함시키는 일로 인한 그 어떠한 역효과도 세계적 욕구에 대한 좀 더 효과적이고 확연한 대응을 할 수 있는 사회복지적 능력을 통한 건전한 상쇄로 발전할 것이라는 믿음 역시 사실이다. 여기서 세계적 욕구란 주로 국제적 논의의 대부분을 이루고 있고, 그리하여 국제적 개발과 관련이 있는 것으로서, 이에 대한 효과적이고 확실한 대응은 많은 맥락에 있어서 사회복지실천에 대한 잠재력은 물론이며 사회복지 이미지 증진을 위한 필수적인 단계가 되고 있다. 우리는 또한 사회복지 졸업생들의 숫자와 배경이 많은 개발도상국에서와 마찬가지로 한계점이 있으며, 동시에 사회복지 실천의 중요성 역시 제한적으로 간주된다고 생각한다. 만약 국제사회복지 현장의 최일선 상황에서 효과적으로 일할 수 있는 정도 수준으로 계획되지 않는다면, 사회복지실천은 국제적 욕구의 꼭 필요한 영역들에 대하여 효과적인 대응력이 없어지게 되는 것이다. 사회복지실천이 이러한 도전을 받아들이지 않는다면, 현재의 욕구들에 대하여 효과적으로 대응할 수 있는 목적을 가진 새로운 다른 전문직이 생기는 것 이외에는 궁극적인 다른 선택이 없게 된다. 개발 연구에 대한 과목들은 수도 없이 많이 있지만, 현재까지는 그 기초에 있어 주로 경제적인 측면에 치중해왔고, 조사연구적 접근 내에서 주로 이러한 분야의 리더십 배분에 방향지워져 있다. 그러나 이러한 것들 역시 추가적인 단계와 훈련 센터의 도입으로 변화를 맞게 될 것이다. 만약 이렇게 된다면 사회복지실천은 점점 더 주변화되거나, 혹은 몇몇의 개발적 맥락들에 있어서 전문직으로서의 명확한 위치가 사라질 위험도 있는 것이다.

사회복지실천에 열려있는 전략은 학생들이 사회복지사를 도울 수 있는 보조자(어떤 용어로 사용하든지 간에)로 일할 수 있게 하거나, 혹은 두 가지 정도의 특정 분야(빈곤감소와 지역사회 차원의 개발 등의 예)에 있어 전문화되고 기초적 사회복지실천 기술을 가진 기초 및 예비 과목들을 개설하는 것이다. 실무 경력에 대한 정해진 연수를 마친 이러한 보조인력이 될 자격을 가진 학생들은 계속해서 대학원 공부를 통하여 학습을 지속하여 나갈 수도 있으며, 이러한 인력 양성을 좀 더 활성화시키기 위하여 현 입학 기준보다 좀 더 융통성있는 기준이 요해지거나 시설의 현대화가 요구될 수도 있다. 이러한 것은 융통성 있게 조정 가능할 것이다. 석사 수준의 차원은 이미 존재하고 있지만 이미 언급한 바와 같이 국제사회복지실천이 요구하는 점들을 충족하기 위해서는 좀 더 높은 개발수준이 요구되어질 것이다. 여러 국가들에서 새로운 사회복지 학부 과정을 개설하는 것을 선호하며, 이들은 아마도 대학 외부의 연계관계들이나 타 사회복지대학들과, 또한 전문가 연합 및 기타 협력체들과의 밀접한 자문 등을 통하여 이루어질 것이다. 국제사회복지적 맥락에서는 현장 실습을 통해서나 이미 그 분야에서 일하고 있는 사람들에 대한 현직 훈련 수준을 포함하는 등과 같이 관련 실무 영역에 대한 충분한 경험을 포함한 과목을 포함하는 것이 더 바람직할 것이다.

사회복지실천 교육에 있어 요구되는 변화들

여러 다양한 조사들에 의하면 사회복지실천 교육이 근래에 변화되어 가고 있음을 알려주고 있다. 1974년에 출간되어 현재까지도 의미 있는 스티크니와 레즈닉(Stickney & Resnich)의 사회복지교육을 위한 국제가이드에서 논평되어 있듯이 켄달(Kendall, 1986)은 아프리카에서 사회복지실천 교육이 사회개발적 내용을 가지고 어떻게 그 지역의 고유한 토착적인 모델을 향하여 점차 변화해가고 있는지를 논의하고 있다. 대조적으로, 남아메리카에서는 새로이 출현하고 있는 강력한 해방주의적 근거를 가진 사회변화(사회개혁)와 혁명적 변화에 그 초점을 맞추어 왔다. 좀 더 침투성 있는 아시아적 주제는 "아시아 국가들의 사회복지대학들은 이제 사회개발 및 개발적 사회복지를 주요 목표로 수용하고 있다"(p. 21)는 켄달의 말처럼 사회개발적 사회복지실천과 연결되어 있다. 호켄스테드와 그의 동료들 및 와츠, 엘리어트 그리고 메이야다스(Watts, Elliott, & Mayadas, 1995)에 의한 보다 최근의 조사들은, 현재까지 일어나고 있는 보다 최근의 변화들에까지 확대하여 기술하고 있다. 이 시점에서 우리의 관심은 그러나, 국제사회복지 교과과정 내에서의 입지에 있다. 힐리(1995a)는 와츠 및 그의 동료들의 책에서 이러한 문제에 대한 적절한 개요를 제공하고 있다.

사회복지실천 교과과정에서의 국제사회복지실천의 입지에 대한 문제를 검토하는 데 있어, 힐리는 첫 번째로 개념상의 문제를 고려하고 있다. 그는 국제사회복지실천이 무엇인가라는 개념에 대한 문제는 풀리지 않은 채 남아있다고 결론짓는다. 그러나 그는 그럼에도 불구하고 반드시 포함되어야 할 주요 요소에 대한 어느 정도의 합의는 있다고 적고 있다. "응답자들 중 50% 이상에 의하여 필수적이라고 여겨진 세 가지 개념이 있다. 이것은 ① 문화 간 이해(58.9%), ② 사회정책비교(56.9%), ③ 국제적 사회문제에 대한 중요성(54.5%)"(p. 423)이다. 힐리는 다양한 대륙들과 국가들을 서로 비교하는 관점에 있어 상당한 차이점들이 있음에 대하여 언급하였다. 그는 언급되는 국제적 내용을 담아내는데 대한 충분한 범위가 어디까지인지가 문제시 될 수도 있다는 것을 발견하였다.

국제적인 내용을 담아내는 것에 대한 긍정적이거나 부정적인 현실은 잠재적인 교과과정 자료의 분야가 광범위하다는 데 있다. 이러한 광대한 영역을 다루어야 하는 잠재성을 품고 있는 반면, 사회복지 프로그램에서의 국제사회복지 교육 내용은 소수 몇 개의 영역에만 초점이 두어지고 있고 상대적으로 다루어지지 않은 다른 주요한 영역들은 방치되고 있다. (p. 430)

마지막으로, 힐리는 몇몇 다른 학교들이 교육과정 전체에 국제적인 요소들을 흩뿌려 놓는 반면 별도의 국제사회복지실천 과목을 설치하는 경향이 있다고 하였다.

위에서 언급한 어려움들에도 불구하고 힐리가 언급한 1990년의 국제적 조사연구에서는 "응답한 214개의 학교들 중에서 155군데, 72.4%의 학교들은 이미 사회복지 교육과정 내에 국제적인 교육내용을 포함하고 있다"고 하였다(p. 429). 아무래도 북미에서 대부분 선택과목으로서 이러한 교과과정들을 포함하여 가장 많은 비율을 차지하고 있었고, 반면 남미에서는 이러한 교과과정의 제공률이 가장 낮았다. 전반적으로 결과에서 많은 측면이 긍정적인 반면 힐리는 여전히 다음과 같은 중요한 결론을 이끌어냈다.

국제적인 교육과정을 담고 있는 많은 사회복지대학들의 현 상태에 대한 점검을 통하여 살펴보니, 이 교과과정 분야가 갈피를 못 잡고 무질서한 문제가 있다. … 적절하게 계획성이나 포괄적인 국제 교육과정 개발의 유무에 대하여는 근거가 부족하거나 거의 증명이 되지 않고 있다. 교과과정에서의 국제적인 측면은 주 교과과정에 대하여 상대적으로 대부분 그다지 중요하지 않은 분야로 주변화되어 있는 형편이다. 교과목표는 제대로 개발되지 않았으며 보다 폭넓은 교육적 우선순위 혹은 지역적인 욕구들에 논리적으로 연결되지 못하고 있다. 소수의 학교들만이 전반적 교육 계획에 국제적 관련 목표들이 적절히 통합되어 있었다. 개별 국가들 내 및 전 세계적으로 영향을 미치는 활동으로서 존재하는 전문직은 사실상 그 국제적인 공헌의 본질에 대하여 충분히 통찰해오지 못하고 있는 실정이다. (pp. 431-432)

이는 사실상 국제사회복지실천에 대해 어느 다른 사람보다 더 많은 시간을 헌신해온 사회복지 교육자의 부정적 평가라고 말할 수 있다.

힐리는 제한된 경제 지원이나 교육 자원의 부족, 교수진의 역량 부족 및 교과과정 내에서의 제한된 시간분배 등과 같이 국제적 교육 내용을 교육하는 데 있어 진전에 장애가 되는 특정 방해요인들에 대하여 논의하였다. 그러나 세 가지 주요한 장애물들을 규명하면서 이러한 것들은 오히려 상대적으로 덜 중요한 것들이라 여기고 있다.

> 사회복지실천 전문직이 국제사회복지실천에 접근하는 과정에 있어 세 가지의 지배적 장애물들은 국제 교육과정에 주요한 개혁을 가로막고 있다. 이러한 세 가지 서로 연관된 장애물들은 ① 사회복지는 국제적인 무시에 따른 대가에 대해 감수하지 못해왔고 ② 사회복지실천에 있어 국제적 측면은 주변적이며 주류로서 여겨지지 못했으며 ③ 전문직 자체도 아직 국제적인 맥락에서의 그 역할들에 대하여 제대로 정의내리지 못하고 있다. (pp. 432-433)

결국, 힐리는 그 자신의 결론을 이렇게 내었다.

> 사회복지 교과과정은 문화 간 의사소통과 지식, 국제사회 문제 그리고 전 세계적인 전문직 및 그 네트워크 활용 능력과 관련된 새로운 목적들을 분명히 수립하는 것을 통하여 대응할 수 있다. (p. 436)

우리가 힐리의 긴 개요를 소개하는 이유는 그 논의가 가장 최근 것이며 교과과정에 있어 국제사회복지에 관련된 유력하고 우세한 상황에 대한 적당한 분석이기 때문이다. 그러나 미국과 캐나다에 있는 사회복지대학들에 대한 또 다른 최근 조사는 많은 학교들이 국제적인 연결선들을 보유하고 있으며, 소수의 학생들을 외국으로 배치하곤 하지만 그들의 교과과정 내에 국제사회복지 교육을 통합화하는 것에는 미흡한 실정이라는 것을 말해주고 있다(Caragata & Sanchez, 2002; Johnson, 2004 참조). 호주 및 뉴질랜드도 비슷하다고 말할 수 있다. 유용한 증거에 기반한다면 사회복지실천은 국제적인 영역을 향하여 지금도 애를 쓰며 진입하고는 있지만 어디를 향하여야 하고 왜 그러한지에 대한 명확한 이해가 부족하다고 볼 수 있다.

그렇지만, 최근 미국사회복지교육협의회에 의하여 인증된 교육 정책과 인가 기준(EPAS: Educational Policy and Accreditation Standards)(CSWE, 2001)은 많은 미국 내 사회복지 프로그램들이 그들이 교과과정 내에 국제사회복지를 포함하거나 통합하고 있으며,

국제사회복지실천을 위한 명확성과 비전을 제공하고 있다고 하는 희망을 전해준다. 예를 들면, 미국사회복지교육협의회 인증 교육 정책과 인가 기준 문서는 그 서문에서 "환경 속의 인간 관점과 인간 다양성에 대한 존중에 기인하여 이 전문직은 전 세계에 걸친 사회 및 경제적 불평등에 대하여 효과적으로 영향을 미친다"고 하였다.

교육 정책 하에서 사회복지 전문직 목적과 관계된 선언에서(1.0 부문) 역시 국제적 차원을 포함하고 있는데 이는 다음과 같다.

전문 사회복지사들은 세계적 맥락 내에서 다양한 조직 세팅 및 서비스 전달 체계에서의 지도자들이다.

기초 교과과정 내용의 4.2 부문은 사회복지 프로그램에 대하여 다음과 같은 것을 요구하고 있다.

분배의 공정성, 인권 및 시민권 그리고 탄압에 관련된 국제적 연계에 대한 이해에 기반을 둔 사회경제적 부정과 불공평에 대하여 포함하여 교육한다.

나아가, 4.4 부문은 다음과 같은 기대를 담고 있다.

교과목 내용은 학생들이 기관, 지역사회, 주, 국가 그리고 국제적인 사회복지 정책 및 사회서비스 전달에 대하여 분석할 수 있는 지식과 기술을 제공하도록 하여야 한다.

또 한 가지 고무적인 사실은 미국사회복지교육협의회가 사회복지교육이 세계화되기 위하여 국제사회복지 교육을 위하여 2004년 캐서린 캔달 연구소를 설립하였다는 사실이다. 이 연구소의 주된 목적 중의 하나는 사회복지교육에 있어서 국제적 내용의 개발을 주된 내용으로 장려하는 것이다(CSWE, 2005).

다음에서 우리는 사회복지 전문직이 국제 영역에서 그 입지를 강화하기 위한 방향으로의 관점들을 좀 더 자세히 살펴보기로 하겠다.

교과과정에 국제사회복지를 소개하기 위한 모델

사회복지 교과과정 내에 국제사회복지를 도입하기 위한 방식을 논의하는 데 있어 21세기 사회복지실천이 어디를 향하여 가야 하는지에 대한 앞의 논의에 따른 네 가지 주요한 결론을 우리는 명심하여야 한다. 우리의 논의는 사회복지실천이 현대 국제사회가 직면하고 있는 주 사회 문제들에 대한 바람직한 국제적 대응을 위한 효과적인 역할을 하는 전문직이어야 한다는 전제를 가진다. 또한 그렇게 되기 위해서는 준전문가, 전문가 그리고 선임 수준인 세 가지 수준을 포함한 교육 모델을 기반으로 이에 사회개발 관점이 통합된 것이라야 한다.

3단계 교육 모델

사회복지가 대다수 개발도상국들 내에서의 국제적 역할과 국가적 책임을 수행해 나가야 한다면, 이는 3가지 단계의 교육 모델을 필요로 한다(〈표 14-1〉 참조). 첫째, 사회복지대학에서는 특별히 빈곤감소, 지역차원 개발, 사회통합 강화 및 추방된 인구나 분쟁 후 재건이 필요한 특별한 욕구를 가진 사람들을 위하여 일하는 데 있어서 총체적인 사회개발 영역에서 요구되어지는 모든 인적자원에 대하여 효과적으로 일해 나갈 수 있도록 특별히 훈련되어진 전문가들을 충분히 보유하고 있어야 한다. 위와 같은 분야들이 주요 욕구인 반면, 실무에 있어 숙련된 대응이 요구되어지는 일반적이고 광범위한 국제적 욕구가 동시에 있다고 할 수 있다. 이러한 실무 영역들 모두 특정 시간에 특정한 맥락에 파견되어지는 경우이므로, 실무 경험에 집중하여 12개월 내지는 18개월의 집중된 훈련으로 무장된 다수의 인력이 필요하다고 보여 진다. 이러한 주요 영역에 부가하여 준전문가들은 기초 전문 기술 및 지식 그리고 전문가적 윤리에 대한 이해를 가져야 함 역시 필수요건이다.

정식 사회복지사로서 자격을 가진다고 한다면 2년 혹은 그 이상의 교육을 받아야 할 것이다. 현재의 상황 내에서 조화를 이루어가며 연수교육, 단기 집중 교육, 정규 과정 등의 혼합을 통하여 구성된 정도까지의 범위와 깊이의 훈련을 받아야 할 것이다. 전체로 본다면 이러한 연장 교육과 훈련은 개별적 기초 훈련이 포함하고 있는 것들을 보충해주어야 하며, 이는 완전히 훈련된 사회복지사 수준까지 이르도록 해줄 것이다. 이 수준의 졸업생들은 다른 다양한 전문직들과 동등한 대학 교육 수준에 도달하여야 한다.

선임 사회복지사 차원은 18개월 내지는 24개월의 추가 교육을 통하여 이루어지며 실무 경력 훈련 기간 후 달성될 수 있다. 이 교육 차원은 일반적인 관리 및 리더십의 질적 문제에 초점을 두게 되며, 이러한 인력들에게는 앞으로 그들이 지도자로서 일하게 될 주요 영역들의 특수한 교육 내용들을 포함한 교육이 이루어진다.

각 단계에의 입문을 위한 요건은 그 지역 현실과 일치한다. 우선적으로 필요한 분야에서 각 단계에 있어 역할을 담당할 수 있는 개인들을 뽑도록 계획된다. 많은 사회복지사들

[표 14-1] 사회복지 교육, 세계적 맥락에서의 실무를 위한 3단계 모델

A 단계	
교육	선택된 기초 기술 및 지식을 포함하여 특정 분야의 실무 훈련 및 석사 전 단계 사회복지 교육
기간	현직 직원 연수 기간을 포함하여 총 12~18개월
명칭	보조 사회복지사
단계	준 전문가
업무 차원	최일선 지역사회복지사
주 역할	예: 지역사회 차원 사회개발, 난민 혹은 분쟁 후 작업에 있어 최일선 수행사업, 아동보호, 청소년 사업, 지역사회 개발, 가족복지
B 단계	
교육	대학원 수준의 사회복지 교육
기간	3~4 년
명칭	석사 사회복지사
단계	전문가
업무 차원	중간 (주로 기관이나 지역 차원)
주 역할	지역차원에서의 개발을 촉진, A단계 사회복지사들에 대한 훈련과 지원, 프로그램 계획과 실행, 기초 조사 및 사회정책 수립, 좀 더 복잡한 상황을 돕기 위한 인력
C 단계	
교육	석사 이후 단계
기간	1~2 년
명칭	선임 사회복지사
단계	선임 전문가
업무 차원	중앙(중앙 정부 및 비정부 조직체내에서 지도자)
주 역할	선임 관리, 프로그램 계획, 선임 연구자, 선임 정책요원, 대학원 및 석사 후 교육에 관여

이 각각 단계에 그대로 남아 일하게 될 것이고, 어떤 사람들은 자신의 역량을 더 키워 발전하기를 원할 것이다. 그러므로 단계들 간 구분을 명확히 해주는 것이 이러한 발전 욕구를 충족할 수 있게 만들어 주며 필요하다면 부가적인 상승 기회를 제공한다. 예를 들어 최소 4년의 중등교육을 받은 사람은 1단계의 수준에 고용되게 될 것이지만, 일정 기간 이후 이들이 원하고 또 이들에게 그렇게 할 수 있는 능력이 있다면, 이들은 대학 졸업 수준에 이를 수 있는 기회를 요청할 수 있다.

전형적인 개발도상국에서는 수적인 측면에 있어 1단계 보조 사회복지사 1,000명, 석사 수준 300명 이상, 대략 40명 혹은 50명의 선임 사회복지사와 같은 비율로 매해 사회복지사들이 배출되어야 할 것이다. 물론 정확한 숫자들이야 그 지역에서 우선적으로 개입하여야 할 사회적 욕구와 그 국가 내 사회복지 전문직의 발전 정도에 의해 좌우될 것이겠지만 말이다. 복지 관련 공무원, 청소년을 대상으로 일하는 인력들, 지역사회 개발, 아동 보호 및 다른 훈련 코스의 범위 등의 영역에서 보조 사회복지 인력에 대한 중요성은 그다지 인지되지 않아 온 것이 사실이다. 선진국에서는 1단계 보조 사회복지사들에 대한 수요가 최소한이었다고 여겨진다. 한편, 앞으로 한 동안은 선진국에서와 개발도상국들에서는 전문적이고 선임 전문사회복지사들, 즉 어느 나라에서도 국제 분야에 즉시 투입될 수 있는 인력들에 대한 교육을 사회복지대학에 의존하여야 할 것이며, 사실상 현재까지도 그렇게 해오고 있다.

3단계 교육 수준을 통한 사회개발적 초점

이 책에서의 여러 부분에서 사회복지교육 내 사회개발적 초점에 대한 본질과 욕구를 논의해왔다. 여기서는 이러한 목적이 달성되기 위한 몇 가지 방법들에 대한 개요를 논하고자 한다. 그러기 위하여 우리는 이 주제에 대한 심도 깊은 문헌내용들을 상기하면서(Cox, Pawar & Picton, 1997b 참조; Chui, Wong & Chan, 1996) 1997년에 라 트로브 대학에서 열린 워크숍에서 전 아시아에서 온 사회복지교육자들 그룹에 의하여 수행된 작업을 심도 깊게 살펴보는 것이 도움이 될 것이다.

[표 14-2] 사회개발 관점

목표	· 인간의 복지와 삶의 질 향상 · 인간이 그들의 기대를 충족하기 위한 자유를 경험하고 잠재력을 실현할 수 있도록 함
가치	· 성장 발전하기 위한 능력을 가지고 있음에 대한 확신과 인간 존중 · 신체적인 면에서 영적인 면까지의 인간 존재의 총체적 이해 · 사회적이고 문화적인 다양성 수용 및 문화와 가치 중심성의 통합 · 생태학적 이슈의 중요성과 자연 및 환경과 인간간의 연결성에 대한 중요성 인식 · 사회적 관계란 참여에 대한 권리 및 의무, 기회 균등 그리고 사회정의에 대한 권리에 기반하고 있음을 인식하기
과정	· 참여적 과정 · 역량강화 과정
지역사회, 국가 그리고 국제적 단계 전략	· 개별, 집단 그리고 지역사회의 역량구축 · 지역 시설 설립 및 조직화에 대한 지원 · 자립심 증진 · 모든 사람들이 발전할 수 있다고 하는 긍정적 환경 조성 · 사회 기관들의 기능 향상 및 발전에 참여 · 누구에게나 접근가능한 적절한 자원 및 서비스의 급여 장려 · 참여 계획을 지원하는 데 있어 국가에 대한 적극적 역할 장려 · 사회적 발전을 강화하기 위한 정치 발전과 실행에 관여 · 모든 단계에서 발전을 위한 솔선적인 주도 · 다양한 측면에서 시민사회 강화
광범위하고 구체적인 맥락으로의 대응	· 특별히 인간과 복지에 영향을 미치는 국제 및 국가적 맥락 내에서의 경제, 정치, 사회 및 문화적 발전 경향의 긍정적이고 혹은 부정적인 역할 이해 · 인간의 욕구에 대한 맥락적 이해 · 인간의 욕구, 기대 및 실현하는 데 있어 장애에 대한 이해 · 인간의 문화와 가치에 대한 이해 · 현 사회적 제도의 범위와 본질에 대한 이해

사회개발 관점

사회개발 관점은 다음에 소개되어지는 모델인데, 이는 다음과 같은 인식에 근거한다. 그 인식은 사회개발 관점의 본질이 2장에서 소개하고 있는 통합관점 접근과 같으며 이 책 전체를 통하여 계속 그 기반에 깔려 있다. 여기서 사회개발이라는 용어를 계속 사용하고 있는 이유는 여러 문헌들과의 일관성을 갖추기 위함이다. 하지만 독자들은 이 용어와 통합관점 접근을 똑같이 사용할 수 있음에 대하여 편안하게 생각하기 바란다. 그러므로 통합관점과 사회개발 관점은 같은 맥락에서 이해하면 된다.

교과과정 내에서의 사회개발 관점의 요소

교과과정 맥락 내 사회개발 관점의 요소들은 일반적인 것과 구체적인 것으로 나눌 수 있다. 일반적인 수준에서는 위에서 언급하였듯이 사회개발 관점의 모든 측면에 대한 이해를 하도록 하는 교육이다. 개별에서 국제에 이르는 모든 단계의 사회개발에서 공통적인 목표, 가치 그리고 전략에 대하여 고찰함과 더불어 사회적 욕구에 부응하기 위한 치료와 예방, 발달적 접근을 모두 포함하게 된다. 일반적 단계에서는 사회개발에 대하여 탐색함과 동시에 기술적 요소를 포함한다. 사회개발에 있어 주요 일반적 기술 측면은,

· 실무 및 문제 해결에 있어서의 개입과 관련된 기술

· 프로젝트와 프로그램 활동에 관련된 기술

· 광의의 일반 대중과의 상호작용에 관련된 기술

· 사회통합과 관련된 기술

· 일반 사회개발 착수에 관련된 기술

· 조사 기술

· 정치적 기술

· 경제 관련 기술

· 정책개발 기술

이러한 기술을 교육하는 수준은 사회복지 교육 단계에 따라서 달라질 것이다.

실무적 관점에서는 결국 이러한 사회개발의 일반적 측면들이 특정 맥락으로 구체화되어야 할 것이다. 그 구체적 맥락은 사회개발의 특정 목표, 표출된 사회적 욕구, 특정 경제·정치·문화적 맥락 그리고 위의 한 가지 혹은 모두와 상응하는 특정한 지식체계를 포함하게 될 것이다. 사회개발 내에서 아래와 같은 특수화된 분야들은 교육과 훈련이 항시 필요한 측면이며 서로 공유점이 많으며 중요한 측면을 포함하고 있다.

· 빈곤 경감

· 고용과 수입 창출

· 사회통합과 사회응집

· 시골 및 외딴 지역 개발

· 산호섬과 외딴 섬 개발

· 도시 빈민 지역 및 주거지 개발

· 열악한 환경에 있는 아동 보호

· 장애인과 함께 일하기

· 가족, 아동, 청소년 그리고 노인들과 함께 일하기

· 개발적 맥락에서 여성들과 함께 일하기

· 부족이나 소수 원주민 집단과 함께 일하기

· 건강, 보건, 가족계획 서비스

· 쉼터 및 자조적인 주거

· 모든 수준에서의 공식, 비공식, 지역사회 교육

· 재해 구제

· 약물 남용과 중독

· HIV/에이즈 일반 전염병에 대한 대응

· 개별 및 집단에 대한 공공 안전

· 생태 및 자원고갈 관리

이 모든 영역들은 전체 교육 단계에서 각 단계에 맞는 적절한 내용으로 교육될 수 있다. 각 분야의 교육은 지식, 전략 그리고 기술적 요소들을 포함하여야 한다.

교육과정으로 사회개발을 도입하는 데 있어서의 학습 목표

다음은 사회개발 기반 교육과정에서의 핵심 학습 목표들 중의 일부이다.

학생들은 졸업시점에서 다음과 같은 능력을 가질 수 있게 된다.

· 사회개발 목표에 대한 사회복지사의 헌신을 표현하기

· 사회개발의 토대가 되는 가치를 적용하고 윤리적 함의 고찰하기

· 개인에서 사회에 이르는 모든 단계에서의 인간 삶과 복지 맥락을 파악하기

· 사회개발에 기본이 되는 전략 사용하기

· 참여 및 역량강화 접근인 두 가지 주 사회개발 과정에 관여하기
· 반영적 실무자로서 평생 학습에 참여하기

국제사회복지 교과과정 내용에 포함되어야 할 것들

지금까지 논의한 다양한 이유들에 기반하여 국제사회복지 교육과정 내용에서 다루어져야 할 내용들의 중요성은 더 이상 거론하지 않아도 될 것이다. 힐리(2001)가 지적하였듯이 국제사회복지를 교과과정에 포함하는 일은 많은 학교들에 의해 이미 실행되고 있으며, 발전되고 있다. 이러한 현실을 바라보며 우리는 전형적인 사회복지 교과과정에 국제적 내용들이 어떻게 도입되어야 하는 것이 최선일지에 대하여 다음과 같은 제안들을 하고자 한다.

주로 논의되어지는 두 가지 통합 형태(국제사회복지 측면을 각 과목에서 각자 연관되는 만큼 다루어 주는 것)는 일반적인 동시에 구체적인 대안이다. 이 주제가 교과과정 전체에 고루 분포되어 있을 때 모든 교수들이 국제적 차원에서 그들 각자 과목이나 주제에로의 통합이 가능하게 될 수 있을 것이다. 한편, 구체적인 접근 방식으로는, 국제사회복지에 대한 별도의 과목 교육을 실시하는 방식이다. 이러한 두 가지 접근 방식은 물론 교과과정의 여러 측면과 함께 본래 교과과정에서의 다양한 측면에서 도입되어 연계, 강화되고 확장되어지는 것이 이상적이다. 교과과정 전체에 고루 분포되어 가르치게 되는 측면의 약점은 철저한 중앙 관리가 이루어지지 않으면 효과적이지 않을 수 있다는 것이다. 국제적인 측면 자체에 대하여 논한다고 할 때, 몇몇의 교수들이 이를 중요시하지 않을 수도 있고, 이러한 내용을 도입하는 것에 대하여 부적절하다고 느끼는 사람도 있을 것이며, 너무나 광범위하게 산재해 있어서 학생들에게 초점화되지 않음으로 인하여 직접적인 영향력을 가져오지 못할 것이라 여길 수도 있다.

우리는 모든 사회복지 교과과정에 어느 정도는 구체적인 국제적 내용을 포함할 것을 강력히 제안한다. 이 내용은 교과과정의 다른 분야 내에서 별도의 교수진에 의하여 개발된다면 이상적일 것이다. 그렇지 않고, 국제적 사회복지 관련의 구체적인 내용으로 개발되지 못한다면 학생들은 그들의 전문직에 대한 국제적 차원의 이해를 발전시키기 어렵게 된다.

더 나아가 이러한 내용이 선택과목으로만 제공되는 것은 제안하지 않는다. 핵심 교과과정 내에서 주요 주제로 포함될 수도 있고, 그 외 주제들은 선택할 수 있도록 남겨둘 수는 있을 것이다. 그러나 선택과목으로만 한정되어 교육된다면 얼마 안 되는 소수의 학생들만이 사회복지실천에 있어서의 국제적 측면의 중요성에 대하여 인지하고 졸업할 수밖에 없다는 한계가 생길 것이다.

어떠한 국제적 내용이 논리적이고 강력하게 장려되어야 하는지에 대한 일반적 교과과정 내에 연결될 수 있는 몇 가지 명확한 요소들이 있다. 이러한 요소들을 나열해보면 다음과 같다.

· 사회정책 과목은 비교사회정책 요소 및 국제 정치 내용 모두에서 혜택을 받을 수 있다.
· 문화 간 사회복지 과목은 국제 맥락을 상당 부분 반영한다.
· 사회복지 역사는 전 세계 지역들을 포함하여야 한다.
· 윤리과목은 국제적 관점에서 사회복지 윤리에 대하여 고찰하여야 한다.
· 법과 사회복지 과목은 국제 및 인권법에 대하여 고려하여야 한다.
· 빈곤 과목은 전 세계에 걸친 빈곤에 대하여 고찰하여야 한다.
· 지역사회 개발 과목은 다양한 국가 맥락 및 국제적 실무 여러 측면에의 적용에 있어 지역사회 개발 측면에 대하여 다루어야 한다.

그러나 국제사회복지실천의 몇 측면들은 다른 사회복지 교과목들에서 다루어지지 않은 것들이 많으므로, 구체적인 내용들로부터 엄청난 혜택을 얻을 수 있다. 이러한 측면들은 다음과 같다.

· 국제사회 문제 및 사회복지의 역할
· 국제사회 및 사회복지의 공헌
· 국제적 전문직으로서의 사회복지 개발과 조직화

교과목 내용과 더불어 사회복지 학생들이 전문적 경력에 대한 준비 과정 중 어느 정도의 국제적 훈련 경험을 할 수 있게 하는 것은 중요한 일이다. 이러한 일들이 이루어지기 위하여 다음과 같은 방법들이 있다.

- 소수의 인원이기는 하지만 해외에서의 실습이 많이 실행되고 있다. 또한 가능하다면 그들이 하는 일에 대한 가치 인식의 필요성 증진과 더불어 각 학교들에서 이러한 실습을 장려하여야 한다.
- 학생들이 해외의 다른 학교 학생들과 교환학생을 체결할 수 있고 다른 나라에서 한 학기씩 유학하고 올 수 있도록 한다. 혹은 가능하다면 적어도 다른 학교를 방문할 수 있다.
- 유럽에서 이루어지고 있듯이 학생들이 문화 간 경험 차원을 그들의 학습에 연결하도록 학교에서 전 세계 여러 나라에 있는 캠퍼스들을 통한 다 캠퍼스 교과과정을 수립할 수 있다.
- 해외 캠퍼스에 교수 교류나 방문 등을 수립하여, 학생들이 다른 맥락에서 교육받고 실습할 수 있도록 다양한 학습방법 및 교수와 접촉할 수 있도록 하는 환경을 만든다.

사회복지 교과과정은 현존하는 교과과정 내에 국제사회복지적 자료를 다양한 측면에 포함시키고, 국제사회복지에 관련된 과목들 내에 구체적으로 국제적인 내용을 포함하고, 학생들이 가능하다면 직접적인 방식으로 국제 실무의 장에서 상호작용할 수 있도록 기회를 줄 수 있다.

국제사회복지의 구체적인 과목이 개설된다면 최소한 다음과 같은 주제들을 다루어주기를 제안한다.

- 국제적 실천 맥락과 세계화 과정에 대한 이해
- 국제적인 사회복지실천, 그 접근영역, 윤리 강력, 실무의 초점 그리고 조직화
- 사회복지실천에서의 사회개발 관점
- 국제적인 실천에 대한 문화 간 접근
- 국제사회복지실천에서의 주요 영역과 사회복지의 역할

사회복지실천에 요구되는 변화들

국제 영역에서 일하고 있는 사회복지 실무자들에게 요구되어지는 질적인 측면에 대하여 고찰해볼 때, 특정한 질적 측면이 강조되어야 할 필요성은 분명하다. 그러한 측면들의 많은 부분을 현재 일하고 있는 사회복지사들이 갖추고 있지 않은 반면, 국제 영역에서 일하는 데 있어 수많은 도전과 요구들에 대처해 나가려면, 잘 갖추어진 실무자들이라 할지라도 여전히 더욱 더 발전시켜 나가야 하는 측면이 있을 것이다. 물론 국제 영역에서의 실무자들이 관여한 본질은 물론이고 다양한 실무 영역에 걸쳐 그 정도에 있어 다양한 수준에 질적으로 담보되어야 할 것이다. 우리는 앞서 논의한 것과 연결하여 다음과 같이 구분하고자 한다.

· 자국에서 일하고 있지만 국제적 기반을 보유하고 있는 서구의 사회복지사들
· 자신의 출신국 외의 나라에서, 특별히 주로 개발도상국 내에서 일하고 있는 서구 혹은 비서구 출신 사회복지사들
· 전통적인 사회복지 역할을 넘어설 기꺼운 의향이 있으며 그렇게 할 수 있고 국제사회복지 실무의 주요 영역에 관여하여 일할 수 있는 개발도상국 내의 지역출신 사회복지사들

첫 번째 집단에 대하여 변화가 요구되는 사항들은 국제적 오리엔테이션을 개발하고, 현재 두드러지게 나타나면서 동시에 국제적인 욕구가 무엇인지에 대한 이해를 높이는 일이다. 두 번째 집단의 서구 사회복지사들은 지역사회 실무자들에게 주로 요구되어지는 자격요건에 부가한 요건들이 요구되어지며, 이들 대부분은 열악한 수준에서 시작한다. 두 번째 집단에서의 비서구 사회복지사들은 그들의 일상적 맥락을 넘어서 일할 수 있는 능력을 갖추어야 한다. 마지막으로 개발도상국 내의 훈련을 받고 국제적 문제에 대하여 관계하고 있는 지역사회복지사들은 그 수에 있어서 많지가 않다. 그러므로 이들을 고용하고 훈련하기 위한 기본적 구조가 필요하다. 많은 경우에 우리에게 이미 익숙한 것이 아닌 새롭고 창의적인 사회복지 교육 프로그램이 요구될 것이다. 적절한 기초 훈련과 동시에 이들은 아래 다음에서 언급할 몇몇 영역들에 대한 구체적 훈련 역시 필요하다.

사회복지실무자에게 필요한 몇 가지 일반적 자질

국제사회복지에 관한 실무는 상황 분석 차원과 개입 프로그램 고안 모두에 있어 국제화된 사고를 할 수 있는 능력의 강화가 필요하다. 나아가 이들은 세계적 맥락의 범위와 복합성에 제재되지 않고 상황을 분석하고 프로그램을 고안할 수 있어야 한다.

이러한 실무는 광범위한 조직화 맥락 내에서 수행되어져야 한다. 많은 상황들에서 사회복지사들이 다양한 차원과 방식으로 지역사회 조직, 국가적 그리고 국제 NGO 영역, 지역사회 및 해외 정부 및 유엔 체계에 연관되어 일하고 있음을 깨닫게 된다. 사회복지실무는 서로 다른 시간에 서로 다른 대상들과 일하며, 다양한 영역으로부터의 사람들과 팀을 이룬 한 부분으로, 여러 조직들과 함께 항상 협동해 나가야 한다. 국제사회를 구성하는 많은 영역들에 대한 올바른 이해는 필수적이다.

국제적으로 연관된 구성조직들의 범위를 파악하는 능력과 더불어 배양하여야 할 것은 타전문직들 간 접근을 채택하는 능력이다. 이는 실무자가 구체적 실무 맥락에 있어 다양한 역할과 잠재적인 공헌에 대한 이해를 가진 다른 전문직들과 협동해가기 위하여 다양한 전문직들의 실무 운용 방식과 절차에 익숙해져야 할 필요가 있음을 의미한다.

국제사회복지실천은 문화적 차이들 간에 일하는 능력의 수준을 높일 것을 요구한다. 국제 영역에서 일하고 있는 많은 수의 사회복지사들은 자신들과 다른 문화적 기반에서부터 온 클라이언트들 및 동료 사회복지사들과 함께 일하고 있으며, 반면 그들이 연루되게 되는 다양한 상황들 역시 모든 단계에서 중요한 문화적 요소들을 포함하고 있다.

국제사회복지실천은 일반적인 말로 사회정의와 인권 차원에 대한 높은 수준의 헌신을 요구하며 이는 다시 말해서 이러한 개념들에 대한 본질과 적용에 대한 수준 높은 이해를 요구하는 것이다.

마지막으로 많은 상황에서 국제적 영역에서의 실무는 여러 가지 어려움, 극심한 궁핍, 정서적 · 신체적 해, 상실감 등에 직면하고 있으며, 이러한 맥락들에서 사회복지사들은 적절하고 효과적으로 기능하기 위한 능력과 객관성을 보유하고 있어야 한다. 상황들에 건설적으로 개입하기 위한 관계를 맺는 것과 마찬가지로 적절한 개인적 반응을 보여주고 높은 수준의 감정 이입 기술을 발휘하여야 함도 필수적이다.

거시적 차원의 개입에 필요한 몇 가지 자질들

현 상황에 대한 미시적, 중위적, 거시적 차원에 대한 이해를 항시 염두에 둘 수 있는 능력이 국제사회복지실천 실무자에게 요구되어진다. 한편으로 이는 모든 사회복지실천에 적용되어지는 것인 반면, 적어도 이상적으로는 국제적 영역에서의 실행에 필수적인 요소이다. 이러한 능력은 빈곤감소, 추방 상황 등과 같은 주요한 영역에서의 훈련을 통하여 강화되는 데 3가지 차원을 모두 포함한다.

거시적 차원의 개입은 구조적 관계성 간의 상황에 초점을 두며 정책과 과정, 자원문제, 접근성 문제 등에 대한 동의를 형성하고 협상하기 위한 필요성을 요한다. 이러한 차원에서의 기술은 정책적 민감성, 주요 기관 기반 지식, 협상과 옹호 기술 등을 포함한다.

미시적 차원에서 요구되는 몇 가지 자질들

미시적 혹은 지역적 차원에서의 실무는 다음과 같은 자질들을 자주 요구한다.

· 가능한 대응들을 통한 사고의 첫 출발점으로서의 사회복지의 전통적 방법론에 관한 혁신적이고 주도적인 능력
· 어떠한 맥락이나 단계에 관계없이 실무에 대한 참여적이고 역량강화적이고 주체적인 접근 방식을 채택하는 능력 강화
· 상당한 수준의 자기 확신과 인식수준을 겸비하여 동료가 없을 때, 혹은 가까이 있지 않고 매일의 지원을 제공하지 못하는 상황에서도 기능할 수 있는 능력
· 잠재적인 위험을 인지하고 자신의 개인적 안전을 확보하기 위한 단계들을 밟아 가며 기본적 자기 방어 기술을 활용할 수 있는 능력

사회복지 실무의 본질에 있어서 요구되는 변화들

국제사회복지실천에 대한 도전에 대응하기 위하여 사회복지 실무에서 요구되는 주된

변화는 사회복지의 범위를 넓히고 개입 양상을 확대하는 것이다. 역사적으로 사회복지실천의 진화는 주로 서구국가들의 현실에 대부분 조건화되어져 왔고, 그들 국가의 정부에서 강조하는 우선순위에 따라 발달해온 것이 사실이다. 그러나 현대에 와서는 서구 사회복지실천이 전 세계로 엄청나게 확대되어져 왔고, 이는 주로 새롭게 나타난 욕구들에 대하여 대응하고 있다. 사회복지실천은 약물남용, 가정 폭력, 여성 인권, 아동 인권, 부랑인, 실직, 완화 보호(palliative care) 그리고 HIV/에이즈에 대하여 초점을 두고 있다는 것은 너무나 확연한 사실이다. 그러나 이러한 문제들이 몇십년 전까지만 해도 존재하지 않던 것들이다. 사회복지실천은 고로 그 영역과 실무 방식들의 범위를 확장하는 데 있어 그 솔선성과 능력을 증명해왔다.

국제사회복지실천이 국제적인 고려 사항들과 국제적 문화의 방대한 범위 그리고 저개발국가들에서 나타나는 현실들을 반영하여야 할 때라면 보다 급격한 변화를 요한다. 사회복지 전문직에서 시작되지는 않았다 하더라도, 개인적인 개입에서 지역사회 기반의 개입으로의 전환은 그 명백한 예이다. 인도의 한 시골 지방에서는 '맨발의 사회복지사'라는 글이 유명하다. 사회복지사 한 명이 필리핀의 외딴 마을에서 지역사회 차원 개발을 위하여 파견되어 있기도 하고, 남아메리카에서의 인권을 위해 일하는 사회활동가도 있다. 그러나 이러한 욕구들, 상황들, 문화들에 대한 모든 범위에 대응하기 위한 국제적 사회복지를 지향하고 있다면 좀 더 혁신적인 방안들이 고려되어져야 할 것이다.

그렇다면 제기되는 문제는 어떻게 그 개입 전략의 선택에 있어서 융통적인 전문직을 수립해 나갈 것인가 하는 것이다. 분명히 사회복지사들은 융통성이 있어야 하지만 동시에 무엇이 사회복지실천을 구성하고 있는지에 대한 인식 하에서 융통성을 발휘해야 한다는 것이다. 사회복지의 핵심이 원칙과 윤리의 분명한 집합으로 구성되어 있다면, 인류를 위하여 추구하는 삶의 본질에 대한 명확한 비전은 개별 및 집단과의 관계를 조성하는 능력 등의 기본 기술, 원칙들을 담보하는 지식 체계 등, 사회복지 전문직에게 가능한 방법론에 앞서는 질적인 부분들을 제공해줄 수 있는지에 대하여 고민해야 한다. 광범위한 적용이 가능하게 할 방법론은 당연히 보장되어야 하고, 학생들이 배워야 하지만 잠재적으로 실질적이고 수용가능하며 적당한 방법론들은 개방되어야 함과 동시에, 교육받은 방법론을 활용하는 것, 즉 상담이나 지역사회 개발 등에 있어서의 융통성을 유지하여야 한다.

우리는 사회복지 실무에 관한 구체적인 변화를 제안하고 싶지는 않다. 왜냐하면 그렇게 하는 것이 다양성 내에서의 융통성에 대한 필수적 욕구에 상반되는 것이기 때문이다. 오히려 우리는 개별 사회복지사나 사회복지사 집단이 허용할 만큼의 개방적이고 광범위한 접근의 채택이 이루어지는 동시에 사회복지사들이 상황을 분석하고 적절한 개입 대응방안을 개발하는 필수적 능력에 있어 더욱 훈련되기를 제안한다. 그렇게 되었을 때만이 국제사회복지가 구성하는 광범위한 영역에 적절하고 효과적으로 대응하게 될 수 있기 때문이다.

국제사회복지에서의 경력 : 국제사회복지에 대한 사회복지 졸업생들의 대응

우리는 지금까지 국제사회복지실천에 고용되어질 사회복지사들의 영역이 있다고 간주해왔다. 그러나 우리는 이것이 유용한 가정인가를 살펴보아야 한다. 서구의 연구자들이 이러한 질문을 제기하였을 때, 그들은 개발도상국에서 국제단체에서 일할 수 있는 서구의 졸업생들에 대한 고용 측면을 주로 고려하고 있다. 그래서 우리는 이 문제에 대하여 먼저 생각해 보기로 한다. 미국에서 수행한 설문조사연구에서 로젠탈(Rosenthal, 1990)은 다른 영역들에도 충분히 자격이 되는 높은 수준의 사회복지사들이 소수 해외에서 일하고 있다고 결론지었다. 이 문제에 대한 검토에서 힐리(1987)는,

국제 기관들에서 아직 사회복지사들을 찾고 있지는 않으며 기관들은 사회복지 훈련과 전문성에 대한 오해, 전문직의 광범위성에 대한 평가절하하고 있다. 그럼에도 불구하고 결론적인 인상은 기관들이 많은 전문사회복지사들이 보유하고 있는 기술과 태도들을 찾고 있다는 현실이다. (p. 406)

그러므로 해외에서 일하고 있는 미국 사회복지사의 숫자는 아마도 최소한이라고 이야

기하는 반면에,

계획수립, 지도, 서비스 전달 등의 사회복지의 역할 확대에 대한 기회가 국제적으로 존재한다. (Healy, 1987, p. 408)

힐리(2001, p. 4)가 그녀의 최근 책을 통하여 함의한 대로 미국 사회복지사들의 국제사회복지에의 참여는 다음과 같은 사실을 반영한다.

조사된 90% 이상의 미국 교수들은 자신들의 분야에서 뒤처지지 않고 따라가기 위하여라는 이유로 다른 나라에서 출간된 책이나 학회지 등을 읽을 필요가 없다고 표현하였다. 사회복지 전문직에 있어 국가적 경계를 뛰어넘는 전문직의 필요성과 인종중심적인 암시를 주는 무척 아연실색할 만한 무관을 보여주는 조사결과이다.

1장에서 스펙트(1990)가 언급한 미국 내에서의 임상사회복지실천에 대한 초점은 미국에서는 어째서 상대적으로 적은 사회복지사들이 해외로의 모험에 참여하는지에 대한 이유가 될 것이다.

유럽의 사회복지사들도 해외에서 일하는 데 대한 비슷한 무관심을 보일까? 식민지 경험과 국제적인 작업에 있어 네덜란드나 스칸디나비아 국가들의 관심은 비록 그에 대한 정확한 통계치는 알 수가 없음에도 불구하고 미국보다는 훨씬 많은 유럽의 사회복지사들이 해외에 나가 일하도록 이끌었다. 분명히 개발도상국들에서 이러한 지역에 돌아다니다 보면 미국 사회복지사들보다는 유럽 사회복지사들을 더 자주 마주치게 될 것이다.

서구 국가들에서 온 사회복지사들이 해외에서 일하는 것과 별개로 우리는 남아메리카, 홍콩, 일본, 필리핀, 싱가포르, 인도, 남아프리카 등 역시 상당한 수준으로 국제사회복지에 참여하고 있다는 것에 대하여 알아야 한다. 분명히 이러한 나라나 혹은 다른 나라들 출신이면서 상당히 국제적인 감각이 있는 졸업생들이 있다. 그러나 이러한 졸업생들이 상당한 수준까지 그들의 국가적 경계 너머의 지역에서 고용되어 일하는 것이 받아들여지는지에 대하여서는 눈에 띄는 활약들이 있었음에도 불구하고 분명하지 않다. 분명한 것은 의심의 여지없이 이러한 졸업생들이 적절하게만 교육된다면 많은 것을 제공할 수 있을 것이라는 점이다.

국제사회복지 경력에 있어 사회복지사를 위한 전망

사회복지 교육과 경험이 국제적인 영역에서 필요로 하는 기술과 속성을 가지도록 하는데 도움이 될 것이란 사실은 일반적으로 이해되고 있다. 그리고 많은 실무 상황 내에서 문화 간 요소의 중요성에 대한 일반적인 초점 때문에 이러한 작업이 더욱 적합하다. 강제 퇴거된 사람들, 인도주의적 도움, 분쟁 후 상황, 인권 그리고 다양한 종류의 발전 사업과 같은 분야에서 일하기 위하여 지명되는 수 많은 전문요원들이 이전의 어느 시기보다 많아졌다는 것 역시 분명한 사실이다. 이러한 분야에 있어서의 고용에 대하여 고용주나 고용기관이 얼마만큼 사회복지사를 고용하는 데 대하여 고려할 것인가, 그리고 이러한 일에 대하여 사회복지사가 얼마나 자격이 있을 것인가가 어떠한 것에도 아직은 확실히 답할 수 없다. 우리의 견해는 사회복지사들이 지원할 때 선뜻 고려되며, 고용될 때 높이 평가된다는 것이며, 이러한 작업을 하는 데에 더 많은 인력들이 지원할 것이라는 것이다. 그러나 이러한 견해를 수적으로 어느 정도 지지하는지는 알 수가 없다.

결론적으로 우리는 사회복지 졸업생들에게 개방되어 있는 국제사회복지의 범위가 급속도로 확대되고 있으며 점점 더 많은 수의 사회복지사들이 경력으로나 국가적 지역사회적 차원에서의 일에 대한 국제적 접근을 알리고 보완하기 위하여 이러한 국제 영역에 투입되고 있다는 것에 대하여 확신한다. 첫째, 개발도상국이나 선진국들에서의 사회복지사들이 국제사회복지에 대하여 훈련받게 되고, 둘째, 보다 많은 사회복지사들이 지역적, 즉각적, 중심적 차원에서 그들 나라나 다른 나라들이 직면하고 있는 사회변화와 더불어 나타나는 도전들 내에서 일하기 위한 기술과 동기를 가지고 공부하고 졸업한다면, 국제사회에서 일할 수 있는 기회들은 급속히 증가할 것이라고 믿는다.

개발도상국에서의 국제사회복지에서 지역의 사회복지 직원들

우리는 지금까지 국제사회복지로 투입되는 타 지역 출신의 사회복지사들에 대하여 강조점을 두어왔으나, 여전히 많은 국제 기관들에 의하여 고용된 대다수의 사회복지사들은 현지 직원이다. 이들은 최일선에서 프로그램 관리 역할을 담당하며 일하는 그 지역의 인력들이다. 그렇다면 어느 정도 만큼이 그 지역에서 사회복지를 전공한 지역사회복지사여야 하는가에 대해 질문할 수 있다. 통계치는 없지만 우리는 그들의 현 인원수는 매우 적을 것이라고 몇 가지 이유에서 짐작한다. 첫째, 몇몇 나라에서는 사회복지대학이 없거나 매우 적은 수의 실무자를 졸업시키는 소수의 학교가 있을 뿐이기 때문이다. 일부 지역 사람들은 외국에서 사회복지를 공부한 반면에 그러한 인원 역시도 매우 적을 수 있다. 많은 개발도상국들에서의 대부분의 대학졸업자들에게 공공 서비스를 전달하는 위치는 아주 매력적인 직업의 종류이다. 국제기관에서는 적합한 인원 자체를 감소하기도 한다. 여러 가지 상황에서 국제사회복지의 맥락에서 일하는 그 지역 출신의 직원들은 종종 자질이 부족하다거나, 대인 업무에 대한 지도감독이 미흡하고, 그들의 일에 대한 좀 더 인간적인 측면에 대한 연수 훈련 기회가 제공되지 않는다.

국제적인 일에 있어 사회복지실천 경력 기회를 넓히기 위해서는 다양한 수준의 범위가 있을 수 있다. 이는 국제적 직원으로서 국제기관에 합류하고 있는 사회복지 졸업생들을 위한 것이자, 국가 및 지역 직원으로 합류하는 졸업생들 모두를 위한 것이다. 그러므로 세계에 있는 사회복지대학들이 이러한 두 가지 차원 모두의 인력을 준비시키고, 위에서 언급한 보조, 대졸 및 선임사회복지사들을 지금보다 더욱 많이 양성하는 데 필요한 교육을 하여야 할 것이다. 국제사회복지에 관심을 가지고 투입되기 위한 보다 많은 훈련과 교육장소를 제공함과 더불어 사회복지 대학들과 전문직은 지식기반을 넓히고 주요 전략을 규명하며, 사회복지 전공생들과 전문가들의 기술 향상을 위하여 국제사회복지 실무 주요 영역에 대한 조사연구에 착수하여야 할 필요가 있다. 사회복지 전문직이 적절하게 대응한다면 지금까지 보다 더욱 많은 사회복지 인력들이 분명히 있는 이러한 영역들에 대한 경력 기회를 향하여 움직일 것이다.

국제적인 차원에서 사회복지 전문직은 그 역사 전반에 있어서 자원봉사의 헌신적인 연대, 공무원, 협회회원, 협의회 주체, 그 외 다양한 분야의 회원들의 서비스 및 헌신에 의존해왔다. 중앙본부에서의 정직원으로 유지하기에는 재정적으로 어렵다는 것이 증명되어 왔으며, 수시로 이러한 직원들은 너무나 많은 활동과 회원들, 회원국들 혹은 협회에 드문드문 관여하고 있어 현실적으로 효과적인 운용이 쉽지 않았다. 빠른 시일 내에 이러한 상황들이 변화되리라고는 확신하지 못하지만, 사회복지가 국제사회에 활동에 있어서의 바람직한 자리매김을 한다면 그 주체적 역할에 있어 국제조직이 그 중요한 역할을 할 것이라고 믿는다. 더불어 우리가 향하고 있는 궁극적 목표를 달성하기 위하여 탐색되어야 할 서로 다른 전략들이 필요하다.

첫째로 국제사회복지 조직이 국제사회복지가 우리의 주장처럼 발전되어져 나가야 할 영역이라고 한다면 그 역할을 감당하여야 한다. 국제조직이 감당해야 할 주요 역할은 다음과 같다.

1. 선진국과 개발도상국에서의 국제사회복지에 대한 교육과 훈련에 대한 지원

2. 특히 현재 학교가 없는 개발도상국에서의 사회복지교육의 강화

3. 국제사회의 영역을 넘나드는 국제 영역에서 사회복지 역할에 대한 진흥

4. 적절한 프로그램, 전략, 관련 기술 규명에 초점을 둔 국제사회복지실천의 핵심 영역에 대한 조사연구 진흥

5. 세계적으로 교육과 판촉 문헌을 전문직에 보급하기

국제조직들이 이러한 역할들을 신중하게 고려한다면 재정을 비롯한 여타 지원들이 정부나 유엔, 다국적 기업들 그리고 NGO 영역들로부터 이루어질 것이다. 그리하여 국제조직은 사업 착수, 조정, 프로그램을 보급하고 산출을 알리는 등의 중요한 역할들을 감당할 것이다.

그러나 현재 국제조직들의 자원은 현실적으로 이러한 과업을 달성하기에 부족한 상태

이므로 전문직의 특정한 영역에 파견되어야 할 구체적 역할들이 필요하다고 생각한다. 전국 사회복지협회, 사회복지대학, NGO들 그리고 조사연구기관 등이 국제기관의 후원 하에 특정 활동 영역을 수행하도록 기대한다. 전국 협회, 학교 등이 이미 그들의 자발성과 관여하는 데 있어서의 능력이 있음을 분명히 보여주고 있기 때문에 이는 가능하다고 기대한다. 그러나 이러한 활동들은 국제조직의 위임을 받고 특정 프로그램이 보다 광범위한 계획과 비전 내에 통합되어질 것이 확실하다면 더 큰 비중을 가지고 더 많은 후원을 받을 수 있을 것이다.

위에서 언급된 국제사회복지 조직의 핵심적 역할로서의 5가지 영역 각각은 함께 작업해 나갈 관련 집단들을 보유하고 있으며, 아마도 국제사회복지사연맹이나 국제사회복지대학협회에 함께 참여하고 있을 수도 있다. 이러한 집단은 구체적 과업, 즉 다음과 같은 것들을 찾아내고 수행하기 위한 다양한 사회복지 주체들의 후원을 얻어내게 될 것이다.

· 국제사회복지교육 및 훈련의 일반적 장려
· 국제 회의와 연계된 구체적 주제에 대한 워크숍 수행
· 사회복지 학교가 없거나 교육 욕구가 절실히 있는 나라, 개발을 위하여 역할을 하고자 하는 지역 영향세력이 있는 나라에서의 사회복지 교육 착수
· 착취 목적의 여성 및 아동 인신매매의 근절 등 국제적 노력에 있어 사회복지 전문직의 개입
· 분쟁 후 상황에 있어 지역사회 재건에 사회복지실천이 어떻게 최선의 공헌을 할 수 있는가 등에 대한 조사연구 착수
· 국제사회복지실천에 관계되는 중앙에서 개발되거나 인증된 문헌의 인쇄 및 배포

국제사회복지에서의 국제적 조직 개입은 언젠가 호주나 미국에서의 경우처럼 국가 내 "국제사회복지위원회"를 가지고 있는 나라가 많으면 많을수록 효과적일 것이다. 적절한 방식으로 이러한 위원회들이 국제조직들과 연계하여 그들의 집합적 활동들이 국제 뉴스레터 등으로 배포된다면 직접적인 실행과 더불어 모든 차원에서의 국제사회복지의 존재 이유를 홍보하는 데 큰 도움이 될 것이다.

우리는 이 장에서 사회복지 전문직이 우리가 국제사회복지실천이라고 정의한 1장에서의 내용들에 대한 좀 더 많은 공헌을 하고자 할 때에 교육이나 실무에 있어서 필요로 하는 몇 가지 주된 변화에 대해 고찰하여 보았다. 이러한 측면에서 어느 정도의 변화는 이미 달성되었기 때문에 우리는 우리가 제안한 것들이 비합리적이거나 비현실적이라고 생각하지는 않는다. 가장 어려운 변화는 아마도 아직 사회복지가 존재하지 않는 국가들에 사회복지 전문직을 수립하는 것이 될 것이다. 특별히 세계의 저개발국들에 있어서 더욱 그러하다. 이는 국제 전문직에서 부터의 상당한 책임과 유엔 등과 같은 다른 조직들의 지원을 필요로 할 것이다. 제시된 다른 영역들의 변화는 그다지 어려워 보이지는 않는다.

사회복지 전문직은 국제사회복지 관련 교과과정 내용을 개발하고, 그러한 일에 참여할 인력들을 지원하고, 그들이 하고 있는 현 실무 영역에 관계없이 국제적 시각을 함양하고 실행하기 위하여 사회복지사들을 권면하기 위한 국제사회복지실천의 다양한 영역에 대한 보다 많은 조사연구를 수행하여야 한다. 이러한 필요에 대한 변화 과정에 있어 이 책이 도움이 된다면 저자들은 더할 나위 없이 보람될 것이다. 더 이상 이 중요한 실천 측면을 주변화하거나 무시하지 않도록 우리는 더욱 더 노력하여야 한다.

CHAPTER 14

◎ 요약

- 21세기 국제사회복지는 국제적 욕구에 기반하여 전 세계 모든 지역에서 접근 가능한 양질의 사회복지교육과 실천을 담보하여야 한다. 이러한 목적을 위하여 교육적 내용이나 훈련 단계의 변화가 요구되어지며 이는 국제적 이슈와 욕구에 효과적으로 대응하기 위함이다.

- 국제 전문직으로서의 사회복지실천은 지역사회와 국제 차원 모두에서 드러난 주요 문제에 초점을 맞추고, 혁신적인 대응책을 개발하며 열악한 인구집단과 지역에 직접 나가 서비스를 제공하며 통합적 관점을 적용, 국제적인 최소한의 기준을 유지하는 동시에 서로 다른 맥락들을 융통성있게 수용한다.

- 고무적인 시도들이 있음에도 불구하고 사회복지 전문직과 사회복지대학들은 전 세계적으로 국제사회복지 교과과정을 그들의 프로그램에 도입하기 위한 체계적인 단계들을 밟아 나가야 할 필요가 있다.

- 3단계의 훈련과 통합관점 접근이 특별히 사회개발 관점에서, 적절히 소개되어야 한다.

- 사회복지사는 국제사회복지 영역에 효과적으로 개입하는 데 필요한 자질들을 인식하고 개발시켜 나가야 한다. 융통성, 개방성, 혁신성 그리고 적절한 개입 대응 방법들이 실무에서 필요하다.

- 국제사회복지실천에 있어 경력 기회의 확대를 위한 상당한 수요와 범위가 증가하였다.

- 사회복지실천에 대한 국제적 조직은 국제사회복지 영역 발전과 그 비전의 현실화에 있어 중요한 핵심 역할을 한다.

◎ 질문과 토론 주제

- 21세기의 사회복지는 어디를 향하여 가야할 것인가?

- 국제적 현실에 부응하기 위한 사회복지 교육에 필요한 변화는 무엇인가?

- 3단계의 교육 모델과 이 책에서 논의한 사회개발적 관점에 대하여 논의해보자.

- 국제사회복지 내용을 도입하기 위한 각자의 사회복지 교과과정을 검토해보시오.

- 국제사회복지 영역에서 효과적으로 일하기 위해서 당신에게 필요한 개인적 자질은 무엇입니까?

- 국제사회복지나 개발을 위한 역할에 대하여 구직 광고를 찾아보시오. 제안된 선택 기준을 점검하시오, 그러한 자리에 대한 적합성에 있어 당신의 자질과 자격요건을 비교해보시오.

- 국제적으로 일하면서 사회복지사를 고용한다고 하는 당신이 알고 있는 조직이나 기관을 찾아 명

단을 만들어 보시오.

- 국제사회복지실천 영역에 국제사회복지기관들이 어떻게 공헌할 수 있는지 생각해보자.
- 어떠한 측면이 사회복지를 국제적 전문직으로 만들었으며 국제적 전문직이 되기 위하여 달성되어야 할 목적을 위해 무엇을 더 훈련하여야 하는지 생각해보자.

◎ 향후 연구 분야

- 프로그램 수행이 유용하지 않은 곳에서 사회복지 프로그램을 착수하기 위한 가능성에 대해 조사해보자.
- 국제사회복지실천의 주 영역이 어떠한지 대략적으로 살펴보자.
- 국제사회복지실천을 위한 전문적 혹은 개별적 핵심 자질 규명 및 개발을 위하여 국제사회복지에 연루되어 있는 사회복지사들에 대해 연구해보자.
- 국제사회복지 증진을 위한 국제적 조직의 사례 및 공헌 내용에 대해 분석하고, 이러한 분석을 토대로 향후 활동에 대한 전략을 제시해보자.
- 기초적 또는 부차적 정보를 토대로 미래 국제사회복지 비전을 발전시켜 보자.

사회복지 윤리, 원칙 성명서
국제사회복지사연맹(IFSW) 국제사회복지대학협회(IASSW)

1. 서문

윤리에 대한 인식은 사회복지사들의 전문직 수행에 있어 가장 기초적인 부분이 되는 것이다. 이는 윤리적으로 실천할 수 있는 능력과 책임성은 사회복지 서비스를 이용하는 클라이언트에게 제공된 서비스의 질에 있어 기본이 되는 측면이기 때문이다.

국제사회복지대학협회와 국제사회복지사연맹이 사회복지 윤리에 대하여 수행하고 있는 일은 사회사업대학들과 사회복지 전공 학생들뿐만 아니라 회원국들 내의 사회복지서비스 제공자들 간, 회원 기관들 내에서의 윤리적 토론과 고찰을 촉진하는 것이다. 사회복지사들에게 당면한 일부 윤리적 도전과 문제점들은 특정 국가들에게는 특별한 문제일 수도 있고 다른 국가들에서는 일상적인 일일 수도 있다. 일반적인 원칙 수준에 머물러 설명하자면, 국제사회복지대학협회와 국제사회복지사연맹 공동성명서의 목적은 세계 곳곳에 있는 사회복지사들이 직면하고 있는 윤리적 도전과 딜레마에 대해 사회복지사들이 심사숙고하도록 그들을 권면하고자 하는 데 있다. 또한, 특정 사례들에 있어 문제를 어떻게 해결할 것인가에 대한 윤리적으로 고지된 결정을 하기 위하는 것을 목적으로 한다. 이러한 문제들 중 몇 가지 영역은 아래와 같은 내용을 포함한다.

- 사회복지사들의 헌신과 성실성은 종종 서로 상충하는 이익을 위한 갈등들 한 가운데 놓이게 된다는 사실
- 사회복지사들은 도움을 주는 자와 조정자 둘 다의 기능을 한다는 사실
- 사회복지사는 그들이 대상으로 일하는 사람들의 이익을 보호해주기 위한 의무와 효율성 및 유용성에 대한 사회적 요구 사이에의 갈등
- 사회 자원은 제한적이라는 사실

이 문서는 2000년 7월 캐나다 몬트리올에서의 국제사회복지대학협회와 국제사회복지사연맹 각각의 총회에 의하여 채택되었던 사회복지실천에 대한 정의를 시작점으로 하고 있으며 이후 2001년 5월 코펜하겐에서 함께 열린 회의에서 동의되었다(Section 2). 이 정의는 인권과 사회정의 원칙을 강조하고 있다. 다음 절에서는 (section 3) 사회복지실천과 관련이 있는 인권에 대한 다양한 선언문들과 협정들에 대한 참고문헌을 제시하고 있으며, 이후 2가지 광범위한 주제인 인권과 존엄성 및 사회정의(section 4)하의 일반적 윤리 원칙 선언이 뒤따른다. 마지막 절은 사회복지실천에 있어 윤리적 길잡이가 되는 기본 안내가 소개되고 있으며, 이는 앞으로 윤리적 지침과 함께 국제사

회복지대학협회와 국제사회복지사연맹 회원 조직에 있어 다양한 규칙과 지침에 의하여 정교화될 것으로 기대된다.

2. 사회복지실천의 정의

사회복지 전문직은 복지를 증진하기 위하여 사회변화, 인간 관계에서의 문제해결 그리고 역량 강화 및 인권 해방을 장려한다. 인간 행동과 사회 체계에 대한 이론을 활용하여, 사회복지는 인간이 환경과 상호작용하는 바로 그 자리에서 개입하게 된다. 인권과 사회정의 원칙은 사회복지실천에 있어 가장 필수가 되는 중요한 점이다.

3. 국제 협약

국제인권선언과 협약은 달성에 대한 공통의 기준들을 형성하고 국제사회에 의하여 수용되어지는 권리를 인식한다. 사회복지 실무와 실행에 특별히 관련된 문서들은 다음과 같다.

· 세계인권선언
· 시민의 권리 및 정치권에 대한 국제 성명규약
· 경제사회 및 문화적 권리에 대한 국제 규약
· 모든 형태의 인종차별 철폐에 대한 협정
· 모든 형태의 여성 차별 철폐에 대한 협정
· 아동 권리에 대한 협약
· 토착 및 부족인 협정(세계노동기구 협약 169)

4. 원칙

4.1. 인권과 존엄성
사회복지는 모든 인간의 존엄성과 타고난 가치 및 이를 통한 권리를 존중함을 기본으로 한다. 사회복지사는 모든 인간의 물리적, 심리적, 정서적, 영적 통합과 복지를 옹호하고 대변해야한다. 이는,

1. 자기 결정에 대한 권리 존중: 사회복지사는 그 가치와 삶의 선택에 관계없이 이것이 타인의 권리나 법적인 이해관계를 위협하지 않는다면 인간 자신이 선택과 결정을 하는 데 있어서의 권리를 존중하고 조장하여야 한다.
2. 참여 권리: 사회복지사는 개인들이 그들의 삶에 영향을 미치는 모든 측면에 대한 결정과 행동들에 있어 역량강화적인 서비스를 이용하는 데에 자유롭게 참여하고 관여하도록 장려하여야 한다.
3. 개개인을 전인적으로 대하기: 사회복지사는 인간을 전인적으로 가족과 지역사회 및 사회와

자연환경 내에서 바라보아야 하며, 인간 삶의 모든 측면들에 대하여 인식하도록 노력하여야
한다.
4. 강점을 규명해내고 발전시키기: 사회복지사는 개개인 집단 지역사회가 가진 강점에 초점을
   두어야 하며 역량강화를 장려하여야 한다.

4.2 사회정의

사회복지사는 사회정의를 촉진하여야 할 책임이 있는데, 사회 전반에 걸쳐, 그리고 동시에 그들
이 함께 일하는 클라이언트들을 위한 사회정의를 말한다. 이것이 의미하는 바는,

1. 부정적인 차별에 대한 도전: 사회복지사는 능력과 연령, 문화, 성별, 결혼 여부, 사회경제적
   지위, 정치적 의견, 피부색, 인종이나 여타 다른 물리적 특징, 성적 취향, 신념 체계 등 인간특
   성을 기반으로 한 부정적인 차별에 대하여 도전할 의무가 있다.
2. 다양성의 인식: 개별적, 가족적, 집단적 그리고 지역사회의 차이점들을 고려하면서 그들이 일
   하는 사회 내에서의 인종적 문화적 다양성을 인식하고 존중하여야 한다.
3. 자원의 공정한 분배: 사회복지사는 자원이 분배될 때 공정하고 필요나 욕구에 맞추어야 함
   을 확실시 하여야 한다.
4. 공정치 못한 정책과 실천에 대한 도전: 사회복지사는 자원이 불충분하거나 그 분배, 정책, 실
   무에 있어 억압적이고 불공평하며 해로운 상황에 대해, 고용주나 정책입안자, 정치가 그리고
   일반인을 대상으로 경각심을 불러일으킬 의무가 있다.
5. 단결하여 일해 나가기: 사회복지사는 사회적 배제, 낙인, 진압과 같은 상황을 초래하는 사
   회적 조건들에 도전하여 모두가 통합되는 사회를 향하여 일해 나가야 할 의무가 있다.

5. 전문가적 행동

국제사회복지사연맹과 국제사회복지대학협회의 성명과 일관되기 위하여 그 회원국들의 전국
연합 조직은 자신들의 윤리 강령과 윤리 지침들을 정기적으로 갱신하고 개발하여야 할 의무가 있
다. 이러한 강령과 지침에 대하여 사회복지사들 및 사회복지대학들에 알리는 것 역시 전국 조직의
책무이기도 하다.

사회복지사들은 현재 그들의 국가 내에서 따르고 있는 윤리 강령과 지침에 준하여 활동하여야
한다. 이러한 지침들은 일반적으로 그 국가별 맥락에 따라 더욱 구체화된 윤리적 시행에 있어서의
지침들을 세부적으로 포함하게 된다. 다음 전문가적 행동에 있어서의 일반적 지침들은 다음과 같
이 적용된다.

1. 사회복지사들은 그들의 역할을 해나가기 위하여 필요로 하는 기술과 역량을 개발하고 유지
   하도록 기대된다.
2. 사회복지사들은 그들의 기술이 비인간적인 목적, 즉 고문이나 테러리즘 등을 위한 목적에 사

용하도록 허락되지 않는다.

3. 사회복지사는 성실과 정직성을 가지고 일해 나가야 한다. 이는 서비스 이용자들에 대한 신뢰관계를 악용하지 않고, 개인과 전문적 삶에서의 경계를 인식하며, 개인적 이득이나 이해관계를 위하여 자신의 지위를 악용하지 않는 것 등을 포함한다.

4. 사회복지사는 그들의 서비스를 이용하는 사람들과의 관계에서 동정심과 감정이입 및 관심을 가지고 행동해야 한다.

5. 사회복지사는 자신의 욕구나 관심을 서비스 이용자들의 욕구나 관심, 흥미보다 우선시하지 말아야 한다.

6. 사회복지사들은 그들이 적절한 서비스 제공을 할 수 있음을 보장하기 위하여 일터에서나 사회에서 자신에 대하여 전문적으로 또한 개인적으로 스스로를 보호하는 데에 필요한 조치들을 취할 의무가 있다.

7. 사회복지사는 그들의 서비스를 이용하는 클라이언트들에 대한 정보에 대하여 철저한 비밀보장을 유지하여야 한다. 이에 대한 예외는 생명 보존 등의 보다 상위 윤리적 요건을 기반으로 할 때라야만 정당화될 수 있다.

8. 사회복지사들은 서비스 이용자들, 함께 일하는 사람들, 동료들, 고용주들, 전문가 협회 및 법에 대하여 행하는 모든 행동 및 활동에 대하여 책임이 있는데, 이러한 책무성은 서로 갈등이 일어나거나 상충될 수 있다.

9. 사회복지사들은 사회복지 대학들과 적극 상호협력 해야만 하는데, 이는 학생들이 양질의 실무 훈련과 가장 최신의 실천 지식을 얻을 수 있도록 지원하기 위함이다.

10. 사회복지사들은 동료 및 고용주들과 윤리적인 이슈에 대한 의사소통을 장려하고 육성하며 윤리적으로 공지된 결정을 하도록 하기 위한 의무를 가진다.

11. 사회복지사들은 윤리적인 고려를 기반으로 한 그들의 결정에 근거들을 명확히 할 수 있도록 준비되어야 하며 그러한 선택과 행위에 대한 책무성이 있다.

12. 사회복지사들은 이러한 성명과 그들 국가 내 윤리강령 원칙들이 논의되어지고 평가되어지며 지지되는 분위기를 그들이 고용된 기관과 그들 국가 내에 조성되도록 노력해야만 한다.

사회사업 윤리, 원칙 성명 문서는 2004년 10월 호주의 아델라이드에서 개최된 국제사회복지사연맹과 국제사회복지대학연합 정기 총회에서 승인되었다.

(저작권: 2004년 국제사회복지사연맹, 국제사회복지대학연합, 사서함 6875, CH-3001 Bern, 스위스)

---

* 어떤 나라들에서는 '차별'이라는 단어가 '부정적 차별' 대신으로 쓰일 수 있다. (이 책에는 '부정적'이라는 단어를 사용했는데, 그 이유는 어떤 나라들에서는 '긍정적 차별'이라는 표현도 사용되기 때문이다. 긍정적 차별은 '차별철폐조치(affirmative action)'로도 알려져 있다. 긍정적 차별 혹은 차별철폐조치는 앞에서의 4.2.1 조항에서 명시된 인구집단들에 대한 역사적 차별의 영향을 고쳐나가기 위해 취해진 긍정적 조치들을 의미한다.

읽을거리

chapter 1.

Healy, L. (2001). *International ssocial work: Professional action in an interdependent world*. New York: Oxford University Press.

Mayadas, N. S., Wattw, T. D., & Elliotte, D. (Eds). (1997). *International handbook on social work theory and practice*. Westport, CT: Greenwood.

Ramanathan, C. S., & Link, R. J. (Eds). (1999). *All our futures: Priciples and resources for social work practice in a global era*. Boston: Brooks/Cole.

chapter 2.

Elisabeth, R. (2003). *Social work and human rights: A foundation for policy and practice*. New York: Columbia University Press.

Midgley, J. (1995). *Social development: The developmental perspective in social welfare*. London: Sage.

Midgley, J. (1997). Involving social work in economic development. *International social work*, (59)2, 13-25.

Midgley, J. (2000). Promoting value-based social development: B. trainers' manual, UN/ESCAP. Unpublished manuscript.

UNDP. (1999). *Human development report: Globalization with a haman face*. New York: Oxford university Press.

UNDP. (2000). *Human rights and human development—for freedom and solidarity*. New York: Oxford University Press.

Uvin, P. (2004). *Human rights and development*. Bloomfield, CT: Kumarian.

World Bank. (2003). *World development report: Sutainable development in a dynamic world*. New York: Oxford university Press.

chapter 3.

Deacon, B. (1997). *Global social policy: International organizations and the fututre of welfare*. London: Sage.

Gordon, W. (1994). *The United Nations at the crossroads of reform*. New York: M. E. Sharpe.

Hoogvelt, A. (2001). *Globalisation and the post-colonial world: The new political economy of development.* Basingstoke, England: Palgrave Macmillan.

Kaldor, M. (2003). *Global civil society: an answer to war.* Cambridge, England: Polity Press.

chapter 4.

Campfens, H. (Ed). (1997). *Community development around the world: Practice, theory, research, training.* Toronto, Canada: University of Toronto Press.

Freire, P. (1972). *Pedagogy of the oppressed.* London: Sheed and Ward.

Hulme, D., & Montgomery, R. (1995). Co-operatives, credit and the rural poor. In J. Mullen (Ed.), *Rural poverty all eviation* (pp.99-118). Aldershot, England: Avevury.

Lee, J. A. (2001). *The empowerment approach to social work practice.* New York: Columbia University Press (see Chapter3).

Mondros, J. B., & Wilson, S. M. (1994). *Organizing for power and empowerment.* New York: Columbia University Press.
Social Development Issues, 25(1/2), 2003.

United Nations. (1995). *World summit for social development report.* NewYork: Author (pp.66-81).

chapter 5.

Easterly, W. (2002). *The elusive quest for growth: Economists' adventures and misadventures in the tropics.* Cambrdge, MA: MIT Press.

Hoogvelt, A. (2001). *Globalization and the post-colonial world.* Basingstoke, England: Palgrave Macmillan.

Isbister, J. (1991). *Promises not kept: The betrayal of social change in the third world.* West Hartford, CT: Kumarian.

Stoex, D., Guzzetta, C., & Lusk, M. (1999). *International develoment.* Boston: Allyn & Bacon.

Todaro, M., & Smith, S. C. (2003). *Economic development* (8th ed). Harlow, England: Pearson.

UDP. (1996). *Human development report: Growth for human development.* New York: Oxford University Press.

chapter 6.

Carroll, T. F. (1992). *Intermediary NGOs: The supporting link in grassroots development.* West Hartford, CT: Kumarian.

Ife, J. (2002). *Community development: Community-based alternatives in an age of glob-alization* (2nd ed). Sydney, Austrailia: Longman pearson.

Korten, D. C., & Klause, R. (Eds). (1984). *People-centered develoment.* West Hartford, CT: Kumarian.

UNDP. (1993). *Human development report.* New York: Oxford University Press.

Uphoff, N. (1986). *Local institutional development: An analytical sourcebook with cases.* West Hartford, CT: Kumarian.

chapter 7.

Chambers, R. (1993). *Rural development: Putting the last first.* Harlow, Essex, England: Longman. (Original work published 1983)

* 세계 빈곤에 관한 책들

UNDP. (1997). *Human development report: Poverty.* New York: Oxford University Press.

UNDP. (2003). *Human development report: Millenium development goals: A compact among nations to end human poverty.* New York: Oxford University Press.

World Bank. (2000/2001). *World development report: Poverty.* New York: Oxford University Press.

chapter 8.

Polution, R., & Harris, M. (1991). *Putting people first: Voluntary organizations and third world organizations.* London: Macmillan. (Original work published 1988)

UN/ESCAP. (1996). *Making an impact: Innovative HRD approaches to piverty alleviation.* Bangkok, Thailand: UN/ESCAP.

UN/ESCAP. (1996). *Showing the way: Methodologies for successful rural poverty alleviation projects.* Bangkok, Thailand: UN/ESCAP.

chapter 9.

Cranna, M. (Ed.). (1994). *The true cost of conflict.* London: Earthscan.

Macrae, J., & Zwi, A. (Eds.). (1994). *War and hunger: Rethinking international responses to complex emergencies.* London: Zed Books.

Rieff, D(2002). *A bed for the night: Humanitarianism in crisis.* London: Vintage.

Shawcross, W. (2000). *Deliver us from evil: Warlords and peacekeepers in a world of endless conflict.* London : Bloomsbury.

UNHCR. (200). *The state of the world's refugees: 50 years of humanitarian action.* New York: Oxford University Press.

chapter 10.

Danieli, Y., Rodley, N. S., & Welsæth, L. (Eds). (1996). *International resposes to trau-matic stress: Humanitarianism, human rights, justice, peace and development.* New York: Baywood.

Kumar, K. (Ed). (1997). *Rebuilding societies after civil war: Critical roles for international assistance.* Boulder, CO: Lynne Rienner.

UNRISD. (1998). *Report on war-torn societies project.* Geneva: Author.

chapter 11.

* 강제이주에 대한 책들

Le Breton, B. (2003). *Trapped: Modern day slavery in the Brazilian Amazon.* Bloomfield, CT: Kumarian Press.

Loescher, G. (1993). *Beyond charity: International cooperation and the global refugee crisis.* New York: Oxford University Press.

UNHCR. (1997/1998). *The state of the world's refugees.* New York: Oxford University Press.

UNHCR. (2000). *The state of the world's refugees.* New York: Oxford University Press.

Zolberg, A. R., Suhrke, A., & Aguayo, S. (1989). *Escape from violence: Conflict and the refugee crisis in the developing world.* New York: Oxford University Press.

* 추방된 사람들의 국제적 상황에 대한 최근 분석에 대해서는 유엔난민기구의 정기간행물인 세계 난민실태(*The State of the World's Refugees*) 참조

* 강제이주와 이러한 상황에 대한 개입에 관한 유용한 자료들
Journal of Refugee Studies
캐나다에서 출판되는 난민들에 관한 정기간행물: *Refuge* International Journal of Refugee Law
유엔난민기구의 학술지: *Refugees*

chapter 12.

Lobo, M., & Mayadas, N.S. (1997). International social work practice: A refugee per-spective. In N.S. Mayadas, T. D. Watts, & D. Elliott (Eds.), *International handbook on social work theory and practice* (pp. 411-428). Westport, CT: Greenwood.

WHO/UNHCR. (1996). *Mental health of refugees.* Geneva: WHO.

* 추방된 사람들의 국제적 상황에 대한 최근 분석에 대해서는 유엔난민기구의 정기간행물인 세계 난민실태(*The State of the World's Refugees*) 참조

* 강제이주와 개입에 관한 자료
Journal of Refugee Studies
캐나다에서 출판되는 난민들에 관한 정기간행물: *Refuge*
International Journal of Refugee Law

chapter 13.

Thompson, N. (2003). *Promoting equality: Challenging discrimination and oppression* (2nd ed). London: Palgrave Macmillan.

UNAIDS, UNICEF, and USAID. (2004). *Children on the brink 2004: A joint report of new orphan estimates and a framework for action.* New York: UNICEF.

UNESCO. (1995). *Working with street children: Selected case-studies from Africa, Asia and Latin America.* Paris: UNESCO Publishing/International Catholic Child Bureau.

UNICEF. (1997). Children at risk: Ending hazrdous and exploitative child labour. *In The state of the world's children 1997* (2장, pp. 15-76). New York: Oxford University Press.

UNICEF. (2005). *End child exploitation: Child labour today.* London: UNICEF.

* 이주노동자에 대한 자료는 ILO 보고서(스위스 제네바)와 아시아태평양이주저널(*Asian and Pacific Migration Journal,* 특히 1993년 Vol. 2, Num. 2; 1996년 Vol. 5, Num. 1; 1997년 Vol. 6, Num. 1) 참조

Abo-El-Nasr, M. (1997). Egypt. In N. Mayadas, T. Watts, & D. Elliott (Eds.), *International handbook on social work theory and practice* (pp. 205–222). Westport, CT: Greenwood.

Abrahams, C., & Peredo, A. M. (1996). Social work with poor women and their children in Peru. *The Journal of Applied Social Sciences, 21*(1), 53–60.

Adams, R. (2003). *Social work and empowerment* (3rd ed.). Basingstoke, England: Palgrave Macmillan.

Agger, I., & Jensen, S. B. (1990). Testimony as ritual and evidence in psychotherapy for political refugees. *Journal of Traumatic Stress, 3*(1), 115–129.

Ahearn, F. L., & Athey, J. L. (Eds.). (1991). *Refugee children: Theory, research, and services.* Baltimore: Johns Hopkins University Press.

Alexander, C. (1982). The international code of ethics for professional social work. In D. S. Sanders, O. Kurren, & J. Fischer (Eds.), *Fundamentals of social work* (pp. 45–50). Belmont, CA: Wadsworth.

Allen, T., & Thomas, A. (Eds.). (1992). *Poverty and development in the 1990s.* England: Oxford University Press.

Anderson, S., Wilson, M., Mwansa, L., and Osei-Hwedie, K. (1994). Empowerment and social work education and practice in Africa. *Journal of Social Development in Africa, 9*(2), 71–86.

Ankrah, E. M. (1992). Aids in Uganda: Initial social work responses. *Journal of Social Development in Africa, 7*(2), 53–62.

Asamoah, Y. (1997). Africa. In N. Mayadas, T. Watts, & D. Elliott (Eds.), *International handbook on social work theory and practice* (pp. 303–319). Westport, CT: Greenwood.

Asian Development Bank. (1999). *Reducing poverty: Major findings and implications.* Tokyo: Asian Development Bank.

Athey, J., & Ahearn, F. (1991). The mental health of refugee children: An overview. In F. L. Ahearn & J. I. Athey (Eds.), *Refugee children: Theory, research and services* (pp. 3–19). Baltimore: Johns Hopkins University Press.

AVERT. (2005). Aids orphans and affected children. Retrieved May 4, 2005, from http://www .avert.org/aidsorphans.htm

Azaiza, F., & Ben-Ari, A. (1997). Knowledge of and attitudes to AIDS among Arab professionals in Israel. *International Social Work, 40*(3), 341–357.

Aziz, N. (1995). The human rights debate in an era of globalization: Hegemony of discourse. *Bulletin of Concerned Asian Scholars, 27*(4), 9–23.

Balgopal, P. R. (Ed.). (2000). *Social work practice with immigrants and refugees.* New York: Columbia University Press.

Bamford, G. N. (1986). *Training the majority: Guidelines for the rural Pacific.* Suva, Fiji: University of the South Pacific.

Banfield, E. C. (1958). *The moral basis of a backward society.* New York: Free Press.

Bangura, Y. (1994). *The search for identity: Ethnicity, religion and political violence.* Geneva: UNRISD.

Barker, R. L. (1999). *The social work dictionary* (4th ed.). Washington, DC: NASW Press.

Battistela, G. (1993). Human rights of migrant workers [Special issue]. *Asian and Pacific Migration Journal, 2*(2).

Bayefsky, A., & Doyle, M. (1999). *Emergency return: Principles and guidelines.* Princeton, NJ: Princeton University Center of International Studies.

Behrman, J. R. (1990). *Human resource led development? Review of issues and evidence.* Geneva: ILO-ARTEP.

Beigbeder, Y. (1991). *The role and status of international humanitarian volunteers and organisations.* Dordrecht, The Netherlands: Martinus Nijhoff.

Bello, W., Kinley, D., & Elinson, E. (1982). *Development debacle: The world bank in the Philippines.* Birmingham, England: Third World Publications.

Billups, J. (1994). Conceptualizing a partnership model between social work and social development. *Social Development Issues, 16*(3), 91–99.

Black, J. K. (1991). *Development in theory and practice: Bridging the gap.* Boulder, CO: Westview.

Blair, T. L. (1974). *The international urban crisis.* Saint Albans, England: Paladin.

Boothby, N. (1992). Displaced children: Psychological theory and practice from the field. *Journal of Refugee Studies, 5*(2), 106–122.

Bose, A. (1992). Social work in India. In M. Hokenstadt, S. Khinduka, & J. Midgley (Eds.), *Profiles in international social work* (pp. 71–83). Washington, DC: NASW Press.

Bradbury, B., Jenkins, S., & Micklewright, J. (2000). *Child poverty dynamics in seven nations.* Sydney, Australia: Social Policy Research Centre, University of New South Wales.

Bronfenbrenner, V. (1979). *The ecology of human development.* Cambridge, MA: Harvard University Press.

Brown, L., Durning, A., Flavin, C., French, H., Jacobsen, J., Lenssen, N., et al. (Eds.). (1991). *State of the world 1991, A Worldwatch Institute report.* New York: W. W. Norton.

Brown, M. E. (Ed.). (1993). *Ethnic conflict and international security.* Princeton, NJ: Princeton University Press.

Bruyn, S. T. (2005). *A civil republic: Beyond capitalism and nationalism.* Bloomfield, CT: Kumarian.

Buchwald, U. von. (1991). *The refugee dependency syndrome: Origins and consequences.* Geneva: League of Red Cross and Red Crescent Societies.

Campfens, H. (Ed.). (1997). *Community development around the world: Practice, theory, research, training.* Toronto, Canada: University of Toronto Press.

Caragata, L., & Sanchez, M. (2002). Globalization and global need: New imperatives for expanding international social work education in North America. *International Social Work, 45*(2), 217–238.

Carrizosa, S., & Poertner, J. (1992). Latin American street children: Problems, programmes and critique. *International Social Work, 35*(4), 405–414.

Carroll, R. (2004, December 24–2005, January 6). Bad, but it could have been worse: Year in Africa. *Guardian Weekly,* p. 37.

Carroll, T. F. (1992). *Intermediary NGOs: The supporting link in grassroots development.* Hartford, CT: Kumarian.

Cassen, R. (1994). *Does aid work?* (2nd ed.). Oxford, England: Clarendon.

Catholic Relief Services. (1996). *Psychosocial rehabilitation perspectives: Conference proceedings.* Sarajevo, Bosnia and Herzegovina: CRS.

Cernea, M. M. (1989). Non-governmental organizations and local development. *Regional Development Dialogue, 10*(2), 117–142.

Cernea, M. M. (1991). *Putting people first: Sociological variables in rural development projects* (2nd ed.). New York: Oxford University Press.

Cernea, M. M., & McDowell, C. (Eds.). (2000). *Risks and reconstruction: Experiences of resettlers and refugees.* Washington, DC: World Bank.

Chambers, R. (1983). *Rural development: Putting the last first.* Harlow, England: Longman.

Chambers, R. (1993). *Challenging the professions: Frontiers for rural development.* London: Intermediate Technology.

Chi, Y.-C. (1987). Social development and capacity building: A case example of a social welfare centre in Korea. *International Social Work, 30*(2), 139–149.

ChildHope. (1989). *The street girls of metro Manila.* Manila, The Philippines: Author.

Chow, N. (1997). China. In N. Mayadas, T. Watts, & D. Elliott (Eds.), *International handbook on social work theory and practice* (pp. 282–300). Westport, CT: Greenwood.

Chua, A. (2003). *World on fire: How exporting free market democracy breeds ethnic hatred and global instability.* London: W. Heinemann.

Chui, W., Wong, Y., & Chan, C. (1996). Social work education for social development. *The Journal of Applied Social Sciences, 21*(1), 15–25.

Clark, J. (1993). *The state and the voluntary sector.* Washington, DC: World Bank.

Cohen, R., & Deng, F. M. (Eds.). (1998). *The forsaken people: Case studies of the internally displaced.* Washington, DC: Brookings Institution Press.

Colletta, N. J., Lim, T. G., & Kelles-Vitanen, A. (Eds.). (2001). *Social cohesion and conflict prevention in Asia.* Washington, DC: World Bank.

Commission of the European Communities. (1993). *Green paper: European social policy.* Luxembourg, Belgium: Author.

Commission on Global Governance. (1995). *Our global neighbourhood: The report of the commission on global governance.* England: Oxford University Press.

Community and Family Services International. (1991). *Community development strategies among Vietnamese refugees and asylum seekers in Hong Kong.* Hong Kong: Author.

Compton, B. R., & Galaway, B. (1999). *Social work processes.* Pacific Grove, CA: Brooks/Cole.

Connolly, M. (1994). Experiences of UNICEF initiated projects for street children in Latin America. In A. Rane (Ed.), *Street children: A challenge to the social work profession* (pp. 196–204). Bombay, India: Tata Institute of Social Sciences.

Constable, R., & Mehta, V. (Eds.). (1994). *Education for social work in Eastern Europe: Changing horizons.* Chicago: Lyceum.

Corner, L. (1986). Human resources development for developing countries: A survey of the major theoretical issues. In UN/ESCAP, *Human resources development in Asia and the Pacific* (pp. 1–28). Bangkok, Thailand: UN/ESCAP.

Cox, D. R. (1986). Intercountry casework. *International Social Work, 29*(3), 247–256.

Cox, D. R. (1987). *Migration and welfare: An Australian perspective.* Sydney, Australia: Prentice Hall.

Cox, D. R. (1989). *Welfare practice in a multicultural society.* Sydney, Australia: Prentice Hall.

Cox, D. R. (1997). The vulnerability of women migrant workers to a lack of protection and to violence. *Asian and Pacific Migration Journal, 6*(1), 59–76.

Cox, D. R. (1998). Community rebuilding in the Philippines. In M. D. Hoff (Ed.), *Sustainable community development: Studies in economic, environmental and cultural revitalization* (pp. 45–62). Boca Raton, FL: Lewis.

Cox, D., Owen, L., & Picton, C. (1994). *Asian women migrant workers: Maximizing the benefits of their experiences.* Melbourne, Australia: La Trobe University.

Cox, D., Pawar, M., & Picton, C. (1997a). *Social development content in social work education: Report of a survey of schools of social work in the Asia-Pacific region.* Bundoora, Australia: La Trobe University School of Social Work & Social Policy.

Cox, D., Pawar, M., & Picton, C. (1997b). *Introducing a social development perspective into social work curricula at all levels: Report of a regional workshop.* Bundoora, Australia: La Trobe University School of Social Work & Social Policy.

Bangura, Y. (1994). *The search for identity: Ethnicity, religion and political violence*. Geneva: UNRISD.

Barker, R. L. (1999). *The social work dictionary* (4th ed.). Washington, DC: NASW Press.

Battistela, G. (1993). Human rights of migrant workers [Special issue]. *Asian and Pacific Migration Journal, 2*(2).

Bayefsky, A., & Doyle, M. (1999). *Emergency return: Principles and guidelines*. Princeton, NJ: Princeton University Center of International Studies.

Behrman, J. R. (1990). *Human resource led development? Review of issues and evidence*. Geneva: ILO-ARTEP.

Beigbeder, Y. (1991). *The role and status of international humanitarian volunteers and organisations*. Dordrecht, The Netherlands: Martinus Nijhoff.

Bello, W., Kinley, D., & Elinson, E. (1982). *Development debacle: The world bank in the Philippines*. Birmingham, England: Third World Publications.

Billups, J. (1994). Conceptualizing a partnership model between social work and social development. *Social Development Issues, 16*(3), 91–99.

Black, J. K. (1991). *Development in theory and practice: Bridging the gap*. Boulder, CO: Westview.

Blair, T. L. (1974). *The international urban crisis*. Saint Albans, England: Paladin.

Boothby, N. (1992). Displaced children: Psychological theory and practice from the field. *Journal of Refugee Studies, 5*(2), 106–122.

Bose, A. (1992). Social work in India. In M. Hokenstadt, S. Khinduka, & J. Midgley (Eds.), *Profiles in international social work* (pp. 71–83). Washington, DC: NASW Press.

Bradbury, B., Jenkins, S., & Micklewright, J. (2000). *Child poverty dynamics in seven nations*. Sydney, Australia: Social Policy Research Centre, University of New South Wales.

Bronfenbrenner, V. (1979). *The ecology of human development*. Cambridge, MA: Harvard University Press.

Brown, L., Durning, A., Flavin, C., French, H., Jacobsen, J., Lenssen, N., et al. (Eds.). (1991). *State of the world 1991, A Worldwatch Institute report*. New York: W. W. Norton.

Brown, M. E. (Ed.). (1993). *Ethnic conflict and international security*. Princeton, NJ: Princeton University Press.

Bruyn, S. T. (2005). *A civil republic: Beyond capitalism and nationalism*. Bloomfield, CT: Kumarian.

Buchwald, U. von. (1991). *The refugee dependency syndrome: Origins and consequences*. Geneva: League of Red Cross and Red Crescent Societies.

Campfens, H. (Ed.). (1997). *Community development around the world: Practice, theory, research, training*. Toronto, Canada: University of Toronto Press.

Caragata, L., & Sanchez, M. (2002). Globalization and global need: New imperatives for expanding international social work education in North America. *International Social Work, 45*(2), 217–238.

Carrizosa, S., & Poertner, J. (1992). Latin American street children: Problems, programmes and critique. *International Social Work, 35*(4), 405–414.

Carroll, R. (2004, December 24–2005, January 6). Bad, but it could have been worse: Year in Africa. *Guardian Weekly*, p. 37.

Carroll, T. F. (1992). *Intermediary NGOs: The supporting link in grassroots development*. Hartford, CT: Kumarian.

Cassen, R. (1994). *Does aid work?* (2nd ed.). Oxford, England: Clarendon.

Catholic Relief Services. (1996). *Psychosocial rehabilitation perspectives: Conference proceedings*. Sarajevo, Bosnia and Herzegovina: CRS.

Cernea, M. M. (1989). Non-governmental organizations and local development. *Regional Development Dialogue, 10*(2), 117–142.

Cernea, M. M. (1991). *Putting people first: Sociological variables in rural development projects* (2nd ed.). New York: Oxford University Press.

Cernea, M. M., & McDowell, C. (Eds.). (2000). *Risks and reconstruction: Experiences of resettlers and refugees.* Washington, DC: World Bank.

Chambers, R. (1983). *Rural development: Putting the last first.* Harlow, England: Longman.

Chambers, R. (1993). *Challenging the professions: Frontiers for rural development.* London: Intermediate Technology.

Chi, Y.-C. (1987). Social development and capacity building: A case example of a social welfare centre in Korea. *International Social Work, 30*(2), 139–149.

ChildHope. (1989). *The street girls of metro Manila.* Manila, The Philippines: Author.

Chow, N. (1997). China. In N. Mayadas, T. Watts, & D. Elliott (Eds.), *International handbook on social work theory and practice* (pp. 282–300). Westport, CT: Greenwood.

Chua, A. (2003). *World on fire: How exporting free market democracy breeds ethnic hatred and global instability.* London: W. Heinemann.

Chui, W., Wong, Y., & Chan, C. (1996). Social work education for social development. *The Journal of Applied Social Sciences, 21*(1), 15–25.

Clark, J. (1993). *The state and the voluntary sector.* Washington, DC: World Bank.

Cohen, R., & Deng, F. M. (Eds.). (1998). *The forsaken people: Case studies of the internally displaced.* Washington, DC: Brookings Institution Press.

Colletta, N. J., Lim, T. G., & Kelles-Vitanen, A. (Eds.). (2001). *Social cohesion and conflict prevention in Asia.* Washington, DC: World Bank.

Commission of the European Communities. (1993). *Green paper: European social policy.* Luxembourg, Belgium: Author.

Commission on Global Governance. (1995). *Our global neighbourhood: The report of the commission on global governance.* England: Oxford University Press.

Community and Family Services International. (1991). *Community development strategies among Vietnamese refugees and asylum seekers in Hong Kong.* Hong Kong: Author.

Compton, B. R., & Galaway, B. (1999). *Social work processes.* Pacific Grove, CA: Brooks/Cole.

Connolly, M. (1994). Experiences of UNICEF initiated projects for street children in Latin America. In A. Rane (Ed.), *Street children: A challenge to the social work profession* (pp. 196–204). Bombay, India: Tata Institute of Social Sciences.

Constable, R., & Mehta, V. (Eds.). (1994). *Education for social work in Eastern Europe: Changing horizons.* Chicago: Lyceum.

Corner, L. (1986). Human resources development for developing countries: A survey of the major theoretical issues. In UN/ESCAP, *Human resources development in Asia and the Pacific* (pp. 1–28). Bangkok, Thailand: UN/ESCAP.

Cox, D. R. (1986). Intercountry casework. *International Social Work, 29*(3), 247–256.

Cox, D. R. (1987). *Migration and welfare: An Australian perspective.* Sydney, Australia: Prentice Hall.

Cox, D. R. (1989). *Welfare practice in a multicultural society.* Sydney, Australia: Prentice Hall.

Cox, D. R. (1997). The vulnerability of women migrant workers to a lack of protection and to violence. *Asian and Pacific Migration Journal, 6*(1), 59–76.

Cox, D. R. (1998). Community rebuilding in the Philippines. In M. D. Hoff (Ed.), *Sustainable community development: Studies in economic, environmental and cultural revitalization* (pp. 45–62). Boca Raton, FL: Lewis.

Cox, D., Owen, L., & Picton, C. (1994). *Asian women migrant workers: Maximizing the benefits of their experiences.* Melbourne, Australia: La Trobe University.

Cox, D., Pawar, M., & Picton, C. (1997a). *Social development content in social work education: Report of a survey of schools of social work in the Asia-Pacific region.* Bundoora, Australia: La Trobe University School of Social Work & Social Policy.

Cox, D., Pawar, M., & Picton, C. (1997b). *Introducing a social development perspective into social work curricula at all levels: Report of a regional workshop.* Bundoora, Australia: La Trobe University School of Social Work & Social Policy.

Cranna, M. (Ed.). (1994). *The true cost of conflict*. London: Earthscan.

CSWE (Council on Social Work Education). (2001). *Educational policy and accreditation standards*. Retrieved March 28, 2005, from http://www.cswe.org/accreditation/EPAS/EPAS_start.htm

CSWE. (2005). *Katherine A. Kendall Institute for International Social Work Education*. Retrieved March 28, 2005, from http://www.cswe.org/

Curtis, D. (1991). *Beyond government: Organizations for common benefit*. London: Macmillan.

Curtis, M. (1997). Development cooperation in a changing world. In R. Randel & T. German (Eds.), *The reality of aid: An independent review of development cooperation: 1997–1998* (pp. 4–18). London: Earthscan.

Danieli, Y., Rodley, N. S., & Weisæth, L. (Eds.). (1996). *International responses to traumatic stress: Humanitarian, human rights, justice, peace and development*. New York: Baywood.

David, G. (1993). Strategies for grassroots human development. *Social Development Issues, 15*(2), 1–13.

Deacon, B. (1997). *Global social policy: International organizations and the future of welfare*. London: Sage.

Debiel, T., & Klein, A. (Eds.). (2002). *Fragile peace: State failure, violence and development in crisis regions*. London: Zed Books.

DeMartino, R., & Buchwald, U. von. (1996). Forced displacement: Non-government efforts in the psychosocial care of traumatized peoples. In Y. Danieli, N. S. Rodley, & L. Welsæth (Eds.), *International responses to traumatic stress* (pp. 193–217). New York: Baywood.

Diamond, L., Linz, J., & Lipset, S. (Eds.). (1989). *Democracy in developing countries* (Vol. 3: Asia). Boulder, CO: Lynne Rienner.

Dixon, J., & Macarov, D. (Eds.). (1998). *Poverty: A persistent global reality*. London: Routledge.

Donnelly, J. (1993). *International human rights*. Boulder, CO: Westview.

Dore, R., & Mars, Z. (1981). *Community development: Comparative case studies in India, the Republic of Korea, Mexico and Tanzania*. London: Croom Helm.

Dorfman, R. A. (Ed.). (1988). *Paradigms of clinical social work*. New York: Brunner and Mazel.

Drakakis-Smith, D. (1987). *The third world city*. London: Methuen.

Dube, L. (1997). AIDS-risk patterns and knowledge of the disease among street children in Harare, Zimbabwe. *Journal of Social Development in Africa, 12*(2), 61–74.

Duffield, M. (1994). The political economy of internal war: Asset transfer, complex emergencies and international aid. In J. Macrae & A. Zwi, *War & hunger* (pp. 50–69). London: Zed Books.

Duffield, M. (2001). *Global governance and the new wars*. London: Zed Books.

Duffield, M., Macrae, J., & Zwi, A. (1994). Conclusion. In J. Macrae & A. Zwi, *War & hunger* (pp. 222–232). London: Zed Books.

Durning, A. (1990). Ending poverty. In L. Brown, A. Durning, C. Flavin, H. French, J. Jacobsen, M. Lowe, et al. (Eds.), *State of the world 1990* (pp. 135–153). Sydney, Australia: Allen & Unwin.

Dworken, J., Moore, J., & Siegel, A. (1997). *Haiti demobilization and reintegration program*. Alexandria, VA: Institute for Public Research.

Eade, D. (1997). *Capacity building: An approach to people-centred development*. Oxford, England: Oxfam.

Easterly, W. (2002). *The elusive quest for growth: Economists' adventures in the tropics*. Cambridge, MA: MIT Press.

Eban, A. (1983). *The new diplomacy: International affairs in the modern age*. New York: Random House.

Edwards, M., & Hulme, D. (1992). *Making a difference: NGOs and development in a changing world*. London: Earthscan.

Ekins, P. (1992). *A new world order: Grassroots movements for global change*. London: Routledge.

Ekins, P., & Newby, L. (1998). Sustainable wealth creation at the local level in an age of globalization. *Regional Studies, 32*(9), 863–872.

Elisabeth, R. (2003). *Social work and human rights: A foundation for policy and practice.* New York: Columbia University Press.

Elliott, D. (1993). Social work and social development: Towards an integrative model for social work practice. *International Social Work, 36*(1), 20–36.

Elliott, D. (1997). Conclusion. In N. S. Mayadas, T. D. Watts, & D. Elliott (Eds.). *International handbook on social work theory and practice* (pp. 441–450). Westport, CT: Greenwood.

Elliott, D., & Mayadas, N. (1996). Social development and clinical practice in social work. *The Journal of Allied Social Sciences, 21*(1), 61–68.

Elliott, J. A. (1994). *An introduction to sustainable development.* London: Routledge.

Elson, D. (1995a). Public action, poverty and development in a gender aware analysis. In J. Mullen, *Rural poverty alleviation* (pp. 59–81). Aldershot, England: Avebury.

Elson, D. (Ed.). (1995b). *Male bias in the development process* (2nd ed.). Manchester, England: Manchester University Press.

Enloe, C. H. (1973). *Ethnic conflict and political development.* Boston: Little, Brown.

Esman, M. J., & Uphoff, N. T. (1984). *Local organizations: Intermediaries in rural development.* Ithaca, NY: Cornell University Press.

Eurostep/ICVA (International Council of Voluntary Agencies). (1997). *The reality of aid 1997/8: An independent review of development cooperation.* London: Earthscan.

Falk, R. (1993). The making of global citizenship. In J. Bretcher, J. B. Childs, & J. Cutler (Eds.), *Global visions: Beyond the new world order* (pp. 39–50). Boston: Southend Press.

Falk, R. (1997). Resisting "globalization-from-above" through "globalization-from-below." *New Political Economy, 2,* 17–24.

Featherstone, M. (Ed.). (1990). *Global culture: Nationalism, globalization and modernity.* London: Sage.

Fook, J. (1993). *Radical casework: A theory of practice.* Sydney, Australia: Allen & Unwin.

Fowler, A. (1991). The role of NGOs in changing state-society relations: Perspectives from eastern and southern Africa. *Development Policy Review, 9,* 53–84.

Frank, A. G. (1996). The underdevelopment of development. In S. C. Chew & R. A. Denemark (Eds.), *The underdevelopment of development* (pp. 48–66). London: Sage.

Freire, P. (1972). *Pedagogy of the oppressed.* Harmondsworth, England: Penguin.

Friedmann, J. (1992). *Empowerment: The politics of alternative development.* Cambridge, MA: Blackwell.

Fuchs, A., Jones, G., & Pernia, E. (Eds.). (1987). *Urbanization and urban policies in Pacific Asia.* Boulder, CO: Westview.

Galtung, J. (1995). *Global governance for and by global democracy.* London: Klewer Law International.

George, S. (1988). *A fate worse than debt.* London: Penguin.

George, S. (1990). *Ill fares the land.* London: Penguin.

George, S., & Sabelli, F. (1994). *Faith and credit: The World Bank's secular empire.* London: Penguin.

Germain, C. B., & Gitterman, A. (1980). *The life model of social work practice.* New York: Columbia University Press.

Germain, C. B., & Gitterman, A. (1996). *The life model of social work practice: Advances in theory and practice.* New York: Columbia University Press.

Ghai, D. (1994). Participatory development. In K. Griffin & J. Knight (Eds.), *Human development and the international development strategies for the 1990s* (pp. 215–246). London: Macmillan.

Ghai, D. (1997). Economic globalization, institutional change and human security. In S. Lindberg & A. Sverrisson (Eds.), *Social movements in development* (pp. 26–42). London: Macmillan.

Gilbert, A., & Gugler, J. (1992). *Cities, poverty and development: Urbanization in the third world* (2nd ed.). England: Oxford University Press.

Gilpin, R. (1987). *The political economy of international relations.* Princeton, NJ: Princeton University Press.

Elisabeth, R. (2003). *Social work and human rights: A foundation for policy and practice.* New York: Columbia University Press.

Elliott, D. (1993). Social work and social development: Towards an integrative model for social work practice. *International Social Work, 36*(1), 20–36.

Elliott, D. (1997). Conclusion. In N. S. Mayadas, T. D. Watts, & D. Elliott (Eds.). *International handbook on social work theory and practice* (pp. 441–450). Westport, CT: Greenwood.

Elliott, D., & Mayadas, N. (1996). Social development and clinical practice in social work. *The Journal of Allied Social Sciences, 21*(1), 61–68.

Elliott, J. A. (1994). *An introduction to sustainable development.* London: Routledge.

Elson, D. (1995a). Public action, poverty and development in a gender aware analysis. In J. Mullen, *Rural poverty alleviation* (pp. 59–81). Aldershot, England: Avebury.

Elson, D. (Ed.). (1995b). *Male bias in the development process* (2nd ed.). Manchester, England: Manchester University Press.

Enloe, C. H. (1973). *Ethnic conflict and political development.* Boston: Little, Brown.

Esman, M. J., & Uphoff, N. T. (1984). *Local organizations: Intermediaries in rural development.* Ithaca, NY: Cornell University Press.

Eurostep/ICVA (International Council of Voluntary Agencies). (1997). *The reality of aid 1997/8: An independent review of development cooperation.* London: Earthscan.

Falk, R. (1993). The making of global citizenship. In J. Bretcher, J. B. Childs, & J. Cutler (Eds.), *Global visions: Beyond the new world order* (pp. 39–50). Boston: Southend Press.

Falk, R. (1997). Resisting "globalization-from-above" through "globalization-from-below." *New Political Economy, 2,* 17–24.

Featherstone, M. (Ed.). (1990). *Global culture: Nationalism, globalization and modernity.* London: Sage.

Fook, J. (1993). *Radical casework: A theory of practice.* Sydney, Australia: Allen & Unwin.

Fowler, A. (1991). The role of NGOs in changing state-society relations: Perspectives from eastern and southern Africa. *Development Policy Review, 9,* 53–84.

Frank, A. G. (1996). The underdevelopment of development. In S. C. Chew & R. A. Denemark (Eds.), *The underdevelopment of development* (pp. 48–66). London: Sage.

Freire, P. (1972). *Pedagogy of the oppressed.* Harmondsworth, England: Penguin.

Friedmann, J. (1992). *Empowerment: The politics of alternative development.* Cambridge, MA: Blackwell.

Fuchs, A., Jones, G., & Pernia, E. (Eds.). (1987). *Urbanization and urban policies in Pacific Asia.* Boulder, CO: Westview.

Galtung, J. (1995). *Global governance for and by global democracy.* London: Klewer Law International.

George, S. (1988). *A fate worse than debt.* London: Penguin.

George, S. (1990). *Ill fares the land.* London: Penguin.

George, S., & Sabelli, F. (1994). *Faith and credit: The World Bank's secular empire.* London: Penguin.

Germain, C. B., & Gitterman, A. (1980). *The life model of social work practice.* New York: Columbia University Press.

Germain, C. B., & Gitterman, A. (1996). *The life model of social work practice: Advances in theory and practice.* New York: Columbia University Press.

Ghai, D. (1994). Participatory development. In K. Griffin & J. Knight (Eds.), *Human development and the international development strategies for the 1990s* (pp. 215–246). London: Macmillan.

Ghai, D. (1997). Economic globalization, institutional change and human security. In S. Lindberg & A. Sverrisson (Eds.), *Social movements in development* (pp. 26–42). London: Macmillan.

Gilbert, A., & Gugler, J. (1992). *Cities, poverty and development: Urbanization in the third world* (2nd ed.). England: Oxford University Press.

Gilpin, R. (1987). *The political economy of international relations.* Princeton, NJ: Princeton University Press.

Goodwin-Gill, G., & Cohn, I. (1994). *Child soldiers: The role of children in armed conflicts*. Oxford, England: Clarendon Press.

Gordon, W. (1994). *The United Nations at the crossroads of reform*. New York: M. E. Sharpe.

Gore, M. (1988). Levels of social work provision in relation to needs in a developing society. *Indian Journal of Social Work, 49*(1), 1–9.

Gorman, R. F. (Ed.). (1993). *Refugee aid and development: Theory and practice*. Westport, CT: Greenwood.

Goulet, D. (1995). *Development ethics*. London: Zed Books.

Gray, M. (1997a). A pragmatic approach to social development, Part 1. *Social Work/Maatskaplike Werk, 33*(3), 210–222.

Gray, M. (1997b). A pragmatic approach to social development, Part 2. *Social Work/Maatskaplike Werk, 33*(4), 360–373.

Guebre-Christos, G. (1989). Education of refugee girls: Case study/Namibian students in West Africa. In International NGO Working Group on Refugee Women, *Working with refugee women: A practical guide* (pp. 143–145). Geneva: UNHCR.

Habitat. (1989). *Improving income and housing: Employment generation in low income settlements*. Nairobi, Kenya: Habitat.

Hall, N. (1993). Issue on unaccompanied displaced persons [Special issue]. *Journal of Social Development in Africa, 8*(2).

Hamilton, C. (2003). *Growth fetish*. Sydney, Australia: Allen & Unwin.

Haq, K., & Kirdar, U. (Eds.). (1985). *Human development: The neglected dimension*. Islamabad, Pakistan: North-South Roundtable.

Haq, K., & Kirdar, U. (Eds.). (1987). *Managing human development*. Islamabad, Pakistan: North-South Roundtable.

Harrell-Bond, B. E. (1986). *Imposing aid: Emergency assistance to refugees*. England: Oxford University Press.

Harrell-Bond, B. E. (1996). Refugees and the challenge of reconstructing communities through aid. In R. J. Kirin and M. Povrzanovic, *War, exile, everyday life* (pp. 23–30). Zagreb, Croatia: Institute of Ethnology and Folklore Research.

Harris, G. (Ed.). (1999). *Recovery from armed conflict in developing countries*. London: Routledge.

Harris, G., & Lewis, N. (1999). Armed conflict in developing countries: Extent, nature and causes. In G. Harris (Ed.), *Recovery from armed conflict in developing countries* (pp. 3–11). London: Routledge.

Harris, R. (1990). Beyond rhetoric: A challenge for international social work. *International Social Work, 33*(3), 203–212.

Hartman, A. (1994). Social work practice. In F. G. Reamer (Ed.), *The foundations of social work knowledge* (pp. 13–50). New York: Columbia University Press.

Hartman, B., & Boyce, J. (1982). *Needless hunger: Voices from a Bangladesh village*. San Francisco: Institute for Food and Development Policy.

Hayter, T., & Watson, C. (1985). *Aid: Rhetoric and reality*. London: Pluto.

Healy, L. (1987). International agencies as social work settings: Opportunity, capability, and commitment. *Social Work, 32*(5), 405–409.

Healy, L. (1995a). Comparative and international overview. In J. D. Watts, D. Elliott, & N. S. Mayadas (Eds.), *International handbook on social work education* (pp. 421–439). Westport, CT: Greenwood.

Healy, L. (1995b). International social welfare: Organization and activities. In *Encyclopedia of social work* (pp. 1499–1510). Washington, DC: NASW Press.

Healy, L. (2001). *International social work: Professional action in an interdependent world*. New York: Oxford University Press.

HelpAge International. (2005a). *Global network: Asia: Cambodia*. Retrieved April 26, 2005, from http://www.helpage.org/global/AScambodia/AScambodia.html

HelpAge International. (2005b). *Global network: Asia: India*. Retrieved April 26, 2005, from http://www.helpage.org/global/ASindia/ASindia.html

Herrick, J., & Meinert, R. (1994). Ethnic conflict, social development and the role of the helping professions. *Social Development Issues, 16*(3), 122–132.

Heyzer, N., Riker, J., & Quizon, A. (Eds.). (1995). *Government-NGO relations in Asia: Prospects and challenges for people-centred development*. London: Macmillan.

Higgins, J., Deakin, N., Edwards, J., & Wicks, M. (1983). *Government and urban poverty*. Oxford, England: Basil Blackwell.

Hitchcox, L. (1990). *Vietnamese refugees in Southeast Asian camps*. London: Macmillan.

Hobsbaum, E. (1995). *Age of extremes: The short twentieth century 1914–1991*. London: Abacus.

Hoff, M. D. (Ed.). (1998). *Sustainable community development: Studies in economic, environmental, and cultural revitalization*. Boca Raton, FL: Lewis.

Hokenstad, M. C., Khinduka, S. K., & Midgley, J. (Eds.). (1992). *Profiles in international social work*. Washington, DC: NASW Press.

Holloway, R. (Ed.). (1989). *Doing development: Governments, NGOs and the rural poor in Asia*. London: Earthscan.

Holton, R. J. (1998). *Globalization and the nation-state*. London: Macmillan.

Hong Kong Council of Social Services. (1996). *Concern for vulnerable groups*. Hong Kong: Author.

Hoogvelt, A. (2001). *Globalization and the postcolonial world: The new political economy of development* (2nd ed.). Basingstoke, England: Palgrave Macmillan.

Hugo, G. (1987). *International migration of contract labour in Asia: Proceedings of IDRC workshop*. Thailand: Changmai University.

Hulme, D., & Montgomery, R. (1995). Co-operatives, credit and the rural poor. In J. Mullen (Ed.), *Rural poverty alleviation* (pp. 99–118). Aldershot, England: Avebury.

Human Rights Watch. (annual). *World Reports*. New Haven, CT: Yale University Press.

Huntington, S. P. (2002). *The clash of civilizations and the remaking of the world order*. Reading, England: Free Press.

Hutton, W. (2003). *The world we're in*. London: Abacus.

IASSW & IFSW (International Association of Schools of Social Work & International Federation of Social Workers). (2004). *Global standards for social work education and training*. Retrieved June 3, 2004, from http://www.iassw.soton.ac.uk

IFAD (International Fund for Agricultural Development). (1985). *The role of rural credit projects in reaching the poor*. Oxford, England: Tycooly.

Ife, J. (1995). *Community development: Creating community alternatives—Vision, analysis and practice*. Melbourne, Australia: Longman.

Ife, J. (1997). Australia. In N. S. Mayadas, T. D. Watts, & D. Elliott (Eds.), *International handbook on social work theory and practice* (pp. 383–407). Westport, CT: Greenwood.

Ife, J. (2001). *Human rights and social work: Towards rights-based practice*. Cambridge, England: Cambridge University Press.

Ife, J. (2002). *Community development: Community-based alternatives in an age of globalization* (2nd ed.). Sydney, Australia: Pearson Education.

IFSW and IASSW. (2004). *Ethics in social work, statement of principles*. Bern, Switzerland: IFSW.

Ike, C., & Twumasi-Ankrah, K. (1999). Child abuse and child labour across culture. *Journal of Social Development in Africa, 14*(2), 109–118.

ILO (International Labour Organisation). (1986). *The rights of migrant workers: A guide to ILO standards for the use of migrant workers and their organizations*. Geneva: ILO.

Ingram, J. (1989). Sustaining refugees' human dignity: International responsibility and practical reality. *Journal of Refugee Studies, 2*(3), 329–339.

Independent Commission on International Humanitarian Issues. (1986). *Refugees: The dynamics of displacement*. London: Zed Books.

International NGO Working Group on Refugee Women. (1989). *Working with refugee women: A practical guide*. Geneva: Author.

Isbister, J. (1991). *Promises not kept: The betrayal of social change in the third world*. West Hartford, CT: Kumarian.

Jacobs, S., Jacobson, R., & Marchbank, J. (Eds.). (2000). *States of conflict: Gender, violence and resistance*. London: Zed Books.

James, R. (Ed.). (2001). *Power and partnership? Experiences of NGO capacity-building*. Oxford, England: INTRAC.

James, V. U. (Ed.). (1998). *Capacity building in developing countries: Human and environmental dimensions*. Westport, CT: Praeger.

Johnson, A. K. (2004). Increasing internationalization in social work programs: Healy's continuum as a strategic planning guide. *International Social Work, 47*(1), 7–23.

Kaldor, M. (2003). *Global civil society: An answer to war*. Cambridge, England: Polity Press.

Kaseke, E. (1990). A response to social problems in developing countries. *Social Policy and Administration, 24*(1), 13–20.

Kaseke, E., & Gumbo, P. (2001). The AIDS crisis and orphan care in Zimbabwe. *Social Work/Maatskaplike Werk, 37*(1), 53–58.

Kelso, W. A. (1994). *Poverty and the underclass: Changing perceptions of the poor in America*. New York: New York University Press.

Kendall, K. A. (1986). Social work education in the 1980s: Accent on change. *International Social Work, 29*(1), 15–27.

Kendall, K. A. (2000). *Social work education: Its origins in Europe*. Washington, DC: Council on Social Work Education.

Kirin, R. J., & Povrzanovic, M. (Eds.). (1996). *War, exile, everyday life*. Zagreb, Croatia: Institute of Ethnology and Folklore Research.

Knudsen, J. (1991). Therapeutic strategies and strategies for refugee coping. *Journal of Refugee Studies, 4*(1), 21–38.

Korten, D. C. (1984). People-centered development: Toward a framework. In D. C. Korten & R. Klaus (Eds.), *People-centered development* (pp. 299–309). West Hartford, CT: Kumarian.

Korten, D. C. (1990). *Getting to the 21st century: Voluntary action and the global agenda*. West Hartford, CT: Kumarian.

Korten, D. C. (1995). *When corporations rule the world*. London: Earthscan.

Korten, D. C., & Klaus, R. (Eds.). (1984). People-centered development. West Hartford, CT: Kumarian.

Kreitzer, L. (2002). Liberian refugee women: A qualitative study of their participation in planning camp programmes. *International Social Work, 45*(1), 45–58.

Krueger, A., Michalopoulos, C., & Ruttan, V. (1989). *Aid and development*. Baltimore: Johns Hopkins University Press.

Kumar, K. (Ed.). (1997a). *Rebuilding societies after civil war: Critical roles for international assistance*. Boulder, CO: Lynne Rienner.

Kumar, K. (1997b). The nature and focus of international assistance for rebuilding war-torn societies. In K. Kumar (Ed.), *Rebuilding societies after civil war* (pp. 1–38). Boulder, CO: Lynne Rienner.

Kumin, J. (1998). An uncertain direction. *Refugees, 2*(113), 5–9.

Kumin, J. (2000). A multi-billion dollar trade in humans. *Refugees, 2*(119), 18–19.

Kushner, T., & Knox, K. (1999). *Refugees in an age of genocide*. London: Frank Cass.

Landes, D. (1998). *The wealth and poverty of nations: Why some are so rich and some so poor*. London: Abacus.

Laqueur, W., & Rubin, B. (Eds.). (1990). *The human rights reader* (Rev. ed.). New York: Meridian Books.

Le Breton, B. (2003). *Trapped: Modern day slavery in the Brazilian Amazon.* Bloomfield, CT: Kumarian.

Lee, J. A. (2001). *The empowerment approach to social work practice.* New York: Columbia University Press.

Leighninger, L., & Midgley, J. (1997). United States of America. In N. S. Mayadas, T. D. Watts, & D. Elliott (Eds.), *International handbook on social work theory and practice* (pp. 9–28). Westport, CT: Greenwood.

Lewis, J. P. (Ed.). (1988). *Strengthening the poor: What have we learned?* New Brunswick, NJ: Transaction Books.

Lewis, N. (1999). Social recovery from armed conflict. In G. Harris (Ed.), *Recovery from armed conflict in developing countries* (pp. 95–110). London: Routledge.

Livermore, M. (1996). Social work, social development and microenterprises. *The Journal of Applied Social Sciences, 21*(1), 37–44.

Lloyd, P. (1979). *Slums of hope: Shanty towns of the third world.* Harmondsworth, England: Penguin.

Lobo, M., & Mayadas, N. S. (1997). International social work practice: A refugee perspective. In N. S. Mayadas, T. D. Watts, & D. Elliott, *International handbook on social work theory and practice* (pp. 411–428). Westport, CT: Greenwood.

Loescher, G. (1993). *Beyond charity: International cooperation and the global refugee crisis.* New York: Oxford University Press.

MacPherson, S. (1982). *Social policy in the third world: The social dilemma of underdevelopment.* Brighton, England: Harvester.

MacPherson, S., & Midgley, J. (1987). *Comparative social policy and the third world.* Brighton, England: Wheatsheaf Books.

Macrae, J., & Zwi, A. (Eds.). (1994). *War and hunger: Rethinking international responses to complex emergencies.* London: Zed Books.

Madeley, J. (1999). *Big business, poor peoples: The impact of transnational corporations on the world's poor.* London: Zed Books.

Mamphiswana, D., & Netshiswinzhe, B. (1999). Promoting social development and change through truth and reconciliation: A case for South Africa. *Social Development Issues, 21*(3), 66–74.

Mares, P. (2001). *Borderline.* Sydney, Australia: University of New South Wales Press.

Martin, P., Mason, A., & Nagayama, T. (Eds.). (1996). The dynamics of labour migration in Asia [Special issue]. *Asian and Pacific Migration Journal, 5*(2/3).

Mayadas, N. S., Watts, T. D., & Elliott, D. (Eds.). (1997). *International handbook on social work theory and practice.* Westport, CT: Greenwood.

Maynard, K. (1997). Rebuilding community: Psychosocial healing, reintegration, and reconciliation at the grassroots level. In K. Kumar, *Rebuilding societies after civil war* (pp. 203–226). Boulder, CO: Lynne Rienner.

McAllister, I. (1990). *Intervention strategies in community relations: A review and critical evaluation.* Canberra, Australia: Office of Multicultural Affairs.

McMaster, D. (2001). *Asylum seekers: Australia's response to refugees.* Australia: Melbourne University Press.

Medecins Sans Frontieres. (1997). *World in crisis: The politics of survival at the end of the twentieth century.* London: Routledge.

Meerman, J. (2001). Slow roads to equality: Enduring poverty among four low-status minorities. In N. J. Colletta, T. G. Lim, and A. Kelles-Viitanen (Eds.), *Social cohesion and conflict prevention in Asia: Managing diversity through development* (pp. 99–153). Washington, DC: World Bank.

Meinert, R., & Kohn, E. (1987). Towards an operationalization of social development concepts. *Social Development Issues, 10*(3), 4–18.

Miah, M., & Ray, J. (1994). Critical issues in social work practice with AIDS patients. *International Social Work, 37*(1), 75–82.

Midgley, J. (1981). *Professional imperialism: Social work in the third world.* London: Heinemann.

Midgley, J. (1995a). *Social development: The developmental perspective in social welfare.* London: Sage.

Midgley, J. (1995b). International and comparative social welfare. In *Encyclopedia of social work* (19th ed., pp. 1490–1499). Washington, DC: NASW Press.

Midgley, J. (2001). Issues in international social work: Resolving critical debates in the profession. *Journal of Social Work, 1*(1), 21–35.

Midgley, J. (1996a). Social work and social development: Challenging the profession. *The Journal of Applied Social Sciences, (21)*1, 7–14.

Midgley, J., Hall, A., Hardiman, M., & Narine, D. (1996b). *Community participation, social development and the state.* London: Methuen.

Minear, L. (1994). *Development without conflict.* Providence, RI: Brown University.

Mines Advisory Group. (Occasional). *Country reports.* Cumbria, England, and Vancouver, BC, Canada: Author.

Mohan, G., & Stokke, K. (2000). Participatory development and empowerment: The dangers of localism. *Third World Quarterly, 21*(2), 247–268.

Mollica, R. F. (1990). Communities of confinement: International plan for relieving the mental health crisis in the Thai-Khmer border camps. *Southeast Asian Journal of Social Science, 18*(1), 132–152.

Monbiot, G. (2003). *The age of consent: A manifesto of a new world order.* London: Flamingo.

Mondros, J. B., & Wilson, S. M. (1994). *Organizing for power and empowerment.* New York: Columbia University Press.

Moroka, T. (1998). Community-based mental health care: A justification for social work involvement in Botswana. *Social Work/Maatskaplike Werk, 34*(4), 344–360.

Muetzelfeldt, M., & Smith, G. (2002). Civil society and global governance: The possibilities for global citizenship. *Citizenship Studies, 6*(1), 55–75.

Mullaly, R. P. (1993). *Structural social work: Ideology, theory and practice.* Toronto, Canada: McClelland and Stewart.

Mullen, J. (Ed.). (1995). *Rural poverty alleviation.* Aldershot, England: Avebury.

Mupedziswa, R. (1992). Africa at the crossroads: Major challenges for social work education and practice towards the year 2000. *Journal of Social Development in Africa, 7*(2), 19–38.

Mupedziswa, R., Matimba, V., & Kanyowa, L. (1996). Reaching out to the unreached: Peer education as a strategy for the promotion of HIV/AIDS awareness among street children. *Journal of Social Development in Africa, 11*(2), 73–88.

Nader, R., Greider, W., Atwood, M., Shiva, V., Ritchie, M., Berry, W., et al. (1993). *The case against free trade.* Berkeley, CA: North Atlantic Books.

Nasr, S. H. (1990). *Man and nature: The spiritual crisis of modern man.* London: Unwin.

NASWE (National Association for Social Work Education). (1992). *Helping street children in especially difficult circumstances: A guidebook for social work practitioners.* Manila, The Philippines: Author.

Nayyar, R. (1996). New initiatives for rural poverty alleviation in rural India. In C. H. Rao & H. Linnemann (Eds.), *Economic reforms and poverty alleviation in India* (pp. 171–198). New Delhi, India: Sage.

Nee, M., & Healy, J. (2003). *Towards understanding: Cambodian villages beyond war.* Sydney, Australia: Sisters of St. Joseph.

Norell, D., & Walz, T. (1994). Reflections from the field: Toward a theory of practice of reconciliation in ethnic conflict resolution. *Social Development Issues, 16*(2), 99–111.

O'Connel, H. (1996). *Equality postponed: Gender rights and development.* Oxford, England: Worldview.

Osei-Hwedie, K. (1990). Social work and the question of social development in Africa. *Journal of Social Development in Africa, 5*(2), 87–99.

Osei-Hwedie, K. (1993). The challenge of social work in Africa: Starting the indigenization process. *Journal of Social Development in Africa, 8*(1), 19–30.

O'Shaughnessy, T. (1999). *Capacity building: A new approach? Principles and practice.* Melbourne, Australia: World Vision.

Otto, D. (1996). Nongovernmental organisations in the United Nations system: The emerging role of international civil society. *Human Rights Quarterly, 18,* 107–141.

Otunnu, O. (1996). Healing the wounds: What nature of wounds? In UNHCR, *Healing the wounds: Refugees, reconstruction and reconciliation* (pp. 6–8). Geneva: UNHCR.

Pandey, R. (1996). Ghandian perspectives on personal empowerment and social development. *Social Development Issues, 18*(2), 66–84.

Parker, M. (1996). The mental health of war-damage populations. *Institute of Development Studies Bulletin, 27*(3), 77–85.

Pasha, M. K. (1996). Globalisation and poverty in South Asia. *Millennium: Journal of International Studies, 25*(3), 635–656.

Pawar, M. (1999). Professional social work in India: Some issues and strategies. *Indian Journal of Social Work, 60*(4), 566–586.

Pawar, M., & Cox, D. R. (2004). *Communities' informal care and welfare systems: A training manual.* Wagga Wagga, Australia: Charles Sturt University Centre for Rural and Social Research.

Payne, M. (1997). *Modern social work theory.* London, Macmillan.

Pearson, N. (2000). *Our right to take responsibility.* Cairns, Australia: Noel Pearson.

Petevi, M. (1996). Forced displacement: Refugee trauma, protection and assistance. In Y. Danieli, N. S. Rodley, & L. Weisæth (Eds.), *International responses to traumatic stress* (pp. 161–192). New York: Baywood.

Pierson, C. (1998). *Beyond the welfare state* (2nd ed.). Cambridge, England: Polity Press.

Pieterse, J. N. (1997). Going global: Futures of capitalism. *Development and Change, 28*(2), 367–382.

Pincus, A., & Minahan, A. (1973). *Social work practice: Model and method.* Itasca, IL: Peacock.

Piven, F., & Cloward, R. A. (1979). *Poor people's movements: How they succeed and how they fail.* New York: Vintage Books.

Polidano, C., & Hulme, D. (1997). No magic wands: Accountability and governance in developing countries. *Regional Development Dialogue, 18*(2), 1–16.

Potter, D. (1992). Colonial rule. In T. Allen & A. Thomas (Eds.), *Poverty and development in the 1990s* (pp. 204–220). England: Oxford University Press.

Poulton, R., & Harris, M. (1988). *Putting people first: Voluntary organisations and third world organisations.* London: Macmillan.

Prica, I., & Povrzanovic, M. (1996). Narratives of refugee children as the ethnography of maturing. In R. J. Kirin & M. Povrzanovic, *War, exile, everyday life* (pp. 83–113). Zagreb, Croatia: Institute of Ethnology and Folklore Research.

Queiro-Tajalli, I. (1997). Latin America. In N. S. Mayadas, T. D. Watts, & D. Elliott (Eds.), *International handbook on social work theory and practice* (pp. 76–92). Westport, CT: Greenwood.

Raffaelli, M. (1997). The family situation of street youth in Latin America: A cross-national review. *International Social Work, 40*(1), 89–100.

Ramanathan, C. S., & Link, R. J. (Eds.). (1999). *All our futures: Principles and resources for social work practice in a global era.* Boston: Brooks/Cole.

Randall, V., & Theobald, R. (1998). *Political change and underdevelopment: A critical introduction to third world politics* (2nd ed.). London: Macmillan.

Randel, R., & German, T. (1997). *The reality of aid: An independent review of development cooperation: 1997–1998.* London: Earthscan.

Rane, A. (Ed.). (1994). *Street children: A challenge to the social work profession.* Bombay, India: Tata Institute of Social Sciences.

Rao, C. H., & Linnemann, H. (Eds.). (1996). *Economic reforms and poverty alleviation in India.* New Delhi, India: Sage.

Reichenberg, D., & Friedman, S. (1996). Traumatized children: Healing the invisible wounds of children in war: A rights approach. In Y. Danieli, N. S. Rodley, & L. Welsæth (Eds.), *International responses to traumatic stress* (pp. 307–326). New York: Bayview.

Rieff, D. (2002). *A bed for the night: Humanitarianism in crisis.* London: Vintage.

Robertson, G. (2000). *Crimes against humanity: The struggle for global justice.* London: Penguin.

Robertson, R. (1990). Mapping the global condition: Globalization as the central concept. In M. Featherstone (Ed.), *Global culture: Nationalism, globalization and modernity* (pp. 15–30). London: Sage.

Robertson, R. (1992). Globalization: Time-space and homogeneity-heterogeneity. In M. Featherstone, S. Lash, & R. Robertson (Eds.), *Global modernities* (pp. 25–44). London: Sage.

Robinson, W. I. (1996). Globalisation: Nine theses in our epoch. *Race and Class, 38*(2), 13–31.

Rosenau, J. (1995). Changing capacities of citizens. In Commission on Global Governance, *Issues of global governance: Papers written for the Commission on Global Governance* (pp. 371–403). London: Klewer Law International.

Rosenblatt, R. (1983). *Children of war.* London: New English Library.

Rosenthal, B. (1990). US social workers' interest in working in the developing world. *International Social Work, 33*(3), 225–232.

Rowlings, C. (1997). Europe. In N. S. Mayadas, T. Watts, & D. Elliott (Eds.), *International handbook on social work theory and practice* (pp. 113–121). Westport, CT: Greenwood.

Sachdev, P. (1998). HIV/AIDS and social work students in Delhi, India: An exploratory study of knowledge, beliefs, attitudes and behaviours. *International Social Work, 41*(3), 292–310.

Sachs, J. (2002). *The dignity of difference: How to avoid the clash of civilizations.* London: Continuum.

Sahnoun, M. (1996). Managing conflict after the Cold War. *Journal of the Institute of Life and Peace, 1*(2), 15–18.

Sanders, D. S. (1982, August–September). *New developments in international refugee work: A challenge to social work education.* Paper presented at the IASSW International Conference, Brighton, England.

Sanders, D. S. (1985). Peace and social development in the Pacific: A challenge to the social work profession. *International Social Work, 28*(4), 21–30.

Sanders, D. S. (1988). Social work concerns related to peace and people oriented development in the international context. *Journal of Sociology & Social Welfare, 15*(2), 57–72.

Save The Children. (1992). *Children at crisis point: Stories from Asia.* London: Andre Deutsch.

Save The Children. (1999). *Children's rights: Reality or rhetoric?* London: International Save The Children Alliance.

Seabrook, J. (1993). *Victims of development: Resistance and alternatives.* London: Verso.

Sen, A. (2001). *Development as freedom.* England: Oxford University Press.

Senanuch, P. (2005). *An investigation into the policy for urban poverty alleviation in Thailand.* Australia: University of Sydney.

Sewpaul, V., & Rollins, N. (1999). Operationalising developmental social work: The implementation of an HIV/AIDS project. *Social Work/Maatskaplike Werk, 35*(3), 250–263.

Shaw, M. (1994). Civil society and global politics: Beyond a social movements approach. *Millennium: Journal of International Studies, 23*(3), 647–667.

Shawcross, W. (2000). *Deliver us from evil: Warlords & peacekeepers in a world of endless conflict.* London: Bloomsbury.

Sherraden, M. (1991). *Assets and the poor: A new American welfare policy.* Armonk, NY: M. E. Sharpe.

Simon, D., Spengen, W. V., Dixon, C., & Narman, A. (Eds.). (1995). *Structurally adjusted Africa: Poverty, debt and basic needs.* London: Pluto Press.

Singharoy, D. K. (Ed.). (2001). *Social development and the empowerment of marginalised groups: Perspectives and strategies.* New Delhi, India: Sage.

Slim, H. (1994, September). *The continuing metamorphosis of the humanitarian professional: Some new colours for an endangered chameleon.* Paper presented at the Development Studies Association Conference, Lancaster, England.

Slim, H. (1996). Beyond working in conflict [Workshop paper]. Unpublished.

Smith, A. D. (1983). *State and nation in the third world: The western state and African nationalism.* Brighton, England: Wheatsheaf Books.

So, A. Y. (1990). *Social change and development.* Newbury Park, CA: Sage.

Soliman, H., & Miah, M. (1998). A cross-cultural study of social work students' attitudes towards AIDS policy: Implications for social work education. *International Social Work, 41*(1), 39–52.

Solomon, B. B. (1976). *Black empowerment: Social work in oppressed communities.* New York: Columbia University Press.

Sorensen, B. (1998). *Women and post-conflict reconstruction: Issues and sources.* (Occasional Paper No. 3, War-torn Societies Project.) Geneva: UNRISD.

Specht, H. (1990). Social work and the popular psychotherapies. *Social Service Review, 64*(3), 345–357.

Spence, R. (1999). The centrality of community-led recovery. In G. Harris (Ed.), *Recovery from armed conflict in developing countries* (pp. 204–222). London: Routledge.

SSWAP (Schools of Social Work Association of the Philippines). (1988). *Direct social work practice in helping street children: Workshop proceedings.* Manila, The Philippines: Author.

Stearns, S. (1993). Psychological distress and relief work: Who helps the helpers? *Refugee Participation Network, 15,* 3–8. Oxford, England: Refugee Studies Programme.

Stein, B. (1997). Reintegrating returning refugees in Central America. In K. Kumar (Ed.), *Rebuilding societies after civil war* (pp. 155–180). Boulder, CO: Lynne Rienner.

Stern-Petersson, M. (1993). Global civilisation: Challenges for sovereignty, democracy and security. *Futures, 25*(2), 123–138.

Stewart, F., & Fitzgerald, V. (Eds.). (2001). *War and underdevelopment* (Vol. 1). England: Oxford University Press.

Stickney, P. J., & Resnich, R. P. (Eds.). (1974). *World guide to social work education.* New York: IASSW.

Stiefel, M., & Wolfe, M. (1994). *A voice for the excluded: Popular participation in development: Utopia or necessity?* London: Zed Books.

Stoesz, D., Guzzetta, C., & Lusk, M. (1999). *International development.* Boston: Allyn & Bacon.

Straker, G. (1993). Exploring the effects of interacting with survivors of trauma. *Journal of Social Development in Africa, 8*(2), 33–47.

Suter, K. (1995). *Global agenda: Economics, the environment and the nation-state.* Sutherland, Australia: Albatross.

Tacey, D. (2000). *Reenchantment: The new Australian spirituality.* Sydney, Australia: Harper Collins.

Terry, F. (2002). *Condemned to repeat? The paradox of humanitarian action.* Ithaca, NY: Cornell University Press.

Thomas, M., and Pierson, J. (1995). *Dictionary of social work.* London: Collins Educational.

Thompson, N. (2003). *Promoting equality: Challenging discrimination and oppression* (2nd ed.). London: Palgrave Macmillan.

Todaro, M. P. (1997). *Economic development* (6th ed.). London: Longman.

Todaro, M. P., & Smith, S. C. (2003). *Economic development* (8th ed.). Harlow, England: Pearson.

Townsend, P. (1994). Possible solutions for poverty alleviation. In Netherlands Ministry of Foreign Affairs, *Poverty and development: Analysis and policy* (pp. 83–95). The Hague, The Netherlands: Ministry of Foreign Affairs.

Townsend, P., and Donkor, K. (1995). *Global restructuring and social policy: An alternative strategy: Establishing an international welfare state.* Bristol, England: The Policy Press.

Turner, F. J. (1986). *Social work treatment: Interlocking theoretical approaches* (3rd Ed.). New York: Free Press.

Ul Haq, M. (1995). *Reflections on human development.* New York: Oxford University Press.

UNAIDS, UNICEF, and USAID (Joint United Nations Programme on HIV/AIDS, United Nations Children's Fund, United States Agency for International Development). (2004). *Children on the brink 2004: A joint report of new orphan estimates and a framework for action.* New York: UNICEF.

UNCHR (United Nations Centre for Human Rights). (1992). *Teaching and learning about human rights: A manual for schools of social work and the social work profession.* Geneva: Author.

UNCTAD. (1997). *The least developed countries 1997 report.* Geneva: Author.

UN/Department of Economic and Social Development. (1993). *Report on the world social situation 1993.* New York: Author.

UN/Department of International Economic and Social Affairs. (1982). *Poverty and self-reliance: A social welfare perspective.* New York: Author.

UNDP. (1990). *Human development report.* New York: Oxford University Press.

UNDP. (1991). *Human development report.* New York: Oxford University Press.

UNDP. (1992). *Human development report.* New York: Oxford University Press.

UNDP. (1993). *Human development report.* New York: Oxford University Press.

UNDP. (1995). *Human development report: The revolution for gender equality.* New York: Oxford University Press.

UNDP. (1996a). *Human development report: Growth for human development.* New York: Oxford University Press.

UNDP. (1996b). *Social development assistance to the poorest of the urban poor and street children* (Project of the Government of Indonesia—Project Document). New York: Author.

UNDP. (1997). *Human development report: Human development to eradicate poverty.* New York: Oxford University Press.

UNDP. (1999). *Human development report: Globalization with a human face.* New York: Oxford University Press.

UNDP. (2000). *Human development report: Human rights and human development—for freedom and solidarity.* New York: Oxford University Press.

UNDP. (2002). *Human development report: Deepening democracy in a fragmented world.* New York: Oxford University Press.

UNDP. (2003). *Human development report: Millennium development goals: A compact among nations to end human poverty.* New York: Oxford University Press.

UN/ESCAP. (1988). *Jakarta plan of action on human resource development in the ESCAP region.* Bangkok, Thailand: Author.

UN/ESCAP. (1989a). *Community-based disability prevention and rehabilitation: Guidelines for planning and management.* New York: Author.

UN/ESCAP. (1989b). *Equalization of opportunities and community-based rehabilitation.* New York: Author.

UN/ESCAP. (1990). *Guidelines on methodological approaches to the conduct of a regional survey of the quality of life as an aspect of human resources development.* New York: Author.

UN/ESCAP. (1991). Government-NGO cooperation in social development. *Proceedings of a seminar on cooperation between GAs and NGOs.* New York: Author.

UN/ESCAP. (1992). *Social development strategy for the ESCAP region towards the year 2000 and beyond*. New York: Author.

UN/ESCAP. (1993). *State of urbanization in Asia and the Pacific 1993*. New York: Author.

UN/ESCAP. (1994a). *Asia and Pacific success stories in social development*. New York: Author.

UN/ESCAP. (1994b). *Working with women in poverty: Nine innovative approaches*. Bangkok, Thailand: Author.

UN/ESCAP. (1995a). *Community-based drug demand reduction and HIV/AIDS prevention*. New York: Author.

UN/ESCAP. (1995b). *Mid-term review of the implementation of the programme of action for the least developed countries for the 1990s: The Asia and Pacific Region*. New York: Author.

UN/ESCAP. (1996a). *Making an impact: Innovative HRD approaches to poverty alleviation*. Bangkok, Thailand: Author.

UN/ESCAP. (1996b). *Showing the way: Methodologies for successful rural poverty alleviation projects*. Bangkok, Thailand: Author.

UN/ESCAP. (1999a). *Strategies for community-based drug demand reduction*. New York: Author.

UN/ESCAP. (1999b). *Manual on community-based responses to critical social issues: Poverty, drug abuse, and HIV/AIDS*. New York: Author.

UNESCO. (1995). *Working with street children: Selected case-studies from Africa, Asia and Latin America*. Paris: UNESCO Publishing/International Catholic Child Bureau.

UNHCR. (1991). *Guidelines on the protection of refugee women*. Geneva: Author.

UNHCR. (1992). *Coping with stress in crisis situations* (Internal training document). Geneva: Author.

UNHCR. (1993). *The state of the world's refugees*. New York: Oxford University Press.

UNHCR. (1994). *Refugee children: Guidelines on protection and care*. Geneva: Author.

UNHCR. (1996). *Healing the wounds: Refugees, reconstruction and reconciliation*. Geneva: Author.

UNHCR. (1997). *Education for peace, conflict resolution and human rights* (PTSS Discussion Paper No. 14). Geneva: Author.

UNHCR. (1997/1998). *The state of the world's refugees*. New York: Oxford University Press.

UNHCR. (1998). *Report on a peace education initiative in Somalia*. Geneva: Author.

UNHCR. (1999). Guiding principles on internal displacement. *Refugees, 4*(117), 11.

UNHCR. (2000). *The state of the world's refugees: 50 years of humanitarian action*. New York: Oxford University Press.

UNHCR. (2001). The world of children at a glance. *Refugees, 1*(122), 7.

UNHCR. (2002). The refugee world at a glance. *Refugees, 4*(129), 13.

UNHCR. (2004). *Global refugee trends*. Geneva: Author.

UNHCR. (Occasional). *The state of the world's refugees*. New York: Oxford University Press.

UNICEF. (1996). Chapter 1, Children in war. In *The state of the world's children* (pp. 12–41). New York: Oxford University Press.

UNICEF. (1997). Chapter 2, Ending hazardous and exploitative child labour. In *The state of the world's children* (pp. 15–73). New York: Oxford University Press.

UNICEF. (2005). *End child exploitation: Child labour today*. London: Author.

UNICEF. (Annual). *The state of the world's children*. New York: Oxford University Press.

United Nations. (1968). *Convention and protocol relating to the status of refugees*. Geneva: Author.

United Nations. (1971). *Popular participation in development: Emerging trends in community development*. New York: Author.

United Nations. (1979). *Social services in rural development*. New York: Author.

United Nations. (1988). *Guiding principles for developmental social welfare*. New York: Author.

United Nations. (1990). *Report on the second United Nations conference on the least developed countries*. New York: Author.

United Nations. (1991). *Fourth Asian & Pacific ministerial conference on social welfare and social development.* New York: Author.

United Nations. (1995). *World summit for social development report.* New York: Author.

United Nations. (Occasional). *World social situation.* New York: Oxford University Press.

Unkovska, L. (1996). Psychosocial program for children from Bosnia in Macedonia. In Catholic Relief Services, *Psychosocial rehabilitation perspectives* (pp. 55–62). Sarajevo, Bosnia and Herzegovina: CRS.

UNPF (United Nations Population Fund). (1993). *The state of world population.* New York: Author.

UNRISD. (1993). *Refugees returning home.* Geneva: Author.

UNRISD. (1995a). *Ethnic violence, conflict resolution and cultural pluralism.* Geneva: Author.

UNRISD. (1995b). *States of disarray: The social effects of globalization* (UNRISD Report for the World Summit for Social Development). Geneva: Author.

UNRISD. (1998). *Report on war-torn societies project: Rebuilding after war.* Geneva: Author.

Uphoff, N. (1986). *Local institutional development: An analytical sourcebook with cases.* West Hartford, CT: Kumarian.

Uvin, P. (2004). *Human rights and development.* Bloomfield, CT: Kumarian.

Van Rooy, A. (1998). *Civil society and the aid industry.* London: Earthscan.

Verhagen, K. (1987). *Self-help promotion: A challenge to the NGO community.* Amsterdam, The Netherlands: Cebemo/Royal Tropical Institute.

Vohra, G. (1990). *Altering structures: Innovative experiments at the grassroots.* Bombay, India: Tata Institute of Social Sciences.

Vontira, E., & Brown, S. (1994). *Conflict resolution: A review of some NGO practices.* England: Oxford University Refugee Studies Program.

Watts, T. D., Elliott, D., & Mayadas, N. S. (Eds.). (1995). *International handbook on social work education.* Westport, CT: Greenwood.

WCC (World Council of Churches). (1996). *A moment to choose: Risking to be with uprooted people.* Geneva: Author.

Weiss, T. G., & Gordenker, L. (1996). *NGOs, the UN, and global governance.* Boulder, CO: Lynne Rienner.

Weissberg, R. (1999). *The politics of empowerment.* Westport, CT: Praeger.

Welsh, J. (1996). Violations of human rights: Traumatic stress and the role of NGOs. In Y. Danieli, N. S. Rodley, & L. Welsæth (Eds.), *International responses to traumatic stress* (pp. 131–159). New York: Bayview.

WHO/UNHCR (World Health Organisation/UNHCR). (1996). *Mental health of refugees.* Geneva: WHO.

Wilkinson, R. (Ed.). (1999). Who's looking after these people? [Special issue]. *Refugees, 2*(117).

Wilkinson, R. (Ed.). (2003). Africa at the crossroads [Special issue]. *Refugees, 2*(131).

Willetts, P. (Ed.). (1996). *The conscience of the world: The influence of non-governmental organisations in the UN system.* Washington, DC: Brookings Institution Press.

Wilson, K. B. (1992). Enhancing refugees' own food acquisition strategies. *Journal of Refugee Studies, 5*(3/4), 226–238.

World Bank. (1990). *World development reports: Poverty.* New York: Oxford University Press.

World Bank. (1991a). *Africa capacity building initiative.* Washington, DC: World Bank.

World Bank. (1991b). *World development reports: The challenge of development.* New York: Oxford University Press.

World Bank. (1992). *World development reports: Development and the environment.* New York: Oxford University Press.

World Bank. (1993). *World development reports: Investing in health.* New York: Oxford University Press.

World Bank. (1997). *World development reports: The state in a changing world*. New York: Oxford University Press.

World Bank. (1999/2000). *World development reports: Entering the 21st century*. New York: Oxford University Press.

World Bank. (2000). *Can Africa claim the 21st century?* Washington, DC: Author.

World Bank. (2000/2001). *World development reports: Attacking poverty*. New York: Oxford University Press.

World Bank. (2001). *Understanding and measuring social capital*. Washington, DC: Author.

World Bank. (2003). *World development reports: Sustainable development in a dynamic world*. New York: Oxford University Press.

World Commission on Environment and Development. (1987). *Our common future*. England: Oxford University Press.

Worsley, P. (1984). *The three worlds: Culture and world development*. London: Weidenfeld & Nicolson.

Wuthnow, R. (1994). *Sharing the journey: Support groups and America's new quest for community*. New York: Free Press.

Zetter, R. (1991). Labeling refugees: Forming and transforming a bureaucratic identity. *Journal of Refugee Studies, 4*(1), 39–62.

Zolberg, A. R., Suhrke, A., & Aguayo, S. (1989). *Escape from violence: Conflict and the refugee crisis in the developing world*. New York: Oxford University Press.

Zwi, A. B. (1995). Numbering the dead: Counting the casualties of war. In H. Bradley (Ed.), *Defining violence* (pp. 100–113). Aldershot, England: Avebury.

국제사회복지실천

초판 1쇄 인쇄 2010년 11월 23일
초판 1쇄 발행 2010년 11월 30일

지은이 | 데이비드 콕스, 마노하 파와르
옮긴이 | 박영희, 배진형, 심우찬, 구현자, 남주영
펴낸이 | 박정희

기획편집 | 권혁기, 이주연, 최미현, 양송희
마 케 팅 | 김범수, 이광택
관   리 | 유승호, 양소연, 김성은
디 자 인 | 하주연, 강미영
웹서비스 | 이지은, 양채연, 양지현

펴 낸 곳 | 사회복지전문출판 나눔의집
등록번호 | 제25100-1998-000031호
등록일자 | 1998년 7월 30일

서울시 구로구 구로3동 222-7 코오롱디지털타워빌란트 1차 703호
대표전화 | 02-2103-2480 팩스 | 02-2103-2488
홈페이지 | www.ncbook.co.kr / www.issuensight.com

ISBN: 978-89-5810-215-1 (93330)